GREGOR GYSI

Ein Leben ist zu wenig

atb aufbau taschenbuch

Gregor Gysi, geboren 1948, Rechtsanwalt und Politiker. Sohn des DDR-Kulturministers Klaus Gysi und Neffe der Literaturnobelpreisträgerin Doris Lessing. 1967 Eintritt in die SED. Vertrat als Rechtsanwalt u. a. Robert Havemann, Rudolf Bahro und andere Regimekritiker. 1989–1993 Parteivorsitzender der PDS. 1990–2002 und 2005–2015 Fraktionsvorsitzender der PDS und der Partei Die Linke. In derselben Zeit und bis heute MdB. Seit Dezember 2016 ist er Präsident der Europäischen Linken. Zahlreiche Publikationen. Bei Aufbau erschienen: »Was bleiben wird. Ein Gespräch über Herkunft und Zukunft« (zusammen mit Friedrich Schorlemmer), »Unser Vater« (zusammen mit Gabriele Gysi), »Gysi vs. Sonneborn. Kanzlerduell der Herzen« und »Auf eine Currywurst mit Gregor Gysi« (zusammen mit Hans-Dieter Schütt).

Kaum ein deutscher Politiker wurde so geschmäht, kaum einer schlug sich so erfolgreich durchs Gestrüpp der Anfeindungen – hin zu einer anerkannten Prominenz: In seiner Autobiographie erzählt Gregor Gysi von seiner Kindheit und Jugend, schildert seinen Weg zum Rechtsanwalt, gibt Einblicke in sein Verhältnis zu Dissidenten (»Bahro war mein spannendster Fall«) und in die Spannungsfelder an der Spitze von Partei und Bundestagsfraktion. Vor allem aber berichtet er von der erstaunlichen Wendung, die sein Leben mit dem Herbst 1989 nahm: Der Jurist wird Politiker. »Einfach wegrennen, das wollte ich nie«, sagt Gysi und trifft damit einen Kern seines Wesens: Widersprüche aushalten. Ein Leben und eine Familiengeschichte, die von Russland bis Rhodesien führt, in einen Gerichtsalltag mit Mördern und Dieben und zu der ein Lob Lenins und die Nobelpreisträgerin Doris Lessing gehören.

»Anschauliche Einblicke in die Lebens- und Gedankenwelt eines Protagonisten, der in zwei politischen Systemen an vorderster Front mitspielte.«
FAZ

»Diese Autobiografie ist ehrlich. Gysi spricht offen über sich.
Er hat besten Einblick in die DDR-Verhältnisse.
Daher ist sein Buch ein bleibendes Geschichtswerk.«
Süddeutsche Zeitung

GREGOR GYSI

Ein Leben ist zu wenig

DIE AUTOBIOGRAPHIE

atb aufbau taschenbuch

Mitarbeit Hans-Dieter Schütt

Mit 45 Fotos

MIX
Papier | Fördert gute Waldnutzung
FSC® C083411

ISBN 978-3-7466-3520-0

Aufbau Taschenbuch ist eine Marke der Aufbau Verlage GmbH & Co. KG

6. Auflage 2024
Vollständige, aktualisierte Taschenbuchausgabe

www.aufbau-verlage.de
10969 Berlin, Prinzenstraße 85
Die Originalausgabe erschien 2017 bei Aufbau, einer Marke der Aufbau Verlage GmbH & Co. KG

Umschlaggestaltung zero-media.net, München
unter Verwendung eines Fotos von © Gabo / Agentur Focus
Satz und Reproduktion LVD GmbH, Berlin
Druck und Binden CPI books GmbH, Leck, Germany

Printed in Germany

PROLOG

Ich habe schon als Kind gelernt, dass man Sätze nicht mit »ich« beginnen soll.

1. KAPITEL

Ich kann von meinem Leben nicht behaupten, es verlaufe ruhig. Sehr oft hatte ich das bedrängende Gefühl, dass mir für bestimmte Dinge die Zeit fehle. Besser: dass ich mir keine Zeit nahm – etwa für Fragen nach den Wurzeln der eigenen Existenz. In welche Familiengeschichte bin ich eingebunden, welchem Erbe bin ich zugehörig?

An meiner Schwester Gabriele bewunderte ich stets die Intensität, mit der sie auch Ahnenforschung betrieb. Ich bin da weit unbekümmerter. Deshalb ist mir beim Schreiben dieses Buches Gabrieles historisches Interesse, ihre Sorgfalt beim Blick auf unsere recht verschlungenen und weit verzweigten Herkunftslinien sehr zugutegekommen. Was ich als Gang durch meine Ahnengalerie an den Anfang dieses Buches setze, habe ich also zu einem großen Teil von meiner Schwester erfahren. Staunend stehe ich vor einem Panorama spannender Schicksale im wechselnden Geschehen der Jahrhunderte.

Das wird augenfällig schon bei der mütterlichen Linie. Meine Mutter, Irene Gysi, ist eine geborene Lessing. Sie erblickte 1912 in Sankt Petersburg das Licht dieser wirren, schönen Welt, ihr Bruder Gottfried zwei Jahre später. Sie starb 2007 in Berlin, mein Onkel wurde 1979 in Kampala (Uganda) als Botschafter der DDR erschossen. Es waren Unruhen in dem afrikanischen Land ausgebrochen, das gesamte Diplomatische Korps bekam die Order, die Hauptstadt zu verlassen. Warum auch immer: Gottfried Lessing nahm mit seiner Frau sowie seinem Stellvertreter und dessen Frau einen anderen als den offiziell vorgeschriebenen Weg. Die vier wurden unterwegs ermordet; niemals wurde ermittelt, von wem und warum.

Die Beerdigung in Berlin fand sechs Monate später statt, weil die Opfer erst offiziell für tot erklärt werden mussten, dieses gesetzliche Verfahren sich aber lange hinzog. Denn die Toten wurden nie aufgefunden. Bei der Trauerfeier in Berlin sprach Außenminister Oskar Fischer. Man merkte seiner Rede, seinem Ton deutlich an, dass ihm die Biographie meines Onkels fremd war. Aufenthalt in Rhodesien, heute Simbabwe; erste Heirat mit einer Schriftstellerin, die in London lebte und als Doris Lessing berühmt wurde; der gemeinsame Sohn auch in London – das war DDR-untypisch. Da fühlte sich der Redner im Lebenslauf des ebenfalls zu betrauernden Stellvertreters von Gottfried Lessing deutlich wohler: Pionier, FDJler, Parteischüler, Arbeit im Außenministerium der DDR. Aber seltsam: Für die Berufung zum Botschafter war den Genossen mein Onkel trotzdem geeigneter erschienen.

Die Mutter meiner Mutter, also meine Großmutter Tatjana Lessing, war eine geborene von Schwanebach. Im 18. Jahrhundert war diese adlige Familie nach Russland ausgewandert, konkret: die zweiten und dritten Söhne. Sie kehrten der Heimat den Rücken, weil für sie das Erbe nicht reichte. Ihre letzte Hoffnung, wie meist in solchen Fällen: Militärkarrieren. Aber bei der Armee – in welchem System auch immer – begegnet man zwar dem mir ewig fremd bleibenden Kitzel, Leute zu erschießen oder selbst erschossen zu werden, wird aber in aller Regel nicht reich. Das sollten auch die ausgewanderten Söhne erfahren. Immerhin gab es in dieser Familie von Schwanebach einen General. Er war vom russischen Zaren in Finnland eingesetzt worden. Dort erschoss ihn ein national gesinnter Student.

So stelle ich bereits zu Beginn dieses Buches fest: An meiner

Familie schieden sich schon immer die Geister, egal, ob auf der linken oder der rechten Seite irgendeiner Front.

*

Bleiben wir bei den mütterlichen Vorfahren, und gehen wir noch ein Stück in der Geschichte zurück. Der Vater meiner Großmutter, also mein Urgroßvater, diente ebenfalls beim Militär. Seine Frau war eine geborene Saburowa. Sie kam aus einer altrussischen Fürstenfamilie, verwandt mit den Dolgorukis, die einen der Gründer Moskaus hervorbrachten. Diese Familie war also zweifellos bedeutender als etwa die weit bekannteren Romanows, die erst sehr viel später einzig dadurch auffielen, dass sie überflüssige Zaren stellten.

Meine Urgroßmutter hatte den Mut zu etwas Außergewöhnlichem in jener Zeit: Sie ließ sich scheiden, und das auch noch wegen eines anderen Mannes. Und als sei dieser eine Skandal nicht genug, sorgte sie für einen zweiten, denn: Der Nebenbuhler war »nur« ein Bürgerlicher. Aus der Ehe mit ihm gingen weitere Kinder hervor. Meine Großmutter Tatjana wurde von ihrer Mutter in eine andere Stadt und zum neuen Ehemann mitgenommen und galt als mitgebrachte, arme Verwandte – ein klassischer Typus der russischen Literatur und Dramatik. Als junge Frau sprengte meine Großmutter übrigens die Fesseln der aristokratischen Langeweile, sie arbeitete bei einem Armeegeneral – als Sekretärin. Dort lernte sie zufällig ihren späteren Ehemann, meinen Großvater, kennen. Ihm imponierte ungemein, dass eine Adelige arbeitete – und dann auch noch als Sekretärin.

Na, schwindelt der geneigten Leserschaft schon etwas? Dann geht es ihr wie mir. Namen, Hierarchien, Epochen. Der Stammbaum undurchdringlich? Auch ich war sehr schnell wirr im Kopf, als ich mich suchend ins Netzwerk dieser Verwandtschaft begab. Mit den aufgeführten Namen will ich nicht langweilen, nicht als penibler Chronist ergreife ich das Wort, und merken kann man sich alles und alle eh nicht. Aber das Schillernde des Geschichtlichen, das mit dieser Familienhistorie gestreift wird – mich hat es verblüfft und berührt. Erstaunlich, was sich im Laufe so vieler Jahre alles ereignen, wer auf wen treffen und welche Zufälle einander kreuzen müssen, damit irgendwann das eigene Leben entstehen und hervortreten kann.

Und das Ende der Verzweigungen ist ja noch lange nicht erreicht! Es werden noch Lenin, ein bayrischer Kapitalist und ein Hahn in Görlitz die Szene betreten …

*

Jener Urgroßvater, der der Vater meines Großvaters mütterlicherseits war, auch ein Lessing, wurde in Mühlhausen bei Bamberg geboren. Das erwähne ich, weil ich damit etwas sehr Spezielles enthüllen kann: meine bayerische Wurzel! Mich stört das nicht. Aber wie einige Bayern darüber denken, wenn sie's nun erfahren sollten, weiß ich nicht. Dieser Urgroßvater Anton Lessing entstammte einer jüdischen Familie. Sein kaufmännischer Lehrbetrieb soll das Geschäft Konrad Raab gewesen sein, das noch heute in Mühlhausen existiert. Einer seiner Söhne, Wilhelm Heinrich Lessing, brachte mit Beginn der Hitlerdiktatur seine Frau und seinen Sohn ins sichere Ausland, nach London. Er selbst versuchte in der sogenannten Reichskristallnacht aus der brennenden Synagoge in Bamberg die Tora-Rolle zu retten. Die Brandstifter entdeckten ihn und schlugen ihn, die Tora-Rolle wurde zurückgeworfen ins Feuer. Wilhelm Lessing floh in seine Wohnung, die Nazis folgten ihm. Sie zerrten ihn heraus, zündeten das Haus an und misshandelten ihn auf der Straße. Wenige Monate später erlag er seinen Verletzungen. Die Straße, in der seine Familie in Bamberg lebte, wurde 1948 nach ihm benannt.

Zurück zu meinem Urgroßvater Anton Lessing – eben jener

Bayer aus Mühlhausen bei Bamberg: Er wurde ein erfolgreicher Unternehmer, selbstverständlich kann man auch sagen: Kapitalist. Er ging ebenfalls nach London, lernte Englisch und organisierte den Handel zwischen Großbritannien und Russland. Er exportierte moderne Technik. Später wurden die Gebrüder von Struwe auf ihn aufmerksam, Ingenieure, die im russischen Kolomna Werke besaßen, in denen Lokomotiven hergestellt werden sollten. Sie schätzten selbstkritisch ein, vom Handel nichts zu verstehen und bestimmten daher meinen Urgroßvater zum Geschäftsführer in Kolomna.

Rudolf Diesel hatte bekanntlich den Dieselmotor erfunden. Allerdings fehlte ihm das Geld, diesen Motor herstellungsreif zu entwickeln. Mein Urgroßvater kaufte deshalb eine Lizenz für diesen Motor und war somit tatsächlich in der Lage, in Kolomna modernste Lokomotiven produzieren zu lassen. Der Betrieb lief so gut, dass mit Hilfe des Werkes sogar noch die Schifffahrtindustrie angekurbelt werden konnte. Mein Urgroßvater wandelte die Kolomna-Werke schließlich in eine Aktiengesellschaft um. So kam Geld für mehr und mehr Investitionen in das Unternehmen. Im benachbarten Wyksa entstand ein Stahlwerk. Das Erz dort war besonders leicht abzubauen, man konnte es bereits von der Erdoberfläche aus aufspüren. Anton Lessing begann dort, Rohre herzustellen.

Erstaunlicherweise werden in den Kolomna-Werken bis heute Lokomotiven produziert, und in Wyksa existiert nach wie vor jene Stahlfabrik, die jetzt allerdings Stahlröhren für Gas- und Erdölpipelines herstellt. Nach der Jahrtausendwende kam eine kleine russische Delegation nach Berlin und lud mich zu einem Besuch ein, der jedoch bis heute nicht zustande kam. Interessant war, dass die Russen bei ihrer Visite in Deutschland erwähnten, mein Urgroßvater sei sogar von Lenin gewürdigt worden, und zwar als ein Pionier, der endlich hochwertige, moderne Industrietechnik nach Russland gebracht habe. Inzwischen steht eine Skulptur meines Urgroßvaters vor dem Werk in Wyksa.

Dieser Anton Lessing war nie bloß Unternehmer. Er hat in gleichem Maße an die Entwicklung der Stadt gedacht, er unterstützte in Kolomna den Bau des Theaters und des Krankenhauses. In seiner Heimatstadt Mühlhausen etablierte und finanzierte er Kindereinrichtungen, in Lahnstein besitzt er ein Ehrengrab. Er war offenbar ein lebensfroher, energiegeladener Mensch. Er wollte auch Familie, Kinder. In der Petersburger Gesellschaft lernte er eine Witwe kennen, Lydia de Cuyper. Sie war eine geborene Sasportas, Belgierin und hatte hochadelige spanische Vorfahren. Sie heirateten – so wurde Lydia meine Urgroßmutter – und verbrachten gemeinsam eine Zeit in Russland. Dann entschied sich Anton Lessing, für seine Familie ein mondänes Haus in Oberlahnstein zu bauen. Auf einem Bild kann man sehen, dass es wahrlich etwas mehr als nur eine schöne Villa war. Inzwischen habe ich das Haus, das Grab, das Archiv besichtigt. Im Haus leben heute mehrere Familien, eine ist mit mir verwandt.

Dort lebte also früher Lydia, während ihr Mann durch Europa reiste. Einmal im Jahr soll er bei seiner Frau erschienen sein, sie geschwängert haben, um danach sofort wieder zu verschwinden. Eine zehn Jahre andauernde Praxis – die demnach zehn Kinder hervorbrachte. Eines von ihnen war mein Großvater. Er studierte in Deutschland und wurde Hütteningenieur. Sein Vater setzte ihn dann als Direktor des Werkes in Wyksa ein.

*

Logischerweise war mein Großvater als junger Mann des Öfteren bei seinem Vater in Russland. Erinnern Sie sich an die Adlige, die als Sekretärin beim General arbeitete? Ihr begegnete er, verliebte sich, hielt um ihre Hand an, war aber nicht sofort erfolgreich. Das lag daran, dass meine zukünftige Großmutter in einen Cousin verliebt war, der malte. Sowohl meine Schwester als auch ich haben je ein Gemälde von ihm. Alle Angehörigen redeten damals auf meine Großmutter ein: Nimm den Direktor des Stahlwerkes, nicht den Maler, diesen brotlosen Künstler! Sie gab den durchaus materiell gesteuerten Ratschlägen nach, warum auch immer. Interessant ist aber, dass rationale, teils sogar sehr materielle Überlegungen irgendwann doch auch zu Liebe und Zuneigung führen können. Geduld bringt Rosen, besagt ein Sprichwort.

Der Ehe verdanke ich die Geburt meiner Mutter Irene und meines Onkels Gottfried. Sie lebten als Familie sowohl in Sankt Petersburg als auch in Wyksa. In Sankt Petersburg besaßen sie eine Wohnung und in Wyksa ein großes Haus.

Nun aber griff radikal die Weltpolitik ein. 1914 brach jener Weltkrieg aus, den man später den »Ersten« nannte. Deutschland und Russland standen sich als Feindesländer gegenüber. Mein Großvater wurde in die deutsche Armee eingezogen. Der Zar entschied, feindliche Ausländer zu enteignen. Das traf auch die Lessings. Ich betone: enteignet vom Zaren, nicht von Lenin. So wurde Lessing die geerbten Anteile an den Fabriken und auch sein Haus in Wyksa los.

Meine Großmutter Tatjana musste mit ihren beiden Kindern, also meiner Mutter und deren Bruder, zu ihrer Mutter nach Pensa ziehen, um überhaupt einen Aufenthalt zu finden. Sie waren Deutsche, die kein Wort Deutsch sprachen. Mein Großvater holte die Familie um 1918/19 herum nach Lahnstein. Meine Mutter war da sechs oder sieben, ihr Bruder vier oder fünf Jahre alt. Sie kamen aber nicht zu dritt, sondern zu viert. Denn das Kindermädchen Mascha Krylowa, das sich auch um den Haushalt kümmerte, wurde selbstverständlich mitgenommen. Mascha, eine klassische russische Seele, war äußerst liebenswert. Meine Großmutter unterhielt sich mit den Kindern weiter auf Russisch, im Laufe der Jahrzehnte hat sie ein schwaches, schlechtes Deutsch gelernt. Das Deutsch von Mascha war etwas besser. In der Schule litt meine Mutter, weil sie die anderen Kinder nicht verstand. Ihr wurde immer hinterhergerufen, sie sei »Polin, Spionin«. Sie konnte mit beiden Begriffen nichts anfangen, fühlte aber instinktiv, dass es irgend etwas Schlimmes bedeuten musste.

Der Aufenthalt der Familie in Lahnstein dauerte nicht lange, meine Großmutter wollte dort nicht leben. So wurde in Berlin die Villa Lessing gebaut, die in der Straße Am Schlachtensee lag und liegt. Die Lessings waren zu diesem Zeitpunkt zwar nicht mehr reich, aber auch nicht unvermögend. Kindermädchen und Haushälterin Mascha behauptete immer, dass bei der Geburt meiner Mutter die Familie die neuntreichste in Europa gewesen sei. Das war sie jetzt mit Sicherheit nicht mehr.

Meine Mutter und ihr Bruder erhielten in Berlin eine gute Bildung. Nach dem Abitur studierte sie Volkswirtschaft, er Jura. Sie lebten fest in der bürgerlichen Gesellschaft, es ging ihnen gut. Es zog sie in die Welt. Meine Mutter hielt sich ein Jahr in Südafrika und ein Jahr in Großbritannien auf. Mein Onkel Gottfried war ebenfalls in Großbritannien und lebte später – wie bereits erwähnt – in Rhodesien. Beide lernten reiten, Tennis spielen, Ski laufen. Meine Mutter berichtete später mit einem gewissen Stolz, auch mit dem Sohn von Gustav Stresemann auf dem Tennisplatz gestanden zu haben.

Aber das gute Leben hatte bald ein Ende. Die politische Situation in Deutschland verschärfte sich zusehends, gerade auch in Berlin. Die Hitlerdiktatur rückte immer näher. Für meine Mutter und ihren Bruder waren die Nazis schon aus humanistischen Gründen völlig indiskutabel. Außerdem liebten sie Russland, und jene staatlich forcierte und festgeschriebene Feindschaft zur Sowjetunion war für sie nicht hinnehmbar. Bei meiner Mutter kam noch hinzu, dass sie meinen Vater kennenlernte. Einen Kommunisten.

Für meinen Onkel Gottfried Lessing stand 1933 die Frage, ob er nach Mexiko oder nach Rhodesien emigrieren solle. Warum auch immer, er entschied sich für das damalige Rhodesien, das heutige Simbabwe. Dort lernte er – wie bereits erwähnt – seine spätere Frau Doris kennen. Nach 1945 kam es zur Scheidung. Die Schriftstellerin traf ich mehrfach, 2007 auch während eines ihrer Aufenthalte in Deutschland. Ich prophezeite ihr den Literaturnobelpreis. Sie schüttelte den Kopf, denn sie wisse nur zu genau: Das Nobelpreiskomitee könne sie nicht leiden. Aber wenige Monate später erhielt sie den Preis tatsächlich. Medienvertreter versammelten sich bei mir, ich spendierte Sekt, bekundete den Stolz auf meine Tante – wenngleich mein Leistungsanteil an ihrem Werk natürlich bei null liegt. Sie selbst glaubte bis zu ihrem Tod 2013, dass ich Einfluss auf das Komitee genommen hätte. Welch freundliche Überschätzung meiner Möglichkeiten – aber ich entschied mich irgendwann, sie in ihrem Glauben zu belassen.

Mein Onkel Gottfried gründete übrigens in Rhodesien mit zwanzig weiteren Frauen und Männern die Kommunistische Partei und wurde deren Vorsitzender. Er versicherte mir, dass es nie mehr als zwanzig Parteimitglieder gab.

Mit der Eroberung der Macht durch die Nazis war für meine Mutter und ihren Bruder nicht nur die Unbeschwertheit, sondern auch die Jugend vorbei. Man wurde durch die Umstände sehr schnell und sehr unnatürlich erwachsen. Unseren Großvater erlebten meine Schwester und ich nicht mehr bewusst, unsere Großmutter und Mascha, das Kindermädchen und die Haushälterin, schon. Wir nannten beide immer in der Reihenfolge Mascha und Mama (auf der zweiten Silbe betont) und besuchten sie manchmal – vor dem Mauerbau – in Nikolassee in Westberlin.

2. KAPITEL

Selbstverständlich hatte ich nicht nur eine Mutter, sondern auch einen Vater. Es handelt sich um Klaus Gysi, der im Jahre 1912 nur sieben Tage vor meiner Mutter in Berlin geboren wurde, wo er 1999 starb.

Die Familiengeschichte der Gysis ist nicht minder verschlungen, sie verlief ebenso wie die der Lessings äußerst widersprüchlich. Beide Familien unterschieden sich aber erheblich. Die ursprünglichen Vorfahren der Gysis kamen aus der Schweiz, und zwar aus Läufelfingen in der Nähe von Basel. Viele von ihnen waren zunächst Bader, später Chirurgen. Ich weiß, dass es in der Gegend von Basel noch heute eine Schuhfabrik »Gysi« und eine Schokoladenfabrik gleichen Namens gibt. Mehrfach wurde ich gefragt, ob mir das eine oder das andere Werk gehöre. Leider bin ich erbrechtlich weder an dem einen noch an dem anderen in irgendeiner Form beteiligt. In der Schweiz lernte ich eine Frau kennen, Mitglied des dortigen Nationalrats, die den Namen Gysi trägt. Aber wir sind nicht miteinander verwandt oder wissen zumindest nichts davon.

Irgendwann zogen die Gysis aus der Schweiz nach Berlin. Bei dem ersten Auswanderer handelte es sich um Samuel Gysi, einen Schneidermeister. Ich muss befürchten, dass der Umzug aus bitteren sozialen Gründen erfolgte; ich will nicht darüber nachdenken, wie man ihn heute benennen und behandeln würde. Sein Sohn Karl Friedrich Samuel Gysi wurde Arzt in Berlin. Ich besitze noch dessen Meisterbrief vom 10. April 1817, aus dem hervorgeht, er sei »Meister des Handwerks der

Chirurgie«. Offenbar empfand man das körperbezogene Sägen eher als Handwerk denn als medizinische Kunst. Er wurde nur siebenundvierzig Jahre alt, weil er in einem Berliner Gewässer ertrank.

Karl Friedrich Samuel hatte mehrere Kinder, darunter einen Sohn namens Hermann – meinen Urgroßvater. Geboren wurde er 1840 in Berlin. Meine Schwester und ich besitzen ein Album, und ich zitiere gern aus dem Text darin, auch wenn ich nicht die geringste Ahnung habe, wer ihn verfasste. »Er verlor mit sieben Jahren seinen Vater, mit acht Jahren seine Mutter, wuchs im Militär-Waisenhaus in Berlin auf, lernte Sattler, ging als Geselle auf die Wanderschaft, bis er zum Militärdienst in das brandenburgische Train-Bataillon Nummer drei eingezogen wurde. Er wurde Berufssoldat, machte den Krieg gegen Dänemark 1864 an der Front, die Kriege gegen Österreich und Frankreich 1866 und 1870/71 in der Heimat mit.« Er war also zweifellos kein Pazifist. Weiter steht da: »Durch einen Sturz vom Pferde dienstlich unfähig geworden, kam er als Militäranwärter zum Magistrat Berlin und war zuletzt Magistratssekretär und Vorsteher der Steuerkasse XII A in der Albrechtstraße 26 neben dem Schulgebäude. Bis zu seinem 47. Lebensjahr war er Junggeselle und schätzte und pflegte sehr Wein, Weib und Gesang. Er war ein glänzender Gesellschafter, guter Redner und Erzähler. Er war sehr belesen und hatte eine gute Bibliothek. Er zitierte oft und las gern und gut vor. Für alle Wissensgebiete hatte er ein reges Interesse. Er überragte geistig fraglos den Durchschnitt seiner Berufskollegen, erheblich den der nächsten und ganz bedeutend den der dann folgenden Generationen. Er war innerlich anständig und äußerlich korrekt, liebenswürdig und stets hilfsbereit.«

An irgendwen erinnert er mich.

Er lebte in einem Haus in der Köllnischen Straße 8, das ihm gehörte. Dort gab es auch eine Gaststätte mit Garten, die von einem Freund und dessen Frau bewirtschaftet wurde. Im erwähnten Text heißt es dazu: »Im Garten dieser Gaststätte baute er Käfige auf, in denen er Eulen, Bussarde und andere Raubvögel hielt. In seiner Wohnung stand ein großes Aquarium, in dem er eine Zeit lang einen Wels hatte. Er besaß auch eine Neufundländer-Hündin Lotte, die ihn gelegentlich morgens aus seinem Stammlokal in seine Wohnung ziehen musste.«

Meine Urgroßmutter väterlicherseits, Käthe Kienitz, wird es also nicht ganz leicht mit ihm gehabt haben. Auf jeden Fall heirateten sie. Sie selbst stammte aus Görlitz. Ihr Großvater war Robert Oettel, ein begeisterter Hühnerzüchter. Er importierte als Erster asiatische Hühnerrassen. Bei Wikipedia kann man lesen: »Diese asiatischen Hühner waren wüchsige Fleischhühner von großer Formen- und Farbenvielfalt, die auch im Winter Eier legten. Das war ein großer Fortschritt, gab es bis dahin doch nur leichte Landhühner mit saisongebundener Legetätigkeit.«

Oettel gründete den »Hühnerologischen Verein Görlitz« und damit den ersten Geflügelzuchtverein in Deutschland. Zu seinen Ehren wurde in Görlitz ein Denkmal errichtet, das im Jahre 1901 eingeweiht wurde. Man sieht da nicht nur ein Konterfei Oettels, sondern auch einen wunderschönen Hahn. Sowohl die Schrifttafeln als auch den Hahn haben die Nazis gestohlen, denn beides war aus Bronze, und alle Bronze, die aufgetrieben werden konnte, wurde für den Krieg eingeschmolzen. Aber wenigstens die Tafeln »überlebten«. Sie waren nach 1945 von einem – wie es hieß »beherzten« – Hühnerzüchter gefunden und wieder angebracht worden. So gab es 1952 eine erneute Einweihung in Görlitz, zum 100. Jahrestag des »Hühnerologischen Vereins«, der damals noch von den Geflügelzüchtern aus ganz Deutschland begangen und gefeiert wurde. Aber erst nach Herstellung der deutschen Einheit wurde auf Veranlassung des »Bundes deutscher Rassegeflügelzüchter« auch wieder ein Hahn auf den Granitblock gesetzt.

Robert Oettel soll humorvoll gewesen sein, er wünschte sich für sein Grab folgende Inschrift: »Auf mein Grab müsst ihr mir setzen einen schönen stolzen Hahn./Kräht er, wird es mich ergötzen, auch wenn ich's nicht hören kann.«

Wieder und wieder staune ich, was für seltsame, eigenwillige Vorfahren ich doch habe.

*

Mein Großvater Hermann Gysi – er hatte den gleichen Vornamen wie sein Vater – war Arzt in Berlin-Neukölln. Er soll ein sehr guter Mediziner gewesen sein und ein Mann mit Eigenheiten. Damals galt es als wissenschaftlich erwiesen, dass kaltes Wasser auf Brandwunden ein großer Fehler sei. Er aber versorgte unbeirrt alle seine Brandwunden mit kaltem Wasser. Das Argument dafür fiel kurz und knapp aus: Wasser tut so gut! Inzwischen hat sich die wissenschaftliche Meinung geändert und ihm recht gegeben. Abergläubisch fürchtete er die Operation von Rothaarigen: Ihnen sei vorbestimmt, beim Eingriff zu sterben. Deshalb mied er sie und überließ solche Patienten seinen Kollegen. Von seinem Vater muss er aber das besagte Verhältnis zu »Wein, Weib und Gesang« geerbt haben – so jedenfalls hat es mir mein Vater erzählt.

Interessant ist folgende Begebenheit, die mir mein Vater erzählte, indem er über sich selbst den Kopf schüttelte. Nach dem Zweiten Weltkrieg wurde mein Großvater Hermann Gysi einer der Chefärzte im Berliner Oskar-Ziethen-Krankenhaus. In einer merkwürdigen Aufwallung von Parteilichkeit beschwerte sich mein Vater darüber, denn: Sein Vater sei doch ein ausgewiesener Sozialdemokrat, also überhaupt nicht geeignet für eine so hohe Leitungsposition. Ein »höherer Genosse« wies dies zurück und machte meinem Vater klar, dass über

Berufungen glücklicherweise nicht die Söhne zu entscheiden hätten.

Mein Vater nannte seine Großmutter Käthe die kleine Großmutter. Sie hatte ihn als Kind mitgenommen, wenn sie den Maler Heinrich Zille besuchte, mit dem sie befreundet war. Auch durfte der Enkel die Großmutter begleiten, wenn sie versuchte, in der Köllnischen Straße 8 die Miete zu kassieren. Mein Vater nannte dies später eine wichtige soziale Erfahrung.

Erna Potolowski, die Frau meines Großvaters Hermann und mithin meine Großmutter, hatte bemerkenswerte Eltern: Da ihnen mit jüdischer Familienstrenge die Eheschließung verboten worden war, gingen beide nach Gretna Green zur berühmten schottischen Hochzeitsschmiede, wo man ohne Einwilligung der Eltern und trotzdem amtlich anerkannt heiraten darf. Mit einem gewissen Vergnügen las ich in einem Gesetzbuch der DDR, dass die Eheschließungen vor diesem Schmied auch in der DDR anerkannt wurden. Durch Gretna Green wurde mir klar, dass es in jedem gesetzlichen Regelwerk untilgbar und klug Ausnahmen von der Regel gibt – diese Sonderregelung in Schottland hatte ein englischer König geschaffen.

Der Vater von Erna Gysi war ein Kaufmann. Unter anderem verkaufte er Handschuhe, es gibt ein wunderschönes Plakat, auf dem meine Großmutter diese Handschuhe trägt. Einer ihrer Brüder, Theodor Potolowski, war in Berlin Börsenvertreter des Bankhauses Frommberg und durchaus wohlhabend. Seine Familie besaß einen Bechstein-Flügel sowie extra angefertigte Möbel aus den Hellerauer Werkstätten, Bilder und Zeichnungen von Kokoschka, Corinth sowie Pechstein, außerdem ostasiatische Kunst und eine große Bibliothek. 1934, nach der sogenannten Arisierung des Bankhauses, verlor Theodor Potolowski seine Anstellung. Er konnte mit seiner Frau nur noch von der Substanz leben, erlitt Demütigungen, war verdammt, den Judenstern zu tragen. 1943 erhielten beide den »Deportationsbescheid«. Auf einem achtseitigen Finanzformular mussten sie eine detaillierte Vermögenserklärung abgeben. Der Besitz wurde beschlagnahmt. Am 15. Mai 1943, einem Samstag, trieb man das Ehepaar aus seiner Wohnung in der Taunusstraße. Zwei Nächte verbrachten sie noch in einem Sammellager in der Synagoge Levetzowstraße, am darauffolgenden Montag brachte man sie mit 406 anderen Menschen zum nahe gelegenen Güterbahnhof Moabit am Westhafen. Dort gingen sie auf den 36., den letzten »Osttransport«.

Der Zug war zwei Tage unterwegs. Ungewöhnlich lange für eine Strecke von etwa 570 Kilometern. Am 19. Mai 1943 erreichten sie Auschwitz. Noch auf der Rampe entschied sich ihr weiteres Schicksal. Theodor Potolowski und seine Frau kamen gar nicht erst ins Lager und erhielten auch keine Nummer auf den Unterarm tätowiert. Sie wurden sofort auf Lastwagen verladen und zu einem der gerade in Betrieb genommenen neuen Krematorien in Birkenau gefahren. Dort endete ihr Leben, das nur fünfzig Jahre währen durfte, in einer Gaskammer. Ihre Asche wurde in der Nähe des Lagers in die vorbeifließende Weichsel gekippt.

An diesem Mittwoch, dem 19. Mai 1943, erklärte der Gauleiter der NSDAP in Berlin und Minister für Volksaufklärung und Propaganda, Joseph Goebbels, die Reichshauptstadt offiziell für »judenfrei«.

Die Mutter von Erna Gysi, meine Urgroßmutter Lina Potolowski, überstand eineinhalb Jahre Hunger, Seuchen und andere Entbehrungen in Theresienstadt. Sie wurde von dort am 18. Dezember 1943, kurz nach ihrem 76. Geburtstag, ebenfalls nach Auschwitz deportiert. Meine Schwester und ich besitzen von ihr eine Postkarte aus dem Vernichtungslager, auf der sie mitteilt, dass es ihr gut gehe, und man möge ihr bitte schreiben, selbst wenn sie nicht antworte. Auch sie kam dort um. Ihr zum Gedenken wurde inzwischen vor ihrem ehemaligen Wohnhaus ein »Stolperstein« gesetzt.

*

Schicksale, Leidenschaften, bittere politische Einschnitte. Meine Großmutter Erna Gysi und mein Großvater Hermann Gysi wurden 1929 geschieden. Sie lebte dann mit Kurt Levy zusammen. Eine große Liebe. Als die Nazis Deutschland übernahmen, ging er allein nach Paris, wo auch seine Töchter aus seiner ersten Ehe, Marie und Eva, lebten. Plötzlich leitete die Gestapo in Berlin ein Verfahren gegen ihn ein, wegen angeblicher Devisenvergehen. Nach einer brutalen Hausdurchsuchung und Vernehmung floh auch meine Großmutter; mit einem gefälschten Pass gelangte sie ebenfalls nach Paris. Sie versteckte sich später, bis die Nazidiktatur vorbei war, in einem Dorf in Südfrankreich. Gemeinsam mit den beiden Töchtern Levys – deren Mutter ihr die Kinder gebracht hatte, weil sie selber in die USA auswandern wollte. Meine Großmutter nahm die Mädchen ganz selbstverständlich zu sich. Kurt Levy selbst hatte sich im Gefangenenlager in Gurs zur Fremdenlegion gemeldet, um zu überleben.

Ein Dorfpolizist kam eines Tages zu meiner Großmutter und warnte sie: Am nächsten Tag würde sie abgeholt. Sie versteckte sich mit Marie und Eva im Wald und erzählte ihnen nächtelang Witze. Lachen für den Lebensmut.

Nach Ende des Zweiten Weltkrieges wollten Kurt Levy und meine Großmutter Erna gemeinsam nach Amerika auswandern. Levy reiste vor, fand dort seine erste Frau wieder, und also wurde nichts aus dem Leben mit meiner Großmutter. Aber die enge Beziehung zwischen ihr und seinen Töchtern Marie und Eva in Paris blieb.

Unsere Großmutter Erna wurde eine besondere Partnerin für meine Schwester und mich. Sie lebte bis zu ihrem Tode in

Paris. Wir durften zwar nicht sie, aber sie durfte uns besuchen. Ihre Bildung, ihre Güte, ihr Humor imponierten uns sehr. Wir nannten sie Mummi.

Sie lebte mit Rücksicht auf die politische Funktion meines Vaters später als Staatenlose in Paris. Denn eine BRD-Bürgerin als Mutter? Das wäre schwierig für ihn geworden. Diese Staatenlosigkeit war für Mummi freilich unangenehm, da der Status erforderte, sich regelmäßig bei der französischen Polizei zu melden, und Schwierigkeiten beim Reisen in andere Länder gab es auch. Aber wie gesagt, für ihren Sohn nahm sie das alles auf sich. Mein Vater bemühte sich dann beim ZK der SED, diesen lästigen Zustand zu beenden, und schließlich bekam er grünes Licht: Sie durfte, ohne dass es Konsequenzen für ihn hatte, die Staatsbürgerschaft der BRD annehmen und erhielt den dazugehörigen Reisepass. Ihr stand beides zu, sie erhielt beides und lebte erleichtert.

Heute, mit großem historischen Abstand, klingt es beinahe unglaubwürdig: Das Zentralkomitee der SED entschied indirekt über die Staatsbürgerschaft meiner Großmutter! Aber sie liebte ihren Sohn viel zu sehr, um ihr Recht ohne seine Erlaubnis und mit der Gefahr einzufordern, ihn in Schwierigkeiten zu bringen.

3. KAPITEL

Wie haben sich meine Eltern kennengelernt? Meine Mutter, Irene Lessing, studierte Volkswirtschaft in mehreren Städten, zum Schluss in Berlin. Eines Tages saß sie auf der kleinen Umgrenzungsmauer vor der Friedrich-Wilhelms-, der heutigen Humboldt-Universität, als ein Taxi vorfuhr. Aus stieg hastig ein junger Mann, eilig rannte er, lauter Zettel in den Händen, ins Lehrgebäude. Nach einer Weile kam er wieder heraus, setzte sich leicht erschöpft neben meine Mutter, und es entspann sich ein kurzes Gespräch.

Dieser junge Mann, Klaus Gysi, mein zukünftiger Vater, studierte ebenfalls Volkswirtschaft, nach einer Zeit in Frankfurt am Main und an der Sorbonne in Paris nun gleichfalls in Berlin. Er hatte an diesem Tag bis Punkt zwölf Uhr eine schriftliche Arbeit abzugeben; versäumte er diesen Termin, wäre sie nicht mehr zulässig gewesen – was sein Studium deutlich verzögert hätte. Eine Minute vor zwölf war er aufgekreuzt. Nun saß er neben meiner Mutter, und sie bemerkte, dass er das alles ja ziemlich knapp organisiert habe. Mein Vater erklärte nur, dass sein Bruder gerade gestorben sei, an Leukämie. Damit war alles erklärt. Ein einziger Satz schuf Nähe.

Sein Bruder Gerd war als Junge auf die Odenwald-Schule gegangen, mein Vater hatte ihn dort besucht und war so fasziniert, dass er darum bat, ebenfalls auf diese Schule gehen zu dürfen. So kam es. Er war ein guter Schüler, nur im Fach Religion hatte er Schwierigkeiten. Auf der Odenwald-Schule lernte er den Sohn von Ernst Barlach kennen, von dem er mir später nur erzählte, er sei sehr gern stundenlang allein im Wald spazieren gegangen. Zu einem Freund für meinen Vater wurde der Schriftsteller Felix Hartlaub. Dieser war bis April 1945 als Historiker in mehreren Führerhauptquartieren tätig, arbeitete beim Oberkommando der Wehrmacht mit am sogenannten Kriegstagebuch, wurde aber noch im April 1945 eingezogen. Meine Mutter bot an, ihn zu verstecken. Er lehnte ab, wobei er noch den Humor besaß, sich mit ihr für einen Tag nach Kriegsende in einem Berliner Café zu verabreden. Er kam nicht wieder.

Zurück zur ersten Begegnung zwischen meinen Eltern: Sie verabredeten sich im Café Bauer, später das Lindencorso Unter den Linden, Ecke Friedrichstraße. Zu dieser Zeit herrschten schon die Nazis. Meine Mutter meinte ihren neuen Bekannten darüber informieren zu müssen, dass sie als sogenannte Vierteljüdin – ihr Großvater war Jude – einen gelben Streifen auf ihrem Studentenausweis habe. Mein Vater tat, als ob er sie nicht verstünde, er fragte immer wieder nach. Nach etwa zwanzig Minuten zog er seinen eigenen Studentenausweis: Das Dokument trug ebenfalls einen gelben Streifen. Denn seine Mutter war Jüdin, also galt er bei den Nazis als Halbjude. Meine Mutter erzählte mir, in diesem Moment habe sie überlegt, entweder sofort aufzustehen und für immer zu gehen – oder sich auf immer für diesen Mann zu entscheiden.

Mein Vater war 1928 dem Kommunistischen Jugendverband Deutschlands beigetreten, gehörte der Internationalen Arbeiterhilfe und dem Sozialistischen Schülerverband an, später der Roten Studentenbewegung. 1931 wurde er Mitglied der Kommunistischen Partei Deutschlands (KPD).

Zu dieser Zeit war meine Mutter nicht politisch organisiert, aber eindeutig und klar gegen die Nazis. Sie studierte nun also gemeinsam mit meinem Vater an der Humboldt-Universität, beide wurden jedoch der Uni verwiesen, glücklicherweise erst nachdem sie ihre Diplome als Volkswirte erworben hatten. An

Freunden aus jener Zeit hielten sie ein Leben lang fest. Dabei denke ich an Heinz Barwich, einer der erfolgreichsten Physikprofessoren der DDR, der später im sowjetischen Dubna arbeitete, dann aber in die Bundesrepublik wechselte. Oder an Hans Wittbrodt, ebenfalls Professor der Physik, der mit meinem Vater zusammen in Neukölln zur Schule gegangen war. Oder an Karl Burckhardt, mit dem gemeinsam sich mein Vater während der Nazidiktatur in Frankreich aufhielt. Und an Bruno Haid, der auch in Frankreich war. Er wurde später in der DDR, als mein Vater Kulturminister war, einer seiner Stellvertreter.

Meinen Vater zog es in seiner Studentenzeit nach Cambridge. In Paris an der Sorbonne hatte er bereits Französisch gelernt, bald beherrschte er auch die englische Sprache. Meine Mutter sprach Russisch, Englisch und Französisch. Zwei, die in schwieriger, politisch immer drückender werdender Zeit ihre Weltläufigkeit lebten und sich darin wunderbar verstanden. Trotzdem kam es zwischen ihnen zu einem Zerwürfnis, meine Mutter ging für ein Jahr nach Südafrika. Später schilderte sie mir, was sie dort so beeindruckt hatte: das so unterschiedliche kulturelle Verständnis von Weißen und Schwarzen – das der Schwarzen, geprägt von Lebensfreude und Leidenschaft, war ihr eindeutig sympathischer.

Weshalb ein Zerwürfnis? Mein Vater schien plötzlich Angst vor einer festen Bindung zu haben, er fürchtete wohl um seine Freiheit und Unabhängigkeit. Bald schon bereute er seine Zweifel, ärgerte sich über seine Unentschlossenheit und schrieb meiner Mutter lange Liebesbriefe. Er bat sie um Rückkehr. So fanden sie erneut zueinander; nach einem kurzen Aufenthalt in Großbritannien kam meine Mutter wieder nach Berlin. Sie lebten allerdings nicht gleich zusammen.

*

Die existenzielle Situation wurde für meinen Vater immer bedrückender und gefährlicher. Später in der DDR nannte er drei Gründe für die wachsende Bedrohung seines Lebens durch die Nazis. Erstens sei er Mitglied der KPD gewesen, zweitens habe er eine jüdische Mutter, und drittens sei er Brillenträger. Erstaunt wurde dann zurückgefragt, wieso eine Brille das Motiv für eine Verfolgung gewesen sei. Seine Gegenfrage: »Und wieso das andere?«

Meine Eltern entschlossen sich 1939, gemeinsam nach Frankreich zu gehen. Mein Vater hatte zunächst versucht, unter Hinweis auf seine eidgenössischen Vorfahren für meine Mutter und sich einen schweizerischen Pass zu bekommen. Dies scheiterte ebenso wie der Erwerb eines US-amerikanischen Passes. Also Paris. Dort arbeitete er in der Leitung der kommunistischen deutschen Studenten, deren Zahl wohl eher übersichtlich war. Auf einem internationalen Kongress antifaschistisch gesinnter Schriftsteller lernte er bedeutende Autoren kennen. Es entstanden Kontakte, die ihm später bei seinen kulturpolitischen Aufgaben in der DDR sehr zugutekamen. Bei meinem Vater und meiner Mutter gab es nicht nur eine große Bindung an die Literatur – beide hatten die Fähigkeit, Bücher in einer so unglaublichen Schnelligkeit zu lesen, wie ich es bei niemand anderem erlebte. Und diese Geschwindigkeit ging nicht auf Kosten der Intensität. Darauf war ich durchaus ein bisschen neidisch.

1940 überfiel Deutschland Frankreich. Meine Mutter, meine Großmutter und mein Vater wurden von den Franzosen verhaftet und in Gurs getrennt voneinander eingesperrt. Sie galten als feindliche Ausländer. Nach einigen Monaten wurden meine Großmutter und meine Mutter wieder entlassen. Mein Vater blieb eingesperrt, freute sich aber, mit seinen Freunden Karl Burckhardt, Bruno Haid und dem Geliebten seiner Mutter, Kurt Levy, zusammen sein zu können. Er verrichtete Arbeiten als Dachdecker.

Kurt Levy hatte sich zur Fremdenlegion gemeldet; für meinen Vater und seine beiden Freunde kam das nicht in Frage. Irgendwann stand die Verlegung in das Straflager Le Vernet an. Mein Vater ging zu einem französischen Offizier und erklärte, er habe für diese bevorstehende Verlegung eine inständige Bitte: Er wolle auf gar keinen Fall zusammen mit diesem Karl Burckhardt untergebracht werden, das sei ein unausstehlicher Kerl. Der Offizier hörte sich das an und versprach, sich zu kümmern. Natürlich landete mein Vater in einem Raum mit Karl Burckhardt. Genau das hatte er gewollt. Er hatte erfolgreich mit der Psychologie des Offiziers gespielt.

Menschen mit militärischen Machtbefugnissen sind aber keinesfalls automatisch negativ zu beurteilen. Als das Straflager 1940 an die Deutschen übergeben werden sollte, befahl ein französischer Offizier in lautem, brüllendem Ton den Deutschen Karl Burckhardt, Bruno Haid und Klaus Gysi, auf einen LKW zu steigen. Alle rundum befürchteten das Schlimmste, auch die drei Betroffenen. Der Offizier stieg mit in den Wagen, er fuhr diesen LKW in den nicht besetzten Teil Frankreichs, ließ absteigen und erklärte den Dreien, dass er mehr für sie nicht tun könne. Und fuhr wieder ab. Natürlich nannte er seinen Namen nicht, allein schon wegen der Gefahr, dass einer von den Dreien verhaftet, verhört, gar gefoltert und dann womöglich aussagen würde. So blieb der Retter anonym. Mein Vater bedauerte das sehr, so konnte er ihm nach 1945 nicht danken. Ohne diesen Offizier hätten die drei wohl nicht überlebt.

Meine Eltern trafen sich im nicht besetzten Teil Frankreichs und konnten sich dort gut verstecken. Sie besaßen noch gültige Pässe, und die Leitung der Kommunistischen Partei Deutschlands in Frankreich beschloss die Rückkehr beider nach Berlin. Eine harte, angesichts der politischen Verhältnisse unter Hitler im Grunde unmenschliche Entscheidung. Doch obschon ihn einige Freunde warnten, war mein Vater willens, die Order der Partei umzusetzen. Das Risiko war für beide erheblich, für ihn noch größer als für meine Mutter.

Oft habe ich mich gefragt, woher er diesen unvorstellbaren Mut und diese Konsequenz nahm, in ein Land zurückzukehren, wo sein Leben fortan an weniger als einem seidenen Faden hing. Und ebenso fragte ich mich, weshalb dieser Mut später in der DDR, gegenüber der SED-Führung und deren Enge und Starre und unter friedlichen Bedingungen, so fehlte.

Eines Tages also saßen meine Eltern allein in einem Abteil – in jenem Zug, der sie aus dem noch nicht besetzten Teil Frankreichs nach Deutschland brachte. Die Szene, die sich im Waggon abspielte, hat mir meine Mutter geschildert, und diese Episode verstärkte mein Erstaunen über meinen Vater, über eine Geistesgegenwart, die in gefährlichen Momenten rettend über Angst und Panik siegte. Denn plötzlich öffnete sich die Tür, und eine Schar von SS-Leuten nahm Platz. Was tat mein Vater? Er riss die Situation sofort an sich und erzählte am laufenden Band – jüdische Witze. Ausschließlich jüdische Witze. Die SS-Leute hielten sich die Bäuche vor Lachen und bemerkten nichts. Meiner Mutter freilich stockte in einem fort der Atem, ihr war hundsmiserabel zumute, und nur mit großer Anstrengung gelang ihr die gute Miene zum Spiel, das ja auch böse hätte ausgehen können.

1999 traf ich mich mit dem ehemaligen Bundeskanzler Helmut Kohl. Bei der Gelegenheit erzählte ich ihm diese Geschichte, wir kamen auf das Thema des Mutes innerhalb verschiedener Gesellschaftssysteme – und Helmut Kohl erklärte mir meinen Vater! Wenn er sich in der DDR gegen die SED gestellt hätte, so Kohl, wäre er keiner mehr von den Seinen und mithin sehr einsam geworden unter den eigenen Genossen. Der Mut gegen die Nazidiktatur wurde durch das Gefühl angetrieben und bestärkt, Teil einer kämpferischen Solidargemeinschaft zu sein, die auch etwas mit Märtyrerschaft zu tun hatte, mit der Gewissheit von Wirkungen also, die über den Tod hinaus lebendig geblieben wären.

Über dieses Argument dachte ich lange nach. Natürlich kommt für mich bei der Bewertung späterer Parteidisziplin auch noch jene politische Grundüberzeugung hinzu, die Menschen wie meinen Vater vieles relativieren und dulden ließ. Der Filmregisseur Frank Beyer hat einmal gesagt: »Was einen hemmte, war doch schlicht und einfach diese Tatsache: Gegen den Stalinismus vorzugehen, hieß gegen Antifaschisten vorzugehen. Das musste man erst mal übers Herz bringen.«

Trotzdem: Helmut Kohl hatte ebenfalls recht. Es ärgerte mich allerdings ein wenig, dass ausgerechnet er mir meinen Vater besser erklären konnte als ich mir selbst.

Jene Zugfahrt meiner Eltern, die letztlich bis Berlin führte, wurde auch deshalb schwierig, weil ihnen in Deutschland eine gültige Fahrkarte fehlte, sie konnten zudem das Hotel für eine erste Unterkunft in München nicht bezahlen, und außerdem fehlten ihnen Marken für Lebensmittel. Trotz dieser Schwierigkeiten gelang es ihnen, sich nach Berlin-Nikolassee durchzuschlagen, in die Schlachtenseestraße zu den Eltern meiner Mutter und zu Mascha. Sie waren nicht angemeldet und konnten nur deshalb überleben, weil sie sich gewissermaßen im Auge des Taifuns befanden: In der Umgebung wohnten viele Nazigrößen, es gab im Viertel also weder Polizeieinsätze noch Razzien. In dem Bezirk, in dem mein Vater früher gelebt hatte, in Neukölln, wäre ein solch geradezu geschützter Unterschlupf wohl kaum möglich gewesen.

Über Verbindungen meiner Mutter konnte organisiert werden, dass beide für denselben Verlag arbeiteten; sie verfassten Festschriften für Unternehmen, immer zu irgendwelchen runden Jahrestagen dieser Firmen. Dafür mussten sie den jeweiligen Betrieb besichtigen, und parallel zu ihren offiziellen

Recherchen sammelten sie Informationen über mögliche Rüstungsproduktionen. Mein Vater gab diese Fakten und Wahrnehmungen an einen Verbindungsmann weiter. Wohin sie von dort aus flossen, erfuhr er nicht, er konnte es nur ahnen. Wahrscheinlich gingen sie nicht nur an die KPD, sondern möglicherweise auch nach Großbritannien. 1952 sollte ihm das, im Rahmen einer Untersuchung seiner Partei, Schwierigkeiten bereiten.

Meine Mutter organisierte für einige Menschen Verstecke, beschützte aber vor allem meinen Vater. Dieser verdankte sein Überleben nicht nur meiner Mutter, sondern auch deren Mutter und Vater sowie Mascha – und seinem eigenen Vater, dem Arzt Hermann Gysi. Denn kurz vor Kriegsende kam wider Erwarten doch eine Militärkontrolle und war völlig verwirrt, sie verstand die gesamte Zusammensetzung im Haus nicht. Mein Vater gab sich bettlägerig, natürlich fragte die Patrouille, warum er nicht bei der Wehrmacht sei. Er zeigte sein Attest, wonach er an Diphterie leide. Der Militärarzt untersuchte ihn, sah sich dann noch einmal das Attest an und fragte, wer der behandelnde Arzt sei. Mein Vater erklärte: »Mein Vater.« Der Militärarzt schaute ihn lange an, sehr lange, und rief dann seinen Leuten laut zu, ja, dieser Mann leide tatsächlich an Diphterie. Die Kolonne zog wieder ab.

Das Motiv dieses Militärarztes kann ich nicht beurteilen. In diesem Moment überkam ihn offensichtlich Mitgefühl gegenüber seinem »Kollegen«, das heißt meinem Großvater. Er war sich offenbar sicher: In einer ähnlichen Notlage hätte er auch seinem eigenen Sohn auf die gleiche Weise zu helfen versucht. Ich weiß es nicht. Ein Leben kann jedenfalls von einer solchen Sekundenentscheidung eines anderen Menschen abhängen.

Der 8. Mai 1945 bedeutete das Ende der Nazidiktatur und das Ende des Zweiten Weltkrieges. Die DDR feierte diesen 8. Mai von Anfang an als Tag der Befreiung. Die offizielle Bundesrepublik Deutschland brauchte, um das auszusprechen, vierzig Jahre – bis 1985, als der damalige Bundespräsident Richard von Weizsäcker endlich und eindeutig auch für Westdeutschland feststellte, dass dieser 8. Mai 1945 ein Tag der Befreiung gewesen sei.

4. KAPITEL

Besatzungszeit, nach dem Krieg. Ich habe sie nicht selbst bewusst erlebt, Erzählungen der Eltern aber befestigten Eindrücke und verdeutlichten eine Atmosphäre. Die sowjetische Besatzungsmacht sorgte für Essen und am Deutschen Theater in der Schumannstraße dafür, dass zur Wiedereröffnung Lessings »Nathan der Weise« inszeniert wurde. Ein programmatischer Auftakt, ein Aufruf zur Toleranz zwischen Christen, Juden und Muslimen. Der auch heute wieder so akut, so wichtig geworden ist.

Meine Mutter erzählte mir aber auch, dass ein sowjetischer Soldat versucht hatte, ihr das Fahrrad zu stehlen, einen in der damaligen Zeit unschätzbaren Wertgegenstand. Daraufhin schimpfte sie ihm in fehlerlosem Russisch hinterher, was diesen absolut verblüffte, ja erschreckte, er ließ ab und ergriff die Flucht. Er muss wohl gedacht haben, sie sei die Tochter eines hohen sowjetischen Generals – wie sonst wäre die Existenz einer so gut russisch sprechenden Frau in Berlin zu erklären.

Später erfuhr ich von einer anderen Frau, ein Soldat der Roten Armee sei in ihre Wohnung eingedrungen und habe mit vorgehaltener Maschinenpistole ihre Uhr verlangt. Sie gab ihm die Uhr, er verschwand. In ihrer Wut ging die Frau zur Kommandantur und beschwerte sich. Ein Offizier ging mit ihr hinaus, ließ antreten, beide gingen die Reihe der Soldaten entlang, die Frau erkannte den Dieb, zeigte auf ihn. Man ging zu seinem Spind und fand die Uhr. Die Frau bekam sie zurück, und der Offizier bat sie, noch kurz mitzukommen. Sie ging mit und sah den Soldaten an der Mauer stehen. Er wurde sofort erschossen. Ein etwa Zwanzigjähriger! Dieses erschütternde Erlebnis ist die Frau nie losgeworden – nie wieder konnte sie diese verhängnisvolle, unglückselige Uhr tragen.

Als ich in die erste Klasse ging, stritt ich mich mit einem Mitschüler über die Frage, ob die Russen Frauen vergewaltigt hätten oder nicht. Wir wussten beide nicht, was eine Vergewaltigung ist, aber uns war klar: etwas Negatives – und deshalb bestritt ich es. So etwas täten die Russen nicht! Eine selbstverständliche Wirkung meines Elternhauses. Auch meinem Mitschüler war klar, dass Vergewaltigung etwas Böses sein musste. Der Unterschied: Er hob es anklagend hervor. Es war das einzige Mal in meinem Leben, dass ich mich geprügelt habe. Abends fragte ich meinen Vater, was eine Vergewaltigung sei, und ob es stimme, dass die Russen Frauen vergewaltigt hätten. Er versuchte, mir eine Vergewaltigung zu erklären, und ich habe es so halbwegs verstanden. Dann meinte er, der prinzipielle, völlig undifferenzierte, also pauschale Vorwurf gegen die Russen sei falsch, »aber …«. Die Erläuterung zum »aber« dauerte ziemlich lange und war vor allem sehr umständlich. In Wirklichkeit gab er mir zu verstehen, dass ich recht hatte – und dennoch falschlag. Ein früher Unterricht in Dialektik.

Tatsächlich ist es in den ersten Wochen der Besatzungszeit zu schlimmen Vorfällen gegen Frauen und Mädchen gekommen. Dann aber, im Juni des Jahres 1945, gab es einen strikten Befehl der Sowjets an die eigenen Soldaten, dies unverzüglich zu unterbinden. Was dann auch geschah. Später erfuhr ich von Politikern aus den westlichen Bundesländern, dass es ähnliche Übergriffe auch von französischen, britischen und US-amerikanischen Soldaten gegeben habe. Man darf nie vergessen, dass in einem Krieg das Leben eines Menschen, seine Rechte, seine Würde nicht den geringsten Wert behalten. Freilich: Von energischer Aufarbeitung, wie sie im Falle der sowjetischen Soldaten – besonders nach dem Untergang der DDR! – gefordert und betrieben wurde, habe ich aus den westlichen Landesteilen kaum gehört.

*

Meine Eltern lebten nach dem Krieg im US-amerikanisch besetzten Sektor von Berlin. Die US-Offiziere kamen, sahen sich das Haus an und entschieden sofort, diese Villa Lessing zu übernehmen. Meine Eltern zogen in eine kleine Wohnung in der Libellenstraße 4, ebenfalls in Nikolassee. Meine Mutter verdingte sich übrigens später bei den US-Offizieren in der Villa Lessing eine Zeit lang als Hausmädchen – ohne dass diese wussten, in welcher Beziehung sie zu diesem Gebäude stand. Sie tat das, um die wichtigsten Gegenstände des Hausrats, Schritt für Schritt, durch »Entnahme« in Sicherheit zu bringen.

In Nikolassee wohnten meine Eltern, als meine Schwester im Jahr 1946 und ich im Jahr 1948 geboren wurden. Zur Geburt ging unsere Mutter in das Oskar-Ziethen-Krankenhaus, weil dort – wie bereits erwähnt – ihr Schwiegervater, Dr. Hermann Gysi, einer der Chefärzte war.

Irgendwann wurde ich gefragt, in welchem Land ich zur Welt kam. Meine Eltern wohnten, wie gesagt, im US-Sektor. Geboren aber wurde ich im sowjetisch besetzten Teil der Stadt. Das Deutsche Reich war untergegangen. Weder die Bundesrepublik Deutschland noch die Deutsche Demokratische Republik gab es zu diesem Zeitpunkt schon. Aus welchem Land also komme ich? Keine Ahnung, eines zumindest weiß ich: Ich stamme aus Berlin.

*

Im Mai 1949 wurde die Bundesrepublik Deutschland gegründet. Im August jenes Jahres zogen meine Eltern mit meiner Schwester und mir von Berlin-Nikolassee in den Ostteil der Stadt, und zwar in den Bezirk Treptow, Ortsteil Johannisthal. Sie hatten die Hälfte eines Zweifamilienhauses mit Grundstück in der Waldstraße erworben. Dort verlebten meine Schwester und ich unsere Kindheit.

Meine Mutter arbeitete nach 1945 zunächst in der Industrieverwaltung der sowjetischen Besatzungszone. Später gründete und leitete sie den Verlag Kultur und Fortschritt. Er sollte sich in erster Linie der Edition russischer und sowjetischer Literatur widmen. 1951 wechselte sie zum ebenfalls belletristisch ausgerichteten Verlag Rütten & Loening und wurde dort Verlegerin.

Unter ihrer Verantwortung brachte der Verlag die Werke von Rolland, Stendhal, Zola, Maupassant, Tolstoi, Tschechow, Dickens heraus, um nur die wichtigsten zu nennen. Auch zeitgenössische Autoren wie Hermann Kant veröffentlichten dort später. Herausgegeben wurden auch Beiträge zur romanischen Philologie unter Mitwirkung von Victor Klemperer sowie die Zeitschrift »Sinn und Form«. Noch heute wird der Verlag in entsprechenden Lexika gewürdigt: »Hinsichtlich der Qualität des literarischen Anspruchs, der Tiefe und Breite des Programms waren die 1950er Jahre eine Blütezeit des Verlages Rütten & Loening.«

Mein Vater wurde von den US-Offizieren als Stellvertretender Bürgermeister für Ordnung und Sicherheit in Zehlendorf eingesetzt. Eher eine Fehlbesetzung. Er erzählte gern zwei Geschichten aus dieser Zeit. Bei den US-Militärs gingen deutsche Prostituierte ein und aus, vor allem natürlich nachts. Am Morgen wurden sie von den Soldaten entlassen – aber ohne ihre Kleidung. Mein Vater war zuständig dafür, diese Frauen wieder einzukleiden. Das war mehr als schwierig, Kleidung war knapp. Er ging zur Kommandantur der US-Amerikaner und bat darum, man möge den Frauen doch wenigstens ihre Sachen hinterherwerfen, wenn man sie aus der Kaserne »entließ«. Das wurde akzeptiert, und damit kam es zu einer anderen Umgangskultur mit den nächtlichen Besucherinnen.

Die zweite Episode gab er sehr viel später in einem größeren Freundeskreis zum Besten. Eines Tages sei eine etwa achtzehnjährige junge Frau zu ihm gekommen, mit irgendeinem dringlichen Problem. Er habe ihr zugehört und versprochen, so gut wie möglich zu helfen. Daraufhin habe sie gesagt, eines habe sie schnell fürs Leben gelernt: Nichts sei umsonst. Und sie begann, ihr Kleid aufzuknöpfen. Mein Vater bedeutete ihr sofort, damit aufzuhören. Nun muss man wissen, dass mein Vater rhetorisch höchst begabt war; ihn im Redefluss zu unterbrechen und in dieser Unterbrechung selber zu bestehen, dazu bedurfte es einer Idee. Er war für mich eine wirksame Schule für Zwischenbemerkungen. Als er nun erzählte, wie er diese Frau gewissermaßen zur Ordnung rief, konkret zur Kleiderordnung, da sagte ich: »Hier wird die Geschichte unglaubwürdig.« Alle Freunde lachten, er selbst empörte sich – aber ebenfalls lachend.

Noch 1945 flog er als Bürgermeister in Zehlendorf raus. Wenn ich das mit der Dauer meiner Tätigkeit als Bürgermeister in Berlin 2002 vergleiche (über die noch zu berichten sein wird), so kommen wir beide auf die jeweils gleiche Amtszeit: ein halbes Jahr. Er wurde Chefredakteur der kulturpolitischen Zeitschrift »Aufbau«, herausgegeben vom Kulturbund. Außerdem war mein Vater, mit Geld dieses Bundes, einer der Mitbegründer des Aufbau-Verlages.

Der Kulturbund spielte damals eine wichtige Rolle. Er war eine hilfreiche Institution zur Überwindung des rassistischen und antisemitischen Denkens; die deutsche Klassik sollte auf neue Art und Weise wiederbelebt werden. Präsident des Kulturbundes wurde der Schriftsteller Johannes R. Becher. Erster Sekretär war Alexander Abusch, der dann über viele Jahre einen wichtigen administrativen, auch einengenden Einfluss auf die Kulturpolitik der DDR ausübte.

Mein Vater wurde zweiter Sekretär des Kulturbundes. Zunächst allerdings endete seine Laufbahn, bevor sie richtig begonnen hatte. 1952 kamen vermeintlich ungeklärte Fragen auf, sie betrafen seine Emigration in Frankreich und die Adressaten seiner Informationen gegen das Naziregime. Er geriet in die Mühle jenes Misstrauens, das vielen Westemigranten entgegenschlug, und war von einem auf den anderen Tag arbeitslos. Meine Mutter blieb Verlegerin, und das mit Dienstwagen. Sie bekam Einladungen auch für ihren Ehemann. Natürlich weigerte er sich vehement, bei offiziellen Anlässen als »Prinzgemahl« zu agieren.

*

Wenn ich über meine Eltern nachdenke, dann auch über ihre Scheidung. Was führt Menschen zueinander, was hält sie beieinander, was bringt sie auseinander? Logische Erklärungsmuster gehen zum großen Teil fehl. Wie beschrieben: Mein Vater war Mitglied der KPD gewesen, meine Mutter kam aus gänzlich anderen sozialen und kulturellen Kreisen. Plötzlich hatte sie in der DDR eine leitende Funktion, er jedoch war ohne Beschäftigung – und das in einer Zeit, Anfang der fünfziger Jahre, da eigentlich jede und jeder gebraucht wurde. Er muss sich zurückgesetzt gefühlt haben, er trug sein Los natürlich würdevoll, aber wahrscheinlich gab es erste, zunächst kaum wahrnehmbare Risse in der Beziehung, und vielleicht waren so schon früh die Grundlagen für die spätere Trennung gelegt. Es ist ein Problem, wenn Stärke auf Stärke trifft.

Mein Vater blieb ein halbes Jahr ohne Arbeit. Freunde besorgten ihm dann eine Anstellung im Verlag Volk und Wissen, dem Schulbuchverlag der DDR. Mag die pädagogisch-methodische Ausrichtung des Hauses seinen kulturellen Neigungen wenig entsprochen haben – immerhin gelang es ihm, in diesem Verlag ein mehrbändiges Werk zur deutschen Literaturgeschichte herauszugeben. Er war ein Mensch, der genügend

Energie und Ideen besaß, sich unter jeweils gegebenen Umständen Erfolgserlebnisse zu verschaffen.

Manchmal hält das Leben Fügungen bereit, bei denen sich die Tragik des einen Menschen mit dem Glück eines anderen sehr unsentimental verbindet. 1956 wurde der Chef des Aufbau-Verlages, Walter Janka, verhaftet. Er hatte diesen Verlag zur Weltliteratur hin geöffnet. Im Zusammenhang mit dem Aufstand in Ungarn und aktiver Solidarität für den Literaturwissenschaftler Georg Lukács war Janka konterrevolutionärer Umtriebe bezichtigt worden. Er musste für fünf Jahre ins Gefängnis. Mein Vater wurde Jankas Nachfolger im Amt des Aufbau-Verlagsleiters. In solchen Wechseln zeigten sich die Härte und die Unerbittlichkeit, mit denen diese Generation zu leben hatte. Alles bedeutete Kampf. Man rückte vor und zurück, man rückte nach, man rückte auf, man füllte Leerstellen aus, die jemand hinterließ, der in diesen Kämpfen von der Partei gerichtet worden war. Das trieb die Gefühlswelten in eine oft gnadenlose Lakonik. Man hielt stand, man hielt aus, man hielt zusammen – auch im Schweigen über ertragenes Unrecht.

Zu den glücklichen Begebenheiten meines Lebens zählt, dass ich infolge des Herbstes 1989 gerade mit Walter Janka eine enge Beziehung knüpfen konnte. Eine Lesung seines Buches »Schwierigkeiten mit der Wahrheit« im Deutschen Theater Berlin gehörte in jener Umbruchphase der DDR unbedingt zu den geistigen Impulsen für eine grundsätzliche gesellschaftliche Erneuerung.

Bruno Haid, der Freund meines Vaters aus der Emigration, war in den fünfziger Jahren stellvertretender Generalstaatsanwalt der DDR und hatte verlangt, mit Leuten wie Walter Janka eine politische, aber keine strafrechtliche Auseinandersetzung zu führen. Deshalb wurde er entlassen und zunächst als Hilfsarbeiter in einer Fabrik eingesetzt. Später gelang es meinem

Vater als Kulturminister, ihn zu einem seiner Stellvertreter zu berufen, zuständig für Verlage.

1956 wurde auch meine Mutter im Zusammenhang mit ihrer Westemigration unter Hitler als Verlegerin abgesetzt. Der Westen, das war der Feind – mancher, der sich dort in Sicherheit gebracht hatte, galt plötzlich als unzuverlässig. Der Verlag Rütten & Loening, den meine Mutter geleitet hatte, wurde bald darauf dem Aufbau-Verlag zugeordnet, dem mein Vater vorstand. Eine verlegerische Übernahme, die bis auf den heutigen Tag Bestand hat. Für meine Mutter ging die Sache insofern gut aus, als sie kurz nach ihrer Abberufung aus dem Verlag ins Kulturministerium kam – in der Abteilung Kulturelle Beziehungen zum Ausland leitete sie den Sektor, der für Kontakte zu den kapitalistischen Staaten zuständig war. Eine höchst interessante Tätigkeit, die vor allem auch nach dem Mauerbau 1961 mit vielen Dienstreisen in westliche Länder verbunden war. Später wurde sie Chefin der gesamten Abteilung, und noch später leitete sie die Abteilung UNESCO und andere internationale Organisationen.

Das Leben meiner Eltern vollzog sich in kultureller Unrast, man war viel beschäftigt, oft unterwegs. Wirklich häuslich, was die äußeren Abläufe betraf, konnte man dieses Familienleben nicht nennen. Aber vielleicht lag hier ein Grund für meine Mutter, in der Haushaltsführung für Ruhe, Gleichmaß und Beständigkeit zu sorgen – alles war eher aristokratisch strukturiert. Dazu gehörte ein spezielles Verständnis von Zugehörigkeit. Das heißt: Jene übliche Praxis in bürgerlichen Familien, die Haushälterinnen oder Kindermädchen häufig zu wechseln, lehnte meine Mutter strikt ab. Zugehörig wurde man bei ihr durch das Wohnen im Haus.

Ab 1951 war Gertrud Stapel, von uns allen Schätzi genannt, Haushälterin und Kindermädchen zugleich, sie blieb im Haus bis zum Tod unserer Mutter. Schätzi nahm an jedem Essen teil. Ein Weihnachtsfest ohne sie war undenkbar. Sie gehörte auf ihre Art vollständig zur Familie. In gewisser Hinsicht war sie sogar deren Kern. Typisch für die Situation war, dass meine Mutter und Schätzi sich bis zum Schluss siezten. Wenige Jahre vor ihrem Tod hatte meine Mutter Schätzi das Du angeboten, was von dieser aber sehr bestimmt abgelehnt worden war. Das fand ich mehr als witzig. Zwischen beiden Frauen herrschte eine enge Vertrautheit, bei der jedoch genauestens darauf geachtet wurde, eine bestimmte Distanz nicht zu unterschreiten.

Familie, das ist immer auch ein Abhängigkeitsverhältnis. Natürlich war Schätzi abhängig von meiner Mutter. Wir drei aber, meine Mutter, meine Schwester und ich – wir waren weit abhängiger von Schätzi. Ein aristokratischer Haushalt bedeutet ja für Kinder, dass sie einerseits besonders unter Kontrolle stehen – andererseits freilich soll sich in ihnen das Gefühl von Freiheit und Sonderstellung entwickeln. Meine Schwester und ich liebten Schätzi. Sie besaß einen überdurchschnittlichen Gerechtigkeitssinn, den sie auch auf uns übertrug. Sie hat uns also völlig gleich behandelt, was in der Erfahrung von Geschwistern keinesfalls eine Selbstverständlichkeit ist. Zum Beispiel war die Zuneigung meiner Mutter zu mir etwas größer als zu meiner Schwester. Bei meinem Vater war es umgekehrt. So glich sich letztlich alles auf gerechte Weise aus.

5. KAPITEL

Unser Gedächtnis würfelt, die Erinnerung springt wie das Leben selbst; und in der Rückschau eine Ordnung des Erlebten herzustellen, ist jederzeit ein unvollkommener Versuch. Oft bewahren wir nur Augenblicke. So erinnere ich mich nur vage an den Kindergarten. Aber ich weiß noch, dass ich im Märchenstück »Die sieben Geißlein« jenes kleinste Geißlein spielte, das sich im Uhrkasten versteckt. Der Darsteller des Wolfs machte seine Sache nicht richtig, ich musste ihm vorspielen. Eine frühe Einübung in die besondere Aura öffentlicher Räume. Vor allem aber erinnere ich mich daran, dass da ein sehr hübsches Mädchen in der Gruppe war und ich Schätzi bat, mich doch zu einer späteren Stunde abzuholen. Vermutlich war ich das einzige Kind, das je darum bat, länger als nötig im Kindergarten bleiben zu dürfen.

Politische Ereignisse in größtenteils friedlichen Zeiten erreichen ein Kind nur spärlich. Am 17. Juni 1953 etwa war ich fünf Jahre alt. Ich stand aus Gründen, die ich vergessen habe, im Königsheideweg. Gegenüber war das Polizeirevier. Dort standen viele Männer in Zivil, aber in Reih und Glied, die Gesichter mir zugewandt. Vor ihnen zwei Polizisten mit Gewehren. In der ersten Reihe der Zivilisten stand ein alter Mann mit langen weißen Haaren. Unser Blick traf sich, ich habe diesen Blick bis heute nicht vergessen. Begegneten da einander zwei unterschiedliche Alter der Unschuld? Eine natürliche, die ich als Kind verkörperte, und eine politische dieses Mannes? Oder hatte sich der Mann mit den weißen Haaren schuldig gemacht, und mir begegnete da der Blick des Menschen, der Beistand suchte? Traf ich da also auf einen Blick, den ich in meinem späteren Anwaltsleben noch öfter auffing? Das alles ist, wenn man eine Logik unterstellen will, blanker Unsinn. Aber wir klopfen unser Leben gern nach existenziellen Zeichen ab, und dass ich den seltsamen, zufälligen Blick dieses Mannes nie vergaß, hat mich in Abständen beschäftigt, sogar etwas beunruhigt.

*

Als Kind aß ich besonders gern Eis. Da ich aber kein Geld hatte, ging ich zu unserem Eisladen an der Ecke und bezahlte mit Bauklötzen. Die Verkäuferin ging lächelnd auf meine Währung ein, mein Vater löste abends im Geschäft die Bauklötze ein, sodass ich sie wiederbekam. Das ermutigte mich, diese Zahlungsmethode so lange wie möglich fortzusetzen. Auch erinnere ich mich, mit meinem Vater auf dem Weihnachtsmarkt gewesen zu sein – er bot mir an, ich könne Polareis essen, so viel ich wolle. Es handelte sich um Vanilleeis mit einem Schokoladenüberzug. Nach der 23. Portion war es mit seiner Freigiebigkeit zu Ende, denn diese Menge hatte er natürlich nicht erwartet. Und natürlich hielt er sie auch nicht meiner Gesundheit zuträglich. Es kann von Vorteil sein, wenn man unterschätzt wird.

1954 wurde ich in Johannisthal eingeschult und besuchte zunächst die Grundschule in der Winckelmannstraße. Sie lag in der Nähe des DEFA-Synchronstudios. Eines Tages kam eine Frau von dort, sie trat vor die Klasse und forderte alle Kinder auf, ein bis zwei Sätze zu sagen. Heute würde man sagen: ein Stimmen-Casting. Ich wurde genommen und synchronisierte fortan fremdsprachige Filme. Am besten sprach ich Kinder aus italienischen und französischen Filmen. Am häufigsten in traurigen Rollen. Die »Gage« bekam ich als Sechsjähriger sofort ausgezahlt, und wenn vorm Studio zufällig ein Taxi hielt und eine Schauspielerin oder ein Schauspieler ausstieg, charterte ich den frei gewordenen Wagen und ließ mich nach Hause fahren. Es handelte sich um eine Entfernung von etwa einem Kilometer, also zwei Straßenbahnstationen. Sehr zu meinem Leidwesen sah das eines Tages die Leiterin der Kindergruppe im Studio. Daraufhin wurde entschieden, das Geld auf ein Konto meiner Mutter zu überweisen. Ich musste also wieder laufen beziehungsweise Straßenbahn fahren, was meinen Charakter wohl ein wenig gerettet hat. Vom Geld, das ich verdiente, bezahlte meine Mutter ein neues Dach für unser Haus. Zurückerstattet wurde mir das Geld nie. Na ja, irgendwie schon: Meine Mutter half mir später beim Erwerb eines Wochenendgrundstücks.

Mit der Zeit des Stimmbruchs endete meine Synchronkarriere. Allerdings trat ich noch in einem Fernsehfilm auf, einer Komödie von einem sowjetischen Autor. Es fanden Proben statt, und dann wurde live gespielt und gesendet. Wenn ich mich nicht täusche, gab es sogar eine Wiederholung. Aber offenbar – und zu meinem Glück! – existiert im Archiv kein Mitschnitt. Ansonsten wäre ich bestimmt in etlichen Talkshows damit konfrontiert worden.

Seit vielen Jahren läuft am Deutschen Theater in der Schumannstraße die Gesprächsreihe »Gregor Gysi trifft Zeitgenossen«. Manchmal denke ich daran, dass ich diese legendäre Bühne schon als Kind betreten hatte. Bei Wolfgang Langhoff sprach ich als Sohn von Wilhelm Tell vor, den Friedo Solter spielte. Aber Langhoff nahm mich nicht. Damit war meine künstlerische Laufbahn beendet.

*

Meine Schwester und ich fühlten uns in Johannisthal wohl. Wir gehörten zur großen Schar der Kinder in der Waldstraße. Wo die Straße begann, stand das Haus einer Ausnahmefamilie – eines katholischen Betriebsarztes mit Frau und Kindern. Diese Kinder durften nicht mit uns spielen, ja, ihnen war sogar verboten, überhaupt auf die Straße zu gehen. Jahrzehnte später haben meine Schwester und ich mit ihnen über diese absurde Verhaltensweise der Eltern gesprochen. Irgendwie fürchtete der Arzt den schlechten Einfluss anderer Kinder. Reinhaltung durch Isolation. Schrecklich.

Die Straße, in der wir wohnten, war sozial herausfordernd. Auf der einen Seite standen Zweifamilienhäuser, in denen Familien wie die unsere lebten, für damalige Verhältnisse sehr bürgerlich, sehr gediegen. Auf der anderen Seite reihten sich Mietswohnungen aneinander. In dieser Straße gab es also alle sozialen Schichten. Die Kinder unterschiedlichster Herkunft und Erziehung trafen aufeinander, kamen zusammen und mussten lernen, mit diesen Unterschieden umzugehen. Neugier und Konflikt, Annäherung und Distanz, Fremdheit und Nähe bildeten ein Spannungsfeld, das auch mich prägte.

Befreundet war ich mit Hans Jurga, der gegenüber wohnte. Seine Mutter trug das Los einer Alleinerziehenden von drei Kindern, da der Vater im Krieg gefallen war. Eine katholische Familie. Hans' Schwester Helga hatte eines Tages ihre Erstkommunion und lief mit weißem Kleid, Blumenkranz und einer wunderschönen Kerze durch die Straße. Meine Schwester war neidisch und erklärte zu Hause kategorisch, dass sie auch Kommunion haben wolle. Mein Vater stutzte und machte sich über diesen Wunsch lustig – worauf sie ihn fragte, ob er denn je Kommunion gehabt oder sie wenigstens erlebt habe. Das musste er verneinen. Daraufhin sagte sie: »Dann verstehst du davon auch nichts, sei also still«, drehte sich um und ging. Kommunion bekam meine Schwester zwar keine, aber von meiner Mutter ein weißes Spitzenkleid. Immerhin. Und mein Vater hatte eine kleine Lektion erhalten, wie ein unbedachter weltanschaulicher Hochmut kindliche Gegenwehr auslösen kann.

Mir fiel früh auf, dass sich unser Haushalt und der meines Freundes Hans ganz erheblich voneinander unterschieden. Im Hause Jurga gab es zwei Bücher: die Bibel und ein Kochbuch. Bei uns daheim reihten sich Tausende Bücher in den Regalen. Erstaunlich, welche Literatur in der DDR Anfang der fünfziger Jahre erschien, so zum Beispiel der chinesische Sittenroman »Kin Ping Meh« (Jin Ping Mei), ein Buch mit erotischen bis pornographischen Stellen, in dem meine Schwester und ich als Kinder irgendwann anfingen, heimlich zu lesen.

Meine Schwester und ich hatten ein viel unbeschwerteres Leben als die drei Kinder von Frau Jurga. Die Tatsache, dass sie katholisch aufwuchsen, war in der DDR auch nicht gerade karrierefördernd. Dennoch: Hans Jurga ist Oberarzt geworden – solche Chancen wünsche ich Kindern mit ähnlicher sozialer Herkunft auch heute. Leider gab es eine politische Diskriminierung in der DDR, aber eine soziale gab es nicht. Diese ist im Westen nicht weniger verhängnisvoll, und: Sie erfasst weit mehr Menschen.

Mein anderer Freund hieß Aljoscha Rompe. Er hatte sechs Geschwister und wohnte im Nachbarhaus. Sein Vater, genauer Stiefvater, war Robert Rompe, ein international anerkannter Physiker, Vizepräsident der Akademie der Wissenschaften der DDR. Die Familie zog später nach Wendenschloss in Berlin-Köpenick. Einmal im Jahr, wenn Aljoscha Geburtstag hatte, besuchte ich ihn dort und übernachtete im Haus seiner Eltern. Jedes Mal gab es eine mich tief beeindruckende Zeremonie. Am Morgen von Aljoschas Geburtstag standen die sechs kleineren Geschwister um ihre Mutter herum. Jedes Kind bekam ein eingewickeltes Paket mit einem Geschenk für den Bruder. Wenn Aljoscha eines der Pakete öffnete, riefen sie aufgeregt durcheinander und wollten wissen, was sie ihm geschenkt hatten. Vorher hatten sie keine Ahnung, worum es gehen könnte. Besonders beeindruckte mich, dass auch ich als Gast, so wie

Aljoschas Geschwister, einen eigenen Geburtstagstisch mit Schokolade, einem Spiel und einem Buch hergerichtet bekam. Beachtlich und großzügig.

Aljoscha war hochintelligent und sehr gebildet. Aus ihm wurde allerdings kein Oberarzt wie Hans, sondern ein Musiker. Er gründete 1983 in der DDR die Punkband »Feeling B«. Als wir längst erwachsen waren, suchte er mich auf, um mit mir als Anwalt zu klären, ob er nicht eigentlich Schweizer Bürger sei. Mutter und Erzeuger waren Schweizer. Das Innenministerium hatte ihm allerdings mitgeteilt, sein Antrag auf einen Personalausweis habe automatisch den Antrag auf die Staatsbürgerschaft der DDR eingeschlossen. In einem Schreiben ans Ministerium widersprach ich. Erstens sei Aljoscha damals erst vierzehn Jahre alt gewesen, also minderjährig, und außerdem unterscheide sich ein Antrag auf einen Personalausweis wesentlich von einem Antrag auf Staatsbürgerschaft. Es ging hin und her, letztlich bekam Aljoscha Recht und auch einen Schweizer Pass, und fortan lebte er viel vergnügter in der DDR. Er konnte ausreisen, wann, wohin und wie lange er wollte.

*

Die ersten beiden Jahre in der Schule fielen mir nicht schwer. Zwar gehörte ich nicht zu den herausragenden Schülern, war aber auch nicht schlecht. Nach zwei Jahren wechselte meine Klasse in die neu gebaute Polytechnische Oberschule in Berlin-Johannisthal im Ellernweg. Auch hier gehörte ich zu den guten, aber wiederum nicht zu den besten Schülern. Mein Ehrgeiz suchte ständig und meist erfolgreich den Ausgleich mit dem geringsten Aufwand. Einen großen Tag hatte ich, als alle Klassen meiner Altersstufe im Geschichtsunterricht den Gang von Heinrich IV. nach Canossa durchnahmen und deshalb auf Papst Gregor VII. zu sprechen kamen. Da ich der Einzige an der Schule war, der diesen Vornamen trug, fühlte ich mich kurzzeitig aufgewertet und lief in den Pausen mit stolz geschwellter Brust herum.

Politisch vollzogen sich spannende Zeiten, auch an der Schule. Die Lehrerschaft war gespalten, es gab höchst unterschiedliche Weltsichten. In Erinnerung ist mir ein Lehrer, der begeistert von seinen Erlebnissen im Zweiten Weltkrieg erzählte, andere wiederum betonten in entschiedener Abkehr von jüngster deutscher Geschichte ihre Übereinstimmung mit der DDR. Es waren noch die Jahre der offenen Grenze. Viele Schülerinnen und Schüler fuhren nach Westberlin, tauschten Ostgeld im Kurs von fünf zu eins in Westgeld um und gingen vor allem ins Kino AKI, in dem ich leider niemals war. Meine Eltern duldeten es nicht.

Viel Streit gab es um die Hitlerzeit, um Westberlin, um die Sowjetunion, um die DDR. Der jeweilige Geist, der die Elternhäuser prägte, durchzog auch die Schule, er bestimmte das Verhalten der Kinder untereinander. Außer mir gab es noch einen weiteren Schüler mit antifaschistischen Eltern. Die Väter und Mütter der anderen hatten in der Nazidiktatur möglichst unauffällig gelebt. Die meisten Väter waren Soldaten im Zweiten Weltkrieg gewesen. Mir fiel auf, dass die antifaschistischen Eltern politisch mehr zu sagen hatten als die anderen – diese anderen aber die Mehrheit bildeten. Ein früher Grundkurs in staatssozialistischer Realität: Eine antifaschistische Minderheit hatte, historisch wohl gerechtfertigt, die Macht übernommen, aber sie blieb doch eine Minderheit. Weil sie aber Tribun der Mehrheit sein wollte, erklärte sie die gesamte Bevölkerung für antifaschistisch. Ein historischer Selbstbetrug. Die neue Macht gewann nie das Vertrauen und den Rückhalt der Mehrheit.

Daraus resultierte eine staatliche Furcht, die nicht überwunden werden konnte und mehr und mehr zur Verhärtung der Verhältnisse führte. Die Antifaschisten waren von den Nazis grausam behandelt worden. Als sie nun selber die Macht besaßen, schwang immer die Angst mit, diese Macht wieder zu verlieren und dann womöglich erneut gedemütigt und verfolgt zu werden. Aus dieser Furcht heraus glaubten sie, Diktatur, eingeschränkte Demokratie und beschnittene Freiheit rechtfertigen zu dürfen, zu müssen.

Im Zusammenhang mit der deutschen Vergangenheit wurde mir bewusst, dass ich in einem wesentlichen Punkt privilegiert war. Wir Kinder unterhielten uns darüber, was wohl in der Nazidiktatur aus uns geworden wäre. Meine Antwort fiel sehr einfach aus: Ich hätte nicht einmal dann ein Nazi werden dürfen, wenn ich es gewollt hätte. Das erleichterte mir, im Vergleich zu meinen Mitschülern, den Umgang mit allen Fragen von Verführbarkeit und Schuld in der Zeit der Hitlerdiktatur.

6. KAPITEL

Kindheit, die in einem Frieden stattfinden darf, ist in der Rückschau meist Anekdotenzeit und liefert Stoff für viel Unbeschwertheit. Aber früh gab es auch Bitteres, Trauriges. In unserer Klasse starb ein Junge, und zwar der frechste. Er fuhr im Zug, lehnte sich gegen eine Tür, die nicht richtig verschlossen war, stürzte aus dem Waggon und war sofort tot.

Ein Jahr später starb wieder ein Junge, an Blutvergiftung. So entstand der böse Aberglaube, im nächsten Jahr werde erneut jemand von uns sterben. Aber wer? Es lag eine gewisse Beklommenheit in der Luft. Zum Glück geschah nichts. Aber so habe ich schon als Kind an zwei Beerdigungen für andere Kinder teilgenommen. Es waren schlimme Momente. Kindersärge sind ein furchtbarer Anblick; besonders quälend, die Verzweiflung der Eltern mitzuerleben. Die Schreie der einen Mutter haben mich zutiefst erschüttert, ich kann sie nicht vergessen.

Meine Mutter erklärte mir, dass beim Tod die natürliche Reihenfolge stimmen müsse. Erst haben die Großeltern, dann die Eltern, dann die Kinder, dann deren Kinder zu sterben. So, und nicht anders. Immer wenn dieser Zyklus durcheinandergerät, ist es eine Katastrophe.

Erkrankung und Tod, der Gedanke an die Kürze und Unwiederbringlichkeit des Lebens mussten mich darüber hinaus leider auch in anderer, sehr direkter Weise beschäftigen. Alles fing sehr harmlos an, mit einer Betriebsweihnachtsfeier für Kinder. Die Söhne und Töchter aller Betriebsangehörigen wurden eingeladen, es gab, wie immer, ein Kulturprogramm, Kuchen, Kakao und einen bunten Teller. Von den Eltern war ein Geschenk abgegeben worden. Die Kinder wurden einzeln aufgerufen, um es in Empfang zu nehmen. Leider hatte ich Grippe mit Fieber, bestand aber darauf, trotzdem an der Feier teilzunehmen. Meine Mutter gab nach. Mich überfiel dann ein unerklärlich hohes Fieber, mit einer einfachen Grippe hatte das nichts mehr zu tun. Ich kam ins Krankenhaus Berlin-Buch und wurde dort vierzehn Tage lang behandelt.

Im Bett neben mir lag ein Pfarrerssohn. Abends betete er, aber sehr leise. Kein Wort verstand ich und bat ihn, doch mal laut zu beten. Er war dazu nur bereit, wenn ich ihm als Gegenleistung meinen Talisman schenkte. Ich weiß nicht mehr, worin dieser Talisman bestand, aber ich lehnte das Geschäft ab. Doch nach drei Tagen hatte er mich so weit. Er betete nun laut. Ich hörte zu und überlegte mir, ebenfalls zu beten. Wenn Gott existierte, dann erhörte er mein Beten, es nützte mir also. Einzig auf diesen Nutzen war ich aus, nicht auf Gläubigkeit. Gäbe es »ihn« nicht, erführe niemand von meinem Gebet. Drei Abende hielt ich durch. Dann fiel mir ein: Wenn Gott existiert, dann kennt er natürlich meine pragmatischen Gedanken und opportunistischen Bitten, sodass mir das Beten ohnehin nicht hülfe. Denn er wusste ja, dass ich an ihm mehr als zweifelte.

Diese Geschichte erzählte ich Jahrzehnte später in einer Talkshow mit Maybrit Illner im ZDF. Daraufhin bekam ich sehr viele Briefe von Christen, die meinten, dass ich mich schwer irre. Gott wisse sehr wohl um die vielen Zweifel an ihm, aber sein Verhältnis zu den Menschen ändere das überhaupt nicht – ich könne demnach sofort wieder anfangen zu beten. Das hat mich gerührt, auch wenn ich dem Ratschlag nicht folgte.

Meine Mutter und mein Vater erzogen uns Kinder zur Toleranz gegenüber Religionen. Wenn wir in anderen Städten waren, besuchten wir auch Kirchen, und ich weiß natürlich, dass

Christentum mehr als ein Moralprogramm ist. Glaube greift weiter als ein Aufruf zu humanitärem Sozialverhalten. Aber solch ein Aufruf und soziale Hilfe ist Kirche allemal auch! Ich kann also den Wert von Religionen schätzen, ohne selbst religiös zu sein. Allerdings weiß ich, wie unangenehm Kirche sein kann, wenn sie als mächtige und machtbewusste Institution auftritt. So hat sie, überspitzt gesagt, ihre wichtigsten Mitglieder erzeugt: die Ketzer. Klar war mir immer: Kein Mensch darf wegen seiner Religion benachteiligt werden. In der DDR wurde diese Religionsfreiheit nie vollständig realisiert. Kirche begreife ich als wichtiges Regulativ für eine Kunst und Konsequenz der humanen Gebote, wie die Politik sie bei den Menschen nie erreichen kann.

*

Aber zurück zu meiner Erkrankung: Nach zwei Wochen wurde ich entlassen und stellte fest: Mir fiel das Laufen schwer und schwerer, es tat regelrecht weh. Meine Schwester vermutete einen Muskelkater, den man nur durch verstärkte Bewegung loswerde – und jagte mich durch den Park. Irgendwann wurde ich stocksteif. Die eilig herbeigerufene Kinderärztin äußerte die Befürchtung, es könne sich um Kinderlähmung handeln. Zum ersten und einzigen Mal erlebte ich, dass meine Mutter umgehend ihren Dienst verließ und nach Hause kam. Wir fuhren zur Charité, sie hatte beim Chefarzt der Kinderklinik, Professor Dost (der später in den Westen ging), einen Termin organisiert. Dieser Mann sah aus, wie man sich als Kind einen Professor und Chefarzt vorstellt: Er hatte graue Locken und eine Brille. Eine gefühlte halbe Stunde, in Wirklichkeit waren es wohl nur ein paar Minuten, hörte er mein Herz ab. Immerhin so lange, dass er – im Gegensatz zu mehreren Ärzten vor ihm – präzise feststellte, woran ich litt: eine Herzinnenwandentzündung. Damals gab es noch keine entsprechenden Antibiotika, ich musste für lange Zeit ins Krankenhaus.

Sechs Monate und eine Woche lag ich in der Kinderklinik der Charité. Dadurch versäumte ich die zweite Hälfte der 3. Klasse. Da ich anschließend noch ein halbes Jahr zu Hause bleiben musste, ging für mich auch die erste Hälfte der 4. Klasse verloren. Wiederholen musste ich die Klassen jedoch nicht, in der Klinik erhielt ich Unterricht in Deutsch und Mathematik; und zu Hause sorgte meine Mutter dafür, dass unser Klassenlehrer zwei Mal die Woche zu mir kam und mit mir den Lehrstoff durchging.

Im Zimmer des Krankenhauses lag ich mit einem Älteren und einem Jüngeren. Die alleinstehende Mutter des Jüngeren wohnte in Bautzen. Alle Kinder bekamen selbstverständlich Frühstück, Mittag und Abendbrot, aber zur Kaffeezeit gab es nur Obst und Süßigkeiten, die von den Eltern mitgebracht wurden. Meine Eltern brachten stets auch etwas für den Jungen mit, dessen Mutter nur in großen Abständen aus Bautzen nach Berlin kommen konnte. Eines Tages erhielt ich von meinem Vater ein Radiogerät mit dem schönen Namen »Grünau«. Endlich eine Abwechslung. Mit Vorliebe hörte ich bei RIAS Berlin die »Schlager der Woche«. Der ältere meiner beiden Bettnachbarn wies mich an, diesen Westsender auszuschalten. Das lehnte ich ab. Nach zwei Wochen hörte er begeistert mit. Er war übrigens ziemlich gemein zu dem Jüngeren. Er peinigte ihn mit Drohbriefen, die er mit dem Finger in die Luft schrieb, und der Kleine glaubte daran. Ich habe das nie mitgemacht, werfe mir aber vor, nicht energisch genug eingegriffen zu haben. Wenn mich meine Erinnerung nicht täuscht, reiste die Mutter des Jüngeren nur drei Mal im Jahr an, zu Ostern, zu Pfingsten und zu Weihnachten. Die Ärzte verbrachten daher viel Zeit mit dem Jungen, was ich im Nachhinein sehr berührend finde. Nachdem ich entlassen war, habe ich ihn jeden Monat im Krankenhaus besucht. Eines Tages wurde mir mitgeteilt, er sei gestorben. Wieder erlebte ich – als Kind – den Tod eines Kindes.

Erlebnisse im Krankenhaus sind einschneidend, weil sie das Gleichmaß des Lebens so unerbittlich unterbrechen. Die Chefvisite war ein besonderes Ereignis. Die Quarantänezimmer wurden dafür in einer Weise geputzt und gesäubert, als wolle man ein staubkornfreies Vakuum herstellen. Professor Dost ging durch die Station und schaute sich die kranken Kinder lediglich aus der Entfernung hinter der Glasscheibe an. Ihm reichten die Information und Einsicht in die vorbereiteten Daten. Diese Distanz verstärkte das Sterile der Situation.

Es fiel mir schwer, mit Besuch umzugehen. Er war damals zwar nur mittwochs und sonntags erlaubt, aber selbst diese begrenzten Termine belasteten mich, weil ich das unsinnige Empfinden hatte, ich müsse die Leute, die zu mir kamen, nach Kräften unterhalten. Wenn meine Mutter, mein Vater oder Schätzi da waren, überlegte ich angestrengt, was ich ihnen wohl erzählen könne. Meine Schwester durfte mir nur durch die Fensterscheibe zuwinken, zu groß war die Furcht vor Ansteckung.

In jener Zeit wurde ich auch völlig unempfindlich gegenüber Spritzen. Das lag an der Menge, die ich verabreicht bekam. Als schlankes Kind war ich ins Krankenhaus eingeliefert worden, aber durch die Art der Behandlung setzte ich erheblich an. Es wurde somit immer schwieriger, mir Blut abzunehmen. Man stach mir drei Mal in den linken Arm, dann drei Mal in den rechten Arm, dann drei Mal in die eine, dann drei Mal in die andere Hand. Zum Schluss wurde es auch an den Füßen versucht. Wenn das alles nichts brachte, musste ich einen Fuß in heißes Wasser stellen, die Vene trat heraus, und das Blut konnte endlich abgezapft werden. So verliert man die Empfindlichkeit. Als der Wert der Blutsenkung Anlass zu Zuversicht gab, durfte ich aufstehen, eine Krankenschwester spielte sogar Federball mit mir – und prompt lag ich wieder im Bett. Überanstrengung, zu früh gefreut.

Nach geraumer Zeit durfte ich dann doch wieder aufstehen – aber konnte nicht mehr laufen. Unglaublich, dass man das scheinbar Einfachste verlernen kann. Wie man heute weiß, habe ich alles, was zum Laufen gehört, rasch wieder begriffen: auftreten, vortreten, abtreten, stolpern und hinfallen.

Eines Tages hatte ich im Krankenhaus einen Hautausschlag bekommen. Etwas nicht unbedingt Erwähnenswertes, wenn ich nicht ohne jede Erklärung auf eine Trage gelegt und durch die Charité geschoben worden wäre. Ich landete in einem großen Vorlesungssaal mit Hunderten Studentinnen und Studenten. Ein Dozent zog die Decke von meinem Körper, ich lag nackt vor aller Augen, und das studentische Publikum wurde aufgefordert, an mir vorbeizugehen und sich das Malheur anzuschauen. Ich lag da, nackt!, guckte hoch und blickte in fremde Gesichter. Ich muss zugeben, der Blick der jungen Frauen war mir unangenehmer als der von den Studenten. Und dies aus einem einzigen Grund: Sie schauten mir auch noch in die Augen, die Männer nicht. Das erste Mal erfuhr ich das niederschmetternde Gefühl einer schweren Demütigung, gegen die man sich nicht wehren kann. Seitdem gewichte ich Kinderrechte unnachgiebig hoch. Man darf mit Kindern nicht so umgehen, wie mir das widerfuhr. Man hätte mir die Situation erklären, man hätte mich fragen und auch einkalkulieren müssen, dass ich nicht einverstanden gewesen wäre, zumindest etwas Kleidung verlangt hätte – Kinder haben wie alle Menschen das unverrückbare Recht auf Würde. Aber in jenen fünfziger Jahren wurde das wohl nirgendwo so gesehen und also nicht ernst genommen.

7. KAPITEL

Es erübrigt sich fast zu betonen, dass das Schönste an der Polytechnischen Oberschule, die ich bis zur 8. Klasse besuchte, die Ferien waren. Zunächst – noch vor der Schulzeit – fuhren wir Jahr für Jahr auf die Ostseeinsel Hiddensee. Für meine Schwester und mich jedes mal eine wunderbare Zeit, auch deshalb, weil unsere Eltern später nachkamen und früher wieder abfuhren.

Wir wohnten beim Bäckermeister Kasten im Inselort Kloster. Es scheint, ich besaß einen frühen Sinn für Haushalt, denn es bereitete mir großes Vergnügen, in einer Waschtruhe die Strümpfe des Bäckers zu waschen. Eifer und Fleiß galten als erfolgreiches Argument, um Spaziergänge mit den Eltern abzulehnen. Als mich mein Vater trotzdem auf seine Schultern nahm, so erzählte er mir später, war ihm das ein wenig peinlich, denn permanent rief ich mit meinen drei Jahren, und das ziemlich laut: »Hilfe, Menschenraub, ein Kind wird entführt!«

Seltsam, welche Beobachtungen sich festsetzen! Eine Frau kam im Hafen angerannt, um noch ein Fährschiff zu erreichen. Sie schaffte es, das Schiff legte ab. Plötzlich kam ein Gepäckträger mit einer Schubkarre und zwei Koffern darauf – das Gepäck der Frau. Das Schiff hatte bereits Fahrt aufgenommen, der Abstand zum Ufer vergrößerte sich zusehends. Auf Deck standen zwei Matrosen, beugten sich über die Reling, der Gepäckträger nahm beide Koffer und warf sie nacheinander schwungvoll hinauf. Alles ging schnell, unaufgeregt, die Szene strahlte Kraft und Geschicklichkeit aus. Meine Begeisterung war so groß, dass ich sofort entschied, Gepäckträger zu werden. Nun ja, auch wenn ich andere Wege einschlug – an Schlepplast sollte es mir im späteren Leben nicht mangeln.

Erinnerung an erholsame Sommer, das schließt jene Jahre ein, in denen wir zum Abschluss des jeweiligen Schuljahres in die Kinderferienlager der Eltern-Betriebe fuhren. Sämtliche etwas größere Betriebe in der DDR besaßen solche Kinderferienlager. Dem lag die Idee zugrunde, die Vollbeschäftigung der Frauen nicht um den Preis anzustreben, dass aus rationalen Gründen weniger Kinder zur Welt gebracht werden. Also musste man sich Gedanken machen, wie eine kinderfreundliche Gesellschaft zu organisieren sei. Ferien für Kinder dauern länger als der Urlaub der Eltern. Das ist auch heute noch so, aber was, wenn für die Betreuung keine Großeltern zur Verfügung stehen? Für die Lösung dieses Zeitproblems erwiesen sich die Betriebsferienlager als günstig: Die Kinder waren gut aufgehoben, und es blieb noch genügend Zeit, auch mit den Eltern zu verreisen. Darüber hinaus boten die Schulen örtliche Ferienspiele an. Man zahlte für einen Monat Ferienspiele sage und schreibe eine Mark und bekam jeden Tag auch Mittagessen. Freilich vermute ich, dass das Einsammeln, Buchen und Verwalten dieses minimalen finanziellen Beitrages so aufwändig war, dass es wohl ökonomischer gewesen wäre, auf ihn zu verzichten.

Allerdings muss ich gestehen, dass sich meine persönliche Freude am Betriebsferienlager trotzdem in Grenzen hielt. Ich war nicht der Typ, der gern im Zelt oder in Bungalows mit vielen anderen Kindern zusammen übernachtete. Mich plagte schon vorher die Sorge, wie man sich wohl miteinander vertrüge. Den meisten aber machte es Spaß. Letztlich habe ich mich eingeordnet und eingewöhnt und entwickelte jene Offenheit, die Voraussetzung ist für angenehme Erlebnisse.

*

Nach der Scheidung meiner Eltern änderte sich die Art unseres Urlaubs. Unsere Mutter fuhr dann regelmäßig mit meiner Schwester und mir nach Ahrenshoop an die Ostsee, meist für drei Wochen. Meine Mutter meinte, in der ersten Woche sei sie mit dem Kopf noch im Dienst, in der zweiten fühle sie sich wohl, und in der dritten beginne sie, sich zu langweilen. Das sei der eigentliche Moment der Erholung – Langeweile ist zurückeroberte Zeit. Du schaust um neun auf die Uhr, nach drei Stunden noch einmal – und es ist erst zehn nach neun.

In Ahrenshoop waren wir in zwei Zimmern untergebracht, wir spielten gern Skat und aßen im Kurhaus. In diesem Ostseebad verbrachten viele Künstler ihren Urlaub, sie hatten auch Häuser dort. Ein kleiner Teil des Ortes wurde, in polemischer Übertreibung, als Millionärsviertel bezeichnet, dort wohnten zum Beispiel der Bildhauer Fritz Cremer, Schöpfer des Buchenwalddenkmals, und der Filmregisseur Kurt Maetzig, der so unterschiedliche Werke wie die Thälmann-Filme und den von der SED verbotenen Streifen »Das Kaninchen bin ich« drehte. Man könnte noch viele andere Namen nennen, die nicht nur für den Ruf von Ahrenshoop als Prominentenort sorgten, sondern auch dafür, dass die Sommer wahrlich Kulturhöhepunkte mit zahlreichen Veranstaltungen waren.

Am wichtigsten blieb natürlich das Wasser. Wir mussten bei jedem Wetter, bei jeder Temperatur hinein – was ich bis heute kann. Unsere Mutter ging mit uns immer an den FKK-Strand. Einmal sah sie einen Vorgesetzten und verschwand aus naheliegenden Gründen sehr schnell im Strandkorb. Meine Schwester und ich entfalteten großen Ehrgeiz, braun zu werden. Gabriele legte sich mit geschlossenen Augen in die Sonne. Daraufhin hielt ich längere Zeit meine Hand über ihren Bauch, sie warf einen Schatten, die Hautstelle sollte weiß bleiben. Ein bisschen ärgern musste ich schon.

Später fuhr meine Mutter ohne uns nach Ahrenshoop, dafür aber mit meinem adoptierten Sohn Daniel, dann mit meinem Sohn George. Sie nahm auch Freunde der Jungs mit. Es war Kinderliebe, aber ebenso eine verständliche Selbsthilfe: Den Urlaub allein zu verbringen, kann furchtbar sein.

Meine Schwester und ich bildeten damals und heute eine enge Solidargemeinschaft. Als kleiner Junge wurde ich mal von ihr über die Straße geprügelt, und ich nahm mir vor, ihr das kräftig heimzuzahlen, wenn ich einst stärker sein würde als sie. Als ich stärker war, hatte ich dazu keine Lust mehr. Unser Zusammengehörigkeitsgefühl wuchs, als sich unsere Eltern scheiden ließen. Unsere Mutter erwartete von uns, etwas mehr für die Rückkehr unseres Vaters in die Familie zu tun. Aber was? Unsere Möglichkeiten diesbezüglich waren doch sehr beschränkt. Als Anwalt habe ich stets meine Mandanten gebeten, Kinder nicht zum Teil des Streits und der Zerwürfnisse zu machen, nur weil es ungeklärte, nicht eingestandene Probleme zwischen den Ehepartnern gab.

Als meine Schwester 1984 in die Bundesrepublik Deutschland ausreiste, änderte sich an unserem guten, einander fordernden Verhältnis nichts.

*

Natürlich erinnere ich mich, die Schulzeit betreffend, nicht nur an Ferien und Krankenhaus. Wobei mein Charité-Aufenthalt einen angenehmen Nebeneffekt erbrachte: Denn lediglich ein halbes Jahr musste ich den für die 4. Klasse angesetzten Nähunterricht ertragen. Es war mir schrecklich peinlich, mit einem Nähbeutel zur Schule gehen zu müssen. Ein Meister dieses Fachs bin ich nie geworden.

Besonders sinnvoll war der Werk- und Schulgartenunterricht, und ab der 5. Klasse gab es den sogenannten Unterrichtstag in der Produktion. Ich war für den VEB Kühlautomat eingeteilt. Es war aufregend, die Arbeit in der Fabrik zu beobachten. Bei diesem fortwährenden, unberechenbaren Wechsel von chaotischer Betriebsamkeit und schleppendem Tempo der Schichtabläufe blieb mir unerklärlich, wie die Fertigprodukte zustande kamen, aber sie kamen, irgendwann, irgendwie, zustande.

Ab der 5. Klasse hatten wir auch Geschichtsunterricht, beginnend mit der Antike. Die wurde, wenn man so sagen darf, abgearbeitet und hatte in der Volksbildung nicht den Stellenwert einer hochkulturellen Angelegenheit; Griechenland, Rom, das Mittelalter wurden später an der Erweiterten Oberschule als Lehrstoff leider nicht wieder aufgenommen. Das verringerte den Wissensbestand in der DDR an entscheidender Stelle. Das »ad fontes!« (Zu den Quellen!) galt wenig, auch für Religionsgeschichte. Das Christentum kam zwar vor, wurde nach materialistischen Kriterien kritisch durchforstet, aber wir haben uns nicht wirklich mit seinem herausfordernden Geist beschäftigt. Im Nachhinein muss ich allerdings sagen, dass die Ausbildung in Mathematik, in Deutsch, in vielen naturwissenschaftlichen Fächern besser war als heute.

In der 8. Klasse wurde uns mitgeteilt, nur die besten sechs Schülerinnen und Schüler würden zur Erweiterten Oberschule (EOS) zugelassen. Diese begann zu meiner Zeit mit der 9. Klasse. Ein Schüler von uns, der sehr gute Leistungen aufwies, durfte nicht zur EOS. Ich weiß nicht mehr, woran es lag. Wollten es seine Eltern nicht, oder gab es politische Gründe, ihm die Oberschule zu verweigern? Wir fragten nicht. Wie schnell man doch die Dinge hinnimmt, und irgendwann heißt es, man habe nichts gewusst. Nichts gewusst – weil man nicht gefragt hat.

Sechs Schüler standen also zur Auswahl für die Oberschule. Es charakterisiert mich schon etwas, dass ich Sechster werden wollte. Also musste ich darauf achten, nicht auf den siebenten Platz zu fallen, war aber auch nicht ehrgeizig, Fünfter zu werden. Das gesteckte Ziel galt es zu erreichen, ohne den Aufwand zu übertreiben. Tatsächlich wurde ich Sechster. Dann gab es die Wahl: Man konnte für die Oberschule den altsprachlichen, den neusprachlichen oder den mathematisch-naturwissenschaftlichen Zweig wählen. Ich entschied mich für Letzteren. 1962 wechselte ich also die Schule.

Wenn ich meine Kindheit betrachte, habe ich eigentlich nicht versucht, mich gegenüber anderen Kindern hervorzuheben. Ich wollte eher so sein wie sie, gleichberechtigt, mit ihnen. Viele Jungs in meiner Klasse erzählten mir, dass sie von ihren Eltern gelegentlich eine Ohrfeige erhielten oder sogar geprügelt wurden. Mein Vater hat mich nie geschlagen, auch meine Mutter nicht. Aber ich wollte in der Klasse nicht unangenehm auffallen und behauptete also, obwohl es wahrheitswidrig war, auch meinen Eltern rutsche hin und wieder die Hand aus.

*

Es gab in unserer Familie Besonderheiten, die mir früh bewusst wurden. Zu Weihnachten waren wir die Einzigen in der Straße, die am 24. Dezember abends gebratene Gans aßen. Bei den meisten gab es Bockwurst oder Wiener Würstchen mit Kartoffelsalat. Am 25. Dezember erst gab es dort Gans, bei uns Pute, also Truthahn. Das war in den fünfziger Jahren in Deutschland noch völlig unüblich. Am zweiten Weihnachtsfeiertag wurde Gänse- und Putenklein aufgetischt. Nach der Scheidung meiner Eltern warteten wir am Heiligabend stets auf meinen Vater. Er kam, aber jedes Jahr später. So zog sich die Bescherung zu unserem Unmut hin, einmal mussten wir bis 22 Uhr warten. Schätzi wusste nicht, wie sie die Gans warm halten sollte, ohne sie zu zerbruzzeln.

Der betrübliche Umstand geschiedener Eltern brachte auch erfreuliche Momente: Zu Silvester war nunmehr ich verantwortlich für das Außenfeuerwerk. Das gefiel mir außerordentlich, ich durfte Feuerwerkskörper entzünden, deren Benutzung für meine Altersgruppe nicht zugelassen war.

Immer wieder wurde ich in Zusammenhang mit meiner Herkunft gefragt, worin meine Privilegien in der DDR bestanden hätten. Sofort denke ich da: tolerante, gebildete, libertäre Eltern – aber das ist ein Glücksfall, kein Privileg. Mein Vater war ausgesprochen freundlich, witzig, ironisch und selbstironisch. Im Unterschied zu ihm achtete meine Mutter auf Disziplin. Sie strukturierte, wo er spontan war und improvisierte. Natürlich ist es ein Privileg, wenn man mit Haushälterin und Kindermädchen aufwächst. Aber Kinder registrieren zunächst nur eine zusätzliche Aufsichtsperson. Übertreibt es die Kontrolle, ist so ein Kindermädchen das Gegenteil von einem Privileg. Mit Schätzi hatten meine Schwester und ich aber in jeder Hinsicht Glück.

Als mein Vater Kulturminister wurde, bedeutete das für meine Schwester und mich keineswegs, dass man uns nunmehr im Regierungskrankenhaus behandelte oder wir in Ferienhäuser des Ministerrates oder der SED fuhren. Das war nur für Kinder bis zu einem gewissen Alter erlaubt. Meine Mutter hatte für meine Schwester die Möglichkeit organisiert, für ein Jahr als Aupair-Mädchen nach Paris zu gehen. Da unser Vater dann aber Kulturminister wurde, kam so ein Westausflug nicht mehr in Frage.

Wenn ich über Privilegien nachdenke, so gab es eine wirklich beinahe gnadenvoll zu nennende Besonderheit, die sich aus der Tätigkeit meiner Eltern ergab: die Gäste in unserem Haus. Sie kamen aus Südafrika, den USA, aus Belgien, Großbritannien und vor allem aus Frankreich. Wir hörten ihnen aufmerksam und gespannt zu, wir lernten durch sie, und so wurde in einer für die DDR außergewöhnlichen Weise unser Horizont erweitert. Die Welt, die wir nicht wirklich kennenlernen durften, kam uns so doch nahe.

Unter den Freunden meiner Eltern war ein französischer Unternehmer, der zweifellos nicht unvermögend war. Er stand trotzdem der Französischen Kommunistischen Partei (FKP) nahe. Ich war noch sehr jung, begriff aber schon, dass es einen gewissen Widerspruch gab zwischen diesem reichen Mann und seiner Solidarität mit einer politischen Kraft, die doch eher gegen den Reichtum und den Besitz Weniger kämpfte. Eines Tages fragte ich ihn, was er eigentlich täte, wenn die sozialistische Revolution in Frankreich siegte. Er antwortete, dass er sofort in die Schweiz ginge – um dort weiterzukämpfen. Eine Anekdote, die darauf verweist, wie in unserem Hause eine politische Gesprächskultur gepflegt wurde, die frei von Verklemmung und ideologischer Militanz war.

Da meine Mutter regelmäßig ins westliche Ausland fuhr, lernte sie viele Länder kennen. Sie kam zurück und erzählte uns von ihrer Leidenschaft: ins Kino zu gehen. Sie schilderte Filme derart lebendig und sinnlich, dass ich später in einigen Fällen nicht mehr wusste, ob ich den betreffenden Streifen selber gesehen hatte oder nur aus ihrer Erzählung kannte.

Für DDR-Verhältnisse außergewöhnlich waren die Spiele in unserer Familie. Da gab es Bridge und das chinesische Spiel Mahjong. Zudem hatte unsere Mutter das Spiel Monopoly aus dem Westen mitgebracht. Wir spielten das leidenschaftlich gern und machten die Erfahrung, wie geldgierig man in diesem Kapitalismusspiel werden kann, lernten aber auch, dass man sich bei Käufen nicht übernehmen darf und dass es sehr langweilig wird, wenn man gewinnt, weil alle anderen pleite sind. Als Einziger ein Kapitalist zu sein – das lohnt und rentiert sich also nicht. Es gibt den Unterschied zwischen einem kapitalistischen Egoismus der Gier und einem planvollen unternehmerischen Egoismus, der seine soziale Verantwortung begreift: Kaufkräfte zu stärken, statt die Mitstreiter mehr und mehr in die Armut zu treiben.

Als die Grenze zu Westberlin noch offen war, durften meine Schwester und ich unsere Oma mütterlicherseits besuchen. Sie lebte zusammen mit ihrer Haushälterin Mascha in einer Neubauwohnung in Nikolassee. Mascha empfing uns gerührt. Mama, wie wir unsere Großmutter nannten, blieb dagegen etwas distanziert, sie wirkte fremd in jener Welt. Gelegentlich kam ein Herr Hauptmann zu Besuch. Dabei handelte es sich aber nicht um einen Hauptmann aus dem Zweiten Weltkrieg, sondern aus dem Ersten. Er war dafür berühmt, dreiundzwanzig Kartoffelpuffer essen zu können, die Mascha jedes Mal zubereitete. Ein anderes Thema als die Kartoffelpuffer, die er aß, gab es mit ihm nicht.

Ab und zu tauchte bei meiner Oma eine Schwester meines verstorbenen Großvaters auf. Sie hatte einen Mann geheiratet, um Baronin zu werden, während er nur darauf aus war, an ihr Geld heranzukommen. Eine Art Heiliger wurde er erst nach seinem Tod, denn sein Bild wurde dann weihevoll auf dem Flügel platziert. Diese Frau beschäftigte Haushälterinnen, von denen sie zunächst immer schwer begeistert und dann tief enttäuscht war – sodass diese Angestellten alle nach zwei bis drei Wochen wieder entlassen wurden. Die Letzte hat sich dann allerdings gerächt, indem sie meine Großtante an den Stuhl fesselte und ungestört mit Freundinnen Feten feierte.

Kurzum: Die Besuche bei Mascha und Mama waren wie der Ausflug in ein groteskes, leicht absurdes Panoptikum.

Im Juli 1961 kam der bereits erwähnte Unternehmer aus Paris mit seinem Mercedes vorgefahren, er holte meine Schwester und mich in Johannisthal ab. Er wollte uns Westberlin in seiner Pracht zeigen. Wir besuchten erstmalig den Kurfürstendamm, den Funkturm, aßen im Hilton-Restaurant und gingen ins Kino. Beeindruckend. Er fuhr uns sogar durchs Brandenburger Tor. Der Tag dieses Ausflugs war natürlich zufällig gewählt, erhielt aber im Nachhinein seinen besonderen Charme durch die Zeitgeschichte: Es dauerte nicht lange, und die Mauer wurde gebaut.

Bei meiner Schwester und mir verhärtete sich der Verdacht, unser Vater habe das gewusst und deshalb noch schnell diesen Westberlin-Besuch für uns organisiert. Selbstredend bestritt er das. Möglicherweise hatte er einfach nur – durch Erfahrung gewitzt – seine Schlussfolgerungen aus jener Pressekonferenz gezogen, auf der Walter Ulbricht ungefragt erklärte, niemand denke daran, eine Mauer zu bauen. Das häufige Politikmuster: Einer betont sein Ehrenwort besonders dann, wenn er es gerade bricht; eine Überzeugung wird am lautesten beschworen, wenn sie bröckelt. Und ein Gerücht wird am heftigsten dementiert, wenn es sich anschickt, Wahrheit zu werden. Keine Mauer! So wie mein Vater war, wusste er, dass sie also kommen wird. Aber wann genau, das blieb tatsächlich ein strenges Geheimnis. Später hat mir Egon Bahr erzählt, dass er am 11. August 1961 die Berichte der westdeutschen Geheimdienste gelesen hatte, in denen stand, dass am Wochenende nichts Besonderes zu erwarten sei. Na ja!

*

1958 war die Ehe meiner Eltern geschieden worden. Meine Mutter erzählte mir später, dass es durch meinen erwähnten Krankenhausaufenthalt eine Verzögerung dieser Scheidung gegeben habe. Beide wollten mich nicht zusätzlich belasten. Mein Vater zog zu einer anderen Frau, aber zur Freude meiner Schwester und mir gab es – wie man es heute nennen würde – regelmäßigen Umgang. Er holte uns ab, und wir unternahmen etwas, gingen ins Kino, besuchten den Friedrichstadtpalast oder einen Zirkus. Gelegentlich fuhren wir nach Schönefeld zum Flughafen. Begeistert schauten wir zu, wie eine Maschine startete oder landete. Aber: Das geschah nur alle zwei Stunden! Der Himmel war sozusagen noch eine Leerstelle.

Unser Vater ging mit meiner Schwester und mir auch gern in Restaurants nahe dem Bahnhof Friedrichstraße, zum Beispiel in den »Johannishof« und in das »Ganymed«. Das war eine besondere Gaststätte in der DDR. Dort trugen die Kellner lange Schürzen, wie in Frankreich, und serviert wurde ein wahrlich hervorragendes, für DDR-Verhältnisse allerdings ziemlich teures Essen. Abends soll das »Ganymed« stets ausgebucht gewesen sein. Wir gingen freilich zu einer Uhrzeit dorthin, bei der wir uns den Tisch aussuchen konnten. Man bezahlte in Mark der DDR, aber auf der Speisekarte standen wechselnde Gerichte und Zutaten, die ganz und gar nicht handelsüblich waren. Einmal aß ich dort Froschschenkel, ein andermal Weinbergschnecken. Das Angebot kann ich mir nur so erklären, dass dieses Restaurant einen Anteil Westgeld zugewiesen bekam – morgens muss jemand nach Westberlin gefahren sein und bestimmte exklusive Waren frisch eingekauft haben.

Restaurantbesuche. Warum erwähne ich das überhaupt? Prahlen mit etwas, das am Ende doch nach Privileg klingt? Wer über seine Kindheit schreibt, verteidigt sie. Freude über besondere Ausflüge, gemeinsam mit einem Vater, der einem die alltägliche Anwesenheit nicht mehr gibt – das ist verteidigungswert, obwohl Erinnerung dann eben auch wie ein Museum ist, in dem man herumgeht und auch auf Banalitäten trifft. Die aber zu Bausteinen wurden, aus denen die eigene Lebenskultur, die Umgangsform wuchsen.

Im Nachhinein muss ich allerdings resümieren, dass meine und die Kindheit meiner Schwester ohne die Scheidung der Eltern sicherlich besser verlaufen wäre. Aber als Kind entwickelt man seinen ganz eigenen Pragmatismus. Wir wussten, dass unser Vater, wenn wir mit ihm zusammen waren, sich immer wieder etwas ausdenken musste. Darauf haben wir uns gefreut, das haben wir genossen. Also auch Froschschenkel und

Weinbergschnecken. Wäre er bei uns geblieben, hätte er mit uns weit weniger unternommen. So gesehen, hat die Scheidung das Leben von uns Kindern auch bereichert.

Nach dem Mauerbau warben die Berliner Segelverbände in Grünau und Karolinenhof plötzlich um Mitglieder. Das lag daran, dass die Westberliner nicht mehr in den Ostteil der Stadt kommen konnten. So wurden Plätze frei, ich lernte das Segeln. Später betrieb ich Judo. Letzteres eine Schule des Lebens: Man trainiert das Fallen, ohne sich zu verletzen.

Meine Schwester und ich reisten als Kinder 1958 gemeinsam zu einem dreiwöchigen Aufenthalt nach Bulgarien. Das klingt heute banal, war damals aber eine Sensation. Auslandsreisen waren eine Rarität, erst recht ein Flug. Ausgangspunkt war ein Briefwechsel zwischen einem Germanistikprofessor in Sofia und meiner Mutter. Sie verabredeten einen Austausch – zunächst sollten meine Schwester und ich nach Bulgarien fahren, später sollten seine beiden Töchter zu uns nach Berlin kommen.

Meine Schwester und ich waren sehr aufgeregt. Das erste Mal in unserem Leben flogen wir – und landeten in einem anderen Land, wo es andere Farben gab, andere Gerüche, wo anders gesprochen wurde und die Häuser und Geschäfte anders aussahen. Heute sehen die Supermärkte weltweit gleich aus. Wohin wir auch aufbrechen, wir starten gemeinhin von Flughäfen oder Bahnhöfen, die häufig denen des Ankunftsortes ähneln. Wir streifen durch Innenstädte und Einkaufspassagen, von denen die eine die Kopie der anderen ist. Wir übernachten in Hotels, die auf der gesamten Welt identische Zimmer haben. Wir erholen uns in Ferienhäusern, die am Fließband produziert werden. Nur das Alte, historisch Vergangene und das Kleine, Regionale besteht aus Unterscheidungen.

Wir verbrachten eine Woche am Schwarzen Meer, eine Woche im Gebirge und eine Woche in Sofia. Vom Schwarzen

Meer ist mir in Erinnerung, dass ich dauernd einen unbeschreiblichen Durst hatte. Das lag daran, dass es zum Frühstück Pfefferminztee gab, den ich über ein halbes Jahr im Krankenhaus hatte trinken müssen. Ich kriegte den nicht mehr runter. Zur Höflichkeit erzogen, bat ich aber nicht um ein anderes Getränk, sondern wartete bis zum Mittagessen, bei dem es aber nur ein halbes Glas Saft gab. Abends erst konnte ich endlich genügend Wasser trinken. Das zweite Unangenehme bestand darin, dass der Professor uns am ersten Tag nur fünf Minuten und am nächsten Tag nur zwei Mal fünf Minuten ins Schwarze Meer ließ. Wir waren enttäuscht und traurig. Er hielt es aber aus mir unerklärlichen medizinischen Gründen für notwendig. Ansonsten war der Aufenthalt am Schwarzen Meer ein tolles Erlebnis, ebenso die Zeit im Gebirge und in Sofia. Dort, in der Hauptstadt, nahm ich allerdings erstaunt zur Kenntnis, dass die Verkehrspolizisten auf den Kreuzungen sich nach den Autos richteten und nicht umgekehrt. Sie standen da, und wenn gelegentlich ein Fahrzeug kam, winkten sie es durch. Wenn aus zwei Richtungen gleichzeitig ein Fahrzeug kam, entstand eine gewisse Hektik.

Als meine Schwester und ich nach Berlin zurückkamen, galten wir kurzzeitig als sehr wichtig in der Straße. Wir waren die Ersten, die per Flugzeug ins Ausland gereist waren und nun Tolles davon erzählen konnten. Wir blieben in diesen Berichten im Wesentlichen bei der Wahrheit, haben aber auch gelegentlich etwas übertrieben.

*

In jedem Sommer fuhr Schätzi für eine Woche zu ihrer Familie nach Seehausen in der Altmark. Gelegentlich nahm sie meine Schwester oder mich mit. Ich war gern in Seehausen. Als Berliner, also Großstädter, wurde ich dort anerkannt, wurde manchmal regelrecht bestaunt, konnte besser Fahrräder reparieren als andere.

Auch am 13. August 1961 war ich zufällig in Seehausen. Am nächsten Tag gab es kein Brot, was ich mir bis heute nicht erklären kann. Es fuhren keine Züge mehr nach Berlin, sodass ich zunächst die Hoffnung hegte, nicht zur Schule gehen zu müssen. Aber der Fahrbetrieb pegelte sich wieder ein. Zurückgekehrt nach Berlin, fielen mir die zahlreichen Panzer auf. Das Bild wirkte bedrohlich.

Immer mehr Menschen hatten die DDR verlassen. Sie lief Gefahr, auszubluten. Allerdings gab es auch gewiefte Grenzgänger, die zum großen ökonomischen Problem geworden waren. Leute, die in Ostberlin wohnten und lebten, aber in Westberlin arbeiteten. Sie verdienten Westgeld und gaben einen Teil davon in Westberlin aus. Den größeren Rest tauschten sie eins zu fünf in DDR-Geld um und nahmen im Osten die subventionierten Mieten und Lebensmittel in Anspruch. Vergünstigungen, die vom Großteil der Bevölkerung erarbeitet wurden. Natürlich tat der Senat von Westberlin nichts, um der DDR bei der Beseitigung dieses Missverhältnisses zu helfen.

Was wäre, wenn ... Das ist bei der Betrachtung von Geschichte eine müßige Überlegung. Aber immer wieder tasten wir unser Leben nach Punkten ab, an denen auch andere Entwicklungen und Entscheidungen möglich gewesen wären. Der Bau der Mauer geschah nicht ohne – zumindest indirekte – Verständigung zwischen der Sowjetunion und den USA. Als Chruschtschow und Kennedy im Frühsommer 1961 in Wien miteinander sprachen, ging es um die Frage einer künftigen Zuständigkeit für Berlin. Kennedy erklärte nur, dass sich hinsichtlich Westberlin nichts ändern dürfe. Das wurde von Moskau offenkundig respektiert. Hätte der US-Präsident auf der gesamten Stadt Berlin als Standort für die vier Mächte bestanden, wäre die Mauer möglicherweise um Berlin herum gebaut worden. Und ich wäre anders aufgewachsen.

Nach dem 13. August 1961 glaubte ich, dass die Mauer nur

etwa zwei Jahre stehen bliebe. Das war ein schwerer Irrtum. Später konnte ich mir nicht mehr vorstellen, dass sie überhaupt jemals abgerissen würde. Auch das war ein schwerer Irrtum. Die Anpassung, die Gewöhnung hatte über die Hoffnung gesiegt.

Und tatsächlich hatte es ja nach dem Mauerbau zunächst Erleichterungen und Erweiterungen speziell in Kunst, Kultur und im Rechtssystem gegeben. Das Gefühl, nunmehr von westlichen Störversuchen abgeschirmt zu sein, setzte Ideen, Offenheit, Mut zur kritischen Selbstbefragung frei. Aber der Rückfall kam. Das offene Gespräch darüber, was Sozialismus wirklich sein könne, wurde verhindert. Niemand, der Verantwortung trug, dachte mehr darüber nach, wann und wie schnell man die Mauer wieder öffnen könne. Das Schlimmste war, dass diese sehr spezielle Grenzabschirmung auch noch jährlich gefeiert wurde. Mir fiel dies besonders unangenehm auf, als ich die Briefe von Rosa Luxemburg aus dem Gefängnis las. In einem der Briefe ging es um die Verhältnisse in der Sowjetunion kurz nach der Oktoberrevolution 1917. Luxemburg schrieb nicht nur, dass Freiheit immer die Freiheit der Andersdenkenden sei. Sie betonte auch, dass es bei der Errichtung und Sicherung einer solch neuen Macht zunächst Einschränkungen geben könne, diese vielleicht sogar unumgänglich seien. Aber diese müsse man klipp und klar als Einschränkungen bezeichnen, die zu überwinden sind, und dürfe sie nicht auch noch als Errungenschaft würdigen.

Die Mauer prägte ab 1961 auch mein Leben. Bis 1988 hatte auch ich keine Chance, ein westliches Land zu besuchen.

8. KAPITEL

Es muss ein merkwürdiges Bild gewesen sein. Ich sehe mich in der Schulbank sitzen und blättern – nicht in einem Buch, sondern in der Tageszeitung »Neues Deutschland«. Mit dieser auffälligen Pose begann im September 1962 meine Zeit an der Erweiterten Oberschule »Heinrich Hertz« in Berlin-Adlershof, die Schritt für Schritt eine Spezialschule für Mathematik wurde. Die meisten Mitschülerinnen und Mitschüler in meiner Klasse kannte ich nicht. War es diese Fremdheit, der ich mit einer provokativen Geste zu begegnen versuchte? Denn dazusitzen und die Zeitung der SED zu lesen, wirkte provokativ und war von mir wohl auch so gemeint. Aber warum? Abwehr? Selbstschutz?

Gefürchtet hatte ich, in der Klasse gebe es nur gute Schüler, und die Anforderungen würden deutlich höher sein. Die Furcht erwuchs nicht aus Schwäche, ich war nur unwillig, meinen Lernstil zu ändern. Der im Grunde eine Methode war, nicht gar zu viel zu tun und trotzdem respektabel ans gesteckte Ziel zu gelangen.

In der ersten Stunde Geographie sollten wir die lateinischen Namen sämtlicher Wolkenarten notieren, und die mündliche Hausaufgabe bestand darin, diese Namen auswendig zu lernen. Mündliche Hausaufgaben hatte ich immer missachtet, so missachtete ich auch diese. Wurde aber leider in der nächsten Geographiestunde aufgerufen. Keinen lateinischen Wolkennamen hatte ich parat und bekam eine Fünf. Das war meine erste und gleich die schlechteste Note. Ein Warnschuss. Ernst nahm ich ihn nicht.

Volksbildungsministerin Margot Honecker war der Auffassung, dass die Schüler der Erweiterten Oberschulen nicht genügend mit der Arbeiterklasse verbunden seien. Deshalb wurde beschlossen, wir sollten nebenbei einen Beruf erlernen. In der DDR gab es bereits die Berufsausbildung mit Abitur. So sinnvoll diese intensive Kombination von Bildung und Ausbildung war, so sinnlos war die Entscheidung, nun auch Abitur mit Berufsausbildung einzuführen, uns Oberschülern auch noch die Pflicht zum Facharbeiterbrief aufzuzwingen. Das konnte nur in Halbherzigkeit enden und hohe Kosten mit geringer Wirkung verursachen. Nach einigen Schuljahren wurde diese Regelung wieder abgeschafft.

In der Klasse meiner Schwester, also einem Jahrgang vorher, mussten alle den gleichen Beruf erlernen, sie werkelten ungefragt für den Chemiefacharbeiterbrief. In meiner Klasse standen immerhin zwanzig Berufe zur Auswahl. Ich entschied mich, Kraftfahrzeugschlosser zu werden. Um das zu verstehen, muss man die DDR ein bisschen kennen. Ein Auto zu erwerben war schon nicht leicht, es aber repariert zu bekommen, noch weit schwerer. Also dachte ich: Wenn ich mal ein Auto besitzen sollte und es selbst reparieren könnte, wäre das von beachtlichem Vorteil. Vom Direktor der Schule erhielt ich allerdings die betrübliche Information, der LKW-Betrieb dürfe aus Gründen des Gesundheits- und Arbeitsschutzes nur Lehrlinge einstellen, die schon sechzehn Jahre alt wären. Ich aber war erst vierzehn. Daraufhin entschied ich mich für den Beruf des Kochs, auch eine Wahl zugunsten der Fertigkeiten, die man im Alltag sehr wohl gebrauchen kann. Wieder schüttelte der Direktor den Kopf: Dazu sei es zu spät, die verfügbaren Plätze seien bereits vergeben. Daraus zog ich die einzige für mich logische Konsequenz: Na, dann verzichte ich liebend gern auf eine Ausbildung. Ein Vorschlag, der beim Schulleiter erneut Kopfschütteln auslöste.

Er fragte mich, als griffe er zur letzten Verlockung, ob ich mich für Tiere interessiere. Wenn man einen vierzehnjährigen Berliner nach Tieren fragt, denkt der an Hund und Katze oder an den Zoo. Ich murmelte irgendwas im Sinne von »na ja«. Freudig nahm er das als Einverständnis, und ich hatte meinen Ausbildungsberuf: Facharbeiter für Rinderzucht. Ehe ich etwas einwenden konnte, kam der zusätzlich besiegelnde Satz, es gebe ohnehin keinen weiteren Beruf mehr zur Auswahl. Eine Attraktion schien das wahrlich nicht zu sein, aber es war unaufhaltsam geworden: Vor mir lag der Weg zum Rinderzüchter.

Der Umgang mit Tieren war mir durchaus vertraut, denn während meiner Kindheit hatten meine Schwester und ich mehrere Haustiere gehabt. Als ich etwa drei Jahre alt war, brachte mein Vater vom Rummel eine Ziege mit und meinte, hinsichtlich der Milch eine wichtige Ernährungsfrage gelöst zu haben. Allerdings kümmerte er sich nie wieder um diese Ziege, das erledigte dann Schätzi. Auch hatten wir einen Hahn und Hühner. Letztere wegen der Eier und des Fleisches. Der Sinn des Hahnes, der stolz und ungeschlachtet blieb und keine Eier legte, erschloss sich mir zunächst nicht. Außerdem gehörte ein Hund zum Haushalt, erst ein Spitz, später ein Zwergschnauzer.

Ab Januar 1963, in der Kälte des Winters, begann für mich verspätet die Berufsausbildung. Jeweils am Montag war nicht Oberschule, sondern Betriebsberufsschule für Landwirtschaft angesagt, im Wechsel mit der praktischen Arbeit in einem volkseigenen Gut, zunächst in Biesdorf, später in Blankenfelde, beides in Berlin. Zu allem Übel wurden uns die Ferien erheblich gekürzt, weil es sowohl im Winter als auch im Sommer Betriebspraktika gab.

*

Nie in meinem Leben schwänzte ich die Schule. Dem Drückenden einer Pflicht ging ich innerhalb der notwendigen Tätigkeit stets mehr oder weniger geschickt aus dem Weg. Wahrscheinlich gilt das bis heute – ich verfüge über vier Berufsleben, bin Politiker, Anwalt, Autor und Moderator. Das eine gleicht das Fehlende im anderen Bereich aus und sorgt so für haltende Spannung. In der Politik versuche ich, den Zeitgeist zu beeinflussen und daran mitzuwirken, der Gesellschaft Anstöße zu geben. Einzelnen Menschen kann ich kaum helfen. Als Anwalt schaffe ich gelegentlich Letzteres, vermag dagegen kaum, in größerem Maße etwas zu verändern.

Während der damaligen Berufsausbildung verließ mich ab und zu mein Pflichtgefühl, und ich blieb der Berufsschule und dem Betrieb fern. Manchmal stachelte mich meine Schulfreundin Barbara Wolff zum Schwänzen an, manchmal ich sie. Natürlich hatte ich – jedenfalls für mich selbst – eine Entschuldigung parat: Der Unterricht in der Betriebsberufsschule war besonders langweilig, und die Arbeit in den volkseigenen Gütern begann um sechs Uhr! Da wir durch ganz Berlin fahren mussten, bedeutete dies, an Ausbildungstagen gegen vier Uhr aufzustehen. Solche Weckzeiten waren nicht meine Sache und sind es nie geworden. Später gab es wenigstens die Möglichkeit, im Lehrlingswohnheim des Volkseigenen Gutes Blankenfelde zu übernachten, dann reisten wir schon sonntagabends an, und es fiel uns leichter, uns am nächsten Morgen zu den Ställen zu schleppen. Allerdings gab es mittags eine sehr lange Pause, was den Arbeitstag enorm verlängerte. Erst um fünfzehn Uhr wurde die Ausbildung fortgesetzt, sodass wir während des Praktikums erst abends ins Wohnheim und während der Schulzeit erst spät nach Hause zurückkehrten.

Wie das so ist: Man gewöhnt sich an Situationen, die unabänderlich sind, und entwickelt einen Sinn für Vorteile und Annehmlichkeiten. Mir imponierte, dass wir eine Ausbildung auf dem Traktor erhielten; irgendwann fuhr ich mit einem solchen schweren Gerät und bis zu zwei Anhängern durch Berlin. Damals gab es noch einen Kreisverkehr am Alexanderplatz, und da musste ich erst mal herumkommen – mit so einem Traktor und den Anhängern! Mit sechzehn Jahren erhielt ich meine erste Fahrerlaubnis, die auch für Mopeds galt.

Rinderzucht, das ist logischerweise auch Schmutz und Dreck, bedeutet grobe Handgriffe und Gerüche. Zu den obligaten Pflichten gehörte der Jauchetransport. Mit einer solchen Fuhre ist eines meiner geradezu fürchterlichsten Erlebnisse bei der Ausbildung verbunden. Gemeinsam mit einem anderen Schüler sollte ich in Blankenfelde die gesamte Jauche absaugen, dann kam sie als Dünger aufs Rieselfeld. Der dicke Schlauch wurde an das Jauchefahrzeug angeschlossen, in die Jauchegrube gesteckt, der Absaugvorgang konnte beginnen. Anschließend wurde der Schlauch wieder abgeschraubt, wir wuchteten ihn aufs Fahrzeug und fuhren zur nächsten Grube. Das war auch für mich sehr schnell ein Routinevorgang geworden. Einmal aber hatte ich vergessen, dass mein Mitstreiter ein paar Köpfe größer war als ich, beim Anpacken des Schlauches entstand eine Schräge, und ich stand falsch. Der gesamte Inhalt des Schlauchs ergoss sich über mich.

Es gab inmitten dieses Malheurs einen Vorteil: Ich durfte den Arbeitsplatz sofort verlassen. Aber der Nachteil war wesentlich schwerwiegender: Fünfmal ging ich unter die Dusche, aber ohne jede Chance, den Gestank loszuwerden. Ich saß im Bus allein, in der S-Bahn allein, kam nach Hause – alle wandten sich entsetzt ab. Ich badete stundenlang, fühlte mich todunglücklich und meinte, mir das Leben nehmen zu müssen, sollte dieser Gestank trotz aller heftigen Reinigungsversuche an mir kleben bleiben. Glücklicherweise badete ich mich nach schier endlosen Mühen frisch und frei und kehrte aufatmend ins Leben zurück.

*

Wie gesagt: Die Ausbildung erledigten wir Lehrlinge, wenn man so sagen darf, in leichtem Trab. Wir kamen aus verschiedenen Schulen, dennoch entstand so etwas wie eine verschworene Truppe; die Zeit der Praktika schweißte uns zusammen, und mit wachsendem Gemeinschaftsgefühl steigerte sich auch die Lust auf Kraftproben und Regelübertretungen. Einmal drangen wir mit einem Nachschlüssel in die Küche des Lehrlingswohnheims ein und brieten uns Eier. Nach DDR-Recht war das allerdings noch keine Straftat, sondern nur eine Verfehlung. Heute müssen sich mit so »schwerwiegenden« Delikten Staatsanwälte und Richter herumschlagen.

Ein schlechtes Gewissen stellt sich wegen einer solchen Kleinigkeit bei mir bis heute nicht ein. Aber in einem anderen Fall geriet ich in eine durchaus peinigende Gefühlslage. Er belastet mich noch heute. Ein Mädchen unserer Gruppe hatte Geburtstag, wir entschieden uns für einen Blumenstrauß als Geschenk – den wir natürlich nicht kauften, schließlich prangte es farbenfroh in den umliegenden Gärten. Plötzlich standen wir auf unserem durchaus gut gemeinten Raubzug vor einem Garten, in dem fünf einzelne Rosen aufragten. Sie waren jeweils angebunden an einer Stange, man konnte die Sorgfalt, die Geduld, die Mühe des zeitaufwändigen Züchtens geradezu greifen. Einer von uns stieg über den Zaun und schnitt die Blumen kurzerhand ab, während ich draußen Schmiere stand. Wir haben nicht nur einen Hausfrieden verletzt, wir haben bedenkenlos und völlig unnötig ein Werk der Hingabe zerstört. Das Beispiel zeigt, wie rasch spielerischer Übermut und kollektiv gesteuerte Gedankenlosigkeit dazu führen können, die Welt anderer Menschen zu verletzen.

Gesteigertes disziplinloses Verhalten im Lehrlingswohnheim führte irgendwann dazu, dass unsere Gruppe des Heimes verwiesen und wir also genötigt wurden, an jedem Tag des Praktikums den beschwerlichen Weg von und nach Hause zu absolvieren. Obwohl ich bei den Ordnungsvergehen nicht einmal anwesend war, traf der Ausschluss auch mich. Im Unterschied zu den anderen konnte ich erst später meine Sachen aus dem Heim holen. Vor dem Haus trat mir ein Mann in den Weg und teilte mir barsch mit, ich dürfe das Heim nicht mehr betreten. Mein Einwurf, ich wolle ja nur meine persönlichen Dinge abholen, interessierte ihn nicht. Er hörte mir nicht einmal zu und drohte mir sogar Schläge an, falls ich auch nur einen einzigen Schritt näher käme. Daraufhin schaute ich ihn an und sagte, er sei doch schon über fünfzig und solle eher ans Sterben als ans Prügeln denken. Aus heutiger Sicht, mein eigenes Alter bedenkend: eine Unverschämtheit. Dem Mann erstarrten die Gesichtszüge, er war so verdutzt, dass er wie versteinert dastand und ich an ihm vorbei ins Haus gehen konnte.

Wenn der Eindruck entstanden sein sollte, die Ausbildung sei hingenommen worden und habe letztlich nur aus dem Glück einer Fahrerlaubnis und dem Unglück eines Jauchebades bestanden, so muss ich das korrigieren. Immerhin lernte ich den Arbeitsstil, die Denkweise, das Verhalten von Menschen kennen, die in der Landwirtschaft arbeiten. Jene Undiszipliniertheit, die mir aus volkseigenen Betrieben bekannt war, gab es dort nicht. Die natürlichen Zwänge, die vom Leben der Tiere und von den Kreisläufen auf den Feldern, vom Gang der Jahreszeiten bestimmt sind, sorgen für ein höchst diszipliniertes Regime – dem niemand ausweicht. Man muss melken, man muss füttern, man muss ausmisten, man muss säen, man muss ernten. Nichts darf ausgelassen oder aufgeschoben werden. Menschen der bäuerlichen Wirtschaft mochten bis drei Uhr morgens feiern und trinken – sie erschienen in aller Frühe verlässlich und fit an ihrem Arbeitsplatz. Das habe ich nicht nur respektiert, ich habe es bewundert. Schön ist übrigens, dass Bauern, wenn sie angetrunken sind und dir etwas erzählen, einen geradezu unbändigen Beweiswillen entwickeln: Der Paul, der auch in der Kneipe ist, muss unbedingt bestätigen, was dir der Kurt gerade erzählt hat. Es ist, als gehöre die Wahrheit allen, und selbst bei kleinen Unwahrheiten bleibt der eine der Kompagnon des anderen. Ein Erzählstil, der mir imponierte.

Rinderzüchter bin ich also geworden – in früher Einsicht, dass mir das für mein Leben so wenig bringen würde wie meiner Schwester der Chemiefacharbeiterbrief. Abgesehen von wichtigen Erkenntnissen hat mir diese Ausbildung genutzt, nämlich während des Studiums, aber dazu später. Ansonsten sorgte die Nennung dieses Berufes in meinen späteren Jahren als Politiker eher für Heiterkeit. Immerhin war es mein Vater, der mir während des Jura-Studiums erklärte, ich werde für den Beruf des Rinderzüchters vielleicht noch einmal dankbar sein, und zwar dann, wenn ich womöglich ins Exil müsse. Kein Land der Welt interessiere sich für das DDR-Recht, aber Cowboys benötige man überall. Da sprach der Emigrant, aus Erfahrung. Zum Glück ist mir ein Exil, bisher jedenfalls, erspart geblieben.

Vielleicht ist das ein Widerspruch, den ich öffentlich auch gar nicht so sehr ausbreiten möchte: Ich pflegte sehr wohl meine Eigenheiten und sorgte dafür, dass sie von Kollektivität nicht aufgesogen wurden; aber mein Eigensinn suchte immer auch die Gemeinschaft. Ich war Einzelgänger mit Gruppensinn, war im Bekanntenkreis kenntlich und blieb dennoch irgendwie unerkannt.

*

In der Oberschule beschäftigte mich der Gedanke, wie wir einander näherkommen, uns besser kennenlernen, ein wirkliches Zusammengehörigkeitsgefühl entwickeln könnten. Und so entschloss ich mich als Erster in der Klasse, zu meinem Geburtstag im Januar 1963 die Schüler meiner Klasse zu mir nach Hause einzuladen. Meine Mutter hatte nichts dagegen – und Schätzi die Arbeit.

Für die Feier konnte ich etwas Besonderes vorweisen, und ich tat es mit Vergnügen: nämlich eine Langspielplatte der Beatles, die ich von unserer Pariser Großmutter Mummi geschenkt bekommen hatte. Noch heute behaupte ich, der Erste in der DDR gewesen zu sein, der eine Beatles-Platte besaß. Natürlich kam ich damit bei meiner Klasse groß heraus, gab an wie eine Tüte Mücken, und gelegentlich verlieh ich diese Langspielplatte auch.

An diese Geburtstagsfeier erinnere ich mich auch deshalb, weil wir nicht nur das bekannte Stuhlspiel mit dem makabren Titel »Reise nach Jerusalem« betrieben, sondern auch »Hilfe, ich werde ermordet« spielten. Alle zogen eine Spielkarte. Die meisten Karten bedeuteten nichts, einer zog aber die Karte des Mörders, ein anderer die des Polizisten. Letzterer musste das Zimmer verlassen. Dann wurde der Raum vollständig abgedunkelt, und alle Mitspieler liefen herum, durften sich auch berühren, jedoch lediglich der Mörder durfte einem Mitschüler oder einer Mitschülerin an den Hals fassen, und der oder die musste dann schreien: »Hilfe, ich werde ermordet!«. Daraufhin ging der Mörder weg, alle aber mussten an ihrem jeweiligen Platz stehen bleiben, der Polizist kam herein und »ermittelte«. Ein Frage-und-Antwort-Spiel. Alle waren verpflichtet, die Wahrheit zu sagen, nur der Mörder durfte lügen. Fand der Polizist den Schuldigen nicht heraus, musste er wieder hinausgehen, und das Ganze begann von Neuem. Im Grunde war dieses Spiel nichts weiter als ein eher ungelenk wirkender Vorwand dafür, das Zimmer abzudunkeln, aber auch im abgedunkelten Zimmer geschah zwischen Mädchen und Jungen nicht allzu viel, wir waren viel zu jung und zu scheu.

*

Was mit der Pose des ND lesenden »Schnösels« begann, der sich etwas absonderte, hatte sich nun zu guten Beziehungen in der Gemeinschaft gewandelt. Mit meiner Geburtstagsfeier war eine Tradition ausgelöst worden, an der sich auch andere Mitschüler beteiligten und die bis zum Abschluss der 12. Klasse bestehen blieb.

Möglicherweise war der Tätigkeit meiner Eltern zu verdanken, dass ich eine spezielle kulturelle Aufgabe übertragen bekam: Fast alle in der Klasse schlossen ein Theateranrecht ab, es gab pro Jahr je eine Karte für jede bedeutende Bühne der Stadt; wir gingen ins Theater der Freundschaft (heute Theater an der Parkaue), ins Metropol Theater (heute Admiralspalast), ins Deutsche Theater, die Kammerspiele, die Volksbühne, das Maxim-Gorki-Theater, das Berliner Ensemble, die Komische Oper und die Staatsoper. Meine Aufgabe bestand nun darin, im Spielplan das jeweilige Schauspiel beziehungsweise die geeignete Oper auszusuchen und die Karten zu besorgen. Der Preis pro Karte lag bei etwa fünf Mark und war für jeden von uns leicht finanzierbar. Auch weil wir in der Berufsausbildung Lohn bekamen, eine Summe, die sich Jahr für Jahr um zehn Mark steigerte – wir begannen mit vierzig Mark und endeten bei siebzig Mark pro Monat.

Der Reiz der Theaterbesuche bestand natürlich auch in Nebeneffekten des rein kulturellen und bildenden Erlebnisses. Die Heimwege waren gewiss romantischer und abenteuerlicher als die Wege hin zum Theater.

Was die Kunst betraf, lag mir das Schauspiel näher als die Oper. Gewiss kein Empfinden, das von dem Gefühl anderer Jugendlicher stark abwich. Die betonte Künstlichkeit der Oper wirkte bisweilen komisch auf uns. Erst im Laufe der Jahre konnte ich dem Musiktheater mehr und mehr abgewinnen. Gerade, dass sich die Oper so strikt abkehrt von der Realität, erhebt sie zu einem so großartigen »Kraftwerk der

Gefühle«, wie es der Schriftsteller Alexander Kluge formulierte.

Übrigens stellte ich fest, dass Theater wahrlich etwas sehr Lebendiges ist und sich ein Premierenpublikum vom späteren Publikum einer Inszenierung deutlich unterscheiden kann. Meine Mutter hatte mich in die erste Vorstellung der Komödie »Der Frieden« von Peter Hacks ins Deutsche Theater mitgenommen: Großes Gelächter im Saal, als ein Krieger wegen des Kopfschmucks zum anderen sagte: »Die Feige ist mir lieber als der Busch.« Als ich ein Jahr später mit meiner Klasse erneut in dieser Aufführung saß, blieb es still unter den Zuschauern. Ich fand die Stelle immer noch witzig, aber allein zu lachen traute ich mich nicht.

So entdeckt man mit der Zeit sich selbst, ob nun in Träumen von der eigenen Kraft oder im Fährhafen einer Ostseeinsel, ob nun in der Furcht, im heißen Bulgarien um ein Glas Wasser zu bitten, oder im Stolz auf eine Traktorfahrt oder eine Beatles-Platte, ob nun beim Wildern in einem fremden Rosengarten oder beim Unterdrücken eines Lachens im Theatersaal. In der Schule machte ich auch die Erfahrung, nicht lügen zu können. Ein Mädchen, das mich mochte, lud mich zum Wochenende ein. Ich ließ mir einen Grund einfallen, um ablehnen zu können. Am nächsten Tag hatte ich diesen Grund vergessen, wurde von dem Mädchen irgend etwas gefragt und gab eine Antwort, die sich mit meiner Ausrede nicht vereinbaren ließ. Erwischt! Wer erfolgreich lügen will, muss sich seine Lügen auch merken können. Ich konnte es nicht, deshalb blieb ich lieber bei der Wahrheit. Ob sich daraus ableiten lässt, dass ein schlechtes Gedächtnis der beste Weg zur Wahrheit ist, lasse ich dahingestellt sein.

*

In unsere Klasse ging eine Österreicherin. Logischerweise besaß sie gegenüber uns allen ein außergewöhnliches Privileg: Auch nach dem Mauerbau 1961 durfte sie regelmäßig in den Westen reisen. Sie fuhr nach Westberlin, kaufte sich dort schicke Röcke, Pullover und andere Dinge. Trotzdem fiel sie nicht unangenehm auf, sie verhielt sich in ihrer Sonderstellung sehr selbstverständlich, prahlte nicht, aber spielte auch nicht die betont Bescheidene. Bemerkenswert ist die Geschichte ihres Vaters. Er war ein österreichischer Kommunist, der während der Hitlerdiktatur nach Moskau emigriert war, auf dem Roten Platz fotografiert hatte und von Stalins Geheimpolizei sofort als Spionageverdächtiger verhaftet wurde und ins Gefängnis kam. Nach dem Hitler-Stalin-Pakt und der Besetzung Polens durch die Deutschen wurde er ausgetauscht. Die Gestapo sperrte ihn sofort ein und verurteilte ihn. So saß er in einem deutschen Gefängnis. Nach 1945 versuchte er, wieder Kontakt zur Kommunistischen Partei Österreichs aufzunehmen. Die Partei aber ging auf Distanz: Wenn er unter Stalin gesessen habe, müsse er sich wohl auch schuldig gemacht haben. 1958 kam er in die DDR. Natürlich half ihm, dass man inzwischen in der Sowjetunion unter Chruschtschows Führung begonnen hatte, sich kritisch mit Personenkult und stalinistischem Terror auseinanderzusetzen. Aber Mitglied einer Partei wurde er nie wieder. Seine Tochter erzählte uns vom Schicksal ihres Vaters. Wir hörten zu und begriffen, und wir begriffen gleichzeitig nicht. Mussten aber lernen, mit bestimmten Widersprüchen umzugehen.

Kindheit verabschiedet sich, indem die Dinge rücksichtsloser und offen verwirrender auf uns zukommen. Als ich einmal zu Gast bei meiner Mitschülerin Angelika Beyer war, erlaubte uns deren Vater, kurze Zeit mit ihm fernzusehen. Wir schauten gemeinsam die »Tagesschau«. Er fragte mich leicht provozierend, ob ich diese Sendung zu Hause auch sehen dürfe. Wahrheitsgemäß erklärte ich ihm, wir besäßen kein Fernsehgerät. Auf dem Bildschirm tauchte der französische Präsident de Gaulle auf, und Angelikas Vater erklärte mir, dies sei ein wahrer Nationalist. Offenbar erwartete er Widerspruch, aber ich wollte nicht diskutieren. Der Vater war deutlich kritisch gegenüber der DDR eingestellt und machte daraus keinen Hehl. Nach der Wende aber begrüßte er meine Arbeit in der PDS und wählte diese Partei wohl auch.

Erstaunlich finde ich im Nachhinein, dass zwei Väter von Schülern aus meiner Klasse den Beruf des Rechtsanwalts hatten. Der eine war Friedrich Wolff, Vorsitzender des Rechtsanwaltskollegiums in Berlin und Vater von Barbara Wolff. Der andere war der Vater meines Freundes Joachim, nämlich Willi Haase, stellvertretender Vorsitzender des Rechtsanwaltskollegiums. Erstaunlich deshalb, weil es in der DDR überhaupt nur etwa sechshundert Rechtsanwälte gab – die man heute, etwas überspitzt gesagt, in einer einzigen Straße zählen kann. Ein Rechtsanwalt war mithin eine Rarität damals.

*

Was den schulischen Unterricht betrifft: Er war vielseitig, aber eher autoritär. Was völlig fehlte, war jener heutige Gesprächscharakter an Schulen, der dem Unterricht von vornherein etwas von einem gemeinsamen Tasten und Suchen gibt und Hierarchien bewusst aufbricht (was auch Gefahren birgt). Dennoch unterschieden sich die Lehrer enorm. Da gab es, vorwiegend in den naturwissenschaftlichen und musischen Fächern, den Typ des gebildeten Pädagogen, der klassische Bürgerlichkeit ausstrahlte, stille Korrektheit, einleuchtende Erklärungskraft. Das sind Kennzeichnungen, die ich damals nur fühlte, nicht so hätte in Worte fassen können – aber die gediegene Bildung, die Art des Nachdenkens und Zweifelns dieser Lehrer übte einen angenehmen Reiz aus, ich fühlte mich zu ihnen hingezogen. Das stand im Gegensatz zu den groben Funktionärstypen, die ich unangenehm rechthaberisch und gebietend, sehr einschüchternd und eindimensional in Erinnerung habe.

Einmal musste die gesamte Lehrer- und Schülerschaft zum Standort des Wachregiments »Feliks Dzierżyński« in Adlershof ziehen – dort war ein Besuch des sowjetischen Kosmonauten German Titow angekündigt. Spalierdienst sozusagen. German Titow hielt eine kurze Rede, ich habe eine sehr angenehme Erscheinung und Stimme in Erinnerung. Begrüßt worden war er vom Minister für Staatssicherheit, Erich Mielke. Der brüllte martialisch ins Mikrofon. Selten habe ich so verschreckte Gesichter wie die jener Lehrer gesehen, die ich als bürgerlich beschrieb.

9. KAPITEL

Der Direktor unserer Schule, der Geschichte unterrichtete, verlangte eines Tages, eine Schülerin beziehungsweise ein Schüler solle vor Unterrichtsbeginn drei historisch bedeutsame Jahreszahlen an die Tafel schreiben. Anschließend sollten wir den Ziffern die entsprechenden Ereignisse zuordnen. Als Erster kam ich dran. An zwei der Zahlen, die ich notierte, erinnere ich mich noch – 9 und 1077. Es handelte sich um die Schlacht im Teutoburger Wald, bei der die Germanen die Römer besiegten, und um den berühmten Gang Heinrichs IV. nach Canossa zu Papst Gregor VII. Unser Direktor kam herein, eröffnete den Unterricht und brach in einen solchen Wutanfall aus, dass wir alle erschrocken zusammenzuckten. Mit einem Zeigestock trommelte er geradezu auf die Zahlen, als wolle er sie aus der Tafel herausschlagen, und fragte brüllend, was dies solle. Merkwürdig ruhig und kurz antwortete ich. Daraufhin rief er, die deutsche Geschichte beginne erst 1848.

Am aufschlussreichsten war, dass er sich dann beruhigte, nunmehr vielleicht selbst etwas unangenehm berührt von seiner cholerischen Reaktion, und entschuldigend verwies er darauf, auch er selber sei historisch sehr interessiert, aber: Dies spiele hier keine Rolle. Erziehung wider das eigene Empfinden, Pädagogik wider eigenes Wissen – man darf nicht allzu sehr hochrechnen, wohin solche Vorbilder und Methoden führen.

Hervorragend dagegen war unsere Lehrerin in Deutsch und Latein. In Deutsch war ich ziemlich gut, in Latein eine Katastrophe. Letzteres hängt schon allein damit zusammen, dass ich nicht besonders fremdsprachenbegabt bin und vor allem viel zu faul war, Vokabeln zu lernen. Längst bereue ich diese Faulheit. Nun gut, Lateinisch ist eine sogenannte tote Sprache, aber sie bleibt für manche Fremdsprache eine wichtige Grundlage. Es war für viele Ostdeutsche wenig stimulierend, Fremdsprachen wie Französisch, Englisch oder Spanisch zu lernen, ohne je die Aussicht zu haben, die entsprechenden Länder besuchen zu dürfen.

Weltläufigkeit ist zwar in hohem Maße, nicht jedoch ausschließlich an erlebbare Geografie gebunden. Auch Kunst und Kultur sind sehr entscheidende Reiseführer – ins Wesen von Welt und Mensch. Ein Jahr lang, in der gesamten 11. Klasse, nahmen wir die Literatur der Bundesrepublik Deutschland durch. Wir mussten und durften uns mit Autoren wie Heinrich Böll, Günter Grass, Max von der Grün, Rolf Hochhuth, Heinar Kipphardt, Siegfried Lenz, Martin Walser, Peter Weiss und anderen beschäftigen. Niemand aus dem Westen, den ich nach der deutschen Einheit fragte, konnte sich erinnern, in gleicher Intensität jemals über DDR-Literatur unterrichtet worden zu sein. Über deren Qualität – von Arnold Zweig bis Christa Wolf, von Hermann Kant bis Erwin Strittmatter, von Volker Braun bis Johannes Bobrowski – hier nichts ausgeführt werden muss.

Auch unseren Lehrer für Mathematik und Physik mochte ich; er rührte mich an wegen seines Pechs bei physikalischen Experimenten. Er beschwor, den jeweiligen Versuch vor Unterrichtsbeginn mit einem Kollegen genau vorbereitet und erfolgreich getestet zu haben, die »Premiere« im Unterricht aber endete fast jedes Mal in einer Pleite. Es zündete nichts oder zündete falsch, es floss nichts oder floss zu viel. Der erheiternde Effekt dieses Physikunterrichts steigerte sich von Stunde zu Stunde, der Wissensstand dagegen kaum. Bei mir stellte der

Lehrer eine Besonderheit fest. Gewöhnlich sei ein Schüler gut in Mathematik und Physik, oder er bleibe in beiden Fächern eher schlecht. Ich aber sei seltsamerweise in Mathematik sehr gut, in Physik dagegen, wie er sagte, »grottenschlecht«.

Mathematik besitzt für mich eine formale Logik, der ich zu folgen vermag. In Physik muss ich mir vorstellen, dass jemand in Peking in eine Kamera spricht, und über irgendwelche Pixel und eine Antenne sehe und höre ich ihn, und das weniger als eine Sekunde später, auf dem Bildschirm meines Fernsehers. Das überfordert meine Phantasie. Die Zusammenhänge begreife ich nicht, ich kann sie höchstens auswendig lernen, also bleibt nichts hängen im Gedächtnis.

Die Schule hilft, Begabungen und natürlich auch das Gegenteil davon besser zu erfassen. Im Zeichenunterricht bekamen wir den Auftrag für ein Plakat. Ich entschied mich, berufsbedingt, für ein landwirtschaftliches Sujet. Mit Idee und Gestaltung war ich durchaus zufrieden. Bei der Rückgabe der zensierten Arbeiten erklärte die Lehrerin, in meinem Falle bedaure sie das Ende der Notenskala bei »5« – denn eine »10« wäre für mein Plakat die einzig zutreffende Zensur, alles darunter sei gar zu schmeichelhaft. Schon lange hatte ich geahnt, kein talentierter Zeichner zu sein, jetzt wusste ich es. Deutliche Verteilung von Licht und Schatten durch fremdes Urteil kann der Selbsterkenntnis Beihilfe leisten.

Eines Tages, ich war schon geraume Zeit im Bundestag, baten mich Kinder in einem Brief, etwas für ein Buch zu zeichnen, dessen Erlös krebskranken Mädchen und Jungen zugutekomme. Handschriftlich teilte ich ihnen mit, dass ich wahrscheinlich kaum in die Politik gegangen wäre, wenn ich über ein wirkliches Talent zum Zeichnen verfügte. Postwendend kam ein erneuter Brief: Die Kinder fragten, ob sie meine Antwort als Faksimile im Buch veröffentlichen dürften. Ich stimmte zu, in der Sammlung voller Bilder fiel mein kleiner

»Schriftsatz« besonders auf – damit kam ich sogar in die »Tagesschau«. Selbst mit einem schweren Mangel an Begabung hat man also eine Chance – wenn man bereit ist, offen mit ihm umzugehen.

*

Zu meinen Schulzeiten gab es für Schülerinnen und Schüler keinen Datenschutz. Die Zeugnisse wurden offen verteilt und offen beurteilt. Bei uns gab es eine rituelle Reihenfolge. Der Klassenlehrer teilte zuerst das beste Zeugnis aus und endete mit dem schlechtesten. Mitte der 10. Klasse geschah es, dass das letzte Halbjahreszeugnis – mich traf. Ausgehändigt bekam ich das betrübliche Dokument mit dem unmissverständlichen Kommentar, ich sei versetzungsgefährdet. Ich fühlte Entsetzen, die Situation war mir außerordentlich peinlich. Auf dem Nachhauseweg grübelte ich dieser misslichen Lage nach: Meiner Überzeugung nach gab es in der Klasse doch Dümmere als mich, und es war überhaupt nicht einzusehen, dass die ein besseres Zeugnis erhielten. Jeder Schritt, den ich nach Hause ging, festigte einen Entschluss: Ich werde fortan sämtliche schriftlichen Hausaufgaben erledigen, sogar – und das war mir selbst gegenüber schier revolutionär – die mündlichen. Jeden Tag. Ohne Ausnahme. Doch: eine – die Vokabeln in Latein.

Und tatsächlich: Fortan arbeitete ich jeden Tag. Ich ackerte nicht, aber ich arbeitete – und hielt das durch. Wissend: Es ist das eine, besser werden zu wollen, das andere ist, es ins Bemerkbare umzuwandeln. Nicht nur ein politisches, sondern auch ein lerntechnisches Problem. Also: Die Lehrerschaft musste meinen Wandel unbedingt mitbekommen – was einfach klingen mag, aber man ist ja irgendwie eingeordnet und wird ausdauernd nach einem eingeschliffenen Muster beurteilt.

Schritt für Schritt verbesserten sich meine Zensuren, schon am Ende der 10. Klasse war ich nicht mehr derjenige, der als Letzter auf sein Zeugnis warten musste. Ende der 11. Klasse hatte ich ein gutes Zeugnis, und das Abitur legte ich ebenfalls mit dem Prädikat »Gut«, also mit der Note Zwei ab.

Mündlich wurde ich in Mathematik, Deutsch und Geschichte geprüft. In Mathematik versuchte ich einen Trick. Ich klopfte an die Tür des Lehrerzimmers und bat um ein Gespräch mit meinem Mathematiklehrer. Er reagierte wohlwollend, als ich ihn wegen einer komplizierten Beweiskette ansprach, die ich studiert, zu der ich aber noch eine Frage hätte. Er beantwortete sie mir bereitwillig. Die Wahrheit ist: Ich hatte diese Frage gar nicht, ich stellte sie nur, um ihn mit dem Studium der erwähnten Beweiskette zu beeindrucken; vielleicht würde er sich meine spezielle Vorbereitungsleistung einprägen; vielleicht meinen Wink mit dem Zaunpfahl erkennen und mich genau mit dieser besprochenen Beweiskette prüfen. Meine Hoffnung erfüllte sich, auf diesen Lehrer war mithin Verlass. Von Psychologie geht mitunter ein verblüffender Zauber aus.

Es war in der 10. Klasse ein merklicher Ruck durch mein Leben gegangen, offenbar bedurfte es einer Schrecksekunde, jener Bloßstellung durch diese – für mich beschämende – Praxis der Zeugnisausgabe. Wo immer es möglich, also unerheblich war, beharrte ich natürlich auch weiterhin auf einer gewissen Gemächlichkeit. Die man insofern – etwas paradox – als ein flinkes Phlegma bezeichnen konnte, als ich stets ziemlich schnell auskundschaftete, wo ich gefahrlos einen Gang niedriger schalten konnte. Wenn man eine gewisse Grundfaulheit besitzt, wirkt sich das zum Beispiel auch im Sport aus. Egal, ob wir Fußball oder Handball spielten, ich stand immer im Tor, weil ich nicht die geringste Lust hatte, permanent über das Feld zu laufen. Rennerei jedweder Art mochte ich nie. Beim Fußball erwies sich das Hüten des Tores allerdings als etwas schwierig und demnach unglücklich, denn: Ich war einfach zu kurz, um bei der Abwehr des fliegenden Balles die obere Stange zu erreichen. Beim Bodenturnen – ich bitte die geneigte Leserschaft um eine Prise Erstaunen und Vorstellungskraft – gelang mir eine Rolle rückwärts in den Handstand. Ich war der Einzige in der Schule, der dieses Kunststück vollbrachte. Sehr viel später versuchte ich, es meiner Tochter Anna, die 1996 geboren wurde, noch einmal vorzuführen. Kläglich bin ich schon im Ansatz einer Rolle rückwärts gescheitert und dem Schicksal dankbar, dass ich nicht auseinanderbrach.

Nach der letzten mündlichen Abiturprüfung entschlossen sich vier Mitschüler und ich, gemeinsam in Bindow in der Nähe von Berlin zu feiern. Wir enterten eine Kneipe, tranken nicht nach Kräften, sondern weit über diese hinaus. Wir hinterließen Spuren. Es litten ein Zaun, ein Straßenschild und anderes. Der Abschnittsbevollmächtigte der Volkpolizei (ABV) wurde alarmiert und befragte uns. Er neigte zum Plaudern und erwähnte, vor Kurzem einen Täter ermittelt zu haben, der nur schwer zu finden gewesen sei. Ein Mitschüler von mir zeigte auf arrogante Weise Verständnis und machte dem Polizisten Hoffnung: Wahrscheinlich habe dieser Kerl bei seiner Tat den Personalausweis verloren. Der ABV bekam die Anspielung nicht mit, worüber ich ziemlich froh war.

Am nächsten Tag waren wir alle wieder nüchtern, fühlten uns aber miserabel. Wir wurden zu einer Aussprache eingeladen, hörten uns ein paar Belehrungen an und zahlten eine Geldstrafe wegen einer Ordnungswidrigkeit. Pflichtgemäß baten wir um Entschuldigung. Bei solchen Gelegenheiten, bei denen Halbwüchsige, wie es so schön heißt, über die Stränge schlagen, war ich immer auf eine Weise beteiligt, die meine Sehnsucht nach Gemeinschaft befriedigte, und trotzdem fühlte ich mich unwohl, fragte mich, was mich geritten hatte, und war jedes Mal froh, wenn alles glimpflich vorüberging.

10. KAPITEL

Die Zeit an der Erweiterten Oberschule, 1962 bis 1966, war natürlich auch politisch geprägt. Die SED-Führung fühlte sich nach dem Mauerbau sicherer. Was ich damals natürlich nicht wusste, was mich auch noch nicht interessierte, was aber unter dem Aspekt meiner späteren Berufswahl bemerkenswert war: Es gab einen Rechtspflegeerlass, der zum Beispiel das Recht auf Verteidigung eines Angeklagten stärkte und auch verlangte, wesentlich mehr Bewährungsstrafen im Vergleich zu unbedingten Freiheitsstrafen auszusprechen.

Für uns Jugendliche gab es einen Beschluss des Politbüros der SED, der uns aufleben ließ: Wir sollten endlich die Musik hören, die wir hören wollten, so tanzen dürfen, wie uns zumute war, mehr Freizügigkeit, Liebe und Mode genießen können. Es wirkte wie eine Befreiung. Jugendliche – darunter auch ich – wurden eines Tages in ein Gebäude in der Karl-Marx-Allee eingeladen (man riss es später ab, weil Fehler in der Statik entdeckt worden waren). Gespannt saßen wir im großen Saal, waren im guten Sinne aufgeräumt, aufgekratzt, aufnahmebereit. Es sprachen der Partei- und Staatschef Walter Ulbricht und der damalige FDJ-Chef Horst Schumann. Selten habe ich erlebt, wie jemand seine Chancen derart verspielt. Ulbricht sprach tatsächlich anderthalb Stunden und das noch in seinem sächsischen Dialekt, mit seiner aufreizend fistelnden Stimme. Trotz dieser rhetorischen Makel: Wenn er nur fünfzehn Minuten gesprochen hätte, die Jugendlichen wären ihm begeistert gefolgt. Aber neunzig Minuten Mahlwerk aus Ideologie und

Parolen?! Die Langeweile, die Müdigkeit, das Desinteresse geisterten durch den Raum und legten sich wie ein Schlafpulver auf die Stimmung. Immerhin hatte der FDJ-Chef die Lage erkannt und sprach nach Ulbricht nur wenige Minuten.

An diese von der Geschichte längst vergessenen Stunden denke ich wegen ihrer traurigen Übertragbarkeit. Es blieb das Kennzeichen der politischen Kultur in der DDR: langweilige Reden, eine zunehmend unbegreifliche Wirklichkeitsverleugnung, kein Gefühl für Massenpsychologie, zu wenig tiefere Gedanken und dazu eine gewisse Arroganz der Selbstmächtigkeit.

*

Immerhin: In der Praxis änderte sich vieles, zumindest für uns Jugendliche. Zunächst jedenfalls. Das Fernsehen der DDR und der Rundfunk gaben uns jungen Leuten das Empfinden, unser Lebensgefühl ernster zu nehmen. Freiheit war offenbar ein Begriff, der nunmehr auch mehr und mehr uns betreffen sollte. Aber es folgte ein jähes Ende – mit dem 11. Plenum des Zentralkomitees der SED im Dezember 1965. Das berühmt-berüchtigte Kulturplenum. Schriftsteller, Komponisten, Filmemacher wurden scharf kritisiert. Es gab harte Auseinandersetzungen wegen der Rock- und Beatmusik. Offen miteinander zu tanzen wurde als unmoralisch bezeichnet. (Wobei ich bis heute finde, wenn man diese Kategorie überhaupt anwenden darf: Ein Tango ist weit »unmoralischer« als ein offener Tanz.)

Das Plenum löste einen Schock bei uns aus. Erst Ende der neunziger Jahre erfuhr ich von Filmregisseur Kurt Maetzig einige Hintergründe, die mir bis dahin nicht bekannt waren. Die Souveränität der SED gegenüber Moskau war über Jahrzehnte äußerst gering. Aber es gab trotz dieser Grundsituation Nuancen in der Entwicklung. Ulbricht hatte auf das Neue Ökonomische System der Planung und Leitung der Volkswirtschaft orientiert – es sollten marktwirtschaftliche Elemente eingeführt werden, sogar das Prinzip der Konkurrenz stand zur Debatte. Ein großes Wirtschaftsplenum der SED war dazu vorgesehen. Plötzlich wurde Nikita Chruschtschow gestürzt und Leonid Breshnew Generalsekretär des ZK der KPdSU. Auf einer Geheimreise in die DDR pfiff dieser die SED-Führung zurück: Es habe unbedingt bei den bisherigen Geboten der Planwirtschaft zu bleiben, und zudem sei aus der Auseinandersetzung mit Stalin die Energie herauszunehmen. Daraufhin meinte Ulbricht, den Themenschwerpunkt des bevorstehenden ZK-Plenums ändern zu müssen – aus der öffnungsbereiten Wirtschaftstagung wurde jenes vergatternde und strafende Kulturtribunal, das auf verhängnisvolle Weise DDR-Geschichte schrieb und der Intelligenzfeindlichkeit des Systems zuarbeitete. Walter Ulbricht ging es darum, gegenüber Leonid Breshnew als zuverlässig zu gelten.

Als Kurt Maetzig mir das erzählte, dachte ich nur: Da kennt man nun die Grundstrukturen, den Abriss der Geschichte, aber alles ist doch plötzlich mit unvorhergesehenen Aktionen und ebenso dramatischen Reaktionen verbunden, mit banalen Anlässen und tragischen Folgen. Wie so oft: Vieles, was in der Geschichte rigorose Klärung sein will, führt meist zu neuen Verwicklungen und steigert nur die Kompliziertheit, irgendwie Klarheit in die Verhältnisse zu bringen.

Nach diesem 11. Plenum kam der Begriff der »OdElfler« auf. Das hieß: Opfer des 11. Plenums. Das Wort war eine traurige, bittere Anspielung auf OdF – Opfer des Faschismus. Der Kulturminister Hans Bentzien wurde zum Fernsehen versetzt. Mein Vater wurde sein Nachfolger. Das war auch für mich nicht leicht. Ich ging in die 12. Klasse und wurde dauernd gefragt, ob etwa mein Vater jetzt dafür sorgte, dass wir nicht mehr die Musik hören konnten, die wir hören wollten, und nicht weiter so tanzen durften, wie es uns gefiel. Es gab auch schärfere Fragen. Die Situation war mir unangenehm, aber ich zweifelte nicht an meinem Vater und hoffte und glaubte fest daran, dass es mit der Kultur anders komme, als von vielen befürchtet.

Im Nachhinein muss ich sagen, dass mein Vater doch einiges bewirkte. Er hat Auseinandersetzungen vom Ministerium auf die jeweiligen Künstlerverbände delegiert. Dadurch wurden sie eigenständiger und auch unabhängiger. Sie trugen so auch mehr Verantwortung. Er war nicht der Typ, der gern etwas verbot. Und so war es kein Zufall, dass er sieben Jahre später ebenfalls gehen musste.

In dieser Zeit kam es mit der Jugend zu Auseinandersetzungen, bei denen die SED eine kompromisslose Härte an den Tag legte. Unmissverständlich demonstrierte die Partei ihre Macht, aber die rigide Handlungsweise zerstörte Vertrauen, schuf neue Nischen eines rebellischen Eigensinns, vergrößerte den Unmut auf das politische System. Zentren des Konflikts waren auch die Länge der Haare bei den Jungs, die Kleidung, die Musik. Polizisten und Arbeiter in den Betrieben zwangen Jugendliche mit Bärten und langen Haaren sogar zum Frisör, im ND erschienen Fotos, auf denen Erwachsene junge Leute packten und ihnen die Frisuren stutzten. Eine makabre Form der Selbstjustiz, die sich brüstete, einer verderbten Kultur keine Chance bieten zu wollen. Viele aus der älteren Generation nickten beifällig; das landläufig deutscheste aller Gebote trat wieder mal seinen Triumphzug an: Ordnung muss sein! Aber es war das Gegenteil eines Sieges oder gar einer vernünftigen Übereinkunft.

Es ist interessant, dass sich bei solchen Auseinandersetzungen zwischen Generationen immer wieder herausstellt: Es gelingt Älteren nicht, Jüngere gegen deren Lust auf das Niveau der eigenen Lebens- und Ausdrucksformen zu zügeln, sie auf sogenannte Linie zu bringen. Und doch begeht jede ältere Generation geradezu reflexhaft diesen Fehler neu: Was man nicht mehr versteht, darüber schüttelt man den Kopf, schreitet ein und rechnet das eigene Unvermögen, mit den Wandlungen der Zeit klarzukommen, hoch auf den drohenden Untergang der Welt – dem man gelegentlich sogar mit Verbot und strenger Zurechtweisung zuvorkommen will. Jeder kennt den falschen Satz, der immer wieder im Brustton der Überzeugung ausgerufen wird: Das hat es zu unserer Zeit nicht gegeben! Mag sein. Na und?

*

Zwei Mädchen in meiner Klasse – Angelika Beyer und Barbara Wolff – gestalteten während der Hysterie gegen lange Haare (die ja auch eine propagandistische Tirade gegen das »Yeah! Yeah! Yeah!« der Beatles war) eine Wandzeitung. Sie trug die Überschrift »Lange Haare, kurzer Sinn?« und zeigte zwei große Bilder von Friedrich Engels und Karl Marx und deren üppiger Haar- und Bartpracht. Dazu stand ein kurzer Text, der ausmalte, wie diese beiden bedeutenden Köpfe wohl unter den gegenwärtigen DDR-Bedingungen behandelt würden.

Der Direktor der Schule kam in die Klasse und fragte nicht etwa nach den Autorinnen der Wandzeitung, sondern nach dem in der FDJ-Leitung Verantwortlichen für politisch-ideologische Fragen. Eine typische Reaktion: Man vermeidet das Gespräch mit den direkt Verantwortlichen und delegiert es auf einen »Funktionär«.

Die Sache mit der Wandzeitung geschah im März 1966. Die Wahl der FDJ-Leitung war im September 1965 gewesen, ich hatte damals gefehlt, also nichts mit jener Wahl und der nunmehrigen Frage des Direktors zu tun. Weil sich niemand in der Klasse meldete, wiederholte er seine Frage. Plötzlich beugte sich unsere FDJ-Sekretärin zu mir und flüsterte etwas erschrocken: Sie habe leider vergessen, mir mitzuteilen, dass ich damals in Abwesenheit zum Verantwortlichen für politisch-ideologische Fragen gewählt worden sei. Mit anderen Worten: Von

September bis März hatte die FDJ-Leitung nicht ein einziges Mal getagt und ich nichts von meiner Funktion erfahren.

So sah sie also praktisch aus, die Arbeit des Jugendverbandes, zumindest in meiner Klasse. Nun meldete ich mich, der Direktor nahm mich mit in sein Zimmer und erklärte mich zum Verantwortlichen für die offenkundige politisch-ideologische Unklarheit, die in der Klasse herrsche – umgehend hätte ich dafür zu sorgen, dass die Wandzeitung verschwinde. Ich nahm all meinen Mut zusammen und erklärte, dass dies möglicherweise nicht klug sei. Er stutzte, ließ aber immerhin zu, dass ich weitersprach. Die Wandzeitung abzuhängen, so argumentierte ich, trage nur zu noch größerem Wirbel bei, ihre Wirkung verstärke sich und spreche sich gewiss weit herum. Wenn sie aber – es war Montag – bis Freitag hängen bleibe, sei sie noch eine gewisse Zeit Blickfang, dann beruhige sich die Aufmerksamkeit, bis schließlich kaum noch jemand darauf reagiere. Ich versprach ihm, dafür zu sorgen, dass am Freitag die Wandzeitung abgenommen werde. Er überlegte hin und her, her und hin – am Ende nickte er: »Gut, dann mach es so.«

Eines Tages sollten alle Schüler der Klasse geloben und unterschreiben, keinen Westrundfunk zu hören und kein Westfernsehen zu schauen. Zum einen: Ich hörte regelmäßig Westrundfunk, zum anderen, wie schon erwähnt: Wir hatten zu jener Zeit noch kein Fernsehgerät zu Hause. Also unterschrieb ich nicht, es gab keine Einwände. Die Sache schien schon vergessen, da nahm mich der stellvertretende Direktor zur Seite, hielt mir das Blatt mit der besagten Liste vor und sagte in knapp gehaltenem Ton: »Gregor, dort, deine Unterschrift. Keine Diskussion. Was du zu Hause machst, interessiert mich nicht.« An seinem Gesicht merkte ich: Es ging nicht um mich, es ging um ihn. Ich unterschrieb.

*

Nunmehr zu vermuten, ich sei Dauergast von Audienzen beim Direktor gewesen, wäre wahrlich falsch, aber noch einmal wurde ich in einen bemerkenswerten Vorfall verwickelt und »einbestellt«. Der Direktor weihte mich ein, er sei von einem Mitarbeiter der Kreisdienststelle des Ministeriums für Staatssicherheit aufgesucht worden, der behauptete, dass ich der Schulband für Proben Tonbänder mit Beatles-Musik zur Verfügung gestellt habe. Kurz und korrekt antwortete ich: »Ich besitze kein Tonbandgerät und keine Tonbänder und kann deshalb auch keine Tonbänder zur Verfügung gestellt haben.« Der Direktor zeigte sich zufrieden, dann sei ja alles in Ordnung.

Tatsächlich hatte ich der Schulband für ihre Proben meine Beatles-Platte aus Paris zur Verfügung gestellt. Betroffen war ich wegen dreier Aspekte. Erstens hatte ich bis dahin geglaubt, die Angehörigen der Staatssicherheit lägen hinter Büschen, um Spione zu fangen; nicht im Ernst konnte ich mir vorstellen, dass sie sich um einen solchen Mist wie eine Schulband und deren Probenmaterial kümmerten. Zweitens: Wenn schon, dann sollten sie doch bitte den Unterschied zwischen einem Tonband und einer Schallplatte beachten. Und drittens: Wieder diese Delegierung! Warum fragte der Mann der Staatssicherheit nicht mich direkt?

Der Schulband hatte ich Westmusik zur Verfügung gestellt, ja. Aber juristisch hatte ich mich unanfechtbar verhalten und die Wahrheit gesagt, denn es war kein Tonband. Die Lehre: Man kann mit einer Wahrheit erfolgreich der Wahrheit aus dem Wege gehen.

11. KAPITEL

Die Oberschulzeit empfand ich als sehr angenehm. Ein Leben mitten in den politischen Auseinandersetzungen, aber auch Jahre wie auf einer Insel, viele Wellenschläge entfernt vom Festland künftiger Pflichten und Probleme. Wir haben gefeiert, gelacht, Konflikte ausgetragen – Jungsein war schön und fluchbeladen wie wohl zu allen Zeiten. Eine Existenz der drückenden Enge war es trotz der Mauer nicht. Das Leben ist eben stets reicher, als es später in einer bestimmten Art der Geschichtsschreibung gewesen sein soll. Dann nämlich, wenn im Nachhinein die Vielfalt unzähliger lebendiger Biographien nur noch politischen Tendenzen zugerechnet werden soll.

Ende Juni 1966 hatte ich das Reifezeugnis in der Tasche. Noch vier Wochen Abschlusspraktikum, und ich war nicht nur Abiturient, sondern auch Rinderzüchter. Zum Abschluss der Ausbildung mussten wir noch eine Erlaubnis zum Fahren und Benutzen des Geräteträgers RS09 erwerben. Das ist eine Art Traktor, der zwei bewegliche Arme hat, die man heben und senken und an denen man verschiedene Instrumente anbringen kann. An den Übungsstunden dafür konnte ich nicht teilnehmen, aber mir widerfuhr eine der Freundlichkeiten, die ich mag: ohne große Anstrengung belohnt zu werden. Der zuständige Meister drückte mir nämlich die Bescheinigung in die Hand und sagte: »Aber niemandem erzählen.« Was ich bisher auch nicht getan habe. Besonders fahrlässig handelte er nicht, das Leben brachte mich, abgesehen von einer Ausnahme, nicht in die Verlegenheit, einen Geräteträger fahren zu müssen.

Auch meine verbleibende Zukunft, so nehme ich an, wird RS09-frei bleiben.

Von einer Aufgabe erfüllt zu sein, von einem Ziel besetzt zu werden, kann beglückend sein. Aber ebenso schön ist Leere – die unmittelbare Zeit nach der Oberschule habe ich als eine solche Leere in Erinnerung. Alles leicht, lastenfrei, man fiel wie in eine tragfähige Wolke und wehrte sich nicht. Es hätte noch eine Weile so weitergehen können, aber mehr und mehr belastete mich doch ein Problem: Ich wusste nicht, was ich studieren sollte. Nichts hatte mich bisher in eine Interessenrichtung gelenkt, in eine fachliche Leidenschaft getrieben, der ich unbedingt folgen müsste.

*

Als die Oberschule zu Ende ging, wurde ich mit der Frage konfrontiert, ob ich Mitglied der SED werden wolle. Das heißt, um eine Konfrontation handelte es sich keineswegs. Meine Eltern, ihr Kampf gegen die Nazidiktatur, Sinn und Art der Erziehung zu Hause, das alles erhob die SED ganz selbstverständlich zu einer politischen Heimat für mich.

Es war meine feste Überzeugung, auf der richtigen Seite der Geschichte zu stehen. Die Einteilung in dieses Richtig oder Falsch folgte scharfen, unzweideutigen weltanschaulichen Grenzziehungen. Das bedeutete aber nicht, sich freiwillig mit Blindheit zu schlagen. Gebrechen, wie sie etwa mit dem 11. ZK-Plenum aufgefallen waren, lösten bei mir Fragen, Unsicherheiten aus. Aber ich glaubte meinen Eltern: Es seien vorübergehende Erscheinungen, Entgleisungen sogar, geschuldet der Härte des Kalten Krieges, auch der Unerfahrenheit beim Aufbau einer historisch völlig neuen Gesellschaft. Fehler würden Schritt für Schritt überwunden.

Ich meinte also zu wissen, wohin ich politisch gehörte. Aber als der Direktor der Schule mir vorschlug, ich solle Kandidat der SED werden und die Urkunde bei der Abiturfeier entgegennehmen, lehnte ich das ab. Im Gegensatz zu einigen meiner Mitschüler. Mir war die vordergründige Symbolik peinlich, mich störte das Vorzeigemuster, die übertriebene Öffentlichkeit. Solche Entscheidungen haben meine Eltern stets respektiert. Politisch geriet ich bei ihnen nie unter Druck.

Beim Aspekt der Vorzeigemuster fällt mir meine jugendliche Beschäftigung mit Literatur ein. Ich schmökerte mich durch Mark Twain, erlebte mit Tom Sawyer und Huck Finn Abenteuer und litt mit dem eingekerkerten Grafen von Monte Christo. Geschichten, die im Gefängnis spielten oder dort endeten, fesselten mich besonders. Aber gewisse Probleme hatte ich mit Büchern, deren Lektüre uns in der Schule oder von anderen Autoritäten empfohlen wurde. Ich konnte gar nicht so genau benennen, was mich auf Distanz hielt. Ein Gefühl beschlich mich. Es war dieser Fingerzeig, die Pädagogik. Erst viel später begannen mich neue Bücher in einer umfassenden Weise zu bewegen. Das war die DDR-Literatur der siebziger und achtziger Jahre: Christa Wolf, Maxie Wander, Christoph Hein, Stephan Hermlin, Stefan Heym, Hermann Kant.

Angemessener als jener geplante Akt in der Oberschule schien mir, Kandidat im Volkseigenen Gut Blankenfelde zu werden, wo ich ja noch meine Ausbildung beenden musste. Um Kandidat der Partei zu werden, benötigte man zwei Bürgschaften. Diese Bürgen mussten bereits eine bestimmte Zeit Mitglieder der SED sein. Ich suchte sie unter den Freunden meiner Eltern und wurde auf einer Parteiversammlung des Gutes aufgenommen. Nach einem Jahr Kandidatenzeit bedurfte es erneut zweier Bürgen, um nun den Antrag auf Mitgliedschaft stellen zu können. Im November 1967 wurde ich Mitglied der SED und damit – Genosse. Kein Pathos, wenig Brimborium, aber durchaus eine Stärkung des Gefühls, erwachsen geworden zu sein.

Heute herrscht der Eindruck, die Menschen seien ohne jede

soziale Differenzierung in die SED gelockt, ja getrieben worden. Ein breit gestreuter Massenbetrieb? Das stimmt so nicht. Die Partei achtete darauf, dass der Arbeiteranteil nicht absank. Deshalb war es nicht so leicht, als Angehöriger der sogenannten Intelligenz Mitglied zu werden. Ein Bekannter von mir, der aus einem Arbeiterhaushalt stammte, dann aber Jura studiert und anschließend die Mitgliedschaft in der SED beantragt hatte, wurde abgelehnt, weil gerade ein Aufnahmestopp für Leute aus seiner sozialen Schicht verfügt worden war. Er solle warten, bis sich der Arbeiteranteil in der SED wieder erhöht habe. Er reagierte beleidigt und wandte sich der Liberal-Demokratischen Partei Deutschlands zu, einer der sogenannten Blockparteien in der DDR.

*

Ende Juli 1966 war ich also Abiturient und Facharbeiter und fühlte mich schlau. Man ist ja hinsichtlich der weiten Fächerung des Wissens – nicht dessen Tiefe! – nie wieder so gebildet wie zur Zeit des Abiturs. Aber Bildung hin, Wissen her, ich wusste nicht, wie es mit mir weitergehen sollte. Mir fiel partout kein Studienfach ein. Immatrikuliert allerdings war ich schon – für Ökonomische Datenverarbeitung an der Hochschule für Ökonomie in Berlin-Karlshorst. Das wollte ich nicht, zu groß war meine Furcht vor Langeweile. In der 11. Klasse jedoch hatten wir eine Vorentscheidung fürs Studium zu treffen, aus Verzweiflung oder besser Gleichgültigkeit wählte ich halt die Datenverarbeitung. Auch an Medizin hatte ich gedacht, aber dafür hätte ich ein Abitur mit der Note »Sehr gut« gebraucht.

Mein Vater schlug vor, ich solle Internationale Beziehungen in Moskau studieren, er würde mir vermittelnd helfen. Diplomatie bedeutete Reisemöglichkeiten. Für einen DDR-Bürger ein hohes, unschätzbares Gut. Viele studierten deshalb Außenwirtschaft, so, wie wahrscheinlich viele davon träumten, Sportreporter oder Spitzensportler zu werden. Ich willigte ein. Es kam zu einem Gespräch im Außenministerium der DDR. Mir saß eine Frau gegenüber, deren Umfang den meinen wohl dreifach überstieg, ihr hochtoupiertes blondes Haar erhöhte sie, sie strahlte eine gebieterische Strenge aus, die mich in jeder Hinsicht einschüchterte. Sie erklärte mir rigoros, am 1. August beginne der Russischintensivkurs in Halle, Anfang September erfolge der Abflug nach Moskau. Ihr Ton offenbarte, dass Widerspruch nicht geduldet würde. Dennoch fragte ich kurz nach, ob dies zur Konsequenz habe, dass meine Ferien vollständig ausfielen. Sie sagte: »Ja, und die nächsten auch!« Dann fügte sie noch hinzu, in Moskau müsse ich weiter intensiv die russische Sprache erlernen, und auf Russisch erfolge der Unterricht in den Fremdsprachen Englisch und Französisch, dazu käme entweder noch Hindi oder Flämisch. Es sei noch nicht geklärt, ob ich später eher im indischen oder im belgischen Raum arbeiten werde. Mir wurde schlagartig schlecht.

Weitere Zusätze prasselten. Die umfangreiche, hochtoupierte Blonde informierte mich darüber, der Sohn des Politbüromitglieds Hermann Matern sei in Moskau mein zuständiger Parteisekretär, und im Übrigen werde von den DDR-Studenten ganz selbstverständlich erwartet, nach den Vietnamesen die Besten beim Studium zu sein. Als befürchte sie wieder eine unangebrachte, den Vorgang nur unnötig aufhaltende Zwischenfrage von mir, ergänzte sie: Nun ja, die Vietnamesen seien eben nicht zu schlagen. War das Bewunderung oder Unmut? Jedenfalls folgte nochmals die Bekräftigung, wir müssten die Zweitbesten sein! Als handele es sich um einen harten Wettkampf. Schließlich wies die Frau noch darauf hin, dass der Staat einen Hin- und Rückflug in den Semesterferien bezahle, allerdings nicht in den ersten Semesterferien im Februar 1967, die nämlich fielen wie angekündigt aus, um vor Ort die Russischkenntnisse zu vertiefen.

Tief atmete ich durch und traute mich trotzdem zu fragen, ob ich einen Motorroller mit nach Moskau nehmen dürfe, der mir von meinem Vater zum Abitur versprochen worden war. Die Dame schien leicht zu beben, und eine Stimme schnitt durch die Luft: »Selbstverständlich nicht!« Nun ja, die Frage erwies sich im Nachhinein sowieso als rhetorisch, auf den Motorroller warte ich bis heute.

Jedenfalls verließ ich diesen Raum und das Ministerium in einem grauenhaften inneren Zustand. Nur langsam kam ich wieder zu mir. Dieses Studium war ganz und gar nichts für mich, mochte ich mich noch so sehr nach der weiten Welt sehnen. Außerdem war ich gerade verliebt und wollte nicht weg. Wie aber herauskommen aus der Klemme?

Also rief ich meinen Vater an und erklärte ihm, wie die Dinge lagen. Glücklicherweise verstand er mich und übernahm das klärende Gespräch mit dem Ministerium. Damit war meine diplomatische Laufbahn beendet, bevor sie gestartet war. Ich sprach mir Trost zu: Freiheit, sagte ich mir, beginnt im Kopf, nicht mit dem Pass.

*

Das Abenteuer mit dem blonden Toupet hatte ich überstanden, aber ich wusste immer noch nicht, was ich studieren wollte. Zufällig traf ich auf der Straße die Mutter meiner Mitschülerin Barbara Wolff, die ja Frau eines Rechtsanwalts war. Wir kamen ins Gespräch, und als ich ihr meine akute Sorge mitteilte, riet sie mir ohne Umschweife, Jura zu studieren. Ich erwiderte: »Um Gottes willen, da muss ich ja alle Gesetze auswendig lernen.« Sie verneinte. »Mein Mann sagt immer, man müsse nur wissen, wo etwas steht. Nachschlagewerke gibt es zuhauf.« Außerdem behaupte ihr Mann Friedrich Wolff selbstironisch, und dabei blickte sie mich fast entschuldigend an, Jura sei »ein Studium für Doofe«. Der entschuldigende Blick war völlig fehl am Platze. Mir imponierte diese Charakterisierung; sie klang für mich wie eine Beruhigung: Ich würde mich beim Studium nicht überanstrengen müssen. Und damit war der Grundstein für mein weiteres Leben gelegt.

Mir fiel eine Veranstaltung im Vorfeld der Jugendweihe ein. Wir besuchten eine öffentliche Gerichtsverhandlung in Berlin. Angeklagt war ein junger Mann, schon mehrfach vorbestraft, der einen Älteren auf der Straße zusammengeschlagen und ausgeraubt hatte. Die Staatsanwaltschaft beantragte sechs Jahre Freiheitsstrafe, das Gericht folgte diesem Antrag. Eine ziemlich hohe Strafe, fand ich, und mir fiel auf, dass dem Angeklagten kein Verteidiger zur Seite stand. Das wäre heute angesichts einer so hohen Strafe undenkbar. Zudem erfuhr man in der Verhandlung fast nichts über diesen Täter, das aber hätte mich interessiert, die sozialen Hintergründe, die seelischen Abgründe. Dieses Erlebnis wurde mir, als ich nun über mein künftiges Studium nachdachte, wieder bewusst, und eng damit verbunden war meine Entscheidung, nach dem Studium als Rechtsanwalt zu arbeiten.

Noch wusste ich nicht, dass der Rechtsanwalt damals offiziell als ein aussterbender bürgerlicher Beruf galt und Absolventen im Prinzip keine Genehmigung erhielten, Rechtsanwälte zu werden. Dieses staatlich reservierte bis abweisende Verhältnis zum Beruf des Rechtsanwaltes änderte sich erst im Laufe der Jahre, aber zunächst erwies es sich im Studium als angebracht, diesen Berufswunsch zu verschweigen.

Die Bewerbung bei der Juristischen Fakultät der Humboldt-Universität zu Berlin verlief reibungslos, es genügte ein Aufnahmegespräch. Wahrscheinlich half mir, dass ich schon an der Hochschule für Ökonomie immatrikuliert worden war und dass ein Studium in Moskau in Aussicht gestanden hatte. Das galt wohl beides als politische Referenz. Ich war zufrieden, es begann ein neuer Lebensabschnitt.

12. KAPITEL

Glücklicherweise wurde ich erst nach der Immatrikulation zum Wehrkreiskommando der Nationalen Volksarmee bestellt. Thema: Grundwehrdienst. Zunächst ging eine Grundsatzrede über mir nieder: Die Funktion meines Vaters – er war noch Kulturminister – habe zur Folge, dass ich drei Jahre dienen müsse. Ich wehrte mich. Dann kam die Forderung: anderthalb Jahre. Also wenigstens Grundwehrdienst. Ausgerechnet ich, der ich völlig ungeeignet für militärische Disziplin bin! Mir half dic crfolgte Immatrikulation, ich beantragte eine Rückstellung bis zum Ende des Studiums, weil kein dringender Grund vorlag, die begonnene Ausbildung zu unterbrechen. Dem Antrag musste stattgegeben werden. Wir würden uns wiedersehen, sagten die Offiziersblicke, als ich aufatmend die Behörde verließ.

Ein wenig hoffte ich, über die Angelegenheit würde im Laufe der Studienjahre das Gras des Vergessens wachsen. Vielleicht verschwände meine Akte unter den Papierbergen. Aber die deutsche Bürokratie widersetzte sich traditionell dem traditionellen Staub, der sich auf alles setzt. Tatsächlich wurde ich nach dem Studium, wie angedroht, erneut zum Wehrkreiskommando bestellt, um nun endlich für anderthalb Jahre Grundwehrdienst eingezogen zu werden. Zu dieser Zeit war ich aber als Assistent bei einem Stadtbezirksgericht und danach am Stadtgericht in Berlin tätig, also wiederum in Ausbildung. Erneut musste ich zurückgestellt werden.

Ein halbes Jahr später das gleiche Ritual: Nun war ich Praktikant im Rechtsanwaltskollegium – und damit wieder in Ausbildung. Zeit verging, aber der Nationalen Volksarmee verging leider keineswegs die Lust an mir. Nun bereits Rechtsanwalt, wurde ich erneut zum Wehrkreiskommando bestellt. Überrascht nahmen die Offiziere zur Kenntnis, einen nunmehr alleinerziehenden Vater – dazu später – vor sich zu haben. Für einen solchen Fall fehlte ihnen das Beispiel, nach dem sie sich hätten richten können. Aufschub.

Irgendwann wurde mir mitgeteilt, aufgrund der Umstände werde die notwendige und unabweisbare Wehrausbildung auf sechs Monate verkürzt. Ich erwiderte, dies könne ich weder mit der Fürsorge für meinen Sohn noch mit der Praxis meines Berufs vereinbaren. Das Wehrkreiskommando zog sich gewissermaßen zur Beratung zurück, man werde mir Vorschläge zur Lösung der Situation unterbreiten. Sehr wohl kann ich mir vorstellen, dass die Zuständigen gehörige Wut gegen mich hegten. Irgendwann langte es dem Chef des Wehrkreiskommandos. Er fragte mich, ob es stimme, dass ich vor längerer Zeit umgezogen sei. Das bestätigte ich. Daraufhin knurrte er kurz und bündig: »Dann soll sich eine andere Stelle mit Ihnen auseinandersetzen!« So kam es denn auch.

Der zuständigen Behörde bescherte ich ein weiteres Problem: Jene Herzinnenwandentzündung, die ich mir als Kind zugezogen hatte, machte mich zwar nicht wehrdienstuntauglich, aber ich durfte nicht überanstrengt werden. Die Befürchtung, irgendein Feldwebel drehe durch und peinige mich mit körperlich unzumutbaren Befehlen, wies man mit der Begründung ab, dies vorab mit schriftlicher Order an die Kommandeure eindeutig und verlässlich zu klären.

Parallel zu diesen Vorabsprachen reduzierte sich mehr und mehr auch das Zeitmaß, irgendwann ging es lediglich nur noch um drei Monate, und später standen sogar bloß sechs Wochen zur Diskussion. Man wollte unbedingt meine Vereidigung und meine Entlassung als Offizier, das heißt wohl als Unterleutnant. Man stelle sich diesen formal begründeten Unsinn vor: Nach sechs Wochen ist einer Unterleutnant, hätte im Ernstfall eine gewisse Befehlsgewalt, aber jeder Unteroffizier wäre militärisch weit besser ausgebildet. Ich hielt das für absurd, alles in mir sträubte sich. Der damalige Vorsitzende des Rechtsanwaltskollegiums Gerhard Häusler sagte zu mir: »Ob du ein guter oder ein schlechter Anwalt bist, wird sich daran zeigen, ob du zum Wehrdienst musst oder nicht.« Das schürte meinen Ehrgeiz zusätzlich.

Bei einem weiteren Termin beim Wehrkreiskommando, es war September, wurde mir barsch mitgeteilt, im Oktober hätte ich für sechs Wochen zum Dienst anzutreten. Ich verwies auf meinen Sohn und langfristig angesetzte Gerichtstermine, darunter sogar zwei Verhandlungen beim Militärgericht. Begründen könne ich die nötig werdenden Absagen dort lediglich mit der Wahrheit: der eigenen Einberufung. Das gefiel dem Offizier nun ganz und gar nicht. Ich schlug ihm vor, mich betreffs einer künftigen Verpflichtung zum Wehrdienst ein Jahr vorher zu benachrichtigen, dann könne ich meine Termine und die Unterbringung meines Sohnes organisieren. Wieder war ich befreit und erhielt eine entsprechende Zusage.

Eine Zeremonie wie in »Dinner for one«: The same procedure as every year. Ein Jahr später wurde ich wieder vorgeladen, wieder war September, und wieder hieß es: Dienstbeginn im Oktober. An die Verabredung aus dem vergangenen Jahr konnte sich der Offizier – es war derselbe wie beim letzten Mal – nicht erinnern. Wieder erklärte ich, so kurzfristig keine Anwaltstermine absagen zu können, und wieder verwies ich darauf, alleinerziehender Vater zu sein, ohne Möglichkeit einer verwandtschaftlichen Hilfe. Fast kam ich mir schon vor wie der Soldat Schwejk, der sich einfach nur brav an die besprochenen Regeln hält und damit alles durcheinanderbringt.

Der leitende Offizier unterbreitete mir lauter Vorschläge, wohin ich meinen Sohn bringen könne. Immer hatte ich Gegenargumente. Am Schluss beschied er in der Art eines unumgänglichen Gerichtsurteils: »Dann kommt Ihr Sohn eben für sechs Wochen ins Kinderheim!« Es muss ihn verblüfft haben, denn erstmalig nickte ich zu einem seiner Angebote. »Ja«, sagte ich, »das ginge.« Er nickte erleichtert, aber nach einer kleinen Pause fuhr ich fort: »Allerdings nur über meine Leiche.«

Noch heute sehe ich vor mir, wie er die Akte zuknallte und rief: »Raus!« Ich folgte willig, sehr willig seinem nicht zu überhörenden Befehl. Nie wieder habe ich etwas vom Wehrkreiskommando gehört und bin ein bisschen stolz darauf. Den Wehrdienst habe ich nicht verweigert, das wäre mit meiner SED-Mitgliedschaft und mit meinem Beruf als Rechtsanwalt unvereinbar gewesen, aber: Verhindert habe ich ihn trotzdem, das hatte auch etwas mit meinem Naturell zu tun.

Meine beiden Söhne, 1964 beziehungsweise 1970 geboren, leisteten weder in der DDR noch in der Bundesrepublik Deutschland Wehrdienst. Auch sie waren keine Verweigerer, aber sie wollten nicht und nutzten geschickt und zielstrebig Umstände. Und hatten Glück. Hat das etwas mit den Gysi-Genen zu tun? Wohl kaum, aber beachtlich fand ich das schon!

Sinn und Form gehören zusammen. Aber auch Sinn und Uniform? Es gab Zeiten, in denen es Sinn machte. Zum Beispiel in den Streitkräften gegen Hitler. Heute sehe ich den Sinn des Militärischen nicht. Für mich nicht. Dass andere das anders sehen, weiß ich und respektiere es – solange von einer Armee das Völkerrecht eingehalten wird. Aber dieses eindringliche Verhältnis zur Disziplin, diese ständig gestraffte Körperhaltung, dieses Übermaß an Ordnung – alles nicht meine Welt.

*

Noch ehe das Studium richtig begann, war eine vormilitärische Ausbildung angesagt. Drei Wochen auf der Insel Rügen, Soldatenhandwerk in den Uniformen der Gesellschaft für Sport und Technik (GST). Die Befehlsgeber waren Hundertschafts- und Zugführer – Studenten, die schon längere Zeit bei der Armee gedient hatten, zum Teil sogar vorher Offiziere gewesen waren.

Wir waren etwa tausend Studenten im Lager, die einzige Frau: eine Krankenschwester. In der ersten Woche fand ich sie nicht so besonders schön, in der zweiten Woche sehr ansehnlich. In der dritten Woche hätte ich sie auf der Stelle geheiratet. Ansonsten kein Lichtblick weit und breit. Am auffälligsten an den militärischen Gefilden ist für mich dieser völlige Mangel an Ironie. So wurde uns erklärt, wie wir uns vor einem Atomschlag zu schützen hätten. Wir sollten uns hinknien, und zwar mit dem Rücken zur Richtung der Explosion, und einen Arm vor die Augen halten. Bei den Ausbildern fand ich wenig Resonanz mit meiner Bemerkung: Wenn diese lächerliche Pose schon alles sei, um sich zu retten, dann verstünde ich die ganze Hysterie, die Ängste und all die Weltuntergangsszenarien rund um die Atombomben nicht.

Einmal befahl mir der Zugführer, der marschierenden Truppe die Anordnungen zu geben. Das tat ich exakt in seiner Tonlage, ich schnarrte überdreht, krähte, schluckte Silben, sonderte nur Sprachbrocken ab, sodass die Mitstudenten vor Vergnügen kaum mehr laufen konnten, ich wurde umgehend und als hoffnungsloser Fall zurück ins Glied geschickt.

Irgendwann mussten wir die Sturmbahn mit ihren verschiedenen Hindernissen absolvieren. Ich startete den Lauf gemeinsam mit einem Mitstudenten, er war deutlich schneller, gewandter, drahtiger als ich. Er verausgabte sich, ich blieb relativ gelassen, man konnte wahrlich nicht sagen, ich agierte mit voller Kraft. Das letzte Hindernis des Laufs bestand aus einem

Kreis, in dem man aus gewisser Entfernung Keulen werfen musste, sie simulierten Handgranaten. Mein Mitstreiter war inzwischen total erschöpft, ihm fehlte die Kraft, überhaupt noch werfen zu können – sodass all seine Keulen praktisch neben ihm landeten und er die Würfe wiederholen musste. Ich kam später an und warf aus der Ruhe der aufgesparten Energie, traf jedes Mal und ging als Erster durchs Ziel. Ein bisschen fühlte ich mich wie der Igel im Wettlauf mit dem Hasen. Gern hätte ich den Vorgang mit einer spöttischen Bemerkung abgeschlossen, aber ich sah meinem Wettkampfpartner an, dass es angeraten sei, dies zu unterlassen. Es gibt Siege, die muss man schweigend hinnehmen.

Der Höhepunkt dieser Ausbildung bestand in der Vergatterung zum Wachdienst. Vergatterung? Ich wusste nicht, was das ist. Man erklärte es mir, und also wurden wir dazu vergattert, die Gegend zu kontrollieren, niemanden hereinzulassen und streng darauf zu achten, dass keiner das Lager verlässt. Wer Wachdienst tue, habe bei Gefahr sogar das Recht zu schießen. Zum Glück liefen wir nur mit Gewehrattrappen herum. Wir marschierten durch das Gelände, plötzlich mussten wir stehen bleiben, Haltung annehmen. Der Zugführer grüßte mit der Hand an der Schirmmütze und brüllte: »Vergatterung!« Aus dem Kreis der Kursanten, wie wir hießen, kam ein »Wie bitte?« Brüllend fragte er, wer das gewesen sei. Ich meldete mich. »Vortreten!« Gebrüllt, getan. Was diese Frage solle. »Sie haben etwas gerufen, von dem ich annahm, dass es etwas Wichtiges war, ich habe es aber nicht verstanden.« Ich sah dem Mann ins Gesicht und wusste: Wenn ich jetzt noch ein einziges Wort sage, schlägt er zu. Ich schwieg. Wahrscheinlich grübelte er eine Nacht lang an einer handfesten Beschwerde gegen mich. Aber das erwartete Nachspiel blieb aus. Was den Mann davon abhielt? Wahrscheinlich die Ahnung, dass er sich lächerlich machte.

Nach drei Wochen war die vormilitärische Ausbildung endlich vorbei, ein Experte der Vaterlandsverteidigung bin ich gewiss nicht geworden. Mir kam dieses Lager wie eine Entfernung von der Wirklichkeit vor, in die wir nun neugierig zurückkehrten, in der Hoffnung, endlich mit jenen Dingen des Studiums beschäftigt zu werden, die uns fürs weitere Leben wichtig sein sollten.

Wobei anzumerken ist, dass auch bei diesen parasoldatischen Übungen und Abläufen ideologischer Alltag der DDR sichtbar wurde. So bekamen Studenten einigen Ärger, als sie in ihrer Freizeit am Sonntagvormittag zum Orgelkonzert in eine Kirche gingen. Meiner Frage, warum man das maßregele, schließlich handelte es sich um eine öffentliche Veranstaltung, folgte eine klare Erwiderung: Ein Kirchgang passte nicht zur vormilitärischen Ausbildung, punktum. Beim Militär ist die Gefahr geistiger Einschränkung und Enge offenkundig besonders groß.

*

Von erhoffter Rückkehr ins endlich beginnende Studium sprach ich – nein, so weit war es immer noch nicht. Wir mussten nach dem GST-Lager erst noch drei Wochen Einsatz bei der Kartoffelernte absolvieren. In späteren Jahrgängen gab es diese Einsätze nicht mehr, die eine sehr seltsame Mischform kollektiver Begegnung bildeten. Einerseits lernte man einander kennen, zum anderen waren wir den erntenden Bäuerinnen und Bauern wirklich eine (kleine) Hilfe. Die konkrete Aufgabe beim Ernteeinsatz bestand darin, im Schlepptau der Kartoffelvollerntemaschine über das Feld zu robben und die von ihr nicht erfassten Kartoffeln in Körbe zu sammeln. Pro Korb gab es ein gewisses, allerdings sehr geringes Entgelt. Es war eine harte Arbeit; am Morgen nach der Schicht schmerzte alles, vor allem der Rücken, und man wusste beim Aufwachen nicht, ob man das Bett je wieder verlassen könne.

Aber natürlich gewöhnte man sich, und nach einigen Tagen

traf mich großes Glück. Dem Vorsitzenden der Landwirtschaftlichen Produktionsgenossenschaft (LPG) war nämlich zu Ohren gekommen, ich sei Facharbeiter für Rinderzucht. Er rief mich zu sich: Fortan solle ich im Stall arbeiten, selbstverständlich werde man mich wie einen Facharbeiter entlohnen. Rinderzüchter wurden in der Regel Melker genannt, aber auch Schweizer. Im Dorf hieß es, ich sei der neue Schweizer. Großes Erstaunen machte die Runde, weil sich niemand den Sohn eines Kulturministers als Rinderzüchter, als Melker vorstellen konnte. Ehrlich gesagt, ich genoss die Situation. Im Stall statt auf dem Feld, dazu noch mehr Geld und der gestiegene Ruf im Dorf. Kam ich in die Konsum-Verkaufsstelle, sagte die Verkäuferin: »Er ist der neue Schweizer.« So wurde ich vor den anderen im Laden bedient. Wir »Schweizer« galten etwas.

Bei der Arbeit gab es allerdings zwei Schwierigkeiten. Die eine bestand darin: Ich besaß, wie schon berichtet, den Schein für den RS09, konnte ihn aber nicht fahren. Die anderen hatten keinen Schein, wussten aber natürlich, wie man mit dem Geräteträger umgeht. Jetzt rächte sich, für etwas beurkundet worden zu sein, das ich gar nicht beherrschte. Mühsam versuchte ich, den RS09 durch den Stall zu schieben und auszumisten. Eine Blöße wollte ich mir nicht geben.

Die zweite Schwierigkeit bestand im Weidegang. Den hatte es auf dem Gut in Berlin nicht gegeben. Schnell merkte ich, wie befreiend für die Kühe so ein Gang auf die Weide war. Man gab mir ein Fahrrad, den kurzen Hinweis, wo sich die Weide befände, und überflüssigerweise einen Dackel, der sich überhaupt nicht um die Kühe kümmerte. Worin lag die Schwierigkeit? Ich öffnete den Balken, und fast alle Kühe gingen in das Weidegelände hinein. Nur eine nicht. Während ich dieses Tier verfolgte, um es ebenfalls hineinzutreiben, kamen die anderen Kühe inzwischen wieder aus der Umzäunung heraus. Um das zu verhindern, schloss ich den Balken. Hatte ich nun die störrische Kuh endlich angelockt, musste ich um sie herumgehen, um den Balken zu öffnen. Schon war sie wieder weg, der Dackel verweigerte jede Mithilfe und wedelte nur immer mit dem Schwanz. Bis ich endlich alle Kühe auf die Weide bugsiert hatte, rannte ich schwitzend hin und her wie im Running Gag einer Filmkomödie.

Das Leben hält große, schier unüberwindliche existenzielle Probleme und Widersprüche für uns und vor allem gegen uns bereit – in jenen Momenten war ich fest davon überzeugt, dass auch die Schwierigkeiten mit einer Kuh und einem Zaunbalken dazugehörten.

Jeweils mehrere Studenten bewohnten ein Zimmer. Natürlich tranken wir abends, wir feierten, und unser Raum sah nach solchen Gelagen nicht unbedingt so ordentlich aus wie die Stube bei der vormilitärischen Ausbildung. Ein Mitstudent erzählte mir, dass er später bei seinen Eltern in der Wohnung den Apfelgriebsch quer durchs Wohnzimmer warf, weil er vergessen hatte, dass er nicht mehr im Ernteeinsatz war. Die Eltern zeigten sich sehr verwundert.

13. KAPITEL

Nach diesen sechs Wochen in Lager und Landwirtschaft begann nun endlich das Studium. Da war ich also bei Jura gelandet. Das war vorher nie ein Thema in unserer Familie gewesen. Mein Onkel Gottfried, der Bruder meiner Mutter, war zwar Jurist, aber als Diplomat tätig, sodass auch in Gesprächen mit ihm die Juristerei keine Rolle spielte. Ich studierte Jura und wusste, dass ich davon nichts, aber auch gar nichts verstand. Auf kein Quäntchen Wissen würde ich bauen, auf keinerlei Vorkenntnisse mich verlassen können. Meine Schulzeit hatte mich gelehrt: Wenn ich etwas weiß (oder zu wissen meine), sinkt sofort der Wille zur Anstrengung. Aber wenn ich davon überzeugt bin, nichts zu wissen, setzt bei mir beachtlicher Fleiß ein.

So studierte ich geradezu emsig und entwickelte mich rasch zu einem sehr guten Studenten. Arbeiten von mir wurden sogar prämiert und zu Wettbewerben eingereicht. Zudem hatte ich Glück, ich wurde noch nach dem Bürgerlichen Gesetzbuch, der alten Zivilprozessordnung und dem alten Strafgesetzbuch ausgebildet. Erst gegen Mitte des Studiums kam das neue Strafgesetzbuch, das neue Zivilgesetz weit nach Abschluss meines Studiums. Diese Ausbildung nach den alten Gesetzen war nach Herstellung der deutschen Einheit von großem Nutzen für meine Arbeit als Anwalt, auch wegen der bürgerlichen juristischen Sprache, die ich zu beherrschen gelernt hatte.

Mich nach zunächst so großer Unentschlossenheit für dieses Studium entschieden zu haben, bereute ich keinen Moment.

Mir lag fast jedes Rechtsgebiet, das Prozessrecht sowieso, weil es klare, nachvollziehbare, verlässliche Spielregeln enthält, aber auch das Zivil- und Strafrecht. Mein Fleiß arbeitete meiner Aufgeschlossenheit zu, sodass ich mich auch für das Familienrecht, das Arbeitsrecht, das Genossenschaftsrecht interessierte. Lediglich das Staatsrecht ließ mich kalt, ich fand es schlichtweg langweilig. Man sprach von Staatsrecht I – das war das Verfassungsrecht – und Staatsrecht II, das war das Verwaltungsrecht, ein Begriff, den zu verwenden damals in der DDR nicht erlaubt war. Denn Verwaltungsgerichte gab es nicht. Vom Staatsrecht wehte mich etwas Unnahbares an, ich fühlte dort jene Strukturen, die wirkliches Recht von vornherein verhinderten.

Während des Studiums gab es auch Praktika. Für mich ein aufschlussreicher Einblick in Typologien und Situationen der Gerichtsbarkeit. Gut erinnere ich mich an die zeitweilige Ausbildung am Kreisgericht Weimar. Dessen Direktor war ein CDU-Mitglied. Dass einem Gericht das Mitglied einer Blockpartei vorstand, habe ich sonst nirgendwo erlebt. Wahrscheinlich lag es am klassischen Charakter, am bürgerlich-kulturellen Anstrich Weimars. Dieser Mann, was mir durchaus entgegenkam, redete bei Gerichtsverhandlungen sehr viel, er sprach in großen Schwüngen, holte weit aus. Das Problem war nur, dass auch der jeweilige Angeklagte ein Recht auf Rede hatte, was aber bei den gedehnten Ausführungen des Direktors arg eingeschränkt zu bleiben drohte. Peinigender für ihn war der Moment, da Staatsanwalt und Verteidiger ihre Plädoyers hielten, jetzt war er zum Zuhören verdammt, was für ihn unerträglich sein musste.

*

Zu einem Praktikum in der Staatsanwaltschaft Königs Wusterhausen bei Berlin gehörten zwei Tage Hospitation bei der Kriminalpolizei. Die Art, wie Menschen verhört und Protokolle darüber erstellt wurden, verunsicherte mich, sie war mir zu einredend. Überlegenheit sollte man so nicht ausnutzen. An einem der beiden Tage fuhr der Leutnant der Kriminalpolizei, dem ich zugeteilt war, mit mir in einen Ort seines Zuständigkeitsbereiches. Dort solle es jemanden geben, der permanent kleine Mädchen sexuell belästige – der Täter müsse endlich aufgespürt werden. Wir kehrten in die Kneipe des Ortes ein, gewissermaßen das Zentralgestirn dieses kleinen dörflichen Universums. Der Kripo-Leutnant ließ den ABV kommen und teilte ihm kurz und knapp mit, er habe von jetzt an zwei Stunden Zeit, dann möge er gefälligst wieder in der Kneipe auftauchen – und zwar mit dem Täter. Der Dorfpolizist schaute ein wenig verdattert und verschwand. Ziemlich verdattert saß auch ich da, denn die Ermittlung hatte ich mir anders vorgestellt.

Aber nach etwa zwei Stunden kam der Abschnittsbevollmächtigte und verkündete tatsächlich, er habe den Schuldigen, einen Jungen, gefunden. Es bestätige sich ein Verdacht, den er von Anfang an hatte; drei Mädchen hätten ihn erkannt, auch sei der Täter bereits geständig gewesen. Der Polizist war sichtlich stolz, und mir erteilte der Leutnant die Erlaubnis, mich mit dem Burschen zu unterhalten. Ein Vierzehnjähriger. Der Junge sei nicht schuldfähig, sagte ich dem Leutnant, er sei zwar vierzehn, besitze aber augenscheinlich nicht die Reife dieses Alters. Meine Ahnung nahm den Befund eines psychologischen Gutachtens voraus: Der Junge durfte nicht angeklagt, er musste behandelt werden. In der DDR galt diese Pflicht zur Prüfung, ob jemand schon die Reife eines Jugendlichen aufwies oder noch die eines Kindes. Kinder durften nicht strafverfolgt werden. Andererseits aber war man mit achtzehn Jahren in der DDR volljährig, und es gab – im Unterschied zu heute – für Taten ab achtzehn keine Möglichkeit, das Jugendstrafrecht anzuwenden, auch wenn dem Betreffenden attestiert werden konnte, er habe noch gar nicht die Reife eines Erwachsenen.

Der Leutnant jedenfalls glaubte, einen großen Erfolg eingefahren zu haben, wenn auch ohne eigenen Anteil. Das störte ihn nicht, er entschloss sich, den Sieg zu feiern, die Kneipe war jetzt kein Amtsbehelf mehr, sondern wirklich eine Kneipe, kurzum: Es wurde gemeinsam mit Leuten aus dem Ort gesoffen, was das Zeug hielt. Draußen stand sein Dienstwagen, ein »Wartburg«. Bevor der Leutnant sich zudröhnte, gab er einen letzten nüchternen Befehl: Ich dürfe als Einziger nicht trinken, denn ich müsse ihn anschließend wieder nach Königs Wusterhausen fahren. Damit war ich einverstanden.

Wir alle saßen an einem großen Tisch, ständig kam Nachschub: ein Bier, dazu ein »Kurzer«; der »Kurze« war meist ein sogenannter Klarer, kein Weinbrand. Der Kneipier erzählte mir, er sei Europameister im Angeln gewesen, all seine Hoffnung liege in der Teilnahme an einer weiteren Europameisterschaft – die würde er nutzen, um abzuhauen. Ich merkte an, wenn er das jedem erzähle, werde daraus mit Sicherheit nichts. Er schaute mich verdutzt an.

Mir gegenüber, das spürte ich deutlich, hatten alle am Tisch ein schlechtes Gewissen, weil ich nicht mittrinken durfte. Deshalb bestellte mir jeder eine Tasse Kaffee. Ich trank etwa dreiundzwanzig Tassen und stellte fest, dass man auch von Kaffee betrunken werden kann. Irgendwann entschied sich der Leutnant zur Rückfahrt. War es noch spät in der Nacht oder schon früh am Morgen? Wahrscheinlich fielen beide Zeitpunkte zusammen, auf jeden Fall fuhr keine S-Bahn mehr nach Berlin. Wie sollte ich von Königs Wusterhausen nach Hause kommen?

Wir kamen im Polizeirevier an, der Leutnant stieg die Treppen hinunter zu den Zellen. Er sprach mit dem Wärter, der für Festgenommene zuständig war, und fragte, ob ein »Etablissemang« frei sei. Der Beamte nickte. Und sah zu mir: Was denn, der? Nur so zur Übernachtung? Das sei nicht erlaubt, wandte der Wächter ein. »Das weiß ich«, schnitt ihm der Leutnant das Wort ab, »dann müssen wir beide eben schweigen!«

Der Polizist schloss mir eine Zelle auf. Er fragte, ob er hinter mir zuschließen solle, was ich dankend, aber entschieden ablehnte. Ich legte mich auf das äußerst ungemütliche Bett und schlief sofort ein. Als ich am nächsten Morgen erwachte, sah ich nur Gitter über mir, sah die Zelleneinrichtung und begriff nur sehr langsam, wo ich war, und ebenso langsam kam die Erinnerung, wie diese makabre Übernachtung zustande gekommen war. Der Mann vom Wachpersonal sorgte dafür, dass ich frühstücken konnte – gemeinsam mit einem Festgenommenen. Wir bekamen beide eine Scheibe dickes dunkles Brot mit Marmelade, selbstverständlich ohne Butter. Dazu gab es eine Tasse Muckefuck, eine Art Ersatzkaffee, der nach wenig Kaffee und nach viel Ersatz schmeckte. Oben saß der Leutnant, er hatte von zu Hause einen Rasierapparat mitgebracht, sodass ich mich wieder einigermaßen in zivile Form bringen konnte. Bis heute habe ich das Gefühl, dass mir diese zwei Tage Ausbildung zu beträchtlichen Einsichten verhalfen.

*

Jedes Studium ist ein Balancetraining zwischen Konzentration auf das Wesentliche und Austarierung jener Pflichten, die hingenommen und nur mehr oder weniger ernst genommen werden. Zwei Jahre hatten wir zum Beispiel Sportunterricht, ich nahm am Judo teil. Diese Disziplin hatte ich bereits vor dem Studium betrieben, mit dem orangenen Gürtel kam ich zum Studium und erwarb nach zwei Jahren den grünen Gürtel. Mehr Farbe war nicht drin. Besser: Mehr wollte ich auch nicht. Das könnte ein Satz sein, der auch andere Nebenstrecken meines Studiums ziemlich genau charakterisiert. Russisch zum Beispiel. In diesem Fach war ich leider traditionell faul, das sollte allerdings unangenehme Konsequenzen haben. Eines

Tages amüsierten mein Freund und ich uns dermaßen im Unterricht, ich weiß nicht mehr, worüber, dass wir wegen grober Störung zu dem Mann bestellt wurden, der für den Russischunterricht an allen Sektionen der Universität verantwortlich war. Er erklärte, wir würden durch die Russischprüfung fallen – was automatisch bedeutete, kein Diplom zu erhalten. Um Missverständnissen vorzubeugen, präzisierte er in merklicher Schärfe: »Ich habe nicht gesagt, dass Sie durchfallen, wenn Sie sich nicht unverzüglich und gewaltig ändern – ich habe gesagt, dass Sie durchfallen, egal, ob Sie sich fortan anstrengen oder nicht.«

Wir schlichen von dannen und glaubten ihm natürlich nicht. Mein Freund fiel tatsächlich durch die erste Prüfung, dann auch durch die zweite. Er musste beim Rektor der Universität die Genehmigung zu einer dritten Prüfung beantragen. Als er sie erhielt, bestand er sie nur mit äußerster Mühe, bekam aber dann sein Diplom.

Meine anberaumte erste Prüfung konnte ich nicht ablegen, da ich einen Autounfall erlitt. Totalschaden am Wagen, für mich Krankenhausaufenthalt – und schuld war ich auch noch. Also wurde ich an der Uni den Nachzüglern und denen zugeteilt, die bereits durchgefallen waren und die erste Prüfung wiederholen mussten. Es wurde uns ein Nachhilfeunterricht von jeweils zwei Stunden angeboten, jeden Mittwochabend, und das sechs Wochen lang. Ich raffte mich auf und fuhr jeden Mittwoch von Johannisthal bis zur Friedrichstraße – schon diese Fahrstrecke war mir Strafe im Übermaß. Aber ich riss mich zusammen, erledigte sämtliche Aufgaben, lernte aufmerksam.

Bei der anschließenden Prüfung fragte ich einen Mitstudenten nach einer Vokabel, er sagte mir leider die falsche, auch verstand ich die Fragen nicht richtig, die man mir mündlich stellte, kurzum: Ich stolperte mich durch, hatte aber Glück.

Nachprüfungen erweisen sich meist als eine mildere Form der Wissenskontrolle, die Lehrerin lobte meinen Fleiß und mein Engagement während ihres Nachhilfeunterrichts. Der Verantwortliche für den Russischunterricht an der Universität nahm die Prüfung ab und fragte mich, ob ich eine Vier mit einem riesigen Minusbalken akzeptierte. Mein Ja! muss beinahe wie ein Freudenschrei geklungen haben, selten wohl ist ein Mensch so glücklich über eine Vier minus gewesen. Und mein zum zweiten Mal durchgefallener Freund war auf meine Vier minus so neidisch, wie wohl kaum ein Mensch auf so eine miese Note neidisch sein kann. Ein schlechtes Gewissen beschlich mich, und mir fiel wieder der gemeinsame Sturmbahnlauf mit seinen verunglückten »Keulenweitwürfen« ein.

Warum breite ich längst erkaltete Prüfungserinnerungen aus? Arabesken ins Unwichtigste hinein? Ich entdecke in dieser Erinnerung meine Neigung zum Glücksspiel.

Auch in Englisch war wegen des erwähnten Autounfalls die Nachprüfung meine erste Prüfung. Am Unterricht hatte ich zuvor nicht teilgenommen, denn ich teilte mir meine Studienzeit möglichst gut ein – und ersparte mir Lernstoff, den ich für verzichtbar hielt, denn nach England konnte ich ohnehin nicht reisen. Nun also die Nachprüfung – ohne jede Kenntnis. In große Sorge geriet ich deshalb aber nicht, denn in Bedrängnis reagiere ich meist manövrierfähig. Jedoch bedaure ich aufrichtig, mich in Kindheit und Jugend so lax gegenüber Fremdsprachen verhalten zu haben. Es wäre mir heute eine große Hilfe, spräche ich wesentlich besser Russisch und Englisch. Ich muss es nachholen. Die Menschheit rückt zusammen.

Für die Nachprüfung in Englisch gab mir die Lehrerin den Auftrag, mich auf eine bestimmte Seite einer englischsprachigen Zeitung vorzubereiten. Ein Freund hatte mir die betreffende Seite übersetzt, diesen Text trug ich bei mir, und das Glück verließ mich auch diesmal nicht. Denn nach einiger

Zeit ließ die Lehrerin uns Prüflinge allein. Sie kam erst wieder, als ich mit den beiden letzten Sätzen beschäftigt war. Nun, so wie zum Stolpern die Füße genügen, genügen für Fehler zwei Sätze – ich konnte nun nicht mehr auf meinen Spickzettel zurückgreifen, und prompt machte ich Übersetzungsfehler, die sich negativ auf die Zensur auswirkten. Aber bestanden hatte ich, und das sogar noch mit einer »2«.

Nun kam die mündliche Prüfung, und erneut wies die Lehrerin auf eine Zeitungsseite hin, auf die es ankäme. Ich griff zum Äußersten: Die Seite ließ ich mir von meinem Freund übersetzen, und die Phonetik des Originals sowie den deutschen Text lernte ich auswendig. Ein beachtlicher Aufwand! Die Prüfung nahmen zwei Lehrer ab, und ich »las« den englischen Text reibungslos, ebenso perfekt war meine deutsche Übersetzung.

Plötzlich aber trat eine Schwierigkeit auf, die ich nicht ins Kalkül gezogen hatte. Ein Lehrer griff Verben und Substantive auf Deutsch heraus, ich solle sie englisch konjugieren oder deklinieren. Alles hatte ich auswendig gelernt, aber natürlich wusste ich nicht, welches englische zu welchem deutschen Wort gehörte. Schwitzend griff ich zu falschen Wörtern, wieder und wieder, bis endlich eines zum anderen passte. Eine Puzzle-Plage. Es war mehr als peinlich. Die Lehrerin erklärte zu meinen Gunsten, dass ich sehr gut lese und sehr gut übersetze, aber mit der Grammatik noch deutliche Schwierigkeiten hätte. Na ja, kein Wunder, ich sei durch meinen Unfall verhindert gewesen, regelmäßig am Unterricht teilzunehmen. Lesen und Übersetzung »1«, Grammatik »5«. Unverdient bekam ich insgesamt eine »3«. Auch das war also mit etwas List und Glück gut gegangen.

14. KAPITEL

1968 gab es einen Bruch im Zeitenlauf. Die Truppen der Sowjetunion und anderer Staaten des Warschauer Vertrages, außer Rumänien, zogen in die ČSSR ein, beendeten militärisch, gewaltsam den politischen Prager Frühling. NVA-Soldaten, also deutsche Uniformen, sollten aus historischen Gründen nicht in der ČSSR gesehen werden. Im Kern stand die DDR-Armee deshalb nur an der Grenze zum Nachbarland. Aber die SED- und DDR-Führung unterstützte klar und offen den Beschluss und Einmarsch der anderen Truppen.

Dieser sogenannte Prager Frühling war nach der Pariser Kommune der zweite Versuch in Europa, einen demokratischen Sozialismus zu errichten. Es gab noch einen dritten Versuch: das Chile des sozialistischen Präsidenten Salvador Allende. Auch er wurde, mit Hilfe des US-Geheimdienstes, militärisch niedergeschlagen.

Kinder höherer SED-Funktionäre waren – spontan, aufgewühlt, solidarisch mit dem reformerischen Parteichef Dubček – ins brodelnde Nachbarland gereist, hatten Proteste auch in der DDR organisiert und wurden wegen staatsfeindlicher Hetze verurteilt. Nicht wenige von ihnen kannte ich. Im Westen regten sich Studenten gegen den »Muff von tausend Jahren unter den Talaren«, in der DDR richtete sich der Unmut vorwiegend junger Leute gegen ideologische Starrheit und lähmende Dogmatik. Es gibt ein Gedicht des Theaterregisseurs Adolf Dresen, das die zornige Gemütslage auf den Punkt bringt: »Als die Interventen in Prag einmarschierten/Verteilte

Brasch am Prenzlauer Berg Flugblätter:/Wollt ihr euch denn alles gefallen lassen?//Das Schlimme war nicht, dass sie ihn nach drei Tagen abholten/Das Schlimme war, dass er nach drei Tagen merkte, ja/Sie wollen sich alles gefallen lassen.«

In jenen Sommertagen war ich auf Hochzeitsreise. Durch den Einmarsch in die ČSSR gelangten wir nicht auf dem üblichen Reiseweg von Bulgarien zurück nach Berlin, die ČSSR blieb gesperrt, die Züge in die DDR führten also über Umwege durch die Sowjetunion und Polen. Vielleicht verhinderte dieses sehr persönliche Ereignis von Heirat und Hochzeitsreise, dass auch ich zu den Protestierenden gehörte. Wenn ich mit den anderen in die ČSSR mitgereist wäre, hätte ich mich wohl nicht ausgeschlossen von den Aktionen. Wie anders wäre mein Leben dann verlaufen. Aber das Weltpolitische, das Private und das Zufällige wirken in sehr widersprüchlicher Weise auf unsere Entscheidungen ein. Wer weiß immer ganz genau zu sagen, was wichtig oder unwichtig, groß oder klein, vordringlich oder nachgeordnet zu behandeln ist. Und welchen Weg er an bestimmten Kreuzungen eingeschlagen hätte.

Dass nahezu alles in der DDR ideologisch betrachtet wurde, führte in den Institutionen zu einer speziellen Taktik, mit der Wahrheit umzugehen und sie parteipolitisch zuzurichten. Wenn die Humboldt-Universität zu Berlin »nach oben« gemeldet hätte, alle Studenten stimmten dem Einmarsch in Prag zu, hätte das zwar den Wunschvorstellungen von Akklamation entsprochen, aber so viel Realismus brachte man doch auf, um es für mehr als unwahrscheinlich zu halten. Hätte die Leitung das hundertprozentige Ja zu Partei und Regierung behauptet, so wäre sie mehr denn je ins Kreuzfeuer der Kritik geraten, die man mit Schönfärbung ja eigentlich verhindern wollte. Also galt es zu verkünden, die große Mehrheit der Studentenschaft unterstütze die Maßnahmen des Warschauer Vertrages – zugleich aber war es nötig, ein paar Kritiker der Interventionspolitik ausfindig zu machen. Das bewies den hohen Grad der politischen Wachsamkeit.

Die Juristische Fakultät, später die Sektion Rechtswissenschaft, galt als ideologisch besonders gefestigt. So gab es einmal im Jahr ein Sportfest. Wettkämpfe zwischen jeweils zwei Fakultäten. Wir Jurastudenten wurden gewiss nicht zufällig mit der Theologischen Fakultät zusammengespannt. Angesichts der Ereignisse in Prag stand die politische Stabilität auf besondere Weise zur Prüfung an. Im Kampf gegen Abweichler, und sei es per Inszenierung, sollte sich die politisch-ideologische Verlässlichkeit der Fakultät und ihrer Studentenschaft öffentlich eindrucksvoll erweisen. Die Übereinstimmung von Partei und Bevölkerung wurde herbeigeredet, die Wirklichkeit schöngeredet, der tiefgehende Zweifel weggeredet.

Plötzlich also fand eine öffentliche Parteiversammlung meines Studienjahres statt, und gemaßregelt wurden zehn Studenten: Sie hatten die Studiendisziplin gröblichst verletzt. Kann passieren? Weit gefehlt – damit, so hieß es, hätten sie konterrevolutionäre Bestrebungen an den Tag gelegt, und dies sei eindeutig zu verurteilen.

Der Parteisekretär forderte den FDJ-Sekretär des Studienjahres zu einer Stellungnahme auf. Der war ich. Ich verwies darauf, dass sich unter den Undisziplinierten auch Vertragsstudenten des Ministeriums der Justiz befänden. Diese Studenten bekamen ein deutlich höheres Stipendium als andere, weil sie sich schon vor dem Studium verpflichtet hatten, anschließend in bestimmten staatlichen Einrichtungen zu arbeiten. Das Ministerium der Justiz hätte wegen der besagten Disziplinverstöße bekanntlich für drei Monate die Vergütung der betreffenden Studenten gekürzt. Diese Maßnahme, so sagte ich, könne ich nachvollziehen. Verwundert sei ich allerdings, warum man solche Disziplinverstöße nun plötzlich als konterrevolutionäre Bestrebungen bezeichne. Denn wenn das zuträfe, hätte doch das betreffende Ministerium völlig anders als mit zeitlich befristeter Stipendienkürzung reagieren müssen. Ein Student sagte danach laut in die Runde, auch er habe den Eindruck, es sollten »Köpfe rollen«, und dafür suche man krampfhaft einen Anlass.

Die Auseinandersetzung mit den undisziplinierten zehn Studenten war damit so gut wie beendet – denn die Attacke richtete sich fortan gegen uns zwei. Das einzige Mal in meinem Leben erhielt ich sogar eine Parteistrafe, eine Rüge wegen des banalen Umstandes, irgendeiner Sitzung ferngeblieben zu sein.

Kurz darauf, bei der Delegiertenkonferenz der Sektion zur Wahl der neuen FDJ-Leitung, kam die Sprache erneut auf die zehn Studenten: Im Rechenschaftsbericht wurde mitgeteilt, sie hätten durch ihre Disziplinverstöße objektiv dem Sozialismus geschadet, allerdings ohne dies zu wollen. Das klang nun eher nach einem bedauerlichen Versehen statt nach konterrevolutionären Bestrebungen.

Auf dieser Versammlung sprach auch ich. Ich stellte fest, dass unter dem Rednerpult ein Tonband mitlief. Ich ignorierte es. In meiner Rede sprach ich die zwei unterschiedlichen Einschätzungen über die Studenten an und betonte, ich fände beide Bewertungen falsch. Außerdem kritisierte ich, dass in dem Zusammenhang mir und meinem Mitstudenten Liberalität vorgeworfen werde. Als ich zu meinem Platz zurückging, hörte man sehr vereinzelt Beifall: Einzig der hervorragende Professor für Zivilrecht, Nathan, applaudierte. Er war als Senior eingeladen worden, hatte schon geschlafen, bevor ich überhaupt das erste Wort sagte, erwachte nun und rührte reflexartig die Hände. Er wusste nicht, worum es ging. Ein Freund von mir und ich stimmten gegen den Rechenschaftsbericht, ein Novum im politischen Klima der sonst so selbstverständlichen, eingetakteten Einstimmigkeit.

Auf der FDJ-Kreisdelegiertenkonferenz der gesamten Humboldt-Universität im Auditorium maximum, an der ich ebenfalls teilnahm, kam die Rede des FDJ-Chefs unserer Sektion erneut auf die zehn anstößigen Studenten. Diesmal hieß es, sie hätten durch ihren Disziplinmangel die aktive Verwirklichung der Hochschulreform beeinträchtigt. Leider seien da auch zwei weitere Studenten zu erwähnen, die durch ihre Liberalität den kollektiven, offensiven Kampf gegen solches Verhalten behindert hätten.

Zum Schluss der Diskussion fragte der 1. Sekretär der FDJ-Kreisleitung, ob noch jemand etwas sagen wolle. Das war rhetorisch gefragt, eine weitere Wortmeldung stand eigentlich gar nicht zur Debatte, er erwartete also keine Reaktion. Aber ich meldete mich. Ich sagte, wenn von Anfang an so argumentiert worden wäre, wie es eben zu hören war, dann hätte ich die Studenten nicht verteidigen müssen. Aber es habe eine falsche Beschuldigung vorgelegen. Wenn ich einen Dieb als Mörder bezeichne, werde er sich dagegen wehren, und in diesem Streit komme man nicht mehr zum Wesentlichen: ihm zu erklären, warum er nicht stehlen solle. So demagogisch sei man hier verfahren. Ich setzte mich wieder.

Aus dem Saal heraus hatte ich noch einmal eine Bilanz gezogen: Erst sei von einer konterrevolutionären Bestrebung gesprochen worden, dann von einer objektiven Schädigung des Sozialismus – und nun sei alles nur noch mangelnder Einsatz für die Hochschulreform gewesen?

Von heute aus betrachtet: eine banale Positionsklauberei, aber damals, in jenem Jahr 1969, lag Überhitzung in der Luft, und einer politischen Leitung in Versammlungen so offen zu widersprechen, war mehr als unüblich. Der 1. Sekretär der FDJ-Kreisleitung forderte den FDJ-Chef unserer Sektion auf, noch einmal Stellung zu nehmen. Dieser redete so unkonkret wie möglich und bekam unwirsche Zwischenrufe: ob denn immer nur er allein recht habe und ob er meine Logik nicht verstünde.

Die Sache hatte ihr Ende gefunden – und ging doch weiter. Ich fühlte mich im Recht mit meinen kritischen Einwänden, die alles in allem äußerst gemäßigt geblieben waren – und wurde fortan doch wie ein Ausgesetzter behandelt. An der Sektion war ich isoliert. Fast alle Assistenten, Dozenten, Professoren hielten Abstand zu mir. Das erschreckte mich, ich hatte mit solcher Vehemenz des strafenden Kollektivismus nicht gerechnet. Nüchtern zog ich die Konsequenz, die mir am sinnfälligsten erschien: noch fleißiger zu studieren. Denn es drohte eine ganz einfache Rechnung: Jede Schwäche im Studium würde mir doppelt angerechnet werden. In der politischen Stellung meines Vaters hatte ich bisweilen eine stille Reserve des Schutzes gesehen; aber so dachte ich jetzt nicht mehr, eher drohte mir besondere Schutzlosigkeit, denn es waren die Töchter und Söhne hoher Funktionäre, die infolge der Prager Ereignisse kriminalisiert wurden. So erfuhr auch ich, als der Sohn des Kulturministers, keine Schonung mehr.

Was ich aber geradezu beglückend in Erinnerung behielt: Keiner aus meinem wirklichen Freundeskreis rückte von mir ab. Ansonsten ging man mir aus dem Weg, schnitt mich, übte durch Distanz Druck auf mich aus. In Arbeitsrecht hatten wir eine Klausur geschrieben. Der Dozent gab die Arbeiten zurück, zunächst die schlecht benoteten, am Schluss die gut und sehr gut bewerteten. Geradezu übermäßig schwelgte er von einer der besten Arbeiten, nannte den Namen des Studenten und gab sie ihm zurück. Danach begann ein allgemeines Gemurmel im Raum, denn der Unterricht, die Rückgabe der Klausurtexte schien beendet. Der Dozent kam an meinen Platz, und beiläufig, als sei er sehr darauf bedacht, nicht bemerkt zu werden, legte er meine Arbeit auf den Tisch. Leise, damit es niemand hört, sagte er: »Das ist die beste Klausur.«

Ich merkte ihm an, dass er mir lieber eine schlechtere Note serviert hätte.

Der Chef des Instituts für Arbeitsrecht aber, Professor Joachim Michas, bat mich kurz zu sich. Er sah mich an und eröffnete mir: Er wisse, wie mir zumute sei. Es stand noch eine Hausarbeit auf dem Gebiet des Arbeitsrechts aus. Er sagte: »Gib die Arbeit bei mir ab, ich werde mich darum kümmern.« Ein ungewöhnlicher Solidaritätsbeweis. Der einzige. Es war grotesk, wegen einer ideologischen Kampagne, die den Betreibern zudem kräftig auf die Füße gefallen war, derart behandelt zu werden. Ein Jahr lang lief ich wie ein Fremder durch die Sektion. Es gab Momente der Verzweiflung, aber es obsiegte mein Trotz, dieses kräftigende Dennoch, das mir im Leben treu blieb. Auch später in der Politik. Wenn zum Beispiel Abgeordnete anderer Parteien im Bundestag von Anfang an freundlicher zu mir gewesen wären, hätte ich diesem politischen Betrieb wahrscheinlich weit eher den Rücken gekehrt. Aber diese Jahre währende außerordentliche Front der Feindschaft, der bösartigen rhetorischen Angriffe, der vehementen Beleidigungen ließen mich stur werden. Es gibt bei mir diesen nahezu körperlichen Reflex, aus- und dagegenzuhalten.

*

Eines Tages, nach einer Prüfung, standen die beiden FDJ-Chefs unserer Sektion auf dem Flur. Ich traute meinen Augen nicht, sie kamen mit einem Blumenstrauß auf mich zu, gratulierten mir und luden mich auf eine Tasse Kaffee ein. Sie wollten Frieden. Wer sie geschickt hatte, erfuhr ich nicht, wahrscheinlich war es der 1. SED-Kreissekretär der Humboldt-Universität. Er oder jemand in seiner Nähe musste erkannt haben, dass man dabei war, aus mir Schritt für Schritt einen Gegner zu machen. Und wenn man nicht auf mich zuginge, so die Befürchtung, würde ich mich wohl weiter und weiter von der Partei, vom

Staat entfernen. Das sollte verhindert werden. Korrektur in ihrer mildesten Form: Blumen und Kaffee.

Der Umschwung des politischen Urteils erfuhr sogar eine Steigerung: Die Parteisekretärin der Sektion fragte mich, ob ich bereit sei, für die Parteileitung zu kandidieren. Um in diesem Stimmungswechsel nicht völlig das Gesicht zu verlieren, fügte sie eine einzige Bedingung an: Ich müsse mich selbstkritisch äußern. Ich schwieg, das wurde wohl als Einverständnis gewertet, die Kandidatur erfolgte, ich erhielt das Wort, sprach, aber vermied die geforderte Selbstkritik. Die hätte meinen Stolz verletzt. Daraufhin meldete sich jemand und bemängelte mein unkritisches Schweigen in eigener Sache. Vier im Saal stimmten gegen meine Aufstellung als Kandidat für die Parteileitung, bei der geheimen Wahl waren es sechs. Die meisten aber stimmten für mich, ich wurde für ein Jahr Mitglied der Parteileitung. Der Frieden war also neuerlich hergestellt, für mich war die Welt irgendwie wieder in Ordnung. Ein Konflikt hatte sein Ende gefunden, der es mir letztlich nicht wert war, grundsätzlich verletzt zu reagieren.

Die Prager Ereignisse hatten allen Aufbruchshoffnungen einen herben Dämpfer versetzt; meine Mitgliedschaft in der Partei sah ich ganz unpathetisch als Auftrag, unangenehmen Zeitgenossen einen Platz streitig zu machen und mich mit Gleichgesinnten für Reformen einzusetzen. Gleichzeitig festigte sich mein Entschluss, beruflich möglichst nischennahe Wege einzuschlagen und dem Staatsapparat also auszuweichen.

*

Zunächst aber nahm ich ein Forschungsstudium auf. Es begann im vierten, also letzten Studienjahr und sollte nach drei Jahren mit der Dissertation enden. Doktorarbeit bedeutete: Befreiung von der Diplomarbeit, das empfand ich schon mal als Wohltat. Betreut wurde ich von Professor Karl A. Molnau,

Rechtstheorie. Sehr bald spürte ich, für die Wissenschaft nicht geeignet zu sein. Mir fehlte die Ausdauer, die Leidenschaft fürs Spezialistentum; ich hatte das Empfinden eines Tunnelblicks, der mir die Aussicht ins Freie, Offene, Vielseitige nahm. In Bibliotheken hielt ich es nur begrenzt aus, jede thematische Einschränkung langweilte, belastete mich. Kurzum: Mein Ausflug ins Forschungsstudium dauerte nur ein Jahr.

Das brachte den Nachteil mit sich, nun doch eine Diplomarbeit schreiben zu müssen, und zwar innerhalb von sechs Wochen. Zähne zusammengebissen – und durch! Ferner beorderte man mich zu einem sogenannten Lenkungsgespräch in das Ministerium der Justiz. Übrigens das einzige Ministerium der DDR, das nicht Ministerium »für …« hieß, sondern Ministerium »der«. Weil man demonstrieren wollte, man war nicht für eine Justiz im landläufigen Sinne, sondern benutzte sie nur im eigenen Interesse.

Die 1968 neu beschlossene DDR-Verfassung garantierte jedem Bürger, jeder Bürgerin eine berufliche Tätigkeit gemäß der erworbenen Qualifikation. Das hatte zur Folge, dass der Staat, um das gewährleisten zu können, genau festlegte, wie viele Studenten auf welchen Gebieten ausgebildet wurden. So gab es zum Beispiel nur alle zwei Jahre zwei Studienplätze für Archäologie, weil mehr Arbeitsplätze nach dem Studium nicht zur Verfügung standen.

Manches Recht hat eben auch seine Nachteile. Ich bin sehr dafür, dass Studierende ihr Fach frei wählen können, nur hat dies zur logischen Konsequenz, keinen Rechtsanspruch auf eine Arbeit entsprechend der Qualifikation zu erwerben.

Auch ich kam also in die Lage, nach dem Studium – wie es hieß – »gelenkt« zu werden. Mit achtzehn hatte ich mein Studium begonnen, 22 war ich nach dessen Abschluss. Damit kam der Beruf des Richters für mich nicht in Frage, denn dafür musste man mindestens fünfundzwanzig Jahre alt sein.

Hätte ich mich ein Jahr als Richterassistent ausbilden lassen, säße ich anschließend noch immer zwei Jahre sinnlos herum, bevor ich Richter sein durfte. Aber ein Richteramt strebte ich auch gar nicht an, ich fürchtete, mich zu lange mit Entscheidungsmöglichkeiten und Urteilsvarianten herumzuplagen, ich wollte mich nicht von Vorsicht und Unentschiedenheit quälen lassen; die richterliche Festlegung, die kein Ausweichen erlaubte, lag mir nicht. Ich fürchtete, mich tagelang etwa mit der Frage zu beschäftigen, ob jemand Bewährung bekommen solle oder nicht. Nein, nichts für mich!

Mein Ziel war: Rechtsanwalt. Natürlich äußerte ich diesen Wunsch nicht sofort, und es dauerte bei dem Gespräch im Justizministerium nicht lange, und auf dem Tisch lag das Angebot, als Staatsanwalt zu arbeiten. Das wollte ich auf keinen Fall, schon deshalb nicht, weil ich als Vertreter des Staates garantiert auch Strafanträge zu stellen gehabt hätte, die überhaupt nicht mit meinen Auffassungen übereinstimmten. Das führte ich bei meiner Ablehnung allerdings nicht an, ich begründete meine Abneigung mit der Furcht vor ungeliebter Einseitigkeit – ich wolle nicht lediglich im Strafrecht arbeiten, sondern auch im Zivilrecht, im Familienrecht, im Arbeitsrecht.

Die Gespräche zogen sich hin. Die Lenkung erwies sich als schwierig, wahrscheinlich hatte man mehr Fügsamkeit von mir erwartet. Irgendwann kam der Vorschlag, ich könne doch als Notar arbeiten. Aber auch das lehnte ich ab, schlichtweg mit der Begründung, diese Arbeit sei mir zu langweilig, ich könne mich nicht damit begnügen, dauernd nur zu beglaubigen und Verträge aufzusetzen; schon sah ich mich unter Urkundenbergen mühsam und eingestaubt nach Atem ringen. Außerdem verwies ich auf die Beurteilungen der Universität, die stets meine rhetorische Gabe hervorgehoben hätten – die bliebe im Notarbüro völlig ungenutzt. Ressourcen seien aber zu nutzen, nicht zu vergeuden.

Auch der Beruf des Justitiars in einem volkseigenen Betrieb kam für mich nicht in Betracht, allein schon, weil wir viel zu wenig im Wirtschaftsrecht ausgebildet worden waren. Irgendwann in diesem Gespräch läutete ich die letzte Runde ein: Ich wolle Rechtsanwalt werden. Stille. Erstaunte Blicke. Weiter Stille. Dann ein ganzes Arsenal von Gegenargumenten. Rechtsanwalt!? Das muss den »lenkenden« Genossen wie die Ankündigung einer Fahnenflucht vorgekommen sein.

Letztlich wurde ein Kompromiss gefunden, bei dem auch die dirigierenden Vertreter des Ministeriums ihr Gesicht nicht verloren. Ich musste acht Monate lang die Ausbildung als Richterassistent absolvieren, zunächst am Stadtbezirksgericht Berlin-Friedrichshain und dann am Stadtgericht Berlin. Danach könnte ich, wenn das Berliner Rechtsanwaltskollegium dem zustimmen sollte, als Praktikant zum Rechtsanwalt ausgebildet werden. Erleichtert und glücklich verließ ich den Ort, an dem meine Zukunft festgelegt wurde. Ich ging mit dem befreienden Gefühl, diese Zukunft ein gutes Stück selbst in die Hand genommen zu haben.

*

Bei Staatsexamen und Diplomarbeit erreichte ich jeweils das Prädikat »Sehr gut«; aufgeräumt und erwartungsvoll verließ ich die Humboldt-Universität. Und jene Dissertation, zu der es wegen meines abgebrochenen Forschungsstudiums in der Rechtstheorie nicht gekommen war, würde ich nun doch schreiben – im Rahmen einer vierjährigen außerplanmäßigen Aspirantur, die ein Jahr später begann. Sie war mit einem Doktorandenseminar verbunden, das einmal pro Monat stattfand. Am ersten Seminar nahm ich teil. Es ging auch um die Definition der Materie durch Lenin: Sie bestünde aus allem, was außerhalb und unabhängig vom Bewusstsein existiere. Ich erklärte, dass ich diese Logik gut verstünde, weil man der Materie etwas gegenüberstellen müsse, um sie definieren zu können. Wenn man sich aber von diesem Zwang löse, könne man sagen, auch das Bewusstsein sei materiell – es existiere ja schließlich. Meine Argumentation löste bei Professor Kröber und allen anderen eine gehörige Aufregung aus. Man diskutierte mich nieder, und bis heute habe ich diese Erregung, fast schon Aggressivität nicht verstanden.

Begriffen habe ich damals nur und zwar sehr schnell, dass ich mich in diesen Seminaren nicht wohlfühlte. Ich beschloss, nicht mehr daran teilzunehmen. Als Grund gab ich an, im Rechtsanwaltskollegium am Parteilehrjahr teilzunehmen, dies genüge doch. Das wurde akzeptiert. Im Rechtsanwaltskollegium wiederum entschuldigte ich mich hinsichtlich des Parteilehrjahres mit der Beteiligung am Doktorandenseminar. Das wurde dort ebenfalls akzeptiert. Mir gefiel diese Idee.

Aber, wie es fast immer geschieht: Irgendwann droht Aufdeckung, es genügt eine Kleinigkeit, die man übersehen hat. Während der Aspirantur musste der Vorsitzende des Rechtsanwaltskollegiums Gerhard Häusler jährlich eine Beurteilung schreiben, die an die Humboldt-Universität weitergeleitet wurde. Er entschied, ich solle ihm einen Entwurf zur Unterschrift vorlegen. Jedes Jahr hoffte ich inständig, dass er den Text nicht liest, denn natürlich stand da regelmäßig ein würdigender Satz über meine aktive Teilnahme am Parteilehrjahr drin. Er las nicht. Glück gehabt. Wieder mal. Wahrscheinlich war meine Befürchtung schon deshalb übertrieben: weil auch an der Universität nie jemand diese Einschätzung gelesen haben wird.

In meiner Dissertation ging es im Kern um die Frage, wie weit in der Rechtsprechung eine zulässige Rechtsinterpretation stattfindet, wann jedoch mit dieser Interpretation Rechtsverletzung, Rechtsbeugung beginnt. Ich wies nach, dass die DDR zum Teil ein schlechter Gesetzgeber war, und belegte dies. Die Rechtssprache in der DDR war zwar weit verständlicher als heute, aber häufig wurden für die Ziele keine exakten Formulierungen gefunden.

In meiner Dissertation habe ich neben den Schwächen in den Gesetzestexten des Justizministeriums auch Rechtsbrüche des Obersten Gerichts aufgedeckt. Das führte dazu, dass meine Dissertation für den wissenschaftlichen Austausch mit der BRD gesperrt wurde. Einer der angeführten Fälle spielte bei der Bewertung eine besondere Rolle. In der DDR stand bis 1987 leider die Todesstrafe im Gesetz; zum letzten Mal wurde sie 1981 vollstreckt. Auch gegen Frauen konnte dieses martialische Urteil verhängt werden, aber es gab wohl nur eine einzige Vollstreckung. Das Gesetz regelte, dass Frauen, die zur Tatzeit, zum Termin der Hauptverhandlung oder der Vollstreckung schwanger waren, nicht hingerichtet werden durften. Im Gesetz stand, dass diese Einschränkungen auch nach der Geburt des Kindes gelten. Im Klartext hieß das: Eine Frau, die zu diesem Zeitpunkt schwanger war oder ein Kind zur Welt gebracht hatte, konnte zwar zum Tode verurteilt, aber nie mit dem Tode bestraft werden. Das Gesetz hatte etwas festgeschrieben, was unabänderlich galt. Ich formulierte die Konsequenz: Die betreffende Frau, verurteilt zur Höchststrafe, die nicht vollstreckt wird, kann daraufhin nach Hause gehen. Der Gesetzgeber wollte gewiss festschreiben, dass statt des Todesurteils, das nicht vollstreckt werden darf, nunmehr die höchstmögliche Haftstrafe verbüßt werden muss. Aber er hatte vergessen, diese Schlussfolgerung ins Gesetz zu schreiben, und jedem Gericht wären damit die Hände gebunden gewesen.

Mein Professor Mollnau, der meine Dissertation begleitete, fragte mich, ob ich nicht bereit wäre, meine »halbe Frauenleiche« aus der Dissertation zu streichen. Das verweigerte ich, denn ich wollte aufzeigen, dass Formulierungen in der Rechtssprache keine Bagatellen sind, und ich hoffte, dass ihnen die Regelung zur Todesstrafe peinlich aufstieße.

Bei der Bewertung der Arbeit wurde auch – wie in der DDR in allen Bereichen üblich – das Wissen in Geschichte der deutschen Arbeiterbewegung, in marxistisch-leninistischer Philosophie, in politischer Ökonomie des Kapitalismus und des Sozialismus und in wissenschaftlichem Sozialismus/Kommunismus geprüft. Da ich aus bereits geschilderten Gründen nicht am Doktorandenseminar teilgenommen hatte, rief ich Professor Kröber an und fragte ihn, ob es für die Prüfung etwas gäbe, worauf ich mich besonders vorbereiten solle. Er gab mir mit dem Ausdruck wärmsten Entgegenkommens eine verblüffend klare Antwort: Ja, dieses Besondere könne und wolle er mir gern nennen. Und dann kam's: Ich möge mich auf die Geschichte der deutschen Arbeiterbewegung, die marxistisch-leninistische Philosophie, die politische Ökonomie des Kapitalismus und des Sozialismus und den wissenschaftlichen Sozialismus/Kommunismus vorbereiten – das genüge vollauf. Ich bedankte mich herzlich und dachte ein wenig darüber nach, dass die Freude an der Schlagfertigkeit blitzartig gedämpft wird, wenn sie einen selber trifft.

Am Morgen der Prüfung telefonierte ich mit Barbara Erdmann, die inzwischen verheiratet war, nicht mehr Wolff hieß und ebenfalls als Rechtsanwältin arbeitete. Sie wünschte mir zu meiner Überraschung keinesfalls alles Gute für die Prüfung, sondern sprach von ihrer Hoffnung, ich bekäme heute endlich eine gehörige Lektion erteilt, denn sonst würde aus mir nie etwas Vernünftiges werden. Da sprach die mehrjährige Zeugin meiner geschickten Wanderungen zwischen den Pflichten.

Mit diesen wahrlich aufrichtenden Wünschen verließ ich die Wohnung. An der Humboldt-Universität angekommen, suchte ich vergebens nach einem Wegweiser zur Weiterbildungsabteilung. Zum Glück gab mir ein Bauarbeiter Auskunft, er schickte mich in den fünften Stock. Die Zeit rannte mir davon, also rannte ich mit, alle fünf Stockwerke hoch. Dort oben wohnten aber nur Herr Müller und Frau Schultze. Der Bauarbeiter hatte mich veralbert. Ich rannte also wieder hinunter, suchte die gesamte Straße ab, und völlig außer Puste und am Ende meiner Nerven fand ich endlich, was ich gesucht hatte.

Im Vorraum saß ein junger Mann, ich fragte ihn aufgeregt, ob mein Name schon aufgerufen worden sei. Er verneinte, ich sei aber der Nächste. Langsam beruhigte ich mich. Der junge Mann erzählte mir, er sei durchgefallen und stinksauer, denn: Da gehe man jahrelang zu diesen Doktorandenseminaren, bereite sich vor, und dann so eine Pleite. Dann hellte sich sein Gesicht unvermutet auf: »Ich habe in meiner misslichen Lage aber einen Trick angewandt. Als ich nämlich merkte, welches Ende ich hier nehmen werde, habe ich ganz erstaunt gesagt, ich wisse ja gar nicht, dass jetzt schon Prüfung ist. Ich hätte gedacht, dass sei erst die Vorbereitung auf die Prüfung.« Er grinste. »Die haben das geglaubt, und ich bekam einen neuen Termin. Na ja, aber fix und fertig bin ich trotzdem.« Diesen Trick merkte ich mir. Das war ja Weiterbildung pur – in Lebenskunst.

Nachdem ich aufgerufen worden war und den Prüfungsraum betrat, stellte ich eine Schwäche von Professor Kröber fest, die mir nicht ganz unbekannt ist. Er redete gern. Einverstanden, sollte er reden. Er schenkte mir Zeit, indem er sie mir nahm. Er stellte mir eine Frage aus der Ethik der Organtransplantation, wir diskutierten eine Weile. Da ich dem Professor gern zuhörte, nur gelegentlich etwas einwarf und selber etwas erzählte und dann er wieder redete, verstanden wir uns ausnehmend gut. Er entließ er mich mit der Note »Magna Cum Laude«, also »Sehr gut«.

Zu Hause klingelte das Telefon, am anderen Ende der Leitung war wieder meine Freundin Barbara. Sie fragte mich nach der Note, ich fragte zurück, ob sie's wirklich wissen wolle. Sie bestand darauf, ich sagte es ihr, sie knurrte: »Das ist eine Katastrophe.« Sie hätte nicht gewollt, dass ich durchfalle, aber wünschte mir doch eine schlechte Note, nämlich »Rite«. Das entspricht einer »3«, schlechter darf man in einem Dissertationsverfahren nicht bewertet werden. Sie sagte: Eine »1« sei Gift für meinen Charakter. Fand ich nicht, ich hatte das Beste aus einer Situation gemacht. Ist das nicht das Ziel aller Bestrebungen im Leben? Trotz Barbaras Einwänden war dies für mich – ein schöner Tag.

Zur Dissertation sei noch angemerkt, dass sie in 25 Kopien abgegeben werden musste. Vervielfältigungsgeräte waren in der DDR eine Rarität. Mir fiel ein, dass es im Brecht-Zentrum ein solches Gerät gab. Brechts Tochter Barbara, verheiratet mit dem Schauspieler Ekkehard Schall, hatte ich des Öfteren juristisch beraten, in Fragen zum Urheberrecht. Ihre Mitarbeiterinnen mochten mich. Sie gestatteten mir, meine Arbeit über Xerox zu vervielfältigen, baten aber darum, Frau Brecht-Schall nicht die Anzahl der Kopien zu sagen.

Die Dissertation wurde von mehreren Gutachtern einheitlich mit »Magna Cum Laude« bewertet. Am Abend vor der Verteidigung besuchte ich ein Verdi-Konzert, ein deutliches Zeichen meiner Gelassenheit. Der Vorsitzende der Kommission war Professor Wippold. Zunächst musste ich ein Eingangsreferat halten, ich gab eine Zusammenfassung meiner Dissertation. Schon das erwies sich als klarer Fehler, denn ich hätte neue Fragestellungen, neue Problemfelder aufreißen sollen. Aber niemand hatte mich darauf hingewiesen. Ein Frage-Antwort-Komplex schloss sich an, der an die zwei Stunden dauerte. In der Kommission saß Völkerrechtler Professor Gräfrath, er mochte mich nicht, er stellte die unangenehmsten Fragen. Er reizte mich, irgendwann war bei mir eine Grenze der Zurückhaltung überschritten. Er fragte, ob ich glaube, durch meine Dissertation wirksam etwas verändern zu können. Ich erwiderte: »Sie fragen danach, ob die Welt nach meiner Dissertation anders aussieht als vorher. Ich muss Ihnen bestätigen, dass sich die Welt durch meine Dissertation nicht ändern wird. Allerdings gilt dies für die Wirkung der DDR-Rechtswissenschaft insgesamt.«

Der Vorsitzende der Prüfungskommission sah mir in die Augen, für alle Anwesenden stand fest: Skandal! Nichts mehr war zu korrigieren! Das war mir auch klar, aber zugleich machte sich Gleichgültigkeit in mir breit. Was ich gesagt hatte, entsprach zutiefst meiner Empfindung, und ich war wütend.

Eine Pause wurde angesetzt und ich des Raumes verwiesen. Ein Dozent, der mir wohlgesinnt war, kam hinterher und flüsterte, ob ich noch zu retten sei. Ich erwiderte: »Is mir doch wurscht, was jetzt passiert, sollen sie mich doch durchfallen lassen, ich lasse mir das nicht bieten.« Im Saal saß auch meine Schwester, sie kam zu mir und erklärte, es habe nicht viel gefehlt, und sie wäre an den Tisch gegangen und hätte dem Professor eine Ohrfeige gegeben. Unsere verlässliche Solidargemeinschaft.

Am Ende ging aber alles im wahrsten Sinne des Wortes »Gut« aus. Es gab für die Verteidigung, auch wegen meines Auftritts, »nur« ein »Cum Laude«, also ein »Gut«. Gemeinsam mit der Dissertation selbst und der geschilderten Prüfung ergab das insgesamt ein »Magna Cum Laude«. Nicht dass ich der verpassten Bestnote »Summa Cum Laude« nachtrauerte, aber was im Leben zu einer höheren Bewertung führt oder sie verhindert, sind mitunter merkwürdige Zufälle und Begebenheiten, die nicht unmittelbar mit fachlichen Leistungen zu tun haben.

*

Während des Studiums verliebte ich mich in Jutta. Drei Männer – mich eingeschlossen – bewarben sich um sie. Letztlich siegte ich in ihrer Gunst, wir heirateten 1968, ich adoptierte den Sohn, den sie mit in die Ehe brachte. Zu Daniel, der 1964 geboren wurde, habe ich noch heute eine sehr gute Beziehung. Während der Ehe wurde 1970 unser gemeinsamer Sohn George geboren.

Damals gab es für Väter noch keine Möglichkeit, bei der Geburt zugegen zu sein. Ich war noch Assistent am Gericht und rief regelmäßig im Krankenhaus an. Irgendwann kam die Mitteilung: »Ihr Kind ist geboren.« Ich fragte, ob es ein Mädchen oder ein Junge sei, mir wurde aber erklärt, dass man darüber am Telefon keine Auskunft geben dürfe. Das hinge damit zusammen, dass manche Väter bitter enttäuscht seien und zu blöden Reaktionen neigten, die sie in der Klinik, bei unmittelbarem Kontakt zu ihrem Kind, unterließen.

Ich überzeugte die Krankenschwester davon, dass mir das Geschlecht unseres Kindes egal sei, aber meine Neugier sei so groß – und so teilte sie mir (»ausnahmsweise!«) mit, dass wir einen Sohn bekommen hätten. Ich fuhr ins Krankenhaus und habe nie wieder einen solchen Stolz in den Augen meiner Frau gesehen. 1974 wurde meine erste Ehe geschieden. Wir einigten uns, dass unser Sohn Daniel bei seiner Mutter und unser Sohn George bei mir blieb. Der Kontakt zwischen uns vier ist nie abgebrochen. Aber von nun an war ich alleinerziehender Vater.

15. KAPITEL

Anfang September 1970 begann meine achtmonatige Tätigkeit als Richterassistent beim Stadtbezirksgericht Berlin-Friedrichshain. Ausgebildet wurde ich im Direktorat, in verschiedenen Straf- und Familienkammern, in der Zivil- und Arbeitsrechtskammer. Die letzten zwei Monate war ich dann beim Stadtgericht, also dem höheren Gericht, durchlief dort ebenfalls verschiedene Strafsenate sowie den Familien-, Zivil- und Arbeitsrechtssenat. Eine aufregende Zeit, in der ich viele Fachleute kennenlernte und jeden Morgen in der Gewissheit an die Arbeit ging, das DDR-Recht immer besser zu beherrschen.

Außerdem wirkte ich als Jugendbeistand. In der DDR gab es leider keine Regelung, wonach jeder jugendliche Angeklagte einen Pflichtverteidiger bekam, wenn er keinen Verteidiger seiner Wahl beauftragt hatte. Außer in Fällen der Pflichtverteidigung durch einen Rechtsanwalt musste dem Betreffenden wenigstens ein Jugendbeistand zur Seite gestellt werden, ausgestattet mit den Rechten eines Verteidigers. In vielen Fällen waren das Mitarbeiterinnen der Jugendhilfe, Lehrer, gelegentlich auch Studierende. Den meisten fehlte eine juristische Ausbildung, sie vermochten die Aufgaben eines Verteidigers nicht wirklich zu erfüllen.

Der Angeklagte hatte weder bei einem Pflichtverteidiger noch bei einem Jugendbeistand das Recht, die jeweilige Person selbst zu wählen, wie man das heute im Falle von Pflichtverteidigern kennt. Der Chance auf einen wirklichen Verteidiger waren in der DDR jedenfalls für lange Zeit zu enge Grenzen gesetzt.

Meine Aufgabe als Jugendbeistand nahm ich sehr ernst. Einmal besuchte ich sogar eine jugendliche Inhaftierte in der Untersuchungshaftanstalt der Bezirksverwaltung Berlin des Ministeriums für Staatssicherheit in Pankow – es war für die Staatssicherheit völlig ungewohnt, dass dort ein Jugendbeistand erschien und kein Rechtsanwalt. Natürlich legte ich auch Berufungen ein. Beim Stadtgericht Berlin meinte man wohl, mich stutzen zu müssen, und teilte mir mit pädagogischem Fingerzeig mit, ich sei kein Anwalt, sondern nur Jugendbeistand und solle mir bestimmte Töne doch lieber etwas gründlicher überlegen. Diese Bevormundung empfand ich als Frechheit und blieb stur.

Irgendwann stellte ich den Antrag, als Praktikant im Rechtsanwaltskollegium ausgebildet zu werden. Der Antrag hatte Erfolg. Ein Praktikant hatte damals noch eine andere Bedeutung als heute: Er wurde ausgebildet. Die Aufnahme in das Kollegium der Rechtsanwälte bedurfte keiner Zustimmung durch den Justizminister. Die Anstellung eines Auszubildenden allerdings musste vom Ministerium genehmigt werden, sodass es letztlich doch mit entschied. Rechtsanwälte außerhalb des Kollegiums konnten ohnehin nur vom Justizminister zugelassen werden. Aber wenn der Minister jemanden ins Kollegium bringen wollte, konnte das Kollegium dies auch ablehnen. In meinem Fall lag die Genehmigung des Ministers vor, und auch der Vorstand des Kollegiums hatte beschlossen, mich als Praktikanten einzustellen. Wesentlich war das wohl meinen Fürsprechern Friedrich Wolff und Willi Haase zu danken, eben den Vätern einer Mitschülerin und eines Mitschülers.

Das Ungewöhnliche an meiner Aufnahme zur damaligen Zeit bestand darin, dass ich keine gebrochene Biographie hatte. Denn offiziell ging man, wie schon dargestellt, damals eher davon aus, der Rechtsanwaltsberuf sei ein aussterbender bürgerlicher Beruf, also übten diese Tätigkeit nur Juristen aus, die schon unmittelbar nach 1945 Anwälte waren oder aus irgendwelchen Gründen nicht mehr als Staatsanwalt, Richter oder Mitarbeiter des Justizministeriums arbeiten durften oder konnten. Mal war es eine Schwiegermutter, die in den Westen zog, mal war es eine eigene, sogenannte Fehlhandlung. Der biographische Knacks, die scheinbare ideologische Unzuverlässigkeit bildeten das Grundmotiv, sich in die Rechtsanwaltschaft zurückziehen zu dürfen, die den Anstrich des Gestrigen, nahezu schon Überwundenen besaß.

Keine Richterin, kein Richter in der DDR durfte Westkontakte unterhalten, geschweige denn eine Staatsanwältin oder ein Staatsanwalt. Rechtsanwälten aber war dies erlaubt, wir waren ja nicht staatlich, sondern entweder privat oder im Kollegium, also in gewisser Hinsicht genossenschaftlich organisiert. Eine Zivilrichterin an einem Kreisgericht fragte mich einmal, ob ich auch Spione verteidige. Ich bestätigte dies. Sie fragte, ob es sich dabei um eine geschlossene Verhandlung handele. Auch dies bejahte ich. Sie fragte weiter, ob ich auch die Akte des Falles läse, was ich ebenfalls bestätigte. Sie erklärte daraufhin, sie bearbeite ausschließlich Mietrechtsangelegenheiten, also politisch völlig unerhebliche Dinge – ob ich ihr sagen könne, weshalb ich, befasst mit Hochbrisantem, Kontakte in den Westen unterhalten dürfe, sie aber nicht. Ich hatte keine Antwort.

*

Im Kollegium gab es SED-Mitglieder, Mitglieder von anderen Parteien und Parteilose. Kurz bevor ich meine Ausbildung als Praktikant begann, wurde ich erstmalig zu einer SED-Parteiversammlung im Kollegium eingeladen. Zur Diskussion stand die damals neue Theorie, die DDR würde Schritt für Schritt eine eigene Nation. Ein Versuch, die deutsche Teilung auch diesbezüglich zu zementieren. Einer der Rechtsanwälte erklärte diese Theorie kurzerhand für Blödsinn, da die Bundesrepublik Deutschland, Westberlin, die DDR, Österreich, Liechtenstein und Teile der Schweiz eine Nation seien. Die gesamte Versammlung lachte, und das Thema war damit erledigt.

Ich staunte »Bauklötzer«, wie ich es als Kind ausgedrückt hätte. Wenn ein solcher Satz zur damaligen Zeit in einer SED-Versammlung eines Gerichts oder einer Staatsanwaltschaft gefallen wäre, hätte das zur Bildung einer Kommission geführt, zu scharfer Kritik, zu Auseinandersetzungen, zur Ankurbelung der ideologischen Arbeit. Hier aber, im Kollegium, wurde gelacht. Ich wusste, ich war in einer anderen Welt, zumindest ein bisschen. Der Hauch freieren, ungezwungeneren Denkens tat gut.

Später änderte sich das Verhältnis des Staates zum Stand der Rechtsanwälte. Es wurden sogar Studierende zu uns ins Kollegium »gelenkt«, ohne jene Vorbehalte, die ich noch erlebt hatte. Aber das dauerte noch Jahre.

Während meiner Ausbildung im Kollegium arbeitete ich bei verschiedenen Rechtsanwälten, die im Strafrecht, Zivilrecht und Familienrecht tätig waren. Sehr gut erinnere ich mich an die Verteidigung eines privaten Zahnarztes, der dem Gesundheitsministerium ein Dorn im Auge war. Ihm wurde jahrelanger Abrechnungsbetrug bei Zahnfüllungen vorgeworfen. In erster Instanz hatte ein Bezirksgericht diesen Arzt zu fünf Jahren Freiheitsstrafe verurteilt und sofort einen Haftbefehl erlassen. Gegen diesen Haftbefehl legte der Rechtsanwalt, der mich ausbildete, Beschwerde beim Obersten Gericht der DDR ein – und hatte Erfolg. Der Mann wurde auf die Berufung hin freigesprochen. Der Entzug der Approbation musste zurückgenommen werden. Ich staunte, denn das Oberste Gericht hatte mit diesem Urteil signalisiert, auch gegen Ministerien Widerstand zu leisten und keinesfalls bereit zu sein, ohne Prüfung deren Wünsche zu erfüllen. Aber solche Erfolge waren damals eine Seltenheit.

Die Zeit, in der ich ausgebildet wurde und als Rechtsanwalt begann, war im Prinzip von der immer gleichen Verfahrensweise geprägt: In erster Instanz folgte das Gericht auch in Fällen der allgemeinen Kriminalität regelmäßig den Anträgen der Staatsanwaltschaft. Eine Chance als Anwalt, jedenfalls gelegentlich, bekam man erst im Rechtsmittelverfahren. Anders sah es im Familienrecht, im Zivilrecht und im Arbeitsrecht aus. Arbeitsrechtsfälle waren eine Rarität, denn viele Probleme wurden von den Konfliktkommissionen in den Betrieben geklärt. Nur selten spitzten sich die Auseinandersetzungen so zu, dass es ein Verfahren und dann auch eine Verhandlung vor dem Kreisgericht gab. Aber wenn, dann konnten sich die Betroffenen auch einen Rechtsanwalt wählen.

Im Familienrecht erwiesen sich bestimmte Fragestellungen, die zum Beispiel mit einem Bruch historisch gewachsener Gepflogenheiten zu tun hatten, als schwierig. So beteiligten sich mehr und mehr Männer an der Betreuung der Kinder und sahen nicht ein, dass bei einer Scheidung nahezu automatisch das sogenannte alleinige Erziehungsrecht auf die Mutter übertragen wurde. In der Regel aber blieb der Wunsch dieser Väter erfolglos. Ebenso hart umstritten waren häufig das Grundstück mit Eigenheim, das Wochenendhaus, die Wohnung und das Auto – Besitz, an den man in der DDR schwer herankam. Eine Scheidung selbst erfolgte weit schneller als heute, auch dauerte der Prozess selbst nicht sehr lange. Wenn nicht um die eben genannten Dinge gerungen wurde, erfolgte eine Scheidung sogar höchst reibungslos.

Nach sechs Monaten war meine Praktikantenausbildung beendet. In einem abschließenden Gespräch beim Vorstand des Rechtsanwaltskollegiums fragte mich ein Vorstandsmitglied nach der Abstraktion von der Causa im Schuld- und Sachenrecht. Mir blieb nur, herumzueiern. Er erklärte es mir, ich habe es bis heute nicht vergessen, aber ich erspare der Leserschaft die Erläuterung. Obwohl ich die Frage also nicht so richtig beantworten konnte, wurde ich aufgenommen ins Kollegium, und zwar zum 1. November 1971. Ich war dreiundzwanzig Jahre alt und damit der jüngste Rechtsanwalt in der DDR.

16. KAPITEL

Die Startbedingungen waren hervorragend. Ich arbeitete in einer Zweigstelle in der Brückenstraße in Berlin-Treptow. Übrigens liegt mein jetziges Wahlkreisbüro in derselben Straße – Zufälle gibt es, die man fast als Fügung bezeichnen möchte.

Im ersten Büro meines Berufslebens wurde ich freundlich begrüßt und betrat ein eingerichtetes Zimmer, in dem griffbereit alle wichtigen Gesetzbücher standen. Es gab auch sofort mit meinem Namen versehene gedruckte Briefköpfe und Visitenkarten, es gab eine Bürovorsteherin, darüber hinaus eine Sekretärin, die nur für mich zuständig war. Kostenlos! Ein junger Anwalt heute kann von solchen Voraussetzungen nur träumen – es sei denn, sein Vater ist ein bald in Pension gehender wohlhabender Anwalt.

Auch unsere damaligen Finanzregelungen sind mit heute nicht vergleichbar. Von allen Honoraren und Gebühren, die wir erhielten, mussten wir vierzig Prozent an das Kollegium abführen, gewissermaßen ein Unkostenbeitrag, um das gemeinsame Büro und das Kollegium zu betreiben. Was von diesem Geld nicht ausgegeben wurde, ging in einer jährlichen Ausschüttung wieder an die Rechtsanwälte zurück. Sechzig Prozent der erhaltenen Honorare und Gebühren bildeten dagegen unser Bruttoeinkommen. Zwanzig Prozent davon gingen als Steuern ab, das galt bei einhundert Mark wie bei zehntausend Mark. Bei diesem feststehenden Steuersatz durfte man keine Kosten absetzen, wir waren also nicht dauernd damit beschäftigt, Bewirtungsquittungen und anderes Belegpapier zu sammeln. Wir benötigten sie nicht. Es war alles sehr praktisch, heute kaum noch vorstellbar. Übrigens: Die völlig privaten Rechtsanwälte hatten es schwerer – mit einem je nach Einkommenshöhe steigenden Steuersatz.

Die Steuer- und Versicherungsangelegenheiten des Kollegiums erledigte eine zentrale Buchhaltung, und in dem Zusammenhang gab es eine angenehme Regelverletzung, die einmal mehr den Nischencharakter dieser Institution zeigte. Die SED verlangte nämlich, dass bei der Kassierung ihrer Parteibeiträge mit jedem Parteimitglied ein aktuell-politisches Gespräch zu führen sei. Das war bei uns undenkbar. Die Buchhaltung überwies monatlich, im Übrigen auch die Beiträge für die Gewerkschaft und andere Organisationen, und ansonsten: Ruhe.

Ruhe. Ein Stichwort nicht nur für die guten arbeitsklimatischen Bedingungen, sondern zunächst leider auch für die ungute Auftragslage. Im ersten Monat meiner Tätigkeit brachte ich es auf einen traumhaften Umsatz von 175 Mark der DDR. Sechzig Prozent davon waren meine Bruttoeinkommen – davon musste ich dann noch Steuern und Beiträge bezahlen. Zum Glück verdiente meine Frau so viel, dass wir über die Runden kamen. Aber mit der Zeit gelangte genügend Arbeit auf meinen Schreibtisch. Wer damals in Gerichten oder in einer Staatsanwaltschaft tätig war, sah bisweilen neidisch auf unsere Gilde: Für DDR-Verhältnisse verdienten wir Rechtsanwälte ausgesprochen gut.

Mein erster Fall! Ein junger Mann bestritt seine Vaterschaft. In der DDR ging es immer um die tatsächliche Vaterschaft, nicht wie heute um die Frage, ob man sich dem Kind gegenüber wie ein Vater verhält. Ich vertrat meinen Mandanten mit der Leidenschaft des Berufsanfängers, aber ein Gutachten bestätigte die Vaterschaft, und das mit über 99 Prozent. Wir verloren mit Pauken und Trompeten.

Mein zweiter Fall begann damit, dass ich gelangweilt in meinem Büro saß. Ein wenig kam ich mir vor wie jene morgenmüden Privatdetektive in den Romanen von Raymond Chandler und Dashiell Hammett, über deren Köpfen sich die ebenso müden Propeller der Klimaanlage drehten; es hätte nur noch gefehlt, die Beine auf dem Schreibtisch auszustrecken und am Whiskyglas zu nippen. Für das eine waren meine Beine zu kurz, und das andere schmeckte mir nicht.

Meine Langeweile war also keineswegs filmreif – und zum Glück auch schnell vorbei. Unsere Bürovorsteherin teilte mir mit, eine Frau sei erschienen, sie wolle geschieden werden, einen bestimmten Anwalt habe sie nicht im Blick, ob vielleicht ich bereit sei, sie zu vertreten. Vielleicht? Und ob!

Die Frau kam herein, nahm vor meinem Schreibtisch Platz, ich saß gewichtig dahinter. Ich gab mich mit meinen dreiundzwanzig Jahren versiert, nahm so korrekt wie möglich die Personalien auf, die Frau war über fünfzig Jahre alt und offenbarte mir, die sexuellen Beziehungen zu ihrem Mann stimmten nicht mehr, deshalb wolle sie die Ehe aufgeben. Mein jugendliches Leichtgewicht registrierte dieses Scheidungsmotiv mit innerem Staunen. Nie und nimmer würde ich ihren Beweggrund vor Gericht angeben, denn felsenfest war ich davon überzeugt, spätestens mit fünfunddreißig Jahren seien auf sexueller Ebene alle Messen gesungen, zumindest für Frauen.

Am Abend konsultierte ich die Fachliteratur und war peinlich berührt von meiner arroganten Unwissenheit. Immerhin begriff ich, für gewisse Fragen noch zu jung zu sein, zu wenig Lebenserfahrung zu besitzen. Glücklicherweise erfuhr die Mandantin nichts von meinen anfänglichen Bedenken, und ich vertrat sie so kämpferisch wie möglich. Dem Scheidungsantrag wurde stattgegeben.

*

Ich war Rechtsanwalt geworden. Aber einen Beruf wirklich zu ergreifen, das heißt nicht von Anfang an und automatisch, von ihm ergriffen zu werden. Wie fand ich den Zugang zu einem leidenschaftlichen Denken als Anwalt?

Alles hatte mit einem sehr schwierigen Fall im Strafrecht begonnen, nur wenige Monate nach Beginn meiner Tätigkeit. Von den etwa 600 Rechtsanwälten in der DDR bearbeiteten nur etwa 300 Strafrechtsangelegenheiten. In der Regel konnte man sich Fälle nicht aussuchen, sie also auch nicht ohne Weiteres ablehnen, weil dann bestimmte Täter ganz ohne Verteidiger geblieben wären. Ich sah mich demnach – im Unterschied zu heute – auch gezwungen, Sexualstraftäter zu vertreten. Zu Beginn meiner Anwaltstätigkeit war nun ein solcher Straftäter mein Mandant. Er brauchte einen Pflichtverteidiger, und das Kreisgericht suchte zum Schutz seiner Anwälte – die um ihren Ruf in der Gegend fürchteten – einen jungen Anwalt, der seinen Sitz weit entfernt hatte. Man fand mich, ich wurde als Pflichtverteidiger beigeordnet und durfte nicht ablehnen.

Die schlimmen Details des Falls werde ich nicht ausbreiten. Ehrlich gesagt, ich fühlte mich elend, hilflos, überfordert. Eine ganze Nacht quälte ich mich, suchte nach einem Impuls, der mich wirklich und wahrhaftig zum Verteidiger eines solchen Menschen hätte machen können. Meine Gedanken drehten deprimierende Kreise. Ich stand in dieser Nacht kurz davor, meinen Beruf, in den ich doch eben erst eingetreten war, unwiderruflich aufzugeben. Ich stellte mir dann die großen, gefährlichen Konflikte der Welt vor, dachte an die schier unlösbaren Streitpunkte zwischen den Staatschefs der Sowjetunion und der USA, Widersprüche oft genug an den Klippen zum Krieg, und ich sagte mir: Die mächtigsten Männer der Welt mögen den Kalten Krieg noch so anheizen und sich unversöhnlich gegenüberstehen – aber im Urteil über meinen Mandanten wären selbst sie sich völlig einig, und ich, ausgerechnet ich soll dessen verteidigende Stimme sein.

So dachte ich. Und genau das brachte den Umschwung: Kraft Verfassung war ich der einzige Verteidiger dieses Menschen! Was für eine Herausforderung! Das Gesetz verpflichtete mich, völlig anders als alle anderen an diesen Fall heranzugehen, mich hineinzuversetzen in das Denken und Fühlen dieses Mannes, der so viel Unglück über andere Menschen gebracht hatte.

Sehr wohl wusste ich, was mich im Gerichtssaal für eine Stimmung erwartete, wahrscheinlich würden mich die vom Leid Getroffenen wie einen Komplizen des Täters behandeln, aber ich begriff in dieser Nacht des Grübelns: Ein gerechtes Urteil über einen Menschen erwächst auch aus der Kraft, die sich anderen Urteilen entgegenstellt. Nicht aus Prinzip, sondern aus dem Willen zur Ursachenforschung. Niemals darf ein Verteidiger zum zweiten Ankläger werden. Diese Fähigkeit, anders zu denken, sich gegen das Landläufige zu stellen – das in Argumentation umzusetzen, das muß man lernen. Erst jetzt hatte ich Sinn und Wesen meines Berufs begriffen.

Mein Mandant hatte Bedürfnisse, die den meisten Menschen unbekannt sind. Diese Mehrheit kommt also nie in eine solche Situation wie er. Bedürfnisse kann man nicht steuern. Aber wenn das Gesetz es untersagt, hat er sich zu beherrschen, wenn er sie befriedigen will. Die Frage ist, ob er sich wirklich beherrschen kann. Wenn nicht, gehört er in die Psychiatrie, nicht in die Justiz. Ich hatte und habe den Eindruck, dass die Psychiatrie bestimmte Leute nicht will – weil sie keine Heilmethoden kennt. Sie schiebt solche Leute gern zur Justiz ab, die aber völlig überfordert ist. Weil sie am Bedürfnis und an einer fehlenden Bereitschaft oder Fähigkeit zur Beherrschung dieses Bedürfnisses nichts ändern kann.

*

Nachdem ich 1989/90 in Zusammenhang mit dem Ende der SED, dem Zusammenbruch der DDR und dem Versuch, eine erneuerungsfähige linke Partei zu organisieren, in die politische Öffentlichkeit geriet, wurde immer wieder auch meine Anwaltstätigkeit medial beleuchtet. Es festigte sich der Eindruck, ich sei in erster Linie Anwalt im Rahmen sogenannter politischer Straftaten gewesen. Das stimmt nicht. Mein Hauptgebiet waren Ehescheidungen, Zivilrechtsangelegenheiten, Fälle der allgemeinen Kriminalität. Die politisch motivierte Mandantschaft betrug kaum mehr als fünf Prozent.

Schritt für Schritt erweiterte ich meine Kenntnisse und entwickelte meine anwaltlichen Methoden. So pflegte ich in Fällen des Familienrechts eine Gewohnheit, die nicht wenigen meiner Mandanten unangenehm war. Ich fragte sie nämlich, warum sie ihre Frau beziehungsweise ihren Mann bei Eheschließung geliebt haben. Das Unangenehme an dieser Frage war der Zeitpunkt: Im Moment, da man sich von einem Partner trennen möchte, denkt man nicht über Liebe nach, man steigert sich in die Ablehnungsgründe hinein und verdrängt das, was einst große, beglückende Nähe schuf. Aber mit einiger Penetranz blieb ich bei meiner Frage, so zwang ich meine Mandantinnen und Mandanten zum Nachdenken, und die Antworten erzählten oft schon sehr viel über die Konflikte – und auch darüber, ob diese Problemlage vielleicht doch noch behoben und die Ehe gerettet werden konnte.

Wenn ich bei Ehescheidungen Männer vertrat, die irgendwann – wie sie sagten – die Nerven verloren und ihre Frau geschlagen hatten, stellte ich ihnen ebenfalls regelmäßig eine Frage und bat um ehrliche Antwort sich selbst gegenüber: »Hätten Sie auch geschlagen, wenn Ihnen Cassius Clay (später Muhammad Ali) die Beleidigung zugefügt hätte? Wenn ja, dann handelten Sie wirklich im Affekt, waren also nicht zurechnungsfähig und sind somit unschuldig. Wenn aber nicht, dann haben Sie die Hand gegen Ihre Frau auch deshalb erhoben, weil sie schwächer war als Sie.« Die meisten Mandanten dachten darüber nach, gaben mir recht, ließen aber durchblicken, dass sie meine Frage nicht besonders gut fanden.

*

Anwälte erzählen gern von ihren Erfolgen. Die Realität des Berufs besteht allerdings auch aus vielen Niederlagen. An einen Fall erinnere ich mich besonders: Es war natürlich ein Erfolg.

Zwei junge Leute hatten geheiratet, nun kam das gemeinsame Kind zur Welt. Die Frau studierte in einer anderen Stadt, der Mann kümmerte sich ab der sechsten Lebenswoche des Kindes allein um das Baby. Die Mutter kam jedes zweite bis dritte Wochenende nach Hause. Ein beständiger Rhythmus, der den jungen Eltern einiges abforderte. Als das Kind drei Jahre alt war, hatte sich an der Situation nichts geändert, aber das Band, das die Ehe halten sollte, war, wenn man so sagen darf, zum dünnen Zwirn geworden und schließlich zerrissen. Ich beantragte für den Vater neben der Scheidung das alleinige Erziehungsrecht. Das Stadtbezirksgericht folgte dem. Daraufhin ging die Mutter in Berufung.

Vor dem Familienrechtssenat des Stadtgerichts hörten wir acht Zeugen, bis die Berufung der Frau zurückgewiesen wurde. Es ging immer um die Frage, ob sie denn jedes ihr nur mögliche Wochenende genutzt habe, um zu ihrem Kind zu fahren. Nach Ende der Zeugenanhörung gab ich eine kurze Erklärung ab und fragte den Senat, was eigentlich geschehen wäre, wenn der Mann die gesamte Zeit in einer anderen Stadt gelebt und die Mutter das Kind allein betreut hätte. »Frau Vorsitzende, sagen Sie mir bitte, wie viele Zeugen wären nötig gewesen, bevor Sie entschieden hätten, dass die Frau das alleinige Erziehungsrecht bekommt?« Wir wussten es alle: kein Einziger.

Mein Einsatz gegen eine Rechtsprechung, die ein Gewohnheitsrecht bediente, sprach sich herum. Öfter kamen jetzt Männer, die das alleinige Erziehungsrecht beanspruchten. Es gelang aber nur in einigen wenigen Fällen. Einmal vertrat ich eine Rechtsanwältin, die terminlich verhindert war, an der Verhandlung teilzunehmen. Ich saß neben ihrem Mandanten, es ging um die Scheidung und einen sehr ungewöhnlichen Begleitumstand: Die Eheleute beantragten das Erziehungsrecht für ihr behindertes Kind – nicht für sich selbst, sondern für den jeweils anderen. Beide erklärten, dass sie das Kind gemeinsam gut versorgt hätten, allein aber befürchtete jeder die Überforderung. Deshalb, so die Mutter, sei es richtig, wenn der Vater das Kind bekäme; deshalb, so der Vater, sei es richtig, wenn die Mutter das Kind bekäme.

Ich fühlte mich nicht wohl in meiner Haut, aber ich hatte ohne Einschränkung die Interessen des Mandanten meiner Kollegin zu vertreten, und nichts anderes tat ich. Das Gericht zog sich zur Beratung zurück – und lehnte die Ehescheidungsklage ab. Mit folgender Begründung: Eine Ehe müsse nach dem Familienrecht der DDR dann geschieden werden, wenn sie ihren Sinn für die Eheleute, die Kinder und damit auch die Gesellschaft verloren habe. Konsequenterweise stellte das Gericht fest, dass die zur Verhandlung stehende Ehe zwar für Mann und Frau sinnlos geworden sei, nicht aber für das behinderte Kind. Offenkundig sei die Gemeinsamkeit wichtigste und einzige Garantie für eine gute Betreuung. Ein beachtliches Urteil. Wie es sich dann im Leben bewährte, habe ich nie erfahren.

*

Was das intellektuelle Niveau betrifft, vertrat ich unterschiedlichste Mandanten, von Professoren bis zu einer imbezilen Frau. Diese Frau war nicht nur debil, sondern in höherem Grade geistig gestört. Das führte mit Vollendung des 18. Lebensjahres zu ihrer Invalidisierung und damit zum Bezug einer

Invalidenrente – einer Mindestrente, ohne dass sie je einen Beitrag bezahlt hatte. Heute undenkbar. Sie heiratete, aber eine Eheschließung hätte der Standesbeamte niemals genehmigen dürfen, denn sie war, wie es in der Rechtssprache heißt, nicht geschäftsfähig.

Von ihrem geistig völlig intakten Mann bekam sie mehrere Kinder. Er stimmte immer und sofort nach der Geburt einer Freigabe der Kinder zur Adoption zu. Sie nie. Ich wurde ihr beim ersten Mal und dann – wie bei Gericht üblich – immer wieder beigeordnet, wenn es um die Ersetzung ihrer Zustimmung zur Freigabe der Adoption ihres Kindes durch das Gericht ging. Natürlich war sie nicht in der Lage, ein Kind ausreichend zu versorgen, also verlor ich stets vor Gericht, und regelmäßig erfolglos legte ich Berufung ein.

Wer verliert, der bezahlt die Kosten des Verfahrens. Damals wie heute. Aber bei dieser Frau trauten sich das weder die Gerichte erster noch zweiter Instanz. Die Kosten wurden – nach einer Ausnahmebestimmung – stets der Justizkasse auferlegt. Die Frau musste auch meine vom Staat bezahlten Gebühren nicht erstatten. Sie verlor jeden Prozess, aber nicht eine einzige Mark.

Ihr Mann, der sie meines Erachtens vornehmlich sexuell missbrauchte, schlug sie zudem. In der DDR galt der Beischlaf mit einer geistesgestörten Frau als Vergewaltigung. Bei diesem Mann nicht, da er mit seinem Opfer verheiratet war. Ich drohte ihm mit einer Anzeige, wenn er seine Frau noch ein einziges Mal schlüge, und meine gesamte Kraft würde ich einsetzen, ihn so lange wie möglich ins Gefängnis zu bringen. Tatsächlich wirkte meine Ankündigung, er schlug sie nicht mehr. Sie berichtete stolz davon, und mich erfüllte das Gefühl, einem unglücklichen, vom Schicksal so schwer geprüften Menschen ein wenig geholfen zu haben.

*

Wie verhalten sich Anwälte untereinander? Außenstehende gehen vielleicht davon aus, dass man sich gegenseitig nicht in die Quere kommt, hinter den Rücken der Mandanten möglicherweise sogar heimlich Dinge miteinander abspricht. In der DDR kam noch hinzu, dass Anwälte gegeneinander prozessieren durften, auch wenn sie gemeinsam in einer Zweigstelle arbeiteten. Wir waren ja unabhängig voneinander und mussten nur darauf achten, dass der Kollege beziehungsweise die Kollegin nicht heimlich die Akte des Gegenmandanten las; aus meinem Umfeld ist mir ein solcher Fall nicht bekannt geworden.

Etwa 1976 wechselte ich die Zweigstelle. Ich ging nach Friedrichshain in die Frankfurter Allee 84. Die Adresse war etwas geschummelt, weil der Eingang in der Finowstraße 1 war. Aber wer wusste schon, wo sich die Finowstraße befand – während alle die Frankfurter Allee kannten! An der Frankfurter Allee stand nur ein Schild »Eingang um die Ecke«. Ein schüchterner Versuch von Marketing und Standort-Reklame.

In dieser Zweigstelle blieb ich bis zum Ende des Rechtsanwaltskollegiums, das mit dem Ende der DDR zusammenfiel. Dort arbeitete als Rechtsanwältin auch meine Freundin Barbara Erdmann. Einmal gerieten wir gemeinsam und gegeneinander in ein Verfahren, bei dem wir uns so stritten, dass wir sechs Wochen lang nicht miteinander redeten. Inzwischen hatten die beiden Eheleute, die mit unserer Hilfe geschieden worden waren, wieder zueinander gefunden, sogar erneut geheiratet. Barbara und ich aber sprachen noch immer nicht miteinander.

Als Anwalt muss man sich auch gegenüber der Kollegenschaft bewähren und durchsetzen. Jungsein bedeutet Unverbrauchtheit, ist aber auch Unerfahrenheit, die schnell für Hierarchiespielchen Älterer ausgenutzt wird. Eine Kollegin schlug die alte Zivilprozessordnung auf, las aus einem Paragraphen etwas vor, ohne die betreffende Zahl mit zu benennen, schlug das Buch wieder zu, gab es mir und sagte: »Schauen Sie doch nach.« Darauf muss man etwas erwidern können, ich lernte das mit der Zeit. Irgendwann unterbleiben solche Spitzen – wenn man denn geübt ist, ein ebenso spitzes Echo zu geben. Eine andere Kollegin meinte nämlich, mich von oben herab belehren zu müssen, ich hätte doch eben erst das Studium beendet, während sie im Zivilprozessrecht promoviert wäre und also weit besser Bescheid wisse. Nicht schroff, aber doch deutlich erwiderte ich, dass ihr Urteil durchaus zutreffend sei. Kurze Pause. »Aber gerade weil mein Studium erst kürzlich beendet wurde, ist mein Wissen noch frischer.« Seitdem unterließ sie alles, was meinen Widerspruch reizen könnte.

*

Im Arbeitsrecht fällt mir ein besonderer Fall ein. Frank Castorf war nach Herstellung der deutschen Einheit über ein Vierteljahrhundert Intendant der Volksbühne am Rosa-Luxemburg-Platz in Berlin. Gemeinsam mit einem Freund ging der Künstler, der heute als Regisseur von Weltrang gilt, zu DDR-Zeiten an das Theater in Brandenburg. Dort inszenierte er das Stück »Golden fließt der Stahl« von Karl Grünberg. In dem Schauspiel geht es unter anderem darum, dass im Stahlwerk plötzlich ein Ingenieur vermisst wird und alle denken, er sei bei noch offener Grenze in den Westen geflohen. Im flüssig glühenden Stahl wird Gold entdeckt, es stellt sich heraus, dass der Mann in den Stahlofen geworfen wurde und das Gold von seinen Zähnen herrührt. Die Leitung des Theaters dachte sich: ein Stahlwerkstück in einer Stahlarbeiterstadt wie Brandenburg – das passt! Selbstredend inszenierte Castorf das Ganze anarchisch, mit Spaß daran, jedes proletarische Pathos zu entzaubern.

Die spielende Truppe stand voll und ganz hinter dieser

satirischen Schärfe. Nach der Generalprobe, die von der Leitung des Hauses inspiziert wurde, war das Erschrecken groß, und noch vor der Premiere erfolgte die Absetzung der Inszenierung. Außerdem wurden Castorf und sein Freund entlassen. Im Arbeitsrechtsverfahren beauftragten sie mich, denn meine Schwester lebte damals mit Frank Castorf zusammen.

Als ich mich mit den Einzelheiten der Angelegenheit befasste, erschrak auch ich: Es existierte nicht einmal ein schriftlicher Arbeitsvertrag. Meine frühe Schlussfolgerung: Wir sind chancenlos, weil Kreisleitung der SED, Gewerkschaftsbund und Betriebsleitung wie eine Front standen und kaum ein Gericht es wagen würde, sich gegen diese politische Einmütigkeit aufzulehnen. Nun ja, Don Quichote ging trotzdem an seine Arbeit. Wir beantragten, die Kündigung für unwirksam zu erklären, den entgangenen Lohn zu ersetzen und die Kosten des Verfahrens dem Theater aufzuerlegen.

In der Verhandlung bei der Kammer für Arbeitsrecht beim Kreisgericht in Brandenburg saßen auch Vertreter der Kreisleitung der SED, des Gewerkschaftsbundes und natürlich der Leitung des Theaters. Es rollte eine Welle der Gegenargumentationen. Aber trotzdem entschied das Gericht vollständig im Sinne unserer Anträge. Darüber war ich mehr als erstaunt und erfreut; das Theater ging zu meiner Verblüffung nicht in Berufung. Politisch sehr weit oben – ich nehme an, bei dem für Kultur zuständigen SED-Politbüromitglied Kurt Hager – wurde dann entschieden, Frank Castorf das Theater in Anklam zu geben. Man wollte ihn in Brandenburg loswerden, aber auch nicht gänzlich vergraulen.

Die Premieren, die ich in Anklam besuchte, waren spannende Erlebnisse. Eine Hälfte des Publikums kam aus dem Prenzlauer Berg in Jeans und T-Shirts, die andere aus der Region – in Anzug, auch in Brokatkleidern. Die T-Shirt-Fraktion tobte vor Begeisterung, die Brokatkleider erstarrten stets etwas. Die Behörden in Anklam grollten wohl, sie standen in den Startlöchern, um wie zuvor in Brandenburg loszurennen gegen diesen Störenfried. Aber Frank Castorf verkörperte gewissermaßen die Quadratur eines Kreises, in der sich die Kulturpolitik der SED immer wieder verfing: Man zensierte, und gleichzeitig praktizierte man die lange Leine; man bestätigte die allzu Linientreuen, indem man die Aufmüpfigen in die Schranken wies, und zugleich verunsicherte man diese Linientreuen, indem Aufmüpfigkeit geradezu unter staatlichen Schutz gestellt wurde.

Was Anklam betrifft, wurde es in Castorfs weiterem künstlerischen Denken zu seinem Sinnbild für die Welt: Beweg dich so weit weg, wie du kannst – du bleibst doch in Anklam; träum von Abenteuern – sie enden in Anklam. Alles Hochgesteckte bleibt Stückwerk, nur unser Kopf will zu den Sternen, die Füße stolpern weiter.

Meinem Vater rechne ich übrigens hoch an, dass er als Staatssekretär für Kirchenfragen regelmäßig zu den Premieren von Frank Castorf fuhr und damit zu jenen gehörte, die ihn schützten.

*

Castorf gehört zu den Schlagfertigen seiner Gilde, und in dem Zusammenhang kommen mir Sprüche von Künstlern in den Sinn, die meine Mandanten waren. Schriftsteller Heiner Müller erläuterte mir etwa eine Viertelstunde lang sein Mietproblem. Ich hörte zu und verstand nichts. Mir fiel sein Theaterstück »Weiberkomödie« ein, in dem ein einziger Satz die Widernatürlichkeit von Grenzen offenbart. Ein DDR-Bauer steht an der deutsch-deutschen Grenze und sagt: »Jaja, das Gras wächst von hüben nach drüben, nur der Mensch braucht Papiere.« Lakonisch und treffend. Ich zitierte den Satz und fragte Heiner Müller, wieso er das Mietproblem nicht so formuliere, dass es mir ebenfalls einleuchtet. Er sah mich kopfschüttelnd an: »Wenn ich reden könnte, würde ich doch nicht schreiben.«

Der Dichter Peter Hacks hatte einen Vertrag mit dem Deutschen Theater, der innerhalb einer Spielzeit eine bestimmte Anzahl von Aufführungen eines seiner Stücke garantierte. In einer Saison wurde diese festgelegte Zahl unterschritten, Hacks wandte sich schriftlich an den Verwaltungsdirektor, fragte nach Gründen der Vertragsverletzung und erhob Anspruch auf Schadensersatz. Es vergingen vier Wochen, eine Antwort blieb aus. Hacks schrieb einen weiteren Brief, der mit folgendem Satz begann: »Werter Herr …, welche verborgenen Verdienste berechtigen Sie, unverschämt zu werden?« Formvollendeter kann man niemanden herunterputzen.

Barbara Brecht-Schall nahm die Aufführungsrechte für die Stücke ihres Vaters wahr. Von einem Theater der DDR wurde sie um Verständnis gebeten, den »Baal« in einer modernen Form auf die Bühne bringen zu wollen. Sie schrieb zurück, dass hier ein Missverständnis vorliege: Das Theater benötige doch nicht ihr Verständnis, sondern ihr Einverständnis. Das aber gebe sie nicht.

*

Im Strafrecht hatten, wie schon beschrieben, fast ausnahmslos die Anträge der Staatsanwälte Erfolg. Gelegentlich gelang eine Berufung, aber sie konnte durch Beschluss auch sofort als unbegründet zurückgewiesen werden, dann kam es nicht einmal zu einer Verhandlung. Allmählich aber verstärkte eine neue Richter-Generation ihren Einfluss. Sie drängte auf Eigenständigkeit. Sie akzeptierte nicht mehr, nur immer der verlängerte Arm der Staatsanwaltschaft zu sein, und fällte Urteile souveräner, nach eigenem Kopf. Somit ergaben sich auch für die Verteidigung neue Möglichkeiten, der Austausch der Argumente wurde lebendiger, Überraschungen waren möglich, man galt in weit höherem Maße als ernst zu nehmender Partner in der Urteilsfindung.

Selbstredend musste man Niederlagen einstecken, mitunter durch alle Instanzen. Ich galt als spitzfindig, weil ich merken ließ, wie wenig ich von der Fähigkeit des Justizministeriums hielt, Gesetze zu schreiben. Was ja auch in meiner Dissertation eine große Rolle gespielt hatte. Im Strafrecht zum Beispiel wurde (und wird) alles im Singular, also in Einzahl, formuliert: *ein* Betrug, *ein* Diebstahl. Nur beim ohnehin zweifelhaften, schwammigen Tatbestand des Rowdytums wurde in der DDR formuliert: »Eine Strafe erhält, wer in einer Gruppe mitwirkt, die aus Missachtung der öffentlichen Ordnung und der Regeln des gesellschaftlichen Zusammenlebens Gewalttätigkeiten, Sachbeschädigungen oder grobe Belästigungen begeht.« Ein Mandant von mir gehörte zu einer solchen Gruppe, aber zur Verhandlung stand lediglich eine einzige Gewalttat. Mein Antrag lautete auf Freispruch, da das Gesetz für eine Verurteilung mehrere Gewalttätigkeiten verlangte. Natürlich blieb der strafbare Tatbestand der Körperverletzung, aber diesen Hinweis musste das Gericht geben, nicht ich. Meine Begründung wurde erwartungsgemäß nicht anerkannt, man erwiderte mir, der Gesetzgeber meine selbstredend auch den einzelnen Fall, obwohl der Plural, also die Mehrzahl, im Gesetz stand.

Mich ärgerte, ja empörte solche Leichtfertigkeit im Umgang mit der Sprache des Rechts. Der Ungenauigkeit einer Formulierung geht die Ungenauigkeit im Denken voraus, und sie kann dort, wo es um die Beurteilung von Menschen vor den Schranken eines Gerichts geht, verheerende Folgen haben.

Für den schweren Fall zum Beispiel des Rowdytums wurden als Voraussetzung Vorstrafen mit einer Freiheitsstrafe nach vier Paragraphen benannt, und zwischen ihnen stand das Wort »und«. Also legte ich Berufung ein und erklärte, dass mein Mandant ja nicht nach allen vier Tatbeständen mit Freiheitsstrafe vorbestraft sei, sondern nur nach einem. Der Gesetzgeber hätte mit dem Wort »und« aber eindeutig entschieden, dass er nach allen vier Tatbeständen mit Freiheitsstrafe vorbestraft sein müsse. Und ich verwies darauf, dass niemand dem Gesetzgeber, das heißt der Volkskammer der DDR unterstellen solle, nicht zwischen dem Wort »und« und dem Wort »oder« unterscheiden zu können. Auch dies erkannte das Gericht nicht an und meinte, dass ja nur von einer Freiheitsstrafe die Rede sei und es deshalb auch genüge, wenn die Vorstrafe bei einem Tatbestand bestünde. Tatsächlich hat der Gesetzgeber später eine Änderung vorgenommen und das Wort »und« durch das Wort »oder« ersetzt. Der Tatbestand war auch nicht logisch, denn vorn im Strafgesetzbuch standen schon so schwere Strafbestimmungen bei vielen Vorstrafen, dass man die genannte Bestimmung gar nicht gebraucht hätte, wenn tatsächlich Vorstrafen mit Freiheitstrafen nach allen vier Tatbeständen vorgelegen haben müssten. Das stand auch in meiner Dissertation.

In einem Aufsatz in der »Frankfurter Allgemeinen Zeitung«, längst schon im vereinten Deutschland, wurde ich dafür kritisiert, dass ich durch die Darstellung zu »und« und »oder« letztlich eine Verschärfung des Strafrechts betrieben hätte, zum Nachteil der Beschuldigten. Das war natürlich Blödsinn, denn die Sache war durchentschieden bis zum Obersten Gericht, dass das Wort »und« eben doch als »oder« zu verstehen sei. Der FAZ-Autor hätte seinen Irrtum vermeiden können, wenn er mich einmal gefragt hätte. Aber wozu solche Mühe?

*

Im Laufe der Jahre verrechtlichte sich das Leben in der DDR, man konnte auch mit prozessrechtlich formalen Einwänden Erfolg haben. Wohl ein Zeichen dafür, dass die ideologische Überreizung nachließ, diese Nervosität, schon bei geringsten

Einsprüchen des Einzelnen Macht und Unangreifbarkeit zeigen zu müssen. Die DDR wurde für viele immer langweiliger, aber sie wurde auch gemächlicher. In bestimmten Bereichen wurde sie in gutem Sinne bürgerlicher – eben auch in der Rechtsprechung.

Ein Beispiel: Die Angestellten der S-Bahn in Westberlin waren in der Mehrheit Mitglieder der SEW, der Sozialistischen Einheitspartei Westberlins. Sie bekannten sich also zur DDR. Irgendwann wurde der DDR die S-Bahn zu teuer, sie war im Westen nicht ausgelastet, Aufwand und Nutzen standen in keinem verträglichen Verhältnis mehr. »Bild«-Zeitung und andere Medien heizten die Lage an, sie riefen zum Boykott dieses Westberliner Verkehrsmittels in Ost-Besitz auf. Daraufhin kam es, um Kosten zu sparen, zu Entlassungen. Die S-Bahn-Mitarbeiter im Westen marschierten über die Grenze nach Ostberlin, protestierten heftig, die Polizei schritt ein, die Demonstranten kamen in Untersuchungshaft, wurden dann zu einer Geldstrafe verurteilt und wieder entlassen.

Um eine Strafverhandlung gegen jemanden durchführen zu dürfen, musste eine Ladungsfrist eingehalten werden, die mindestens vierundzwanzig Stunden betrug. Auf diese Frist hatte man es bei den S-Bahn-Mitarbeitern verkürzt. Einer der Betroffenen beauftragte mich. Beim Gericht beanstandete ich die Nichteinhaltung selbst dieser gesetzlich vorgeschriebenen Mindestladungsfrist. Mein Mandant war zwei Stunden zu spät zum Prozess geladen worden, also müsse alles neu anberaumt werden. Das Gericht versuchte noch ein paar Ausflüchte, man wand sich, war leicht zornig, schließlich aber hob der Richter den Verhandlungstermin auf, eine Stunde später wurde mein Mandant aus der Untersuchungshaft entlassen, er war der Einzige, den keine Geldstrafe traf.

In der Strafrechtsprechung habe ich einen wesentlichen Unterschied zu heute festgestellt. Das Oberste Gericht der DDR war in Fragen der Beweisprüfung und der Beweisketten sehr viel genauer, als dies heute üblich ist. Wenn der Angeklagte kein Geständnis abgelegt hatte, konnte mit »richterlicher Überzeugung« nichts ersetzt werden. Es musste alles nachgewiesen werden, Punkt für Punkt.

Allerdings muss man wissen, dass Geständnisse in über 95 Prozent der Strafverfahren vorlagen. Es gab zwar keine Pflicht zur Aussage, aber auch keine Belehrung gegenüber Beschuldigten, dass man nicht aussagen müsse. Wenn es – wie heute – weitaus weniger Geständnisse gibt, findet auch eine andere Beweissuche statt.

Einmal vertrat ich den Direktor eines Betriebes, dem vorgeworfen wurde, strafbare Vorbereitungen zum Verlassen der DDR getroffen zu haben. Man hatte ihn lange beobachtet und viele belastende Momente gefunden und summiert – aber er fand immer und für alles eine plausible, entschärfende Erklärung. Merkwürdigerweise wurde er vor dem Militärgericht angeklagt. Er offenbarte mir, dies gehe in Ordnung, er sei früher Offizier der Staatssicherheit gewesen. Heute ahne ich, dass er »Offizier im besonderen Einsatz« (OIBE) war. Damals kannte ich diesen Begriff noch nicht, er tauchte in der Akte auch nicht auf. Die Absicht der Republikflucht konnte man ihm zunächst nicht beweisen. Er hat auch nie gestanden. Plötzlich wurde das Protokoll eines Telefonmitschnitts vorgelegt: Im Gespräch hatte er seiner Geliebten in der BRD die Fluchtabsicht mitgeteilt. Wie konnte ausgerechnet er so einfältig sein, sich in einem Westtelefonat so zu öffnen! Aber einen Fehler begeht eben irgendwann jeder.

Zur Frage des Abhörens war in der Strafprozessordnung geregelt, dass es – wenn es denn überhaupt geschehen durfte! – eine Anordnung des Staatsanwalts und einen Beschluss des Gerichts geben musste. Nichts davon lag hier vor. Also protestierte ich dagegen, dieses illegal zustande gekommene Beweismittel zu verwenden. Mehr als erstaunt war ich, als das Militärgericht (der DDR!) meinen Antrag mit der Begründung zurückwies, bereits das Reichsgericht habe solche gesetzwidrigen Beweismittel erlaubt. Das Gericht muss sich schon vorher mit diesem Problem befasst und meinen Antrag geahnt haben. Die Argumentation war für mich sensationell, weil man doch nie zugab, illegal abzuhören. Und nur um die unbedingt notwendige Beweiskette zu schließen, war man indirekt zum Geständnis bereit und berief sich sogar auf die Justiz der Zeit vor Hitler. Mein Mandant wurde zu einer Freiheitsstrafe verurteilt und bekam auch nach Verbüßung seiner Strafe keine Chance zur Ausreise. Da er das als Offizier voraussah, war er niemals bereit, ein Geständnis abzulegen.

*

Fehlurteile gibt es im Justizbetrieb aller Staaten. Besonders gilt dies für Mord- und Totschlagdelikte. Das liegt daran, dass bei anderen Straftaten wie etwa Diebstahl der Aufklärungsdruck nicht so groß ist – man setzt Beschuldigte nicht besonders unter Druck, damit sie gestehen, was sie partout nicht zugeben wollen. Anders ist dies bei Mord und Totschlag. Hier sorgt allein schon das Interesse der Öffentlichkeit für einen gehörigen Aufklärungsdruck. Er setzt der Polizei zu und verführt dazu, einen bestimmten Verdacht nachhaltig zu verfolgen, selbst dann, wenn berechtigte Zweifel angebracht sind.

In der DDR habe ich erlebt, dass ein Mann für die Ermordung zweier Kinder zu lebenslänglicher Freiheitsstrafe verurteilt wurde. Die Tat hatte aber ein anderer begangen. Als die Wahrheit im Wiederaufnahmeverfahren endlich und glücklicherweise herauskam, wurde der Erstverurteilte freigesprochen, entlassen und auch entschädigt. Dass die Strafprozessordnung der DDR Wiederaufnahmeverfahren vorsah, empfand ich übrigens als ein cleveres Argument gegen die Todesstrafe.

Wie sollte denn eine vollstreckte Todesstrafe wiedergutgemacht werden?

Lothar de Maizière und ich vertraten einen Mann, der des Mordes beschuldigt wurde. Es gab eine Anklage, wir fertigten einen Schriftsatz von über einhundert Seiten, um die Eröffnung des Hauptverfahrens zu verhindern. Tatsächlich wurde sie abgelehnt, die Staatsanwaltschaft legte Beschwerde ein, das Oberste Gericht wies sie zurück.

Interessant an dem Fall war, dass in der Hand der Leiche ein Haar entdeckt worden war, das unmöglich von unserem Mandanten stammen konnte. Die Polizei unterstellte, dieses Haar sei bei der Gerichtsmedizin versehentlich in die Faust geraten. Eine Erklärung, um die Entlastung unseres Mandanten zu verhindern. Dies wiederum empörte den international renommierten Gerichtsmediziner Professor Prokop, er beschwerte sich schriftlich über diese Unterstellung, wonach sein Bereich ungenau und unsauber arbeite. Unser Mandant hatte behauptet, nie in der Wohnung des Opfers gewesen zu sein. Ein Küchenmöbel aber trug seinen Fingerabdruck. Vornehmlich darauf stützte sich die Anklage. Selbst wenn seine Behauptung, nie in der Wohnung des Ermordeten gewesen zu sein, nicht gestimmt haben sollte, bewies das nicht, dass er der Täter war.

Was unseren Widerspruch gegen die Beweisführung der Mordkommission so sehr erschwerte: Zu dieser Kommission, der wir falsche Folgerungen unterstellten, gehörte der Sohn eines Politbüromitglieds. Nach einer langen ersten Vernehmung erklärte unser Mandant laut Protokoll, er sei nicht gewalttätig. Er wurde daraufhin vom Vernehmer gefragt, warum er dies denn jetzt erwähne. Wir vertieften uns in die Akten, nach siebenhundert Seiten fanden wir eine von ihm unterzeichnete Belehrung, wonach ihm schon vor der ersten Vernehmung der Gegenstand der Beschuldigung bekannt gegeben wurde. Also der Vorwurf eines Mordes. Der Inhalt der Beschuldigung wurde nur mündlich erläutert. Wenn einem nun unterstellt wird, man habe einen Mord begangen, so liegt die sofortige Abwehrhaltung nahe: Nein, man sei nicht gewalttätig. Die Polizei soll ihn aber im Glauben belassen haben, bei dem Ganzen handle es sich möglicherweise um ein Steuerdelikt. Sie hatte ihn nicht über die wahre Beschuldigung informiert und damit gesetzwidrig gehandelt. Trotzdem ließ sie sich schriftlich bescheinigen, sie habe ordnungsgemäß belehrt. Das war nach unserer Auffassung eine Urkundenfälschung. Die Auseinandersetzungen verliefen also scharf, aber erfolgreich. Gegen unseren Mandanten wurde nie verhandelt, er wurde nie verurteilt. Für die unschuldig erlittene Untersuchungshaft erhielt er eine Entschädigung.

Erwähnt sei noch ein Wirtschaftsfall. Der Beschuldigte saß in Untersuchungshaft, der Staatsanwalt hatte angeordnet, für die Dauer des Ermittlungsverfahrens solle der Vernehmer von der Kriminalpolizei an jedem Gespräch zwischen meinem Mandanten und mir teilnehmen. Eine Praxis, die meist nur für politische Fälle galt. Der Mann war Direktor eines Betriebes. Ihm wurde vorgeworfen, Fonds verschoben, Produktionsmittel falsch eingesetzt, Waren falsch verkauft und falsch erworben zu haben. Er schilderte über längere Zeit sämtliche Vorwürfe, zum Schluss meinte er, da sei noch ein eher geringfügiger Vorgang, den er mir nicht verschweigen wolle. Er sollte eine Dienstreise nach Griechenland antreten und hatte als Geschenk für die Gastgeber einen Aktenkoffer mit Schreibutensilien erhalten. Die Reise fiel jedoch aus, die Aktentasche habe er aber nicht zurückgegeben, sondern einem LPG-Vorsitzenden geschenkt, der für seine Abteilung im Betrieb jährlich ein Schlachtfest organisierte.

Von allem, was er mir sagte, hatte ich höchstens die Hälfte verstanden. Mir war der Gegenstand der Ermittlungen eher fremd. Auf jeden Fall, sagte ich ziemlich lakonisch, würden wir wohl an der blöden Aktentasche hängen bleiben, den Rest sähe ich nicht als strafrechtlich relevant. Der Vernehmer stöhnte vernehmlich auf, diesen Hinweis an meinen Mandanten empfand er offenkundig als unverantwortlich. Da geht es um ein ganzes Paket an Verstößen, und der Verteidiger registriert nur die banale Nebensache einer Aktentasche. Er hielt mich wohl nicht für sehr kompetent. Mir schwante, hier lag ein Auftrag von oben vor, der einen einzigen Mann treffen sollte, die anderen Leiter, die nicht minder verwickelt waren, jedoch nicht. Sie sollten wohl geschützt bleiben.

Später wurde mein Mandant aus der Untersuchungshaft entlassen, die Verhandlung fand am Stadtbezirksgericht Berlin-Prenzlauer Berg statt, es gab Freispruch in einigen der Anklagepunkte, in anderen Punkten aber erfolgte eine Verurteilung. Das Gericht führte Parteitagsbeschlüsse und Dokumente des Ministerrats an, der Direktor des Gerichts glühte geradezu vor Stolz, alle Sachverhalte selber politisch so ausgezeichnet eingeordnet und beurteilt zu haben.

Selbstredend ging ich in Berufung, die nächste Verhandlung fand vor dem Stadtgericht Berlin statt. Wieder ein Ende mit weiteren Freisprüchen, aber auch Verurteilungen, letztlich erhielt mein Mandant erneut eine – wenn auch etwas herabgesetzte – Freiheitsstrafe auf Bewährung.

Ich ließ nicht locker. Ich schrieb an den Präsidenten des Obersten Gerichts, der tatsächlich einen Kassationsantrag stellte – sodass das Oberste Gericht der DDR zuständig wurde. So fand eine weitere Verhandlung bei diesem Gericht statt. Und was geschah? Mein Mandant wurde in allen Punkten freigesprochen – mit Ausnahme der blöden Aktentasche, die er verschenkt hatte. Ein Schuldspruch, aber ohne Strafe. Neunundneunzig Prozent der Auslagen für das Verfahren musste die Staatskasse bezahlen. Allerdings erhielt mein Mandant keine Entschädigung für die unschuldig erlittene Untersuchungshaft, da er ja in einem Punkt – die Aktentasche! – schuldig blieb. Eine fragwürdige gesetzliche Regelung. Insgesamt aber ein deutliches Signal des Obersten Gerichts in Richtung Günter Mittag, den Wirtschaftssekretär der SED-Führung: Er möge politisch entscheiden, aber sich nicht in Fragen der strafrechtlichen Verantwortung einmischen. Für mich ein beachtliches Zeichen, das da gesetzt wurde.

Mein Mandant staunte ebenfalls – und freute sich. Nach dem Ende der DDR traf ich ihn zufällig wieder, er erzählte, er gebe häufig die Geschichte meines ersten Besuches zum Besten, den so frühen, nahezu prophetischen Verweis auf die strafentscheidende Aktentasche. Vernunft entscheidet viel, aber Instinkt ist auch nicht zu verachten.

17. KAPITEL

Meiner Anwaltstätigkeit im politischen Bereich ging keine spezielle Vorbereitung oder zielbewusstes Interesse voraus. Es gab wieder diese Verknüpfung von Zufällen, die eines späteren Tages, im Rückblick betrachtet, nur scheinbar wie eine logische, bewusst angestrebte Entwicklung wirken.

Es begann so: Acht Personen schrieben mich an, die aus politischen Gründen inhaftiert waren. Aber sie zogen den Auftrag an mich plötzlich zurück und beauftragten einen anderen Rechtsanwalt – damals versuchte die Untersuchungsabteilung des Ministeriums für Staatssicherheit bei der Anwaltswahl einzugreifen, später geschah dies nicht mehr. Ein Trotzkist, der Verbindungen nach Westberlin unterhielt und aus verschiedenen Gründen angeklagt wurde, war dann mein folgender, erster politischer Fall. Das Besondere bestand darin, dass er die DDR von links kritisierte, er fand im Osten keine Befürworter, klar, aber im Westen auch nicht. Trotzkisten waren einsame Kämpfer zwischen allen Fronten. Das hatte etwas anrührend Verlorenes, sehr Unglückliches.

Das politische Strafrecht in der DDR war zum Teil Unrecht, aber es war in Gesetzesform erlassen, es gab sich zu erkennen. Das gilt auch für die verhängnisvoll falsche Art der Grenzsicherung. Auch deshalb ist die DDR für mich kein Unrechtsstaat.

Wie definiere ich einen Unrechtsstaat? Die Naziführung zum Beispiel hatte gegen die jüdische Bevölkerung und andere Menschen rassistische Gesetze verfasst, die diskriminierten und ausstießen. Aber in keinem Gesetz stand, dass diese Betroffenen zu töten seien. Sie wurden jedoch auf staatliche Anordnung hin millionenfach vernichtet – ohne gesetzliche Grundlage. In den USA existiert kein Gesetz, das dem Geheimdienst erlaubt, im Ausland geheime Gefängnisse zu unterhalten. Institutionen ohne Richter, ohne Staatsanwälte, ohne Rechtsanwälte; Gefangene ohne Information über ihren Standort und ihre Lage, ohne Besuchsrecht. Über die Dauer der Inhaftierung entscheidet einzig der Geheimdienst. Bis hin zur Scheinhinrichtung darf in entsetzlicher Weise gefoltert werden. All dies geschah oder geschieht in geheimen Lagern und Haftanstalten in Polen, Rumänien, Marokko, auf einer gepachteten britischen Insel und auf dem besetzten Teil Kubas, auf Guantanamo. Aber trotz alledem sind die USA für mich kein Unrechtsstaat – eben weil sie es sich nicht leisten (können), besagte Geheimgefängnisse im eigenen Land zu betreiben, weil dort die Gerichte so etwas niemals zuließen.

Nicht jede Diktatur ist für mich also automatisch ein Unrechtsstaat. Nazideutschland war durch und durch ein Unrechtsstaat, schon weil es verbrecherische Ziele mit verbrecherischen Methoden umsetzte – und nicht etwa edle Ziele mit Mitteln und Praktiken, die zu verurteilen wären.

*

Alle Gesetzgeber haben die folgende Eigenschaft: Sie versuchen, die Beweisanforderungen zu reduzieren, um schneller und reibungsloser verurteilen zu können. Weil es sich in der Bundesrepublik als sehr schwer erwies, bestimmten Leuten einzelne terroristische Taten nachzuweisen, stellte man bereits die Zugehörigkeit zu einem terroristischen Zusammenschluss unter Strafe. Zugehörigkeit war weit schneller zu beweisen als eine konkrete Tat. Diese Tendenz, Anforderungen an Beweise zu senken, gab es in der DDR auch, sogar deutlich stärker. Verbunden mit der grundsätzlichen Formulierungsschwäche bei Gesetzen ergab das seltsame, fast tragikomische Konsequenzen.

So galt es als Straftat, wenn jemand zu einer Person, einer Organisation oder einer Einrichtung, die – egal wo – einen Kampf gegen die öffentliche Ordnung und Sicherheit der DDR führte, in Kenntnis dieses Kampfes Verbindung aufnahm. Es reichten also Verbindung und Kenntnis – aktive Unterstützung musste nicht gegeben sein. Das hatte Folgen. Mit Genehmigung meines Mandanten darf ich einen Fall schildern.

In der Untersuchungshaftanstalt des Ministeriums für Staatssicherheit besuchte ich den Mathematiker Thomas Klein, der Kontakt zu oppositionellen Zirkeln in Westberlin aufgenommen hatte. Auf Order des Staatsanwalts nahm an den Gesprächen zwischen Thomas Klein und mir, solange das Ermittlungsverfahren dauerte, auch der Vernehmer teil.

Meinen Mandanten fragte ich, was ihm vorgeworfen werde. Er sagte, es ginge um ungesetzliche Verbindungsaufnahme. Daraufhin wandte ich mich an den Vernehmer, ob ihm klar sei, dass er täglich dieselbe Straftat begehe, und zwar mehrfach. Er sah mich entsetzt an und fragte, was ich von ihm wolle. Ich fragte ihn, ob er Thomas Klein für jemanden halte, der einen Kampf gegen die öffentliche Ordnung und Sicherheit der DDR führe. Er bestätigte dies. »Und?«, fragte ich, »nehmen Sie in Kenntnis seines Kampfes Kontakt zu ihm auf? Natürlich. Es ist sogar noch schlimmer: Sie machen es gerade deshalb. Sie erfüllen somit ganz eindeutig einen strafbaren Tatbestand«, und ich wiederholte: »Verbindung zu einer Person, die einen Kampf gegen die öffentliche Ordnung und Sicherheit der DDR führt, und dies in Kenntnis dieses Kampfes«. Ich ergänzte, dass gelegentlich auch ich den Tatbestand erfülle, aber bestimmt nicht so häufig wie er. Der Vernehmer las den Gesetzestext immer wieder durch und kam nicht darüber hinweg, dass ich recht hatte. Er erklärte: »Sie wollen doch nicht ernsthaft mit mir über das Strafrecht diskutieren.« Er hatte recht: ernsthaft nicht.

Meine Widerspruchslust mochte spitzfindig wirken; ich maßte mir nicht an, merklichen Einfluss auf eine argumentativ bessere Gesetzgebung der DDR nehmen zu können, aber wie gesagt: Mich störte sprachliche Unsauberkeit. Denn gerade auch in der Sprache offenbaren sich die Verhältnisse in der Justiz. Wie ernst wird genommen, was Beziehungen untereinander so kompliziert macht? Was gelten Differenzierungen, Einschränkungen, Relativierungen? Um noch einmal auf den geschilderten Fall zurückzukommen: Spitzfindig oder nicht – mit dieser ungenauen Formulierung, um die es hier ging, hatte der Gesetzgeber, unfreiwillig, zumindest dem Wortlaut nach viele unter Strafe gestellt, die er keineswegs belangen wollte. Den Vernehmer von Thomas Klein fragte ich noch: »Wie soll sich eigentlich die Ehefrau eines Mannes verhalten, den Sie als Staatsfeind einschätzen? Ihr wird ja bekannt sein, was ihr Mann tut – darf sie zu ihm also keinen Kontakt mehr halten?«

*

Mein erster großer politischer Fall wurde der Prozess gegen Rudolf Bahro. Schon einige Jahre waren vorbei, seit Honecker Ulbricht gleichsam in die Rente geschickt, die Macht übernommen und zunächst den Eindruck erweckt hatte, die Verkrustungen aufzubrechen.

Rudolf Bahros geschiedene Frau hatte eines Tages meine Schwester besucht und sie während des Gesprächs gefragt, ob sie einen Anwalt für ihren Exmann empfehlen könne. Bahro befand sich seit August 1977 in Haft. Meine Schwester verwies auf mich, Frau Bahro besuchte mich. Ich schrieb Rudolf Bahro an, er gab mir die Vollmacht, ihn zu verteidigen. Es entstand ein wirklich vertrauensvolles Verhältnis zwischen uns. So gut ich es vermochte, habe ich ihn verteidigt, aber erreichte leider nicht mehr als eine Reduzierung des staatsanwaltlichen Strafvorschlags um ein Jahr.

Angeklagt war er wegen Nachrichtenübermittlung und Geheimnisverrats, und zwar wegen der Übermittlung seiner Dissertation und seines fundamental kritischen philosophisch-ökonomischen Manuskripts »Die Alternative« in den Westen. Dort war Letzteres als Buch erschienen. Als ich es las, war mir klar, dass die DDR-Führung mit Härte gegen ihn vorgehen würde. Er war ein überzeugter Sozialist, der einen logischen Ausweg aus der allgegenwärtigen Misere der Gesellschaft wies. In einem anderen Zusammenhang habe ich geschrieben, Bahro »legte die Axt an die Wurzeln der Honecker-DDR«. Stimmt, geringer darf man die Bewertung seines Werkes nicht ansetzen.

Das Verfahren gegen Bahro ging mir ans Gemüt. Ich fand die Verfahrensweisen gegen ihn furchtbar. Bis zum Abschluss des Ermittlungsverfahrens war bei meinen Gesprächen mit Rudolf Bahro in der Haftanstalt nicht nur die Anwesenheit des Vernehmers angeordnet, sondern ihm und mir auferlegt, nicht über die Beschuldigung zu reden. Auf meine Veranlassung ist dies später, im letzten Kommentar zur Strafprozessordnung der DDR, für unzulässig erklärt worden. Aber eben erst nach den Mühen eines nervenden Einspruchs. Beim Fall Bahro aber galt die Anordnung noch, nicht über das zu reden, was uns zusammenführte. Bahro und ich nannten das Papier, das mich zum Gespräch mit ihm legitimierte, deshalb herablassend Personenbesichtigungsschein.

Beim Prozess 1978 galt das Prinzip der geschlossenen Sitzung. Aber selbst bei solchen Verfahren mussten der Beginn der Verhandlung und die Verkündung des Urteilstenors öffentlich erfolgen. Bei Bahro jedoch gelangte man nur mit einer Art Eintrittskarte in den Gerichtssaal – der Flur vor dem Saal war mit Stellwänden geradezu verbarrikadiert, um jeden zufälligen oder unerwünscht sich »einschleichenden« Besucher abfangen zu können. Der Saal war voll mit Staatssicherheitsleuten. Ich regte mich darüber auf und rief in den Saal hinein, dass entsprechend der gesetzlichen Regelung Öffentlichkeit hergestellt werden müsse. Natürlich prallte ich mit meiner Empörung ab.

Im vereinten Deutschland dann behauptete Rudolf Bahros einstiger Vernehmer der Staatssicherheit, im Beisein von Bürgerrechtlern, mein Zwischenruf sei ein Beleg für unmittelbare Kontakte zur Staatssicherheit, denn ohne eine solche Verbindung, ohne einen solchen Rückhalt hätte ich nie gewagt, laut nach Öffentlichkeit zu rufen. Eine Verdächtigungslogik mit Umkehrschluss: Hätte ich keine Öffentlichkeit gefordert, wäre mit an Sicherheit grenzender Wahrscheinlichkeit der Vorwurf erhoben worden, ich hätte diese Einspruchspflicht auf Geheiß der Staatssicherheit unterlassen.

Nach der Verurteilung von Rudolf Bahro nahm ich Kontakt zur Abteilung Staat und Recht beim Zentralkomitee der SED auf. Höchstwahrscheinlich würde in solch brisanten Fragen Erich Honecker selbst alles Wesentliche entscheiden. Mochte sich das Leben in der DDR, wie bereits erwähnt, weiter verrechtlichen – das Recht hörte dort auf, wo es um wirkliche oder vermeintliche politische Machtfragen ging. Vor allem Schriftsteller und Schriftstellerinnen hatten sich inzwischen bestimmte Freiheiten erkämpft, mussten als kritische Stimmen im öffentlichen Raum akzeptiert werden und reizten so listig Grenzen der Wahrheitsverbreitung aus. Die Biermann-Ausbürgerung war geschehen, und Künstler nahmen kein Blatt vor den Mund. Einige systemkritische Ventile waren also nicht mehr zu schließen. Aber solche Töne jetzt ausgerechnet auch von Leuten aus der Wirtschaft? Dies war das Signal, das von Bahro ausging. Ausgeschlossen! Da sollte unbedingt ein Exempel statuiert werden: Für diesen staatsentscheidenden Bereich wird nicht gestattet, was Künstlern erlaubt ist.

Acht Jahre Freiheitsstrafe, das war ein herbes, hohes Urteil. Neun Jahre hatte der Staatsanwalt gefordert. Der Druck aus dem Westen zur Freilassung von Rudolf Bahro wuchs. Auch die SED-Führung spürte wohl, dass sie mit ihrer rigiden Verurteilung überzogen hatte. Wie nun erreichen, dass Bahro nicht die gesamte Zeit im Gefängnis bleiben musste? Die Strafprozessordnung der DDR regelte zwingend, wann jemand auf Bewährung entlassen werden konnte. Bei Freiheitsstrafen über sechs Jahren musste die Hälfte dieser Zeit verbüßt worden sein. Das waren im Fall Rudolf Bahro vier Jahre, ehe er wieder auf freien Fuß hätte kommen können. Das wollte ich verhindern.

Nun blieb man in der Rechtsabteilung des ZK eher ungerührt, wenn ich im Interesse meines Mandanten argumentierte. Das wusste ich. Mir ging es darum, ihnen klarzumachen: Eine vorzeitige Entlassung Bahros lag in ihrem eigenen Interesse – bei dem, was der Fall öffentlich auslöste, und zwar nicht nur im Westen. Eine juristisch so problematische Vorwurfspolitik offenbarte doch nur die Unfähigkeit, mit anderen Auffassungen umzugehen, sie zu diskutieren. Wenn eine sozialistische Gesellschaft andere Sichten nicht ertrug, dann war sie schwach und nicht sozialistisch. Wenn es mir gelänge, die Rechtsverantwortlichen in der SED in diesem Sinne zu überzeugen, dann könnte sich über Honecker auch ein Weg finden, Bahro zu helfen.

Ich wusste, an der Dauer der Gefängnisstrafe war nicht zu rütteln. Auch eine Begnadigung durch den Staatsrat der DDR kam nicht in Frage, sie hätte den Eindruck erweckt, dem starken Druck des Westens nachgegeben zu haben. So schlug ich eine Amnestie vor. Für den Staat eine Lösung ohne Gesichtsverlust. Werden wir prüfen, hieß es. Mehr sagten sie natürlich nicht, und selbstredend erfuhr ich nichts über den Fortgang der Dinge. Plötzlich aber kam eine Amnestie. Rudolf Bahro wurde deutlich früher entlassen.

Die Amnestie selbst war übrigens eine sehr widersprüchliche Angelegenheit, teils wurden schwerere Straftatbestände amnestiert, geringere nicht. Man lenkte alle Konzentration im Grunde einzig darauf, dass die Kriterien auf meinen Mandanten und eine andere unerwünschte Person (Nico Hübner) zutrafen. Rudolf Bahro hatte inzwischen den Wunsch geäußert, in die Bundesrepublik auszureisen. Seinem Antrag wurde stattgegeben, er verließ die DDR. Vorher hatte man mir im ZK prophezeit, Bahro würde im Westen gewiss heftig gegen die DDR hetzen. Ich widersprach, ich kannte ihn besser. Keine Sekunde glaubte ich, dass er sich verhielte wie von ihnen befürchtet. Ich behielt Recht.

Der Fall hatte mich aufgewühlt. Ich stand damit ja mitten in den Konflikten, die auch mich selber beschäftigten, wie so viele Menschen im Land, in der Partei. Einerseits war da die Idee, die ständig in einem arbeitete, nämlich: Man könne und müsse den Sozialismus reformieren, denn ringsum gab es diese wachsende Verkrustung, die man mit Händen greifen konnte. Andererseits war man mit Rücksichtnahme beschäftigt, mit Einsicht, mit Disziplin, all das eingebettet in die Hoffnung, die Dinge würden allmählich besser werden.

Als Rudolf Bahro in der Bundesrepublik war, wurde er von einem Mann beschuldigt, er habe ihn in der Strafvollzugsanstalt Bautzen denunziert. Das war schon deshalb völlig aus der Luft gegriffen, weil dieser Mann in Bautzen I einsaß, wo Rudolf Bahro niemals war. Er verbüßte seine Strafe in der Strafvollzugsanstalt Bautzen II, die von der Staatssicherheit verwaltet wurde.

Ich bat die Strafvollzugseinrichtung, mir diese Tatsache zu bestätigen. Keine Reaktion. Das alte Feinddenken. Ich war sehr verärgert und schickte Rudolf Bahro eine Erklärung (keine

Selbstverständlichkeit in der DDR!), er habe ausschließlich in Bautzen II gesessen. So konnte er den Prozess, den er wegen dieser erfundenen Beschuldigung angestrengt hatte, gewinnen.

Rudolf Bahro habe ich gemocht. Beim außerordentlichen Parteitag der SED im Dezember 1989 setzte ich mich dafür ein, dass er eine halbe Stunde sprechen durfte. Welch ein Ereignis: Ein angeblicher Staatsverbrecher ergreift das Wort auf einer Veranstaltung jener Partei, die ihn einst zu Unrecht bekämpfte. Er ist übrigens im Jahr 1990 vom Obersten Gericht der DDR freigesprochen worden.

*

Robert Havemann, der von meiner Verteidigung Rudolf Bahros erfahren hatte, war mein nächster großer politischer Fall. Havemann galt als Staatsfeind Nummer eins. Er gab westlichen Medien immer wieder Interviews, veröffentlichte in der Bundesrepublik und kritisierte die DDR schonungslos, stets jedoch im Geiste von Marx und Engels.

Von den Nazis war Havemann zum Tode verurteilt worden. Durch die Fürsprache mehrerer Behörden und weil er an »kriegswichtiger« Forschung beteiligt war, erhielt er Vollstreckungsaufschub bis zum Kriegsende. Im Zuchthaus Brandenburg musste er seine Forschungsarbeit in einem eigens für ihn hergerichteten Laboratorium fortsetzen. Ende April 1945 befreite ihn die Rote Armee. Im Zuchthaus Brandenburg saß auch Erich Honecker. Begegnet sind sie einander dort wohl nicht.

Havemann wurde Mitglied der SED, engagierte sich wissenschaftlich – inzwischen ist bekannt, dass er auch als Inoffizieller Mitarbeiter (IM) der Staatssicherheit tätig war. Es kam aber zum Bruch mit der Partei und auch mit der Staatssicherheit. Seine Forschungsarbeit war damit zwangsläufig ebenfalls beendet, 1964 war er von der Humboldt-Universität fristlos gekündigt worden, vor allem seine Vorlesungsreihe »Dialektik ohne Dogma« sorgte dafür, dass er in Ungnade fiel. Er lebte fortan von der Rente, die er als Verfolgter des Naziregimes erhielt – dazu später. Immer wieder ging der Staat gegen ihn vor, er erhielt Hausarrest, es wurden Ordnungs- und ein Strafverfahren gegen ihn durchgeführt, es gab Beschlagnahmen und Hausdurchsuchungen.

In erster Instanz, beim Kreisgericht Fürstenwalde, war er zum ersten Verhandlungstag ohne Verteidiger erschienen, weil ihm kein ausländischer Anwalt gestattet wurde. Anwälten aus der DDR misstraute er offensichtlich. Vor Gericht erwähnte er dann doch meinen Namen. Das Gericht rief mich daraufhin an und fragte, ob ich von Havemann beauftragt worden sei. Ich verneinte, worauf man mich einfach beiordnete.

So besuchte ich ihn in Grünheide bei Erkner, er stand nach wie vor unter Hausarrest. Ich hatte nicht den geringsten Ehrgeiz, mich ihm aufzudrängen, wollte auch nicht den Eindruck eines gewissermaßen Zwangsverpflichteten machen, also wies ich ihn auf die gesetzliche Möglichkeit hin, in diesem Fall auf die Beiordnung zu verzichten. Er war einverstanden und schrieb es mir auf. Auch zum zweiten Verhandlungstag kam er deshalb ohne Verteidiger. Wie ich später erfuhr, war ein Zimmer des Kreisgerichts vollständig mit medizinischen Geräten ausgerüstet. Eine Vorsorge, falls der »Angeklagte« aus irgendeinem Grund während der Verhandlung zusammenbrechen sollte. Wohl auch einmalig.

Robert Havemann wurde wegen angeblicher Devisenvergehen verurteilt. Danach, für den Fortgang der juristischen Auseinandersetzungen, beauftragte er mich. Beim Strafverfahren vertrat ich ihn also erst in zweiter Instanz. Ich beantragte Freispruch, mit meiner Begründung war Robert Havemann sehr zufrieden.

Es gab eine Besonderheit: Das Berufungsgericht in Frankfurt

an der Oder rief bei mir an und erkundigte sich, wann ich mit meiner Begründung fertig sei und ob man einen Wagen schicken könne, den Text abzuholen. Das war nicht üblich, es oblag sonst allein uns Anwälten, für den rechtzeitigen Eingang einer Berufungsbegründung zu sorgen. Zeit hatte ich bis Mittwoch, aber sagte die Erledigung bis Montag zu. Denn ich war ohnehin schon am Sonntag mit meiner Kollegin Barbara Erdmann in der Zweigstelle verabredet, um ihr die besagte Begründung für die Berufung zu diktieren. Sie konnte im Unterschied zu mir die Schreibmaschine bedienen. Leider, aber erwartungsgemäß wurde die Berufung vom Gericht verworfen.

Auch in diesem Fall führte ich Gespräche in der Abteilung Staat und Recht des ZK der SED. Ich wies darauf hin, das Strafverfahren habe nicht nur Robert Havemann geschadet, sondern ebenso der SED und der DDR. Ich schilderte meine Sorge betreffs der Reputation, drängte auf einen anderen Umgang mit ihm. Irgendwann und irgendwie muss ich über den Weg dieser Gespräche Erich Honecker – dem ich nie begegnet bin – überzeugt haben. Denn ich erreichte nach vielen Gesprächen eine Aufhebung des Hausarrestes, es gab keine Ordnungs- und Strafverfahren, keine Durchsuchungen und Beschlagnahmen mehr.

Diese Ergebnisse lassen sich jetzt leichthin summieren, aber der Weg war steinig und schwierig. Die Kinder von Robert Havemann bestätigten mir übrigens schriftlich, wie dankbar ihr Vater gewesen sei, dass ich für ihn indirekt wieder einen Kontakt zur Partei hergestellt hatte. Ich war der Übermittler von Wünschen in beide Richtungen. Mitunter kam ich mir wie ein gehetzter Postbote vor. Aber das störte mich nicht, vor allem nicht, weil es meinem Mandanten nützte.

Robert Havemann beherrschte die Spielregeln der Partei, er kannte sie von früher, er besaß einen untrüglichen Instinkt für das, was ging und was nicht. Er war als Oppositioneller beharrlich, stur und geradezu professionell. Das heißt: Er tat etwas, er rührte die Trommel – aber innerlich blieb er aus Selbstschutzgründen eher ungerührt. Und ich? Hatte einen anstrengenden, aber lehrreichen Aufenthaltsort gefunden: zwischen den Stühlen.

Zu meiner Vermittlungstätigkeit gehörte die Einladung zu einer Gedenkfeier: Fünfunddreißig Jahre Befreiung des Zuchthauses Brandenburg-Goerden. Kein Zweifel: Diese Offerte kam von Honecker selbst. Havemann nahm neben ihm teil. Damals war das eine Sensation, gerade auch für das Westfernsehen, das darüber berichtete. Anschließend gab es ein Treffen der ehemaligen Brandenburger Häftlinge, in einem riesigen Raum, Havemann saß weit hinten. Erwähnenswert noch, dass Havemann mir mal sagte, wissen Sie, Honecker ist falsch in der Partei, nicht ich.

Robert Havemann – eine starke Persönlichkeit, sehr intelligent und äußerst ironisch aufgelegt – fragte mich übrigens, mit wem ich eigentlich die Berufung in seinem Prozess abgestimmt hätte. Abgesehen davon, dass Barbara Erdmann bezeugen kann, dass es keine solche Abstimmung gab, fragte ich ihn zurück, ob er mir einen einzigen Funktionär nennen könne, der bereit wäre, für so einen Text zugunsten Robert Havemanns die Mitverantwortung zu übernehmen. Er lachte und antwortete nur: »Sie haben völlig recht. Den gibt es nicht.«

Als der Hausarrest gegen ihn festgelegt worden war, spazierte er gerade durch Grünheide. Ihm wurde im wahrsten Sinne des Wortes auf der Straße mitgeteilt, er dürfe künftig sein Haus nicht mehr verlassen. Er stand zufällig vor einer Gaststätte, kaufte sich eine Bockwurst mit Brot und setzte sich auf die Stufen dieser Kneipe. Langsam, sehr langsam aß er seine Bockwurst, so, als sei sie ein besonderer Genuss, für den man sich unbedingt Zeit lassen müsse. Mehr und mehr Menschen sammelten sich um ihn. Die Beamten der Staatssicherheit wurden zusehends nervös. Havemann blieb ganz ruhig, der Bockwurst schien immer neues Fleisch nachzuwachsen – er wusste, die MfS-Leute durften ihn nicht anfassen. Ihn von der Treppe zu drängen, in ihre Mitte zu nehmen und ihn gegen seinen Willen zur Eile zu treiben? Das waren ja nun wahrlich die letzten Bilder, die sie brauchen konnten. Robert Havemann wusste, dass seine Freiheit fortan sehr eingeschränkt sein würde, aber er wusste auch und kostete aus, dass er selbst entscheiden könne, wann sein Hausarrest beginnt.

*

Ein einziges Mal in meinem Anwaltsleben in der DDR wurde ich wegen einer Berufungsbegründung zur Aussprache in die Abteilung Staat und Recht der SED-Bezirksleitung Berlin bestellt. Mein Mandant war angeklagt worden, an eine öffentliche Wand geschrieben zu haben: »Lieber tot als rot.« Da mein Sohn sich einen Arm gebrochen hatte und ins Krankenhaus gebracht werden musste, konnte ich zur ersten Verhandlung nicht erscheinen. Meine telefonische Bitte, den Termin zu vertagen, lehnte das Gericht ab. Der Richter hatte meinen Mandanten tatsächlich überredet, einer Verhandlung ohne Verteidiger zuzustimmen. Wütend, wie ich war, schrieb ich eine böse Beschwerde. Außerdem legte ich gegen das Urteil Berufung ein.

Mein argumentativer Höhepunkt bestand darin, dass ich in meiner Begründung den Stahlmagnaten Krupp anführte. Man nehme mal an, schrieb ich, in der Bundesrepublik finde eine erfolgreiche sozialistische Revolution statt. In einem solchen Falle müsse es doch Herrn Krupp erlaubt sein, lieber Selbstmord zu begehen, als sich den neuen Machtverhältnissen zu beugen. Es gibt also für bestimmte Menschen durchaus nachvollziehbare Gründe für den Satz, lieber tot als rot zu sein. Der Satz – abstrakt formuliert, ohne konkrete Bezüge – drücke also eine mögliche subjektive Wahrheit aus.

Eine Kollegin, der ich die Berufung gezeigt hatte, riet mir von diesem Beispiel ab. Aber ich war zu zornig, um mich auch nur im Mindesten zu einer Korrektur bewegen zu lassen. Wegen dieser Begründung also kam die »Einladung« zur Bezirksleitung. Kurz angebunden erklärte ich den Mitarbeitern dort, sie täten ihre Arbeit, ich die meine, und womit ich eine Berufung begründe, habe mit ihrer Arbeit nichts zu tun. Des Weiteren werde mein Mandant ganz bestimmt in die Bundesrepublik entlassen, »ich möchte, dass er sich wenigstens ordentlich verteidigt fühlte«. Punkt. Wirklich überzeugend wirkte ich auf diese Funktionäre nicht, aber ich hatte mir ein Stück Freiraum erkämpft und verteidigt.

*

In dem hier möglichen Umfang möchte ich zu meinen Mandanten Bärbel Bohley und Knud Wollenberger, Ehemann von Vera Wollenberger (heute Lengsfeld) etwas sagen. Beginnen muss ich aber mit Ulrike Poppe, die ich Mitte der achtziger Jahre vertrat. Sie saß sogar über Weihnachten, trotz zweier kleiner Kinder zu Hause, in Untersuchungshaft beim Ministerium für Staatssicherheit. Gegen die Mitbegründerin des oppositionellen Netzwerkes »Frauen für den Frieden« lief ein Ermittlungsverfahren. Ich besuchte sie, wir verabredeten, ich solle die Aufhebung des Haftbefehls beantragen. Sie hatte eine Mitbeschuldigte, das war Bärbel Bohley, die von Rechtsanwalt Wolfgang Schnur verteidigt wurde. Er spielte in der Kollegenschaft eine besondere Rolle, ihm war der Austritt aus dem Rechtsanwaltskollegium gestattet und die Zulassung zum privaten Einzelanwalt erteilt worden. Eine seltene Praxis – mir wurde so etwas nie angeboten. Man wunderte sich, man nahm es hin, man ging weiter seinen Angelegenheiten nach.

Eine Winzigkeit Misstrauen ihm gegenüber war aber schon entstanden. Ich stellte den Antrag für Ulrike Poppe, den Haftbefehl aufzuheben. Einen solchen Antrag auch für Bärbel Bohley lehnte Rechtsanwalt Schnur ab. Er meinte, dies sei sinnlos. In gewisser Hinsicht hatte er auch recht, denn mein Ansinnen stieß erwartungsgemäß auf Ablehnung. Aber es fehlte bei ihm dieses Trotzdem, das meines Erachtens zum Ethos eines Anwalts gehört. Die oftmals absehbare Vergeblichkeit durfte doch kein Grund sein, sich nicht zu bewegen.

Eines Tages aber rief mich Wolfgang Schnur an und meinte, wir sollten die Verteidigung von Ulrike Poppe und Bärbel Bohley gemeinsam besprechen. Einverständnis. Wir verabredeten uns in meinem Büro. Es war ein Montagabend im Januar. Mit Mühe hatte ich Essen und Getränke besorgt, so wollte ich alles mit ihm besprechen. Aber ich blieb mit meinen Häppchen und Getränken allein, denn Wolfgang Schnur kam nicht. Er rief auch nicht an. Funkstille und Schnittchen, die ich Stück für Stück selber aß. Ich war ziemlich sauer. Zwei Tage später, am Mittwoch, rief mich der zuständige Staatsanwalt vom Generalstaatsanwalt der DDR an und teilte mir mit, dass er das Ermittlungsverfahren gegen meine Mandantin Ulrike Poppe eingestellt habe und der Haftbefehl aufgehoben werde. Ich fragte süffisant, also verärgert, weshalb er noch vor wenigen Tagen meinen Antrag zur Aufhebung des Haftbefehls abgelehnt habe – jetzt aber plötzlich genau so verfahre. Er eierte herum, na gut. Es war ganz offensichtlich, dass die Entscheidung höheren Orts getroffen worden war. Den Staatsanwalt fragte ich noch, ob dies auch für Bärbel Bohley gelte und ob auch deren Anwalt informiert sei. Ja, das gelte für beide, er werde aber erst nach diesem Gespräch mit mir auch Herrn Schnur anrufen.

Mir fiel es wie Schuppen von den Augen: Wolfgang Schnur wusste schon am Montag, dass die Verfahren eingestellt werden. Deshalb kam er nicht zu unserem verabredeten Treffen und war sogar zu träge, mir gegenüber wenigstens telefonisch den Schein zu wahren und sich eine Entschuldigung abzuringen. Für mich bestand kaum ein Zweifel, wer ihn informiert hatte. Nur die beiden Mandantinnen und ich wussten von dem Entscheid des Staatsanwalts vorher nichts.

*

Im Januar 1988 fand jene Demonstration zu Ehren von Rosa Luxemburg und Karl Liebknecht in Berlin statt, auf der zahlreiche Oppositionelle wegen ihrer Protestplakate verhaftet wurden. Erneut begann ein Ermittlungsverfahren auch gegen Bärbel Bohley, sie kam wiederum in Haft bei der Untersuchungsabteilung des Ministeriums für Staatssicherheit. Ihr Anwalt war erneut – Wolfgang Schnur. Die Witwe von Robert Havemann, Katja Havemann, bat mich um eine zusätzliche Verteidigung von Bärbel Bohley, neben Schnur. Ich erklärte mich einverstanden, und Bärbel Bohley beauftragte mich. Als ich sie das erste Mal besuchte, saß Wolfgang Schnur schon da und las ihr aus dem Neuen Testament vor. Erstaunt hörte ich zu. Er erklärte mir, dieses Ritual – bei inhaftierten Mandanten – stets zu pflegen. Anschließend teilten Bohley und Schnur mir mit, das Ermittlungsverfahren werde eingestellt und der Haftbefehl aufgehoben, wenn sie bereit sei, für ein halbes Jahr nach Italien auszureisen. Es liege die Garantie vor, danach zurückkehren zu dürfen. Ich fragte, ob diese Garantie schriftlich vorliege. Das verneinten beide. Ich kündigte Bärbel Bohley an, umgehend zur Generalstaatsanwaltschaft zu fahren und eine schriftliche Bestätigung einzuholen, sie möge nichts unterzeichnen, bevor ich nicht zurück sei. Sie sicherte mir das zu.

Der Staatsanwalt beim Generalstaatsanwalt lehnte eine schriftliche Bestätigung ab. Ich erklärte ihm daraufhin, dass ich Bärbel Bohley nun riete, nicht auszureisen – denn womöglich würde ihr die Rückkehr verweigert werden. Er zuckte nur die Schultern und entließ mich. Zurück in der Haftanstalt, erfuhr ich, Bärbel Bohley sei bereits entlassen. Offensichtlich musste es Rechtsanwalt Schnur gelungen sein, entgegen meinem Rat Bärbel Bohley zur Ausreise zu bewegen, trotz der fehlenden schriftlichen Zusicherung hinsichtlich ihrer Rückkehr.

Später schrieb sie mir aus Italien und bat mich, für ihre Rückkehr zu sorgen. Für die ich keine Zusicherung hatte! Sie betonte, inzwischen ein besonderes Vertrauen zu mir zu haben.

Wiederum führte mich mein Weg zu den Mitarbeitern in der Abteilung Staat und Recht des ZK der SED. Letztlich gelang es, im Sommer 1988, die Rückkehr von Bärbel Bohley über Prag zu ermöglichen. Ich war gerade in der ČSSR im Urlaub, und sie bat mich, zu einem Gespräch unter vier Augen zum Flugplatz zu kommen. Wir sprachen darüber, wie verhindert werden könne, dass es wieder zu ihrer Verhaftung in der DDR käme. Vom Prager Flugplatz holte sie Konsistorialpräsident Manfred Stolpe mit dem Auto ab und brachte sie nach Ostberlin.

Später besuchte sie mich auf meinem Grundstück in Buckow bei Strausberg, 1990 schlug sie mir sogar eine gemeinsame Kandidatur zur Wahl in den Bundestag vor. Das lehnte ich allerdings ab.

*

Es gab auch ein Verfahren gegen Vera Wollenberger, die ebenfalls an jener Luxemburg-Liebknecht-Demonstration beteiligt war. Als Einzige hatte man sie bereits verurteilt, zu mehreren Monaten Freiheitsstrafe. Dagegen lief ihre Berufung. An einem Samstag rief mich zu Hause ihr Ehemann, Knud Wollenberger, an. Er erzählte mir, seiner Frau sei die Beendigung des Verfahrens und die Aufhebung des Haftbefehls angeboten worden, unter der Bedingung, für ein Jahr nach Großbritannien auszureisen. Sie bestünde darauf, die beiden gemeinsamen minderjährigen Kinder mitzunehmen. Wollenberger erklärte, er habe die Kinder versteckt, er wolle, dass seine Frau in die DDR entlassen werde. Er fragte mich nach der Rechtssituation in Bezug auf die Kinder. Ich musste auch erst im Familiengesetzbuch nachschlagen und erklärte ihm dann, über den Aufenthaltsort der Kinder hätten beide Erziehungsberechtigten gemeinsam zu entscheiden. Wenn es keine Verständigung gebe, könne ein Ehepartner gegen den anderen klagen. Das Gericht entscheide dann, wer über den Aufenthaltsort der Kinder bestimmen dürfe.

Zudem erklärte ich ihm, eine Klage seiner Ehefrau gegen ihn könne frühestens am Montag beim Gericht eintreffen. Selbst wenn das Gericht die Ladungsfrist abkürze, könne vor Dienstagabend mit Sicherheit keine Verhandlung stattfinden. Wenn das Gericht noch am selben Abend ein Urteil gegen ihn verkünden sollte, hätte er anschließend eine Rechtsmittelfrist von zwei Wochen. »Wenn wir am letzten Tag der Frist kurz vor Mitternacht die Berufung in den Nachtbriefkasten werfen, erhält das Gericht frühestens einen Tag später die Berufung. Dann muss der Senat des Stadtgerichts darüber beraten und entscheiden. Es werden also mindestens zweieinhalb, real eher drei Wochen vergehen, bevor eine rechtskräftige Entscheidung gegen Sie vorliegt.« Das gefiel ihm. Es war eine Verzögerung, die in seinem Interesse lag. Er bat mich, ihn zu vertreten und ihn zu einem Gespräch mit seiner Ehefrau in die Untersuchungshaftanstalt des Ministeriums für Staatssicherheit zu begleiten. Ich war einverstanden. Um es noch einmal zu betonen: Ich habe nie Vera Wollenberger vertreten, wie später oft behauptet wurde, sondern ihren Mann, und zwar im Streit gegen sie.

Aufschlussreich, dass er mit seiner Frau zunächst ohne mich sprechen wollte, nur im Beisein eines Offiziers der Staatssicherheit. In dem Raum, in dem ich auf unsere Unterredung wartete, saß auch der Sohn von Vera Lengsfeld aus erster Ehe, um den es beim Streit der Eltern nicht ging: Philipp Lengsfeld, später Bundestagsabgeordneter der CDU. Wir schwiegen, aber plötzlich erzählte er mir in gedämpftem Ton, er habe hier in dem Raum, in dem wir saßen, etwas gegen die Staatssicherheit geschrieben, sinngemäß lautete seine Kritzelei (ich weiß nicht mehr, ob auf dem Tisch oder an der Wand) etwa »Scheiß-Stasi«. Seine Stimme hielt die Balance zwischen Stolz und Angst. Es kam übrigens nie heraus!

Als ich endlich zu meinem Mandanten und dessen Ehefrau gerufen wurde, teilten mir beide mit, sie hätten sich geeinigt: Knud Wollenberger würde sechs Wochen lang den Aufenthaltsort der Kinder bestimmen, danach sie – für ein Jahr. Das bedeutete folgende Vereinbarung: Sie hielte es noch maximal sechs Wochen in Untersuchungshaft aus, aber wenn man sie dann immer noch nicht entlassen habe, so hätte das ein Jahr Aufenthalt in Großbritannien zur Folge – und zwar mit den gemeinsamen Kindern. Handschriftlich setzte ich diese Vereinbarung auf, sie wurde von uns Dreien unterzeichnet.

Damit war Honeckers Absicht, bis zu einem bestimmten Tag alle inhaftierten Dissidenten loszuwerden, in diesem Fall vereitelt. Und in der Tat soll es hinter den Kulissen ziemlich rumort haben. Wie mir Staatsanwalt Peter Przybylski mitteilte, soll in der Generalstaatsanwaltschaft die Drohung ausgesprochen worden sein, mir die Anwaltszulassung zu entziehen, denn ich hätte die Durchsetzung einer Entscheidung des Generalsekretärs des ZK der SED behindert.

Als ich Knud Wollenberger an jenem Tag der unterschriebenen Vereinbarung nach Hause fuhr, konnte ich mir nicht die Bemerkung verkneifen, in einer gut funktionierenden Ehe müsse es eigentlich umgekehrt sein. Er verstand nicht gleich. Ich sagte, nach landläufiger Vorstellung sollte ein Ehemann doch darauf drängen, dass seine Frau alles unterschreibt, um sofort entlassen zu werden. Sie wiederum müsste ihn beruhigen und bekräftigen, sie hielte es lange und länger aus. In der Beziehung stimmte irgendetwas nicht. Am nächsten Tag, also am Sonntag, rief er an und bat mich, ihn am Montag zu einem letzten Gespräch mit seiner Frau zu begleiten. Denn: Er habe seine Meinung geändert und sei einverstanden, dass sie, und zwar schon am Montag, mit den Kindern nach Großbritannien ausreise. Woher dieser Sinneswandel kam, konnte ich mir nicht erklären. Im Nachhinein, da bekannt ist, dass Knud Wollenberger als IM tätig war, scheint es höchst wahrscheinlich, dass ihm sein Führungsoffizier der Staatssicherheit die Willensänderung eingeredet hatte.

An besagtem Montag fuhren wir gemeinsam zu Vera Wollenberger. Es war aber kein Gebäude der Haftanstalt. Wahrscheinlich handelte es sich um ein Objekt der Staatssicherheit. Ich nahm am Gespräch der beiden Eheleute teil. Sämtliche Modalitäten wurden geklärt. Frau Wollenberger durfte noch am selben Tag mit ihren beiden kleinen Kindern nach Großbritannien ausreisen. Am Ende unserer Unterredung gab sie mir noch einen Brief für ihren Sohn Philipp mit. Ich wunderte mich, wieso sie diese Übermittlungsbitte nicht ihrem Anwalt Wolfgang Schnur übergab, er war ebenfalls zugegen. Aber natürlich nahm ich das Schreiben und warf es in den Briefkasten des Sohnes.

*

Sehr viel später, in der Bundesrepublik, wurde mir immer wieder unterstellt, ich hätte inoffiziell mit der Staatssicherheit zusammengearbeitet. Das war, ist und bleibt falsch. Dagegen bin ich immer wieder gerichtlich vorgegangen. Erfolgreich. Es war der Nebenschauplatz, auf dem man versuchte, politische Ablehnung zu untermauern und mit anwaltlicher Doppelmoral zu begründen. Aber es gibt bei der Staatssicherheit nicht eine einzige Notiz oder Unterschrift von mir. Es existiert keine Erfassung meiner Person als IM – obwohl wahrlich berühmtere Personen als ich auf diese Weise erfasst waren. Gegen mich ist 1986 nachweislich sogar eine Operative Personenkontrolle eröffnet worden. Ich wurde von der Staatssicherheit überwacht; die Belege wären, so man Interesse zeigte, mühelos einsehbar. Aber natürlich war da meine politische Haltung und Stellung nach Herstellung der deutschen Einheit; dies förderte keinesfalls den Impuls für eine gerechte öffentliche Bewertung.

Gewiss sind Informationen aus meiner Tätigkeit zur Staatssicherheit gelangt. Aber nicht durch mich. Der erste Leiter der Behörde für die Stasi-Unterlagen, Joachim Gauck, erklärte, die Staatssicherheit habe keinen Grund gehabt, sich selbst zu belügen, also falsche Registrierungen vorzunehmen. Das ist der Punkt, an dem meine Gegner regelmäßig nicht weiterwussten: Warum sollte man gegen mich eine Operative Personenkontrolle durchführen, wenn ich doch in Wirklichkeit mit der Staatssicherheit inoffiziell zusammenarbeitete? Zwar fanden Kontrollen von IMs statt, doch gegen sie wurde nicht zugleich operativ ermittelt. Tarnung nur bei mir und wozu und gegenüber wem? Keiner rechnete doch 1986 mit dem Ende des Systems, mit der Übergabe der MfS-Akten irgendwann an die Bundesrepublik – warum also sollten derartige Lügen eingebaut werden? Natürlich versuchte die Staatssicherheit, überall Fuß zu fassen – aber warum in meinen MfS-Akten der Verweis darauf, ich sei als IM ungeeignet? Es gab ja nicht einmal einen Anwerbungsversuch.

Aus den fruchtlosen Aktionen, mich zu »überführen«, sprach auch eine tiefe Unkenntnis in Bezug auf die Strukturen der DDR. Das höchste Organ in der DDR war nicht die Staatssicherheit, sondern die Führung der SED. Wenn ich also Gespräche im Apparat des ZK der Partei führte, war klar: Ich befand mich im Zentrum der Macht. Auf gleiche oder ähnliche Unterredungen auch mit der Staatssicherheit hätten die für Staat und Recht zuständigen Mitarbeiter im Zentralkomitee mit Zurechtweisung reagiert. Sie wollten selbst entscheiden, ob, wen und wie sie die Staatssicherheit oder andere Institutionen informierten. Deshalb hätten sie eine Doppelstruktur nie zugelassen. Es gibt einen Beweis, dass ein Schreiben von mir an die Abteilung Staat und Recht des ZK der SED von dort als Kopie an die Staatssicherheit weitergeleitet wurde – aber niemals von mir. Ich handelte nicht zweischneidig und zwielichtig, deshalb und nur deshalb konnte ich nach Herstellung der deutschen Einheit auch so erfolgreich vor den Gerichten streiten und in den Auseinandersetzungen mit den Staatsanwaltschaften bestehen.

Im Juli 2017 erreichte mich aus der Stasiunterlagen-Behörde eine Information, von der ich bis dahin nicht die geringste Ahnung hatte. Im Mai 1989 waren aus der Abteilung Staat und Recht des ZK der SED Vorschläge gekommen, einen der beiden Staatssekretäre im Justizministerium – er war über achtzig – neu zu besetzen. Er war zuständig für die Verhandlungen mit der BRD zum geplanten Rechtshilfeabkommen. Vier Kandidaten wurden benannt – einer davon war ich. Als ich das jetzt las, konnte ich meine Überraschung nicht verhehlen. Nach meiner Kenntnis hatte es bis zum damaligen Zeitpunkt keinen privaten Rechtsanwalt oder einen Anwalt aus einem Kollegium gegeben, der höherer Partei- oder Staatsfunktionär wurde. Aber das Jahr 1989 war in der DDR kein gewöhnliches Jahr mehr. Alles geriet durcheinander, es konnten offenkundig Vorschläge entstehen, die noch Monate zuvor undenkbar gewesen wären. Wie ich jetzt erfuhr, wurde das Ministerium für Staatssicherheit um Stellungnahme zu den vier Personen gebeten. Einen Vorschlag unterstützte es, die drei anderen nicht. Zu den Abgelehnten gehörte auch ich. Man verwies auf meine eben erst angetretene Ratsvorsitzenden-Funktion bei den Rechtsanwälten, zudem hielte ich im Auftrag der Partei Kontakte in die Bundesrepublik. Das ist aufschlussreich. Denn stets wurde mir von bundesdeutschen Medien unterstellt, ich hätte im Auftrag der Staatssicherheit gehandelt – nun stellte das MfS selbst fest, dass für mich Absprachen mit der Partei galten. Im Übrigen wäre ich niemals bereit gewesen, Staatssekretär zu werden. Das war nun überhaupt nicht die Welt für jemanden wie mich – ich hatte ja schon sehr bewusst vermieden, staatlicher Staatsanwalt, Richter oder Notar zu werden.

Gewiss musste ich in der DDR Kompromisse eingehen und aushandeln, ich musste taktisch vorgehen und möglichst geschickt zwischen den Fronten agieren, aber geschickt worden war ich auf allen Wegen einzig von meinen Mandanten, nur ihnen wusste ich mich verpflichtet, und ich konnte mir bei allem meine Unangreifbarkeit bewahren. Ich schätze seitdem noch mehr eine unabhängige Justiz, deren Souveränität ich nach dem Ende der DDR auch am eigenen Leibe erfuhr.

Heute erklärt Vera Lengsfeld, sie habe nach dem Gespräch mit mir, vor ihrer Ausreise nach Großbritannien, aus verschiedenen Gründen ein tiefes Misstrauen gegen mich gehegt. Wenn das so war, dann verstehe ich noch immer nicht jenen Brief vom September 1988. Sie schrieb mir aus Großbritannien und bat mich, ihren Sohn zu vertreten, der aus politisch-ideologischen Gründen von der Erweiterten Oberschule relegiert worden war. Vertraut man den eigenen Sohn einem Anwalt an, dem man zutiefst misstraut? Den man für unredlich und für einen versteckten Zuträger für wen auch immer hält?

Mit der Ära Michail Sergejewitsch Gorbatschows als Generalsekretär des ZK der KPdSU waren zwangsläufig politische Veränderungen auch in der DDR verbunden. Es bleibt unerklärlich, wieso ausgerechnet in diesem historischen Moment die SED-Führung glaubte, sie könne sich gegen die von Moskau ausgehende Tendenz der Reformen erfolgreich zur Wehr setzen. Sie empfand den eigenen Starrsinn auch noch als Standhaftigkeit. Aber natürlich funktionierte das von Tag zu Tag weniger. In der Bevölkerung entstand ein neues Bewusstsein: Man hatte Moskau nicht mehr gegen sich, nur die SED-Führung. Das war wohl in der Gesellschaft zunächst etwas Unterschwelliges, nur so eine Ahnung, am Ende aber gab es eben eine Art Schwingung zwischen den Menschen, und die hat sie in Bewegung gesetzt und auf die Straße geführt. Die Demonstrationen nahmen zu.

Rudolf Bahro hatte in seinem Buch »Die Alternative« gefragt: Wenn es je zu Reformen in Moskau selbst käme – woher sollten dann die Panzer gegen die Reformen anrollen? Das war für mich ein Hoffnungszeichen, aber auch eine Art Legitimation für einen gewissen Opportunismus: Erst muss es in Moskau rumoren, dann brechen auch bei uns die Verfestigungen.

18. KAPITEL

Nun rumorte es. Trotz der Abwehrhaltung der SED spürte man Veränderungen. Bestimmte Strafverfahren zum Beispiel fanden nicht mehr statt. In den letzten Jahren der DDR gab es zumindest in Berlin keine Verfahren mehr wegen staatsfeindlicher Hetze – wo doch die »Hetze« zunahm, denn die Menschen äußerten sich viel offener, viel kritischer. Aber es fehlte der SED mehr und mehr die Kraft, Widerstände zu unterbinden. Das System wand sich, wie man an den Verfahren gegen Bärbel Bohley, Vera Lengsfeld und andere beobachten konnte. Der Staat sah sich außerstande, diese Aufmüpfigen wirksam zu bestrafen, man wagte aber auch nicht, deren Verhalten zu erlauben. Die »Strafe« bestand dann in einer zeitweiligen Ausreise nach Italien beziehungsweise Großbritannien.

Eine absurde Praxis: Eine Bevölkerung wird bis zur Rente daran gehindert, in den Westen zu reisen, und plötzlich erfährt sie, dass Akteure gegen die bestehende Ordnung mit einer Reiseerlaubnis »belegt« werden. Sogar mit Genehmigung zur Rückkehr! Im Rechtsanwaltskollegium schüttelten manche den Kopf. Ich sagte, ein Staat habe stets zwei Möglichkeiten: Er könne ein Verhalten erlauben oder verbieten. Wenn er zu beidem nicht mehr in der Lage sei, bedeute dies sein Ende.

Irgendwie muss der Leiter der Abteilung Staat und Recht der SED-Bezirksleitung Berlin von dieser Äußerung erfahren haben, denn er bestellte mich zu einer Aussprache. Was sich Aussprache nannte, war oft genug nur die Bezeichnung für verschärfte Nachfragen gewesen. Nunmehr fand wirklich nur eine

Aussprache statt, und ich versuchte zu erklären, was ich im Kollegium gesagt hatte.

In jener Spätphase der DDR lernte ich den Pfarrer Rainer Eppelmann kennen. Er beauftragte mich zweimal, und ich darf diese Fälle erwähnen. In seiner Wohnung entdeckte er ein Abhörgerät, ich stellte in seinem Auftrag Strafanzeige beim Generalstaatsanwalt der DDR. Natürlich wussten Eppelmann, der bearbeitende Staatsanwalt und ich, dass hier eine Aktion des Ministeriums für Staatssicherheit vorlag. Deshalb wage ich zu behaupten, dass nicht sehr viele Anwälte sich getraut hätten, eine solche Anzeige zu erstatten. Die Staatsanwaltschaft teilte mir nach einiger Zeit mündlich mit, man habe sich alle erdenkliche Mühe gegeben, aber die Täter leider nicht ermitteln können. Selbstredend hatten wir damit auch nicht gerechnet – Rainer Eppelmann ging es darum, ein Signal der Kenntnis zu senden: Die Staatssicherheit verletzt Gesetze, bricht Bürgerrecht. Die öffentliche Wahrnehmung dessen ist ein erster Schritt, sich zur Wehr zu setzen.

Ein zweites Mal kam der Pfarrer zu mir, weil er bei der Kommunalwahl im Mai 1989 in einem Wahllokal die Stimmen mitgezählt hatte. Er meinte, das veröffentlichte Ergebnis sei gelogen, es könne niemals stimmen. Er brachte auch Beispiele von Zählungen und fragte mich, ob ich bereit sei, Strafanzeige wegen Wahlfälschung zu erstatten. Ich war bereit. Die Anzeige erstattete ich wiederum beim Generalstaatsanwalt der DDR. Ich schlug vor, die Stimmzettel noch einmal öffentlich auszuzählen, dann könne man das veröffentlichte Ergebnis mit dem Resultat der Nachprüfung vergleichen. Bald darauf wurde ich zu einer leitenden Staatsanwältin bestellt. Sie teilte mir mit, die Stimmzettel würden immer unmittelbar nach der Auszählung vernichtet, so sei also eine erneute Zählung nicht möglich. Ferner glaube sie, dass mein Mandant auf eine irrtümliche Stimmenzahl gekommen sei, er habe die Briefwahlunterlagen nicht berücksichtigt. Worauf ich entgegnete, die so erhebliche Differenz zwischen genannten und tatsächlichen Zahlen könne auf keinen Fall durch die Stimmen der Briefwahl ausgeglichen werden. Weitere Ermittlungsmöglichkeiten sah die Staatsanwältin nicht, ich spürte, dass sie sich in die Enge getrieben fühlte. Sie antwortete eher resigniert. Ich glaube, sie konnte sich nicht einmal mehr darüber freuen, dass Eppelmanns Anzeige abgewehrt worden war.

*

Indem ich Menschen anwaltlich vertrat, die sich kritisch mit den Strukturen in der DDR auseinandersetzten, versuchte ich zu vermitteln und für den Rechtsweg Momente einer Verständigungskultur zu setzen. Gegen Enge und leichtfertige, festgefahrene Verfeindung. Wobei ich sagen muss, die Verfahren waren keine prononcierten Auseinandersetzungen um geistige Auffassungen. Als Verteidiger war ich nicht Koreferent der politischen Positionen meiner Mandanten – es ging um strafrechtliche oder vermeintlich strafrechtliche Dinge. Ich war, indem ich einen Bürgerrechtler oder Systemkritiker vertrat, nicht selbst ebenfalls Bürgerrechtler oder Systemkritiker. Aber ich wurde zu einem Vermittler zwischen ihnen und der Parteiführung.

Bei manchen meiner Mandanten habe ich im Sinne der Selbstprüfung nachgedacht: Woher nimmt er seinen Mut? Spricht er nicht aus, was ich zum Teil auch denke? Warum bleibe ich nach wie vor bei Argumenten, denen ich doch immer weniger vertraue?

Zu den späten Veränderungen in der DDR gehörten Fortschritte im Verwaltungsrecht. Für bestimmte Verwaltungsakte war plötzlich der Weg zum Gericht möglich. So gab es ab 1988 erstmalig eine Rechtsgrundlage für Ausreiseanträge, um die DDR für immer zu verlassen. Wenn der Antrag abgelehnt worden war, konnte man nun Beschwerde einlegen und bei deren

Ablehnung zum Gericht gehen. Es musste in erster und sogar zweiter Instanz entschieden werden. Bis zu dieser Regelung wurden Leute, die ausreisen wollten, in der Regel durch Rechtsanwalt Wolfgang Vogel vertreten. Er gehörte nicht zum Rechtsanwaltskollegium, er arbeitete privat. Nun aber begannen auch andere, darunter ich, Ausreisewillige zu vertreten, es konnte ein Rechtsweg beschritten werden.

Für weit über fünfzig Ausreisewillige erhob ich Klage beim Gericht, weil der Ausreiseantrag und die Beschwerde abgelehnt worden waren. Bemerkenswert, dass es in keinem Fall eine Verhandlung, also gerichtliche Entscheidung gab. Stets wurde von der Verwaltung nachträglich die Genehmigung erteilt.

Eine Ausnahme gab es, deren Sinn ich nicht begreifen konnte. Es handelte sich um einen Bürger der BRD, der im Westen ziemlich einsam lebte, sich verloren fühlte und den Entschluss fasste, in die DDR überzusiedeln. Ein seltener Fall, gewiss. Er kam in den Osten, aber nach einer Weile missfiel ihm das Leben, er wollte wieder zurück in die Bundesrepublik. Es führte kein Weg zur Genehmigung. Warum, blieb schleierhaft.

Nach der Wende erfuhr ich, dass man nach seinem Wechsel in die DDR in der Bundesrepublik einen Spion etabliert und ihm den Namen des Übersiedlers gegeben hatte. Deshalb konnte man dem armen Kerl die Rückkehr nicht gestatten.

Als der erwähnte Ansatz von Verwaltungsgerichtsbarkeit eingeführt wurde, bat mich Rainer Eppelmann, im Hof seiner Kirche in Berlin zu diesem Thema zu sprechen. Es muss Ende des Jahres 1988 gewesen sein. Ich sagte gleich zu, was ihn ein bisschen erstaunte. Er hatte wohl damit gerechnet, ich müsse erst um Erlaubnis fragen. Aber wen denn? Das war außerhalb von Verfahrensgrenzen mein Vorteil: Ich entschied für mich. Sehr selten trug ich mein Parteiabzeichen als Mitglied der SED. Aber in diesem Fall heftete ich es mir ans Jackett.

Eine gewisse Distanz zu meinem Publikum wollte ich doch zeigen.

Der Hof der Kirche war voll. Etwa dreihundert junge Leute drängten sich. Darunter ganz sicher auch verschiedene Informanten. In meinem Vortrag ging es nicht nur um Ausreiseanträge, sondern auch um das Demonstrationsrecht und weitere verwaltungsrechtliche Entscheidungen. Am Schluss starker Beifall und Rainer Eppelmanns Erstaunen, wie unterhaltend man doch auch über juristische Fragen sprechen könne.

Zum gleichen Thema bat mich Anfang 1989 der westdeutsche Fernsehjournalist Michael Schmitz um Auskunft; ich war inzwischen Vorsitzender des Rechtsanwaltskollegiums geworden. Schmitz wollte von mir den genauen Weg geschildert bekommen, den jemand gehen müsse, wenn ein bestimmter Verwaltungsantrag abgelehnt worden sei. Ich glaube, das Interview wurde für die Sendung »Kennzeichen D« produziert. Er fragte mich, was ein DDR-Bürger tun müsse, um eine Demonstration durchführen zu können. Ich zählte alle Schritte für den Fall immerwährender Ablehnung auf. Also: Antrag, dann Beschwerde, dann Antrag beim zuständigen Kreisgericht, nach Verhandlung und Ablehnung die Anrufung des Bezirksgerichts. Und dann, bei Ablehnung?, wollte Schmitz wissen. Ich sagte, dass der Antragsteller dann entweder auf die Demonstration verzichten müsse oder sie dennoch organisiere und somit eine Ordnungswidrigkeit begehe. Ich nutzte das Gesetz, es sprach nicht von einer Straftat, sondern nur von einer Ordnungswidrigkeit.

Das Anliegen von Michael Schmitz bestand darin, den Bürgern der DDR klarzumachen, welchen offiziellen Weg der Staatskritik sie auch für Protestdemonstrationen gehen könnten. Nach dem Ende der DDR erzählte er mir, dieser TV-Beitrag mit mir sei am häufigsten im Ministerium für Staatssicherheit verteilt worden. Auch erfuhr ich von einer Diskussion in der Abteilung Staat und Recht des ZK der SED: Ich sei in meiner freimütigen Schilderung der Rechtsmöglichkeiten zu weit gegangen.

In diese Zeit fiel auch der Wunsch von Ulrich Schwarz, DDR-Korrespondent des »Spiegel«, mit mir ein Interview zu führen. Es wurde ein sehr ausführliches Gespräch, er schickte mir den Text zur Autorisierung. Es war das einzige Mal, dass ich eine Abstimmung mit der Abteilung Staat und Recht des ZK der SED versuchte. Es ging um heikle Fragen der Rechtsprechung, meine Antworten wollte ich nicht ohne beratende Stimmen freigeben. Aber seltsam: Niemand hatte Zeit, alle waren plötzlich sehr, sehr beschäftigt, an keinem Schreibtisch gab es Bereitschaft, dies mit mir abzustimmen. Die Angelegenheit schien allzu heiß, es war der Tenor nicht nur jener Zeit: möglichst keine Verantwortung übernehmen.

Das begriff ich und korrigierte das Manuskript selbst. Ulrich Schwarz missfiel eine bestimmte Streichung, auf seinen Wunsch hin nahm ich sie zurück. Er staunte über die Reibungslosigkeit dieses Vorgangs, denn er war von einer Abstimmung des Textes mit der politischen Administration ausgegangen und nahm an, nun dürfe nichts mehr an meinen Aussagen geändert werden. Nur war ich ja mit meiner versuchten »Absegnung« gescheitert – ich war in jenem Moment des »Spiegel«-Interviews freier, als ich eigentlich selber sein wollte.

*

Meine Tätigkeit als Anwalt habe ich jederzeit mit Freude ausgeübt. Sie fand nie abseits meiner Möglichkeiten und Wünsche statt. Mein Leben und mein Beruf bewegten sich stets aufeinander zu. Ich glaube, mir liegen Verbiesterung und Einseitigkeit nicht, man muss wissen, was einem entspricht, dann kann man auch auf Herausforderungen gespannt sein. Daran mangelte es mir nie, und mit den Jahren konnte ich sagen, das DDR-Recht gut beherrscht zu haben. Wobei ich die Erfahrung machte, dass es in meinem Beruf in erster Linie auf das Prozessrecht ankommt. Wissen muss ich, wie ein Zeuge zu befragen ist, was dabei erlaubt ist und was nicht; die Rechte eines Beschuldigten und Angeklagten muss ich exakt kennen und genau wissen, wann ich mich in welcher Form dafür einzusetzen habe. Vieles kann ich in Gesetzbüchern nachlesen, kann mich studierend auf ein Plädoyer vorbereiten – das Prozessrecht jedoch muss ich unmittelbar beherrschen. Das gilt im Strafverfahren wie in anderen gerichtlichen Verfahren. Der Prozess mit seinem Für und Wider, seinen wechselvollen, auch überraschenden, nicht vorhersehbaren Verläufen ist wie ein lebendiges Wesen. Es kommt auch auf Reaktionsschnelligkeit und Überzeugungskraft an.

Die Rolle der Rechtsanwälte veränderte sich in der DDR von Jahrzehnt zu Jahrzehnt. Die Behauptung, wir seien eine durchaus mächtige Gruppe gewesen, ist Blödsinn. Rechtsanwälte waren eine Randerscheinung. Das Rechtsanwaltskollegium in Berlin hatte etwa sechzig Mitglieder. Hinzu kamen dann noch Anwälte aus einem internationalen Zivilrechtsbüro und die völlig privaten Anwälte, etwa zehn in Berlin. Es gab keine Rechtsanwälte in Kreisleitungen, Bezirksleitungen oder im ZK der SED. Es gab sie auch nicht in Kreistagen, Bezirkstagen oder in der Volkskammer der DDR. Dass unsere Bedeutung dennoch wuchs, lag neben der allmählichen Verrechtlichung auch daran, dass man mit der Zeit als Anwalt Erfolge erzielen konnte, die zu Beginn der DDR undenkbar waren. Unsere Sparte wurde kleingehalten, aber doch in wachsendem Maße ernst genommen. Politische Konflikte gab es auch innerhalb des Kollegiums.

Zu harten Auseinandersetzungen kam es zum Beispiel, als Rechtsanwalt Götz Berger, mein Vorgänger bei der Vertretung von Robert Havemann, gegen die Ausbürgerung Wolf Biermanns das Mandat einer Angehörigen des Liedermachers übernahm. Das lag lange vor meiner Zeit als Vorsitzender des Rechtsanwaltskollegiums.

Ein Rechtsanwalt konnte durch einen Mehrheitsbeschluss der Mitglieder aus dem Kollegium ausgeschlossen werden. Dies geschah sehr selten, und wenn, dann in der Regel aus moralischen, nicht aus politischen Gründen. Es gab eine zweite Form. Der Minister der Justiz konnte einem Rechtsanwalt – ohne das Kollegium zu fragen – die Zulassung entziehen. Diesen Fall hatte es nur zwei Mal in der Geschichte der DDR gegeben. Einer dieser Fälle betraf Götz Berger. Der Minister schritt ein, weil er dem Kollegium wohl nicht ausreichend über den Weg traute und es schnell gehen sollte.

Auch fand ein Parteiverfahren statt, dies aber in der SED-Versammlung des Kollegiums. Götz Berger hatte einen langen Brief an Erich Honecker geschrieben und erreicht, dass ein Ausschluss aus der Partei nicht in Frage kam. Es wurde eine strenge Rüge gegen ihn beantragt. Ich sprach mit jenen Genossen im Kollegium, denen ich traute – wir einigten uns darauf, für eine einfache Rüge zu streiten. Das war nicht besonders mutig, aber immerhin ein Widerspruch zur offiziellen Forderung.

Während der Versammlung meldete sich eines unserer ältesten Mitglieder, Marie Luise Freifrau von Münchhausen. Sie wandte sich strikt gegen die Bestrafung eines Mannes, der seit Thälmanns Tagen der Partei angehörte, der im Spanienkrieg gegen die Faschisten gekämpft und in der sowjetischen Emigration gelebt hatte. Sie betonte, sie plädiere nicht etwa für eine mildere Bestrafung, nein, sie werde prinzipiell gegen jede Strafe stimmen.

Wir, die wir uns abgesprochen hatten, plädierten für die einfache Rüge, andere pochten auf jene von oben vorgeschlagene, strengere Maßregelung. Plötzlich warf einer Götz Berger vor, in längst vergangener Richterzeit die Zeugen Jehovas scharf verurteilt zu haben – was damals offiziell auch so gewünscht war. Es herrschte eine zugespitzte, höchst angespannte Atmosphäre. Zum Schluss ergab sich eine Stimme gegen eine Bestrafung, zahlreiche Hände hoben sich für eine einfache Rüge, aber: Noch mehr Versammlungsteilnehmer entschieden: strenge Rüge.

Am nächsten Tag wurde ich zum Parteisekretär bestellt, der mir seine Überzeugung mitteilte, ich sei der Anführer der Kampagne für die einfache Rüge. Das stimmte, aber ich äußerte mich dazu nicht. Dann entwickelte er mir seine Logik: Wenn es um den Ausschluss aus der Partei gegangen wäre und ich hätte mich dagegengestellt, dann wäre es mir um Berger gegangen. Aber zu fordern, eine strenge Rüge in eine einfache Rüge zu verwandeln, das habe doch für den Betreffenden keine wirkliche Bedeutung, also: Ich wollte einen Widerspruch nach außen hin zeigen, wollte Unruhe signalisieren und habe Leute für die einfache Rüge gewonnen, um mit meinem Plan nicht allein dazustehen. Das war schlau beobachtet.

*

Aufschlussreich fand ich auch einen im Grunde nicht ungewöhnlichen Konflikt im Kollegium. Rechtsanwältin Beate Puwalla beantragte einen Wechsel in eine andere Zweigstelle in Berlin. Der Vorstand des Rechtsanwaltskollegiums hatte für diese Zweigstelle einen neu aufzunehmenden Rechtsanwalt vorgesehen und lehnte deshalb ihren Antrag ab. Dagegen legte Beate Puwalla Beschwerde ein. Die Mitgliederversammlung hatte darüber zu entscheiden, stundenlang suchten wir nach einer schlüssigen Argumentation für die Kollegin. Irgendwann kam mir ein Gedanke, dessen Schlichtheit nicht zu unterbieten war: Sie solle erklären, noch nie habe jemand begründen müssen, weshalb er die Zweigstelle wechseln wolle. Außerdem gebe es das Vorrecht eines älteren Mitgliedes gegenüber jemandem, der neu zu uns gekommen sei. Das reichte – die Mehrheit war überzeugt und der damalige Vorsitzende Gerhard Häusler empört über uns. Er kündigte an, gegen den Mehrheitsbeschluss vorzugehen. Es gelang aber nicht. Manchmal kann auch ein ganz schlichtes Argument überzeugend sein. Allerdings kann es manchmal lange dauern, bis man aufs Naheliegende kommt.

Friedrich Wolff löste 1984 Gerhard Häusler ab und wurde wieder Vorsitzender des Berliner Rechtsanwaltskollegiums. Vier Jahre später gewann er die zuständigen Mitarbeiter der Bezirksleitung der SED und des Justizministeriums dafür, mit mir als Vorsitzendem einverstanden zu sein; auch Gespräche im Kollegium fanden statt. Im April 1988 wurde ich in geheimer Wahl zum Vorsitzenden des Berliner Rechtsanwaltskollegiums gewählt. Es gab auch ein Gremium mit dem anschmiegsamen Titel »Rat der Vorsitzenden der Kollegien der Rechtsanwälte in der DDR«. Man wollte zum Ausdruck bringen, dass es kein wirksames Organ der DDR, keine Leitung der Rechtsanwaltschaft war. Es war ein Rat, in dem sich regelmäßig die fünfzehn Vorsitzenden der Rechtsanwaltskollegien trafen und sich austauschten. Fünfzehn deshalb, weil es fünfzehn Bezirke gab.

Der jeweilige Berliner Vorsitzende wurde stets auch Vorsitzender dieses Rates. Nun war ich das, und das Justizministerium kam auf die Idee, den Leipziger Vorsitzenden des dortigen Kollegiums zum Chef des Rates berufen zu lassen. So ganz traute man mir wohl doch nicht über den Weg. Allerdings befand sich das Büro des Rates in Berlin. Der Kollege aus Leipzig hätte für bestimmte Angelegenheiten regelmäßig anreisen müssen. Also beließ man's beim Berliner Vorsitzenden, und ich wurde, war und blieb bis Dezember 1989 Vorsitzender des Kollegiums der Rechtsanwälte in Berlin und – ich muss es noch einmal schreiben! – Vorsitzender des Rates der Vorsitzenden der Kollegien der Rechtsanwälte in der DDR. Klingt doch wunderbar, oder?

19. KAPITEL

Noch einmal möchte ich auf das Leben meines Vaters kommen. Es verbindet auf sinnfällige Weise Geschichte, Hoffnung und Tragik der DDR. Er war nach dem Wechsel an der Staats- und Parteispitze, von Ulbricht zu Honecker, als Minister für Kultur abgelöst worden. Keineswegs neige ich dazu, meinen Vater zu idealisieren. Er war eingebunden in all die widersprüchlichen, leidenschaftlich ideologischen Prozesse der SED-Politik. Aber er war als Funktionär ein Charakter eigener Art. Er besaß seine Überzeugungen, und für diese Überzeugungen stritt er mal laut, mal vorsichtig. Er war so selbstbewusst, wie er Disziplin zeigte – er bestand auf seinem eigenen Kopf.

Eigentlich gab mein Vater immer sehr intelligente Antworten. Intelligent auch in dem Sinne, dass er einem einerseits, mit seinem großen Bildungsumfang, ganz stichhaltig Sachverhalte erklären konnte, andererseits aber nicht belehrte, sondern sehr ironisch und selbstironisch blieb. Das hat mich geprägt in meinem Bild von der Intelligenz, die in dieser kommunistischen und Arbeiterbewegung steckt. Das sage ich mit einem sehr aufrichtigen Gefühl, und von daher kommt auch wieder die besagte Traurigkeit, wie viel da erdrückt und unterdrückt wurde.

Übrigens scheint die Methode meines Vaters ein wenig auf mich abgefärbt zu haben. Leidenschaftlich verfolge ich einen bestimmten Denkansatz, und wenn es mir endlich gelungen ist, mein Gegenüber von meiner Ansicht zu überzeugen, verweise ich gern darauf, dass man das Ganze auch gegenteilig sehen könne. Das Wissen um die Relativität eigener Wahrheiten bedeutet mir viel.

Die Partei konnte auf meinen Vater bauen, aber er ließ sich nicht bis ins Letzte vereinnahmen. Er stieg auf, aber dieser Aufstieg hatte Grenzen. Er war nie Kandidat oder gar Mitglied des Zentralkomitees, erst recht nicht Kandidat oder Mitglied des Politbüros der SED. Er wurde nach seiner Zeit als Kulturminister als Botschafter nach Italien geschickt und führte auch Verhandlungen mit dem Vatikan und Malta. Meine Schwester organisierte über ein Gastspiel der Berliner Volksbühne in Italien einen Besuch bei ihm. Eine solche Chance bekam ich nicht.

Politische Witze in der DDR gab es zahlreiche, aber nur wenige über Spitzenpolitiker jenseits des Politbüros. Eine Ausnahme bildete mein Vater. So wurde erzählt, er fahre als Botschafter mit dem Papst im offenen Wagen durch Rom, und die Frauen am Straßenrand tuschelten, wer denn dieser Mann in Weiß neben Klaus Gysi sei. Auch wurde erzählt, die DDR-Führung habe ihn als Botschafter abgelöst. Warum? Weil es ihm nicht gelungen sei, den Papst für die renommierteste Unterhaltungssendung des DDR-Fernsehens, den »Kessel Buntes«, zu gewinnen. Ein Witz, den mein Vater nicht kannte. Als ich ihn erzählte, erwiderte er sofort, das sei eine Lüge. Natürlich habe er den Papst für die Sendung gewonnen! Gescheitert sei der Auftritt trotzdem, denn der Papst wollte zwei Choräle und lediglich einen Schlager singen, währenddessen die DDR-Oberen auf zwei Schlagern und nur einem Choral bestanden. So war er: Eine Pointe schien ihm nie so gut, dass sie nicht noch zu seinen Gunsten gesteigert werden konnte.

Sieben Jahre, für DDR-Verhältnisse ziemlich lang, war er Botschafter in Rom. Es gelang ihm, das Verhältnis der SED-Führung zur Italienischen Kommunistischen Partei unter Enrico Berlinguer deutlich zu verbessern. Dafür bekam er auch die höchste Auszeichnung der DDR, den Karl-Marx-Orden. Zu seinen diplomatischen Verdiensten gehörte zweifellos auch, Kontakte zum Vatikan geknüpft zu haben, vor allem zu dem für Außenpolitik zuständigen Kardinal Agostino Casaroli.

Eine Szene aus der »Aktuellen Kamera«, der allabendlichen Nachrichtensendung des DDR-Fernsehens, bleibt mir in diesem Zusammenhang unvergesslich: Zunächst wurde darüber informiert, dass in Washington zwischen den USA und der DDR diplomatische Beziehungen vereinbart worden seien. Beim Austausch der Urkunden verbeugte sich der Hauptabteilungsleiter aus dem Außenministerium der DDR mindestens dreimal sehr, sehr tief vor dem Staatssekretär des US-Außenministeriums. Der Staatssekretär ließ den Kopf oben, wirkte souverän, ja schon wie sein eigenes Denkmal. Unser Mann dagegen: so unterwürfig, dass es mir sogar vorm Fernseher peinlich war.

Nächster Filmbericht: Botschafter Gysi verabschiedete auf dem Flughafen in Rom Kardinal Casaroli zu einem Besuch der DDR. Man sah, wie mein Vater auf den Kardinal einredete und dieser permanent lächelte. Leider erfuhr ich nie, was er ihm erzählt hat. Auch sah man, dass sich beide die Hand gaben. Die Hand des Kardinals war amtsgemäß mit einem roten Handschuh bekleidet, und jener große Ring prangte, den Gläubige ehrfürchtig küssen. Und was tat mein Vater? Seine linke Hand mischte sich sozusagen in den offiziellen Handschlag ein, sie tätschelte ständig auf die rechte Hand des Kardinals. Das war, gelinde gesagt, eine ziemliche Frechheit, die mir aber imponierte. Das war Vertraulichkeit, wo sie eigentlich nicht hingehörte. Das war gestische Belebung dort, wo landläufig ödes Zeremoniell herrscht. Der Kulturunterschied zum vorhergehenden Bericht war deutlich.

Mein Vater kehrte dann in die DDR zurück, und nach einer kurzen Zwischenphase wurde er Staatssekretär für Kirchenfragen. Eine Arbeit, die ihm großen Spaß bereitete. Er besaß stets eine tolerante, aufgeschlossene Haltung zu den verschiedenen Religionen, er konnte sehr gut mit Vertretern der Kirchen sprechen. Er gewann mit Geist, wo andere mit Weltanschauung verprellten. Er versuchte, aus der rechtlichen Gleichstellung für Gläubige endlich auch eine Chancengleichheit werden zu lassen. Er vermittelte, er stritt, er setzte durch. Aber zum Beispiel scheiterte er daran, Bildungsstrukturen zugunsten von Gläubigen zu ändern und ideologische Grenzen zu überwinden. Margot Honecker ließ das nicht zu. Letztlich wurde er 1988 in eine Sitzung des Politbüros bestellt, und ZK-Sekretär Günter Mittag teilte ihm den Eindruck der Parteiführung mit: Er vertrete offenkundig nicht mehr die Interessen der SED gegenüber den Kirchen, sondern die Interessen der Kirchen gegenüber der SED – dies aber sei keineswegs seine Aufgabe. Niemand in der Runde widersprach, mein Vater wusste Bescheid: Er wurde abgelöst.

Ja, er tat mir leid. Dem Auswechselmechanismus in der Politik – das zieht sich wohl durch alle Zeiten und Systeme und Parteien – haftet etwas sehr Unsanftes, Kaltes an. Plötzlich fragt niemand mehr nach dir. Ich versuchte meinen Vater zu trösten, aber er wehrte ab: Trost sei nicht erforderlich, es sei gut, wenn er jetzt gehe. Denn in spätestens zwei Jahren müssten alle, die jetzt über ihn befanden, ihre Sachen packen und gehen – und dann sei er zum Glück nicht mehr dabei. Das nahm ich nicht sehr ernst, sondern als Zeichen seines Selbstschutzes, der offensiv bleiben und keine Verletzung zugeben wollte. Aber er hatte recht, er nahm lakonisch voraus, was nicht mal mehr zwei Jahre benötigte, um wahr zu werden.

Ein US-amerikanischer Journalist erzählte mir später, das Gleiche habe ihm mein Vater bei einem Spaziergang erzählt, ebenfalls im Jahre 1988. Die DDR-Führung löse sich von der Sowjetunion des Michail Gorbatschow und besiegele ihren

Untergang. Die Sowjetunion würde allerdings auch untergehen, weil Gorbatschow viel für die Politik, aber nichts für die Wirtschaft einfiele.

*

Mit meinem Vater gibt es zwei Begebenheiten, die man als potemkinsche Dörfer bezeichnen kann.

Der frühere Staatschef Libyens Muammar al-Gaddafi besuchte die DDR und wunderte sich, dass es dort keine Moschee gab. Er war sogar bereit, einen Bau zu bezahlen. Jahre später kam er wieder. Gaddafis Geld war eingegangen, aber keine Moschee gebaut worden. Man entschied sich, das Pumpwerk in Potsdam, das wie eine Moschee aussieht, umzugestalten – Maschinen raus, Teppiche rein! Der einzige Professor für Islam an der Humboldt-Universität beriet, wie die Teppiche zu liegen haben. Aber Gaddafi fragte nicht nach »seiner« Moschee – alles wieder retour!

Jahre zuvor lag die Mutter meines Vaters in einem Pariser Krankenhaus im Sterben. Mein Vater fragte im Zentralkomitee der SED, ob er sich als Kulturminister von seiner Mutter in Paris verabschieden dürfe. Er bekam die Genehmigung, wenn er es schaffte, mit seinem Diplomatenpass der DDR ohne Travelbord zu reisen. Reisebeschränkungen gab es auch durch den Westen. Bürgerinnen und Bürger der DDR brauchten für eine Reise in einen NATO-Staat – außer in die Bundesrepublik Deutschland – eine Genehmigung der US-amerikanischen, britischen und französischen Militärmissionen in Westberlin, eben das Travelbord. Dieses wurde erst nach dem Besuch von Willy Brandt in der DDR in Erfurt 1970 abgeschafft. Als mein Vater reisen wollte, gab es keine diplomatischen Beziehungen zwischen Frankreich und der DDR. Was tun? Er telefonierte mit seinem Amtskollegen in Prag. Der ging zu seinem Außenminister, der seinen Botschafter in Paris einschaltete. Das französische Außenministerium entschied sich für eine Ausnahme, musste aber zur Vermeidung von Schwierigkeiten wissen, wann mein Vater käme und wann er wieder abflöge. Meine Mutter war dienstlich in Paris und hatte meine Großmutter einen Tag vor seiner Ankunft besucht und festgestellt, dass die schwerkranke Frau auf dem Flur lag. Dann kam mein Vater ins Krankenhaus und sah seine Mutter in einem Einzelzimmer liegen. Meine Mutter war erstaunt. Mein Vater reiste wieder zurück. Sie ging zwei Tage später noch einmal hin, und meine Großmutter lag wieder auf dem Flur. Die französische Regierung wusste vom Besuch meines Vaters, aber von dem meiner Mutter nicht. Na ja, ein bißchen sind wir alle wie Potemkin. Wenn Besuch kommt, räumen wir vorher auf.

*

Mein Vater hatte als Kulturminister mit regelmäßigem Kontakt eine Mutter in Paris, meine Mutter als Abteilungsleiterin im Kulturministerium mit regelmäßigem Kontakt eine Mutter in Westberlin, mein Onkel Gottfried Lessing als Botschafter der DDR regelmäßige Kontakte zu seinem Sohn in London. Erstaunlich! In der folgenden Generation war so etwas bei solchen Positionen ausgeschlossen, zumindest durfte es keinen Kontakt geben.

*

Es gibt noch zwei Vorgänge, die ich in Bezug auf meinen Vater bemerkenswert finde.

Gefunden wurde ein IM-Bericht von 1988. Dort war vermerkt, ein Pfarrer habe die Mitarbeiter der oppositionellen Umweltbibliothek in Berlin gewarnt – in Kürze müssten sie mit einer Hausdurchsuchung rechnen, es sei sinnvoll, sich darauf vorzubereiten – wie, wussten sie. Der Pfarrer erklärte, er wisse dies vom Staatssekretär für Kirchenfragen Klaus Gysi. Meines Erachtens war auch das ein Grund, meinen Vater zu entlassen, nicht sofort, aber einige Monate später. Die Staatssicherheit reagierte in solchen Fällen meist nicht spontan, man sollte den Grund nicht wissen – um dann irgendwann die gewollte und längst schon geplante Entscheidung herbeizuführen.

Ich habe mich darüber geärgert, dass der Pfarrer meinen Vater als Informanten erwähnt und damit preisgegeben hatte. Denn natürlich gab es auch in der Umweltbibliothek Inoffizielle Mitarbeiter des MfS. Wahrscheinlich wurde der Pfarrer konkret, um nicht selber in Verdacht zu geraten, von der Staatssicherheit über die bevorstehende Hausdurchsuchung erfahren zu haben. Aber es hätte ja genügt zu sagen, er wisse das von jemandem aus dem Staatssekretariat für Kirchenfragen – ohne einen Namen zu nennen.

Den zweiten Vorfall erzählte mir Pfarrer Friedrich Schorlemmer. Es war 1984, bei einer Synode in Greifswald. Mein Vater lud als Staatssekretär zum 35. Jahrestag der DDR zu einem Empfang. Als Schorlemmer an Konsistorialpräsident Manfred Stolpe vorüberging, eher zufällig, hielt der ihn am Ärmel fest und sagte zu dem Mann, mit dem er gerade im Gespräch war: »Herr Staatssekretär, ich wollte Ihnen gern mal einen von diesen Leuten vorstellen, die als Staatsfeinde eingeschätzt werden.« Sprach's und ließ Schorlemmer mit meinem Vater stehen. Es war die Zeit nach Schorlemmers Aktion, ein Schwert zur Pflugschar umzuschmieden, der Wittenberger Pastor galt als besonders staatsgefährdend. Obwohl beide einander nicht kannten, führten sie ein intensives Gespräch. Plötzlich sagte mein Vater: »Herr Pfarrer, wir müssen uns doch über eines klar sein – Sie und wir vertreten jeweils nur Minderheiten, nicht mehr als fünf Prozent der Bevölkerung.« Schorlemmer erwiderte: »Bei uns in der Kirche sind es wohl nicht so viele.«

Der Pfarrer sagte mir, er empfand dieses rhetorische Geplänkel als Angebot einer gemeinsamen Basis: Kommunisten und

Christen folgen auf sehr unterschiedliche Art einer hohen Idee, aber keine dieser Ideen hatte bisher eine wirkliche Chance, Mehrheiten zu ergreifen.

Was ich mich gefragt habe: Woher hatte mein Vater den Instinkt, das Vertrauen, dass Friedrich Schorlemmer dies keinem westlichen Journalisten erzählte? Man stelle sich die Schlagzeile in einer BRD-Zeitung vor: »DDR-Staatssekretär: SED hat nicht mehr als fünf Prozent der Bevölkerung hinter sich!« Das wär's gewesen! Aber es passierte nicht, er hatte diesen Instinkt, und Schorlemmer enttäuschte ihn nicht. Der Pfarrer erzählte mir auch, in Reichweite meines Vaters habe die ganze Zeit jemand »vom speziellen Dienst« gestanden und also ständig versucht, dem Gespräch zu folgen.

*

Meine Schwester und ich – wir waren geliebte Kinder. Aber meine Mutter war deutlich stolzer auf mich als mein Vater. Und ehrgeiziger! Freilich respektierte er meine berufliche Tätigkeit und zeigte viel Verständnis für das, was mich beschäftigte. Einmal erzählte ich ihm von einer Frau, die ich verteidigt hatte. Sie stammte aus einer Kleinstadt in der Bundesrepublik und landete und strandete irgendwann in Westberlin. Dort hatte sie sich in einen Mann verliebt. Er war aber ein Zuhälter, setzte sie später unter Druck und machte sie zur Prostituierten. Eines Tages bat er sie, nach Ostberlin zu fahren und auf dem Alexanderplatz ihren Reisepass einer Frau zu übergeben. Mit diesen fremden Unterlagen würde die Frau ausreisen. Sie brauche keine Sorge zu haben, denn zwei Stunden später käme wieder jemand und brächte ihr neue Papiere, mit denen sie dann wieder zurück nach Westberlin gelange. Ein scheinbar schlüssiger, logischer, unkomplizierter Vorgang. Die Frau befolgte alle Anweisungen – nur kam niemand mit neuen Reiseunterlagen, die ihr wieder in den Westen verholfen hätten. Sie wartete und wartete, in ihrer Not meldete sie sich in Ostberlin bei der Volkspolizei, versuchte gar nicht erst zu erzählen, sie habe ihre Unterlagen verloren – nein, sie gab alles zu und wurde inhaftiert.

Ich wurde ihr beigeordnet, sie hatte kein Geld. Niemand kümmerte sich um diese Frau, niemand interessierte sich für sie. Die Ständige Vertretung der Bundesrepublik Deutschland bei der DDR durfte sich nicht um sie sorgen, da sie als Westberlinerin galt. Die DDR-Justiz zeigte sich einzig über die Tatsache erzürnt, dass mit Trickhilfe dieser Frau eine DDR-Bürgerin in den Westen fliehen konnte. Die Frau war auch deshalb mutterseelenallein, weil ihr Westberliner Zuhälter sich nicht mehr im Geringsten für sie interessierte. Sie bekam eine hohe Freiheitsstrafe und tat mir sehr leid.

Wie gesagt, ich erzählte meinem Vater davon, und er schwieg betroffen. Mit sehr viel Mühe ist es mir später gelungen, die vorzeitige Entlassung der Frau zu erreichen. Ein Staatsanwalt fragte mich kopfschüttelnd, wieso ich mich denn so sehr für eine Nutte einsetze. Mir fehlte jedes Quäntchen Lust und Bereitschaft, es ihm zu erklären.

*

Um meinen Vater zu charakterisieren, möchte ich eine weitere Geschichte erzählen. Gemeinsam mit einem Freund, Rechtsanwalt Grischa Worner, hatte ich eine Phantasie entwickelt, die aber gerade in ihrer Absurdität die politische »Genetik« der DDR offenbarte und die, so tollkühn sie überspitzte, doch funktioniert hätte. Denke ich jedenfalls.

Es ging um nicht weniger als um die Organisierung eines Staatsstreiches. Meinem Vater erzählte ich davon, er reagierte umgehend, wie es sich gehörte, indem er solchen Unsinn abwehrte. Nachdem ich ihm aber unbeirrt weiter die absurde Geschichte erzählte, hörte er zunehmend interessierter zu – und am Ende wirkte er wie ein schelmisch begeisterter Mitverschwörer, der uns für die Verfeinerung und Präzisierung des spielerischen Konstrukts hilfreiche Ratschläge gab.

Mein – selbstredend nicht ernst gemeinter – Plan sah Folgendes vor: Grischa Worner und ich werden im Kulturbund der DDR aktiv. Denn: Der Kulturbund stellte eine eigene Fraktion in der Volkskammer. Wir arbeiten vorbildlich, auffällig und ausdauernd, sodass wir eines Tages die Chance bekommen, für die Volkskammer aufgestellt und damit selbstverständlich auch gewählt zu werden.

Bei der konstituierenden Sitzung des DDR-Parlaments war es üblich, wie im Bundestag, dass die Alterspräsidentin beziehungsweise der Alterspräsident die Sitzung eröffnete. Alterspräsidentin der Volkskammer war regelmäßig Wilhelmine Schirmer-Pröscher. Eine Frau vom Jahrgang 1889, sie saß für den Demokratischen Frauenbund in der obersten Volksvertretung. Außerdem war sie Mitglied der Liberal-Demokratischen Partei Deutschlands. Sie starb 1992. Bis zuletzt wurde sie immer wieder für die Volkskammer aufgestellt, zu diesem Sachverhalt gab es ein Gerücht: Ohne sie wäre wahrscheinlich Erich Mielke Alterspräsident geworden – und das wollte offenbar selbst unter den Hartgesottenen niemand.

Mein Vater erzählte mir noch Einzelheiten, die unserer »Verschwörung« zugutekamen: Die Abgeordneten der Volkskammer werden eine halbe Stunde vor Beginn der Sitzung informiert, wen sie gleich zu wählen haben, und zwar zum Präsidenten der Volkskammer, dann zum Vorsitzenden des Staatsrates, zum Vorsitzenden des Nationalen Verteidigungsrates und zum Vorsitzenden des Ministerrates. Außerdem wählen sie noch die Stellvertretenden Vorsitzenden und Mitglieder des Staatsrates. Die Wahl, das wussten wir alle, erfolgt durch Aufstehen, keineswegs geheim.

Zum Vorgang selbst: Bei der konstituierenden Sitzung sitzt Frau Schirmer-Pröscher vorn, um die Sitzung zu eröffnen. Die

Mitglieder des Politbüros kommen selbstverständlich zuletzt, was ihrer Bedeutung geschuldet ist. Grischa Worner und ich sind also Abgeordnete, Vertreter des Kulturbundes. Wir tragen graue Anzüge und Parteiabzeichen der SED. Bevor das Politbüro erscheint, gehen wir ganz selbstverständlich, ganz unaufgeregt höflich zu Frau Schirmer-Pröscher und teilen ihr mit, es habe hinsichtlich des Präsidenten der Volkskammer leider kurzfristig eine neue Entscheidung des Politbüros gegeben, sie müsse deshalb auf der letzten Seite ihres Redemanuskripts den Namen Horst Sindermann austauschen.

Das war der Kern unserer Idee: Die Beiläufigkeit, mit der etwas Kolossales gewagt wird, garantiert den Erfolg. Die Riten eines längst leblos gewordenen Wahlablaufs waren so eingeschliffen, dass die Alterspräsidentin keine Sekunde an unserem Hinweis gezweifelt hätte. Alles muss schnell gehen, schnell, nicht hektisch!, denn gleich betreten die hohen Genossen den Saal. Wir bitten die sehr alte Dame also um Korrektur und ersetzen auf ihrem Zettel den Namen Horst Sindermann durch den von Grischa Worner.

Dann beginnt die Sitzung. Frau Schirmer-Pröscher spricht, und sie unterbreitet zum Schluss und im Namen aller Fraktionen den Vorschlag, Grischa Worner zum Präsidenten der Volkskammer zu wählen. Wer damit einverstanden ist, wird gebeten, sich vom Platz zu erheben. Die Abgeordneten haben zwar noch einen anderen Namen im Ohr, aber was von vorn kommt, gilt als richtig, die Genossen werden sich schon etwas dabei gedacht haben, also: Fast alle stehen auf, einige möglicherweise zögernd und ein wenig irritiert, aber der Sog der Masse wirkt auch bei ihnen. Erich Honecker und die Politbüromitglieder werden kaum den Mut haben, zu protestieren oder die Wahl gar abrupt abzubrechen, denn ARD und ZDF und andere BRD-Medien sind anwesend. Man muss es wohl oder übel – erst mal – hilflos hinnehmen.

Mein Freund Grischa Worner ist also gewählt. Schnell geht er nach vorn, bedankt sich und schlägt – wiederum im Namen aller Fraktionen – Gregor Gysi zur Wahl zum Vorsitzenden des Staatsrates der DDR vor. Erneut die Zeremonie der Abgeordneten, sich vom Platz zu erheben. Grischa und ich bauen auf Gewohnheit und Disziplin. Wir wissen: Weiter dürfen wir jetzt nicht gehen mit unserem »Putsch«. Schwejk und Hauptmann von Köpenick in einer gemeinsamen Version. Grischa Worner beendet dann sofort die Sitzung und beruft eine zweite ein. Ich fahre hinüber zum Staatsratsgebäude, wo eine Ehrenformation des Wachregiments »Feliks Dzierzynski« wartet. Ich nehme die Formation ab und betrete nunmehr meinen Amtssitz, das Staatsratsgebäude.

Telefonisch bitte ich um ein Gespräch mit Erich Honecker. Ich werde verbunden und teile ihm mit, dass mich die verfestigten, hohl gewordenen Strukturen in der DDR zu dem erheben konnten, als der ich nun im Staatsratsgebäude sitze. Ich bitte ihn, angesichts der Kalamität, die entstanden ist, über diese Strukturen nachzudenken und Änderungen einzuleiten. Ich mache ihn noch darauf aufmerksam, dass das, was wir getan haben, strafrechtlich nicht relevant ist. Was immer man gegen uns unternehmen wird, es sickert durch, die Blamage ist nicht aufzuhalten. Und würden wir plötzlich unter seltsamen Umständen sterben, glaubte niemand an Unfall oder Zufall. Vorschlag zur Güte: Wir schickten ihm Reformvorschläge, die er umsetzen müsse. Dann ist er berechtigt, über den Zeitpunkt unseres Rücktritts zu entscheiden.

Eine bloße Phantasie, ein übermütiges Gedankenspiel, ein Scherz – aber doch geboren aus dem Unmut über politische Verkrustung und Verknöcherung. Bemerkenswert, wie mein Vater sich zunächst darüber mokierte, dass wir so leichtsinnig und kindisch mit Begriffen wie Verschwörung und Staatsstreich jonglierten – und wie er aber plötzlich und gern zum hilfreichen

Mitwisser und »Mitorganisator« unserer Idee wurde. Selbst diese Bagatelle erzählte etwas über sein Wesen: In allem Engagement blieb ein Hauch Distanz, in aller Parteilichkeit ein Wille zu freiem Denken; er war inmitten und schaute doch immer auch von außen auf die Dinge.

*

Und meine Mutter? Lange Zeit in leitender Funktion mit internationalen Fragen und Kontakten im Kulturministerium befasst, arbeitete sie weit über das gesetzlich vorgeschriebene Alter hinaus. Denn Frauen in der DDR wurden gewöhnlich mit sechzig Jahren Rentnerinnen, sie aber bezog bereits mit fünfundfünfzig Jahren Rente – als Verfolgte des Naziregimes.

Meine Mutter wusste um Wirkungen. In der Öffentlichkeit nutzte sie eindrücklich, leger und souverän ihre soziale Herkunft. Zwar hatten die Funktionäre von Staat und Partei keinerlei Respekt vor Geld, und daran änderte auch der Mangel in der DDR-Wirtschaft an frei konvertierbarer Währung wie Dollar und Deutsche Mark nichts, aber: Was einschüchterte und imponierte, war der Adel. Geschickt spielte meine Mutter mit dieser Referenz, sie legte einen bestimmten adligen Stil an den Tag, mit dem sie für hochachtungsvolle Distanz sorgte.

Einmal saß ich zufällig bei ihr im Kulturministerium, als sie schon Abteilungsleiterin für internationale kulturelle Beziehungen war. Ein junger Mann kam herein. Grauer Anzug mit SED-Parteiabzeichen. Er überbrachte eine Kritik des Staatssekretärs. Meine Mutter sah kurz von ihrem Schreibtisch auf und richtete betont leise, aber sehr deutlich das Wort an den jungen grauen Anzug: »Jetzt gehen Sie wieder hinaus, dann klopfen Sie an die Tür, und warten. Für den Fall und nur für den Fall, dass ich ›Herein!‹ sagen sollte, dürfen Sie den Raum betreten. Sie kommen herein und fragen mich, ob Sie mich stören dürfen. Sollte ich Ihnen dies genehmigen, und nur dann, dürfen Sie mir mitteilen, was der Herr Staatssekretär meint, mir über Sie sagen lassen zu müssen.«

Während dieser kurzen, aber eindringlichen Rede starb ich mehrere Tode, der junge Mann stürzte hinaus und ward nicht mehr gesehen. Bestimmt war er wutentbrannt zum Staatssekretär gerannt und hat sich ein für allemal verbeten, noch einmal zu dieser »Ziege« geschickt zu werden. Aber meine Mutter hat garantiert erreicht, was sie wollte: Künftige Fragen würde der Staatssekretär wohl nur noch mit ihr persönlich klären.

Dass meine Mutter sehr stolz auf mich und meine berufliche Entwicklung war, erwähnte ich bereits. Dieser Stolz führte zu der Unsitte, dass sie mich gern auf den Präsentierteller hob. Stellte sie mich jemandem vor, etwa bei einer Theaterpremiere, so geschah es jedes Mal mit den Worten: »Das ist mein Sohn, Herr Rechtsanwalt Dr. Gregor Gysi.« Mir war das mehr als peinlich. Irgendwann reichte es mir, ich wurde barsch und erklärte ihr, wie sie mich vorzustellen habe: »Das ist mein Sohn.« Punkt und Schluss! Aber, so wandte sie ein, es interessiere doch die Leute, was ich sei. »Wenn es sie interessiert, können sie ja mich fragen.« Sie schien nicht besonders einsichtig zu sein, ich musste erst drohen, ihr bei Wiederholung der mir unangenehmen Zeremonie fortan jeden gemeinsamen Theaterbesuch zu verweigern. Das allein wirkte.

Allerdings fürchtete ich insgeheim die vollmundig angekündigte Konsequenz dieser Drohung, denn ich ging mit meiner Mutter gern ins Theater – sie ermöglichte mir und meiner Schwester Erlebnisse der Extraklasse, wie etwa Gastspiele von Satchmo (Louis Armstrong), Juliette Gréco und Gilbert Bécaud; ich hörte David Oistrach und sah das Stuttgarter Ballett. Ja, auch dies zählte zu den Privilegien, die ich aufgrund der beruflichen Tätigkeit meiner Mutter genoss.

Allerdings war es auch eine positive Folge der Scheidung. Sie bekam regelmäßig zwei Karten, und da sie zur Begleitung keinen Mann mehr hatte, wurde – in unserer Jugend, bis zu einem bestimmten Alter – zwischen mir und meiner Schwester entschieden.

Eine Geschichte, die kaum glaubhaft anmutet, aber wahr ist, möchte ich unbedingt erzählen. Meine Mutter kehrte von einer Dienstreise nach Georgien zurück. Sie brachte ein Gastgeschenk mit, einen wunderschönen Bildband über das Land, das sie besucht hatte. Kurze Zeit später beging ihr Staatssekretär einen runden Geburtstag, und sie schenkte ihm den wunderschönen Bildband über Georgien, für den sich der Staatssekretär so herzlich bedankte, wie sich auch meine Mutter bei ihren Gastgebern in der Sowjetunion bedankt hatte.

Wiederum kurze Zeit später war der ebenfalls runde Geburtstag meines Vaters, der noch als Kulturminister arbeitete, und er bekam von seinem Staatssekretär diesen wunderschönen Bildband über Georgien geschenkt. Wofür er sich natürlich sehr herzlich bedankte.

Wenige Tage später hatte auch meine Mutter den gleichen runden Geburtstag wie mein Vater und bekam von ihrem geschiedenen Mann selbstverständlich ein Geschenk – und da war er wieder im Haus, der wunderschöne Bildband über Georgien, für den sich meine Mutter ganz herzlich bedankte.

*

Es ist schon seltsam, einen bekannten Vater zu haben. Wenn ich zu DDR-Zeiten jemanden kennenlernte, kam in der Regel sofort die Frage, ob ich der Sohn von Klaus Gysi sei. Kurzum: Ich wurde über ihn definiert. Etwa 1993 erzählte mir mein Vater mit großem Erstaunen, er sei erstmalig in seinem Leben gefragt worden, ob er mein Vater sei. Daran musste ich denken, als vor einiger Zeit der Sänger der »Toten Hosen«, Campino, Gast meiner Gesprächsreihe im Deutschen Theater war. Dessen Eltern machten sich lange Zeit Sorgen um die Zukunft des extremen Punks in ihrer Familie, aber den Vater traf eines Tages ein Schockerlebnis: Er und der Sohn hatten dieselbe Bank in der Stadt, und als sie einmal zufällig gemeinsam hingingen, begrüßte der Direktor zuerst den Sohn, dann den Vater. Damit waren die Verhältnisse, auch die finanziellen, offengelegt.

Im September 2011 besuchte Papst Benedikt XVI. den Bundestag. Auch ich durfte dem »Stellvertreter Gottes« die Hand geben. Bundestagspräsident Norbert Lammert stellte mich vor, der Papst stutzte: »Ich kenne doch Ihren Vater.« Wieder war ich »nur« der Sohn. Kennengelernt hatten sich beide in Rom, als Joseph Ratzinger noch bei Kardinal Casaroli tätig war.

Aufschlussreich war, wie sich meine Eltern verhielten, als ich Ende 1989 Vorsitzender der PDS wurde. Plötzlich zeigte mein Vater öffentlich jenen Stolz, der doch die Domäne meiner Mutter war. Es schien, als freue er sich über diese Wendung, die mein Leben in eine unmittelbare politische Tätigkeit gerückt hatte: Sein Sohn versuchte, »seine« Partei zu retten und zu reformieren. Meine Mutter dagegen – so gar nicht abgeneigt dem Licht der Öffentlichkeit, wenn es mich beschien – rief mich an und verlangte ganz entschieden, ich solle von meinem Posten, kaum dass ich ihn doch angenommen hatte, unverzüglich zurücktreten. Verwundert fragte ich, was sie denn zu solcher Forderung bewog. Meine Mutter erklärte, ich würde, wenn ich ihren Rat nicht beherzige, irgendwann erschossen. Da blitzte in einer spontanen, völlig unzeitgemäßen Befürchtung eine mütterliche Angst, ja die Mutterliebe auf, der die kommunistische Erfahrung des 20. Jahrhunderts abzulesen war. Mich hat das berührt. Da war die Kämpferin, die die bittere Geschichte ihrer eigenen politischen Bewegung verinnerlicht hatte – und da war die Mutter, die dieses Wissen instinktiv auf ihren Sohn anwendet.

*

Immer wieder wurde ich in der Bundesrepublik gefragt, ob es in der DDR Antisemitismus gegeben habe. In die Frage schien meist schon die vorwurfsvolle Antwort eingeschrieben zu sein, oft verbunden mit der Behauptung, jüdische Schicksale in der Nazidiktatur hätten in der DDR-Geschichtsschreibung keine Rolle gespielt. Ich selbst erfuhr in keiner Phase meines Lebens in der DDR Antisemitismus. Die eigene Erfahrung ist natürlich nicht alles, um ein Problem ausgewogen zu beleuchten. Aber man sollte sie wertschätzen. Und mitunter lauern die Wahrheiten im Unterschwelligen – das man aber auch nicht unzulässig verallgemeinern darf.

Dazu ein merkwürdiges Beispiel. Nach dem Sechstagekrieg Israels gegen Syrien wurden viele öffentlich bekannte Personen, die Jüdinnen und Juden waren, von einem Mitarbeiter des ZK der SED angerufen und gefragt, ob sie bereit seien, eine kritische Erklärung zur Politik Israels zu unterzeichnen. Einige sagten zu, andere lehnten ab. Die Angelegenheit war freiwillig. Und doch plagte mich eine Frage. Ich saß mit meinem Vater zusammen, ich stellte ihm diese Frage. Sie erstaunte ihn, und ich merkte: Ihn störte, dass er sie nicht beantworten konnte. Ich begann meine Frage mit einer Feststellung: Es hat also eine Liste mit den Namen und den Telefonnummern von jüdischen Prominenten gegeben, die umgehend von Mitarbeitern des ZK angerufen werden konnten. »Wer hat eigentlich, wann und warum, diese Liste jüdischer Prominenter zusammengestellt?«

Wenn ein renommierter Schriftsteller der DDR sagte, er sei froh, dass seine Enkelkinder nicht wüssten, was ein Jude ist, so war das nicht antisemitisch, sondern ganz im Sinne von Lessings »Nathan der Weise« gemeint: die bewusste Leugnung religiöser Unterschiede als Beleg eines übergreifenden Humanismus – wer nicht weiß, was ein Jude ist, hat die aus finsterer deutscher Geschichte herüberkommende rassistische Einteilung von Menschen überwunden.

Allerdings verweist die Bemerkung des Schriftstellers zugleich auf das Problem einer speziellen Kulturlosigkeit: Nicht zu wissen, was ein Jude ist, belegt einen makabren, grobschlächtigen Stolz auf kulturgeschichtliches Unwissen. Und von da ist es nicht weit zu jenem Ersatz für Antisemitismus: Intellektuellenfeindlichkeit. Sie war stark ausgeprägt in der DDR, und ich bekam sie zu spüren. Sie ist ein tief verwurzeltes, auch proletarisches und kommunistisches Erbe. Den bürgerlichen Intellektualismus, der im Dienst und im Schatten der Ausbeutung gedieh, überwunden zu haben, das gehörte zur historischen Leistung der Arbeiterklasse. Aber aus der sozial geschuldeten Furcht vor höherem Geist und höherer Bildung das falsche Selbstbewusstsein, eine gewisse proletarische Arroganz gegen das Filigrane entwickelt zu haben, das gehört zur Tragödie dieser Bewegung.

Über die Verfolgung des jüdischen Volkes durch die Nazis gab es in der DDR Filme und Bücher, die zum Teil Schulstoff waren. Hier seien nur die DEFA-Streifen »Ehe im Schatten«, »Die Mörder sind unter uns«, »Professor Mamlock« und »Sterne« genannt. Es gab die Romane »Nackt unter Wölfen«, »Jakob der Lügner« und deren Verfilmungen. Als Erich Honecker Mitte der achtziger Jahre den Wunsch äußerte, in die USA zu reisen, gehörte zum diplomatischen Vorspiel auch die US-amerikanische Forderung, die DDR müsse ihr Verhältnis zum Judentum und zu Israel verbessern. Plötzlich konnte mein Vater als Staatssekretär für Kirchenfragen durchsetzen, dass die uralten, wahrlich kulturlosen Pläne für eine Straße quer durch den großen Jüdischen Friedhof in Berlin-Weißensee endlich ad acta gelegt wurde. Die FDJ als Jugendorganisation der DDR bekam den Auftrag, diesen altehrwürdigen, offiziell kaum der Pflege für würdig erachteten Friedhof wieder herzurichten. Junge Leute mit jüdischen Eltern wurden um Mithilfe gebeten, die jüdische Gemeinde in Berlin wieder zu beleben. Mein Vater erreichte, dass die große Synagoge in Berlin wiederaufgebaut wurde, einschließlich des goldenen Dachs. Die Arbeiten dauerten; als die feierliche Eröffnung anstand, war bereits die deutsche Einheit hergestellt. Die Festreden verschwiegen meinen Vater, überhaupt schien es, als habe es die auftraggebende Bauherrin, die DDR, gar nicht gegeben. Dennoch ließ es sich mein Vater nicht nehmen, an dieser feierlichen Eröffnung teilzunehmen. Es gibt Dinge, die können einem Menschen auch durch öffentliche Ignoranz nicht genommen werden. So, wie man keinem Menschen aus dem Osten die Biographie wegnehmen kann. Was unser Leben prägte, ihm auch Kraft und Substanz gab, es bleibt Besitz, im Positiven wie im Negativen.

Zu DDR-Zeiten bat mich die Jüdische Gemeinde in einer Rechtsfrage um Rat. Sie besaß das Karteiwerk der von der Gestapo registrierten Juden Berlins. Ein Mitarbeiter der Staatssicherheit war in die Gemeinde gekommen und hatte um die Herausgabe dieser Kartei gebeten, sie gehöre in das Staatliche Archiv in Potsdam. Denn schließlich sei Hitlers Geheimpolizei eine staatliche Behörde gewesen. Zudem seien auch Familien von Politbüromitgliedern dort registriert worden (im höchsten Gremium der Parteiführung gab es von 1946 bis zum Schluss stets ein oder zwei Juden). Dem Gemeindevertreter riet ich, die Kartei auf keinen Fall herauszugeben, und man möge sich auch bitte nicht durch den Verweis auf die Politbürofamilien einschüchtern lassen. Die Gemeinde blieb skeptisch, man fürchtete, auf Herausgabe verklagt zu werden. Daraufhin sagte ich: »Stellen Sie sich das einmal vor: Die Deutsche Demokratische Republik erhebt Klage gegen die Jüdische Gemeinde und muss sich dabei als Rechtsnachfolgerin der Gestapo definieren.« Dies – so sagte ich – sei aber doch mehr als undenkbar. »Sollte die Klage tatsächlich gewagt werden, müssten Sie ohnehin alle ausreisen.« Leider hat sich die Gemeinde nicht getraut und rückte die Kartei heraus.

*

Nachdem ich Vorsitzender des Berliner Rechtsanwaltskollegiums und auch des Rates der Vorsitzenden der Bezirkskollegien geworden war, wurde ich Mitte des Jahres 1989 zu einem Gespräch mit Egon Krenz eingeladen. Rechtsfragen gehörten in sein Ressort, er war das einzige Politbüromitglied, dem ich vor der Wende persönlich begegnete. Noch nie vorher hatte ich jene zweite Etage im Hause des ZK betreten, auf der die Büros der SED-Führung lagen. Soldaten vom Wachregiment »Feliks Dzierżyński« des Ministeriums für Staatssicherheit standen Wache. Ich besaß eine Bescheinigung, war angemeldet, durfte passieren.

Mit einer gewissen Beklemmung betrat ich das Zimmer von Egon Krenz. Weit über eine Stunde sprachen wir miteinander, er interessierte sich wirklich, und ich berichtete ihm von Mängeln im Strafrecht und im Strafprozessrecht, in Strafverfahren, in Untersuchungshaft und vor allem im Strafvollzug. Er hörte zu, wusste manches nicht, schüttelte mitunter den Kopf, etwa, als ich ihm erzählte, dass Untersuchungsgefangene bisweilen bei Renitenz mit Handschellen an die Gitter gefesselt werden. Mich erstaunte das schlichte Notizbuch, in das er hineinschrieb.

Es lag für mich kein Grund vor, Dinge zu beschönigen. Gewiss machte mich frei, dass ich kein Verantwortlicher für bestimmte Missstände war. Er stellte Nachfragen und kommentierte manches. Ich schlug vor, die politischen Delikte im Strafgesetzbuch deutlich zu reduzieren und zu entschärfen. Ausführlich sprachen wir auch über die stark angestiegene Zahl der Ausreisewilligen und den Umgang mit Flüchtenden, etwa in den besetzten Botschaften der Bundesrepublik in Prag und Warschau. Es war die Zeit, da die höchsten Verantwortlichen der DDR aus Furcht vor bitteren Wahrheiten, die sie selber betrafen, gegenüber der Bevölkerung ein verhängnisvolles Schweigen an den Tag legten. Vielleicht überraschte mich auch deshalb die Offenheit von Egon Krenz. Man gewinnt nie eine ganz sichere Einschätzung über Wirkungen eines Gesprächs zwischen zwei Menschen, die einander nicht wirklich kennen, aber ich verließ das sogenannte Hohe Haus am Werderschen Markt mit der Hoffnung, die Zeit dort nicht vergebens verbracht zu haben.

Nach dem Gespräch bei Egon Krenz hatte ich, weil ich nun schon mal im Hause war, bei der Abteilung Staat und Recht angeklopft, sie lag auf einer anderen Etage des riesigen Gebäudekomplexes. Wie erstaunt war ich: Fast alle Mitarbeiter waren noch anwesend, weit nach 20 Uhr, also deutlich nach Dienstschluss. Sie erkundigten sich nach Einzelheiten des Gesprächs. Ich erwiderte, es sei weit unkomplizierter, wenn sie am nächsten Tag ihren Chef auf direktem Wege fragten. Was folgte, war eine kurze Einweisung in die innerbetriebliche Kommunikationstechnik: Mitarbeiter mussten informieren, aber Vorgesetzte nicht. Also: Es sei kaum zu erwarten, dass Egon Krenz die Abteilung über das Gespräch mit mir informieren werde. Entweder ich erzählte ihnen etwas, oder sie erführen nichts.

Nun wusste ich, weshalb die Mitarbeiter der Abteilung so spät noch anwesend waren. Diese Praxis des Hierarchischen, jene Struktur des Herrschaftswissens, die kein gleichberechtigtes Miteinander bei politischen Entscheidungsprozessen zulässt – sie konnte nicht gut gehen.

*

Ab irgendeinem Zeitpunkt erhielt ich auch Einladungen in die Ständige Vertretung der Bundesrepublik Deutschland *bei* der Deutschen Demokratischen Republik. Eine wahrlich komische Bezeichnung, eine diplomatische Verrenkung. Die Bundesrepublik lehnte eine Botschaft in der DDR ab, da diese für Bonn kein Ausland war. Deshalb der Ausweichtitel: Ständige Vertretung. Eine weitere Hürde für Normalität lag darin, dass die Ständige Vertretung ihren Sitz in Berlin haben sollte. Der Westen bestand aber darauf, in Berlin eine besondere politische Einheit zu sehen, Ostberlin war für ihn rechtlich kein Bestandteil der ostdeutschen Republik. Die DDR bot der Bundesrepublik daraufhin an, als diplomatischen Vertretungssitz Potsdam zu wählen. Dies wiederum lehnte die BRD ab, man wollte im Zentrum agieren. Der ausgehandelte Kompromiss führte zum kuriosen Namen der Ständigen Vertretung *bei* der DDR.

Der erste »Ständige Vertreter« der Bundesrepublik war ab 1974 Günter Gaus. Gewöhnlich marschierte, wenn ein Botschafter seinen Antrittsbesuch bei Erich Honecker absolvierte, die Ehrenkompanie vor dem Staatsratsgebäude auf. Günter Gaus erzählte später: »Um jedoch das Erklingen des unliebsamen Deutschlandliedes in aller Öffentlichkeit zu verhindern, wurde der Platz vor dem Amtssitz des Staatsrats kurzfristig in eine Baustelle verwandelt – ich trat notgedrungen im Hof an, wo dann, weit entfernt von möglichem Publikum, die bundesrepublikanische Hymne intoniert werden konnte.«

Zunächst wurde jede einzelne Einladung in die bundesdeutsche Vertretung vom Justizministerium geprüft und genehmigt, später bekam ich eine Dauergenehmigung. Selbstverständlich ging ich gern zu diesen Empfängen der Westdeutschen, man traf interessante Leute, genoss die Gesprächskultur zwischen unbekümmerter Plauderei und gedämpfter Konspiration. Ich hatte stets das prickelnde Gefühl, mit einem Bein außerhalb der DDR-Grenzen zu stehen. Da war ein kurzzeitiger Hauch von Freiheit.

1. Familie Gysi am Strand: Klaus, Gerd, Hermann und Erna Gysi (von links), um 1918

2. Familie Lessing am Strand: Gottfried (sen.), Tatjana, Gottfried (jun.) und Irene Lessing, um 1918

3. Gottfried und Irene Lessing mit der Mutter Tatjana und den geliebten Nannys (links Mascha)

4. Das Familienanwesen in Wyksa

5. Villa Lessing in Lahnstein

6. Denkmal in Görlitz für den Begründer der Rassegeflügelzucht Robert Oettel, einen Vorfahren der Familie Gysi

7. Thomas und Katja Mann bei einem Treffen mit Bischof Moritz Mitzenheim, 1949, rechts: Klaus Gysi

8. Irene und Klaus Gysi am Schlachtensee, 1938

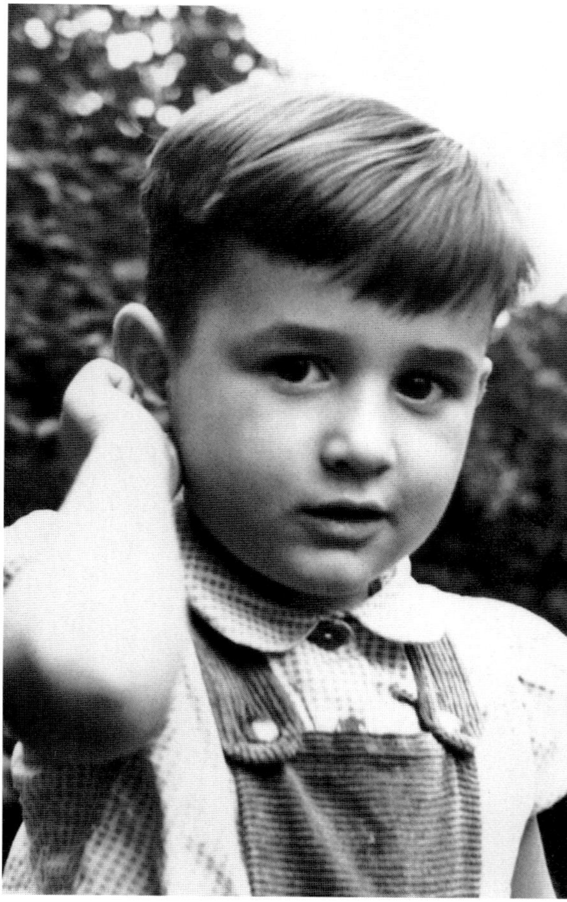

9. Gregor Gysi, um 1953

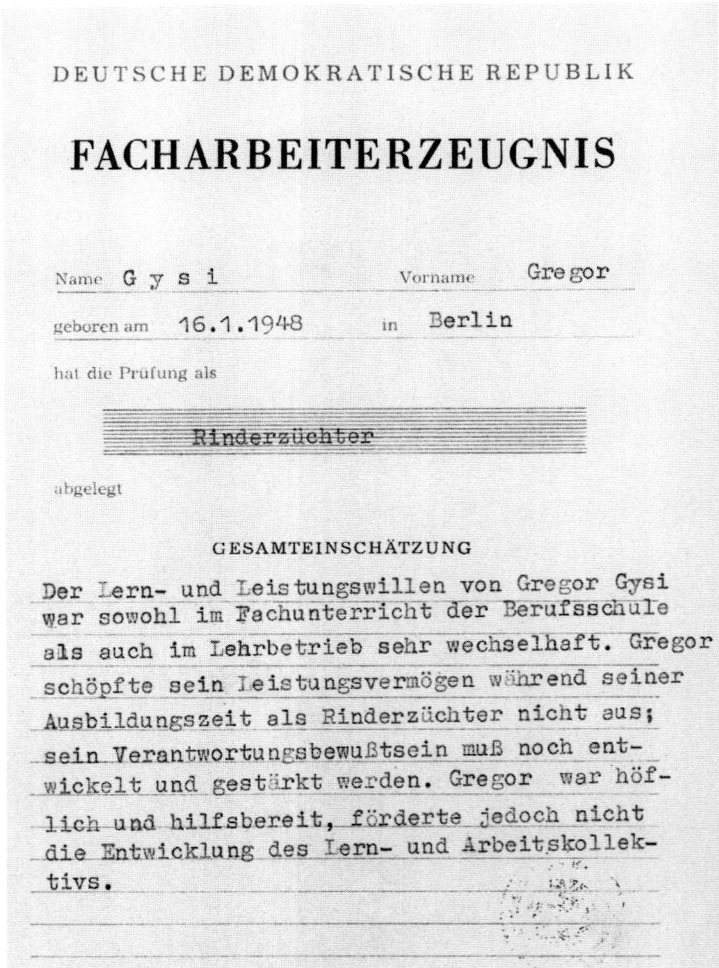

DEUTSCHE DEMOKRATISCHE REPUBLIK

FACHARBEITERZEUGNIS

Name G y s i Vorname Gregor

geboren am 16.1.1948 in Berlin

hat die Prüfung als

Rinderzüchter

abgelegt

GESAMTEINSCHÄTZUNG

Der Lern- und Leistungswillen von Gregor Gysi war sowohl im Fachunterricht der Berufsschule als auch im Lehrbetrieb sehr wechselhaft. Gregor schöpfte sein Leistungsvermögen während seiner Ausbildungszeit als Rinderzüchter nicht aus; sein Verantwortungsbewußtsein muß noch entwickelt und gestärkt werden. Gregor war höflich und hilfsbereit, förderte jedoch nicht die Entwicklung des Lern- und Arbeitskollektivs.

10. Seine Ausbildung zum Rinderzüchter schloss Gregor Gysi als Facharbeiter ab

11. Mit den Söhnen George und Daniel (im Hintergrund)

12. Im Rechtsanwaltskollegium, 1983

13. Mit Vater Klaus Gysi

14. Mit Sohn George, etwa 1989

15. Mitgliederversammlung im Rechtsanwaltskollegium, mit Lothar de Maizière und Grischa Worner, November 1989

16. Am 4. November 1989 fand auf dem Berliner Alexanderplatz die bis dahin größte Demonstration in der DDR statt

17. Auf dem ersten Parteitag der PDS am 25. Februar 1990

18. Mit Rudolf Bahro vor dem Obersten Gericht der DDR am 13. Juni 1990

19. Mit Heiner Müller

20. Mit Günter Gaus

21. Besuch beim österreichischen Bundeskanzler a.D. Bruno Kreisky, 1990

Als peinlich empfand ich bei den Empfängen das Verhalten vieler Ostdeutscher am Buffet. Kaum, dass es eröffnet wurde, setzte ein Sturm auf die exotischen Westlebensmittel ein. Da ich mich nicht stürzen kann, wenn alle lospreschen, blieb ich stehen und bekam später kaum noch etwas zu essen im abgegrasten Gelände.

Ein bekannter Rechtsanwalt aus Westberlin erzählte, in der Bundesrepublik dürfe er überall laut und folgenlos sagen, dass Bundeskanzler Kohl ein Idiot sei. Geschehe das Adäquate in der DDR, müsste der Betreffende mit unangenehmen Konsequenzen rechnen. »Sie irren sich«, erwiderte ich ihm, »auch in der DDR kann jeder in jeder Kneipe sagen, dass Kohl ein Idiot ist – das spricht zwar nicht gerade von ausgesuchter Höflichkeit, hat aber ebenfalls garantiert keine Folgen.« Der Kollege aus Westberlin musste derart lachen, dass er glücklicherweise keine Präzisierungen seiner Behauptung vornahm.

*

Der DDR-Korrespondent des »Spiegel«, Ulrich Schwarz, teilte mir eines Tages mit, ich gehöre fortan zu den Abonnenten des Hamburger Nachrichtenmagazins. Vorausgegangen war dem eine zeitweilige Schließung des »Spiegel«-Büros. Das Blatt hatte im Umfeld des Bahro-Prozesses ein Memorandum aus SED-Oppositionskreisen veröffentlicht, daraufhin hatte Honecker auch die Liste der Bezieher – Ministerien, Archive, Redaktionen – rigoros zusammengestrichen. Natürlich, wie so oft, eine schnelle, eher unüberlegte Reaktion; bald durfte der »Spiegel« sein Büro wieder eröffnen, doch der Kreis der Abonnenten blieb begrenzt. Nun kam ich zu diesem Angebot.

Man schickte mir die wöchentliche Ausgabe an meine Privatadresse. Da dies vom Ostberliner Redaktionsbüro aus erfolgte, entfiel die Zollkontrolle. Pflichtgemäß informierte ich das Justizministerium. Ein halbes Jahr wand man sich dort. Es folgten mehrere Aussprachen, in denen ich mit immer neuen Begründungen versorgt wurde, das Abonnement nicht anzunehmen. Jede Offerte lehnte ich ab, die Argumente waren völlig unglaubwürdig und fadenscheinig. Am absurdesten fand ich die Empfehlung eines Staatssekretärs, ich solle einfach sagen, am »Spiegel« kein Interesse zu haben, denn die DDR-Presse sei eine durchaus ausreichende Lektüre. Wer sollte das glauben?!

Nach lähmendem Hin und Her bot ich an, jede »Spiegel«-Ausgabe, nachdem ich sie gelesen hätte, im Ministerium abzugeben. Man hob sofort die Hände, als hätte ich zum illegalen Waffenbesitz angestiftet. Schließlich wurde das Ministerium müde, ich empfing regelmäßig und ohne weitere Einsprüche die westliche Zeitschrift. Damit wurde meine Wohnung für bestimmte Leute noch begehrter. Dank des »Spiegels« wuchs plötzlich die Zahl der mich besuchenden Freunde. Mit der Wende stellte die Redaktion das kostenlose Abonnement für mich ein: Von nun an müsse ich die Zeitschrift bezahlen. Das lehnte ich ab.

*

In die Zeit meiner Rechtsanwaltstätigkeit in der DDR fiel auch die Ausbürgerung Wolf Biermanns im Jahre 1976. Die Haltung meiner Schwester gegenüber der SED-Führung und den Strukturen in der DDR war mit der Zeit immer kritischer geworden. Auch die Art und Weise, wie die Politik in Kunst und Literatur eingriff, empörte sie zunehmend. Der Rauswurf von Wolf Biermann, unmittelbar nach einem Konzert in Köln, brachte bei ihr das Fass zum Überlaufen. Gabriele konnte und wollte das alles nicht mehr mittragen. Es begannen zum Teil sehr scharfe Auseinandersetzungen zwischen ihr und unserem Vater. Aufeinander prallten die Erfahrung und die Parteilichkeit derer, die den Boden bereiteten für Freundlichkeit, wie Brecht schrieb, und das Selbstbewusstsein derer, die sich mit eigenen Ansprüchen auf diesem Boden bewegten. Wo die Generation meiner Eltern nach wie vor eher einen äußeren Feind sah, gingen die Jüngeren vor allem gegen den Feind im eigenen Land vor: falsche Disziplin, geistige Enge, veraltete Prinzipien.

Ich schreibe: die Jüngeren. Warum schreibe ich nicht: Wir Jüngeren? Doch, so muss es heißen: Wir Jüngeren. Mich plagten ähnliche Konflikte wie meine Schwester. Aber alle politische Äußerungskultur ist eine Mischung aus Überzeugung und Naturell – Gabriele lebte zudem in Theaterkreisen, wo die Dinge naturgemäß direkter, zugespitzer, ungeschminkter ausgesprochen und öffentlich wurden. Ich glaube nicht, dass ich mir je unverzeihliche Feigheit oder kriechenden Opportunismus vorwerfen muss, aber: Eine Vermittlung in Konflikten, die nicht auf Kosten des eigenen Charakters geht, lag mir stets näher als eine Konfrontation. Und so versuchte ich auch, zwischen meiner Schwester und unserem Vater Kompromisse zu finden. Zunächst mit nur mäßigem Erfolg, mehr und mehr mit klarer Tendenz zum Scheitern.

Meine Schwester war nicht umzustimmen, letztlich wurde sie aus der SED ausgeschlossen. Wir beide formulierten gemeinsam eine Beschwerde an die Zentrale Parteikontrollkommission. Sinnlos. Und das angesichts von Vorwürfen, die zum Teil grotesk waren. So wurde meiner Schwester zur Last gelegt, sie hätte bei einem Besuch in Warschau das dortige Jüdische Theater besucht, ohne die eigene Theaterleitung vorher zu informieren.

Auf jeden Fall konnte man an diesem Fall einmal mehr studieren, wie die DDR, die rundum Produktionsschwierigkeiten hatte, eines geradezu professionell produzierte: Staatsgegner, und das mitten in den eigenen Reihen. Das Ministerium für Staatssicherheit hatte gegen Gabriele zu allem Überfluss einen Operativen Vorgang eingeleitet, das war die höchste Stufe zur Beobachtung. So musste der Antrag folgen, in die Bundesrepublik ausreisen zu dürfen.

Obwohl mein Vater heftig mit meiner Schwester gestritten hatte: Er verriet sie nie, er ließ sie nie fallen, er verstieß sie nicht. Er half ihr sogar, die Ausreisegenehmigung zu bekommen. Wie ich überhaupt auf so einen Gedanken der möglichen Untreue und Distanzierung durch die eigenen Eltern komme? Bei den bereits erwähnten Protesten 1968 gegen sowjetische Panzer in Prag gab es höhere SED-Funktionär, die eine Bestrafung ihrer Söhne durchaus für angebracht hielten. Derartige Kälte wäre in unserer Familie undenkbar gewesen, und auch bei großer politischer Differenz siegten Liebe und Verständnis.

Meine Schwester bekam sogar Gelegenheit für ein Gespräch mit dem Politbüromitglied Kurt Hager. Schließlich durfte sie mit DDR-Pass und mehrjährigem Visum ausreisen.

Jetzt kommt mein »Trabant« ins Spiel, den ich jahrelang fuhr. Zu einem ihrer Geburtstage bekam Gabriele diesen gebrauchten PKW von meiner Mutter, meinem Vater und mir geschenkt. Wir fuhren vor die Volksbühne, ich saß am Steuer, meine Eltern hinten. Meine Schwester war außer sich vor Freude, dass wir drei zu ihr ins Theater kamen. Nun besaß sie ein Auto, zumindest so etwas Ähnliches. Irgendwie bleibt es bewundernswert, was die DDR – aus Materialmangel – mit diesem Gefährt erfunden hat. Viele »Trabant«-Besitzer entwickelten zu ihrem fahrbaren Untersatz eine geradezu innige Beziehung, was sich darin ausdrückte, dass sie ihm Kosenamen gaben. Wahrscheinlich auch, weil man nicht übertreiben und also nicht »Auto« dazu sagen wollte. Mein »Trabant« zum Beispiel hieß Laubfrosch – denn er war grün.

Mit diesem belächelten DDR-Klassiker auf Rädern fuhr meine Schwester in die Bundesrepublik. Auf dem Weg nach Hamburg wurde sie mehrfach von der Polizei kontrolliert, weil man sich kaum vorstellen konnte, dass jemand mit einem »Trabant« in die Bundesrepublik reisen durfte.

20. KAPITEL

Seit 1974 war ich alleinerziehend – heute würde man sagen: allein sorgeberechtigt – für meinen Sohn George. Im Zusammenhang mit diesem Buch habe ich ihn gefragt, was ich über ihn schreiben darf. Er gab eine verblüffend souveräne Antwort: Alles dürfe ich schreiben, was mich, jedoch nichts, was ihn charakterisiert.

Im ersten Jahr nach der Ehescheidung wohnten George und ich bei meiner Schwester. Die mich fordernde, mitunter überfordernde Situation bewältigte ich damals nur, weil Gabriele mir half. Als ich endlich in eine eigene Wohnung einziehen konnte, verringerten sich die Forderungen keineswegs, die Überforderungen schon gar nicht. Ich muss das nicht weiter ausmalen: die Schule, die Pflichten meines Berufes, immer aber der dringende Wunsch, möglichst viel Zeit mit meinem Sohn zu verbringen, ihm dabei nicht nur Erzieher, sondern vor allem Partner, Freund, Stütze zu sein. Hilfe bekam ich von meiner Mutter und in erster Linie von Schätzi. Wenn George krank war, ich jedoch Termine einhalten musste, konnte ich ihn selbstverständlich bei ihnen abgeben. Während der Kindergartenzeit war er des Öfteren bei Schätzi; als die Schule begann, fiel dies weitgehend aus. Aber Schätzi kam ein bis zwei Mal in der Woche zu uns und griff mir, wie es so schön heißt, unter die Arme.

Alleinerziehend zu sein hat einen schwerwiegenden Nachteil im Schlepptau: Man kann sich nicht, wie das Väter nach Möglichkeit gern tun, die Sonnenseiten von Betreuung und Erziehung aussuchen. Nein, man ist für alles verantwortlich.

Von morgens bis abends. Auch um Schulaufgaben aller Art musste ich mich kümmern. Glücklicherweise hatte ich gute Freunde, die später über ein Grundstück verfügten. Dort verbrachten George und ich viele Wochenenden, mich freute und erleichterte, dass es diese Oasen für ihn gab, mein Sohn fühlte sich dort sehr wohl.

Oft konnte ich auch meinen Sohn Daniel mitnehmen. Besonders gern hielten wir uns bei der Familie Lekschas auf. Meine einstige Mitschülerin Angelika Beyer hatte Claus Lekschas geheiratet. Ihn wiederum kannte ich von der gemeinsamen Ausbildung zum Rinderzüchter. Sie hatten zusammen vier Kinder. Später zerbrach die Ehe. Claus Lekschas ist inzwischen verstorben.

Die Nachbarin in unserem Mietswohnhaus war immer bereit, mir zu helfen, denn sie bewunderte, wie ich als Mann Beruf und Vaterpflichten unter einen Hut brachte. In unserem Haus wohnte auch eine Frau, die ebenfalls alleinerziehend war, und dies sogar mit zwei Kindern. Hilfe erfuhr sie nie. Wie ungerecht! Einer Frau wurde diese Doppellast, die man in meinem Falle mit Staunen quittierte, wie selbstverständlich aufgebürdet, gerade auch von anderen Frauen. Andererseits erinnere ich mich an eine Strafverhandlung vor dem Stadtbezirksgericht Berlin-Köpenick. Dem Angeklagten war ich beigeordnet, es handelte sich also um eine Pflichtverteidigung. Um 17 Uhr teilte ich dem Richter mit, ich müsse jetzt gehen, um meinen Sohn rechtzeitig vom Kindergarten abholen zu können. Sicherheitshalber fügte ich hinzu, ich sei alleinerziehend. Der Mann ignorierte meine Ankündigung und verhandelte weiter. Um 17.15 Uhr verließ ich zu seinem Erstaunen den Gerichtssaal. Er musste die Verhandlung unterbrechen und sprach eine Ordnungsstrafe gegen mich aus. Ich konnte erfolgreich Beschwerde dagegen einlegen, aber aufschlussreich war das Verhalten dieses Richters: Er nahm mich als Alleinerziehenden nicht ernst. Das hätte er bei einer Mutter nicht gewagt. Wäre ich nicht bis 18 Uhr im Kindergarten erschienen, hätten die Erzieherinnen noch eine halbe Stunde gewartet und dann meinen Sohn zur Übernachtung in ein Kinderheim gebracht. Das war für mich das Letzte, was meinem Kind hätte passieren dürfen.

*

Alle Eltern – so auch ich – erzählen gern Geschichten von ihren Kindern, lustige besonders. Man muss sich aber davor hüten, dass das angestrebte Bonmot zu Lasten des Kindes geht.

George ging noch in den Kindergarten, wir wohnten zum ersten Mal allein in einer Wohnung. An einem Sonntag entschied ich mich, erstmalig zu kochen und zwar Kartoffeln, Soße, Gemüse und Fleisch. Natürlich organisierte ich mir telefonisch Rat; aber bald merkte ich, dass die größte Schwierigkeit darin bestand, alles gleichzeitig fertig zu bekommen. Mit Mühe gelang es, ich erlaubte mir einen gewissen Stolz auf mich selbst, bat meinen Sohn zu Tisch und erwartete irgendwie Ovationen. Diese fielen allerdings aus. Er aß gelangweilt seinen Teller leer.

Das war für mich eine Enttäuschung, denn erstens dachte ich (nicht unbegründet), man würde ihn im Kindergarten fragen, ob sein Vater kochen könne, und außerdem beschlich mich die naive (und falsche) Befürchtung, bei mangelnder Kochleistung klingle wohl bald das Jugendamt an der Tür. Also änderte ich meine Kochpraxis. Immer, wenn es ans Essen ging, fragte ich meinen Sohn, was er sich wünsche. Niemals antwortete er direkt, sondern stellte immer die Gegenfrage, was es denn gäbe. Ich antwortete jedes Mal das Gleiche, und zwar in bleibender Reihenfolge: Fasan oder Rehkeule oder Schweinebraten oder Spaghetti mit Tomatensoße. Selbstredend entschied er sich stets unverzüglich und zu meinem Glück für Letzteres. Eines Tages holte ich ihn vom Kindergarten ab, und mehrere Erzieherinnen standen mit verschränkten Armen vor mir. Sie erzählten, sie hätten meinen Sohn gefragt, ob ich kochen könne. Er habe dies bestätigt, und auf die nächste Frage, was ich kochen könne, geantwortet: »Alles.« Sie baten ihn um Beispiele, und er nannte Fasan, Rehkeule, Schweinebraten und Spaghetti mit Tomatensoße. Nun wünschten sich die Erzieherinnen mit einem herausfordernden Lächeln eine Einladung zum Fasanessen. Das Essen musste aus naheliegenden Gründen ausfallen.

Eine zweite Geschichte charakterisiert weniger mich als vielmehr meinen Sohn, aber er kommt darin sehr gut weg, weshalb er mir die Veröffentlichung erlaubte. Kurz vor Ende der Kindergartenzeit kamen wir auf Ostern und also auch darauf zu sprechen, dass der Osterhase die Ostereier brächte. George schaute mich erstaunt an und erklärte, dass er doch längst nicht mehr an den Osterhasen glaube. Ich nahm das zur Kenntnis, fragte aber zur Sicherheit noch einmal nach, wer denn dann die Ostereier bringe. Wieder ein Blick des Staunens, diesmal über mein Unwissen: »Na, ein ganz normaler Hase.« Ein schönes Beispiel für Selbstaufklärung, die den Faden zur Kindlichkeit nicht kappt.

Später fand ich seltsam, dass ich meinen Sohn zwar täglich pünktlich zur Schule schickte, er lief los, das Zeitpolster für den Weg war groß genug – aber er kam trotzdem regelmäßig zu spät. Als es mir langte und ich keine Erklärung fand, lief ich ihm eines Morgens nach. Er spielte bei seinem Fußweg Auto, schaltete mit seinen Händen die eingebildeten Gänge. Bei der ersten Kreuzung aber schaltete er den Rückwärtsgang ein, und die »Fahrt« ging erst mal wieder zurück. Abends verhandelten wir lange und einigten uns, dass auf dem Weg zur Schule der Rückwärtsgang ausgeschlossen bleibe.

Kindern sollte man nicht mit Strafen drohen, die man nicht wahr macht. Wir wanderten beide durch einen Wald, George entschied sich, nicht länger laufen zu wollen. Ich sollte ihn tragen. Er wirkte auf mich aber noch sehr fit, ich hatte keine Lust auf einen Lastentransport. Er setzte sich einfach hin. Ich beging nun den Fehler, ihm anzudrohen, ohne Rücksicht auf ihn weiterzulaufen, er könne ja sitzen bleiben. Tatsächlich setzte ich den Weg fort und versteckte mich ein Stückchen abseits hinter einem Baum. Natürlich hoffte ich, mein Sohn werde sich allein fühlen und umgehend nachkommen. Irrtum. Er blieb im Moos sitzen und spielte ungerührt. Es störte ihn nicht im Geringsten, dass ich weg war. Nach einigen für mich sehr langen Minuten musste ich aufgeben, ich ging zurück und holte ihn. Nie wieder habe ich ihm etwas angedroht, was ich ohnehin nicht tun würde.

Mit meinem Sohn wohnte ich bis Anfang 1994 zusammen, da war er schon dreiundzwanzig Jahre alt. Als ich mit meiner zweiten Ehefrau eine Wohnung in Prenzlauer Berg bezog, wurde George unser Nachbar. Nie war er ein Vatersöhnchen, verzogen schon gar nicht, aber wir konnten und wollten nicht so recht voneinander lassen. Inzwischen wohnten wir häufig beträchtlich voneinander entfernt, aber an unserer gegenseitigen Zuneigung hat sich nie etwas geändert.

21. KAPITEL

Wie die meisten DDR-Bürger durfte auch ich nicht in den Westen reisen. Lediglich Länder waren für mich erreichbar, die sich sozialistisch nannten, und selbst hier galt eine eingeschränkte Freizügigkeit. Weder war es mir erlaubt, nach Jugoslawien zu reisen, noch Kuba kennenzulernen. Das wurmte mich schon, denn ich war neugierig auf die Welt und fühlte mich also in einer großen Sehnsucht beschnitten. Wir sprachen zu Hause des Öfteren über dieses Problem, das die Anziehungskraft der DDR für ihre eigene Bevölkerung so sehr minderte.

1986 gelang meiner Mutter der Versuch, mir eine Einladung zu einer Dienstreise zu organisieren: Ich sollte im Januar des darauffolgenden Jahres im Kulturzentrum der DDR in Paris einen Vortrag halten. Und das ausgerechnet zu dem äußerst attraktiven Thema »Der Grad der Verwirklichung der Menschenrechte in der DDR«. Natürlich war mir bewusst, dass mir ein akrobatisches Kunststück bevorstand, ich musste so reden, dass ich glaubwürdig blieb und gleichzeitig so, dass ich unbeschadet wieder nach Hause fahren konnte. Aber für diese Reise hätte ich sogar stundenlang über Maikäfer geredet, ganz abgesehen davon, dass dies gewiss weniger Konfliktstoff bot als Auslassungen über Menschenrechte unter DDR-Vorzeichen.

Meine Sorgen erübrigten sich rasch: Der Reiseantrag wurde abgelehnt, offenkundig traute man mir nicht ausreichend. Ein Jahr später erfolgte ein zweiter Versuch, die DDR hatte sich infolge der gewaltigen Einflüsse Gorbatschows auf das Klima des Kalten Krieges verändert, man war inzwischen etwas großzügiger geworden, und so fiel die Entscheidung, mich im Januar 1988 nach Paris reisen zu lassen.

Mir war, als hätte die Unwirklichkeit nach mir gegriffen, und wie immer in solchen unerwarteten Situationen berauscht man sich an der Vorfreude und bemüht sich gleichzeitig, sie vorsichtshalber zu zügeln – in letzter Sekunde könnte schließlich doch noch alles zurückgenommen werden. Nein, alles klappte, und mit der Gewissheit meldete sich auch gleich wieder der kleine Wagemut: Ich fragte bei der Vereinigung der Juristen der DDR nach, ob ich noch einige Tage länger bleiben dürfe, um Freunde meiner Eltern aus der Emigrationszeit zu besuchen. Auch das wurde erlaubt.

Der Flug nach Paris führte über Amsterdam. Auf dem Flughafen begrüßte mich der Schauspieler des Deutschen Theaters Eberhard Esche. Er tat dies, als sei er in der Stadt zu Hause – was insofern stimmte, als er mit der niederländischen Schauspielerin Cox Habbema verheiratet war. Sie war, begeistert von den Aufführungen Benno Bessons, in der DDR geblieben, spielte mit Esche im legendären »Drachen«, lebte fortan zwischen den Welten, und auch Eberhard Esche besaß – gestärkt durch einen entsprechenden Reisepass – jene selbstverständlich vorgetragene Weltläufigkeit, die mir natürlich überhaupt noch nicht zu eigen war. Er schenkte mir einhundert Gulden, über die ich mich sehr freute, sie stärkten mein Selbstbewusstsein auf dem nicht unwichtigen Sektor der finanziellen Hoheit – für jemanden aus einem Land mit nicht konvertierbarer Währung keine Selbstverständlichkeit.

Als ich in Paris gelandet war und vom Flughafen abgeholt wurde, kannte mein Erstaunen keine Grenzen. Eintausend Typen Autos. Überhaupt: ein Generalangriff der Farben und Formen auf die Sinne. Ins unbeschreibliche Staunen mischte sich instinktiv die Erkenntnis, von so etwas überfordert zu werden. Der wunderbare Schauspieler Kurt Böwe hat einmal gesagt: Was uns scheu, vorsichtig, misstrauisch mache, das sei das Provinzielle in uns, und so gut es wäre, dagegen anzukämpfen, so gut sei es auch, diese Schüchternheit als Tugend gegen all diesen falschen Glanz und das trügerische Gleißen auf der Welt zu pflegen.

So gesehen ging ich als Urvertreter der Provinz, eben als typischer DDR-Bürger durch Paris. Nicht sehr selbstbewusst. Zum Beispiel wollte ich die hundert Gulden von Esche tauschen, traute aber dem Mann in der Wechselstube nicht, ich dachte, er würde mich garantiert betrügen. Überwältigt und verwirrt lief ich durch die Straßen in Paris, sah Geschäfte, von denen man in der DDR nur träumen konnte. In einem Käseladen diese Hunderte Sorten! In meiner guten alten Kaufhalle daheim gab es vier Sorten, und das war schon das privilegierte Berlin, glich also nicht landläufigen DDR-Verhältnissen mit dem weit sparsameren Sortiment. In einem Pariser Laden standen zahllose Reihen von Teewagen, im Warenhaus am Alexanderplatz war der Teewagen ein sehr einsames Gefährt, wenn es überhaupt einen gab.

Allerdings fragte ich mich in Paris auch, wozu diese Unmenge von verschiedenen Teewagen benötigt würde. Der Überfluss immer auch als Quelle des Überdrusses und damit einer zweifelhaften Produktivität. Es war Januar, der Monat meines Geburtstages, Geschäfte voller Schnittblumen reizten zum Vergleich mit der DDR. Wenn, dann bekam ich daheim einen Blumentopf geschenkt. Wieder also diese Freude, wie sie DDR-Bürger ja auch nach der Öffnung der Grenzen empfanden: die Blumen, das Obst, die Vielfalt, die Frische!

Aber Gewöhnung schärft nach gewisser Zeit auch wieder den kritischen Geist: Ist es nicht eine Einbuße an Sinnlichkeit und Natürlichkeit, wenn die Eigenheit der jeweiligen Jahreszeit nichts mehr gilt, alles zu jeder Stunde erhältlich ist und der Geschmack mancher Frucht an das industrielle Tempo erinnert, mit der sie unabhängig von ihren natürlichen Bedingungen zur Reife gebracht wird? Erdbeeren schmecken im November nicht.

Stellenweise wie betäubt bewegte ich mich also durch die französische Hauptstadt. So unerwartet man aus dem alltäglichen Leben katapultiert werden kann, so plötzlich kann es zurückkehren, wo man es überhaupt nicht vermutet. Als ich im Kulturzentrum der DDR mein Taschengeld abholte, traf mich in gewisser Weise ein kleiner Kulturschock: Mitten in Paris wurde ich von einer weiblichen sächsischen Stimme als »Genosse Gysi« in ein Zimmer gerufen. Irgendwie war ich wieder in der DDR.

Entsetzt hat mich das Hotel, in dem ich untergebracht war. Ein Bett, ein winziger Stuhl, ein kleiner Tisch und so etwas ähnliches wie ein Schrank. Alles eng und unbequem. Und zum Frühstück bekam ich einen Café au lait, ein Croissant, einen Klacks Marmelade, einen Klacks Butter. Zu Hause frühstückte ich nicht nur ausgiebiger, sondern auch deutlich besser. Ende der Pariser Vielfalt und Großzügigkeit. Aber ich war eben Gast des Kulturinstituts, nicht eines Geldinstituts. Ich rief mein Gemüt zur Mäßigung: Eben hätte man für eine Paris-Reise auf jeden, aber auch jeden Komfort verzichtet – aber kaum ist man da, wird man anspruchsvoll. Sie ist eben immer wieder eine schwierige Lektion im Leben, jene Balance, die in dem Satz zum Ausdruck kommt: Ich bekomme zwar nie, was ich will, habe doch aber alles, was ich brauche.

Eine gute Bekannte meiner Eltern lud mich in einen Pariser Nachtklub ein. Ich wunderte mich über den geringfügigen Eintrittspreis, war dann aber noch mehr erstaunt, was ein relativ kleines Glas Orangensaft kostete. Ich begriff das System: Man lockt billig und kassiert später, dann aber nach Kräften.

Interessiert beobachtete ich Protestdemonstrationen, die gerade stattfanden, als ich in Paris zu Besuch war. Immer schon hat mich die leidenschaftliche Energie begeistert, mit der die Franzosen aus politischen Gründen auf die Straße gehen. Man kann auch hier durchaus von Sinnlichkeit sprechen. Mir fiel dies wieder auf, als vor ein paar Jahren eine Million Menschen durch Paris zogen und massenhaft dagegen protestierten, dass der Kündigungsschutz für Absolventen befristet werden sollte. Eine Million Leute auf der Straße! Würde so etwas in Deutschland anstehen, wäre wohl kaum mit derartigen Anstürmen der Gegenwehr zu rechnen. Den Hauptanteil der Demonstranten bildeten hier wahrscheinlich ältere Mitglieder der Linkspartei, die solidarisch und besorgt an ihre studierenden Enkel dachten.

Generell unterscheidet sich die politische Kultur in Deutschland von der französischen. Wir Deutsche sehen alles ideologisch. Geschichte etwa: Selbst die Schlacht im Teutoburger Wald im Jahre neun nach der Zeitrechnung würde ein Unionspolitiker anders interpretieren als ein Linker. Jeder benutzt alles nur als Transportmittel für die eigene Ideologie. Das ist in Frankreich vielfach anders, man hat ein unverklemmtes Verhältnis zur Geschichte als Erzählstoff. Clara Zetkin zum Beispiel ist als Deutsche an der Moskauer Kremlmauer beerdigt. Noch nie hat ein deutscher Spitzenpolitiker der BRD dort ein kleines Gebinde niedergelegt. Wenn die Zetkin Französin gewesen wäre – ich bin überzeugt, noch der konservativste Pariser Präsident hätte Blumen hingebracht. Mein Vater erzählte aus seiner Emigration: Auf den Plakaten der deutschen Kommunisten reckten Arbeiter ihre Fäuste, grimmig und drohend, aber die französische KP warb mit einer jungen Schönen, die ein Kind auf dem Arm trägt und einen Korb mit Wein und Brot und einer Hühnerkeule.

In der Tatsache, dass ich in Paris war, sah ich eine gute Chance für Leonardo da Vincis Mona Lisa, auch mich einmal anzulächeln. Mit der Metro fuhr ich zum Louvre. Fahr- und Eintrittskarte besiegelten sehr schnell mein finanzielles Schicksal: Ich war pleite. Eine Fahrt mit der Straßen- oder U-Bahn und ein Museumsbesuch hätte mich in der DDR fast nichts gekostet, und das hatte nichts mit der Exklusivität der Mona Lisa zu tun. Denn mit beeindruckender Weiblichkeit konnten auch wir prunken – in Dresden gab es zum Beispiel die Sixtinische Madonna. So wurde mir in Paris deutlich, dass es einen gesellschaftspolitischen Unterschied beim öffentlichen Zugang zu Kunst und Kultur gab. Was in der DDR störte, war die Zensur. Was mich am Kapitalismus stört: dass vor Kunst und Kultur meist ein zu erheblicher Preis steht.

Deshalb werde ich, solange ich kann, dafür streiten, dass auch das dritte Kind der alleinerziehenden Hartz-IV-Empfängerin die 9. Sinfonie von Beethoven im Original hören kann. Niemand darf aus sozialen Gründen darauf verwiesen sein, Beethoven nur als verquetschte Konserve auf dem Laptop zu hören.

Da ich mich etwas länger als ursprünglich geplant in Paris aufhielt, hatte man leider den Termin meines Vortrags nach hinten verschoben. Das minderte mein Erlebnis der Stadt. Lieber hätte ich ihn schnell hinter mich gebracht, um frei für die Schönheiten des Aufenthalts zu sein. So aber wurde ich eine gewisse Beklemmung und Nervosität nicht los. Das Thema verunsicherte mich zusehends.

Der Termin meines Auftritts rückte heran. Der Saal des Kulturzentrums war gefüllt und ich aufgeregt. Unter den Zuhörern befanden sich auch Journalisten aus der Bundesrepublik, nach meinem Vortrag gab ich ein Radiointerview. Neben mir auf dem Podium saß der stellvertretende Leiter des Kulturzentrums, vor mir lag ein weißer Zettel, auf dem ein einziges Wort von mir stand: »Geschichte«. Der stellvertretende Leiter fragte mich, wo denn mein genehmigtes und abgestimmtes Redemanuskript sei. Ich fragte zurück, ob er mir jemanden nennen könne, der sich in der DDR zutraute, einen für Paris konzipierten Vortrag zum Grad der Verwirklichung der Menschenrechte in der DDR abzusegnen. Um ihm die Not einer Antwort zu ersparen, sagte ich gleich: Ich kenne niemanden. Er blickte, als sei ihm plötzlich sehr übel. Aber er wagte doch noch eine Frage: Was denn dieses Wort »Geschichte« auf meinem Zettel solle. Ich erläuterte ihm, ich wolle erst längere Zeit über die Geschichte der Menschenrechte sprechen, bevor ich konkret zur DDR käme.

Im Vortrag betonte ich den hohen Grad sozialer Menschenrechte in der DDR, wie man ihn im Westen nicht kenne. Auf der anderen Seite gäbe es, bedingt durch den scharf geführten Kalten Krieg zwischen Ost und West, unzweifelhaft Einschränkungen bei den politischen Menschenrechten. Ich leugnete also die Defizite nicht, versuchte aber halbwegs nachvollziehbare Begründungen dafür. Ganz vorn im Publikum saßen drei Vertreter der DDR-Botschaft in Paris. Alle drei hatten ein Notizbuch gezückt, um mitzuschreiben. Das verbesserte keinesfalls meine Laune.

Nach Ende des Vortrages stellte das Publikum Fragen. Ein Mann wollte wissen, ob nach Todesschüssen an der Grenze eine Kommission überprüfe, ob bei solchen Vorfällen die Befehlslage eingehalten worden sei. Wahrheitsgemäß bekannte ich, dies nicht zu wissen, da wir aber Deutsche seien, ginge ich von strenger Prüfung aus. Wertungen in dieser Sache vermied ich absichtsvoll.

Zum Schluss fragte mich ein Zuhörer, was ich sagte, wenn ich in die DDR zurückkäme und bezüglich der Menschenrechte einen Wunsch äußern dürfte. Natürlich dachte ich sofort an das Reiserecht, dessen Gewährung ja auch die Todesschüsse an der Staatsgrenze beendet hätte. Aber ich fürchtete, das ginge zu weit. Also gestand ich, auf diese Frage nicht vorbereitet zu sein, dass ich aber bei längerem Nachdenken vielleicht auf eine andere, wichtigere Problematik käme. Jetzt, als spontane Antwort, komme mir etwas in den Sinn, das unmittelbar mit meinem Beruf zu tun habe: Die Staatsanwaltschaft in der DDR darf anordnen, dass ein Vertreter der Polizei oder einer anderen Untersuchungsbehörde an dem Gespräch zwischen einem Inhaftierten und seinem Anwalt teilnehmen darf – bis das Ermittlungsverfahren abgeschlossen ist. Also, so fuhr ich fort, würde ich mir wünschen, dass dies umgehend für unzulässig erklärt wird, da ich meinen Mandanten von Anfang an allein sprechen möchte. Die drei Herren von der DDR-Botschaft schauten einander an, und ich spürte ihr »Prüfungsurteil«: Meine Antwort ging durch. Überstanden!

In der Zeit, da ich mich in Paris aufhielt, reiste – nicht ganz zufällig – auch meine Mutter aus dienstlichen Gründen an, und erwartungsgemäß kam meine Schwester aus der Bundesrepublik, um mich zu sehen und Zeit mit mir zu verbringen. Ein geradezu kurios unkompliziertes Zusammentreffen, wenn man bedenkt, was in der DDR ansonsten alles in Bewegung gesetzt wurde, um familiäre Kontakte auf westlichen Territorien abzublocken. Wo am akribischsten kontrolliert wird, tun sich seltsamerweise die schönsten Lücken auf. Es ist wie mit dem Laubblatt. Wo versteckt man es am sichersten? Im Wald.

Als ich nach Berlin zurückkehrte, flog auch der stellvertretende Leiter des Kulturzentrums mit. Im Unterschied zu mir besaß er einen Diplomatenpass. Er ging vor mir durch die Grenzkontrolle. Beim Zoll der DDR hielt er seinen Pass hoch und wollte weitergehen. Die Beamtin bedeutete ihm: Stopp! Pass bitte vorzeigen! Er verweigerte ihr dieses Recht, denn die Passkontrolle habe bereits stattgefunden. Die Diensthabende vom Zoll bestand auf ihrem Wunsch. Der Streit ging hin und her und verfestigte sich. Und ich? Bot das lupenreine Bild eines eigennützigen Opportunisten. Im Gepäck verstaut hatte ich zum Beispiel ein kleines Fernsehgerät für meinen Sohn, ich nahm an, dass dies nicht erlaubt war, und ein Einfuhrverbot mochte bestimmt auch für andere Dinge gegolten haben, die ich von meiner Reise mitbrachte. Schon während des Fluges hatte ich inständig gehofft, nicht kontrolliert zu werden. Jetzt bot sich mir – durch das pfauenhafte Verhalten des höheren Genossen – unerwartet eine Gelegenheit, die Sache selbst ein wenig zu steuern. Ich stellte mich etwas hinter den stellvertretenden Leiter des Kulturinstituts und schüttelte so, dass es die Zollbeamtin bemerken musste, meinen Kopf – ich stärkte sie mit meiner Pose, ich gab ihr also pantomimisch recht. Letztlich beugte sich der DDR-Diplomat dem Vorrecht der Uniform, zeigte seinen Pass, die Frau hatte gewonnen, nun hatte sie nicht mal mehr Lust, genauer in das Dokument zu sehen. Kontrollieren durfte sie ihn nicht. Der Mann zog ab. Nun war ich dran, mich durfte sie kontrollieren – ein Lächeln, und sie winkte mich durch.

Für die Reise hatte ich von der Vereinigung der DDR-Juristen eine Reserve von zweihundert Francs mitbekommen. Für diese Summe musste ich ein Papier unterzeichnen, in dem ausdrücklich betont wurde, dass von diesem Geld nur bei Ausbruch eines Krieges, einer Revolution, einer Konterrevolution oder einer Naturkatastrophe Gebrauch gemacht werden dürfe.

Meinen ersten Aufenthalt im Westen störte kein Krieg, von einer Revolution war ebenfalls nichts zu spüren, weder bebte die Erde, noch schickte der Himmel seine apokalyptischen Reiter. Also brachte ich mein kostbares Notgeld pflichtgemäß und unangetastet wieder mit nach Hause, übergab es dem Mann, der mich am Flughafen in Schönefeld abholte – und was machte der? Er sagte nur: »Ach so«, und steckte die zweihundert Franc in seine Hosentasche. Die Art, in der er dies tat, löste bei mir den Verdacht aus, dass ich ein Idiot war. Hätte ich nichts gesagt, so hätte ich das Geld mit an Sicherheit grenzender Wahrscheinlichkeit behalten können.

Kaum war ich zu Hause angekommen, rief mich ein Mitarbeiter von der SED-Bezirksleitung Berlin an. Er stellte mir irgendeine Frage zum Rechtsanwaltskollegium, die mir in diesem Moment nicht besonders wichtig erschien. Kurz angebunden teilte ich ihm mit, die Frage nicht zu beantworten. Pause am anderen Ende der Leitung. Verunsicherte Rückfrage: Wieso nicht? Ich erwiderte, der Anruf sei doch nur erfolgt, um sicherzugehen, dass ich zurückgekommen sei. So, nun wisse er es, die vermeintliche Frage sei damit erledigt.

Bei einem Gespräch beim Leiter der Abteilung Staat und Recht der SED-Bezirksleitung Berlin verwies ich auf die Empfindungen während meiner Reise und sagte, man könne den Menschen in der DDR nicht zumuten, sechzig beziehungsweise fünfundsechzig Jahre alt werden zu müssen, bevor sie das erste Mal in ihrem Leben Paris sehen dürfen. Das konnte ich sehr direkt sagen, weil mich der Umstand schützte, selber nicht im Westen geblieben zu sein. Hätte ich solche Töne schon vor der Reise angeschlagen, hätte man mir Paris gewiss verweigert. So aber konnte ich mir eine gewisse neue Freiheit nehmen.

*

Fortan gab es nicht mehr die geringsten Schwierigkeiten, wenn es dienstlich notwendig wurde, in den Westen zu reisen. Zusammen mit Wolfgang Vogel und Friedrich Wolff flog ich nach London, wir führten dort Gespräche mit Anwälten. Mit beiden fuhr ich auch nach München zu einer Anwaltstagung. Es war meine erste Reise in die Bundesrepublik Deutschland. Dass sich mir die Grenzen für Dienstreisen geöffnet hatten, genoss ich natürlich, und ich spürte, wie schnell einem auch außergewöhnlichste Möglichkeiten selbstverständlich werden.

Unsere Fähigkeit zum Staunen lässt naturgemäß nach. Wir können uns nicht ständig das Glück des eigenen Lebens, im Vergleich zum Schicksal anderer, vor Augen halten. Aber ich habe mich, wenn man das so sagen darf, immer wieder selbst zur Ordnung gerufen und nie die Unnatürlichkeit eines staatlichen Zustandes verdrängt, der die Reisefreiheit (und auch andere Freiheiten) limitiert und damit legitime Bedürfnisse und Sehnsüchte einschränkt.

Bei der Reise nach München ging es um die Herstellung offizieller Kontakte zum Deutschen Anwaltsverein. Auch sprachen wir über die Möglichkeiten für ein Rechtshilfeabkommen zwischen beiden deutschen Staaten, weil es sehr störte, dass gerichtlich bestätigte Forderungen oder Rechte von Bürgern im jeweils anderen Land nicht durchsetzbar waren.

Mein Vater meinte, in München müsse ich unbedingt Weißwürste probieren. Die waren mir unbekannt. Sie schmeckten nach nichts, erklärte mein Vater, aber mit süßem Senf versehen, seien sie eine Köstlichkeit. Typisch, dass er keine politischen Hinweise, sondern nur einen solchen kulinarischen Tipp gab. Der sich für mich übrigens als richtig herausstellte.

*

Auch in der Türkei besuchte ich einen Anwaltskongress. Das war spannend, weil ich während des Aufenthaltes in Istanbul, auf dem Kongress, plötzlich von einem Mann angesprochen wurde. Er wirkte konspirativ, bemühte sich um Beiläufigkeit und bat mich mitzukommen, er wolle mir etwas Dringliches erzählen. Er wusste, dass ich aus der DDR kam. Ich folgte dem Mann, und der Weg führte durch mehrere Keller von Wohnhäusern, es sah alles ziemlich düster und geheimnisvoll aus. Letztlich saß ich in einem Raum unter lauter Männern, die erklärten, sie seien Kurden, dürften ihre Sprache nicht sprechen und würden überhaupt stark diskriminiert. Noch nie zuvor hatte ich mich mit diesem Problem beschäftigt.

Ich blickte in entschlossene und verhärtete Gesichter. Man sah diesen Männern an, dass sie unter Druck lebten, in einem

Kampf. Offenbar hatten sie mich zu sich gebeten, weil sie sich mehr Solidarität aus der DDR erhofften. Während ich dies schreibe, eine Episode am Rand eines Kongresses vor fast dreißig Jahren, denke ich an die Wucht, mit der das sogenannte Kurdenproblem zum offenen Krieg ausbrach und längst zu einer weltgeschichtlichen Prüfung der Friedensfähigkeit wurde.

Damals, im Kellerlabyrinth, habe ich viel gefragt, bekam viele Antworten, und in einem Reisevermerk für das ZK der SED berichtete ich ausführlich über diese ungewöhnliche Begegnung. Aber warum lief ich einem mir völlig unbekannten Mann in der Türkei so ganz ohne Fragen nach und ließ mich bedenkenlos durch Kellergewölbe führen? Ich weiß es nicht. Naivität?

*

Die Schwierigkeit auf einer Vortragsreise nach Indien, die ich gemeinsam mit einem weiteren Rechtsanwalt und einem Oberrichter für Zivilrecht unternahm, bestand darin, dass wir englisch reden mussten. Da ich einen Englisch-Intensivkurs besucht hatte, mutete man mir das zu, und selbstverständlich hätte ich eher frech Hindi-Kenntnisse vorgetäuscht, als auf die Reise zu verzichten. Dennoch glaube ich, es war der schlechteste Vortrag, den ich je in meinem Leben hielt. Ob irgendjemand etwas verstanden hat, weiß ich auch nicht.

Es gab bei der Reise ein weiteres Problem. Das Taschengeld reichte, um für die Frauen daheim wunderschöne Ketten aus bestimmten Steinen zu kaufen, die in Indien relativ wenig kosteten. Häufig waren wir abends zum Essen eingeladen – wenn nicht, kaufte sich der Oberrichter etwas Brot, das aß er zur Salami, die er sich aus der DDR mitgebracht hatte. So sparte er Geld, der Rechtsanwalt tat es ihm gleich. Diese Spaßbremsen missfielen mir. Ich fragte die beiden, ob wir nicht mal richtig essen gehen wollten. Nein, lautete die Antwort, man benötige das so wertvolle, aber begrenzte Geld für weitere schöne Ketten. Irgendwann machte ich meine Mitreisenden darauf aufmerksam, dass die Menge der gekauften Ketten doch längst die Zahl jener Frauen überschritten haben müsste, die für so ein Geschenk in Frage kämen. Das überzeugte sie, zudem der letzte Abend unseres Aufenthalts angebrochen war.

Wir gingen in ein gutes Restaurant. Die Kellnerinnen waren tibetische Flüchtlinge. Mich berührte unangenehm, wie ängstlich sie herumhuschten. Offensichtlich fürchteten sie, bei einem Fehler sofort gekündigt zu werden. Ich mag grundsätzlich nicht, wenn Kellnerinnen oder Kellner ständig neben mir stehen und mich immer wieder fragen, ob alles nach meinen Vorstellungen sei – es gibt eine Zuvorkommenheit, die ähnlich unangenehm sein kann wie Herablassung oder Nichtachtung. Aber ich mag noch weniger, wenn Freundlichkeit von Angst diktiert wird. Das baut auch zwischen Gast und Kellner ein Herrschaftsverhältnis, eine Abhängigkeit auf, die mir den Geschmack am Essen nimmt. Wie ich auch die Abfälligkeit nicht mag, mit der bestimmte Leute auf der Straße auf Obdachlose oder um Almosen Bittende reagieren.

Um noch einmal auf das indische Restaurant zurückzukommen: Das Essen schmeckte sehr gut, auch der Wein, den wir tranken, war beachtlich. Als ich den Chef um die Rechnung bat, schüttelte er den Kopf. Keine Rechnung nötig! Denn da sei jemand aus Westdeutschland im Restaurant gewesen, der habe mitbekommen, dass wir aus der DDR seien, und unsere gesamte Rechnung bezahlt. Der Oberrichter kam gar nicht mehr heraus aus dem Staunen. Eine Visitenkarte hatte der großzügige Spender unseres Essens nicht hinterlassen und eine diesbezügliche Bitte des Restaurantchefs sogar strikt abgelehnt: Es bedürfe keines wie immer gearteten Dankes an ihn. Eine Geste – nicht lange vor jenem historischen Wendepunkt, der das Erlebnis von Neu-Delhi in eine Anekdote aus einer überwundenen Epoche verwandelte. Aus nachvollziehbaren Gründen würde es eine solche prononcierte Freundlichkeit von West nach Ost heute wohl nicht mehr geben.

Am nächsten Tag flogen wir über Moskau zurück nach Berlin. Bei der Zwischenlandung in Moskau erhielten wir eine Art Lebensmittelbon – für jeden von uns gab es einen Broiler. Broiler für alle drei. (Muss man »Broiler« eigentlich noch immer übersetzen? Nun denn: die DDR-Bezeichnung für ein gebratenes Hühnchen oder Hähnchen. War es besonders zäh, nannte man es Gummiadler.) Wir zogen in das uns zugewiesene Restaurant, es gab dort nur einen einzigen Tisch mit Tischdecke. An den setzten wir uns. Umgehend kam eine Kellnerin und jagte uns davon. Also: essen ohne Tischdecke. Mag ich eigentlich. Aber nicht unter solchen Bedingungen. Die Kellnerin, die ein Lächeln nicht zu ihren Dienstpflichten zählte, knallte uns irgendwann – also bei Weitem nicht so schnell, wie sie uns von dem anderen Tisch gescheucht hatte – drei lauwarme, zähe Hühnchen auf den Tisch. Als wir aßen, sagte ich zum Oberrichter und dem anderen Rechtsanwalt, in der Sowjetunion sei, wie übrigens auch in der DDR, etwas Beachtliches erreicht worden. Am Geflügel ziehend und zerrend, schauten sie mich fragend an. Ich erklärte ihnen, Kellnerinnen und Kellner im Sozialismus besäßen sozialgeschichtlich gesehen ein Selbstbewusstsein, von dem man in Indien nur träumen könne.

Obwohl sich meine Reisegefährten über meine Bemerkung und meinen Versuch, eine Not in eine Tugend zu verklären, reichlich amüsierten, bestand ich auf einer neuen Perspektive: Ich hätte nunmehr den Wert des dritten Weges erkannt. Ich will weder eine Kellnerin, die vor Angst neben mir zittert, noch eine Kellnerin, die mich wie den letzten Dreck behandelt. Ich will auch niemanden, der mir vor übertriebener Freundlichkeit sonstwohin kriecht. Es müsste doch irgend etwas in der Mitte geben!

Das Kellnerbeispiel mag ja sehr banal erscheinen, aber es berührt den Grund, den Sinn meiner politischen Tätigkeit: dass endlich Verhältnisse herrschen, in denen Menschen Stärke zeigen können, ohne den Ellenbogen benutzen zu müssen, und Menschen ihre Schwäche offenbaren dürfen, ohne dass dies als fehlende Grundhärte verachtet wird. Kein Mittelmaß, aber das Mittlere als Maß.

*

Dreimal war ich zu DDR-Zeiten, nach dem Januar 1988, auch in Westberlin. Der Vorsitzende der Jüdischen Gemeinde in Berlin machte mir eines Tages den Vorschlag, ich solle als Jurist zu einem jüdischen Kongress nach Westberlin fahren, um dort über die Praxis der Organtransplantationen in der DDR zu berichten. Leider hatte ich überhaupt keine Ahnung vom Thema und musste mich erst sachkundig machen. In der DDR galt eine sehr weitgehende Regelung, man durfte seinem Personalausweis einen Schein beilegen – mit klarer Order, eine Organtransplantation nicht vorzunehmen. Wenn ein solcher Schein nicht beilag, war die Entnahme von Organen zulässig. Merkwürdigerweise kannte kaum jemand diese Regelung, es wird also nur wenige Scheine gegeben haben.

Eine Woche lang nahm ich an dem Kongress der jüdischen Gemeinde in Westberlin teil. Mein Hotel befand sich in der Fasanenstraße, die den Kurfürstendamm kreuzt – es ist genau die Straße, in dem meine heutige Anwaltspraxis ihre Büroräume hat. Ein kaum glaubhafter Zufall.

Einmal fuhr ich nach Westberlin im Auftrag von Klaus Sorgenicht, Leiter der Abteilung Staat und Recht beim ZK der SED. Er hatte dafür gesorgt, dass sein Nachbar, ein Mandant von mir, in einer dringenden Familienangelegenheit in die Bundesrepublik reisen konnte – nachdem dies zuvor abgelehnt wurde. Er war nicht zurückgekehrt. Nun sollte ich ihm in Westberlin das Angebot unterbreiten, in die DDR zu kommen, um noch einmal gründlich und abwägend mit seiner Lebensgefährtin über die existenzielle Entscheidung dieses Weltenwechsels zu sprechen. Wenn nichts ihn zur Umkehr bewegen könne, so dürfe er sofort wieder ausreisen.

Natürlich fragte ich Sorgenicht, ob das auch hundertprozentig eingehalten werde, ansonsten dürfe ich ein solches Versprechen nicht ins Gespräch bringen. Der Abteilungsleiter gab mir seine Garantie. Also fuhr ich zu den in Westberlin lebenden Rechtsanwälten meines Mandanten und ging anschließend mit ihm in ein Restaurant. Wir tranken einen Saft und unterhielten uns. Er wollte aber vom Vorschlag seines ehemaligen Nachbarn nichts wissen. Damit war die Sache für ihn erledigt, für mich auch.

Aber ich traf mich noch mit meiner Schwester, die mir ein wenig von Westberlin zeigte. Mit ihr betrat ich das erste und einzige Mal in meinem Leben einen Sexshop. Wahrlich, es gibt Bedeutsameres zu notieren, wenn man seine Erinnerungen schreibt. Trotzdem. Wir traten also ein bei Beate Uhse, und zunächst fiel mir auf, dass meine Schwester, sonst kein Kind von Traurigkeit und übertriebener Prüderie – dennoch rot wurde. Und was machte ich? Kaufte Tropfen, die Frauen angeblich absolut heißmachen. Freilich bekam ich Angst, der Zoll könne mich kontrollieren, also entfernte ich das sehr anschauliche, offenherzige Werbematerial, mit dem dieses Produkt ausgestattet war – in der Jackentasche trug ich nur noch das kleine Fläschchen und gelangte ohne Untersuchung durch den Grenzübergang.

Die wundersamen Tropfen schenkte ich am selben Abend meiner damaligen Partnerin und kam mir alchimistisch vor wie in Goethes »Hexenküche«. Die Kinder meiner Freundin und mein Sohn George waren Zeugen des Experiments. Mutig, wie meine Partnerin war, schüttete sie mindestens zwanzig bis dreißig Tropfen in ihren Tee. Ihre Tochter geriet in

Panik, sie hatte Angst, ich würde gleich über den Tisch gezogen. Aber die Befürchtung war nicht angebracht, die Wirkung gleich null.

Eine der Fahrten nach Westberlin führte mich in die Rechtsanwaltskammer. Neben einem Essen gab es Gesprächsrunden. Der Staatssekretär aus dem Justizsenat, Herr von Stahl, erzählte mir von den zahlreichen Ärzten, die aus der DDR in die Bundesrepublik kämen und alle sehr gut ausgebildet wären. Der Übergang ins neue Berufsleben vollziehe sich in der Regel reibungslos, lediglich die anderen Namen der Medikamente müssten gelernt werden. Bei den Juristen jedoch, die der DDR den Rücken kehrten, sei eine mangelnde Beherrschung des Handwerkszeugs festzustellen. Er riete ihnen immer, einige Wochen zur Universität zu gehen, um sich Rüstzeug zu erwerben. Er fragte mich nach einer Erklärung für diesen merkwürdigen Tatbestand.

Mich störte an seiner Frage der Untergrund der Arroganz. Meine Antwort lautete: Ja, das könne ich ihm erklären – es verließen eben nur die dümmsten Juristen die DDR. Die umstehenden Anwälte amüsierten sich.

In einem Brief informierte ich den Justizminister der DDR von diesem Gespräch und fügte hinzu, was ich bei der Begegnung im Westen wohlweislich verschwiegen hatte: dass der Staatssekretär nämlich recht hatte. Die Jura-Ausbildung war inzwischen tatsächlich sehr eng geworden, das bürgerliche Recht und dessen Sprache kamen im Studium kaum noch vor.

Im Jahr 1989 spitzte sich die Situation in der DDR permanent zu. Es lag Mehltau über dem Land. Gewaltige Veränderungen standen bevor. Bald würden sich die Ereignisse geradezu überstürzen. Sturz, das war das Wort der Stunde: Bestürzung, Kassensturz, Absturz, Einsturz, Umsturz. Und Aufschwung, der vielfach einer Sturzgeburt glich.

22. KAPITEL

Eines Tages in jenem Spätsommer 1989 wurde ich zum Minister der Justiz bestellt. Dort saß Rechtsanwalt Wolfgang Vogel. Er erklärte, er habe von höchster Stelle (gemeint war sicher Erich Honecker) den Auftrag erhalten, jene Bürgerinnen und Bürger der DDR aufzusuchen, die in großer Zahl in die bundesdeutschen Botschaften in Prag und Warschau geflüchtet waren. Allen dort werde die Ausreise garantiert, wenn sie in die DDR zurückkehrten und hier die Bearbeitung ihrer entsprechenden Anträge abwarteten, dies dauere maximal sechs Monate. Diese Regelung gelte sogar für einen NVA-Offizier unter den Geflohenen, dem wie allen Offizieren eine Ausreise eigentlich verboten war.

Vogel verwies auf den kolossalen Berg Arbeit, so viele Menschen, die zu betreuen, so viele Fälle, die zu bearbeiten seien – allein könne er das nicht schaffen. Deshalb bat er um die Hilfe der fünfzehn Anwaltskollegien. Wir verständigten uns darauf, dass sich die zeitweiligen Rückkehrer in ihrem jeweiligen Bezirk an Anwälte wenden könnten, die von uns empfohlen würden.

Ich sollte Vogel auf seiner Reise nach Prag und Warschau begleiten, er würde den dort Versammelten das weitere Verfahren erläutern, im Anschluss daran erfolge meine Handreichung mit Adressen und Ansprechpartnern im jeweiligen Bezirk.

Tatsächlich flogen Wolfgang Vogel und ich nach Prag und Warschau. In der westdeutschen Botschaft in Prag herrschte eine angespannte Atmosphäre. Die Enge, die Hitze, die Ungewissheit, der Hygiene- und Versorgungsnotstand. Mir fiel auf, wie viele junge Leute auf ihren freien Weg in den Westen warteten. Sie hatten ihre Ausbildung wahrscheinlich gerade erst hinter sich gebracht, und es war bitter, mit anzusehen, wie entschlossen sie der DDR den Rücken kehrten. Ich stellte mir vor, die Führungsriege der SED sei gezwungen, all diesen fordernden, aufgewühlten, erschöpften Menschen hier gegenüberzutreten und ihnen noch einmal ihre Sicht auf die Dinge zu erklären. Einmal mehr wurde mir die Tragik bewusst: Eine Gesellschaft sorgt für soziale Sicherheit, gewährleistet ungefährdete Arbeitsplätze und günstigste Mieten, sie garantiert einmalige kulturelle Möglichkeiten – aber mehr und mehr Menschen stimmen mit den Füßen gegen den Staat ab. Weil die soziale Grundsicherung nicht immer und nicht bei jedem als das Wichtigste begriffen wird, wenn davor ein Preisschild der besonderen Art steht: Verzicht auf Freiheit und Demokratie und ein permanenter Mangel an Waren und Dienstleistungen.

Es kam mir beinahe beschämend vor, dass wir von Angehörigen der BRD-Botschaft in einem der Räume zu einem Essen geladen waren, während draußen Tausende ungeduldig warteten. Ihnen wurde ein Gespräch mit Wolfgang Vogel angekündigt. Es kamen nur fünfzig bis sechzig Leute, die vielen anderen interessierte das nicht mehr.

Nachdem Wolfgang Vogel gesprochen und auch ich eine kurze Erklärung abgegeben hatte, beantworteten wir Fragen. Es herrschte eine gedrückte Stimmung. Gefühlsstau, wie es der Psychoanalytiker Hans-Joachim Maaz formulierte. Von der Möglichkeit, mit dem Bus in die DDR zurückzureisen, machten nur wenige Gebrauch, in Prag wie in Warschau. Die Mehrzahl der Leute wollte nicht den Umweg über die DDR, man wollte nicht wieder Wochen und Monate warten. Die meisten Menschen in den Botschaften wollten keinerlei Risiko mehr eingehen.

Ich erinnere mich an den Anruf eines Mandanten Wochen später. Er meldete sich von der Grenze der DDR. Er wollte eine Kurzreise nach Ungarn antreten, war aber gestoppt worden. Es wurde wohl vermutet, er wolle die DDR für immer verlassen, und zwar über die inzwischen offene Grenze Ungarns nach Österreich. Ein Grenzbeamter übernahm das Gespräch, ich erklärte ihm, warum der Mann ohnehin die Genehmigung zur Ausreise bekäme, er es also gar nicht nötig habe, »illegal« über die Grenze Ungarns zu verschwinden. Das brächte zusätzliche Nachteile. Wer »legal« ausreiste, durfte zum Beispiel sein persönliches Eigentum mitnehmen, bei gesetzwidrig Ausreisenden wurde es staatlich verwaltet, und es würde zudem ein Ermittlungsverfahren eingeleitet. Es entsprach dem allgemeinen Klima jener Zeit, dass ein Grenzbeamter meinen telefonischen Auskünften glaubte – obwohl er doch nicht sicher sein konnte, wen er da am anderen Ende in der Leitung hatte.

Von jenen Botschaftsflüchtlingen, die entsprechend der Offerte Wolfgang Vogels zurückkamen in die DDR, haben einige auch mich mit der rechtlichen Vertretung beauftragt. Das führte – wie mir ein damaliger Angestellter der bundesdeutschen Botschaft in Prag sehr viel später erzählte – unter westdeutschen Politikern zu der Vermutung, ich sei der mögliche Nachfolger von Wolfgang Vogel. Das war natürlich Unsinn, daran war niemals und von niemandem gedacht worden. Ich weiß nur, dass jemand »gehandelt« wurde, und zwar der damalige Direktor des Stadtbezirksgerichts Berlin-Lichtenberg, den wir als Rechtsanwalt in das Kollegium aufnehmen sollten. Wir lehnten das jedoch ab, weil es für uns keinen nachvollziehbaren Grund für diesen Wechsel vom Gericht zu uns gab. Er wurde dann vom Justizminister als Einzelanwalt zugelassen. Nach Herstellung der deutschen Einheit arbeitete er weiter als Rechtsanwalt, und es wurden Vorwürfe gegen ihn erhoben – im Zusammenhang mit Verfahren, die er als Gerichtsvorsitzender geführt hatte. Zum Beispiel gingen einige Bürgerinnen und Bürger der DDR, die erfolglos einen Ausreiseantrag gestellt hatten, regelmäßig gemeinsam in der Allee Unter den Linden spazieren. Ohne Plakate, ohne Losungen, ohne Parolen, ohne jedes auffällige Zeichen des offenen Protestes. Sie riefen zu nichts auf und wurden dennoch verhaftet – und wegen »Missachtung der sozialistischen Gesetzlichkeit« verurteilt, auch von diesem Gerichtsvorsitzenden. Einige dieser Spaziergänger verteidigte ich, plädierte selbstverständlich für Freispruch, blieb aber erfolglos. Der Westen zahlte für die Entlassung der Betroffenen in die Bundesrepublik. Irgendwann aber weigerte sich der Westen, für solche Gefangenen zu zahlen, die für ihn keine eindeutigen politischen Straftäter waren. Ebenso plötzlich hörten die Verfahren gegen Leute auf, die wirklich nur spazieren gegangen waren. Damit stand fest: Es ging dem Staat ums Westgeld. Eines Tages verschwand der Gerichtsvorsitzende, der dann Rechtsanwalt geworden war, spurlos aus Deutschland, und so blieb es.

*

Im September 1989 baten mich die Schauspielerinnen Johanna Schall, eine Enkeltochter von Bertolt Brecht, und Walfriede Schmitt um ein Gespräch. Sie luden mich zu einer Veranstaltung im Deutschen Theater ein und fragten, ob ich bereit sei, juristische Fragen zu den Vorgängen in der DDR zu beantworten. Vor allem ginge es um Demonstrationen und die Art, mit der die Polizei in Berlin, Leipzig und anderen Städten gegen Protestierende vorgegangen war. Die Vorgeschichte dazu: Im Deutschen Theater hatte vor Kurzem bereits eine Schauspielerversammlung stattgefunden. Politbüromitglied Günter Schabowski war eingeladen worden, er sollte Stellung zur anwachsenden Ausreisewelle nehmen. Schabowski erschien, und man sah ihm wohl die Erwartungshaltung des Mannes an, der kraft seiner politischen, administrativen Autorität auf ein eher leichtes Spiel setzte. Aber er irrte sich. Die Stimmung war aufgeheizt, er sah sich sofort auf verlorenem Posten. Das Foyer der Kammerspiele war mit hochgradig erregten Menschen gefüllt, die pfiffen und buhten, sobald Schabowski auch nur Luft holte, um einen Satz zu sagen. Schließlich musste die Veranstaltung abgebrochen werden. Intendant Dieter Mann machte den Vorschlag für eine weitere Versammlung in jeweils kleinerem Kreis, und Mitte Oktober kam es dann im Deutschen Theater zu jener Protestveranstaltung, zu der ich eingeladen war.

Ja, es war ein Treffen von Vertretern zahlreicher Bühnen des Landes. Ich traute meinen Augen nicht: Der Saal war überfüllt. Angenommen hatte ich, in einem übersichtlichen Rahmen mit mehreren Leuten auf einem Podium zu sitzen und gelegentlich das Wort zu erhalten – jetzt stand ich, nach anderen Rednern, allein auf den berühmten Brettern, und die Atmosphäre im Raum ließ vermuten, diese Bretter bedeuteten den Anwesenden jetzt tatsächlich die Welt. Sie war aber aus den Fugen.

Ich atmete durch – und sprach. Meine Rede wurde mitgeschnitten, ohne dass mir das vorher jemand angekündigt hatte. Später wurde sie sogar in Kabaretts abgespielt, wovon ich damals auch nichts wusste. Erst Jahre später erfuhr ich es.

In meinem Diskussionsbeitrag hob ich den Umstand hervor, dass man bei der Polizei sehr verschiedene Arbeiten verrichten könne, und selbstverständlich habe dies auch mit dem Naturell eines Menschen zu tun. Es gebe das Meldewesen, die Kriminalpolizei und eben auch jene Schutzpolizei, die zum Beispiel bei Schlägereien in Kneipen eingreifen muss. Wer sich entscheide, Schutzpolizist zu werden, habe also von vornherein eine andere Beziehung zur körperlichen Auseinandersetzung als Leute, die andere Formen der Konfliktlösung bevorzugen. Ich wies darauf hin, dass die Anwesenden im Saal sich ja auch aus einem bestimmten Grund entschieden hätten, nicht zur Schutzpolizei zu gehen. Das war das einzige Mal, dass ein auflockerndes Lachen durch die angespannte Zuhörerschaft ging. Ansonsten schien Heiterkeit, erwartungsgemäß, ganz abgeschafft zu sein.

Ich versuchte genau zu erklären, wann im eingreifenden Verhalten der Polizei die Rechtsgrenze überschritten wurde, was dabei als Straftat zu werten sei und was nicht. Auch machte ich darauf aufmerksam, dass sämtliche bisherige Demonstrationen nach DDR-Recht formal widerrechtlich gewesen seien. Aber warum – so fragte ich nicht nur mich, sondern in den Theatersaal hinein – würde eigentlich nicht mal versucht, eine legale Kundgebung durchzuführen – indem man sie vorher anmeldete und sie sich genehmigen ließe. Erfolge eine Ablehnung des Antrags, bliebe immer noch die Variante eines ungesetzlichen Demonstrationszuges.

Nachdem ich geredet hatte, wollte der Schauspieler Hans-Peter Minetti, ZK-Mitglied, einen soeben gefassten Beschluss des Politbüros zu einem anderen, offeneren, zugewandteren Umgang mit Bürgern verlesen. Er besaß kein Gefühl für die Gereiztheit der Stimmung, er bekam keine Chance, die Zuhörerschaft stand auf und ging und ließ ihn sozusagen in seiner eigenen Rede stehen.

Tage später kamen Johanna Schall und Walfriede Schmitt ein weiteres Mal in mein Büro. Ich hätte ihnen mit meinem Diskussionsbeitrag im Theater einen Gedanken in den Kopf gesetzt, den sie nicht mehr loswürden: Wie kann man legal eine Kundgebung anmelden? Ich half ihnen, einen Antrag beim Präsidium der Volkspolizei Berlin zu stellen. Und womit wahrscheinlich kaum jemand gerechnet hatte: Er wurde genehmigt – eine Ablehnung wagte man sich nicht mehr. So war der

Weg frei zu jenem wahrhaft historischen Ereignis am 4. November 1989. Eine Kundgebung der etwa 500 000, auf der erstmalig in der Geschichte der DDR das Recht auf freie Versammlung praktiziert wurde. Bis dahin stand es zwar in der Verfassung, galt aber stets nur für die vom Staat angesetzten Demonstrationen und Kundgebungen.

*

In jener turbulenten Zeit suchten mich auch Bärbel Bohley und andere Bürgerrechtler auf. Das Neue Forum, von ihnen gegründet, war für staats- und verfassungsfeindlich erklärt und deshalb nicht zugelassen worden. Viele wollten sich aber unter dem Logo dieser politischen Neugründung organisieren, um für mehr Freiheit, Demokratie und Rechtsstaatlichkeit in der DDR zu streiten. Es war kein Sammlungsort jener, die in den Westen drängten, sondern eine Organisation derer, die in der DDR bleiben und die Gesellschaft verändern wollten. Dieser Umwälzungswille prägte die Demonstrationen in Plauen, Leipzig, Berlin und vielen anderen Städten. Daher erklärte ich mich bereit, gegen die Nichtzulassung des Neuen Forums als Verein Beschwerde einzulegen.

Die Begründung war ein Plädoyer für die DDR – allerdings eine andere als die bestehende. Im Nachhinein klingt das so selbstverständlich und logisch. Aber es war eine Zeit, da der Generalsekretär des ZK der SED und Vorsitzende des Staatsrates und des Nationalen Verteidigungsrates der DDR noch Erich Honecker hieß, die Grenze zum Westen war noch geschlossen.

Indes: Meine Beschwerde hatte Erfolg, das Neue Forum wurde zugelassen. Sicherlich lag das ungleich weniger an meiner Begründung als etwa daran, dass sich das politische Kräfteverhältnis verschoben hatte und die Führung ihre Starrheit Schritt für Schritt aufgeben musste.

Mit der Legalisierung des Neuen Forums war in der DDR zum ersten Mal das Recht zur Bildung eines freien, nichtstaatlichen Vereins durchgesetzt worden. Zwar stand auch dieses Recht seit Jahrzehnten auf dem Papier, nämlich der Verfassung, galt bis dahin aber einzig für Vereinigungen, die vom Staat gewollt waren.

Bärbel Bohley und andere Mitglieder des Neuen Forums fragten mich übrigens, ob ich ihrer Bürgervertretung nicht beitreten wolle. Aus meiner juristischen Hilfe schlossen sie auf eine geistige Übereinstimmung. Die bestätigte ich ihnen gern, jedenfalls in Bezug auf die Zustände, gegen die das Neue Forum ankämpfte. Aber eine Mitgliedschaft lehnte ich mit der Begründung ab, ich wisse nichts über die Ziele, die sie anstrebten. Bärbel Bohley hielt mir entgegen, als führendes Mitglied könne ich Aufgaben und Ziele des Neuen Forums doch mit beeinflussen. Ich bedankte mich und sagte, nunmehr würde meine Hilfe von ihnen nicht mehr benötigt: Nach der offiziellen Zulassung sei das Neue Forum nicht mehr in Gefahr. Ganz im Gegensatz zu jenem Verein, dem ich seit 1967 angehörte – der SED.

Ich dachte und argumentierte wie ein Verteidiger. Bezeichnenderweise sagte Ende 1990 Michael Schumann – einer meiner politischen Freunde, der bei einem Autounfall tragisch ums Leben kam –, ich agierte nicht wie der Vorsitzende der Partei, sondern eher wie ihr Anwalt. Wohl nicht ganz falsch.

*

Noch einmal zurück zum 4. November 1989. Es war das erste Mal in meinem Leben, dass ich das Wort auf einer Kundgebung ergriff – und dann auch noch vor einer so schier unübersehbaren Menge von Menschen. Natürlich hatte ich meinen Redebeitrag ausgearbeitet. Die vorgesehenen Rednerinnen und Redner saßen im Café im »Haus des Reisens«. Vor dem

Gebäude stand auch der Lkw, dessen Ladefläche die improvisierte Tribüne bildete.

Zum ersten Mal sah ich Markus Wolf, den früheren Chef der Aufklärung im Ministerium für Staatssicherheit. Er war vor einiger Zeit aus dem aktiven Dienst ausgeschieden und hatte ein aufsehenerregendes Buch geschrieben, »Die Troika« – eine DDR-Veröffentlichung über die Verbrechen in der Stalin-Zeit. Dieses Buch erschien zeitgleich in der Bundesrepublik.

Es war ein Filmprojekt seines Bruders Konrad Wolf und erzählt die Geschichte von dessen Kinder- und Jugendfreundschaften im Moskauer Exil. Zur Troika gehört neben »Koni«: Lothar »Lotka« Wloch, nach dem Krieg Bauingenieur in Westberlin, Sohn des Komintern-Mitarbeiters Wilhelm Wloch, der 1939 schuldlos in ein sibirisches Straflager verschleppt worden und dort zu Tode gekommen war. Und da ist Viktor »Vitja« Fischer, der »Amerikaner« in der Troika, im späteren Leben Senator in Alaska. Beschrieben werden das Moskau der dreißiger Jahre und die Schneisen, die das Leben in diese so unterschiedlichen Biographien schlug.

Vor allem wegen dieses Buches, einer schonungslosen Spurenlese in den gewaltigen Wirren des 20. Jahrhunderts, galt Markus Wolf als Reformer in der Umbruchphase der DDR. Er glaubte, als Reformer auch auf dem Alexanderplatz reden zu können. Die Kundgebungsteilnehmer ließen das nicht zu. Als kritischer Geist trat er ans Mikrofon, vom Wagen stieg er wieder als ehemaliger Stellvertreter und General Erich Mielkes.

Zum ersten Mal begegnete ich auch Günter Schabowski, Politbüromitglied des ZK und Erster Sekretär der SED-Bezirksleitung Berlin. Er gehörte also dem höchsten Machtgremium der DDR an, und immerhin: In den bewegten Oktobertagen war er der Einzige aus dem inneren Zirkel der Führungsriege, der sich vor dem Roten Rathaus dem Unmut und den harschen Fragen der aufgebrachten Bevölkerung stellte. Auch auf dem

Alexanderplatz nötigte mir Respekt ab, wie er in seiner ruppigen Berliner Art gegen ständige Pfiffe und Buh-Rufe anredete.

Mag diese nahezu einhellig ablehnende Reaktion hart für ihn gewesen sein – sie geschah unverblümt, rücksichtslos und offenbarte so, dass es sich bei dieser Kundgebung keinesfalls um eine getarnte Veranstaltung der SED handelte. Aber natürlich gehörten auch viele Mitglieder der SED zu denen, die hier für Presse- und Meinungsfreiheit, für Prinzipien und Praktiken einer wahrhaft demokratischen Öffentlichkeit demonstrierten.

Erstmalig sah ich auf der Kundgebung auch Lothar Bisky, der als Rektor der Filmhochschule Potsdam-Babelsberg sprach. Wir kamen aber nicht miteinander ins Gespräch.

Die Reden vom Lastkraftwagen herunter waren von unterschiedlicher Qualität, es gab sehr viel Beifall, jedoch ebenso Bekundungen von Unmut und Missfallen. Beides erlebte auch ich, glücklicherweise überwog die Zustimmung. Zum Beispiel kritisierte ich Egon Krenz, der inzwischen neuer Parteichef der SED geworden war, aber zugleich betonte ich, er müsse selbstredend seine Chance bekommen. Buh-Rufe und Pfiffe antworteten mir darauf.

Aufschlussreich fand ich, dass Kritik an der Staatssicherheit nur vom Wittenberger Pfarrer Friedrich Schorlemmer und mir geäußert wurde. Ich wünschte in meiner Rede jedem Haushalt der DDR einen Telefonanschluss. Heute, da schon Zehnjährige ganz selbstverständlich aufs Handy starren, klingt so ein Wunsch fast unbegreiflich. Damals schien es unbegreiflich, er könne für alle erfüllt werden. Aber schön wär's!, dachten sich die vielen, und ich bekam für den Satz von allen Seiten des Alexanderplatzes Beifall. Allerdings gab es da noch einen Zusatz: Ich sagte, gleichzeitig mit dem Telefonanschluss für alle möge der Satz: »Das möchte ich dir lieber nicht am Telefon sagen« für immer der Geschichte angehören. Jetzt wurde der

Beifall noch stärker. Leider hat sich dieser zweite Aspekt meines Telefon-Traumes nicht wirklich erfüllt, man braucht ja bloß an die weltumspannenden Aktivitäten der NSA, des Nachrichtendienstes der USA, zu denken.

Die Kundgebung empfand ich als einen Tag der Befreiung. Letztlich war die überraschende Erlaubnis für diese Demonstration am 4. November auch die Reaktion auf eine Stimmung, deren Grundstein jene gelegt hatten, die als Erste auf die Straße gingen, die sich Plakate wegreißen ließen und den Übergriffen der Polizei lediglich Kerzen entgegenhielten. Was sich an diesem 4. November auf dem Alexanderplatz vollzog, glich der Uraufführung eines wirklichen Volks-Stückes. Ein sehr ernsthaftes Forum, aber auch ein freudiges Fest.

Gut gelaunt, zufrieden mit der Situation und mir fuhr ich nach Hause. In meiner Tasche die dienstliche Telefonnummer von Günter Schabowski – er hatte sie mir unaufgefordert gegeben, nachdem er meine Rede gehört hatte. Wer weiß, dachte ich, wozu man sie mal gebrauchen kann.

*

Am nächsten Morgen, es war ein Sonntag, rief mich Lothar de Maizière an, inzwischen Vorsitzender der Christlich-Demokratischen Union Deutschlands in der DDR. Er teilte mir mit, die Veröffentlichung eines Reisegesetz-Entwurfs stehe am Montag bevor, und dieser Text sei zu halbherzig. Er fragte, ob ich nicht irgendeine Verbindung zur SED-Führung herstellen könne, um die Verbreitung dieser Gesetzesvorgabe zu verhindern. Mehr als erstaunt erwiderte ich, er verfüge doch über den weit größeren Einfluss – als Vorsitzender einer Partei im Nationalrat der Nationalen Front der DDR müsse es ihm doch ein Leichtes sein, den Chef einer anderen Partei, also Egon Krenz, anzurufen und die nötigen Dinge zu besprechen. Nein, sagte Lothar de Maizière, so funktioniere das leider nicht, im

Unterschied zu ihm könne ich im Windschatten des 4. November gewiss andere Wirkungen erzielen und »ganz oben« vielleicht das nötige Nachdenken auslösen.

Das glaubte ich nun ganz und gar nicht, aber plötzlich fiel mir das Kärtchen in meiner Jackentasche ein: die Telefonnummer von Günter Schabowski. Vielleicht saß er in diesen unruhigen Zeiten auch sonntags im Büro. Ich rief an, seine Sekretärin meldete sich. Wie schnell man mit einem Male zur höchsten Machtebene durchgestellt wurde!

Schabowski hörte sich an, was mir Lothar de Maizière mitgeteilt hatte, er fragte, ob ich in sein Büro kommen könne, er habe den Gesetzentwurf auf dem Schreibtisch. Und ob er mir einen Wagen schicken solle. Letzteres lehnte ich ab, das ging mir zu weit. Mit eigenem Auto fuhr ich zur Berliner Bezirksleitung der SED, und ohne Schwierigkeiten und bürokratische Hürden saß ich bald in Schabowskis Arbeitszimmer.

Die Situation erschien mir absurd: Ständig klingelte das Telefon. Mal das rote für besondere Anrufer, überwiegend ein schwarzes. Was mich verblüffte, ja sogar erschreckte, war die chaotische Bandbreite der Themen, die da am Telefon abgehandelt wurden und zu Entscheidungen drängten. Meist ging es um fehlendes Material, und ausgerechnet an diesem Sonntag im November stand auch die Notwendigkeit, Saatgut für landwirtschaftliche Produktionsgenossenschaften zu besorgen. Darum kümmerte sich der SED-Chef von Berlin höchstpersönlich! Zwischen den hektischen Telefonaten gaben sich beschwerdeführende Delegationen und um Hilfe bittende Abordnungen die Klinke in die Hand. Auch hier dominierten ökonomische Probleme, und mir wurde aufgrund dieser wenigen Impressionen einmal mehr klar: So chaotisch kann eine Wirtschaft nicht funktionieren, so kann man ein Land nicht regieren.

En passant nahm ich das politische Durcheinander wahr,

während ich etwas abseits an einem Tisch saß und zunächst den zur Diskussion stehenden Gesetzentwurf las. Tatsächlich war er inkonsequent und wies eine Reihe von Unstimmigkeiten und Ungereimtheiten auf. Sofort entschied ich mich, einen eigenen Entwurf zu schreiben. Er verfügte einen Reisepass der DDR für alle ab vierzehn Jahre, mit Erlaubnis einer Ausreise in jedes Land der Erde. Wo ein Einreisevisum verlangt wurde, sollte man selbst zu den entsprechenden Botschaften gehen und sich dieses Visum besorgen. Sogar Regelungen für Impfungspflichten bei Reisen in bestimmte Länder arbeitete ich aus, auch musste die komplizierte Frage geregelt werden, wie mit verschuldeten Menschen zu verfahren sei, die eine Reise zum Beispiel in der Bundesrepublik Deutschland ausnutzen könnten, um sich ihren Zahlungsverpflichtungen gegenüber Gläubigern zu entziehen. Wie war mit Leuten umzugehen, gegen die gerade ein Ermittlungsverfahren lief? Was sollte geschehen, wenn jemand in Westberlin arbeitete, den größten Teil seines Lohns eins zu fünf in Mark der DDR tauschte und in der DDR sämtliche soziale Subventionen in Anspruch nahm – ohne dort irgend etwas zu leisten, zu schaffen, beizutragen? Mir war klar, in Westberlin würden die Wechselstuben auch in dieser Zeit nicht geschlossen werden.

Das ist nur ein Ausschnitt aus einem großen Problemkatalog, der bei einem neuen Reisegesetz zu beachten war und den ich, sozusagen am »Katzentisch« von Schabowski, mit Lösungsvorschlägen und praktikablen Regelungen in Angriff nahm.

Schließlich hatte ich es geschafft und übergab meinen handschriftlichen Gesetzentwurf Günter Schabowski. Er schüttelte erstaunt den Kopf. Später, in einem seiner ersten Bücher nach dem Ende der DDR – als er mir noch freundlich gesonnen war –, gestand er mir respektvolle Verblüffung zu. Denn niemals hätte er geglaubt, dass es in der DDR jemanden gäbe, der so einfach in der Lage war, in relativ kurzer Zeit und unter unruhigen Bedingungen einen vollständigen Reisegesetzentwurf zu schreiben.

An jenem Sonntag kündigte er an, meinen Entwurf abends in Wandlitz Egon Krenz zu übergeben. Telefonisch würde er mich über die weitere Verwendung meines Textes informieren. Tatsächlich, der Anruf kam, spätabends, Schabowski teilte mir mit, Egon Krenz habe sich für meine Arbeit nicht interessiert, veröffentlicht würde also der ursprüngliche Entwurf. Da waren sie wieder, die langsam mahlenden Mühlen, zwischen deren Steinen man sich selber zerreiben kann. Die DDR hatte gewiss viele Gegner, aber einer der kräftigsten, der im Wege stand, war das System selber.

Schade, dass es meinen Entwurf nicht mehr gibt, zumindest mich würde interessieren, was ich damals so geschrieben habe.

*

Von jenem Sommer und Herbst 1989 kann ich mit Fug und Recht sagen: Im Grunde geschah beinahe jeden Tag etwas Neues in meinem Leben. Mein Bewegungsraum war bisher hauptsächlich der Gerichtssaal, war das vertraute Gespräch im Kollegen- und Mandantenkreis, nun aber wurde aus einer begrenzten eine ziemlich große Öffentlichkeit.

Vom Fernsehen der DDR erhielt ich einen Tag nach meinem Schabowski-Besuch einen Anruf, man lud mich zu einer Gesprächssendung mit Heinz Florian Oertel über den veröffentlichten Reisegesetzentwurf ein. Oertel war der bekannteste Sportreporter der DDR, trat seit Jahren aber auch als TV-Moderator auf und galt als das, was man im Rahmen einer jährlichen Zuschauerumfrage einen »Liebling des Publikums« nannte. Wer hatte mich für so einen Auftritt im Fernsehen vorgeschlagen? Wahrscheinlich kam die Idee von Günter Schabowski, aber ich weiß es nicht.

In der Runde im Studio Adlershof saßen drei Vertreter von

Ministerien der DDR. Die drei Herren verteidigten das Papier, als vierter war ich dran und kritisierte den Gesetzentwurf, er sei nach wie vor aus einem Geist der Einschränkung und der Hürden verfasst – längst aber sei es an der Zeit, das Reisen vollständig zu erlauben und dafür klare, übersichtliche Regeln zu schaffen. Ich merkte, dass die drei staatlichen Mitarbeiter unfrei, ja beklommen diskutierten. Am Schluss der Sendung unterbreitete ich den Vorschlag, gemeinsam mit den Vorsitzenden der Rechtsanwaltskollegien in den Bezirken der DDR einen Gesetzentwurf zu erarbeiten, den wir dann bei der Volkskammer der DDR einreichen würden. Vielleicht, so sagte ich, gefiele er der Volkskammer ja besser.

Dann beging ich allerdings vor laufender Kamera einen verhängnisvollen Fehler. Seit jenem Moment weiß ich, dass bei Menschen, die in der Öffentlichkeit stehen, nicht die Eitelkeit das Problem ist, sondern die Frage, ob sie ihre Eitelkeit beherrschen oder von ihr beherrscht werden. Damals im Fernsehstudio fühlte ich mich eindeutig in einem kleinen Rausch der Selbstgefälligkeit, des zweifelsfreien Gerechtfertigtseins – denn ich fühlte mich in diesem Augenblick als der Anwalt von Millionen und vertrat ihre Sache – wie ich hoffte – zu deren Zufriedenheit. Und so verstieg ich mich zur Ermunterung an alle Zuschauer, sich an mich persönlich zu wenden und mir ihre Ideen und Vorstellungen zum Reisegesetz mitzuteilen.

Die Katastrophe bestand darin, dass ich am nächsten Tag etwa sechstausend Briefe bekam, am übernächsten Tag wiederum sechstausend Briefe. Ich wurde regelrecht zugeschüttet. Diese Post aber unterschied sich äußerlich nicht von jener, die mich aus anwaltlichen Gründen erreichte. Welcher Brief enthielt Bemerkungen zum Reisegesetz, welches Schreiben aber war unter Umständen an drängende gesetzliche Termine gebunden? Nicht auszudenken: Ein Mandant will Rechtsmittel einlegen, aber die Frist kann nicht eingehalten werden, weil der

Anwalt den Brief viel zu spät aus seinem Postberg fischt. Mein Leichtsinn hätte womöglich Forderungen nach Schadensersatz ausgelöst, die vielleicht bis heute noch nicht abgegolten wären. Also musste ich dringend um Hilfe bitten – bei Mitgliedern des Rechtsanwaltskollegiums. Ich sah keinen anderen Weg. Die Kollegen kamen in mein Büro, schlugen dort gewissermaßen ihr zeitweiliges Lager auf, mehrere Nächte sortierten wir gemeinsam alle Briefe nach Reisepost und Anwaltspost.

Nach dem 4. November und nach diesem folgenreichen Auftritt im Fernsehen war ich nun also bekannt geworden. Per Post bekam ich Glückwünsche, eine Urkunde von einer Arbeiterbrigade und ähnliche Ermutigungen, Dankeszeugnisse und Belobigungen. Das hat sich allerdings, als ich wenig später mein politisches, öffentliches Leben an die Erneuerung der SED band, schlagartig geändert. Damit allerdings habe ich gerechnet und mich darauf eingestellt.

Die Vorsitzenden der Rechtsanwaltskollegien trafen sich tatsächlich zwei Mal, um den von mir im Fernsehen angekündigten Reisegesetzentwurf zu erarbeiten. Mit dem Mauerfall vom 9. November 1989 hatte sich diese Mühe allerdings rasch erledigt.

*

Über die folgenreiche Pressekonferenz von Günter Schabowski ist unendlich viel gesagt, geschrieben, geforscht und spekuliert worden – noch heute meine auch ich, dass es sich um ein Versehen handelte, Schabowski war schlichtweg unzureichend informiert. Es sollte zunächst wohl nur die Ausreise derjenigen gestattet werden, die für immer in den Westen wollten. Vorgesehen war, dafür die Grenzübergangsstellen der DDR zu öffnen; man wollte vermeiden, dass weiter die ungarische Grenze und bundesdeutsche Botschaften genutzt würden. Egon Krenz hatte Günter Schabowski aber nur – gleichsam im Vorübergehen und der Hektik der Situation geschuldet –

einen Zettel in die Hand gedrückt, der nicht viel mehr als eine Gedankenstütze und keinesfalls eine klar und eindeutig formulierte rechtliche Handhabung war. Da stand höchstwahrscheinlich etwas von »ständiger« Ausreise, und offenkundig konnte Schabowski mit diesem Begriff »ständig« sehr wenig anfangen. In der Rechtssprache der DDR wurde unterschieden zwischen einer Ausreise als landläufiger und begrenzter Reiseerlaubnis und einer »ständigen« Ausreise als Erlaubnis zum Verlassen der DDR für immer. Er erklärte einfach sämtliche Ausreisen für erlaubt.

Da der Zettel keinen konkreten Zeitpunkt vermerkte, stutzte Schabowski etwas und sagte dann auf Nachfrage, dies gelte ab sofort. Dies war die Logik einer Lageeinschätzung, die in der Tat keinerlei Aufschub duldete und eigentlich in allen drängenden Fragen der aktuellen Politik ein »sofort« zum Gebot der Stunde erhob. Hinzu kam, dass dieses »sofort« von Günter Schabowski wohl keinesfalls den unmittelbaren Moment dieses Abends meinte, es war ein eher allgemeines »sofort«: Die Regelung würde ab der nächsten Möglichkeit gelten, eines der zuständigen Ämter aufzusuchen, also am kommenden Morgen.

Die Menschen, die am Abend des 9. November dieses »sofort« hörten, nahmen das natürlich wörtlich und zogen zur Bornholmer Straße und anderen Grenzübergangsstellen. Da alles so ganz anders gedacht war, als es Günter Schabowski der Welt verkündete, konnte an der Mauer zu Westberlin nur Chaos, Überforderung und gefährlicher Druck entstehen. Bis ein Offizier der Grenztruppen die einzig richtige, vielleicht sogar Menschenleben schützende Entscheidung traf und von sich aus, ohne Absicherung durch seine Befehlsgeber, die Grenzschranke öffnete.

Das mögliche Missverständnis, dem der Mauerfall zu verdanken ist, ändert nichts an der Gewissheit, mit der dieses Ereignis in absehbarer Zeit ohnehin eingetreten wäre. Und nicht das erste Mal vollzog sich ein historisch bedeutsames Ereignis durch die Kraft eines Missverständnisses. Seit dem Zusammenbruch des staatssozialistischen Lagers, dem Ende der DDR und der Restauration des Kapitalismus auch auf ostdeutschem Boden denke ich anders, ja freier über die vermeintlichen Gesetzmäßigkeiten in der Geschichte, die wir als unausweichlichen Aufstieg vom gesellschaftlich Niederen zum Höheren betrachteten. Auch in geschichtlicher Hinsicht lässt sich wohl sagen: Der Mensch setzt auf Rot oder Schwarz, aber die Kugel rollt ins Bunte. Und heute sage ich bei einem Blick in die USA, in die Türkei, nach Polen und Ungarn: Immer ist auch ein deutlicher, schroffer Rückschritt möglich.

Da hatten wir Rechtsanwälte nun also – trotz Mauerfall – den Entwurf für ein Reisegesetz erarbeitet, wollten dem Druck der Dinge standhalten, dem Tempo der Ereignisse entsprechen und wurden doch von der Zeit überholt. Unser Text gelangte zwar noch an die Volkskammer, die Medien vermeldeten unseren Versuch, aber wir hatten nichts weiter getan, als ein paar Worte in den immer stärker auffrischenden Herbstwind geschrieben. Denn es reisten ohnehin alle.

*

Die Maueröffnung selbst war zunächst völlig an mir vorübergegangen. Um zwei Uhr nachts rief mich meine damalige Partnerin an, teilte mir mit, die Grenze sei offen, und wir beide sollten doch jetzt gemeinsam nach Westberlin fahren. Ich erwiderte nur, nachts um zwei sei nicht die richtige Zeit für Scherze. Erst als sie nicht abließ und insistierte, ich solle den Fernseher einschalten, begriff ich, was geschehen war. Den gemeinsamen Nachtausflug über die Grenze lehnte ich dennoch ab. Inzwischen hatte ich ja dienstliche Gelegenheiten gehabt, in den Westen zu reisen, ich verspürte also nicht den

Druck so vieler Menschen, dem nun ein Ventil geöffnet worden war.

Zudem stand am nächsten Tag ein wichtiger Termin am Stadtgericht Berlin bevor, die Verteidigung eines wegen Mordes Beschuldigten. Ich kannte und kenne die deutsche Justiz, auch ein welthistorisches Ereignis würde nicht genug Aura und Autorität aufbieten können, um den Termin einer Hauptverhandlung zu erschüttern. Der war auf acht Uhr angesetzt, ich musste ausgeschlafen sein. Meine Lebensgefährtin sah das ein – und auch wieder nicht. Eine Stunde später rief sie erneut an, wieder lehnte ich ab.

Pünktlich erschien ich am 10. November im Stadtgericht. Die Verhandlung nahm ihren Lauf, als sei draußen nichts geschehen, die Weltgeschichte war hier nicht geladen. Um allerdings zu erkennen, dass es sie dennoch gab, brauchte man nur in die Gesichter der Schöffen zu schauen. Sie sahen sehr übermüdet aus, waren aber brav erschienen.

*

Meine Lebensgefährtin war Monika Koepp, geborene Bolz. Mit ihren Kindern Juliane und Moritz bin ich noch heute befreundet. Ich lernte auch ihre Eltern Tamara und Lothar Bolz kennen. Lothar Bolz war schon vor der Nazidiktatur als Rechtsanwalt in Breslau tätig, er verteidigte auch Kommunisten. Seine politische Haltung zwang ihn unter Hitler zur Emigration in die Sowjetunion. Als er nach der Befreiung Deutschlands von der Nazidiktatur nach Berlin zurückkehrte, wurde er Mitbegründer und Vorsitzender der Nationaldemokratischen Partei Deutschlands (NDPD), einer der sogenannten Blockparteien der späteren DDR. Zuvor waren 1945 in der sowjetischen Besatzungszone die Kommunistische Partei Deutschlands (KPD) und die Sozialdemokratische Partei Deutschlands (SPD) wieder ins Leben gerufen worden. Gegründet wurden zudem die Christlich-Demokratische Union Deutschlands (CDU), die Liberal-Demokratische Partei Deutschlands (LDPD) und später – so wie die NDPD – die Demokratische Bauernpartei Deutschlands (DBD).

Lothar Bolz hatte mit anderen führenden Emigranten eine Zeit lang auch im legendären Moskauer Hotel Lux gewohnt. Er erzählte mir von der unheimlichen, ja gespenstischen Atmosphäre, da nachts regelmäßig der sowjetische Geheimdienst die Etagen durchkämmte und Leute abholte. Nie wusste man, wer in der nächsten Nacht abgeholt wurde, und auch nicht, warum. Die Angst muss so tief gesessen haben wie die Gleichgültigkeit: Man wusste, wie die Dinge lagen – und konnte nichts dagegen tun. Die Berliner Schauspielerin Lotte Loebinger, damals verheiratet mit Herbert Wehner und ebenfalls Emigrantin im Hotel Lux, erzählte später, wie sehr man die Erbarmungslosigkeit verinnerlicht hatte. Wer in jenen Nächten verschont worden war, hielt das nicht der Unschuld zugute, sondern eher einem Zufall.

Monika Koepps Vater gehörte zu jenen, denen die Erfahrungen mit dem Stalinismus nicht das Ideal und nicht die Liebe zur Sowjetunion zerstören konnten.

Eines Tages wagte ich einen biographischen Einwand: Wie glaubwürdig sei es denn, dass ein parteiloser Rechtsanwalt nach Moskau emigriert sei, im Hotel Lux gelebt und anschließend die Nationaldemokratische Partei Deutschlands gegründet habe? Lothar Bolz sah mich an und sagte nur kurz und bündig: »Darüber reden wir das nächste Mal.« Seine Tochter Monika war empört, denn jahrelang hatte sie ihrem Vater dieselbe Frage gestellt, doch gewissermaßen sanft, aber entschieden blieb er stets bei der Behauptung seiner früheren Parteilosigkeit. Nun kam ich, und er gab sofort zu, dass es da noch mehr zu erzählen gab. Es lag nicht an mir, dass seine Auskunftsbereitschaft gewachsen war – die Zeiten hatten sich geändert, man war offener geworden. Menschen, die bislang ausdauernd über ihre Vergangenheit geschwiegen hatten, sprachen inzwischen freier.

Lothar Bolz erzählte dann, dass er nicht parteilos gewesen war, sondern Mitglied der KPD. Aber das wurde offiziell verschwiegen, denn er hatte ja den Auftrag bekommen, die NDPD zu gründen, eine Partei, die sich in erster Linie den ehemaligen Unteroffizieren und Offizieren der Wehrmacht zuwenden und ihnen eine neue politische Heimstatt geben sollte. Die einzigen freien und demokratischen Wahlen, die es im Osten bis 1990 je gab, fanden 1946 in der sowjetischen Besatzungszone statt. Zu diesem Zeitpunkt waren die KPD und die SPD – teils freiwillig, teils erzwungen – bereits zur Sozialistischen Einheitspartei Deutschlands (SED) vereinigt worden. Überall bei dieser Wahl erwies sich die SED als stärkste Kraft, sie hatte aber niemals mehr Sitze als CDU und LDPD zusammen. Deshalb sollten weitere Blockparteien gegründet werden, die bereit sein müssten, gemeinsam mit der SED zu regieren.

So kam es zur Gründung der NDPD und der DBD, und so erklärt sich auch, weshalb Mitglieder der KPD die Order erhielten, NDPD und DBD zu gründen. Lothar Bolz' Stellvertreter und Nachfolger Heinrich Homann dagegen war in jeder Hinsicht klientel-»echt« – das ehemalige NSDAP-Mitglied arbeitete einst am Reichsgericht und hatte damals mit Sicherheit keinen Bezug zu den Kommunisten.

Man kann also von zwei echten Blockparteien (CDU, LDPD) und zwei von der Sowjetunion organisierten, also nicht ganz so echten (NDPD, DBD) sprechen. Ein bisschen musste ich schmunzeln – darüber, dass die CDU und die FDP der Bundesrepublik sich von jeder Sorte dieser DDR-Parteien eine »einverleibten«, nämlich: die CDU die DBD sowie die CDU und die FDP die NDPD sowie die LDPD.

Lothar Bolz erzählte mir auch, dass er mit Gründung der DDR zunächst zum Aufbau-Minister berufen wurde. Bei irgendeinem

Empfang sprach Otto Grotewohl, der damalige Ministerpräsident der DDR, und verkündete mit der generösen Selbstverständlichkeit des Internationalisten, die DDR werde die im Koreakrieg zerstörte Stadt Pjöngjang wieder aufbauen. Lothar Bolz zuckte zusammen, weil er nicht wusste, woher das Material zu nehmen sei. Aber er muss das Problem irgendwie gelöst haben.

Später wurde er Außenminister der DDR, dann auch stellvertretender Ministerpräsident und Präsident der Gesellschaft der deutsch-sowjetischen Freundschaft (DSF). Sämtliche Funktionen gab er jeweils aus Altersgründen ab, bei der DSF aber wurde entschieden, ein Politbüromitglied müsse Präsident werden. Ich glaube, dass ihn das traf.

Lothar Bolz erzählte mir, gegenüber einem hohen Funktionär der SED habe er seine Überzeugung ausgedrückt, das Sowjetsystem werde von der Menschheit abgelehnt. Der SED-Funktionär meinte, die DDR-Bevölkerung sei ideologisch nur deshalb etwas durcheinander, weil die Westpropaganda so tobe. Eine wirklich sehr schlichte Erklärung. Lothar Bolz wusste es anders und besser. Bei seiner Beerdigung auf dem Dorotheenstädtischen Friedhof wurde am Schluss – es bemerkten nur wenige – die Internationale gespielt. Dies muss jemand von »ganz oben« angeordnet haben; so wurde der Kommunist verabschiedet.

Seine Tochter Monika und mich verband eine jahrelange Lebensgemeinschaft, aber nie zogen wir in eine gemeinsame Wohnung. In der ersten Phase meiner politischen Tätigkeit im Zeitenwechsel stand sie absolut zuverlässig an meiner Seite, sie war mir Ermunterung und Trost – ja, auch Trost! – bei den zahlreichen Angriffen, die ich fortan erfuhr und die mich mit einer Heftigkeit trafen, auf die ich nicht ausreichend vorbereitet war. Bis heute bin ich Monika Koepp sehr dankbar.

*

In jenen turbulenten Tagen rief mich ein Arzt der Charité an, der wie ich Mitglied der SED war. Er organisierte eine Protestkundgebung von SED-Mitgliedern vor dem ZK der SED, und er fragte mich, ob ich bereit sei, dort zu sprechen. Diese Kundgebung fand am 2. Dezember 1989 statt. Ich sagte schnell zu, denn es gab ein Motiv, das die Entscheidung begründete: Am 4. November auf dem Alexanderplatz hatte ich vor einer großen Öffentlichkeit dazu aufgerufen, Egon Krenz als neuen Generalsekretär des ZK der SED eine Chance zu geben. Vier Wochen waren seitdem verstrichen, Krenz hatte seine Chance nicht genutzt. Er zeigte sich überfordert, und es war abzusehen, ihm würde kein Denken in neuen Dimensionen und kein Handeln in reformierten Strukturen gelingen – ich wollte ihn nun genauso fernsehöffentlich wie am 4. November zum Rücktritt auffordern.

Tausende standen am 2. Dezember, dem Tag der Kundgebung, vor dem ZK-Gebäude. Es gab mehrere Redner. Plötzlich erschien Egon Krenz. Er war herausgeschickt, aber eindeutig falsch informiert worden. Wie ich später erfuhr, soll er geglaubt haben, dies sei eine Kundgebung zu seiner Unterstützung. Er verließ sozusagen seine Festung und trat ins Offene – ausgerechnet in jenem Moment, da ich am Mikrofon stand. Ich blickte in ausgesprochen traurige Augen. Seinem Gesicht sah man die Verzweiflung, die Verwirrung an. Es fiel mir in seiner Anwesenheit schwer, aber ich sagte, was gesagt werden musste: Ich erklärte, und das unter dem Beifall sehr vieler Parteimitglieder auf dem Platz, dass er zurücktreten müsse.

23. KAPITEL

Der Druck der Basis auf die Führung der SED wuchs täglich, sodass ein außerordentlicher Parteitag beschlossen wurde, zur Sammlung, zur Neuordnung. Ich fühlte den Ehrgeiz, erstmalig in meinem Leben an so einem Parteitag teilzunehmen. Die Chancen standen gut, ich war Delegierter der Kreisdelegiertenkonferenz der SED Berlin-Mitte und inzwischen ja auch etwas bekannt.

Während der Konferenz kam jemand auf mich zu und überreichte mir einen Zettel. Darauf stand, ich möge mich unverzüglich ins ZK-Gebäude begeben. Sehr ungelegen – aber vielleicht auch sehr wichtig? Ich ging nach vorn zur Versammlungsleitung, informierte sie und bat darum, meine Bewerbung aufzunehmen, auch wenn ich nun keine Gelegenheit bekäme, sie den Delegierten zu begründen. Es sei vorweggenommen: Meine Bewerbung wurde angenommen und ich zum Delegierten dieser außerordentlichen Tagung gewählt.

Ein Zettel! Wenn man sich aus großem zeitlichen Abstand überlegt, dass er im Grunde meinen künftigen politischen Weg »auslöste«, dann hat also eine gewisse lockere Zettelwirtschaft Ende und Neuanfang der SED mitbewirkt. Es war eine hingekritzelte Notiz, die zum Mauerfall geführt hatte; es war eine ebenfalls nur hingekritzelte Notiz, deren Inhalt meine bisherige Welt ebenfalls grundlegend verändern sollte. Selbstverständlich ist der kleine Wisch, der mich ins Haus des ZK rief, nicht mit der Wirkung von Schabowskis Zettel vergleichbar, aber einmal mehr denke ich darüber nach, wie beiläufig, wie undeutlich markante Einschnitte ihre Vorboten schicken.

Im Übrigen verließ ich die Kreisdelegiertenkonferenz mit einem etwas mulmigen Gefühl. Mit meinem Auto fuhr ich zum ZK der SED und zwar in der festen Überzeugung, ich würde zur Rechenschaft gezogen – wegen meiner Rücktrittsforderung gegen Egon Krenz. Hinterm Steuer grübelte ich schon über eine Verteidigungsrede nach.

Angekommen im bislang sogenannten Großen Haus, brachte mich ein Mitarbeiter hinauf in einen Raum, wo ein Arbeitsausschuss zur Vorbereitung des außerordentlichen Parteitages tagte. Im Paternoster wurde mir mitgeteilt, das Zentralkomitee habe getagt und Erich Honecker, Willi Stoph, Horst Sindermann und Erich Mielke aus der SED ausgeschlossen. Das Zentralkomitee sei außerdem geschlossen zurückgetreten. Meine Rechtfertigungsrede durfte ich also nach Lage der Dinge vergessen.

Die Leitung der Partei oblag nun dem erwähnten Arbeitsausschuss. Kaum hatte ich den Raum betreten, fragte mich der Ausschussvorsitzende Herbert Kroker, ein Kombinatsdirektor, ob ich bereit sei, eine Kommission zur Untersuchung von Korruption und Amtsmissbrauch der SED-Führung zu leiten. Meinem fragenden Blick, wieso gerade ich, entgegnete er mit dem Verweis auf meinen plötzlichen Bekanntheitsgrad, meine Unbefangenheit, ja meine grundsätzliche Ferne von jenen Parteikreisen, die nun untersucht würden. Ich sei ein unbelasteter Garant für Glaubwürdigkeit. Ich erklärte mein Einverständnis. Beim Blick in die Runde des Arbeitsausschusses sah ich keine mir bekannten Gesichter. Ich kannte niemanden, auch nicht Hans Modrow.

Wenn ich mir die Empfindungen jener Stunde im ZK-Gebäude in Erinnerung rufe, überwog damals wohl eine gewisse Benommenheit. Was geschah, war irgendwie auch unwirklich.

Man war Akteur in einem Prozess, den keine Phantasie hätte vorzeichnen können.

*

Als der Ausschuss seine erste Sitzung beendete, blieb ich im Haus, saß ein bisschen wie angewurzelt auf meinem Stuhl und überlegte, wie ich nun eine Kommission bilden solle und was konkret zu tun sei. Gemeinsam mit dem Bürochef des Politbüros, Edwin Schwertner, ging ich den langen Flur entlang. Alles wirkte einschüchternd und leblos, Schwertner schlug vor, die Büros der Politbüromitglieder versiegeln zu lassen, um die Entwendung von Dokumenten zu verhindern. Zusätzlich ordnete ich an, die Türen der Finanzabteilung zu verriegeln. Mir erschien das als erste Maßnahmen logisch, ich ordnete außerdem an, dass kein Stück Papier mehr aus den Räumen des ZK entfernt werden darf. Zur Kontrolle wurde in die Taschen geschaut.

Aus heutiger Sicht erschrecke ich über diese Rigorosität und würde inzwischen strikt ablehnen, was ich da selber angewiesen hatte. Aber ich glaubte, keine andere Wahl zu haben. Nur: Wer war ich denn eigentlich, dass ich so auftrat? Immerhin erreichte ich, dass die Bürgerrechtler nicht versuchten, das ZK zu besetzen.

Die Grundidee der Erneuerung ging einher mit Kriminalisierung, wahrscheinlich war das gar nicht zu vermeiden, Korruption und Amtsmissbrauch mussten schließlich konsequent untersucht werden, strenge Regeln für die Situation mussten her. Und dann beging ich einen gravierenden Fehler, indem ich kein Interesse für die Abteilung Verkehr zeigte. Was sollten Parteifragen des Transports von Leuten und Material mit meinem Untersuchungsgegenstand zu tun haben? Was ich damals nicht wusste: dass in dieser Abteilung ausgerechnet einer der entscheidenden Bereiche angesiedelt war – sämtliche Devisengeschäfte der Partei.

*

Im ZK-Gebäude hatte ich mir selber ein provisorisches Büro »zugewiesen«, am nächsten Tag kamen zurückgetretene Politbüromitglieder und fragten, ob sie persönliche Gegenstände aus ihren Zimmern abholen dürften. Für mich ein seltsam berührender Vorgang, der mit einem fast schüchternen Klopfen an der Tür begann. Noch kurze Zeit zuvor lebten sie im Stande von Halbgöttern, und plötzlich standen sie bittend vor mir, herabgeworfen aus ihrer Höhe, hinausgeworfen aus ihrer Funktion, zurückgeworfen ins Leben. Keiner trumpfte auf, keiner verbat sich, was hier geschah, keiner fragte, woher ich denn überhaupt die Kompetenz nahm, die ich mir anmaßte. Durch das Statut der SED war ich jedenfalls nicht legitimiert, die Räume der bisherigen politischen Macht zu versiegeln.

In gewisser Weise lieferte auch diese Situation einen Einblick ins hierarchische Getriebe der kommunistischen Bewegung: Bei Aufstieg und Amtsführung finden Personenkult und protokollarischer Eifer oft kein Ende, obwohl man immer behauptet, es gehe doch einzig um die Sache – den Abstieg dann (und erfolge er noch so unwürdig) nimmt man hin, fühlt sich wieder wie in früheren Lebenssituationen.

Den Wachdienst im Haus des ZK leistete in den ersten Tagen dieser neuen politischen Zeitrechnung nach Erich Honecker und Egon Krenz nach wie vor das Wachregiment »Feliks Dzierżyński« des Ministeriums für Staatssicherheit. Es wurde dann abgezogen, und den Wachdienst übernahmen Angestellte. Tatsächlich musste, wer das Gebäude verließ, die Tasche öffnen. Ohne Ausnahme wurde kontrolliert, ob man Unterlagen des ZK mit sich führte. Selbst Hans Modrow, der Ministerpräsident geworden war, blieb von dieser Maßnahme nicht ausgenommen. Der Einzige, der unkontrolliert passieren durfte, war der Urheber des strengen Regimes: ich. Zunächst war mir das peinlich, aber auch das schlechte Gewissen des Menschen hat eine nicht zu unterschätzende Fähigkeit: Es beruhigt sich.

Nach kurzer Zeit bekam ich einen Anruf vom Präsidenten der Staatsbank. Er fragte mich, ob ich Seuchen in der DDR verursachen wolle. Diese Frage verstand ich nicht. Er erklärte mir, die gesamte Reserve des DDR-Papiergeldes werde in den Tresoren im Keller des ZK-Gebäudes verwahrt. Da ich verboten hätte, Unterlagen aller Art aus dem Haus zu schaffen, stocke logischerweise auch der Geldverkehr. Würde das Papiergeld jedoch nicht regelmäßig ausgewechselt, entstünden in der Bevölkerung durch den Umlauf der immer gleichen, sich abnutzenden, mit Bakterien versetzten Scheine von Hand zu Hand sehr viel leichter hygienische Probleme – bis hin zu Seuchen.

Ich war fassungslos, weil ich nicht einmal geahnt hatte, was sich dort unten im Keller befand. Früher war das Haus allerdings ein Gebäude der Reichsbank, so erklärte sich diese geheime Welt der Tresore. Selbstverständlich wurde rasch geregelt, dass wieder Geld »fließen« konnte. Niemand im Haus hatte mich auf dieses Problem aufmerksam gemacht. Anordnung ist eben Anordnung!

*

Da saß ich nun also, ausgestattet mit einem Auftrag: Bilde eine Kommission! Aber wie? Es gab viele Bewerbungen, aber wem konnte ich trauen? Barbara Erdmann bat ich um Mitarbeit, auch einige andere Rechtsexperten aus meinem Bekanntenkreis. Bemerkenswert, dass sich eine Gruppe von Mitarbeiterinnen und Mitarbeitern des ZK bei mir meldete: Sie offenbarten mir, bereits seit geraumer Zeit Material über Amtsmissbräuche gesammelt zu haben, selbstredend würden sie es mir zur Verfügung stellen. Ich staunte über den Mut dieser Leute: Wenn das zu früherer Zeit entdeckt worden wäre, hätten sie mit schwerwiegenden Folgen rechnen müssen.

Beim Studium dieses Materials und überhaupt aller Unterlagen spürte ich ein leises Unbehagen. Wie ein Staatsanwalt sollte ich vorgehen, aber in mir meldete sich immer wieder der

Verteidiger, den konnte ich in so kurzer Zeit nicht niederringen, er rief den Untersuchenden zu besonderer Sorgsamkeit auf. Ich las und las, und wo ein Vorwurf, ein Verdacht zutage trat, sagte etwas in mir: Vorsicht, noch ist nichts bewiesen! Ernsthaft und überzeugt ging ich an meine Arbeit, aber ich fühlte mich auch unwohl und in ungewohnter Weise gefordert.

*

Es war eine extrem spannende, aufregende Zeit. Man war voller Konzentration und begriff doch nicht ganz. Regelmäßig tagte der Arbeitsausschuss. Natürlich blieb uns nicht verborgen, dass Egon Krenz sich noch immer an eine längst vertane Macht klammerte, aber Hans Modrow konnte diesen Kampf eindeutig zu seinen Gunsten entscheiden.

Egon Krenz war noch Staatsratsvorsitzender und Hans Modrow Ministerpräsident. Eigentlich sollte nur Letzterer nach Moskau zu einem Spitzengespräch mit Michail Gorbatschow fahren, aber Egon Krenz wollte mit und fuhr auch mit. Dann aber wurde er am 6. Dezember 1989 als Staatschef abgelöst, und die Machtfrage war entschieden. Hans Modrow genoss in der Bevölkerung weit höheres Ansehen, weit größeren Respekt als Egon Krenz.

Der außerordentliche Parteitag rückte näher und näher, aber ein Bericht meiner Kommission lag noch nicht einmal im Ansatz vor. Grundsätzlichere Fragen mussten geklärt werden: Sollte die SED weiter bestehen oder aufgelöst werden? Welchen Namen würde sie im Falle eines Weiterbestehens tragen? Wie konnten ihre Strukturen so tiefgreifend wie möglich verändert werden? Und plötzlich kam auch die Frage nach einem neuen Vorsitzenden der Partei auf – ein anderer Titel kam nicht mehr in Frage. Ein Thema, das an mir vorüberrauschte, es interessierte mich am wenigsten, ich hatte andere Sorgen und andere Probleme und wollte baldmöglichst ins Anwaltsleben zurück.

24. KAPITEL

Der Oberbürgermeister von Dresden, Wolfgang Berghofer, schlug auf einer Sitzung des Arbeitsausschusses jemanden als Parteivorsitzenden vor, ich hörte den Namen und hörte ihn auch wieder nicht, wie gesagt, nicht mein Thema. Der Name stand im Raum, als solle mir Zeit gegeben werden, zu begreifen, denn: Es war mein Name. Ich begriff und ging sofort zum Gegenvorschlag über: Herbert Kroker oder Wolfgang Berghofer. Kurzes Bedenken. Fast hätte ich schon aufgeatmet, so wie man aufatmet, wenn der berühmte Kelch an einem vorübergeht. Der Kelch kam zurück: wieder mein Name. Wolfgang Berghofer zog sich mit mir zurück und redete auf mich ein. Er versprach, mein Stellvertreter zu werden. Leider vergaß ich die Festlegung einer verlässlichen Frist, denn er blieb nur sechs Wochen, dann trat er zurück und verließ die Partei.

In einer der schwächsten Sekunden meines Lebens habe ich also mein Einverständnis zum Parteivorsitz erklärt. Diese Entscheidung hat mein Leben in jeder Hinsicht gravierend verändert. Schwach war ich geworden aus einer gewissen Ahnungslosigkeit heraus; ich wusste, dass es mich in großen Teilen der Bevölkerung nicht beliebt machte. Aber was mich wirklich erwartete, ahnte ich nicht. Die anderen ahnten wohl, dass ich der Einzige war, der sich überzeugen ließe.

Ich glaube nicht, dass es unbotmäßige Eitelkeit ist, wenn ich heute sage: Die sehr schweren Stunden in diesem Amt vergesse ich nicht, aber es ermöglichte mir auch interessante Begegnungen und eine Öffentlichkeit, wie ich sie in den Grenzen meiner Anwaltschaft nie hätte erleben können. Trotzdem: Stünde ich noch einmal vor der Situation und hätte das Wissen von heute – ich würde wohl »Nein!« sagen.

Aber natürlich gab es auch Zuspruch, der mir Kraft gab. Unter den Schreiben, die mich damals erreichten, fand ich zum Beispiel auch einen Brief von Christoph Hein, einem der empfindsamsten und, ja, so kann man das sagen: feinsten Schriftsteller des Landes. Ein Künstler von großer menschlicher Wärme. Er schrieb: »Mit Ihnen und Modrow sehe ich langsam für Ihre Partei und für unser Land einen deutlichen Silberstreif am – noch fernen – Horizont. Die Lage ist aussichtslos, natürlich, aber wir alle haben keine Alternative zu dieser jetzigen Arbeit. Insofern haben Sie und wir bereits heute den Engel der Geschichte auf unserer Seite. Wenn wir scheitern, wird alles viel langweiliger auf Erden.«

Gerade Christoph Hein und Heiner Müller gehörten in jenen Monaten zu jenen Menschen, die mich in besonderer Weise ihre Solidarität spüren ließen. Als ich Heiner Müller einmal unverschuldet warten ließ, harrte er geduldig im Vorzimmer aus, saß mit stoischem Gleichmut im Sessel und schrieb mir einen vierseitigen Text. Das handschriftliche Unikat betrachte ich als Vermögensanlage, sagte ich ihm ironisch.

Die Öffentlichkeit wurde nun mein unmittelbares Arbeitsfeld. Öffentlichkeit inspiriert mich, sie fordert mich, sie hat meine Tätigkeit als Anwalt im Laufe der Jahre um weitere drei Berufsleben erweitert: Politiker, Autor, Moderator. Ich genieße diese Vielfalt, sie bewahrt mich vor langweiliger Einseitigkeit, sie entspricht meinem Naturell. Aber wie gesagt, was mir alles bevorstehen würde, ahnte ich anfangs keineswegs. Letztlich dachte ich auch gar nicht in den Kategorien einer politischen Laufbahn, als ich mich bereit erklärte, für den Parteivorsitz zu kandidieren. Ich sah mich gar nicht so weit entfernt von meiner angestammten Tätigkeit – genau im Sinne dessen, was mein Freund Michael Schumann – wie schon beschrieben – nach dem ersten Jahr meiner Parteiarbeit zu mir sagte: Ich verhielte mich wie ein Anwalt der Partei.

*

Am 7. Dezember beriet in Berlin zum ersten Mal der Zentrale Runde Tisch. Gemeinsam mit Wolfgang Berghofer vertrat ich bei der konstituierenden Sitzung den Arbeitsausschuss der SED. Der Runde Tisch folgte dem polnischen Vorbild: Staat und Opposition, bisherige Macht und neu begründete gesellschaftliche Kräfte im klärenden Dialog zusammenzubringen und neue politische Strukturen zu entwickeln. Damit sollte ein anderes Gremium Einfluss auf die Entscheidungen der Volkskammer und des Ministerrates nehmen.

Das Problem bestand natürlich darin, dass die Mitglieder der SED im Arbeitsausschuss, wie die anderen am Tisch auch, nicht besonders legitimiert waren, keine Bevölkerung hatte sie gewählt und bevollmächtigt. In den kommenden Wochen, das war abzusehen, würde es unausgesetzt einen Machtkampf zwischen dem Zentralen Runden Tisch und dem Ministerrat geben. Zum Beispiel stand die Frage, ob der Runde Tisch den Ministerpräsidenten einfach vorladen oder nur einladen darf. Überhaupt: Welche Entscheidungen durften an diesem Tisch getroffen werden, welche Kompetenzen hatte er wirklich?

Die neue Demokratie der erschütterten DDR bei ihren ersten Schritten auf Neuland: stockend, stolpernd, unsicher, noch mit Berührungsängsten, aber doch entschlossen, schnell festen Boden unter den Füßen zu gewinnen und Bündnisfähigkeit vor Beharrung zu setzen. Dass die bisherige Allgewalt der SED gehörige Risse bekommen hatte, versetzte die von ihr dominierten Institutionen naturgemäß in erhöhte Nervosität, aber die vermeintliche Lösung bestand nicht mehr in verstärkter Blockade, sondern nur durch zunehmende Öffnung konnte der soziale und politische Frieden im Lande gewährleistet werden.

Mag sein, dass der eine oder andere, der sein Leben in den verhärteten Strukturen eingerichtet hatte, nur einen taktischen Blick für die unübersichtliche und pulsierende Situation hatte; mag sein, dass den einen oder anderen nur die Angst und der Überdauerungsreflex zur Freundlichkeit gegenüber den nun frei agierenden oppositionellen Kräften trieb – es war trotzdem ein großer, entscheidender, unumgänglicher Moment, als Ministerpräsident Hans Modrow im Januar 1990 die Idee entwickelte, Angehörige der Bürgerrechtsbewegung in den Ministerrat der DDR aufzunehmen. Tatsächlich zogen dann am 5. Februar 1990 Tatjana Böhm, Rainer Eppelmann, Sebastian Pflugbeil, Gerd Poppe, Walter Romberg, Klaus Schlüter, Wolfgang Ullmann und Matthias Platzeck in die Regierung ein. Das war kein Entgegenkommen, das war ein Ankommen – SED und Regierung fügten sich den neuen politischen Realitäten.

Der böse, wahrscheinlich typisch deutsche Witz der Geschichte: diese Bürgerrechtler in Regierungsverantwortung, Menschen also, die mit ihrem Mut und ihrer Unbeirrbarkeit wesentlich dazu beitrugen, dass sich in der DDR die Tür zu mehr Demokratie und Freiheit öffnete – ihnen steht für ihre Zeit im Ministerrat lediglich die berühmt-berüchtigte Strafrente für DDR-Funktionäre zu. Als sei die Mitarbeit in der Regierung eine politisch-moralische Verfehlung und nicht, was sie tatsächlich war: tätige Umgestaltung, konstruktiver Eingriff, praktizierter Veränderungswille. Aber, so hieß es, dies sei ja noch der unlegitimierte, von der Bevölkerung auch nicht indirekt gewählte Ministerrat des SED-Systems gewesen, also noch nicht jene Regierung, die erst mit den Wahlen vom 18. März 1990 ihre demokratische Beglaubigung erhalten würde. So bestraft das bundesdeutsche Recht auch bürgerrechtliche Ethik, die damals so wichtig war, um die Lage zu beruhigen und den Weg zu grundlegenden Reformen zu ebnen.

*

Der besagte 18. März 1990 stand als Wahltag nicht von Beginn an fest. Zunächst waren am Zentralen Runden Tisch, und zwar schon auf der konstituierenden Sitzung, freie, geheime und demokratische Wahlen zur Volkskammer für den 6. Mai verabredet worden. Und: Im Laufe der Sitzungen entstand in einer wahrlich spannenden Diskussion der Entwurf für eine neue Verfassung der DDR, der heute noch als leidenschaftliches Dokument der Erneuerung lesenswert ist. Allerdings blieb er ein Entwurf, da die Volkskammer der DDR ihn nicht bestätigte – obwohl die blockierende CDU, die später überwiegend die Regierung stellte, an jenem kühnen Entwurf genauso mitgewirkt hatte wie die anderen Parteien. Er widerspiegelt, was in der Geschichte oft geschieht: Hinterher will sich mancher nicht mehr an das erinnern, was er früher gedacht, gewollt, befördert hat.

An mehreren Sitzungen des Zentralen Runden Tisches nahm ich teil; später, mit meinen verstärkten Aufgaben in jener Partei, die sehr bald PDS heißen sollte, wurde ich durch Vertreter abgelöst. Für mich war dieser Runde Tisch eine bewegende Schule. Von Hannah Arendt stammt ja der Satz, der Sinn von Politik sei Freiheit. Das war das Grundgefühl in den Sitzungen, Freiheit eben nicht nur als Fähigkeit des Einzelnen, sondern als eine Form des Miteinander-Seins, des Miteinander-Redens. Im Übrigen: Die Tagungen des Runden Tisches wurden in großen Teilen vom Fernsehen der DDR live übertragen, Politik war plötzlich ein aufregendes TV-Programm – das hatte es bis dahin nicht gegeben.

*

Der notwendig gewordene außerordentliche Parteitag der SED fand am Abend des 8. Dezember 1989 statt, er wurde am 16. und 17. Dezember fortgesetzt. Die Stimmung schwankte zwischen tiefer Erschütterung und trotziger Hoffnung, zwischen ratloser Erschöpfung und befreitem Geist. Der Delegiertenschlüssel hatte sich geändert: Nicht die Bezirksdelegiertenkonferenzen, sondern die untergeordneten Kreisdelegiertenkonferenzen legten fest, wer zum Parteitag fuhr. Eine größere Nähe zur Basis sollte die künftigen Strukturen prägen – zugleich war allen die Dringlichkeit einer neuen Leitung klar. Das Chaos war in alle gesellschaftlichen Vorgänge gesickert, der Hass gegen die SED verunsicherte und schuf in deren Reihen Ängste, die beginnende Demokratisierung sorgte im Lande für ein aufgeregtes, forderndes, unverblümtes, aufheizendes Stimmengewirr. Logischerweise gab es massenhaft Austritte aus der SED.

Zu Delegierten wurden auch Parteimitglieder gewählt, die es in früheren Zeiten niemals geschafft hätten. Zum Beispiel ich. Die Hierarchien wankten. Freilich entsandten das Ministerium für Staatssicherheit, die Nationale Volksarmee, die Volkspolizei und die Wismut AG – für den Uranabbau zuständig – noch immer eigene Delegierte; Kreisleitungen gab es zum Beispiel auch an Universitäten, an anderen Einrichtungen. Bis zur umfassenden Neuordnung war es noch ein sehr weiter Weg; in jenen Tagen schien nicht mal absehbar zu sein, ob er so ohne Weiteres eingeschlagen werden konnte.

Der Parteitag verlief völlig anders, als man es von SED-Parteitagen gewohnt war. Vorbei die strikte Disziplin (selbst die Stärke des Beifalls etwa für Gäste war früher vorgegeben), der überdimensionale Aufputz, wie weggefegt das protokollarische Brimborium. Jene Außenwirkung einer geschlossenen Formation von Gleichgesinnten, die auf den entsprechenden Fernseh- und Zeitungsbildern immer die gleiche kämpferische Stimmung ausstrahlten, war ebenfalls verflogen. Aber auch mit heutigen Parteitagen, in die längst wieder ein gewisser Zug von Ritual, protokollarischer Formalität und rhetorischer Routine eingezogen ist, war jene Versammlung im Winter der Zusammen- und Aufbrüche nicht zu vergleichen. Dieser Parteitag war keine feste Burg, kein Hochstand der Strategie, er kam direkt aus dem Bluthochdruck der Realität. Er war lebendig, also höchst unberechenbar und offen im Ausgang.

Zu den Delegierten gehörte auch Egon Krenz. Viele Tagungsteilnehmer beschimpften ihn; die Zungen waren, im Unterschied zu früher, nunmehr gelöst; teilweise prasselte es auf ihn nieder, dass wir uns schon ein wenig Sorgen um seine Sicherheit machten. Aber letztlich blieb alles friedlich, es gehörte zur Normalität der außergewöhnlichen Situation, dass der so lange angestaute Unmut nach Ausdruck, nach direkten Äußerungsformen suchte. Das musste ausgehalten werden, es wurde ausgehalten, auch von Egon Krenz.

*

Eine Besonderheit der Tagung bestand darin, dass ich, wie bereits beschrieben, eine Redemöglichkeit für meinen früheren Mandanten Rudolf Bahro durchgesetzt hatte. Eine halbe Stunde durfte er sprechen. Damals vertrat Rudolf Bahro politische, ethische, ökologisch strenge Ansichten, die auch auf das Missfallen vieler Delegierter stießen.

Er sagte zum Beispiel, auch die Sozialisten seien einer »welthistorischen Korruption« verfallen, einem »ökonomischen Materialismus und prinzipiellen Ökonomismus«, den die SED offenbar weiter betreiben wolle. Er nannte das ein »Hase-und-Igel-Spiel, dieses Autorennen Trabi-Wirtschaft gegen Mercedes-Wirtschaft, bei dem unsere Wirtschaft auf der Strecke bleiben muss«. Das war der Aufruf zur umfassenden Umkehr, zur Abkehr vom kapitalistischen Wachstumswahn, und dann entwarf er das Bild einer wahrhaft grünen Landwirtschaft, sie sei zu »entindustrialisieren, entchemisieren, entbetonieren, entspezialisieren. Das Dorf wird das Zusammengehörige wiedervereinen. Die Riesenflächen werden verschwinden, die schweren Maschinen auch. Es wird wieder Platz für Raine, Hecken, Büsche, Bäume, Teiche usw. sein.«

Bewegung im Saal, Zwischenrufe. Pfiffe. Nicht nur an dieser Stelle der Rede. Es war Wolfgang Berghofer, der den Parteitag zu der Zeit leitete, der entschieden darum bat, diesem Mann, der wegen seines alternativen sozialistischen Denkens unschuldig in einem DDR-Gefängnis gesessen hatte, wenigstens mit respektvoller Aufmerksamkeit zuzuhören. Danach herrschte wieder Ruhe.

Die Rede ist für mich heute mehr denn je ein Beispiel für das schwierige Verhältnis von Pragmatismus und Utopie. Wann ist Zeit für den weit ausgreifenden Traum? Denn ein konsequenter Träumer war Rudolf Bahro. Er sprach auf jenem Parteitag das aus, was heute vielfach antikapitalistisches Denken und Fühlen prägt. Er entwarf Zukunft, und das mit offener, radikaler Romantik, ohne Rücksicht auf die Zwänge der Realität, ohne Rücksicht darauf, was die Menschen gegenwärtig bewegte.

Bahros Ansprache erinnerte mich an Heiner Müllers Beitrag auf dem Alexanderplatz am 4. November 1989. Er hatte nichts Eigenes vorgetragen, sondern den Aufruf einer anarchistischen Gewerkschaftsgruppe. Darin wurde der entfesselte Kapitalismus prophezeit, und wenn es jetzt mit der Freiheit übertrieben werde, fände man sich bald wieder in genau dieser verdammenswerten Welt der imperialen Märkte. Auch da pfiffen die Hunderttausenden. Heiner Müller war politisch, gesellschaftlich konkret geworden und hatte an jenem schönen Tag die träumerische Euphorie der Zuhörerschaft gestört, Rudolf Bahro hatte einen Traum eröffnet und wurde von Zuhörern zurechtgewiesen, die in seine Rede hineinriefen: »Konkret! Nicht abheben!«

Interessant: Der Sonderparteitag versuchte die geistige Rückkehr zum demokratischen Grundgedanken, zur wahrhaft sozialistischen Programmatik, aber er war noch überfordert. Rudolf Bahro störte auf. Das, was als Suche nach weltschützenden Alternativen für das Leben auf unserem Planeten heute viele Menschen bewegt, wirkte damals – zumindest auf unserem Parteitag – ein wenig weltfremd, ja geradezu esoterisch.

Klug war es in jenen Oktobertagen allerdings nicht, sich so prinzipiell gegen Wachstum auszusprechen. Wachstum ist ein positiver Begriff. Man hätte formulieren sollen, dass man für ein Wachstum an Lebensqualität eintrete – das nur zu erreichen sei, wenn … Dann wäre das Positive am Begriff des Wachstums genutzt worden.

*

Kurz bevor ich zum Parteitag gefahren war – bis in die vorherige Nacht hinein saß ich noch am Runden Tisch –, hatte mir Barbara Erdmann ihre Notizen aus der Kommissionstätigkeit in die Hand gedrückt. Ein Packen handschriftlicher Stichworte. In der Hoffnung, zur Verfertigung meiner Rede vor den Delegierten noch Zeit zu finden, verzog ich mich in einen Raum. Hans Modrow würde den Parteitag eröffnen, und ich rechnete damit und hoffte, dies nähme eine beträchtliche Weile in Anspruch. Und so ordnete ich Gedanken und Papier. Genauer: Ich hatte gerade damit begonnen, als plötzlich die Tür aufflog, und eine Stimme sagte aufgeregt: »Die Einleitung ist vorbei, du bist schon aufgerufen, aber erscheinst nicht. Das fängt ja gut an.« Nichts mit der Erwartung, Zeit zu haben! Da praktizierte der Parteitag also von Beginn an einen neuen Stil, und ich konnte mich im Moment gar nicht so sehr darüber freuen.

Mit eilig zusammengerafftem Papier lief ich zum Pult und musste aus meinen wirren Zetteln eine Rede formen. Der Saal war überfüllt. Beim Sprechen wurde ich den Eindruck nicht los, dass meine Rede ebenso wirr war wie die Zettelordnung. Zwar fiel das wenig auf, wie ich den Reaktionen entnahm, aber mir war dieser Auftritt am Mikrofon des Parteitages eher peinlich. Bei allen anderen Reden, die ich je hielt, gab es eine bessere Vorbereitung. Damals aber fühlte ich eine innere Unordnung, die sich naturgemäß auf das auswirkte, was ich nach außen trug. Ich verhaspelte mich, einige Delegierte äußerten auch ihren Unmut.

Für meine Wahl zum Parteivorsitzenden schien mir diese Rede mit ihrem Durcheinander und den beträchtlichen gedanklichen Sprüngen keine gute, werbende Vorgabe zu sein. Allerdings hatte ich klar formuliert, dass der »administrativ-zentralistische Sozialismus sich als unfähig erwies, einen wirksamen Beitrag zur Lösung der Menschheitsprobleme zu leisten«. Wenn mein Blick zum Rang ging, sah ich die leeren Plätze da oben. Sie waren für die ehemaligen ZK-Mitglieder reserviert, die nicht als Delegierte gewählt worden waren.

Hochgradig hitzig verlief die Debatte zur Frage, ob die Partei aufgelöst oder reformiert werden solle. Meines Erachtens durfte es auf keinen Fall zu einer Auflösung kommen. Als ich auf dem Parteitag dagegensprach, wusste ich noch gar nicht, dass über hunderttausend Angestellte nicht nur im Parteiapparat, sondern auch in Unternehmen der Partei tätig waren. Sie alle wären von einem Tag zum anderen arbeitslos geworden; es gab in der DDR kein Arbeitslosengeld, weil bis dahin Arbeitslosigkeit nicht existierte. Zudem wäre das Eigentum der Partei »herrenlos« geworden. Es gab kein Stiftungsrecht. Das hätte von allen möglichen Seiten einen unkontrollierten Zugriff auf dieses Eigentum auslösen können.

Vor allem aber: Mehr Chaos konnte die Gesellschaft der DDR nicht verkraften, die SED sollte sich zwar aus der staatlichen und wirtschaftlichen Einmischung zurückziehen, der dringende Abschied von der »führenden Rolle« war unbedingt nötig, aber als ordnungspolitischer Faktor in diesen Zeiten eines historischen Übergangs wurde die Partei unbedingt gebraucht. Zudem schien es mir richtig und würdevoll zu sein, sich nicht aus der Verantwortung zu stehlen. Der Zuständigkeit für Geschichte darf man sich nicht entziehen.

Dass sich die Mehrheit der Delegierten klar gegen eine Auflösung entschied, lag an einer nachmitternächtlichen Rede von Hans Modrow – in einem Moment, da Chaos und große Erregtheit fast nicht mehr zu beherrschen waren. Die Öffentlichkeit wurde ausgeschlossen. Hans Modrow beschwor die Delegierten, sich ihrer Verantwortung im Land bewusst zu bleiben. Er argumentierte stark und überzeugend für eine Reform der SED.

Der Parteitag wählte an diesem 8. Dezember – wirklich geheim – den Parteivorstand, der damals aus neunundneunzig Mitgliedern bestand, die Schiedskommission und gesondert den Vorsitzenden der Partei. All das hatte es früher nicht gegeben.

Nach meiner erwähnten Rede hatte ich mich etwas niedergeschlagen auf meinen Platz neben Wolfgang Berghofer gesetzt und geknirscht: »Wenn ich unter fünfundsiebzig Prozent bekomme, lehne ich die Wahl ab.« Aber tatsächlich erzielte ich ein erstaunlich gutes Ergebnis von über neunzig Prozent.

Herbert Kroker hatte mich im Namen des »Arbeitspräsidiums« als Kandidaten präsentiert und für ansonsten rare Heiterkeit gesorgt, als er mitteilte, ich sei 1948 geboren und seit 1947 in der Partei. Er selbst merkte seinen Versprecher nicht und war etwas irritiert, als der Saal lachte. Danach stellte ich mich den zahlreichen Fragen der Delegierten. Man merkte sofort, ob mir jemand gut oder weniger gut gesonnen war. Einer fragte, ob ich noch immer der Anwalt von Bärbel Bohley sei. Diese Frage war eindeutig auch eine ideologische Prüfung und bediente alte

Vorurteile, ja Feindbilder. Ich machte in meiner Antwort klar, dass nur ein schlechter Anwalt Mandanten wegen ihrer Gesinnung ablehne. Ich vermute, ich habe den Fragesteller damals bestärkt – in seinen Vorbehalten mir gegenüber.

Auch nach Privilegien erkundigte man sich. Ich wolle freimütig Auskunft geben, betonte ich. Erwartungsvolle Stille. Und dann mein Geständnis: »Ich besitze eine Karte für das Parken vor Justizgebäuden. Das war ein Recht, das wir uns erstritten haben, sonst wären wir oft nicht pünktlich zu Gerichtsterminen gekommen.« Nach meinem Geständnis das Versprechen: »Meine Parkkarte endet am 31. Dezember, ich werde sie nicht verlängern lassen.« Ich konnte mir ein solches Auftreten nicht ganz verkneifen, trotz der sehr ernsten Situation.

*

Als neuem Parteivorsitzenden widerfuhr es mir, dass ich bei der ersten konstituierenden Sitzung des Parteivorstandes die Genossen mit »Sie« anredete. Das war ich so gewohnt, im Gerichtssaal siezte man selbst gute Bekannte und Freunde. Edwin Schwertner schob mir einen Zettel zu: »Lieber Gregor, hier ist es üblich, den Vornamen und das Du zu verwenden.«

Nach meiner Wahl lief ich übrigens Gefahr, von einer Traube aus Medienvertretern erdrückt zu werden. Fragen prasselten. Im Gedächtnis geblieben ist mir die Erkundigung eines Journalisten, wie ich denn nun mit dem Parteiapparat verfahren würde. Ich kehrte die Frage um: Interessant für mich sei eher, was der Apparat mit mir vorhabe. Zwar hatte ich mein Ja zu einem Spitzenamt gegeben, zwar bekannte ich mich damit zur Führungsaufgabe, aber in gleichem Maße wusste ich doch: Ich besaß keinen Stallgeruch, ich betrat die politische Szene als Seiteneinsteiger, ich war ein Neuling des Administrierens, und jener Apparat, den es zu lenken und zu verwalten galt, war kein Ruderboot, sondern ein Tanker. Einer zudem, der schlingerte, sozusagen auf Sinkkurs ging. Als ich später ins ZK-Gebäude fuhr, das nun das Haus des Parteivorstandes war, kannten alle Mitarbeiter bereits den Satz, mit dem ich dem Journalisten meine Beziehung zum Apparat charakterisiert hatte. Die einen sahen mir mit gesteigerter Erwartung entgegen, die anderen dagegen mit gesteigertem Misstrauen.

Wenn ich heute über jene Zeit nachdenke, erschauere ich ein wenig über meinen Mut, diese Aufgabe anzugehen. Mut? Wahrscheinlich muss die Frage anders gestellt werden: Wie viel Ahnungslosigkeit beherrschte mich? Aber auch: Wie viel Grundvertrauen? In »Dantons Tod« von Georg Büchner gibt es eine kleine Szene, da will ein Bürger dem anderen beim Sprung über eine Pfütze helfen. Natürlich wehrt der Betreffende ab, außerdem sei nichts dabei, wenn er hineintrete. Da warnt der andere: Gerade unter der Oberfläche dieser gewöhnlichen, unscheinbaren Pfütze könne sich ein Loch auftun, in das man hineinfalle in die tiefste Tiefe der Welt. Also: Überall ist Vorsicht geboten; man weiß nie, was hinter den Erscheinungen stecken kann, aber manchmal muss man auch geradewegs in eine Pfütze treten, ohne gleich ans Schlimmste zu denken. Und so stiefelte ich los.

Das heißt, als dieser besondere Parteitag am 8. Dezember 1989 zu Ende gegangen war, stand ich erst einmal da. Und zwar mutterseelenallein vor der Sporthalle Weißensee. Fast alle Delegierten waren abgefahren, der Einzige, für den es kein Fahrzeug gab, war ich. Den Parteivorsitzenden hatte man schlichtweg – vergessen. Barbara Erdmann sah mich Verlassenen und lud mich ein, in ihren VW Golf zu steigen. Das lehnte ich ab, ich wollte nicht in einem Westauto vom Parteitagsgelände fahren.

Freundlicherweise hielt ein Bus mit Delegierten aus Karl-Marx-Stadt, heute Chemnitz, ihnen war ich in meiner Verlorenheit wohl aufgefallen, man sammelte mich auf, und der

Bus, der aus Berlin hinausfahren wollte, machte einen Umweg über das Zentrum der Stadt. Ich ließ mich zur Littenstraße bringen, um dort meinen Abschied zu nehmen, als – jetzt unbedingt noch mal her mit diesem stil- und klangvollen Namen! – Vorsitzender des Kollegiums der Rechtsanwälte in Berlin und Vorsitzender des Rates der Vorsitzenden der Kollegien der Rechtsanwälte in der DDR. Danach erst begab ich mich in das Gebäude des Parteivorstandes, wo nun mein neuer Arbeitsplatz lag.

25. KAPITEL

In das Zimmer von Erich Honecker wollte ich selbstredend nicht einziehen, nahm aber immerhin ein nunmehr unbesetztes Büro eines Politbüro-Mitglieds. Meine Tätigkeit als Anwalt würde ich ruhen lassen. Schweren Herzens, aber doch auch in Gewissheit neuer fordernder Aufgaben.

Als ich, nach diesem äußerst anstrengenden Tag, abends in der Fernsehsendung »Was nun, Herr Gysi?« befragt wurde, bestätigte ich vor der Kamera, mich als Kommunist zu fühlen. Darunter verstand ich einen Menschen, der sich im Sinne des Kommunistischen Manifests von Karl Marx und Friedrich Engels dafür einsetzt, die Gesellschaft von allen ausbeuterischen Strukturen zu befreien und Verhältnisse zu schaffen, in denen die freie Entwicklung des Einzelnen die Voraussetzung einer freien Entwicklung aller ist.

In der DDR übrigens wurde das lange Zeit bewusst falsch zitiert: Die Freiheit aller sei die Voraussetzung für die Freiheit des Einzelnen. Also konnte die Partei sagen: Da noch nicht alle frei seien, müsse der Einzelne eben auch noch warten. So begründete man Unfreiheit, und offenkundig hat niemand im Original nachgeschaut. Erst Stephan Hermlin hat in seiner Erzählung »Abendlicht«, Anfang der achtziger Jahre, den Irrtum, die Täuschung öffentlich gemacht. Ich merkte damals bei vielen eine gewisse Empörung. Dies warf aber ein bezeichnendes Licht darauf, wie man Marx und Engels las, nämlich gar nicht oder zu oberflächlich.

In Reaktionen auf besagte Fernsehsendung erfuhr ich nun,

dass die Berufung auf Marx und Engels inzwischen wenig nützte, wenn man von Kommunismus sprach. Der Begriff wurde im Westen sofort in Beziehung gebracht zum Staatssozialismus, zu den Schüssen an der Mauer, zu Stalin, Pol Pot und Mao Tse-tung, war also beschädigt und galt als eine Beharrung auf dem, was jetzt umgestoßen werden sollte. Ich spürte das Missverständnis, ich bemerkte die Missachtung.

Die Lehre für mich bestand darin, dass man einen Begriff nicht getrennt und unberührt von seinen öffentlichen Wirkungen, gleichsam privat definieren sollte. Wenn Kommunismus weithin, und sei es auch falsch, gleichgesetzt wird mit Stalinismus und Diktatur und Toten an der Mauer, dann muss man darauf reagieren und die Distanz der Leute ernst nehmen. Mir war klar, dass wir uns von diesem Begriff verabschieden mussten, es gab für ihn kein Verständnis mehr in der Bevölkerung. Die Deutungshoheit darüber – oft genug von uns selbst missbraucht – war verloren.

In anderen Ländern, etwa in Frankreich, wird der Begriff des Kommunismus weit lockerer und offener benutzt – in Deutschland war und ist dies nicht der Fall, auch weil hier Kommunisten an die Macht gelangt und mit ihrem sozialistischen, also weit vor dem Kommunismus angesiedelten System nicht erfolgreich waren. Merkwürdigerweise ist der Begriff des Sozialismus und des Sozialisten weit weniger negativ behaftet als das Vokabular rund um den Kommunismus. Wahrscheinlich hat das in Deutschland viel mit der Programmatik der SPD zu tun, auch wenn sie leicht verächtlich »Sozis« genannt werden.

Jedenfalls habe ich mich seit jenen Wendezeiten 1989/90 als demokratischen Sozialisten bezeichnet, und so empfinde ich mich auch. Vielleicht ist sogar noch ein Zusatz wichtig: Ich fühle mich als libertärer demokratischer Sozialist. Der politische Liberalismus erhebt die höchstmögliche Toleranz, die größtmögliche individuelle Freiheit zur Prämisse meiner Vorstellungen von einer sozialistischen Gesellschaft. Kurz gesagt heißt das: Nie wieder Diktatur, und sei es fürs edelste Ziel; nie wieder Avantgarde, die alles zu wissen meint, vor allem besser; nie wieder Missionierung, die den Menschen vorschreibt, was für sie das Beste sei.

In der erwähnten Sendung »Was nun, Herr Gysi?« werden jedem Interviewten am Schluss Anfänge von Sätzen vorgelegt, die er vollenden muss. Einer dieser Sätze für mich begann: »An Helmut Kohl schätze ich besonders, ...« Schnell musste mir etwas einfallen. Ich sagte: »... die Art und Weise, wie er mit seiner Darstellung in Kabaretts und Zeitungen umgehen kann.« Damals wusste ich nicht, was ich heute in dieser Antwort lese: nämlich das Lob einer Fähigkeit, die auch ich mir sehr bald antrainieren musste.

*

Der Sonderparteitag Anfang Dezember war nicht beendet, sondern nur unterbrochen worden. Bis zu seiner Fortsetzung gab es eine Menge Arbeit, eine große Zahl an Gesprächen, es mussten viele Entscheidungen getroffen werden. Vorentscheidungen für eines: einen freien Weg zu demokratischen Reformen, an deren Anfang die Partei einen Namen erhalten musste, der dieser neuen Situation Rechnung trug.

Für den 11. Dezember 1989 war ein Telefonat mit Michail Gorbatschow verabredet. Das hätte ich mir bis dahin nicht träumen lassen: ein Gespräch mit dem Mann, der mit »Glasnost« und »Perestroika« jene Lawine ins Rollen gebracht hatte, die mich nun auch erfasst und in funktionale Höhen getragen hatte, die mir noch immer sehr unwirklich erschienen. Höhen? Nein, im Grunde saß ich auf dem vielleicht einzigen Stuhl in der DDR, auf dem sich nun wahrlich niemand niederlassen wollte.

Der Termin des Telefongesprächs war für eine bestimmte Uhrzeit vereinbart worden, und was ich nicht für möglich gehalten hätte: Der rote Apparat klingelte auf die Sekunde genau. Ich war aufgeregt, beruhigte mich aber rasch. Michail Gorbatschow und ich sprachen miteinander, auf jeder Seite übersetzte ein Dolmetscher. Der sowjetische Parteichef beschwor mich, die SED auf keinen Fall aufzulösen. Geschähe dies, so sei es zwangsläufig mit einem Ende der DDR und der Sowjetunion verbunden. Mit Galgenhumor erwiderte ich, schon mit »meinem Verein« seien die Schultern eines kleinen Berliner Advokaten schwer überlastet, er möge bitte nicht auch noch die gesamte Sowjetunion draufpacken. Das einzige Mal während unseres Gesprächs lachte Gorbatschow. Er wirkte sehr angespannt. Trotz seiner zweifelsfrei gegebenen Routiniertheit in einer Weltmachtposition merkte man, wie schwierig die Situation auch für ihn war. Aber natürlich obsiegte in seinen Bemerkungen immer wieder die Dominanz, er sprach nicht einfach mit mir, er führte das Gespräch. Wir verabredeten ein gemeinsames Treffen, das tatsächlich am 2. Februar 1990 in Moskau stattfand.

*

Bei der Fortsetzung des außerordentlichen Parteitages gelang eine konsequente Umbenennung der Sozialistischen Einheitspartei Deutschlands noch nicht. »Undeutlich treten neue Sterne ins Haus«, heißt es bei Brecht. Verständlich, dass bei Delegierten die erwachte Bereitschaft zur Neuerung gleichzeitig auf den Wunsch nach Bewahrung traf, schließlich sollte nicht alles über Bord geworfen werden, was man in dieser politischen Organisation, trotz ihrer Deformationen, gelebt und gewollt hatte.

Wir hießen fortan Sozialistische Einheitspartei Deutschlands – Partei des Demokratischen Sozialismus (SED/PDS).

Der Zusatz des »Demokratischen Sozialismus« war mir so wichtig, weil ich für die Partei und die Außenwelt manifestieren wollte, dass Demokratie künftig für uns Lebensquell bedeutete. Und zwar als Praxis! Zum Einwand der Tautologie – ein wirklicher Sozialismus sei immer demokratisch, konnte ich nur sagen: Das mag schon sein, aber die Menschen haben über Jahrzehnte das Gegenteil erlebt. Es ging nicht um Wissenschaft und deren Definitionen und Theoreme, sondern um glaubhafte Politik.

Auf diesem Parteitag hielt ich, nunmehr als Vorsitzender, meine zweite Rede. Ich war deutlich besser vorbereitet als bei der ersten, wenngleich die Überforderung und die permanenten Nöte nächtlichen Kurzschlafs weiterhin ihre Spuren hinterließen. In meiner Rede entwickelte ich Vorstellungen, wie man die DDR zutiefst demokratisch gestalten könne. Eigentlich muss man darüber keine Zeile mehr verlieren, das Wort von der Reform war in den Sand geschrieben, und das bei aufkommendem Wind.

Aber die Frage, warum ich damals überhaupt noch an einen Bestand der DDR glaubte, inmitten um sich greifender Skepsis und immer stärker werdender Orientierung vieler Menschen nach dem Westen – diesen Glauben will ich auch heute, mit großem Abstand, nicht pauschal mit illusionärer Weltsicht, Blauäugigkeit, gar Blindheit erklären.

Das Bestehen der DDR band ich an den Glauben, die Sowjetunion würde den Osten Deutschlands nicht aufgeben. Ganz im Sinne dessen, was mir Michail Gorbatschow am Telefon gesagt hatte: Eine Aufgabe der DDR hätte die Selbstaufgabe der Sowjetunion zur Folge gehabt. Nicht weil die DDR so wichtig gewesen wäre, sondern weil der Zusammenbruch dieses Staates den Ruin des Systems angezeigt hätte – es ist ein Unterschied, ob ein Land umgekrempelt wird oder völlig verschwindet.

In der Stunde der Maueröffnung hatte ich zu Monika Koepp gesagt, dieser außergewöhnliche Vorgang offenbare den Anfang vom Ende der DDR. Meine Lebensgefährtin wehrte damals ab, sie bestand auf ihrer Zuversicht. Nach dem Parteitag erinnerte sie mich an unser nächtliches Gespräch und fragte mich, wieso ich in meiner Rede noch immer von einer DDR mit Zukunft gesprochen und also nach außen hin die Realität, also das, was ich doch vor Kurzem selber prophezeite, geleugnet hätte. Ich spürte plötzlich, als mich Monika Koepp fragte, meine Zerrissenheit. Aber selbst wenn ich vom baldigen Ende der DDR schon vollkommen überzeugt gewesen wäre, so hätte ich auf dem Parteitag doch trotzdem Vorstellungen von einer demokratisch-sozialistischen Gesellschaft entwerfen müssen. Das war mir damals wichtig.

Im Übrigen: Das Verhältnis zur DDR spaltete die Bevölkerung. Verbesserung oder Verteufelung, Neuaufbau oder Abriss, hierbleiben oder gehen – die Gräben vertieften sich von Tag zu Tag. Auf der Straße wurde zunächst gerufen: »Wir sind das Volk!«, erst später: »Wir sind ein Volk!« Mir wurde immer erzählt, diese Losung sei von außen in die Demonstrationen hineingetragen worden, das klang etwas nach Manipulation und Fernsteuerung. Wirklich fundiert kann ich das nicht beurteilen, aber es wäre noch im Rückblick eine Selbsttäuschung, die Augen vor dem Wunsch sehr vieler Menschen zu verschließen, die DDR endlich hinter sich zu lassen und in einem vereinten Deutschland zu leben. Der Ruf »Wir sind das Volk!« stammte aus jener Zeit, da der Sturz der SED-Führung das Höchstmaß des Vorstellbaren bildete; als die Mauer gefallen war, änderte sich auch schnell der Horizont der politischen Sehnsüchte. Jetzt wurde anderes gerufen, weil anderes möglich schien.

Allerdings gehört zur Wahrheit, dass auch eine andere DDR diskutiert wurde, nicht nur in der SED, sondern auch in Kreisen der soeben gegründeten ostdeutschen Sozialdemokratie und ebenso bei der Bürgerbewegung. Sogar Willy Brandt und Hans-Jochen Vogel sprachen damals von Konföderation und »Drittem Weg« und ostdeutscher Erneuerung. Auch Vera Lengsfeld, Bärbel Bohley und Wolf Biermann plädierten damals für den Erhalt der DDR. Es begegneten sich also Menschen aus unterschiedlichsten politischen Richtungen mit dem gleichen Ziel: einer deutlich demokratisierten DDR. Unabhängig davon, dass es sehr unterschiedliche Konzepte und Motive gab.

*

So gab es viele Kritiker der SED-Herrschaft, die mit ihrem Wort leidenschaftlich gegen das Bestehende standen, jedoch nicht bereit waren, deswegen den historischen Alternativgeist einer sozialistischen Entwicklung aufzugeben. Ausdruck dieser Beteiligungsleidenschaft war Ende November 1989 die Erklärung »Für unser Land«, die Christa Wolf im Fernsehen verlas. Vor allem Künstler, Intellektuelle und Pfarrer, aber auch andere, darunter kritische SED-Mitglieder unterzeichneten diesen Aufruf, der ermutigen und Hoffnung verbreiten sollte und der den Glauben an die Eigenständigkeit der DDR gegenüber der Bundesrepublik betonte. Aufschlussreich, wie schnell sich im Zusammenhang mit diesem Papier das Verhältnis bestimmter Medien der Bundesrepublik Deutschland zu kritischen Geistern der DDR änderte. Christa Wolf, Stefan Heym, Heiner Müller, Friedrich Schorlemmer und andere hatten ihren Namenszug unter den Aufruf »Für unser Land« gesetzt. Galten sie in den Feuilletons der FAZ und anderer tonangebender Blätter bislang als gesamtdeutsche Geistesgrößen, so wurden sie nun, mit deutlicher Distanz, zu DDR-Schriftstellern und -Schriftstellerinnen zurückgestuft – man nahm ihnen übel, dass sie diesen Staat zwar umfassend verändern, aber nicht aufgeben wollten.

War das blauäugig? Sei's drum. Mit dem Aufruf »Für unser Land« war eine Utopie formuliert, und eine Utopie wird nicht dadurch entwertet, dass man vor ihr nicht besteht. Im Übrigen hatte sich dieser Appell ohnehin schlagartig erledigt, als auch Egon Krenz ihn unterschrieb. Er hätte das niemals tun dürfen. Er ist offenkundig falsch beraten worden, hatte aber auch selbst kein Empfinden für die politische Psychologie der allgemeinen Situation. Er lebte noch immer nicht in der Stunde, die für ihn geschlagen hatte.

Erstaunlich bleibt, wie im Rückblick sämtliche Alternativen jenseits dessen, was dann mit der Herstellung der deutschen Einheit entstand, so systematisch ausgeschaltet, verdrängt wurden.

Am 2. Dezember 1989 fand im Haus der Jungen Talente in Berlin-Mitte eine Diskussion mit dem Minister für Kultur Dietmar Keller, mit Bürgerrechtlern und Künstlern statt, und ich sehe ihn noch vor mir, den bekannten, markanten Mann mit dem Seehundbart, wie er in gewohnter aufgekratzter Manier das Wort ergriff und für ihn durchaus ungewöhnliche Dinge in die Runde warf: »Ich kann das Wort WIEDER nicht ertragen. Ich meine Wiedervereinigung … (Beifall). Aber egal, unter welchem staatlichen Dach die Deutschen leben oder Dächern, wie es mir besser gefallen würde … weil ich nämlich darauf hoffe. Das ist doch erlaubt. Und wenn die anderen es anders wollen, so können sie es ja machen. Ich hab hier nichts zu bestimmen, aber ich will deutlich sagen, was ich mir wünsche: dass zwei Deutschländer da sein können, die einen edlen, friedlichen und demokratischen Wettstreit versuchen. (langer Beifall). Einen Wettstreit, bei dem man den anderen nicht in die Pfanne haut, nicht ihn heruntermacht und ihm miese Motive unterstellt und ihn zum Schwein stempelt, denn wer andere zum Schwein stempelt, will es auch abschlachten. Er hat das Messer schon hinter dem Rücken.« Wolf Biermann.

Ich bin mir nicht sicher, ob er sich heute noch gern an diesen Auftritt erinnert.

*

Am 21. Dezember kam Frankreichs Präsident François Mitterrand nach Berlin. Er folgte einer Einladung des amtierenden Staatsratsvorsitzenden Manfred Gerlach von der LDPD. Auch ich bekam Gelegenheit, Mitterrand zu treffen. Im Palasthotel haben wir über eine Stunde miteinander gesprochen. Ein wenig schmeichelhaft eröffnete er mir seine Freude darüber, dass in Osteuropa jetzt überall so junge Leute wie ich (ich war damals einundvierzig Jahre alt!) das Sagen bekämen. Allerdings sei er besorgt, dass im Zuge energischer Veränderungen auch Strukturen gefährdet seien, die doch ihren Sinn hatten.

In seinen Worten schwang die Furcht mit, der Gestaltungsdrang nachfolgender Generationen könne, wie so oft, zu unbedenklich reinen Tisch mit Bewährtem machen. Zudem assoziiere die offene Situation in Deutschland – er hatte sogar schon mal vom »Vierten Reich« gesprochen – nicht so sehr, wie man häufig höre, die Zeit am Ende der Weimarer Republik, also vor dem Zweiten Weltkrieg, sondern lasse an jene Lage denken, wie sie vor dem Ersten Weltkrieg entstanden war.

Von heute aus betrachtet, eine bemerkenswerte Einschätzung von ihm. Denn derzeit erleben wir die bislang stärkste Gefährdung der Europäischen Union (EU), und das Wichtigste an dieser Union besteht doch wohl darin, dass sie Kriege zwischen ihren Mitgliedsländern bisher ausschließt. Solche verheerenden bewaffneten Konflikte zwischen ihnen, oft genug ausgebrochen, sind zur Zeit zum Glück nur noch ein Gegenstand für Historiker. Sollte sich die EU jedoch auflösen, kann unter Umständen, aus politischen und ökonomischen Gründen, urplötzlich eine Konkurrenzsituation entstehen, die solche Kriege in Europa wieder in den Bereich des Möglichen rückt.

Übrigens dauerte das Gespräch lange. Viele Gäste warteten ungeduldig auf François Mitterrand, das anschließende Buffet, vor allem natürlich auf dessen Eröffnung. Ich räume ein, dass es mir Spaß bereitete, den protokollarischen Ablauf etwas aufzuhalten. Als ich mit Mitterrand den Raum im Palasthotel betrat, sah ich in den Blicken die deutlichen Grenzen der Begeisterung und wusste, dass ich die Ursache war.

26. KAPITEL

Das Gespräch mit François Mitterrand gehörte zu jenen Ereignissen, die in jener Zeit lawinenartig über mein Leben kamen. Ich machte Erfahrungen und stand doch auch staunend, ja ungläubig daneben. Alles brannte sich ein, mit ungewohnter Heftigkeit. Aber als ich vor einiger Zeit von einer Zeitung gefragt wurde, wie ich in jenem so einschneidenden, turbulenten Jahr 1989 Silvester gefeiert hätte, musste ich zu meiner eigenen Verwunderung gestehen: An diesen 31. Dezember 1989, der ein so folgenreiches Jahr abschloss, hatte ich gar keine Erinnerung. Mir ist trotz Nachdenkens bis heute nichts eingefallen. Offenbar erlebte ich zu Silvester Stunden einer solchen Ruhe und Ungestörtheit, dass sie von meinem Gedächtnis als unwirklich abgewiesen wurden und mein aufgekratztes Gemüt gar nicht erst erreichten.

Ganz anders der Beginn des neuen Jahres. Nachdem ich zum Parteivorsitzenden gewählt worden war, hatten viele Zeitungen in der alten Bundesrepublik noch geschrieben, ich sei ein Reformer, ich führte die Partei gewiss »vernünftig«, und das hieß im Klartext: Man hoffte auf eine deutliche Abkehr vom bisherigen Weg der SED. Diese Gewogenheit mir gegenüber verschwand schlagartig. Anfang Januar 1990 erschien »Der Spiegel« mit einem großen Artikel über mich. Es handelte sich um die sogenannte Titelstory, und sie prägte das Cover der Ausgabe. Da stand in gelber Schrift »Der Drahtzieher«. In der Redaktion, so erfuhr ich später, hatten einige Mitarbeiter die Verwendung der gelben Schrift offen kritisiert, denn diese

Farbe war eindeutig antisemitisch besetzt – die Nazis benutzten, bis hin zum berüchtigten Stern, das Gelb zur öffentlichen Kenntlichmachung alles Jüdischen. Die Redaktionsleitung des Hamburger Nachrichtenmagazins blieb trotz der Einwände aus dem eigenen Haus bei ihrer Entscheidung, vielleicht gerade wegen dieser Einwände.

Die eindeutige Absicht bestand darin, mich zu brandmarken, mich an einen Pranger zu stellen, mich zu kriminalisieren. Allein der Begriff »Drahtzieher« zielte auf ein politisches Dunkelmännertum, auf verborgen bleibende Machtstrukturen, auf zwielichtiges Spiel hinter demokratisch getünchten Kulissen. Im Text wurden alle nur denkbaren Vorwürfe gegen mich erhoben, bis dahin, dass ich hauptsächlich nach dem Geld der SED gierte, es ordentlichen Kontrollen entziehen und den Millionenertrag aus jahrelangen dubiosen Geschäften in Sicherheit bringen wolle. Im Interesse der Partei, mehr noch in egoistischer Absicht. Vermeintlich kritischer Journalismus als Kampagne, die eindeutig auf Beschädigung zielte: Der Artikel ist auf antilinken Demonstrationen und Kundgebungen, zum Beispiel in Leipzig, hunderttausendfach verteilt worden, ich wurde plötzlich zu einem Objekt offener Ablehnung. Rufe ertönten: »Lügen haben kurze Beine – Gysi, zeig uns doch mal deine!«

Die politische Stimmung in der Bundesrepublik hatte sich geändert. Man meinte, die SED-PDS und vor allem mich nicht mehr zu benötigen. Einige wenige kluge Politiker wussten es, wie ich später feststellte, besser. Aber die Medien der BRD und zunehmend auch der DDR waren davon überzeugt, dass man die Partei und mich möglichst schnell loswerden müsse.

Der Schriftsteller Walter Kaufmann erzählte mir, als er mein Matinee-Gast im Deutschen Theater war, dass er in jener Zeit am liebsten wieder in sein Emigrationsland Australien zurückgekehrt wäre, weil in seiner Straße an einer Gebäudewand ein Galgen gezeichnet worden war, am Strick ein Schild mit meinem Namen. Die Missachtung steigerte sich mehr und mehr zum Hass. Sie hatte feste Wurzeln im westdeutschen Antikommunismus, aber im Osten brach sich dieser Hass auf die SED-Herrschaft noch schlimmer Bahn, auch wenn wir noch so sehr den Willen zur Erneuerung der Partei betonten.

*

Anfang 1990 war ich zu einer Veranstaltung in Glienicke bei Berlin eingeladen. Ein Spalier von Leuten hatte sich gebildet; als ich hindurchging, wurde ich den gesamten Weg über angespuckt. Ein Ausweichen war unmöglich. Mein Begleiter flüsterte mir eindringlich zu, wenigstens schneller zu gehen. Aber ich hielt mein Schritttempo, als sei nichts geschehen. Ich kann das grundsätzlich nicht: wegrennen. Wenn ich beschleunige, verletzt das meinen Stolz. Ich empfand mich während dieses Spießrutenlaufs zwischen spuckenden Menschen, deren Gesichter ich gar nicht richtig wahrnehmen konnte, keinesfalls als besonders mutig, ich reflektierte das nicht einmal, nein, ich war einfach nur meinem natürlichen Reflex ausgeliefert. Lass sie spucken, sagte etwas in mir, irgendwann ist das Spalier zu Ende. Und irgendwann war es auch zu Ende. Taschentuch raus, und fertig.

Im Saal saß ein wohlwollendes Publikum. Von draußen wurde heftig an die Scheiben geklopft. Die Leute in aggressiver Stimmung wollten rein, und mir gelang es, den Wirt zu überzeugen, sie in den Saal zu lassen – obwohl er damit gegen sämtliche feuerschutzrechtliche Bestimmungen verstieß. Jetzt sollte eine Unterhaltung zwischen dem Publikum und mir beginnen, aber es entstand ein Disput zwischen mir und jenen Leuten, die aus ihrem Hass gegen mich keinen Hehl machten. Die mir Wohlwollenden hörten gespannt zu, mischten sich nicht ein. Aus Abwehr? Aber erstaunlich: Aus Anpöbelei wurde tatsächlich ein Gespräch.

Nach über zwei Stunden verabschiedeten mich diese Leute, die mir ihre Verachtung auf sehr drastische Art gezeigt hatten, mit Beifall. Von meinen politischen Auffassungen überzeugen konnte ich sie gewiss nicht, aber sie hatten meinen Stolz wahrgenommen, meine Bereitschaft zur Auseinandersetzung, meinen Willen, auf Aggressivität nicht aggressiv zu reagieren, ihnen zuzuhören und auch glaubhafte Gegenargumente zu akzeptieren. Der Beifall glich für mich etwas aus.

Die offene Auseinandersetzung, bei der ich sehr wohl um meine Einsamkeit und den dünnen Boden des Friedens wusste, hatte mich ziemlich angestrengt. Ich hatte eine Stimmung kennengelernt, in die hinein ich künftig agieren musste. Der »Drahtzieher«? Nerven aus Drahtseilen, so schien mir, waren fortan wohl weit angebrachter. Die besaß und besitze ich nicht. Erschöpft, dennoch mit einem guten Selbstgefühl verließ ich den unwirtlichen Ort. Aber in diese Zufriedenheit hinein sickerte doch die Frage, wie ich solchen Druck, solchen Anprall auf Dauer aushalten würde. Konnte ich das auflösen, und was tat ich mir da eigentlich an?

*

Die Gelegenheiten, mir diese Frage zu stellen, nahmen zu. Anfang Januar 1990 hatte ich ein Treffen mit den Mitgliedern der SED-PDS in der Regierung. Obwohl ich in jener Stimmung war, die ich eben geschildert habe, griffen sie mich geradezu rücksichtslos an, nahmen mich nach allen Regeln der Kunst auseinander. So trieb ich ihrer Ansicht nach die fälligen und versprochenen Reformen nicht schnell genug voran, und außerdem nähme ich sie als Genossen in wichtigen Funktionen offenkundig nicht ernst, da ich sie bis dahin nicht ein einziges Mal zu Gesprächen und Konsultationen eingeladen hätte. Verblüfft und erschlagen nahm ich die Vorwürfe entgegen. Vieles war doch wirklich nicht schneller in Gang zu setzen, und wo sie recht hatten, übersahen sie den Druck, den mein Terminkalender ausübte. Reagierte sich da nicht auch eine alte Haltung an mir ab? Einmal führende Kraft, immer führende Kraft? Blieb ich nun – entsprechend dieser Prämisse – für alles verantwortlich?

Nach diesem Gespräch, das eher einer Vergatterung geglichen hatte, rumorte es in mir. Ich suchte nach Begründungen, weiter Vorsitzender der Partei zu bleiben. Egon Krenz war es sechs Wochen lang gewesen. Sollte ich denn nach einer noch kürzeren Frist das Handtuch werfen? Nein. So blieb ich.

*

In jener Zeit wurde die Gedenkstätte für die sowjetischen Kriegsopfer in Berlin-Treptow mit Hakenkreuzen geschändet. Eine Großkundgebung formierte sich gegen diese Unverschämtheit. Über zweihundertfünfzigtausend Menschen nahmen teil. Bis heute sind die Täter nicht ermittelt worden. Manche glauben, dass es Neonazis waren, andere vermuten, dass da Anhänger der DDR bewusst provozieren wollten, um wachzurütteln gegen das, was als braune Gefahr heraufziehen konnte. Ich bin kein Verschwörungstheoretiker und gehe deshalb bis zum Beweis des Gegenteils davon aus, dass es Neonazis waren.

Auf der Kundgebung sprach auch eine junge Trotzkistin aus Westberlin, für deren Auftritt ich einen gewissen Respekt entwickelte. Sie hielt eine Rede, die bei den meisten Menschen auf dem Platz harsche Reaktionen der Ablehnung auslöste. Man brüllte Buh, die Pfiffe gellten nur so. Die junge Frau redete weiter, als ob die Welt um sie herum gar nicht existierte. Ihr Auftrag bestand darin, das trotzkistische Wort zu ergreifen, und sie ergriff es und ließ es nicht los, nur weil die Menge sie wegdröhnen wollte. Wahrscheinlich war sie in ihrer Sache, obwohl noch so jung, bereits eine harte Schule gewohnt. Ich sah sie, ich hörte ihr zu, ich war kaum mit ihr einverstanden, aber mir imponierte ihre Leidenschaft, zu der eine absolute Teilnahmslosigkeit gegenüber den protestierenden Menschen gehörte. Das hatte ich inzwischen auch erlebt, würde es weiterhin erfahren, aber anders reagieren. Also: Gegenwind, barsche Abfuhr, persönliche Angriffe. Und in Schüben die Frage: warum nicht auf dem Absatz kehrtmachen und dorthin gehen, wo Ruhe herrscht, wo einem nichts entgegenschlägt.

Immer stärker wurde in jenen Wochen der Ruf, die Partei aufzulösen. Er kam mit steigender Vehemenz auch aus der Partei selbst. Etwa vierzig Prozent der Briefe, die mich von Mitgliedern erreichte, forderten das Ende der SED, die sich nun zur PDS wandeln sollte. Sechzig Prozent plädierten gegen eine Auflösung. Das neue Statut ermöglichte Plattformen, sie bildeten sich rasch und betrieben zum Teil ebenfalls den Geist der Auflösung. Nicht wenige von ihren Mitgliedern lebten dann von der Partei.

Der Parteivorstand sah sich zur klaren Entscheidung genötigt und lehnte die Auflösung mit deutlicher Mehrheit ab. Den Mitgliedern, die unbeirrt das Ende der Partei forderten, schrieb ich, sie könnten ihrem Willen nachgeben und austreten. Ein kurzer schriftlicher Bescheid genügte, und die Sache sei für sie erledigt. Aber das lehnten nicht wenige ab. Sie wollten keine eigene Entscheidung treffen, sie wollten ein Ende durch Auflösung, wollten eine Legitimation von außen. Das Ende sollte kommen, ohne dass man es selbst mitbetrieb. Man wollte raus aus der Partei, aber noch sagen dürfen, bis zum letzten Tag Mitglied gewesen zu sein.

Beim Entschluss, die Partei nicht aufzugeben, ließ ich mich auch von einem historisch bedeutsamen Umstand leiten. Die SED war – wie auch immer – aus SPD und KPD entstanden. In dieser Bewegung kämpften August Bebel, Eduard Bernstein, Rudolf Hilferding, Karl Kautsky, Wilhelm und Karl Liebknecht, Rosa Luxemburg, Clara Zetkin und viele andere.

Wer war ich denn eigentlich, dass ich mir das Recht hätte herausnehmen dürfen, eine Partei mit solchem Hintergrund zu schließen? Ich hätte austreten können, gewiss, diese Freiheit besaß ich wie jedes andere Mitglied – aber Tür zu, den Schlüssel drehen und dann wegwerfen? Nein. Erbe verpflichtet. Im Guten wie im Bedrückenden.

Wie schon beschrieben: Die Auflösung wäre auch gegenüber Hunderttausenden Beschäftigten der Partei historisch und sozial unverantwortlich gewesen. Dies galt auch für das besagte herrenlos werdende Eigentum. Was wäre geschehen, wenn die Entlassenen sich nicht in jener Partei des Neuversuchs zusammengeschlossen hätten? Wie hätten sie auf die Zerstörung ihrer Existenz, auf ein Leben ohne Perspektive reagiert? Nein, eine Auflösung der Partei wäre zu diesem Zeitpunkt nicht zu vertreten gewesen.

Theoretisch denkbar war eine Auflösung nur im Sommer 1990. Mit Ausnahme von fünfundsiebzig früheren Mitarbeiterinnen und Mitarbeitern im ZK der SED waren alle Leute aus dem Parteiapparat schrittweise, mit Abfindungen entlassen worden. Die Unternehmen der SED waren in Volkseigentum überführt, die Geldreserve der Partei an die Regierung überwiesen worden. Und auf Bitte Egon Bahrs (der sich diesbezüglich bei uns gemeldet hatte) gab es eine Verständigung hinsichtlich der früheren SPD-Immobilien. Die Zahl der Mitglieder war zudem erheblich geschrumpft. Aber gerade die Gebliebenen hatten mutig Wahlkampf betrieben, sich den Beschimpfungen gestellt, hatten Reformwillen und Erneuerungsenergie bewiesen. Die Ergebnisse bei Volkskammer- und Kommunalwahl sprachen gegen eine Auflösung. Die Mitglieder wollten sie nicht aufgeben, nicht sich und nicht die Partei.

*

In Anbetracht der umfangreichen Post, in der eine Auflösung der Partei gefordert wurde, war ich ziemlich aufgewühlt, setzte mich hin und verfasste im Januar 1990 einen offenen Brief an die Mitglieder. Gedanken zur gesellschaftlichen Situation, zum Zustand der Partei und gegen deren Auflösung. Eine ganze Nacht saß ich an diesem Schreiben, feilte und feilte, und am nächsten Morgen sah ich recht zufrieden auf dieses Papier. Was mir auf der Seele lag, hatte ich mir von der Seele geschrieben, fühlte mich befreit und war überzeugt, verstanden zu werden.

In guter, zuversichtlicher Verfassung las ich dem Präsidium des Parteivorstandes meinen Brief vor. Kaum hatte ich das letzte Wort ausgesprochen, schnellte der Arm von Lothar Bisky hoch, er reagierte in einem Tempo, das man für diesen ruhigen, besonnenen Mann geradezu als sensationell bezeichnen muss. Es glich den Reflexen eines Notarztes in dringlichstem Einsatz. Er erklärte, dass er drei Anträge stelle. Erstens: Der Brief müsse sofort vernichtet werden, kein weiteres Mitglied der Partei dürfe je davon erfahren. Zweitens: Gregor Gysi sei zum Zwecke, sich gründlich auszuschlafen, umgehend nach Hause zu schicken, und ihm werde untersagt, in den nächsten vierundzwanzig Stunden das Gebäude des Parteivorstandes zu betreten. Und drittens: Alle anderen Präsidiumsmitglieder erledigen nicht nur ihre Arbeit, sondern auch die von Gregor Gysi mit. Schweigen. Man sah einander an. Nach kurzer Pause kam – wenn auch ohne meine Stimme – die einmütige Zustimmung für Lothar Biskys Vorgabe.

Ich war entsetzt, aber irgendwie auch begeistert. Entsetzt über das Missverhältnis zwischen meinem eigenen Urteil über diesen Brief und seiner Wirkung. Ich war ganz bei mir und offenkundig doch völlig daneben. Ich erfuhr das, was im Leben oft passiert: Man meint, ganz bei sich zu sein, aber die anderen mahnen: Komm endlich zu dir! Aber wo Selbstzweifel ausbleiben, unterliegt man gewöhnlich einem Irrtum und darf dankbar sein, wenn man vor größerem Schaden bewahrt bleibt. Begeisterung empfand ich für die Art von Lothar Bisky, diese Situation zu lösen. Jemandem zu befehlen, sich auszuschlafen, ist nicht die schlechteste Art einer »Maßregelung«.

Leider ist mein Brandbrief nicht aufbewahrt worden. Gern würde ich ihn noch einmal lesen und prüfen, ob ich ihn noch immer so treffend und überzeugend fände oder auch zu jenem Schreck neigte, der Lothar Bisky erfasst hatte. Ich denke, der Brief war zu leidenschaftlich, zu verzweifelt – wahrscheinlich steckte zu viel Seele drin.

*

Im Dezember 1989 und im Januar 1990 bemühte sich die Generalstaatsanwaltschaft der DDR, frühere Spitzenfunktionäre von Staat und Partei in Haft zu nehmen und Strafverfahren gegen sie einzuleiten. Gestehen muss ich ein ungutes Gefühl; die Zügigkeit des Vorgehens empfand ich als unpassenden Eifer, ja als Anbiederung an zu erwartende neue Machtverhältnisse. Der so rasch offenbarte Bestrafungsfleiß einiger Staatsanwälte wirkte wie ein Versuch, die eigene Haut in die politische Zukunft zu retten. Wir wissen: Diese Eilfertigkeit nutzte ihnen nichts.

Nie in meinem Leben bin ich Erich Honecker begegnet, meine Ansicht über sein politisches Werk teilte ich mit sehr vielen, die froh über die Abschaffung des alten SED-Systems waren. Und doch schockierten mich die Bilder von seinem herzlosen Abtransport aus dem Krankenhaus unmittelbar in die Untersuchungshaftanstalt nach Rummelsburg. Immerhin, die Richter lehnten einen Haftbefehl ab.

Als beschämend empfand ich auch die Art, wie aufgebrachte Menschen die Honeckers am Einzug in ein ihnen zugewiesenes Heim hinderten. Gewiss, der Zorn auf Erich Honecker hatte Gründe; der Unmut suchte Raum, sich zu entladen. Aber es lag Gewalttätigkeit in der Luft; es bestand Gefahr, dass sich das legitime Bedürfnis, endlich laut und deutlich zu sagen, was man jahrzehntelang nicht äußern durfte, in kulturloser, brutaler Art entlud. Ja, Honecker tat mir leid, eine solch grobe Behandlung hätte ihm, der schon bei den Nazis eingesperrt gewesen war, erspart werden sollen. Das sage ich eingedenk der Tatsache, dass sowohl er als auch seine Frau mich nicht ausstehen konnten, sie sahen in mir den Verderber »ihrer« Partei, und noch lange nach Honeckers Tod schickte mir seine Witwe aus dem fernen Chile Pfeile der Verachtung.

Später im Bundestag musste ich mir am Rednerpult, bei jedem kritischen Satz zur waltenden Politik, in regelmäßiger Wiederkehr Zwischenrufe anhören. Einmal hieß es: Ehe ich mich zur Lage im Lande äußere, solle ich gefälligst erst dafür sorgen, dass Honecker aus Moskau – wohin er inzwischen mit sowjetischer Hilfe geflohen war – nach Moabit in die Untersuchungshaft überstellt werde. Es reichte mir, und ich sprach die ersten Reihen des Plenums direkt an. Dort saßen die hohen Vertreter von SPD, CDU/CSU, Grünen und FDP, die sich jahrelang beim DDR-Staatschef die Klinke in die Hand gegeben hatten. Ich sagte, ich sei Erich Honecker nie begegnet. »Sie aber, meine Herren, Sie kennen ihn ja persönlich – wie ist er denn eigentlich so?« Empörung.

Ende 1989 wurde auch Erich Mielke in U-Haft genommen. Er schrieb mich an und fragte, ob ich bereit sei, seine Verteidigung zu übernehmen. Ich hätte meine Eigenständigkeit als Rechtsanwalt schon früh bewiesen, und nun ginge er davon aus, dass ich auch den Mut aufbrächte, ihn zu vertreten. Das ging nun wirklich nicht. Ich schickte die arme Barbara Erdmann zu ihm. Sie erklärte ihm, warum ich nicht zur Verfügung stünde. Ich hätte später zu meiner Verteidigung gegen die IM-Vorwürfe diesen Brief verwenden können, denn Mielke schrieb sein Ersuchen an mich nicht wie einen Brief an seinesgleichen, sondern verwies sehr deutlich auf meine frühere

Distanz. Er wandte sich eben nicht – und ich sehe ein Kalkül darin – an Rechtsanwalt Schnur. Aber selbstredend verwendete ich das Mielke-Schreiben nicht; Briefe an einen Anwalt benutzt man nicht, nicht mal für sich selbst.

In jener Zeit der grassierenden Strafverfahren wurde auch Rechtsanwalt Wolfgang Vogel plötzlich inhaftiert. Obwohl ich schon Vorsitzender der Partei war – ihn besuchte ich, in der Untersuchungshaft – und zwar als Rechtsanwalt. Anschließend telefonierte ich mit der Staatsanwaltschaft und konnte seine Entlassung erreichen. Das Ermittlungsverfahren wurde eingestellt. Vogel hatte so vielen Menschen den Weg in die Freiheit geöffnet, ich verstand nicht, weshalb er dafür einsitzen sollte. Aber da war wieder diese geradezu überschäumende Rigorosität, die vielleicht für Umbruchzeiten typisch ist: Nichts darf sich zur Balance formen, die Pendel der Prinzipien schlagen aus, Vergangenheit soll im wahrsten Sinn des Wortes bewältigt, ja überwältigt werden, Differenzierung findet nicht statt. Später im vereinigten Deutschland wiederholte sich diese abrechnende Praxis, wenn auch auf andere Art und Weise.

*

Und in der Parteienlandschaft schossen, genährt von offenen Verhältnissen, neue Triebe aus dem Boden. Sumpfblüten auch. Im Januar 1990 erfuhr ich, dass ein Offizier der Staatssicherheit und ein Offizier der NVA dabei waren, die Republikaner, also eine rechtsextremistische Partei, auch in der DDR aufzubauen. Alarmiert berieten wir im Parteivorstand. Ich sah zwei Notwendigkeiten: Einerseits müssten wir eine moderne linke Partei werden, die sich scharf von Extremismus und deutlich vom Gestrigen aller Art abgrenzt, andererseits aber hätten wir die Pflicht, uns vor allem in sozialer Hinsicht für jene einzusetzen, die sich als Abgehängte, als Verlassene, als Gestempelte, als Aufgegebene, als Überholte, vor allem als Überflüssige fühlten, deren gesamtes bisheriges Leben falsch gewesen sein sollte – sie könnten sich aus solchem Empfinden heraus eben auch in extremistische politische Kreise hineinziehen lassen. Es ging also um jene, die als nicht mehr gesellschaftsfähig abgetan, ja kriminalisiert wurden, weil sie eine besondere Verantwortung für das getragen hatten, was die DDR in den Augen von Millionen Menschen zu einem ungeliebten Staat machte.

In der Diskussion im Parteivorstand verwies ich auf den Widerspruch, dem wir uns dann stellen mussten – zwischen besagter Modernität und Erneuerung und dem Aushalten eines traditionellen, auch kleinbürgerlichen Gemüts, dem Wechsel und Wandel schwerfallen würden. Mit diesem Doppelcharakter müsste die Partei leben lernen, wenn sie das Recht auf weitere Existenz erfolgreich behaupten und ihren gesellschaftlichen Auftrag – Zuspitzungen zu vermeiden – gerecht werden wollte.

Wir haben also bewusst – und das war eine Leistung – die Interessen jener vertreten, die sonst keine Partei vertreten wollte. Viele dieser Menschen waren gut ausgebildet, auch an Waffen. Zugleich mussten wir von ihnen verlangen, sich zu ändern. Nur mit unserer Hilfe konnten sie ein Gefühl der Zugehörigkeit entwickeln, da nun neue, durchaus harte Zeiten für sie anbrachen, besser: über sie hereinbrachen. Isolation oder Integration – unsere Partei half diesen Betroffenen, einen Weg in die deutsche Einheit zu finden.

Später kam die Aufgabe hinzu, auch die Eliten der DDR zu vertreten. Nicht wenige von ihnen wollten gar keine Nähe mehr zu uns, aber sie wurden in unsere Nähe gerückt, weil die ost- und westdeutschen Eliten in wirtschaftlichen, wissenschaftlichen, kulturellen und sportlichen Bereichen nicht miteinander vereinigt wurden. Die alte Bundesrepublik löste Personalprobleme ihrer Elite nicht selten über den Osten. Wären wir dieser historischen Verantwortung nicht gerecht geworden, hätte das zu Verwerfungen führen können, an denen wir unweigerlich Schuldanteile gehabt hätten. Längst hat Die Linke einen deutlich größeren, weit gefassten Auftrag der Interessenvertretung, aber inzwischen ist auch über ein Vierteljahrhundert vergangen.

*

Was ich auch aus den Tagen, Wochen, Monaten des Wankens und Wandels in der DDR noch im Gedächtnis habe, ist an Beratungen, Sitzungen und Stellungnahmen gebunden. Der Parteivorstand entschied damals auch, sämtliche Verlage – mit Ausnahme des Verlages »Neues Deutschland« – und die anderen Unternehmen der SED in Volkseigentum zu überführen. Zu meinem Entsetzen erfuhr ich, dass der Geschenkdienst Genex ebenfalls der Partei gehörte. Dieser Dienst ermöglichte DDR-Bürgern, die Westgeld besaßen, Westprodukte oder solche einheimischen Produkte zu erwerben, die schwer zu bekommen waren und deshalb »Bückware« genannt wurden. Außerdem entschieden wir, abgesehen von wenigen Ausnahmen, auch die Immobilien der Partei abzugeben. Zum Beispiel stellte ich fest, dass alle Grundstücke und Bauten auf einer kleinen Ostseeinsel der SED gehörten – einschließlich der dortigen Kirche. Es hätte mich schon gereizt, die Kirche für die Partei zu behalten – ein Gotteshaus in Händen der Sozialisten! Aber selbstverständlich schlossen wir das aus. Die Entscheidung war zwingend, trotzdem: schade!

Ferner stellten wir eine Geldreserve der Partei in Höhe von 132 Millionen Mark der DDR fest. Wie schon beschrieben, entschieden wir, diese Reserve an den Ministerrat zu überweisen. Die Verteilung des Geldes stand später unter der Order von Ministerpräsident Lothar der Maizière, der auch uns gestattete, Vorschläge zu unterbreiten. So gelang es uns, bestimmten Einrichtungen – etwa dem Jugendweiheverein – die

Existenz zu sichern oder ihnen zumindest einen Neustart zu ermöglichen.

Schon in der ersten Hälfte des Jahres 1990 unterschrieb ich, notariell beurkundet, einen Verzicht auf sämtliches Auslandsvermögen der Partei. Obwohl wir so viel Eigentum abgaben, half uns das in den politischen Auseinandersetzungen nicht. Ausdauernd wurde unterstellt, wir hätten Milliardensummen verbuddelt, verschoben und veruntreut. Eine Menge aufgeheizter und enthüllungssüchtiger »Experten« machte sich auf die Suche, aber gefunden wurde nichts. Aus gutem Grund: Es war nichts versteckt worden. In diesem Fall trat ein probates mediales Gesetz der journalistischen Niederungen in Kraft: Wenn die Fakten fehlen, muss mehr denn je das Gerücht herhalten.

Einmal meinte die wohl hauptsächlich wegen uns gebildete Unabhängige Kommission zur Überprüfung des Vermögens der Parteien und Massenorganisationen der DDR ein geheimes Versteck von uns gefunden zu haben. Eine Scheune! Eine große Zahl Polizisten rückte an und umstellte das Gebäude. Eigentümer war ein bildender Künstler, der sich fast zu Tode erschrak. In der Scheune fand die Polizei lauter Utensilien der Partei, mit denen wir nichts mehr anfangen konnten: Parteiabzeichen, Fahnen, Schilder etc. Blamiert zogen die Kommission und das alarmierte Kommando wieder ab. Die Polizisten waren natürlich auch nicht bereit, die aufgestöberten Blech- und Papprequisiten mitzunehmen. Sie blieben beim Künstler in der Scheune. In späterer Zeit haben wir Verträge mit der Treuhandanstalt und der Unabhängigen Kommission geschlossen. Für den Fall, Eigentum, das wir gar nicht angegeben hatten, würde gefunden, und es könne nachgewiesen werden, dass ein Mitglied des Vorstandes davon wusste, unterschrieb ich die Verpflichtung für eine hohe Strafzahlung. Niemals hätte ich eine solche Unterschrift geleistet, wenn ich auch nur den leisesten

Zweifel daran gehabt hätte, dass sie rein theoretischer Natur war. Es gab nach Abschluss des Vertrages niemals einen solchen Vorfall.

*

Verfügte ich damals noch über ein Privatleben? Überspitzt gesagt: Der Parteivorstand war gewissermaßen zu meiner zweiten Wohnung geworden. Die Situation trieb mich von Entscheidung zu Entscheidung. An einer Ecke wurden die Risse in der DDR gekittet, neue Streben eingezogen, von einer anderen Ecke kam die Antwort: Es bröckelte mehr denn je. Rettung und Ruin schoben sich ineinander. Wenn es einen speziell für Chaos zuständigen Gott gäbe, er wäre damals mehr als zufrieden gewesen.

Im Januar 1990 wurde ich von Lea Rosh zu einer Fernsehsendung eingeladen. Die Mitglieder meiner Partei bekundeten in Anrufen und Briefen ihr Missfallen: Es sei eine Beleidigung gewesen, dass ich im Studio nicht am Haupttisch, sondern an einer Art Katzentisch saß. Zu den Teilnehmern der Runde gehörte auch der Rechtsanwalt Rolf Henrich vom Neuen Forum. Er hatte sich mit seinem im Westen publizierten Buch »Der vormundschaftliche Staat« einen solchen Zorn der DDR-Oberen zugezogen, dass er aus dem Rechtsanwaltskollegium im Bezirk Frankfurt/Oder ausgeschlossen wurde. Während der Sendung bat er mich zu bestätigen, dass der SED ein bestimmter Prozentsatz der Printmedien gehöre, er benannte eine Zahl von etwa achtzig Prozent. Wie es meine Art ist, verneinte ich, legte eine kleine Pause ein und sagte dann: »Ich glaube nicht, dass achtzig Prozent die richtige Orientierungsziffer ist – es sind wohl mehr Medien in Besitz der SED.«

Mit dieser Antwort hatte Rolf Henrich nicht gerechnet. Wieder war das Entsetzen groß. Die Verblüffung über diese Ehrlichkeit sah man in seinem Gesicht. Allerdings wusste ich im Unterschied zu ihm, dass wir am folgenden Montag – wie schon erwähnt – bekannt geben würden, sämtliche Printmedien mit Ausnahme der Zeitung »Neues Deutschland« abzugeben. Ich hatte aber keine Lust, das bereits in der Fernsehsendung anzukündigen. Es fehlte zudem noch der formale Beschluss des Parteivorstandes.

*

Am Haupttisch der Fernsehsendung saß mein Stellvertreter Wolfgang Berghofer, der auf die Frage nach seiner Parteizugehörigkeit antwortete, er sei Mitglied unserer Partei und Punkt – mehr habe er dazu nicht zu sagen. Mir war klar, dass dies seinen Austritt bedeutete. Ich war erschrocken. Zum Glück kamen keine Nachfragen, ich wusste nicht, wie ich mit der Situation umgehen sollte. Tatsächlich berichtete die »Tagesschau« kurze Zeit später von einer Sitzung des Dresdner Parteivorstandes der SED-PDS: Sämtliche Mitglieder dieses Vorstandes seien, abgesehen von einer Ausnahme, aus der Partei ausgetreten. Nur diese lakonische Mitteilung mit Bild vom Vorstand ging über den Sender. Unter denen, die da ihre Gefolgschaft aufkündigten, war auch Wolfgang Berghofer. Natürlich empfand ich Enttäuschung. Wir hatten kein freundschaftliches Verhältnis, unsere kulturellen Welten waren jeweils andere, aber sein organisatorischer Pragmatismus, sein struktureller Durchblick und seine vorwärtsdrängende Entschiedenheit halfen der Partei sehr. Der ehemalige Dresdner Oberbürgermeister gehörte zu den mutigen, entschlossenen SED-Politikern der Wendezeit. Er ging danach in die Immobilienbranche, und die westdeutsche politische Öffentlichkeit verlor rasch das Interesse an ihm. Irgendwann 2015 sah ich ihn wieder. Er drückte mir gegenüber seinen Respekt aus. Es war wohl der Abstand der Jahre, der ihm so ein Urteil ermöglichte.

Der Austritt von prominenten Mitgliedern der SED-PDS war Bestandteil eines Plans, den der Hamburger Oberbürgermeister Henning Voscherau und andere SPD-Politiker verfolgten: Die Betreffenden sollten öffentlichkeitswirksam in die Sozialdemokratie aufgenommen werden und signalisieren, die SPD sei offen für ehemalige Mitglieder der SED, wenn sie sich zur Sozialdemokratie bekannten und zumindest nicht bei der Staatssicherheit tätig gewesen waren.

Gegen dieses Konzept war die Ost-SPD beim Parteivorsitzenden Hans-Jochen Vogel Sturm gelaufen. Er unterband die Übertritte. Es erwies sich übrigens als ein schwerwiegender Fehler der Sozialdemokratie. Die damaligen Ostdeutschen in der SPD fürchteten zu Recht, dass etwa einhunderttausend ehemalige SED-Mitglieder in ihre Partei wechseln würden. Die Mehrheitsverhältnisse in der Ost-SPD hätten sich geändert und die ursprünglichen Mitglieder der Ost-SPD also kaum noch Gewicht gehabt. Der pragmatische Teil der SED, ausgestattet mit einem klaren Blick auf die realen Kräfteverhältnisse, wäre plötzlich wieder mit einer Dominanz ausgestattet worden, die den einstigen Oppositionellen aus der DDR naturgemäß nicht gefallen konnte. Da hatten sie gegen die SED ihre SDP gegründet, gingen auf in der SPD – und über Nacht wären sie wieder von einer Menge ungeliebter Genossen in den Hintergrund gedrängt worden. Aber wenn sich diese emotionale Aufwallung gelegt hätte, wäre die SPD in der Lage gewesen, in ganz anderer Weise im Osten haltbare Strukturen aufzubauen.

Sämtliche Parteien waren nach 1945 bereit, ehemalige NSDAP-Mitglieder aufzunehmen – und nun sträubte man sich in der SPD vehement gegen einstige SED-Mitglieder? Hier verband sich historisch gewachsene Unverträglichkeit mit Verklemmtheit und Verkrampftheit. So gab es eine fast schon verbitterte Auseinandersetzung in Berlin, ob ein ehemaliger Mitarbeiter im ZK der SED, der wegen seiner parteikritischen Haltung entlassen worden war, nunmehr Mitglied der SPD werden dürfe. Es handelte sich um Manfred Uschner. Die SPD ließ sich nicht erweichen, die Zeitungen berichteten genüsslich von jedem Schrittchen in dieser Zerreißprobe.

Hans-Jochen Vogel wird sich wohl auch ausgemalt haben, dass Helmut Kohl und andere über ihn hergefallen wären, hätte er SED-Mitglieder aufgenommen. Dass Union und FDP dann selber bereit waren, je zwei Blockparteien der DDR zu übernehmen, hätte sie mitnichten daran gehindert, die SPD zu beschimpfen und ihr Unmoral vorzuwerfen.

Zu den Nebenwirkungen dieser politischen Auseinandersetzung gehörte allerdings: Sie nutzten der SED-PDS. Denn wer daran gedacht hatte, die Partei zu verlassen oder auch nur eine gewisse Nähe zu vermeiden, konnte nun wahrnehmen, dass er woanders keine Aufnahme fand. Kaum jemand hatte Lust, sich demütigen zu lassen. Viele lernten, dass Parteimitgliedschaft kein Hauptkriterium für Lebensqualität (mehr) ist. Wenn die SPD zu Einladung und Öffnung bereit gewesen wäre, so hätte meine Partei gewiss eine andere Entwicklung genommen – die mir wohl missfallen hätte.

*

Für den weiteren Weg der Partei erwies es sich als unbedingt notwendig, sie von einer Hauptlast zu befreien: der Mehrheitsbeteiligung am Regieren. Wir brauchten zur Erneuerung die Oppositionsrolle. Im Januar 1990 ging ich zu Hans Modrow und fragte ihn, welche Zeit er benötige, um das Notwendigste zu regeln und zu entscheiden. Bis Mitte März, so seine Antwort. Daraufhin unterbreitete Hans Modrow den Vorschlag, die Wahlen vom 6. Mai auf den 18. März 1990 vorzuverlegen. Er teilte das den Vertretern aller anderen Parteien und Vereinigungen mit, die am Runden Tisch saßen.

Meine taktische Funktion bei dieser Sitzung bestand darin, leichte Bedenken meiner Partei ins Feld zu führen. So kam der Vorschlag reibungslos durch, denn es gehörte zum ungeschriebenen Gesetz jener Tage, dass mit einem Bonus versehen war, was gegen die SED-Nachfolger entschieden wurde.

Es passiert gewiss selten, dass ein Parteivorsitzender den Wunsch hegt, seine Partei möge so schnell wie möglich aus der Regierung ausscheiden. Aber der wirklichen Erneuerung stand die hohe administrative Pflicht im Wege. Heiner Müller schrieb damals, der wichtigste Dienst an einem künftigen Sozialismus sei die Trennung der Kommunisten von der Macht. So sah ich das auch. Wir hatten viel zu verlieren, aber gewinnen würden wir nur, wenn wir nichts mehr in alter Manier betrieben.

*

Vertrackterweise beschloss die Volkskammer ein Gesetz, wonach eine Partei, die an der Wahl teilnehmen wollte, nicht nur ihre Satzung und eine Liste mit den Namen der Vorstandsmitglieder übergeben musste, sondern auch das Parteiprogramm.

Wir hatten aber keins, und das letzte Programm der SED konnten wir nicht ernsthaft überreichen. Also bekam der Wirtschaftswissenschaftler Dieter Klein den Auftrag, gemeinsam mit einer schnell zusammengerufenen Arbeitsgruppe ein Programm zu entwerfen. Eine Aufgabe, als beginne man den Bau eines Hauses, und die Mieter stehen schon mit Möbelwagen vor der Baustelle, deren Grube noch nicht mal ausgehoben ist. Aber Dieter Klein und sein Trupp schrieben in Windeseile, und an einem Wochenende berieten sie mit mir über den Entwurf, Ich wollte alles etwas voluminöser, die Menschheit als Ganzes sollte schon vorkommen. Eine der Schwierigkeiten bestand aber darin: Wir wussten nicht, welche Wirtschaftsstruktur wir anstreben sollten. Zwar benötigten wir unbedingt eine funktionierende Marktwirtschaft, doch zugleich galt es, eine Unterwerfung zum Beispiel der öffentlichen Daseinsvorsorge unter den Markt ohne Wenn und Aber zu verhindern. Welche Bezeichnung sollten wir nun unserer Marktwirtschaft geben? Wir entschieden uns für einen neuen Begriff, für die »sozialistische Marktwirtschaft«. Niemand hätte zwar genau erklären können, wie die konkret aussehen solle, aber der Begriff klang gut, etwas kühn.

Utopische Vorgriffe müssen das Unmittelbare der Erfahrungen und den bislang gültigen Stand von Erkenntnissen träumerisch und vorfühlend überschreiten. Leider ist beim Druck des Entwurfs in der Tageszeitung »Neues Deutschland« – ein Fehler unterlaufen. Da niemand den Begriff der »sozialistischen Marktwirtschaft« kannte, wurde angenommen, es sei ein Schreibfehler, und die geläufige Vokabel »soziale Marktwirtschaft« daraus gemacht. Die Bezeichnung schlich sich auch in den Antrag an den Parteitag – der den Begriff so beschloss. Ich hatte es nicht bemerkt. Das brachte mir später bei den Linken in der alten Bundesrepublik viel Ärger ein. Aber so läuft halt das Leben.

27. KAPITEL

Den Anfang jenes Jahres 1990 habe ich als eine Zeit der spürbaren Gleichzeitigkeit von Spannung und Anspannung, von Forderung und Überforderung im Gedächtnis. Wachzustand und Übermüdung griffen ineinander. Von Bergsteigern hatte ich gelesen, sie kämen in Eis und Schnee und Höhe in einen Zustand, bei dem heiß und kalt für das Empfinden ununterscheidbar werden. Nicht, dass ich mich im Mindesten mit solcher Existenzphase vergleichen will, aber Schöpferkraft für neue Wege und Erschöpfung wegen der vielen Steine auf diesen Wegen – das ging nahtlos zusammen und war für mich wahrlich nicht mehr zu unterscheiden – die politischen Temperaturen in dieser DDR zwischen Niedergang und Übergang, Zusammenbruch und Aufbruch glichen tatsächlich einer seltsamen Koalition von Heiß und Kalt. Aus den wärmenden Euphorien des Herbstes war eine aufgeheizte Stimmung neu erwachender politischer Konkurrenzen entstanden, und eigenes Erleben hatte mir klargemacht, dass unserer Partei noch so mancher Frost entgegenschlüge.

Meine Arbeitstage gingen bis weit in die Nacht. Gelegentlich übernachtete ich sogar im Haus des Parteivorstandes. Gegenüber meinem Sohn hatte ich ein wachsendes schlechtes Gewissen. So gut wie gar nicht konnte ich mich um die Angelegenheiten des Neunzehnjährigen kümmern, der sich wie viele junge Menschen in eine schwierige Übergangssituation hineingestellt sah und zudem mit dem Umstand fertigzuwerden hatte, dass ich sein Vater war. Als er sich bei einer Firma in

Westberlin bewarb, kam sofort die Frage, ob er mit mir verwandt sei. Als George dies bestätigte, wurde ihm unmissverständlich beschieden, er könne gleich wieder gehen. Was er mit erhobenem Kopfe tat. Aber es ist für einen jungen Menschen nicht einfach, solche Dinge ungerührt zu verkraften.

Ich merkte, ihm und anderen Angehörigen – auch meiner Schwester – durch meine Funktion und meine Auftritte zu schaden. Ich steckte zu tief in diesen ungeahnten psychischen Bedrängungen, die mein Leben völlig umgekrempelt hatten. Manchmal krampfte sich mir das Herz zusammen. Was macht man in solchen Situationen? Ich wollte nicht aufgeben, nahm mich also zusammen. Zum Glück. Leider.

*

Parteivorsitzender. Klingt ein wenig nach Chancen eigener Vorgaben und nach selbstbestimmter Tagesplanung. Aber morgens im Büro bekam ich in der Regel einen Zettel auf den Schreibtisch gelegt, auf dem meine Termine standen, die von anderen vereinbart worden waren. Nur gelegentlich durfte ich selber Einfluss auf den Stundenplan nehmen, und dieser Einfluss bestand meist darin, dass ich mir noch den einen oder anderen zusätzlichen Termin aufhalste.

Eines Tages las ich auf jenem Zettel, der mein Leben einteilte und dosierte, am Nachmittag sei ein Gespräch mit Prinz Claus der Niederlande in der Residenz des niederländischen Botschafters in Berlin angesetzt. Ein Prinz mitten im Politik- und Parteientrubel? Meinen Mitarbeiter fragte ich, was der Prinz von mir wolle. Achselzucken. Also fuhr ich zur Residenz – nicht ohne mich in meinem Büro zu erkundigen, wie viel Zeit ich hätte. Ein Blick auf die weiteren Termine: maximal eine Stunde. Schon das kam mir etwas gedehnt vor, ein untrügliches Zeichen für meine Gewöhnung an Hektik und Schnelldurchläufe.

So saß ich denn am Nachmittag neben Prinz Claus und fühlte ein inneres Vibrieren. Ich war an einem Ort und doch schon am nächsten. Der Zeitdruck des Adligen dagegen schien gering. Sehr gering. Der Druck war gar nicht vorhanden. Die Qual für mich war eröffnet. Ich aufgedreht, er absolut heruntergeschraubt und zudem in Erscheinung und Sprachtempo ganz in seiner norddeutschen Familientradition. Mit anderen Worten: Ein einziger Satz dauerte, zwischen den Worten tat sich ein gehöriger Zeitraum auf, der mich an die Ewigkeit erinnerte.

Nach wenigen Minuten begriff ich, dass ich eine Entscheidung treffen musste: Entweder würde ich unter Schweißausbrüchen durch die Decke gehen oder aber mich zwingen, sämtliche inneren, bereits dröhnenden Flugzeugmotoren zu drosseln, sogar abzustellen und mich in aller Ergebenheit in die fremde Zeitrechnung sinken lassen. Ich sammelte alle Kraft für Letzteres, und siehe: Es ging. Ich verschränkte die Arme, und obwohl ich schon saß, kam es mir vor, als sackte ich ein weiteres Mal in den mir angebotenen Sessel, nur diesmal tiefer, sehr tief. Plötzlich hatte ich, was ich nicht hatte: Zeit.

Der Prinz erzählte mir, dass er in Moskau gewesen sei und dort festgestellt hatte, dass sämtliche Produkte in seinem Hotelzimmer aus der DDR stammten. Er habe seinen sowjetischen Begleiter danach gefragt, und dieser meinte, die Deutschen könnten eben alles, sogar den Sozialismus. Das war zwar falsch, aber dem Prinzen und mir gefiel es trotzdem.

Nach geraumer Zeit bekam ich das Anliegen meines Gastgebers heraus. Ich sollte mich dafür einsetzen, dass keine McDonald's-Buden rund um die wunderschönen mecklenburgischen Seen gebaut werden. Das war zweifellos ein ehrwürdiges Ansinnen, aber ich muss gestehen: Hätte ich meine Nervosität, meine manische Terminabhängigkeit nicht abgelegt, die Bitte hätte mich als absurdestes, unpassendstes Thema in dieser

Zeit, Anfang 1990, getroffen. Was der Prinz ansprach, klang in dieser bebenden Umbruchzeit doch etwas daneben.

Kurze Zeit später aber traf ich Hans Modrow und bat den Ministerpräsidenten darum, sich dafür starkzumachen, dass die Ufer der wunderschönen mecklenburgischen Seen von McDonald's-Buden verschont bleiben. Auch Hans Modrow sah man die Getriebenheit an, die uns in jener Zeit alle erfasst und in ständige Entscheidungslagen hinein- und mitgerissen hatte, und angesichts meines Wunsches sah er mich wie jemanden an, der sich am besten unverzüglich in psychiatrische Behandlung begeben möge. Wahrscheinlich blickte ich zurück wie jemand, der damit ohne Zögern einverstanden war. Aber seiner Natur gemäß handelte Hans Modrow, und darüber hinaus sprach ich später mit einem Ministerpräsidenten von Mecklenburg-Vorpommern. Letztlich, so wage ich zu behaupten, verdanken wir Prinz Claus, dass es (bis heute jedenfalls!) keine McDonald's-Buden an den mecklenburgischen Seen gibt. Selbst die Bude in Waren steht nicht unmittelbar am Ufer.

Das Gespräch mit dem niederländischen Diplomaten bedeutete lediglich eine Episode im damaligen Wirbel der Ereignisse. Dass ich so ausführlich darüber berichte, hat mit dem Lehrstück zu tun, das darin steckt. Weitere Termine jenes Tages waren gewiss wichtiger, aber ich habe nicht die geringste Erinnerung an einen einzigen anderen Termin. Bestimmt ist das kein Zufall. Das Treffen mit Prinz Claus ruft mir noch heute das Grundproblem des immerfort hin- und herrasenden Individuums in Erinnerung, diese Selbsterregung des Menschen, der allein schon seine andauernde Überbeschäftigung als Bedeutsamkeit missdeutet. Mich würde dieses Problem, nachdem ich Parteivorsitzender geworden war, in Schüben des Erschreckens immer wieder heimsuchen. Ich verdränge, was mir klar ist. Ich würde über das, was ich beiseiteschob, aber immer auch selbstkritisch nachdenken. Ich würde Freunde gewinnen und Partner verlieren, ich würde das wissen und wieder wegschieben; es würde Auftritt und Rücktritt geben, Arbeit würde Freude sein und Freude durch Arbeit getrübt werden. Aber stets bliebe die entscheidende Frage: Wie tief und entspannt lasse ich mich noch in solchen Sessel sinken, wie er in der niederländischen Residenz stand? Wie oft gäbe man sich selber noch so ganz anders geartete Ratschläge – und befolgte sie: Sei nicht immer nur die Hauptperson, sei auch mal absichtslos, genieße den Augenblick, bleib geistesgegenwärtig für Dinge außerhalb des Berufs, vor allem hab Zeit und nimm auch mal einen Seitenweg, lass dich ablenken, nimm auch die scheinbar unwichtigen Dinge staunend wahr. Ich könnte auch sagen: Fahr an die wunderschönen Mecklenburger Seen und leg dich in die Uferwiesen, die dank Prinz Claus frei von McDonald's-Buden sind.

Übrigens gab es in späteren Jahren noch einen weiteren Moment, in dem Prinz Claus für mich eine Rolle spielte. Als Fraktionsvorsitzender wurde ich bei Besuchen von Staatsoberhäuptern zu den Empfängen des Bundespräsidenten eingeladen. In der Regel nahm ich daran nicht teil, dieses steife Zeremoniell entsprach nicht meinen Auffassungen von Begegnungskultur. Nur wenige Ausnahmen gab es, eine davon war der Besuch von Königin Beatrix im Jahr 2011. Wenn auch nicht im vorgeschriebenen Smoking – ich folgte der Einladung des Bundespräsidenten. Der Protokollchef erklärte mir, wie man die Königin, ihren Sohn und dessen Ehefrau anzureden habe. Zur Königin sage man »Majestät«, zum Sohn und dessen Ehefrau »Königliche Hoheit«. Zu »Majestät« war ich noch bereit, zu mehr nicht.

Zunächst begrüßte ich Bundespräsident Wulff und danach »Ihre Majestät« an seiner Seite. Und nun erzählte ich ihr vom Gespräch mit ihrem inzwischen verstorbenen Ehemann Prinz

Claus. Erstaunlich geduldig hörte sie zu, und plötzlich mischte sich ihr Sohn in unsere Plauderei ein. Er erzählte, dass er dies alles wisse, weil sein Vater wiederholt, bei vier Abendessen, immer wieder vom Kern des Gesprächs mit mir berichtet hätte. Ich gebe zu, ich war ein bisschen stolz und genoss zwei weitere Vergnügungen: Zum einen musste die Schlange der Empfangsgäste hinter mir geraume Zeit warten, weil ich so lange mit der Königin sprach. Und zum anderen weckte dieses Gespräch die Neugier der umstehenden Journalistenschaft. Ich kostete aus, ein kleines Geheimnis zu hüten. Jedenfalls einen Moment lang.

*

Nun möchte ich auf keinen Fall den Eindruck erwecken, der Umgang mit dem Adel sei der besonders erwähnenswerte Ausdruck einer ganz selbstverständlichen Akzeptanz linker Positionen. Anfang des Jahres 1990 suchten mich lediglich eine Politikerin und zwei Politiker aus der alten Bundesrepublik auf: Antje Vollmer, Egon Bahr und Harry Ristock.

Egon Bahr redete mit mir offen über das Verhältnis der SPD zur SED, aus der ja eine andere Partei werden sollte. Er sprach von den tiefen, historisch gewachsenen Rissen zwischen beiden Organisationen. Er bat – ich habe es bereits erwähnt – um eine Aufstellung jener ehemaligen Grundstücke der SPD, die 1946 in den Besitz der SED übergegangen waren. Er wollte wissen, ob wir zur Rückgabe bereit wären. Ich versprach sowohl eine Aufstellung als auch Rückgabe. Er bat um Diskretion.

Antje Vollmer gehörte zu einer Gruppe von Grünen-Abgeordneten, die nach dem verächtlich machenden »Spiegel«-Artikel über mich einen empörten Leserbrief an das Nachrichtenmagazin geschickt hatte. Das Schreiben kennzeichnete den publizistischen Umgang mit mir als höchst antisemitisch. Antje Vollmer bewegte in dem Gespräch mit mir vor allem die Frage, wie junge Leute in der DDR mit dem Zeitenwechsel klarkommen, welche Perspektiven sich ihnen im Spannungsfeld von Ost und West eröffnen, wie im Wegbrechen der Gewissheiten und Sicherheiten hoffnungsvolle Erwartungen geweckt werden können.

Harry Ristock war ein linker Sozialdemokrat aus Westberlin, geradeaus und verbindlich. Er erklärte mir ohne Umschweife, dass er mich und meine Art mag. Er lud mich zu seinem jährlichen Laubenpieperfest ein; später gestand er mir, dass die Hälfte seiner Gäste wegen mir abgesagt hätte. Als ich ihm anbot, dem Fest doch lieber fernzubleiben, schließlich wollte ich seine Freundschaften und Bekanntschaften nicht gefährden, widersprach er mir heftig: Nein, das komme auf keinen Fall in Frage; die Leute, die abgesagt hätten, interessierten ihn fortan nicht mehr – aber an jene, die trotzdem kämen, wolle er sich künftig mehr denn je halten. Also erschien ich bei Harry Ristocks Laubenpieperfest. Die Zahl der fehlenden Gäste wurde ein bisschen ausgeglichen durch jene größere Zahl von Polizisten, die das Gelände »bereicherten«.

*

Wenn ich mir vergegenwärtige, mit wem ich in den ersten Wochen meiner neuen Funktion zusammentraf, so ist das ausnahmsweise nicht von Eitelkeit diktiert. Wir kämpften als Partei ums Überleben. Wir wurden angefeindet. Die Öffentlichkeit lernte, lärmte, lauerte, lief zusammen und auseinander. Vom Westen drangen die dort beheimateten Parteien ein, als seien sie im Osten schon zu Hause. Vor allem: Herr im Hause. Wie war der Staat zu halten, wenn mehr und mehr Menschen nicht mehr zu halten waren? Ich muss zugeben, dass die Lust auf Erneuerung stets auch auf Dinge traf, die beträchtlich am Selbstbewusstsein rüttelten.

Für dieses Selbstwertgefühl war es also durchaus von Hilfe und keinesfalls bloß protokollarische Ehre, dass ich im Januar 1990 vom Ministerpräsidenten Frankreichs, Michel Rocard, nach Paris eingeladen wurde. Es fand ein Essen statt, an dem auch Willy Brandt als Hauptgast teilnahm. Bereits mein Treffen mit François Mitterrand Ende Dezember 1989 in Berlin hatte in Richtung Bundesregierung signalisiert, was nun auch diese Einladung nach Frankreich unterstrich: Unsere Partei, umfehdet, missachtet, verleumdet, stieß bei wichtigen politischen Partnern der Bundesrepublik auf Akzeptanz. Das war auch insofern von Belang, als in den Medien sogar ein Verbot der Partei diskutiert wurde und demnach keineswegs ausgeschlossen werden konnte, dass es diesen Gedanken selbst im Regierungsapparat gab. Daher wählte ich Termine »höheren Orts« sehr genau und gezielt aus. Sie schufen ein Stück Gegenöffentlichkeit.

Während des Essens mit dem französischen Ministerpräsidenten genoss ich einen Moment, der mich regelrecht aufbaute. Willy Brandt beugte sich plötzlich zu mir herüber und sagte in seinem typischen Tonfall, ein guter Freund von ihm habe kürzlich gesagt, die schwierigsten Jobs in Deutschland hätten augenblicklich Hans Modrow und Gregor Gysi. Der Freund habe hinzugefügt, sie beide übten diese Jobs ziemlich verantwortungsvoll aus. Sprach's und wandte sich abrupt wieder dem Ministerpräsidenten zu. So, als wolle er mir unbedingt die Not ersparen, mich zu bedanken, überhaupt etwas zu sagen.

Selbst Bundesinnenminister Wolfgang Schäuble sagte, als wir Ende 1990 über das Parteiarchiv verhandelten, Helmut Kohl und er wüssten sehr wohl, dass man vornehmlich Hans Modrow und mir die Gewaltfreiheit des DDR-Wandels zu verdanken habe. Der wesentliche Inhalt der damaligen Arbeit bestand im Bemühen, Aggression zu verhindern. Womit erneut die damals so dringliche Aufgabe angesprochen ist, jenen Menschen eine politische Lobby zu sein, die Hauptträger eines neuen festen Feindbildes waren. Sie fallen zu lassen, hätte eine gefährliche Irrationalität befördern können. Als ich Wolfgang Schäuble fragte, ob ich seine und Kohls Einschätzung den draußen wartenden Journalistinnen und Journalisten mitteilen dürfe, verneinte er selbstverständlich. Erst sehr viel später stimmte er zu, diese Einschätzung öffentlich zu machen.

Hans Modrow bestellte mich im Januar 1990 in das Gästehaus der Regierung, wo er regelmäßig übernachtete. Er offenbarte mir, am nächsten Tag zu Michail Gorbatschow zu fahren und eine Erklärung abzugeben, deren Titel eine Zeile der DDR-Nationalhymne sei: »Deutschland einig Vaterland«. Hans Modrow wollte also in Sachen deutscher Einheit in die Offensive gehen. Ich wusste, dass diese Erklärung im Präsidium des Parteivorstandes auf Widerspruch stoßen würde. Tatsächlich gab es dann eine leicht distanzierte Antwort des Präsidiums auf Modrows Vorstoß. Es war eine halbherzige Gegenreaktion, denn im Grunde dämmerte allen, dass der Weg hin zum Ende der DDR nicht mehr aufzuhalten war.

*

Am 2. Februar 1990 reiste auch ich nach Moskau. Am Anfang des Besuchs stand das immer noch übliche offizielle Programm für Parteivorsitzende. Am Denkmal des unbekannten Soldaten legte ich einen Kranz nieder; Brautpaare, deren Eheschließung ebenfalls mit diesem Ritual beginnt, mussten warten. Anschließend besuchte ich auf dem Roten Platz Lenin im Mausoleum und wurde auch hier vorgelassen. Noch immer fühlte ich mich in meiner Funktion so neu und quer, dass ich das Wundern darüber noch nicht aufgegeben hatte. Denn man stelle sich vor: rituelle Vorgänge wie einst beim SED-Generalsekretär.

Mit Valentin Falin, dem Leiter der Abteilung Internationale Beziehungen im ZK der Kommunistischen Partei der Sowjetunion (KPdSU), begegnete mir einer der gebildetsten Funktionäre im engen Zirkel der Moskauer Machtzentrale. Ein führender Kopf sowjetischer Deutschlandpolitik. Gewissermaßen ein Egon Bahr des Kreml. Sehr viel später war er Gast in meiner Gesprächsreihe im Deutschen Theater, und ich gewann den Eindruck eines traurigen Mannes. Er sagte, von früh an hätte er für Vernunft und Gerechtigkeit kämpfen wollen, aber diese jetzige Welt der Gewalt sei von seinem Lebensziel entfernter denn je. Er war der bis heute einzige Gast, der mit Aktenmappe erschien. Als sei der diplomatische Dienst noch akut. Als ich dem Publikum mitteilte, Falin sei sieben Jahre Botschafter in Bonn gewesen, korrigiert dieser leise, aber bestimmt: »Sieben Jahre, neun Monate, drei Tage.« Falin erzählte im Deutschen Theater von den Mühen der Sowjetunion bis in die frühen fünfziger Jahre, die Einheit Deutschlands zu erreichen, »Stalin sagte: Keine sozialistischen Experimente in der sowjetischen Zone!« Adenauer blockierte damals das Einheitsstreben, Ulbricht war »auch nicht besonders glücklich«. Etwa 1952 wurde entschieden, dass die DDR nun bliebe, nachdem Konrad Adenauer die von Stalin vorgeschlagenen gesamtdeutschen Wahlen abgelehnt hatte. Zum Schluss der Matinee hatte ich ihn gefragt, welchen Platz in der Geschichte er wohl einnehmen werde. Er antwortete: »Ich habe keinen Platz zu beanspruchen. Im Kontext Ihrer Frage kommt mir Tamerlan in den Sinn. Er ließ auf die Pforte seines Mausoleums schreiben: Glücklich der Mensch, der diese Welt verlässt, bevor die Welt auf ihn verzichtet.« Im Lauf der Jahre hatte Valentin Falin eine immer kritischere Position zu Michail Gorbatschow eingenommen.

Während meines Moskau-Besuchs war es zu einem Gespräch mit dem Generalsekretär gekommen. Nach dem Telefonat im Dezember 1989 nun also eine persönliche Begegnung. Inzwischen hatte Michail Gorbatschow gegenüber Hans Modrow sein Einverständnis zu einer Währungsunion gegeben. Später holte sich auch Helmut Kohl dieses Ja-Wort Moskaus. Beim Gespräch merkte ich, dass sich Gorbatschow mit dem Ende der DDR abgefunden hatte. Die entscheidende Bedingung, die er stellte: Deutschland dürfe nicht in der NATO bleiben. Diese Bedingung blieb, wie sich bald herausstellte, ebenso unerfüllt wie andere Prämissen, die er zu setzen versuchte.

Aufschlussreich war seine Bemerkung, er wolle am nächsten Tag dem Zentralkomitee vorschlagen, auch in der Sowjetunion das Amt eines Präsidenten einzuführen. Er selbst wolle kandidieren. Als ich ihn fragte, über welchen Apparat er als Präsident verfüge, antwortete er: »Budjet, budjet.«, übersetzt: »Es wird, es wird.« In der Sowjetunion sagte man oft »sawtra budjet«, also sinngemäß: »Warten wir bis morgen ab, wird schon werden.« Das geflügelte Wort für den Aufruf zur Geduld, für die Prophezeiung also, dass auch morgen nichts geschehen und überhaupt in absehbarer Zeit nichts geklärt wird.

Mir war nach Michail Gorbatschows Bemerkung klar, dass er keinen Apparat hatte – damit würde er zu einem machtlosen Präsidenten. Ich blickte in sehr unruhige, aufgeregte Augen. Dem sowjetischen Staats- und Parteichef sah man die gewaltige Anspannung an. Er wirkte auf mich trotz allem geradeheraus und freundlich, konnte in Briefen aber auch, wie ich es mitbekam, sehr schroff werden. Als ich ihm von den Vereinnahmungsplänen der Bundesregierung hinsichtlich unseres Parteiarchivs berichtete, schrieb er einen solch ungehaltenen Brief an Helmut Kohl. Das Ergebnis seines Einspruchs bestand im einzigen Vertrag zwischen der Bundesrepublik Deutschland und der PDS: Das besagte Archiv liegt beim Bundesarchiv, gehört aber weiterhin der Partei, und wir haben ein besonderes Zugriffsrecht. Bezahlen aber muss alles die Bundesregierung. Schon deshalb unterschrieb ich diesen Vertrag.

So schreibe ich über Michail Gorbatschow im Wissen darum, dass er heute von nicht wenigen eher kritisch gesehen wird. Ich mag ihn, und ich lasse mir von nachträglicher Klugheit nicht dieses euphorische Gefühl nehmen, mit dem wir damals in der DDR auf diesen neuen Typus des sozialistischen Parteiführers blickten. Michail Gorbatschow bleibt ein großer Verzichtspolitiker, ein Held des Rückzugs. Manchmal ist man schon dadurch ein Held, dass man etwas einreißt – auch wenn einem ein Aufbau des Neuen nicht gelingt.

Gorbatschow hat die Atomrüstung nicht nur begrenzt, sondern mit dem mächtigsten der Feinde einen Abbau vereinbart. An seinem Beispiel kann man gut studieren, wie schwierig und gefahrvoll der Weg ins Offene ist. Niederlagen bleiben nicht aus. Michail Gorbatschows Schwäche bestand darin, solche Niederlagen im Nachhinein zu gewollten Resultaten zu erklären. Ich glaube ihm nicht, wenn er inzwischen behauptet, schon 1984/85 an die deutsche Einheit gedacht zu haben. Aber man wirkt eben etwas genialer, wenn man Dinge, die sich unvorhergesehen ereignen, später als etwas hinstellt, das man schon lange im Visier hatte. Nur beim Zusammenbruch der Sowjetunion musste er einräumen, von ihm schockiert worden zu sein, ihn also niemals gewollt zu haben. Da war ein Stein in Bewegung geraten, der auch über ihn hinwegrollte.

Jahre nach diesen Ereignissen sprach Michail Gorbatschow im Bundestag, wir hatten uns vorher getroffen und miteinander unterhalten. Dabei ging es auch um Egon Krenz, der damals im Gefängnis saß. Tatsächlich erwähnte der russische Gast auf meinen Wunsch in seiner Rede vor dem deutschen Parlament das Schicksal seines einstigen DDR-»Kollegen«. Das fand ich anständig.

Es waren Worte im Sinne dessen, was der FAZ-Herausgeber Frank Schirrmacher, einer der prägenden deutschen Publizisten, 2009 in der »Frankfurter Allgemeinen Sonntagszeitung« fragte: Wieso bei der Maueröffnung im Grenzgebiet nicht geschossen wurde. »Wenn die Antwort auch einkalkulieren muss, dass die Fußtruppen des Systems von der totalen Sinnlosigkeit staatlicher Gewalt durchdrungen waren, so bleibt als Faktum: weil Krenz es verboten hatte.« Es sei noch immer nicht leicht, die Geschichte so zu erzählen, dass dem letzten, wochenbefristeten SED-Chef Gerechtigkeit schon heute widerführe. Aber, so Schirrmacher, solange diese Geschichte nicht erzählt sei, »haben wir die wundersamen, beglückenden Ereignisse vom 9. November 1989 nicht verstanden«.

28. KAPITEL

Am 4. Februar 1990 hatte der Parteivorstand einen historischen Beschluss gefasst: Die Bezeichnung »Sozialistische Einheitspartei Deutschlands« wurde gestrichen. Von nun an hießen wir »Partei des Demokratischen Sozialismus (PDS)«. Nun galt es, den Parteitag vorzubereiten. Plötzlich entbrannten heftige Auseinandersetzungen um Hans Modrow. Er war wegen seiner Verlässlichkeit und Besonnenheit der beliebteste Politiker der DDR. Beeindruckende Umfragewerte trugen ihn. Logischerweise befürworteten wir im Präsidium des Parteivorstandes seine Kandidatur für die Volkskammer. Ja, wir betrachteten sie als selbstverständlich. Er aber wollte nicht. Auch erklärte er, seine Funktion als stellvertretender Parteivorsitzender ruhen zu lassen. Hans baute eine gewisse Distanz zur Partei auf. Er fühlte sich als Staatsmann wohl.

Für den Parteitag hatte er eine lange, begründende, um Verständnis werbende Rede vorbereitet. Auch von den Ministern, die Mitglieder der PDS waren, zeigten sich lediglich zwei bereit, für die Volkskammer zu kandidieren – Christa Luft und Dietmar Keller. War das verfrühte Resignation, pragmatische Vorsicht, einfach nur Müdigkeit? Vielleicht von allem etwas. Wie aber Hans Modrow halten, ohne nur an sein ausgeprägtes Pflichtgefühl zu appellieren? Das wäre nicht fair, das wäre eine Art Nötigung. Den entscheidenden Tipp bekam ich vom Botschafter der Sowjetunion in der DDR, Wjatscheslaw Kotschemassow. Er riet mir, Hans Modrow als Ehrenvorsitzenden der Partei vorzuschlagen. Denn der Posten des stellvertretenden Parteivorsitzes sei ihm wahrlich nicht angemessen. Recht hatte Kotschemassow, Moskaus Mann in Ostberlin: ein alter Hase in Sachen politischer Psychologie. Tatsächlich gelang es uns, Hans Modrow – in Verbindung mit der Aussicht auf den Ehrenvorsitzenden – von einer Kandidatur für die Volkskammer zu überzeugen. Er hielt seine Rede so, wie er sie geplant hatte, nur dass er am Schluss hinzusetzte, nun doch bereit zu sein für ein Volkskammer-Mandat. Man konnte geradezu hören, wie der Parteitag aufatmete.

*

Als Wahlkampfleiter agierte André Brie. Ein stiller, aber intelligent-wacher politischer Kopf, man könnte überspitzt sagen, André war sympathisch introvertiert – was nur auf den ersten Blick gegen einen politischen Betrieb sprach, der lärmte und sich plusterte. André interessierte nicht, wie man übertrieb, ihn interessierte, wie man etwas unterlief. Er ist ein begnadeter Aphoristiker, für griffige Sprüche auf Wahlplakaten die beste Voraussetzung. Er konnte aber auch cholerisch werden. Die Öffentlichkeit hat ihn so nicht erlebt, ich schon.

Er bat mich um ein Fotoplakat, das lehnte ich aber entschieden ab. Zu sehr waren mir die Bilder von Erich Honecker in jedem Strumpf- und Gemüseladen in Erinnerung. Eines Tages fuhr ich durch Berlin und sah, dass die Stadt vollgeklebt war mit Plakaten von Lothar de Maizière. Er war bemalt, zerrissen und zerstückelt. Ich konnte mich nicht beherrschen, rief ihn an, erklärte mein Mitgefühl und resümierte, tja, so was käme eben davon, wenn man sich auf Fotoplakate einließe. Er grummelte in sich hinein, weil er wusste, dass ich recht hatte.

Tags darauf fuhr ich wieder durch Berlin und stellte entsetzt fest, dass überall Plakate mit meinem Foto hingen. Sie waren selbstverständlich noch stärker beschmiert und zerstört als die von Lothar de Maizière. André Brie hatte sich schlichtweg über mein Veto hinweggesetzt und irgendein Foto verwendet. Da hing ich nun, ebenfalls geschändet und besudelt. Kaum war ich in meinem Büro eingetroffen, ich glaube, ich hatte mich noch nicht einmal hingesetzt, da klingelte schon das Telefon, Lothar de Maizière war dran. Ich musste nur zuhören und konnte mir bei jedem Wort sein Lächeln der Genugtuung vorstellen.

*

Natürlich ist Politik nicht nur Sitzung, Papier, Leben in geschlossenen Räumen, in denen die gefährliche Wirklichkeitsallergie droht. Der politische Betrieb ist für mich zuallererst Teilhabe, Erlebnis und Gespräch draußen, und es gehört zu den unbestreitbaren Privilegien, dass man Dinge erlebt und in Bereiche hineinkommt, die anderen nicht so ohne Weiteres zugänglich sind.

Im Januar 1990 wandte sich eine Sportvereinigung an mich und bat mich – in durchaus öffentlichkeitswirksamer Absicht – um den ersten Tandemsprung in der DDR mit einem Fallschirm, was in der DDR bislang untersagt war. Ich erklärte mein Einverständnis, ohne genau zu wissen, worauf ich mich da einließ. Wir verabredeten einen Termin, der jedoch wegen schlechten Wetters nicht gehalten werden konnte. Deshalb wurde die Aktion verschoben, sie fand kurz vor der Volkskammerwahl statt.

Natürlich gingen die Medien davon aus, dass mein Tandemsprung bewusst mit diesem politischen Termin verknüpft worden war und ich einen speziell auffälligen Wahlkampf in der Luft betreiben wollte. Das stimmte zwar nicht, die Verabredung war zu einem Zeitpunkt erfolgt, da noch der 6. Mai als Wahltag vorgesehen war. Aber mein angeblich taktischer Plan, Fallschirmsprung und Parteiwerbung miteinander zu verbinden, war ohnehin niemandem mehr auszureden, also beließ ich es dabei.

Während dieses kleinen Abenteuers erfuhr ich wieder mal, was ich für ein Typ bin: Ich bin nicht fähig und also nicht bereit, über Risiken und Gefahren einer bevorstehenden Handlung tief und hilfreich nachzudenken. Ich verdränge all das, was mich warnen, gar abhalten könnte. Ich führe mir nicht vor Augen, was mich doch ängstigen und also vorsichtig machen sollte. Ich sehe im Lockenden nicht das Abschreckende. Ich höre, ich sage zu, ich gehe los. Ich rücke nicht in den Vordergrund, was unbedingt gegen eine Sache sprechen könnte. War ich auf diese Weise Parteivorsitzender geworden? Auf jeden Fall vertraue ich Fachleuten, und so stand ich eines Tages auf einer großen Wiese, sah in den Himmel und begriff noch immer nicht, worauf ich mich eingelassen hatte. Hier war ein Termin zu absolvieren, zu dem ich mein Einverständnis gegeben hatte. Punkt.

Der erfahrene Fallschirmspringer erklärte mir, wie ich mich bewegen solle. Wir stiegen in das Flugzeug und flogen los. Noch immer griff nichts nach mir, keine besondere Erregung, keine Furcht. Plötzlich aber öffnete der Mann die Klappe des Flugzeugs, ein gehöriger Luftzug schlug mir entgegen, ich hörte die Order, nun – an ihn gebunden, aber vor ihm – hinauszuspringen, und erst jetzt beschlich mich ein leichtes Unwohlsein. Trotzdem sprang ich mit ihm zusammen ab.

Später, nach der Landung, wusste ich, dass der eigentliche Reiz des Fallschirmspringens nicht in der Phase des geöffneten Fallschirms liegt (das ist ein bisschen wie Kettenkarussell), sondern im freien Fall. Ich ahnte, dass man nach diesem unbeschreiblichen Gefühl in der Luft wohl auch süchtig werden kann. Wer routiniert und professionell mit dem Fallschirm springt, trägt übrigens eine Uhr mit sich, die darauf aufmerksam macht, wann spätestens der Fallschirm gezogen werden muss.

Unten am Boden standen zahlreiche Zuschauer, ich gestehe,

der Applaus freute mich. Der Fallschirmspringer, der mich bei diesem Wagnis begleitet hatte, zeigte später sein Erstaunen: Ich hätte keine Angst gezeigt. Woher er das wisse? Er erklärte mir, Angst verkrampfe, und dann bekämen die Leute in der Luft eine starre Kopfhaltung, ja sie schlössen in der Regel sogar die Augen. An mir aber habe er beobachtet, dass sich mein Kopf hin und her bewegte, ich hätte mich also um- und mir alles angesehen. Ja, ich war neugierig. Ironisch fügte ich hinzu: »Ich habe mir überlegt, falls dies nicht nur mein erster, sondern auch mein letzter Sprung im Leben sein sollte, könnte ich mir doch vorher noch einmal alles ansehen.«

Unbekümmert treibt man solche Scherze, vielleicht auch, um die reale Gefahrenlage ein wenig zu unterlaufen. Aber es gibt Berufe, Leidenschaften, Sportarten, die auch deshalb eine besondere Besessenheit abfordern, weil sie sich unweigerlich in der Nähe des Todes erfüllen.

Dieser Fallschirmspringer aus der Bundesrepublik, der mir im wahren Sinn des Wortes einen neuen Horizont eröffnete, ist später bei einem Fallschirmsprung tödlich verunglückt.

*

Der Wahlkampf in jenem Jahr 1990 strengte an, er schlauchte, er legte in gleichem Maße Energien frei, wie er Energien kostete; vor uns allen stand tatsächlich die Aufgabe, eine Schicksalswahl zu bestehen. Überall, wo ich erschien, formten sich Fronten, standen sich Gegner- und Anhängerschaft häufig hart und heftig gegenüber. Mit Eiern wurde ich beworfen, ausgebuht, durch anhaltende Sprechchöre daran gehindert, selber das Wort zu ergreifen. Sehr schnell entwickelte ich eine Ökonomie des Verhaltens, die sich von überstürzten oder panischen Reaktionen freihielt. Ich sah und wartete ab, ich ließ mich nicht aus der Reserve locken. Wobei die rhetorischen Angriffe mir natürlich dennoch an die Nerven und die Nieren gingen.

An einen Mann von der CDU erinnere ich mich, der in Plauen auf dem Kundgebungsplatz stand, einen Lautsprecher aufgestellt und ein Mikrofon installiert hatte. Er begann hasserfüllte Tiraden gegen mich zu schleudern, in einer Phonstärke, gegen die ich machtlos blieb. Also stand ich und schwieg und wartete. Obwohl ich kein Zeichen der Ungeduld merken ließ, schaltete er nach einer Weile plötzlich sein Mikrofon aus und sagte in gewechselter, leiser Tonlage zu mir hin, er sei gleich fertig. Das wirkte, als sei er für Sekunden aus seiner frenetischen Rolle ausgestiegen. Dann absolvierte er das Restprogramm seiner Hassrede, packte die technischen Utensilien ins Auto und fuhr davon. Bemerkenswert kurios: Da war der Beauftragte einer Störmanövertechnik unterwegs, dem sein eigenes Tun plötzlich doch peinlich geworden war.

Irgendwann stieg ich für eine Wahlkundgebung aus dem Auto, und fünf Krankenschwestern kamen mit sehr ernstem Gesicht auf mich zu. Keinesfalls gewogen, das spürte ich sofort. Sie warnten mich, ich solle keinesfalls von drohender Arbeitslosigkeit sprechen, denn ich wüsste es doch selbst besser, die Lage sei gar nicht so schlimm, und ich dürfe den Leuten keine Angst machen. Zwei, drei Jahre später hätte ich mich gern noch einmal mit ihnen über dieses Thema unterhalten.

*

Natürlich erlebte ich auf den Wahlkundgebungen zur ersten freien Volkskammerwahl in der DDR auch tiefe Zuneigung. In Dresden kam ich in den Kulturpalast, und der Saal war so überfüllt, dass ich den Weg nach vorn nur fand, weil mir ein schmaler Pfad freigekämpft wurde. Draußen standen noch fünftausend Leute, die ausharrten und zu denen ich dann vom Fenster aus sprechen musste. Eine Welle der Erwartung traf, überrollte – und bedrückte mich, stärker als jede Ablehnung. Denn ich sah mich mit Hoffnungen konfrontiert, die ich nie und nimmer würde einlösen können. Kundgebungsteilnehmerinnen weinten, wollten mich berühren. In eine Rolle war ich geraten, die mir so gar nicht entsprach, die mir aber schlagartig vor Augen führte, wie das Leben vieler Menschen aus dem Gleis geworfen worden war. Die neue Freiheit beflügelte die einen, aber löste bei anderen auch große Ängste aus, die Deutungshoheit über das eigene Leben zu verlieren, durch Trümmer bisherigen Sinns stolpern zu müssen und nicht mehr zu wissen, woran man sich halten könne. Das Bekenntnis zum Sozialismus, zur Partei, ja überhaupt zur DDR schien plötzlich schandbar und also eine Mutfrage geworden zu sein. Ein Satz aus der Literatur hatte das Leben überfallen, der Satz nämlich, dass die Welt aus den Fugen sei. Und nun bestürmten mich Menschen, als stehe ausgerechnet und hauptsächlich ich für das Versprechen, diese Welt für sie wieder einzurichten. Alles, was auf mich einstürmte – der Jubel, der Hass – wäre wahrlich geeignet gewesen, mein inneres Gleichgewicht ins Schlingern zu bringen. Vielleicht geriet es mir in dieser Hinsicht zum Vorteil, dass ich von Termin zu Termin hetzte.

*

Letztlich war ich froh, als der Wahlkampf zu Ende ging. Zwei Tage vor dem Wahlsonntag berichtete die »Bild«-Zeitung auf der Titelseite, ich hätte in einer Geheimrede dazu aufgerufen, Banken, die Erfassungsstelle für SED-Unrecht in Salzgitter und andere Einrichtungen in der Bundesrepublik Deutschland zu sprengen. Solcher Blödsinn war mir, eingedenk all der erlebten Anfeindungen, doch bisher kaum unter die Augen gekommen. Das klang, als sei ich des Verdachts auf einen angekündigten Terrorakt überführt.

Die Wirkung übergroßer Schlagzeilen hängt nicht von deren Wahrheitsgehalt, sondern vom Sensationskitzel ab. Das Ganze arbeitete antikommunistischen Vorurteilen zu und bediente das Klischee, die »Roten« seien Bombenleger, Scharfmacher und Staatsfeinde des demokratischen Deutschlands. Wer Banken sprengen will, will zerstören, Panik organisieren. Später hat mir ein »Bild«-Journalist erzählt, er habe den Auftrag erhalten, Material gegen mich zu sammeln. In jede nur denkbare Schmutzecke sei hineinzuleuchten. Als der »Rechercheur« partout nichts fand und also kapitulieren musste, änderte das freilich nicht im Geringsten die Auftragslage. Die Redaktionsleitung entschied, dann eben zu anderen Mitteln zu greifen. Verleumdung, Verächtlichmachung nach geltenden Regeln der Unkultur. Aber an Presserecht und Presserechtsprozesse habe ich – ein Anwalt! – damals überhaupt noch nicht gedacht.

Eines Tages rief mich Rechtsanwalt Heinrich Senfft aus Hamburg an und fragte, ob ich mir denn all dies wirklich bieten lassen wolle. Also beauftragte ich ihn, und wir führten viel später einen Prozess gegen die »Bild«-Zeitung. In erster Instanz gewann ich, der Springer-Verlag ging in Berufung. In der Verhandlung beim Senat des Hanseatischen Oberlandesgerichts in Hamburg holte ich meinen Terminkalender heraus und fragte den Anwalt der Gegenseite, an welchem Tag, zu welcher Uhrzeit und an welchem Ort ich die besagte Geheimrede gehalten haben soll. Er zog sich mit Leuten der »Bild«-Zeitung zur Beratung zurück. Als die Verhandlung fortgesetzt wurde, erklärte der Anwalt, über die angefragten Daten könne keine Auskunft gegeben werden, dies gefährde ihre Quelle. Wieso wird eine Quelle gefährdet, wenn es um Daten geht, die mir – wenn sie der Wahrheit entsprächen – ohnehin bekannt sind; schließlich wüsste ich doch dann, an welchem Tag, zu welcher Uhrzeit und an welchem Ort ich geredet habe. Die Gefährdung zu steigern, sei also gar nicht möglich.

Der Vorsitzende des Senats bestätigte die Logik meiner Aussage. Wiederum zog sich die Gegenseite zur Beratung zurück. Anschließend wieder das stereotype Beharren: keine Auskunft,

Gefährdung der Quelle. Auf dem Tisch lag mein Terminkalender. Er muss den Leuten des Springer-Verlages wie eine Drohung vorgekommen sein. Der Senatsvorsitzende sagte schließlich: »Sie haben also offenkundig gelogen. Entweder, Sie drucken eine Entschuldigung auf Seite eins, oder Sie werden entsprechend verurteilt.« Tatsächlich erschien dann in der »Bild«-Zeitung eine Entschuldigung. Wobei eigentlich nur ich diese Entgleisung hätte entschuldigen können.

Damals konnten mich viele Leute noch nicht einschätzen. Eine solche törichte Meldung traf auf eine gewisse Leichtgläubigkeit, geschuldet der Unwissenheit. Es gibt keine Zeitung mehr, die so etwas heute noch in Umlauf brächte. Man weiß, dass ich für Sprengungen, welcher Art auch immer, völlig ungeeignet bin. Die Waffe des Rufmords ist aber Klebstoff: Von jeder Lüge bleibt etwas hängen. Die »Bild«-Zeitung wusste, dass sie gelogen hatte, ihr war auch bewusst, im Falle eines Prozesses zu verlieren. Man kalkulierte das ein, man wog Aufwand und Nutzen ab, und den Nutzen sah man in der Möglichkeit, uns durch Verunglimpfung noch im Endspurt des Wahlkampfes Stimmen abzuziehen. Ob dies tatsächlich gelang, weiß ich nicht. Jedenfalls war mit dem Prozess gegen die »Bild«-Behauptung, ich fordere zu Sprengungen auf, ein Zeichen gesetzt worden: Ich hatte begriffen; ich nahm die hässlichen Spielregeln und das Jagdfieber dieser aufgeheizten Mediengesellschaft nicht mehr wehrlos an.

Immer enthemmter wird in Medien bedient, was sich öffentliches Interesse nennt; die Folge ist eine wachsende Sensationslust dieser Öffentlichkeit – und diese Lust macht bald vor nichts mehr halt. Im Lauf der Jahre musste ich selbst eine Vielzahl von Prozessen gegen diese Praxis der Beschädigung, Beleidigung und Bedrängung führen, vor allem auch gegen die Wiederholungsschleife der stupiden Stasi-Vorwürfe. Anschuldigungen und Verdächtigungen, so hemmungslos wie haltlos. In der Regel gewann ich die Prozesse. Das hat wohl dazu beigetragen, dass Mitglieder- und Anhängerschaft meiner Partei die Rechtsstaatlichkeit wirklich schätzen lernten. Denn der Mainstream öffentlicher Meinungen war oft genug gegen mich. Dennoch entschieden die Gerichte zu meinen Gunsten.

Die »Bild«-Zeitung hatte kurz vor der Wahl auch noch berichtet, die PDS werde nicht mehr als vier Prozent der Stimmen erreichen. Das versetzte mich allerdings nicht in Panik. Da war der Wunsch der Vater eines wahrlich sehr einseitigen Gedankens.

29. KAPITEL

Am 18. März 1990 fand die erste freie, geheime und demokratische Wahl in der Geschichte der Volkskammer der DDR statt. Noch ein letztes Mal blitzte auf, was doch im Grunde alle schönen Zeichen eines Anfangs trug. Aber rasend schnell war zum Schlussakt geworden, was doch erst vor wenigen Monaten, am 4. November, so erhebende politische Euphorie ausgelöst hatte. In der Pflanzenkunde nennt man das »Angstblüte«: ein abschließendes Leuchten der Lebenskräfte vor dem Ende. Ein bisschen so war es auch mit der DDR, in jenen letzten Monaten vor Herstellung der deutschen Einheit.

Beim Votum für die Volkskammer gab es eine Wahlbeteiligung von über neunzig Prozent – davon kann man heute nicht einmal mehr träumen. Die PDS erreichte 16,4 Prozent der Stimmen, damit wurden wir drittstärkste Kraft. Wenn man jenes Erbe bedenkt, das unsere Partei mit sich schleppte, und dazu noch berücksichtigt, dass wir keine Westhilfe hatten, so war das ein Erfolg. Erstaunt waren viele, nur, dass die CDU weit besser abschnitt als die SPD. Ein Ruck ins Konservative. Als die Ergebnisse im Fernsehen verkündet wurden, richteten sich die Kameras immer wieder auf Lothar de Maizière, und sein Gesicht verriet ein leichtes Entsetzen. Ihm schwante, welche Verantwortung auf ihn zukam.

Eine verständlich tiefe Enttäuschung hatte die Bürgerrechtsbewegung ergriffen – waren sie doch davon ausgegangen, die politische Wende erzwungen zu haben und nun alle Chancen auf eine maßgebliche Rolle in der veränderten Gesellschaft zu besitzen. Sie hatten gesät und fühlten sich nun um die Ernte betrogen. Die Demokratie offenbarte, wie ungerecht sie sein kann. Sowohl die Grünen als auch das Bündnis 90 rangierten am Ende der Auszählung unter drei Prozent der Stimmen.

Meiner Ansicht nach lag das an der Rigorosität, mit der sie über DDR-Biographien geurteilt hatten, die nicht in klarer Opposition zum System standen. Man kritisierte zu Recht den Staat und seine Strukturen, die fehlende Freiheit und die mangelhafte Demokratie, man verwies richtigerweise darauf, dass Systeme von den Menschen etabliert und gestützt werden, die darin leben. Aber grundsätzlich und undifferenziert jeden Einsatz für die Gesellschaft der DDR unter einen Generalverdacht des Opportunismus zu stellen – das schreckte ab. Bürgerrechtler waren im Ringen um neue politische Verhältnisse und beim Aufarbeiten der Vergangenheit in der Bevölkerung von vielen wie Richter empfunden worden, und die Leute wählen nicht gern ihre Richter. Trotzdem ging ich am Wahlabend zu beiden Parteien, es war mir ein Bedürfnis, den Grünen und Bündnis 90 meine Achtung zu zeigen.

Ein wichtiges, kompliziertes Thema war damit für mich aufgeworfen: Wie vertragen sich in einem Wahlkampf Wahrheit und Werbung? Dem Menschen sei die Wahrheit zumutbar, sagte die Dichterin Ingeborg Bachmann – aber wie viele Probleme wollen sie aufgebürdet bekommen? Wird hundertprozentig belohnt, wer keine falschen Versprechungen macht? Oskar Lafontaine hat als Kanzlerkandidat der SPD für die Bundestagswahl Ende 1990 die ungeschönten Kosten für die deutsche Einheit ins Feld geführt – kostete dies die SPD vielleicht den Sieg?

Ein Großteil der Wählerinnen und Wähler in jenem März 1990 hatte die CDU gewählt, weil sie Helmut Kohl am ehesten zutrauten, die wirtschaftlichen, sozialen und kulturellen Fragen bei der Herstellung der deutschen Einheit gut und günstig zu klären. Zweifelsfrei stand fest, dass alles auf diese Einheit zusteuerte. Kohl verkörperte, im Unterschied zur SPD, die Regierung, also jene Kraft, die alles lenken konnte. Und er versprach, es für die Leute zu richten – es breitete sich das Gefühl aus, man müsse sich nicht selbst bewegen. Aber dazu rief zum Beispiel ich auf. Helmut Kohls Angebot war deutlich mächtiger, weil bequemer. Illusionär war es außerdem. Die SPD zeigte keine klare Haltung, ob sie den Weg zur deutschen Einheit überhaupt wolle und wie sie ihn denn möglicherweise gehen werde.

*

Es gab zwei Möglichkeiten, die deutsche Einheit herzustellen. Artikel 146 des Grundgesetzes regelt, dass dieses Gesetz seine Gültigkeit verliert, wenn das deutsche Volk in freier Entscheidung eine Verfassung annimmt. Stets war in der Geschichte der Bundesrepublik argumentiert worden, dieser Artikel setze die deutsche Einheit voraus – weil das gesamte deutsche Volk an der Abstimmung teilnehmen solle. Nun war dieser Fall eingetreten, aber die Chance einer Verfassung wurde nicht genutzt. Zunächst gehörte auch Lothar de Maizière zu den Befürwortern einer Verfassung und damit der Einlösung eines lang gehegten historischen Versprechens. Aber maßgebende Politiker des deutschen Westens klammerten sich so unmissverständlich und diskussionsresistent an den bundesrepublikanischen Status quo, dass der letzte DDR-Premier seine Position aufgab. Ebenso die SPD der DDR, die zunächst ebenfalls einer Verfassungsdebatte zusprach. Es fehlte der Mut für einen neuen historischen Schritt: Mit einer Verfassung hätte sich das neue Deutschland gleichsam emanzipiert, hätte auf sehr eigene Weise die Rechtsnachfolge der beiden deutschen Republiken angetreten. Das hätte für die Bevölkerung rechtliche und psychologische Konsequenzen gehabt. Denn es macht einen Unterschied, ob man gemeinsam eine neue Wohnung bezieht oder ein Partner lediglich in eine bereits bewohnte und nach dem Geschmack des anderen ausgestattete Wohnung einzieht.

Helmut Kohl stemmte sich von Anfang an gegen den Weg des Artikels 146 des Grundgesetzes. Er votierte für den Beitritt der DDR zum Geltungsbereich des Grundgesetzes der Bundesrepublik Deutschland nach Artikel 23 des Grundgesetzes. Interessant, dass US-Präsident George Bush, der Ältere, ihn darauf hinwies, mit der Befolgung dieses Artikels 23 müsse einhergehen, ihn anschließend aufzuheben. Denn andernfalls, so Bush, verweigerten Tschechien und Polen die Zustimmung zur deutschen Einheit. Beide Staaten befürchteten, bestimmte Teile ihrer Bevölkerung würden womöglich irgendwann ebenfalls den Beitritt zum Geltungsbereich des Grundgesetzes der Bundesrepublik Deutschland erklären – vor allem, wenn die Bundesregierung darum warb. Helmut Kohl musste zustimmen, den Artikel nach dem Beitritt der DDR zu streichen. Was dann tatsächlich auch geschah.

Nachdem also zu Beginn sehr viele für den Weg über den Artikel 146 Grundgesetz waren, blieben immer weniger diesbezüglich übrig. Es gab auch in der Bevölkerung keine nennenswerte Bewegung für diese Variante.

*

Aber noch existierte die DDR. Am 5. April 1990 fand die konstituierende Sitzung der Volkskammer statt. Zur Präsidentin wurde die CDU-Abgeordnete Sabine Bergmann-Pohl gewählt. Sie war damit auch das Staatsoberhaupt, denn der frühere Staatsrat wurde nicht wiedergewählt. Die Fraktion der PDS wählte mich zum Fraktionsvorsitzenden. Es bildete sich eine Koalition aus der Allianz für Deutschland, das heißt der CDU, dem Demokratischen Aufbruch und der Deutschen Sozialen Union (DSU), den Liberalen und der SPD. Die SPD hatte zwar vorher ein Zusammengehen mit der DSU ausgeschlossen, hielt sich dann aber mal wieder nicht an die eigene Vorgabe. Wolfgang Thierse von der SPD würdigte eines Tages die Fraktion der PDS, indem er in etwa Folgendes erklärte: Diese Fraktion hätte Frauen, die sich wie auf dem Laufsteg bewegten, zwei Rollstuhlfahrer und einen Gysi – dagegen sei schwer etwas zu unternehmen. Belobigung? Lassen wir es einfach so stehen.

*

Die Volkskammer der DDR erlebte in der Dämmerung des Staates ihre schönsten, aber auch kräftezehrendsten Momente. Der Durchbruch zur Demokratie setzte auf jeder politischen Seite Energien frei, die nun ungezwungen und oft leider auch unbegrenzt aufeinanderprallten. Die Auseinandersetzungen wurden äußerst scharf geführt, man nahm kein Blatt mehr vor den Mund. Die Antragslust kannte keine Hemmungen, sodass dem Plenum zum Teil auch ziemlich absurde Ansinnen zu Debatte und Abstimmung vorgelegt wurden. Oft gingen die Sitzungen bis weit in die Nacht hinein. In den Medien feierte man den neuen, offenen Ton, lächelte allerdings auch über jenes fröhliche bis nervende Chaos, das frei von bisheriger langweiliger Routine war, aber auch dazu führte, dass die Sitzungen oft genug zerfaserten.

Das Spottwort vom Laienparlament ging um. Das stimmte insofern, als wir alle im Prinzip Erstklässler in Sachen praktischer politischer Demokratie waren. Aber man unterschätze nicht Fähigkeit und Leistungen von Laien. Noah, der die Arche baute, war Laie – die »Titanic« wurde von Profis gebaut.

Es gab während der Sitzungen Verhaltensweisen, die wahrlich noch nicht in einem Politikbetrieb der Abgrenzungen und Verfeindungen geschleift worden waren. Zum Beispiel kamen die Liberalen zu mir und fragten, ob ihr Antrag, dem ich inhaltlich natürlich widersprechen musste, in juristischer Hinsicht zulässig und dicht formuliert sei. Tatsächlich nahm ich das Papier entgegen und schrieb es um, ich habe also handwerklich geholfen. Solche Kooperation wäre heute undenkbar. Man gibt sich keine Blöße, man zeigt keine Schwäche, man bewertet Grenzen höher als Brücken.

*

Am Abend, da Lothar de Maizière von der Volkskammer zum Ministerpräsidenten gewählt worden war, besuchte ich ihn. Vor dem Haus stand ein Volkspolizist. Er wusste offenbar, wer ich bin, und ließ mich klingeln. Die Stimme des neuen Regierungschefs meldete sich, fragte, wer da sei, und ich antwortete: »der Oppositionsführer der Deutschen Demokratischen Republik«. Lothar de Maizière lachte, ließ mich ein, wir unterhielten uns und tranken Wein.

Dieses Treffen war wichtig für mich. Im Rechtsanwaltskollegium hatten wir viele Jahre zusammengearbeitet, die Endzeit des SED-Systems und der Aufbruch zu neuen politischen Strukturen lenkte jeden von uns in eine andere Richtung. Zu Lothar de Maizières fünfzigstem Geburtstag Anfang März 1990 war ich nicht eingeladen worden, darüber erschrak ich ein wenig, und ich tat damals etwas für mich Ungewöhnliches: Ich schrieb ihm einen handschriftlichen Brief mit Fragen zu unserem Verhältnis.

Von Pfarrer Friedrich Schorlemmer, den ich am 4. November 1989 auf dem Alexanderplatz kennengelernt hatte, erfuhr ich übrigens später, in jener speziellen Bedrohungszeit für ihn, im Sommer 1989, habe er bei seiner Tochter für den Ernstfall der Inhaftierung die dienstlichen Telefonnummern zweier Anwälte hinterlegt: die von Lothar de Maizière und meine. Weil er wusste, wir hätten ihm geholfen. Seit jenem Abend im März 1990 gab es zwischen Lothar de Maizière und mir wieder ein vertrauensvolleres, verlässlicheres Verhältnis. Wir standen auf unterschiedlichen politischen Positionen, aber es gab jenes existenzielle Überraschungsmoment, das uns beide vereinte: Wir waren mit Funktionen konfrontiert, die wir uns für uns vorher nie hätten vorstellen können.

Lothar de Maizière gab dann eine leise, überzeugende, durchdachte Regierungserklärung ab, der ich nur Respekt zollen konnte und kann. Die Tage der DDR waren gezählt. Im Laufe der Monate bedrängten die westlichen Parteien mehr und mehr ihre politischen Äquivalente in der DDR. Aber auch die Ostparteien zog es verstärkt zu ihren Westpartnern. So wuchs ihre Abhängigkeit. Bonn begann das Geschehen östlich der Elbe zu dominieren. Nur meine Partei fand im Westen niemanden, der sie wollte, der ihr half und sie unterstützte. Sie wurde dadurch aber auch von fremden Vorgaben verschont. So blieben wir einerseits selbstständiger, andererseits aber auch deutlich östlicher, regionaler.

Zwar begann im Westen die Bildung von Landesverbänden, deren Mitgliederzahlen jedoch hielten sich in engen Grenzen. Der militante Antikommunismus der alten Bundesrepublik wirkte sich verschärft auch gegen uns aus. Nach unserer späteren ersten Teilnahme an einer Bürgerschaftswahl in Hamburg sah ich den Kabarettisten Dieter Hildebrandt im Fernsehen; er sagte, er beneide mich, da ich jeden Wähler meiner Partei in Hamburg persönlich kenne. Frechheit! Und ich musste auch noch lachen.

*

Mit dem 3. Oktober 1990 war die DDR Geschichte. Die Herstellung der deutschen Einheit bedeutete für die meisten Bürgerinnen und Bürger der einstigen ostdeutschen Republik einen unbestreitbar großen Gewinn. Es begann ein Leben in bisher unbekannten freiheitlichen und demokratischen Strukturen. Uns überkam ein Waren- und Dienstleistungsangebot, das es in der DDR zu keinem Zeitpunkt gab. Schon seit Juli 1990 besaß die Bevölkerung zwischen Kap Arkona und Fichtelberg endlich eine Währung, die weltweit etwas wert war. Jeder konnte offen seine Meinung äußern, ohne darauf zu achten, ob einer mithörte und weitermeldete. Wer über die notwendigen Mittel verfügte, konnte ungehindert reisen. Euphorien lockerten und mischten den Osten auf.

Aber natürlich steht gerade in solchen historischen Umbruchzeiten Erfahrung gegen Erfahrung. Wer seine Arbeit verlor, wer zu den Abgewickelten, den Ungeschickten, den Furchtsamen und Vorsichtigen gehörte, konnte sich wohl kaum an den neuen Freiheiten erfreuen. Man kann Möglichkeiten auch als Druck empfinden, und mit dem Verlust der DDR ging vielen Menschen der Sinn ihrer Arbeit, die Arbeit an einem Sinn verloren. Was bisher Bedeutung für sie besaß und ihnen selber Bedeutung verliehen hatte, war verschwunden und wurde im Nachhinein verurteilt. So wuchs auch das Gefühl der Demütigung, weil DDR-Geschichte regelmäßig reduziert wurde auf Helden- oder Stasigeschichten, Widerstand oder Mitläuferschaft. Dazwischen nichts?

Junge Leute ergriffen ihre Chancen, Älteren aber rann vielfach durch die Finger, was sie zu halten versuchten. So durchmischte sich das Bild unzähliger Einzelschicksale mit Farben, die alle recht hatten. Niemand darf sein eigenes Schicksal mit dem Schicksal anderer gleichsetzen, stets ist das Leben reicher als die historische Tendenz.

*

Meines Erachtens gab es bei der Herstellung der deutschen Einheit einige Fehlkonstruktionen, die Folgen hatten und haben. Neben dem Verzicht auf die Diskussion einer Verfassung beging auch die Bundesregierung den nahezu klassischen Fehler politisch Herrschender: Sie können, wo sie ihren Machtbereich erweitern, nicht aufhören zu siegen. So verhielt sich Helmut Kohl gegenüber der DDR. Die Bundesrepublik sah in der DDR lediglich ein Material zur Abschaffung. Nichts sollte bleiben, was einst auferstanden war aus Ruinen. Nur immer und nahezu überall Abriss, meist offen, mitunter verbrämt. Man wollte sich bei der deutschen Einheit nichts Neues ausrechnen, nur mit dem Alten abrechnen, und dieses Alte, die Altlast sah man überall. Man interessierte sich – manisch antikommunistisch – nicht für übernehmenswerte DDR-Strukturen, so als hätte man Angst, sich mit einem solchen Interesse an positiver östlicher Praxis an einem Virus zu infizieren.

Aber wenn man bereit gewesen wäre zu wirklicher Bereicherung, also einige Sozial- und Strukturleistungen aus dem Osten aufrechtzuerhalten und für den Westen nutzbar zu machen, dann wäre aus einem bloßen Beitritt tatsächlich eine Art Vereinigung geworden. Ein wirkliches Zueinanderkommen, eine neue Zeitrechnung: Eins plus eins kann drei sein, also mehr als die Summe der Einzelteile. Das Selbstbewusstsein der Ostdeutschen wäre gestärkt, weil bestätigt worden: Auch in der DDR entstanden anerkannt vernünftige, intelligente Dinge. Zudem hätten die Westdeutschen den Einheitsprozess in bestimmten Punkten ebenfalls als eine Erhöhung ihrer Lebensqualität erfahren. Eine solche Erfahrung wurde ihnen nicht vergönnt. Ich denke zum Beispiel an die Kindertagesstätten, die Nachmittagsangebote der Schulen, die Ferienspiele und Kinderferienlager. All dies waren Einrichtungen, die den Frauen Schritt für Schritt eine gleiche Berufstätigkeit wie Männern ermöglichten. Auch die Polikliniken hatten sich als praktisch und effizient erwiesen: Hausarzt und fachärztliches Personal in einem gemeinsamen Gebäude! Aber man lehnte prinzipiell alles ab, zeigte die kalte Schulter, wollte partout nicht übernehmen, ging dann erst später den Weg der Erkenntnis, nennt das Ganze heute: Ärztehaus.

Kindertagesstätten werden inzwischen in einer Art gefördert, die an die DDR denken lässt, nur bringt das natürlich niemand mehr mit dem Osten in Verbindung. Ganztags- und Gemeinschaftsschulen stehen ebenfalls in einem verbesserten Ruf, aber selbstverständlich darf es keine Assoziationen zum DDR-Schulsystem geben, dessen unbestreitbare Nachteile ausdauernd hervorgekehrt, dessen ebenso unbestreitbare Vorteile jedoch ebenso ausdauernd unter den Teppich gekehrt werden. Andere Länder gingen mit guten Erfahrungen aus dem Osten weit freier und neugieriger um – man blicke auf die Karrieren von renommierten Sporttrainern der DDR, die nach der deutschen Einheit wegen ihres Könnens und ihrer Erfolge ins Ausland gerufen wurden, man schaue auf das Schulsystem in Finnland.

Ein weiterer Fehler der Bundesregierung bestand in deren Ignoranz gegenüber den Eliten des Ostens. Selbstredend mussten die politischen Eliten ausgetauscht werden, aber warum die wissenschaftlichen, künstlerischen, pädagogischen, an Universitäten, Theatern, Krankenhäusern? Selbst Schlagersänger der DDR, deren künstlerisches Vermögen sich in nichts von dem ihrer westlichen Kollegen unterschied, bekamen plötzlich kaum mehr eine Chance auf Fernsehauftritte.

Natürlich besaß die plötzliche Weltoffenheit, die über uns DDR-Bürger kam, auch etwas Gnadenloses, sie lenkte den Großteil der Interessen verständlicherweise aufs Neue, Unbekannte, Westliche. Und das Eigene, Nahe, Gewohnte wurde dabei kalt auch von uns selbst zur Seite gedrängt. Aber die Steuerung der politischen Prozesse und der gesellschaftlichen Stimmung arbeitete diesem einseitigen Prozess ungut zu. Überall fand die Vereinigung als Einführung und Propagierung westlicher Muster und Vorbilder statt. Das galt auch für die Gewerkschaften und die Kirchen. Bei den Kirchen hatte sich zunächst eine Ausnahme angedeutet. Evangelische Einrichtungen waren zu Heimstätten und Schutzorten vieler DDR-Oppositioneller geworden. Daher genoss die evangelische Kirche einen guten Ruf als couragierte Kämpferin. Der Mut und die

Konsequenz vieler Pastoren und Pfarrer bedeutete für die Einheit beider Kirchen die »Gefahr« einer östlichen Dominanz. Rechtzeitig und wie bestellt gelangte eine Liste von Inoffiziellen Mitarbeitern der Staatssicherheit bei der evangelischen Kirche in die Öffentlichkeit. Obwohl viele Menschen in den Kirchen damit nichts zu tun hatten, war der moralische Leumund der evangelischen Institutionen plötzlich erheblich angekratzt, und die Vereinigung verlief wie überall.

Gewöhnung schwächt Erwartungen ab, der Alltag dämpft übersteigerte Sehnsüchte. Nachdem die erste Euphorie über das neue Leben etwas abgeklungen war, erinnerte sich auch die DDR-Bevölkerung so mancher ostproduzierten Qualität. Die Rückkehr der Rationalität brachte auch die Besinnung auf das, was die Eliten des Landes geleistet hatten. Sie in Bausch und Bogen zu verurteilen, nur weil man jetzt im Westen war, hätte schließlich bedeutet, auch das eigene Leben gering zu schätzen. Wenn die Pädagogik nichts getaugt, die Berufs- und Hochschulen nur flaches Niveau, die medizinische Betreuung nicht geholfen und Kunst und Kultur keine Bereicherung gebracht hätten – was war denn dann, genau genommen, die eigene Existenz wert? Dies bedenkend, relativierten viele Menschen Haltung und Verhalten, was ihr früheres Leben betraf.

Blickt man unter diesem Aspekt auf die Medien des Landes, so unterscheidet sich das Leseverhalten zwischen Ost und West – bei aller Angleichung der jüngeren Generationen – noch heute erheblich. Zeitschriften wie »Der Spiegel« und »Stern« sowie Zeitungen wie »Frankfurter Allgemeine Zeitung« und »Die Welt« haben im Osten eine viel geringere Verbreitung als im Westen. Wenn man im Osten etwas kauft, will man es vollständig in Anspruch nehmen. Aber nicht allein, dass die Zeitungen eh zu dick sind – es geht auch um den Inhalt. Die privaten TV-Sender, etwa SAT.1 und RTL, werden im Osten im Vergleich zum Westen viel stärker gesehen als die öffentlichrechtlichen Sender. Letztere sind deutlich politischer – dies schließt eine nach wie vor befremdete Sicht auf Leben ein, das aus der DDR kommt. Immer wieder gräbt man nach Belegen des Diktatorischen – als müsse man mit allen Mitteln die Unwirtlichkeit des Staates beweisen, in dem man vermeintlich nur als heimlicher Westbürger oder feiger Anpasser überdauern konnte. So verliert man aber das wahre Leben aus dem Blick, und die betroffenen Menschen haben natürlich ein Gespür dafür.

Zweifellos habe ich Grund, mich über das eine oder andere Medium zu beschweren. Aber natürlich ist die Unabhängigkeit der Medien, trotz markt- und politikgesteuerter Einschränkungen, ein wichtiges, äußerst schützenswertes Gut. Wenn die Rechtsbewegung »Pegida« von »Lügenpresse« spricht, setzt sie klar ein warnendes Zeichen: Auch die Journalisten gehören zu »denen da oben« und sind es also wert, bekämpft zu werden; sie stellen »Pegida« vermeintlich falsch dar. Die Bewegung verfährt, um Öffentlichkeit zu provozieren und in ihr präsent zu bleiben, nach folgender Technik: Jemand aus dieser rechten Szene sagt gezielt und laut einen abenteuerlichen Satz. Die Presse reagiert darauf empört, der oder die Betreffende relativiert seine hanebüchene Aussage und interpretiert sich selber neu: Man habe es nicht so gemeint und spricht von böswilliger Verleumdung durch – die »Lügenpresse«. Die AfD verfährt nach dem gleichen Muster. Wir sollten also auf der Hut sein – und es bleiben.

Im Jahr 1990 erschien erstmalig die Wochenzeitschrift »SUPERillu«. Sie existiert bis heute und wird in großer Auflage im Osten verkauft – im Westen dagegen so gut wie gar nicht. Das Blatt blieb erfolgreich, weil es sich auf Themen konzentriert, die besonders Menschen im Osten interessieren. Dazu gehört eine große Aufmerksamkeit für dessen Künstlerschaft, vor allem aus der Unterhaltungskunst. Eine tragfähige Geschäftsidee und eine gelungene, unterhaltsame Pflege des östlichen Gemüts. Ich schreibe das wegen meines Grundverständnisses von Politik und Arbeit in der Öffentlichkeit. Ich möchte vermitteln, ich möchte anschaulich sein, ich möchte verstanden werden. Wenn ich an einem Mikrofon etwas sage, möchte ich, wie es so schön heißt, meine Stimme erheben, aber nicht über die Zuhörer hinweg. Selbstbewusstsein, Einsichtsvermögen, Zutrauen meiner Zuhörer möchte ich erheben – in die Veränderbarkeit der Dinge und die Steigerungsfähigkeit der eigenen Kraft. Schon wahr: Links ist der Ort des anspruchsvollsten utopischsten Geistes, des wohl kühnsten politischen Programms. Aber nur jene Linke ist auf dem richtigen Weg, die den großen Menschheitstraum nicht gegen die vielen kleinen Träume der Menschen setzt, den großen Frieden nicht gegen die vielen Formen des kleinen, alltäglichen Friedens, den jeder und jede mit der Welt finden und machen und durchhalten muss. Wenn eine Frau den ganzen Tag an der Kasse im Supermarkt sitzt und abends erschöpft in den Sessel sinkt, so verstehe ich, dass sie vielleicht eher zu einer Zeitschrift greift als zu einem dicken Buch, und ich hätte meine politische Pflicht verletzt, wenn ich mich einem Weg des Gesprächs miteinander verweigerte.

Ich glaube, mich auf allen Seiten des gesellschaftlichen, sozialen Lebens natürlich verhalten zu können. Mit Neugier nehme ich auf und wahr, was mich umgibt. Ich genieße, mich in mehreren Welten zu bewegen und den unterschiedlichsten Menschen zu begegnen. Zu meiner Erziehung gehörte eine Atmosphäre daheim, in der das Bürgerliche und das Plebejische gut miteinander harmonierten. Gebildetheit ist allerdings eine bedrängende Kraft – wenn ich mal nicht gelesen habe am Wochenende, fragte meine Mutter nicht ohne Vorwurf: »Was treibst du eigentlich das ganze Wochenende?«

Jedenfalls wuchs ich ohne jeden Hochmut auf, und mir fällt eine Stelle aus dem Buch »Das Hohe Haus« von Roger Willemsen ein. Ein Jahr lang beobachtete er die Parlamentarier des Bundestages. Einmal notierte er aus einer Rede des FDP-Abgeordneten Martin Lindner den Satz: »Es gibt in Deutschland eine Zunahme an Armutsberichten, aber keine Zunahme an Armut.« Auf dem Bahnhof sieht ihn Willemsen wieder und schreibt über diese Begegnung: »Als ich auf dem Bahnsteig sehe, wie sich ihm die Verkäuferin des Obdachlosenmagazins ›Straßenfeger‹ nähert, ist mir die Situation beinahe schon zu plakativ, aber sie ist wahr, denn ich weiß, was folgen wird: die abwehrende Geste, die sich abwendende Person. Hier wenigstens fielen Reden und Handeln zusammen.«

*

Wenn Überstürzungen und bestimmte problematische Ziele zur Sprache kommen, mit denen die deutsche Einheit betrieben wurde, so muss auch die Treuhandanstalt betrachtet werden – eine sehr fragwürdige staatliche Einrichtung. Sie entschied so brachial wie windig über das Schicksal vieler Unternehmen in der DDR.

Nichts gegen das Prinzip einer solchen Treuhänderschaft, aber sie hätte ganz andere Aufgaben haben sollen. Die PDS schlug zum Beispiel eine degressive Lohnsubvention vor. Bekanntlich wurde zum 1. Juli 1990 die Mark der DDR abgeschafft und die Deutsche Mark auch in der DDR eingeführt. Wir schlugen vor, ab diesem Zeitpunkt jedem Unternehmen der DDR die Lohnkosten in voller Höhe ein Jahr lang zu erstatten, im zweiten Jahr dann nur noch neunzig Prozent dieses Betrages, im dritten Jahr achtzig Prozent und so weiter. Nach zehn Jahren wäre die Subvention ausgelaufen. Dabei hätte keine Rolle gespielt, wie sich die Löhne in dem Unternehmen entwickelten. Die Idee bestand in der Chancengleichheit. Jedes Unternehmen wäre produktiv zur Konkurrenz gezwungen gewesen und hätte Geist und Kraft aufwenden müssen, seine Produkte auf den Markt zu bringen, zu entwickeln und dort zu halten.

Das Wichtigste: Jedes Unternehmen, neu in der Wirtschaft des Westens, hätte Zeit gehabt, sich in dieser Ökonomie zu entwickeln. Selbstredend wären Privatisierungen durch die Treuhandanstalt erfolgt, auch Management-Buy-out wäre möglich gewesen, und leider wäre Unternehmen nicht erspart geblieben, in Insolvenz gehen zu müssen. Doch keinesfalls in solchem Umfang wie real geschehen. Unternehmen übrigens, die von ausländischen Investoren erworben wurden, gingen seltener pleite als jene, auf die das westdeutsche Kapital zugriff – teilweise entledigte man sich schlicht und einfach auf bequeme Weise einer östlichen Konkurrenz.

Die Folge bestand in einer unerwartet hohen Massenarbeitslosigkeit, die den Charakter der PDS wiederum veränderte. Denn Schritt für Schritt wurde sie nun zu einer sogenannten Kümmererpartei. Wir halfen den Leuten, Anträge zu stellen, egal ob es um Sozialleistungen oder Rente ging. Jetzt wandten sich auch mehr und mehr Menschen an uns, die bislang aus unterschiedlichsten Gründen Distanz zur Partei gehalten hatten.

Zur Widersprüchlichkeit der Zeit gehörte also, dass die politischen und sozialen Fehler bei der Vereinigung den Lebensnerv der PDS kräftigten. Das Schicksal jeder Opposition: Sie will ändern, also nährt sie sich von der Untragbarkeit bestehender Zustände. Was für mich aber keineswegs heißt, sich als Linker das Bittere, die Krise, das Chaos regelrecht herbeizuwünschen, um auf prägnante Weise Kritiker sein zu können. Deutschland zu verändern, setzt nicht voraus, Deutschland abzulehnen oder sogar zu hassen. Und ich teile überhaupt nicht den Zynismus, den Armen die Almosen zu verweigern und zu meinen, dies erhöhe ihre Bereitschaft zur Rebellion.

*

Leider gelang es mir nicht, vor dem Treffen von Michail Gorbatschow und Helmut Kohl im Kaukasus, im Sommer 1990, mit dem sowjetischen Partei- und Staatschef ein Gespräch über Probleme der deutschen Einheit zu führen und eventuelle Korrekturen vorzuschlagen. Noch wirkten doch die Freundschaftsbande zwischen seiner und meiner Partei, zumal er – wie beschrieben – bei unserem ersten Telefonat die Bedeutung der DDR betont hatte. Aber ein neuerliches Gespräch mit Michail Gorbatschow ließ sich so schnell nicht organisieren. Mir wurde stattdessen ein Treffen mit dem Politbüromitglied Alexander Jakowlew angeboten, das ich selbstredend annahm. Aber entweder haben ihn meine Argumente nicht überzeugt, oder er hat sie nicht überzeugend an Michail Gorbatschow weitergeleitet.

Mich beschäftigte der bundesdeutsche Umgang mit dem Grenzregime der DDR. Eine Tat oder deren Unterlassung muss schon zum Zeitpunkt, da sie geschieht oder eben unterbleibt, als Straftat im Gesetz geregelt sein. Gerade darauf hatte die Bundesrepublik Deutschland in ihrer Rechtsgeschichte sehr viel Wert gelegt. Es gibt die berühmte Radbruchsche Formel, wonach dieser Rechtspositivismus bei schwersten Verbrechen nicht gelten darf – womit das Naziregime, nicht die DDR gemeint war. Gegen diese Radbruchsche Formel in der europäischen Menschenrechtskonvention hatte die Bundesregierung einen wirksamen Vorbehalt erklärt und damit Naziverbrecher geschützt. In Richtung DDR bemühte Bonn nun umgekehrt diese Formel. Nun bestand beim Grenzsoldaten der DDR nicht der Vorsatz einer Straftat, und sein Handeln wurde vom Gesetz in der DDR auch nicht als Straftat definiert. Das galt auch für die Politbüromitglieder. Unzweifelhaft sind das Grenzregime der DDR und die damit verbundenen Menschenrechtsverletzungen, vor allem die Toten, politisch und moralisch scharf zu kritisieren, aber das Thema der strafrechtlichen Verantwortlichkeit steht auf einem anderen Blatt.

Das hatte ich auch Alexander Jakowlew erläutert, mit dem Hinweis darauf, dass es den Mauerbau und die Aufrechterhaltung dieser Grenze ohne die sowjetische Partei- und Staatsführung nicht gegeben hätte. Dieser Zusammenhang aber kam zwischen Michail Gorbatschow und Helmut Kohl beim Gespräch im Kaukasus nicht zur Sprache.

*

In der Volkskammer gab es wichtige Debatten, bei denen die Weichen für das Deutschland jenseits von DDR und BRD gestellt wurden. Ich erinnere mich an die Aussprache zum Wahlvertrag zwischen beiden Ländern. Die SPD hatte einen gehörigen Druck auf die CDU ausgeübt: Bei der ersten gesamtdeutschen Wahl am 2. Dezember 1990 solle die Fünf-Prozent-Klausel für jede Partei in Deutschland gelten. Unverblümt erklärten die Sozialdemokraten, warum ihnen das so wichtig sei: Der Einzug der PDS in den Bundestag müsse verhindert werden.

Nun geschah es aber, dass der Wahlvertrag nicht die erforderliche Mehrheit erhielt, weil bei der Abstimmung zu viele Volkskammer-Abgeordnete fehlten. Es war Mitternacht, und sie hatten es sich schon an verschiedenen Orten außerhalb des Parlaments gemütlich gemacht. Es wurde daraufhin ein Paragraph etwas umgeschrieben und der Wahlvertrag am anderen Tag erneut zur Abstimmung gestellt. Nunmehr in Anwesenheit der erforderlichen Mehrheit. Aber mehrere Parteien erhoben beim Bundesverfassungsgericht Beschwerde gegen diesen Kontrakt der eindeutigen Beeinträchtigung.

Den Vorsitz in der Verhandlung führte der damalige Vizepräsident des Gerichts Ernst Gottfried Mahrenholz. Es ging um die Frage, ob man von einer Partei, die bis dahin nur in der DDR existierte, ohne Rücksicht sofort verlangen könne, sie müsse, um ins Parlament zu gelangen, in der gesamten Bundesrepublik Deutschland die Fünf-Prozent-Hürde überschreiten. Ich bat den Senat, sich umgekehrte geographische Ausdehnungsverhältnisse vorzustellen: eine kleine Bundesrepublik und im Verhältnis dazu eine sehr große DDR. Über Nacht stünden die Parteien des marginalen Westens vor der doch wohl schwierigen Aufgabe, vier Fünftel einer Bevölkerung zu erreichen, die mit diesen Parteien bis dahin nichts zu tun hatte. Woher sollten Stimmen, Interesse, Befürwortung kommen?

Das Bundesverfassungsgericht hob den bestehenden Wahlrechtsvertrag auf. Es wies an, entweder eine niedrigere als die Fünf-Prozent-Hürde einzuführen oder bei dieser historischen Zäsur der Wahl eines ersten gesamtdeutschen Parlaments nach 1945 zwei getrennte Zählgebiete zu organisieren. Es geschah Letzteres, und so zogen PDS und Bündnis 90 aus dem Osten in den Bundestag ein. Beide überschritten in den neuen Bundesländern die Fünf-Prozent-Hürde, was eben reichte.

Ein bisschen stolz war ich, als mir Ernst Gottfried Mahrenholz später erklärte, dass meine Argumentation die Mitglieder des Senats beeindruckt hätte. Und im November 2016 traf ich auf einer Zugfahrt von München nach Stuttgart den früheren Bundesverfassungsrichter Paul Kirchhof, der von Angela Merkel später erfolglos für das Amt eines Bundesministers vorgeschlagen worden war. Auch er sagte mir, meinen Vortrag zum Wahlrechtsvertrag von 1990 in bester Erinnerung zu haben.

*

Vor der Bundestagwahl trat plötzlich Entsetzliches ein. Allen Vorurteilen, die der PDS entgegenschlugen, allem Misstrauen, das uns peinigte, arbeiteten einige in der Partei in ungeahnter Heftigkeit selber zu: Denn die Partei wurde von einem Finanzskandal schwer erschüttert. Funktionäre – ein stellvertretender

Parteivorsitzender und ein Abteilungsleiter – hatten versucht, 107 Millionen Deutsche Mark im Ausland zu parken. Das war zwar die große, die einzige Ausnahme von Geldverschiebung – aber was nützte diese hilflose Relativierung!

Es ergingen Haftbefehle, unser Ruf war ruiniert. Alle ehrliche Arbeit, alle moralischen Erneuerungsmühen schienen vergeblich gewesen zu sein. Hinsichtlich des Wahlkampfes für die Bundestagswahl am 2. Dezember 1990 überrollte mich – ich kann es nicht anders sagen – eine Welle der Niedergeschlagenheit. Ich war völlig demotiviert. André Brie schaffte es dennoch, mich in dieser Stimmung unerwartet zum Lachen zu bringen. Er sagte, er habe eine Idee für ein Plakat, mit dem wir bundesweit deutlich die Fünf-Prozent-Hürde überschreiten könnten. Auf dem Plakat bräuchte nur eine einzige Frage zu stehen: »Sind Sie für die Enteignung der PDS?« – dafür sollten die Leute am 2. Dezember ihr Kreuz bei der PDS machen. Wer den Schaden hat, darf auch selber für den Spott sorgen.

Bei jener Wahl am 2. Dezember 1990, das sei vorweggenommen, erreichten wir insgesamt nur 2,4 Prozent, in den alten Bundesländern 0,3 Prozent der Stimmen, aber im Osten trotzdem 11,1 Prozent. Na ja, immerhin. Interessant war, dass wir im Westen für Wahlkampfveranstaltungen große Säle mieteten und diese Räume regelmäßig gut gefüllt waren. Es herrschte rege Neugier auf diese schillernde, ominöse Partei – was aber keineswegs bedeutete, dass sich dieses Interesse wirksam in Wählerstimmen niederschlug.

*

Auf einer Wahlkampfveranstaltung in Köln wurde ich nach meiner Haltung zu Rauschgiften gefragt. Diese Frage erwischte den DDR-Bürger in mir – ich musste gestehen, mich damit noch nie beschäftigt zu haben. Gleichzeitig versprach ich, mich kundig zu machen und das nächste Mal gewiss eine Meinung äußern zu können. Als ich den Saal verließ, gab mir eine junge Frau ein Stück Papier. Ich wickelte es später aus, und da stand, ich solle das Beiliegende nicht studieren, sondern probieren. In dem Papier lag eine Haschisch-Zigarette. Zu diesem Zeitpunkt existierte die DDR noch, ich schmuggelte also eine Haschisch-Zigarette über die Grenze. Mir war ganz schlecht, auch ohne jeglichen Konsum von Rauschgift. Hätte mich der Zoll kontrolliert, wäre ich wahrscheinlich auf der Titelseite der »Bild«-Zeitung gelandet. Der kiffende Gysi!

Aber unbeschadet kam ich nach Hause, zu fünft rauchten wir die geheimnisvolle Zigarette. Die Wirkung war gleich null. Anders als bei einem Fußballspiel des FC St. Pauli in Hamburg. Die Mannschaft spielte noch in der 1. Bundesliga, ich war eingeladen worden und stand im Fanblock. Hamburg gewann sogar mit 2:0. Von den Toren und einem Großteil des Spielgeschehens sah ich wenig, denn ich war eingekesselt von lauter langen Kerls – nur an der Lautstärke der Fans erkannte ich dramatische Geschehnisse auf dem Rasen. Aber die Sprüche imponierten mir: »Nie wieder Faschismus, nie wieder 2. Liga!«. Der Torwart hieß Volker, also wurde gerufen: »Volker, hör die Signale!« Was das mit Rauschgift zu tun hat? Tja. Nach dem Spiel war mir hundeelend zumute wie nie zuvor und nie wieder in meinem Leben. Es dauerte eine Weile, bis ich begriff, dass um mich herum nicht geraucht, sondern gekifft worden war.

Diese Erfahrung beendete vollständig mein Interesse daran, mich auf solche Weise zu bedienen. Irgendwann habe ich das öffentlich erzählt und bekam einen Brief: Ich hätte einen Fehlschluss gezogen, ich solle mich an die Schlagerzeile erinnern: »Beim ersten Mal, da tut's noch weh …« So sei's auch beim »Stoff«: Regelmäßigkeit des Konsums brächte die wohltuende Gewöhnung. Mag sein. Ich ließ es trotzdem.

*

Mir ist auch eine Kundgebung im Wahlkampf gut in Erinnerung, sie fand in Jena statt. Der Fehler der Organisatoren bestand darin, das Podest nicht an einer Häuserwand, sondern in der Mitte des Platzes aufgestellt zu haben. Viele Leute kamen, und auf einmal erschienen etwa dreihundert Neonazis. Obwohl sich mehrere Tausend Sympathisanten versammelt hatten, dominierte diese rechtsextreme Truppe. Sie strahlte Aggressivität und Drohpotenzial aus. Die Neonazis bestiegen das Rednerpodest, auf dem ich nicht allein stand, von hinten und begannen zu prügeln. In solchen Situationen rede ich ungerührt weiter, als wenn nichts wäre.

Plötzlich aber bekam ich von hinten einen Stoß, fiel nach unten, wurde gepackt (oder besser: aufgefangen) und in ein Auto gestoßen, das sofort abfuhr. Nun doch etwas verwirrt, fragte ich den Fahrer, wer er sei. Er erklärte mir, von der örtlichen Polizei zu sein und gemeinsam mit zwei weiteren Kollegen den Auftrag zu haben, mich zu schützen. Nicht ein Neonazi hatte mich vom Podium gestoßen, sondern einer dieser beiden anderen Polizisten, einer von ihnen hat mich dann ins Auto verfrachtet. Und wohin jetzt?, fragte ich. Zum Kreisvorstand der PDS. Dort würde ich abgeliefert, »und dann ist meine Arbeit erledigt«.

Ich fragte ihn, was er unternehme, denn die Nazis schlügen am Kundgebungsplatz um sich. Er sagte: »Nichts!« und fügte kurz und offenkundig etwas desinteressiert hinzu, er werde aller Wahrscheinlichkeit nach mit der deutschen Einheit am 3. Oktober 1990 seinen Job verlieren, und deshalb tue er nur noch das Notwendigste, nach Vorschrift. Den Auftrag, mich auf der Wahlkundgebung zu schützen, habe er erledigt, der Rest interessiere ihn eben nicht mehr. Ich war entsetzt.

*

In den alten Bundesländern hatte es damals für mich neben den erwähnten Saalveranstaltungen lediglich eine einzige Kundgebung unter freiem Himmel gegeben. Es war in einer kleineren Stadt. Ich saß im Café, als der Polizeichef des Ortes auf mich zukam und mir eine schusssichere Weste anbot. Ich lehnte sie ab, sie hatte ein gefühltes Gewicht, das mich befürchten ließ, durch die dünnen Bretter der Rednertribüne zu brechen. Er sah mich an, nickte kurz und sagte: »Wir nehmen zu Protokoll: ›Angeboten, abgelehnt.‹« Dann begann ich mit meiner Rede. Der Blick in die Menge ernüchterte: Die Zahl der Teilnehmer hielt sich merklich in Grenzen. Zwischen den Leuten fiel mir ein Mann auf, der ununterbrochen auf die SED schimpfte. Ein Polizist forderte ihn auf, zu verschwinden. Der Mann fragte zurück, ob dies die neue Freiheit sei: dass man nicht mal mehr auf die SED schimpfen dürfe. Der Polizist erwiderte: »Doch, darf man, aber nicht heute und nicht hier.«

Als ich zu reden aufgehört hatte, stieg ich ins bereitstehende Auto. Noch einmal tauchte der Polizeichef auf und wies meinen Fahrer an, dem Funkstreifenwagen zu folgen – irgendwann werde der wenden, dann seien wir außerhalb der Stadt und könnten weiterfahren. Man gab sich also wirklich Mühe, und ich fühlte angesichts der ruppigen Zeitumstände durchaus so etwas wie Dankbarkeit. Als hätte er meine Gedanken erraten, drehte sich der Polizeichef zu mir und meinte trocken: »Übrigens, Herr Gysi, damit wir uns nicht missverstehen: Meinetwegen können Sie erschossen werden, aber nicht in meiner Stadt.«

Vom elenden Egoismus heißt es ja bekanntlich: Wenn alle nur an sich denken, ist auch an alle gedacht! Zu meinem Fahrer sagte ich: »Was der Mann da eben äußerte, hat mich überhaupt nicht gekränkt. Es würde mich schon sehr beruhigen, wenn die Polizeichefs aller Städte so nüchtern und selbstbezogen dächten.«

So war das eben: Ich fuhr als vermeintlich Übriggebliebener, als ein Gestriger durchs Land, der zumindest von allen Anständigen zu verfemen war. Die Verantwortung von Honecker und Mielke trug plötzlich auch ich.

*

Meine erste TV-Talkrunde fand in Hamburg statt. Es saßen drei Moderatoren und drei oder vier Gäste im Studio. Ich erinnere mich an Sabine Bergmann-Pohl und die Schauspielerin Inge Meysel. Als wir – bei noch ausgeschalteten Kameras – dem Publikum gleichsam probeweise vorgestellt wurden, gab es sehr viel Beifall für Inge Meysel und Sabine Bergmann-Pohl – mich dagegen empfingen ausschließlich Buh-Rufe. Einer der Moderatoren erinnerte die Zuschauer daran, dass ich auch ein geladener Gast sei.

Dann wurden die Kameras eingeschaltet, nun erfolgte die offizielle Präsentation der Gäste. Erneut großer Applaus für Inge Meysel und Sabine Bergmann-Pohl. Bei mir: keine Reaktion im Studio. Das war der Kompromiss: Es gab mich, ich wurde nicht mehr ausgebuht, aber auch nicht begrüßt.

Während der Sendung wurde ich heftig angegriffen. Inge Meysel, von vielen Menschen liebevoll auch als »Mutter der Nation« apostrophiert, verstieg sich zu der Behauptung: Was ich mit der PDS betriebe, sei in etwa damit zu vergleichen, dass jemand nach 1945 versucht hätte, die NSDAP am Leben zu erhalten. Ich war mehr als entsetzt. Kaum hatte ich mich von einer These etwas erholt, folgte die nächste unangenehme. Ich war einzig mit Abwehr beschäftigt, und natürlich gefiel den Moderatoren diese aufgeheizte Stimmung. Die Moderatorin wandte sich an Sabine Bergmann-Pohl, die schon in den siebziger Jahren Mitglied der CDU der DDR geworden war, und mutmaßte, diese Mitgliedschaft habe doch nur dem Zweck gedient, sich dem Druck zur Mitgliedschaft in der SED zu entziehen. Die Mitgliedschaft in einer Blockpartei sozusagen als eine Form des Widerstandes. An dem überraschten Blick von Sabine Bergmann-Pohl sah man, dass sie selber auf dieses Argument noch nicht gekommen war, es ihr aber gefiel. Sie übernahm es gern.

Nach der Sendung fragte sie mich, ob ich nicht noch mitkommen wolle in einen der hinteren Räume, dort werde noch ein Glas Sekt getrunken, und man könne sich noch nett unterhalten. Entspannung also – nach den Angriffen auf mich vor den Kameras nun Small Talk hinter den Kulissen? Dazu hatte ich nicht die geringste Lust. Auf schnellstem Wege verließ ich das Fernsehstudio.

Als der Wagen, der mich damals vom Gelände des Fernsehstudios brachte, am Tor vorbeifuhr, hielt uns der Pförtner an, übergab mir eine Flasche Champagner, die soeben bei ihm abgegeben worden war, sowie eine beigefügte Postkarte. Darauf stand: »Gerade habe ich die Sendung gesehen. Es ist furchtbar, was Inge Meysel zu Ihnen sagte. Die Angriffe waren abscheulich.« Ich solle mich jetzt in mein Hotel begeben, in Ruhe die Flasche Champagner austrinken und morgen mit neuer Kraft an meine Aufgaben gehen. Der Mann schrieb auch, er sei Rechtsanwalt, seine Personalien hinterlasse er jedoch nicht, er benötige keinen Dank, er wolle lediglich zum Ausdruck bringen, dass es auch in Hamburg Menschen gebe, die anders dächten, als ich es soeben erlebt hatte.

Ich war gerührt. Jeder kennt Momente vorm Fernseher, da man zustimmt, sich empört, sich solidarisch mit jemandem auf dem Bildschirm fühlt – aber dass ich mir dann die Mühe machte, in den Keller zu gehen, eine Flasche zu holen, eine Postkarte zu schreiben, das Geschenk einzuwickeln, mit dem Auto zu dem betreffenden Studio zu fahren und mein Präsent dort abzugeben? Kaum vorstellbar. Solche Gesten ermutigen, geben Kraft.

Später übrigens habe ich mich mit Inge Meysel sehr gut verstanden. Wir gingen zusammen essen, im Fernsehen erklärte sie sogar mal, mich zu wählen. Ob es stimmte, weiß ich nicht, sie war offensichtlich eine Künstlerin der spontanen Reaktionen und emotionalen Impulse, aber nach diesen bitteren, auch verletzenden Erfahrungen meiner politischen Anfangszeit war es wohl nur zu natürlich, dass ich ein williges Sensorium für Zustimmung, Solidarität, zumindest Akzeptanz entwickelte. Und mit Genugtuung registrierte, wie Feindbilder bröckelten. Gerade auch unter Leuten, die bislang aus unterschiedlichsten Gründen – und häufig zu Recht – nichts mit der SED und deren Erbe am Hut hatten.

Der erste Prominente, der öffentlich gestand, die PDS zu wählen, war der Schauspieler und Comedian Dirk Bach. Wir nahmen gemeinsam an einer Veranstaltung teil, und er verkündete dem Publikum, er könne einzig mir seine Stimme geben. Man konnte das Erstaunen spüren, das durch die Reihen ging. Man muss wissen, dass Medien sparsamer mit ihren Einladungen werden, wenn sich bestimmte Leute politisch »daneben« benehmen. So tauchte Rockstar Rio Reiser plötzlich weit weniger im Rundfunk auf, nachdem er unserer Partei beigetreten war.

Noch in jenen für die Partei schwierigen neunziger Jahren sprach mich eines Tages der Entertainer Rudi Carrell an. Er wollte uns im Wahlkampf unterstützen und lud mich in seine TV-Sendung »Sieben Tage, sieben Köpfe« ein. Meine Bedenken, ich sei kein Kabarettist und kein Komödiant, zerstreute er. Und so willigte ich ein, weil jede publikumswirksame Medienpräsenz ein Steinchen aus festgefügten Mauern von Vorurteilen brechen und Sympathien aufbauen konnte.

Häufig lud mich Erich Böhme – ehemaliger »Spiegel«-Chefredakteur und späterer Herausgeber der »Berliner Zeitung« – in seinen »Talk im Turm« bei SAT.1 ein. Nach Gerhard Schröder war ich der häufigste Gast. Indem ich verstärkt im Fernsehen, im Rundfunk und in Zeitungen sprechen konnte, vermochte ich das Bild von der Partei und von mir zu korrigieren. Die Journalisten stellten zwar harte Fragen, gaben mir aber die Chance, Schritt für Schritt das mitunter recht zwielichtige öffentliche Bild von der PDS und von mir zu korrigieren. Es gelang für mich persönlich besser als für die Partei, weil von dort immer wieder auch Ansichten und Meinungen kamen, die die Vorurteile irgendwie bestätigten.

Längst hat sich das Klischee durchgesetzt, ich sei ein Liebhaber von Talkshows, speziell natürlich jener, an denen ich teilnehme. Zum Klischee gehört das ungläubige Lächeln, wenn ich eine solch übertriebene, fast manische Zuneigung zum Talk verneine. Aber es ist wahr: Allzu gern gehe ich da nicht hin. Auf der einen Seite mag ich zwar das Gespräch, ich bin neugierig auf Menschen, mich interessieren fremde Denkwelten, andererseits weiß ich um diese mediale Methodik, die gnadenlos verkürzt, gewiss auch verkürzen muss. Sendungen sind selten geworden, in denen man sich für Gesprächspartner wirklich Zeit lässt. Wo nicht nur forsche Selbstbehauptung angesagt ist, wo nicht dem suchenden, dem leise vorgetragenen Argument so gründlich abgeschworen wird wie dem gegenseitigen Respekt.

In den Anfangsjahren meines parteipolitischen Lebens sah ich es hauptsächlich als meine Pflicht an, in Talkshows zu gehen. Eben wegen der bereits erwähnten Rufpflege, denn meine Partei und also auch ich erfuhren ansonsten nur dann ein merkbares mediales Interesse, wenn es etwas extrem Negatives von uns zu berichten gab. Als ich im Laufe der Zeit regelmäßig zu Talks eingeladen wurde, geschah es auch wegen meiner, wie ich es immer ausdrücke, »generalistischen« Veranlagung. Ich bin nicht wirklich Experte für ein einzelnes politisches Gebiet, und mich bedrückt das nicht. Experten erklären oft zu kompliziert, zu detailliert, zu verzweigt. Ich erkläre gern ironisch, als sei ich der Typ Generalist, der von nichts etwas versteht, aber über alles reden kann.

Als irgendwann mal bei Günther Jauch in der ARD-Talkrunde am Sonntagabend das Thema kurzfristig geändert werden musste, wurden logischerweise auch die Teilnehmer des TV-Streits ausgewechselt. Jauch entschuldigte sich beim Publikum vor Beginn der Sendung für den kurzfristigen Wechsel aller Gesprächspartner. Einer der Zuschauer warf ein, ich sei aber doch schon bei der ursprünglichen Zusammensetzung dabei gewesen. Was Jauch bestätigte, er fügte hinzu: »Bei Gysi spielt doch das Thema keine Rolle, er kann über alles reden.« Ich sehe das gelassen. Ironie lacht über das, was zu respektieren ist, aber sie respektiert eben auch, worüber man lacht.

*

Im Wahlkampf 1990, im Ringen um ein Direktmandat in Berlin Marzahn-Hellersdorf hatte ich einen Auftritt in einer Kindertagesstätte – wo ich zu den Erzieherinnen und Eltern sprechen sollte. Einer jener zahlreichen Termine in einem vollgepackten Veranstaltungsprogramm. Der tägliche Kalender als Stopfgans. Als ich in der Kindertagesstätte ankam, entpuppte sie sich als ein Alters- und Pflegeheim. Extremer kann ein Unterschied kaum sein, die Situation hatte auch etwas Lustiges und bewies also: Jeder Witz hat seinen Anlass in einem Missgeschick. Hier hielt es sich in Grenzen: Ich änderte ohne Umschweife und Schwierigkeiten meine Rede.

Am Schluss der Veranstaltung sprach mich eine ältere Frau an. Sie erzählte, früher seien etwa zwanzig der Bewohner Mitglieder unserer Partei gewesen, jetzt seien nur noch sie selbst und ein Mann geblieben, ein Pflegefall. Ich fragte sie, wie denn der Kontakt zur Partei noch aufrechterhalten werde. Die Frau erklärte mir, monatlich käme der Vorsitzende der Ortsparteiorganisation, mit ihm gemeinsam ginge sie zu dem Mann, der bettlägerig sei, man rede miteinander und entrichte seinen minimalen Parteibeitrag. Man spreche über die Partei, das Land, die Welt – eine Stunde lang.

Diese kleine Erzählung – im Chaosjahr 1990 – hat mich sehr bewegt. Dass ein Mitglied unserer Partei jeden Monat daran denkt, diese beiden Menschen zu besuchen, sie einzubeziehen und so irgendwie das Parteileben aufrechtzuerhalten! Es ist richtig, mit Schwung die großen Aufbrüche zu träumen, den weltverändernden Geist mit Siebenmeilenstiefeln auszurüsten, aber: Diesen Alltag einer fast liebevoll zu nennenden politischen Fürsorge, der auch regelmäßig an Tisch und Bett eines Altenheimes stattfinden kann, stattfinden muss – ihn darf die Linkspartei um den Preis ihrer Menschlichkeit niemals verlernen, niemals verlieren.

30. KAPITEL

Was war das für ein Leben geworden: mein Leben! Politische Ereignisse bestimmten seine Zeitrechnung, Wohl und Wehe koppelten sich mit Wohl und Wehe der Partei, ich existierte zweckgerichtet, handelte streng zielgerichtet, ich empfand mich in wenigen stillen, dunklen Momenten sehr ausgerichtet. Ich erschrak manchmal: Nur immer weiter, weiter! Wenn ich nun also zurückblicke, verläuft die Chronik meines Lebens parallel zu den Daten der politischen Entwicklung, verschmilzt mit ihnen. Unverwechselbar, so scheint es mir, wurde ich mehr und mehr mit dem, was ich in die Politik »einzahlte«. Die Politik und die Öffentlichkeit waren meine wichtigsten Lebenspartnerinnen. Der Satz klingt nicht wahr, sondern absurd. Er ist es.

Die Daten der politischen Entwicklung! Unvergessen bleibt mir die Volkskammerdebatte zur Abstimmung über den Einigungsvertrag und zum Beitritt der DDR zum Geltungsbereich des Grundgesetzes der Bundesrepublik Deutschland. Die Diskussion fraß Stunde um Stunde. Ein zähes, angespanntes Ringen. Ich erklärte, meine Fraktion werde den Vertrag aufgrund bestimmter Mängel ablehnen. Gleichzeitig betonte ich, wir würden den Vertrag allerdings später am meisten zitieren, nutzen und verteidigen. Das traf tatsächlich zu. Der von mir aufgemachte Widerspruch ergab sich aus der Tatsache, dass dieses Vertragswerk keinesfalls nur Fehler zu Regel und Programm erhob, sondern auch vernünftige Regelungen enthielt, die aber – das war vorauszusehen – in der politischen Praxis immer wieder verletzt, missachtet, vergessen wurden.

Nach Abstimmung und also beschlossenem Beitritt erfüllte ein langer Beifall den Saal der Volkskammer. Soeben war – im pathetischen Sinne des Wortes – Geschichte gemacht worden. Allerdings hatte die Volkskammer einen falschen Beschluss gefasst. Er lautete: »Die Volkskammer erklärt den Beitritt zum Geltungsbereich des Grundgesetzes der Bundesrepublik Deutschland gemäß Artikel 23 des Grundgesetzes mit Wirkung vom 3. Oktober 1990.« Angesichts dieses Satzes erwachte der Anwalt in mir, der Sachwalter der juristischen Sprachpräzision. Denn: Die Volkskammer hatte lediglich ihren Beitritt beschlossen, nicht den Beitritt der DDR.

Was tun? Sollte ich diese Fahrlässigkeit am nächsten Tag öffentlich machen und somit für eine neue Sitzung sorgen, in der dann ein korrigierter Beschluss gefasst würde. Oder war besser Schweigen angeraten?

Ich entschied mich, nach der Abstimmung eine kurze Erklärung abzugeben. Bevor ich mit ihr begann, flüsterte ich dem amtierenden Vizepräsidenten Reinhard Höppner den Fehler zu. Ich sagte, er solle sich den Beschluss noch einmal genau ansehen, die Volkskammer habe nur ihren eigenen Beitritt beschlossen, nicht den Beitritt der DDR, so müsse die DDR eben leider künftig auf die Volkskammer verzichten. Er schaute nach und beging eine Urkundenfälschung, indem er nach dem Wort »Beitritt« kurzerhand die Worte »der Deutschen Demokratischen Republik« einfügte. Später hat er das auch öffentlich erklärt.

Die Präsidentin der Volkskammer, Sabine Bergmann-Pohl, konnte dann den Beschluss korrekt verlesen, der aber so nicht beschlossen worden war. Ist der Beitritt eigentlich wirksam? Ich denke schon. Nach meinem Hinweis an Höppner gab ich dann aber meine Erklärung ab, die einen doppelten Zweck hatte. Ich wollte den Menschen, die vor der Veränderung, vor dem unaufhaltsamen historischen Einschnitt Angst hatten, diese Angst insoweit nehmen, als zwar ein Untergang beschlossen wurde, aber doch nicht ihr eigener. Die anderen wollte ich mahnen, die Gefühlslage der Bedrückten und Verunsicherten nicht zu unterschätzen.

Ich sagte: »Soeben haben Sie nicht mehr und nicht weniger als den Untergang der Deutschen Demokratischen Republik zum ...« Tosender Applaus bei der CDU. Irgendwann konnte ich aber auch den Rest meiner Erklärung vorlesen, in der ich dazu aufrief, fair miteinander umzugehen und gemeinsam für eine neue Bundesrepublik Deutschland zu wirken. Ich wies darauf hin, dass das Leben in der DDR unterschiedlich gelaufen sei, man unterschiedliche Erfahrungen gemacht habe und dass, wenn wir anständig und offen miteinander umgingen, es für alle durchaus Chancen gäbe. Die »Bild«-Zeitung hat übrigens die Worte »nicht mehr und nicht weniger« übernommen – genauer: ein bisschen geklaut! – und in ihrer Überschrift verwendet.

*

»Nicht mehr und nicht weniger«. Die Schnittstellen von Gewinn und Verlust. Wie war das bei meiner Familie? Meine Schwester Gabriele konnte sich wohl leicht auf die neue Situation umstellen, sie hatte schon in der Bundesrepublik gelebt. Von meiner Mutter nehme ich an, sie dachte verstärkt an jene andere mögliche Entscheidung nach 1945: Inhaberin eines linken Verlages zu werden und mit meinem Vater im Westen geblieben zu sein. Mein Vater, dessen Lebenswerk einer sozialistischen Gesellschaft mit dem 3. Oktober 1990 im Grunde zerstört war, fand sich ausgesprochen gelassen in die neue Lage ein. Das lag wohl auch daran, dass er den Untergang geahnt und, so wie die Dinge liefen, ihn für unausweichlich gehalten hatte. Aber er blieb bis zu seinem Lebensende der festen Überzeugung, der Kapitalismus könne nicht die letzte Antwort der Geschichte sein.

Unterschätzt habe ich, wie die gesellschaftliche Veränderung meine Söhne traf. Sie waren in die DDR hineingeboren worden, nun kamen sie unterschiedlich mit dieser Bundesrepublik zurecht. Daniel zunächst besser als George. Ich habe ihnen ungenügend geholfen – obwohl ich für George als Alleinerziehungsberechtigter eine besondere Verantwortung trug.

Zu irgendeinem Jahrestag der ersten demokratischen Wahlen zur DDR-Volkskammer übrigens wurde im Bundestag eine Dokumentation gezeigt. Noch einmal sah ich mich am Mikrofon stehen und die Erklärung verlesen. Und erneut applaudierten die Abgeordneten der CDU im Saal, synchron zum Jubel auf der Tonspur des Films. Ich kann mich in all meinen Parlamentsjahren an kein nennenswertes Beispiel erinnern, dass ich donnernden Beifall von der Union erhielt. Aber mit einem einzigen Halbsatz gelang mir das gleich zweimal – obwohl ich natürlich weiß, dass auch dieser Applaus gegen mich gerichtet war, ein Zeichen der Häme, der Schadenfreude, des Verletzungseifers. In Wirklichkeit dienten mein Gesicht und mein Satz der Beruhigung. Beruhigung war meine damalige Aufgabe.

*

Mit dem 3. Oktober 1990 war die Existenz der Volkskammer beendet. Aber bis zur Bundestagswahl am 2. Dezember 1990 sollten Abgeordnete aus der früheren DDR im Parlament sitzen. Wir hatten uns in der Volkskammer auf ein Verfahren verständigt, wonach die Stärke der Fraktionen über die Zahl der Abgeordneten entschied. Natürlich stand auf unserer Liste der Name von Hans Modrow. Inzwischen waren mehrere Kampagnen gegen ihn gestartet worden – diesen einst auch von bundesdeutschen Politikern und Journalisten hofierten »Hoffnungsträger« der DDR-Wende hatte man längst wieder nach eigenem Gutdünken degradiert und seine Regierung als Altlast abgestempelt.

Eine SPD-Vertreterin kam zu mir und verlangte, Hans Modrow von der Abgeordnetenliste zu streichen. Sollten wir dies verweigern, würde die SPD für eine Einzelwahl votieren. Die Präsidentin der Volkskammer, Sabine Bergmann-Pohl, lehnte das Ansinnen ab, sie meinte, für alle demokratisch gewählten Volkskammerabgeordneten gelte gleiches Recht. Letztlich gelang es uns also, auch Hans Modrow in den Bundestag zu entsenden. Man spürte später in den Sitzungen, wie gerade diese Personalie einigen Abgeordneten enorm gegen den Strich ging.

*

Rund um das einschneidende Datum des 3. Oktober 1990 häuften sich logischerweise Redeanlässe, die das Thema der deutschen Einheit umkreisten. Wo immer ich auftrat, sprach ich zu Aspekten des bevorstehenden Zeit- und Weltenwandels. Irgendwann aber ist alles gesagt, und kein Wortschatz hilft aus dem Gefühl, an sich selber zu ermüden. Jedenfalls trat ich bei der feierlichen Sitzung des Bundestages ans Pult und sprach erneut über die deutsche Einheit. Redete, kam zum Schluss und hörte hinter mir die Stimme des amtierenden Bundestagspräsidenten: Mir stünde noch Redezeit zur Verfügung. Ich bedankte mich und bemerkte, ich hätte leider nichts mehr zu sagen. Das war das erste und letzte Mal, dass ich Redezeit im Bundestag ungenutzt verstreichen ließ.

Aber damals folgte ich noch der naiven Vorstellung, sämtliche Fernsehzuschauer hätten mich gewiss schon dreimal gehört, und ich wäre also geradezu verpflichtet, Goethes Theaterdirektor aus dem »Faust« gerecht zu werden: »Wie mach ich nur, dass alles neu und mit Bedeutung auch gefällig sei?« Das ist als Ziel richtig und zugleich unerfüllbar. Wir Politiker sind in gewisser Weise Handlungsreisende, unser Produkt ist ein Parteiprogramm, sind Thesen, die wir zu beglaubigen haben. Möglichst nicht mit Phrasen, sondern mit Argumenten, mit

Überzeugung und Leidenschaft. Aber natürlich können wir uns nicht jeden Tag für jedes Podium neu erfinden.

In der folgenden ersten offiziellen Sitzung des Bundestages, an der ich teilnahm und sprach, gab es permanent Zwischenrufe von der SPD-Fraktion – ich solle den Sozialdemokraten endlich ihr früheres Eigentum zurückgeben. Ich hatte Egon Bahr ja bereits eine Aufstellung der betreffenden Immobilien übergeben, aber auf seine Bitte hin Stillschweigen bewahrt. Also reagierte ich nicht auf die Einwürfe. Als sie aber nicht aufhörten, gefiel es mir zu erwidern, es hätte mir imponiert, wenn die SPD ihre Forderung zu Zeiten ihrer zahlreichen Gespräche mit Erich Honecker erhoben hätte. Es heute zu tun, sei nicht mehr besonders mutig.

Die gesamte CDU/CSU-Fraktion lachte auf, und so kam jenes Foto zustande, bei dem sich Helmut Kohl, auf seinem Kanzlerstuhl sitzend, vor Vergnügen den Bauch hält, während ich rede. Oskar Lafontaine saß als Ministerpräsident des Saarlandes auf der Bundesratsbank, er nahm mir diese Äußerung gegen die SPD etwas übel. Wobei er auch einräumte, dass ich arg provoziert worden war.

Auch die Grünen stellten, als ich sprach, eine Zwischenfrage. Ich habe vergessen, was sie wissen oder beanstanden wollten. In Erinnerung ist mir lediglich das psychische Elend, sich offenbar nur dann gerechtfertigt zu fühlen, wenn man mich störte und unterbrach. Selbst die »taz« schrieb am nächsten Tag, man hätte mich bei meiner ersten Rede im Bundestag auch mal in Ruhe lassen können.

*

Am Wahlabend des 2. Dezember 1990 gab es die übliche Fernsehrunde mit den Vorsitzenden jener Parteien, die in den Bundestag eingezogen waren. Ich erlebte den bitteren Moment, da sich ein TV-Chef ungerührt und geschäftskalt an Christian

Ströbele wandte und ihm beschied, er dürfe nicht teilnehmen am Gespräch, schließlich sei seine Partei hinausgewählt worden aus dem Bundestag.

Ich wurde in der Sendung gefragt, ob Helmut Kohl und ich uns unverkrampft, »normal« begrüßt hätten. Ich erwiderte, wir beide seien über achtzehn, und da könne man einen gewissen Anstand voraussetzen. Helmut Kohl sagte daraufhin: »Na klar, alles andere wäre doch albern.« Leider war sein Mikrofon ausgeschaltet, sodass niemand außerhalb der kleinen Gesprächsrunde seine Bemerkung hörte. In einer Atmosphäre der Anschuldigungen sehnte ich mich offenbar nach gegenläufigen Signalen, und seien sie noch so nebensächlich. Signale, die mir bestätigten, dass ich trotz allem doch Mitglied einer gemäßigten und eher auch freundlichen bürgerlich-kapitalistischen Gesellschaft bin.

31. KAPITEL

Gewöhnungen sind das, was unser Leben prägt. Woran musste ich mich in jener bewegten Zeit zwischen den Zeiten, zwischen zwei Deutschländern und dann im neuen Deutschland am meisten gewöhnen? Auch wenn es wie ein Klischee klingt: an den fortwährenden Wechsel von Gesprächspartnern und Veranstaltungspublikum. Nie hatte ich Zeit, aber mitunter das Gefühl, alles zu versäumen. An manchen Tagen wäre es sehr nötig gewesen, ein Prinz Claus hätte wieder angerufen und mich erneut in den tiefen Sessel eines Zeittunnels sinken lassen. Aber andererseits gab es eben auch eine Fülle beeindruckender Begegnungen.

In der Humboldt-Universität begegnete ich Ernest Mandel, einem international bekannten, hochintelligenten Trotzkisten und herausragenden marxistischen Theoretiker. Ein wahrhaft unabhängiger, allseits störender Geist zwischen den Fronten des Kalten Krieges. Vor allem imponierte mir, dass sowohl die DDR als auch die Bundesrepublik Deutschland ein Einreiseverbot gegen ihn verfügt hatten. Er freute sich noch immer, dass er der Einzige war, dem dies gelungen war.

Auch traf ich den Ex-Bundeskanzler Österreichs, Bruno Kreisky, in dessen Wohnung. Das Foto von uns beiden war wohl das letzte, das vor seinem Tod veröffentlicht wurde. Nachdem er gestorben war, verwendete es sogar die »Bild«-Zeitung. Bruno Kreisky nahm sehr ernst, dass ich neu war im Gefilde der Parteien und Parlamente, und klärte mich über fast alle führenden Politiker Europas auf. Er charakterisierte sie und gab kurze, treffende Anmerkungen, ob es Sinn mache oder nicht, mit dem einen oder anderen zu sprechen. Von Bruno Kreisky stammt der Satz, Glück sei »potenzierte Zufriedenheit«. Wie schwer es einem mitunter schon fällt, genau zu sagen, wann man zufrieden ist – wie weit ist es dann erst zur Vorstellung vom wahren, eigenen Glück.

Bei einem Besuch in Athen hatte ich auch ein ausführliches Gespräch mit Giorgios Papandreou, dem langjährigen Vorsitzenden der sozialdemokratischen PASOK. Er lud mich zu sich nach Hause ein, am meisten bewegte ihn die Zusammenarbeit mit den sogenannten Entwicklungsländern, die Hilfe zur Selbsthilfe, der Kampf gegen soziale Konflikte, von denen Menschen aus ihrer Heimat vertrieben werden. Ein Gespräch lange vor den jetzigen Herausforderungen durch wachsende Flüchtlingsströme. Wenn ich an das Treffen mit Papandreou denke, wird mir einmal mehr bewusst, wie wenig die herrschende Politik auf Vorzeichen achtet, sie spricht noch von tickenden Zeitbomben, obwohl diese bereits breite Spuren der Verwüstung hinterlassen haben. Im Übrigen stellte ich im Hause Papandreou fest, dass der Spitzenpolitiker allerhöchsten Respekt vor seiner Frau hatte. Als sie die Treppe herunterkam, sprang er auf – und vor Schreck wir alle mit.

Mit dem früheren Vorsitzenden der Kommunistischen Partei Griechenlands Charilaos Florakis hatte ich ebenfalls eine interessante Begegnung. Er war ein alter Haudegen, stammte noch aus einer Zeit, da gegen Nazideutschland und die Militärdiktatur in Griechenland gekämpft wurde. Er erzählte auch von seinen Besuchen in der DDR. Zum Beispiel habe das Mitglied des Politbüros des ZK der SED Hermann Axen zu ihm gesagt: Im Gästehaus dürfe er wirklich alles tun, wonach ihm der Sinn stehe. Florakis habe den unbedenklich übertreibenden Ton des Satzes aufgenommen und gefragt, ob er dann auch Hermann Axen hier einsperren dürfe. Die Fähigkeit des SED-

Politikers, darüber zu schmunzeln, sei begrenzt gewesen. Es gab bei Florakis gleich am ersten Abend ein fantastisches Essen. Unkundig der Essgewohnheiten in Griechenland, ahnte ich nicht, dass es sich nur um die Vorspeisen handelte. Als das Hauptgericht kam, konnte ich leider nichts mehr essen. Am zweiten Abend wusste ich dann allerdings Bescheid.

In Rom empfing mich der Vorsitzende der damals noch kraftvollen, politisch einflussreichen kommunistischen Partei, Achille Occhetto. Es geschah noch zu DDR-Zeiten, vor mir war Außenminister Markus Meckel von der SPD zu Gast. An ihm imponierte mir übrigens später seine Visitenkarte, auf der zu lesen war: »Außenminister der Deutschen Demokratischen Republik a. D.« – er ließ zumindest offen, ob er mit dem »außer Dienst« sich oder die DDR meinte.

Ich kam also zu Occhetto, und er eröffnete unser Treffen damit, dass er die Beine auf den Tisch legte. Um zu demonstrieren, dass es ein besonders lockeres Gespräch werden solle? Wahrscheinlich war sein Respekt vor mir auch begrenzt. Die Lockerheit der Unterhaltung muss beträchtlich gewesen sein, ich habe vergessen, worüber wir sprachen. Aber an die anschließende Pressekonferenz erinnere ich mich sehr gut. Gefragt wurde, ob ich meinen Vater in jener Zeit, als er DDR-Botschafter in Italien war, besuchen durfte. Ich verneinte, ein solches Reiserecht hätte ich nur gehabt, wenn ich damals jünger als sechzehn gewesen wäre. War ich aber nicht. Über diese Regel, so erklärte ich, hätte ich mich sehr geärgert. Daraufhin meldete sich eine Journalistin und meinte, das DDR-Recht sei vielleicht gar nicht so übel gewesen, denn: Einen Gysi habe man hier ausgehalten, zwei wären wahrscheinlich zu viel gewesen. Der Saal lachte. Und ich?

22. Erste Rede des PDS-Vorsitzenden Gregor Gysi am 4. Oktober 1990 im Bundestag. Im Hintergrund amüsieren sich Bundeskanzler Helmut Kohl und sein Außenminister Hans-Dietrich Genscher

23. Mit François Mitterrand und Roland Dumas in Berlin, Dezember 1989

24. Mit Michail Gorbatschow

25. Mit Fidel Castro, 1992

26. Mit Richard von Weizsäcker

27. Mit Christoph Hein, Heiner Geißler, Johano Strasser und Günter Grass (von links)

28. Mit Nina Hagen und Jürgen Kuttner im Haus am Köllnischen Park, 1993

29. Im Gespräch mit Stefan Heym am 28. Oktober 1994 in Bonn

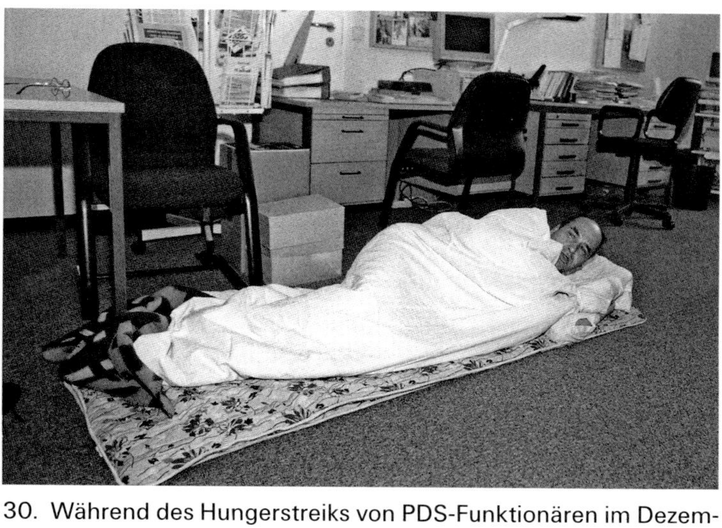

30. Während des Hungerstreiks von PDS-Funktionären im Dezember 1994

31. Familie Gysi: Gabriele, Klaus, Gregor, Irene Gysi

32. Am 21. November 1997 entrollt der Chef der Bundestagsgruppe der PDS Gregor Gysi (mit schwarzer Mütze) zusammen mit Frederik Over ein Transparent vom Dach des Palastes der Republik. Die Staatsmacht eilt mit Hilfe der Feuerleiter herbei.

33. Mit Lothar Bisky auf einer PDS-Vertretersitzung in Berlin Köpenick-Treptow am 14. Februar 1998

34. Pilot Gregor Gysi in der Flugschule

35. Im Herbst 1998 wird in Prenzlau (Brandenburg) ein Wahlplakat der Partei PDS mit antisemitischen Parolen beschmiert.

36. DIE LINKE stellt am 11. Mai 2009 auf einer Pressekonferenz in Berlin ihr Bundestagswahlprogramm vor. Von links: Dagmar Enkelmann, Oskar Lafontaine, Gesine Lötzsch, Gregor Gysi, Katja Kipping, Sahra Wagenknecht und andere Parteimitglieder

GREGOR GYSI TR

37. Gespräch mit Thomas Gottschalk im Rahmen der Gesprächsreihe »Gysi trifft Zeitgenossen« am 13. Mai 2012 im Deutschen Theater Berlin

38. Mit Nelson Mandela

39. Mit Michelle und Barack Obama

40. Mit seiner damaligen Lebensgefährtin Andrea, 1999

41. Mit Dirk Nowitzki (2,13 Meter)

42. Mit Tochter Anna

43. Gregor Gysi spricht am 10. September 2014 im Bundestag. Im Hintergrund Angela Merkel, Sigmar Gabriel und Frank-Walter Steinmeier

44. Als erstem ostdeutschem Politiker wird Gregor Gysi am 11. Februar 2017 in Aachen der Orden Wider den tierischen Ernst verliehen

45. Im Dienst

32. KAPITEL

Man kann es nicht anders sagen: Der Weg in die Demokratie, also auch der Weg in den Bundestag war für jeden Abgeordneten unserer Partei der Gang in eine Kampfarena. Er bedeutete den Eintritt in eine Atmosphäre von Anwurf und Vergiftung. Die PDS-Gruppe im Bundestag wurde, wo es nur ging, geringschätzig behandelt und ausgegrenzt. Zum Beispiel lehnte es die Präsidentin des Bundestages Rita Süssmuth – im Unterschied zu einer späteren Zeit – ab, uns an einer Parlamentarierdelegation nach Israel zu beteiligen.

Als Gegenreaktion organisierten wir über den Generalkonsul Israels in Deutschland den Besuch einer PDS-Delegation. Es reisten Jutta Braband, André Brie, ein Mitarbeiter des Parteivorstandes und ich. Wir sprachen mit dem Vorsitzenden der Arbeiterpartei, Shimon Peres, über die Entwicklung seiner Organisation, über die Chancen bei künftigen Wahlen und wie man endlich zu einem Staat Palästina kommen könne. Als wir mit höchsten Vertretern der Knesset zusammenkamen, wurde der Mitarbeiter unseres Parteivorstandes von einem Vizepräsidenten des Parlaments, einem Mitglied des Likud-Blocks, heftig attackiert. Er warf ihm vor, als DDR-Diplomat in der Botschaft eines arabischen Staates gegen Israel gearbeitet zu haben. Der Vizepräsident unterstellte unserem Mann, wahrscheinlich am Waffenhandel zugunsten arabischer Staaten beteiligt gewesen zu sein. Darauf erwiderte ich, das sei eine gewaltige Unterschätzung von Herrn Schalck-Golodkowski – der benötigte keine Diplomaten, um seine Geschäfte zu betreiben.

Außerdem sei für mich entscheidend, dass gerade dieser Mitarbeiter unseres Vorstandes im Dezember 1989 für unverzügliche diplomatische Beziehungen der DDR zu Israel eingetreten war. Damit war die Auseinandersetzung beendet.

Mit André Brie besuchte ich die Holocaust-Gedenkstätte Yad Vashem. In einem dort ausliegenden Buch fanden wir Namen ermordeter Angehöriger von uns. Eine große Jerusalemer Zeitung schrieb am nächsten Tag, es sei das erste Mal gewesen, dass deutsche Politiker Israel besucht hätten und auf Spuren der eigenen Familientragödie gestoßen wären.

Neu und fremd war für mich, dass vor dem Hotel unseretwegen eine bundesdeutsche Flagge gehisst wurde. In Deutschland selbst wurden wir unter der Flagge, die über dem Bundestag wehte, wie Leute behandelt, die nicht dazugehörten. Inzwischen habe ich mich übrigens an die Flagge gewöhnt – so wie sich der Bundestag ja auch an mich gewöhnt hat.

*

Im Bundestag gab es gegen die Mitglieder meiner Gruppe permanent Beleidigungen und Attacken, die zum Teil dramatische Formen annahmen und oft genug jeden zivilisatorischen Anstrich vergessen ließen. Man vergriff sich im Ton, man rüpelte, es war zum Teil unerträglich. Die ehemaligen SED-Mitglieder hielten das nur schwer aus, der rüde Ton verstörte, das kannte man aus DDR-Zeiten so nicht. Die Linken aus den alten Bundesländern konnten mit dieser frontalen Unkultur weit souveräner umgehen. Sie wussten aus langjähriger Erfahrung in der Bundesrepublik: Wer eine konsequente linke Haltung vertrat, der stand am Rand der Gesellschaft, der musste mit Spießrutenlauf rechnen, der wurde ausgegrenzt.

Das Verhalten der Abgeordneten mir gegenüber war unterschiedlich. Es gab Leute aus den anderen Parteien, die mich im Saal und außerhalb des Saals vollständig ablehnten. Es gab solche, die sowohl innerhalb als auch außerhalb des parlamentarischen Betriebs sachlich mit mir diskutierten, und dann waren da noch jene, die sich im Plenum eifrig und betont von mir distanzierten, aber sich draußen eher freundlich mit mir unterhalten wollten. Die fand ich am unangenehmsten.

In diese Zeit fiel ein bitteres, trauriges Ereignis. Im Februar 1992 wählte der Abgeordnete unserer PDS-Bundestagsgruppe Gerhard Riege den Freitod. Die Öffentlichkeit erfuhr, dass er in den fünfziger Jahren als 24-jähriger Student vorübergehend als Inoffizieller Mitarbeiter der Staatssicherheit geführt worden war. Aus den Akten ergab sich, dass er niemanden denunziert hatte. Er sollte im Westen jemanden observieren, beobachtete aber den Falschen. Er hat dann die Verbindung zum MfS schleifen lassen, die Zusammenarbeit wurde 1960 beendet. Aber im Bundestag, in den Medien und in der eigenen Partei gab es nun derart heftige, rohe, geradezu gnadenlose Vorwürfe gegen ihn, dass er seinem Leben ein Ende setzte.

Sein Tod traf mich sehr. In der ersten gemeinsamen Sitzung des Bundestages im Reichstag am 4. Oktober 1990 hatte Gerhard Riege neben mir gesessen. Er fiel in unserer Bundestagsgruppe durch seine Bedachtsamkeit und ruhige Art auf. Nach der Wende war der Rechtsgelehrte demokratisch zum Rektor der Friedrich-Schiller-Universität gewählt, aber undemokratisch wieder abgesetzt worden. Gerhard Riege hatte sich sehr für einen rechtsstaatlichen Umgang mit den Menschen in Ostdeutschland eingesetzt. Dafür nahm er nun demütigende Kritik in Kauf, der er eines Tages nicht mehr gewachsen war.

In seinem Abschiedsbrief schrieb er: »Mir fehlt die Kraft zum Weiterkämpfen und zum Leben. Sie ist mir mit der neuen Freiheit genommen worden. Ich habe Angst vor der Öffentlichkeit, wie sie von Medien geschaffen wird und gegen die ich mich nicht wehren kann. Ich habe Angst vor dem Hass, der mir im Bundestag entgegenschlägt.«

Gerhard Riege war nach einer Bundestagssitzung noch recht optimistisch nach Hause gefahren, die PDS-Gruppe hatte sich einmütig für die weitere Zusammenarbeit mit ihm ausgesprochen. Ähnliche Solidaritätsbekundungen erhielt er auch auf einer Veranstaltung mit Thüringer PDS-Funktionären, andere aus der PDS griffen ihn aber schwer an. Die Angst vor dem öffentlichen Klima war offensichtlich zu groß. Bestürzung ergriff nach diesem Todesfall ein bisschen wohl auch die anderen Fraktionen. Innere Einkehr war bei einigen Abgeordneten zu spüren. Aber letztlich ging nach Momenten pietätvoller Stille der Betrieb und also auch die Stimmungsmache gegen unsere Bundestagsgruppe weiter, aber nicht mehr ganz so scharf. Und ich weiß noch, dass wir größte Schwierigkeiten hatten, in Jena einen Saal für die Trauerfeier für Gerhard Riege zu finden. Letztlich half uns die evangelische Kirche.

Unsere Gruppe hatte nicht nur Trauer, sondern auch Zorn erfasst. Aufarbeitung der Vergangenheit blieb wichtig, aber bekam doch nur Sinn, wenn sie zu neuen Erkenntnissen und damit zu Verständnis und mehr Menschlichkeit führt. Angesichts des Selbstmords von Gerhard Riege sagte die Bundestags-Vizepräsidentin Renate Schmidt von der SPD gegenüber einer Nachrichtenagentur, Stasi-Kontakte würden zunehmend als »Totschlag-Argument« verwendet, die Diskussion um solche Verstrickungen habe ein unerträgliches Maß angenommen und zu einer vergifteten Atmosphäre geführt. Dem müsse entgegengewirkt werden.

*

Zur vergifteten Atmosphäre gegen uns gehörte auch dies: Die Unterbringung unserer Abgeordneten in Bonn war kein Problem, aber es fand sich kein Vermieter, der Bereitschaft zeigte, Hans Modrow aufzunehmen. Offene Brandmarkung! Daraufhin beschlossen wir, als Gruppe ein Haus zu mieten, darin konnten Hans Modrow, andere Abgeordnete und auch ich wohnen. Wir entschlossen uns aber auch, Hans Modrow davon nichts zu erzählen, wir wollten ihm ein demütigendes Gefühl ersparen. Erst später habe ich es ihm erzählt.

Das offizielle politische Bonn übrigens mochte ich von der ersten Stunde an nicht besonders. Steril und eisig. Mir schien, vielen ostdeutschen Parlamentariern ging es ähnlich. Nach außen hin betonten sie prononciert, sie seien in Deutschland angekommen, ihre Haltung aber offenbarte: Nein, angekommen waren sie nur in Bonn. Man konnte durchaus das Gefühl haben, einige Ostdeutsche duckten und versteckten sich hinter dem Rücken ihres jeweiligen westdeutschen Wortführers.

Während einer Sitzung des Bundestages klingelte mein Telefon. Der sowjetische Botschafter in Deutschland teilte mir mit, soeben sei Erich Honecker mit einer Militärmaschine in die Sowjetunion ausgeflogen worden. Ich fragte, ob der Bundeskanzler eingeweiht sei. Er bestätigte mir das. Und wie zum Beweis sprach Helmut Kohl kurz darauf Hans-Jochen Vogel von der SPD versehentlich mit Erich Honecker an. Höchstwahrscheinlich wusste nur ich im Saal, wieso der Name des einst höchstrangigen DDR-Politikers jetzt plötzlich so sehr Helmut Kohls Kopf besetzt hatte.

*

Eines Tages sprach mich das frühere CDU-Fraktionsmitglied im Landtag von Baden-Württemberg Rudolf Decker an. Er hatte zu Zeiten zweier deutscher Staaten dafür gesorgt, dass mein Vater als Staatssekretär für Kirchenfragen der DDR am National Prayer Breakfast in New York teilnehmen konnte und dem damaligen Präsidenten Ronald Reagan vorgestellt wurde. Rudolf Decker ist ein äußerst fähiger Vermittler. Er versucht immer wieder, Menschen unterschiedlichster politischer Denkungsart zusammenzuführen. Seine Stärke besteht darin, dass ihm kaum jemand etwas abschlagen kann. Nun wollte er unbedingt, dass auch ich zum National Prayer Breakfast mitfahre, ja, er organisierte sogar, dass überhaupt nur ostdeutsche Abgeordnete reisten. Ich reiste mit, war aber als PDS-Vertreter innerhalb dieser Parlamentariergruppe ziemlich isoliert. Kein schönes Gefühl.

Natürlich dachte ich bei allem auch ans Erlebnis USA – ein imposantes Land. Mein Eindruck, auch von späteren Reisen, auf eine Kurzfassung gebracht: San Francisco ist sehr schön, New York in jeder Hinsicht spannend, in Washington kann man arbeiten.

So offenbarte auch diese Reise meine Fähigkeit, die auf viele Lebenslagen zutrifft: Ich kann positive Momente auf eine Weise genießen, die den Schluss zulässt, mir bereite jede Erfahrung Vergnügen. Ich mag die Leidensmienen nicht, die viele Parlamentarier vor sich hertragen, um zu zeigen, wie angestrengt sie zum Wohle des Volkes arbeiten. Auch habe ich nicht die geringste Schwierigkeit, mit Menschen zu arbeiten, die gebildeter, origineller sind als ich. Meine Neugier öffnet mich, mein Selbstbewusstsein übersteht, wenn jemand mehr Schein als Sein ist und sich auch noch einbildet, man merke dies nicht.

Auf besagter USA-Reise traf ich in New York Bernie Sanders von der Demokratischen Partei, viele Jahre später, 2016, war er einer der Kandidaten im Präsidentschaftswahlkampf. Er sagte damals zu mir, er freue sich, im Kongress einen zweiten demokratischen Sozialisten begrüßen zu dürfen. Damals war er politisch einsam und isoliert, heute füllt er mit seinen politischen Reden Stadien. Solche Mosaiksteine gehören zur Weltveränderung. Begegnungen hatte ich mit Jesse Jackson, dem Bürgerrechtler, und Gus Hall, dem damaligen Vorsitzenden der Kommunistischen Partei.

Auf dem Besuchsprogramm stand auch das Gespräch mit einem republikanischen Senator. Er fragte uns nach unserer Meinung zum Golfkrieg. Vor mir sprachen die anderen Abgeordneten und erklärten, dieser Krieg sei zwingend notwendig und alternativlos. Eine handfeste Übung in scheinbarer politischer Korrektheit. Gastgeberpflege. Es klang ziemlich unterwürfig. Als Letzter kam ich zu Wort, kündigte an, dass ich jetzt wahrscheinlich als Einziger sehr unangenehm auffiele, und erklärte: »Diesen Krieg halte ich für einen großen Fehler.« Daraufhin erwiderte der republikanische Senator, er sei sehr froh über meine Worte, denn auch er lehne diesen Krieg entschieden ab, und dies, weil er ein aufrechter Patriot sei. Damit hatten meine Reisegefährten nicht gerechnet. Man konnte regelrecht zusehen, wie einige Gesichter entgleisten.

Auslandsreisen empfand ich stets als eine kleine Auszeit vom innenpolitischen Druck auf die Partei und mich – obwohl dieser Druck natürlich auch die Gespräche außerhalb Deutschlands begleitete. Es wurde beäugt, mit wem wir uns trafen. So sah es die SPD gar nicht gern, dass ich Gespräche mit dem griechischen Sozialisten Papandreou und dem britischen Labour-Chef Kinnock führte. Vielleicht, so meine Hoffnung, könnten beide ein wenig Einfluss nehmen, das Verhältnis der SPD zu uns zu verbessern. Gespräche können ja ein unmittelbares Ziel, aber ebenso atmosphärische Wirkungen haben, die nicht sofort in Kraft treten.

*

Auch den Chef der Palästinensischen Befreiungsorganisation PLO, Jassir Arafat, traf ich in jener Zeit. Mir war allerdings wichtig, vorher in Israel gewesen zu sein. Mit der Reihenfolge wollte ich ein Zeichen setzen. Die DDR-Führung hatte ein gespanntes Verhältnis zu diesem zionistischen Staat. Eine Ursache dafür lag allerdings auch im Gerechtigkeitsempfinden, hatte mit Solidarität gegenüber den Palästinensern zu tun. Was immer dieser Staat Israel auch tat: Er tat es angeblich als Satellit der USA. Er war eine kapitalistische Gesellschaft. War westdeutscher Partner, ja, und dieser Staat annektierte, vertrieb, tötete, und daher waren die PLO und jene vielen Leidtragenden, die von ihr vertreten wurden, Partner der DDR.

Aber dieser Umstand verdrängte auch ein wirkliches Verständnis für die latenten Bedrängungen Israels als einsamer Raum-Zeit-Kapsel zwischen Wüste und Meer. Verdrängte die Befürchtung der Israelis, in dieser geopolitischen Lage wieder Gejagte zu werden. Linke wie Erich Fried und Herbert Marcuse hatten einst – im Unterschied zu mir – den Vietnamkrieg der USA mit dem Krieg Hitlers verglichen – solche Assoziationen wirkten bei manchen als ideologische Ermunterung, auch Israels Militarismus gegen Araber in finsterste Vergleiche zu zwingen. Kritik an Israel gerät immer wieder in den Verdacht des Antisemitismus.

Vor allem Deutsche kommen aus dieser Falle nicht heraus. Das darf uns quälen, zumal Nachkommende mit der Schuld der Nazis nichts zu tun haben, allerdings Verantwortung tragen – für die Zukunft. Israelische Urängste mögen von sämtlichen Beobachtern relativiert werden, von deutscher Seite darf das nicht geschehen. So wenig wie das unermessliche, ungerechtfertigte palästinensische Elend relativiert werden darf. Dieser Widerspruch ist wie eine offene Wunde.

Zum Treffen mit Jassir Arafat reiste ich mit der Abgeordneten Andrea Lederer, die damals ebenso wenig wie ich ahnte, dass sie meine Frau werden würde. Wir flogen nach Tunesien, da dem PLO-Vorsitzenden damals noch verweigert wurde, palästinensischen Boden zu betreten. Auf meinem Terminplan für den betreffenden Tag stand lediglich: »Das Treffen«. Eine Uhrzeit, aber kein Ort. Ein Auto holte uns ab, zur Begleitung gehörten zivil gekleidete Männer mit Maschinenpistolen. Der Wagen fuhr auch bei Rot über jede Kreuzung.

Im Haus, wo wir mit Jassir Arafat sprachen, empfing uns auch ein Mitarbeiter der deutschen Botschaft. Etwa ein Dutzend Leute um uns herum. Ein Hauch konspirativer Anspannung lag in der Luft. Neben einer offiziellen Runde gab es auch ein Zwiegespräch zwischen Jassir Arafat und mir, nur in Anwesenheit des Dolmetschers. Es ging um die Situation im Nahen Osten, um den Anspruch der Palästinenser auf einen eigenen Staat, um Arafats Chancen, nach Palästina zurückzukehren.

Zu essen gab es ein fantastisch zubereitetes Lamm. Allerdings tat mir Jassir Arafat leid, weil dem Gastgeber die Pflicht obliegt, das Tier mundgerecht zu zerkleinern und das Fleisch auf alle Gäste zu verteilen. Man merkte ihm die Anstrengung an, er schwitzte. Ich hatte bei jeder seiner Bewegungen das Bedürfnis, ihm zu helfen. Natürlich musste ich mich bremsen, das wäre ein Sittenverstoß gewesen.

Jahre später sah ich Jassir Arafat noch einmal, als ich zusammen mit anderen Abgeordneten Bundeskanzler Gerhard Schröder auf einer Nahostreise begleitete. Bald nach dem ersten Treffen hatte er seinen politischen Sitz in Palästina, und es war wie ein kleiner Schritt auf dem langen, mühsamen, noch heute so entsetzlich verminten Weg zu einem lebbaren Frieden zwischen Palästinensern und Israelis.

Diesen Weg hatte er gemeinsam mit dem israelischen Ministerpräsdidenten Jitzchak Rabin beschritten. Beide erhielten dafür den Friedensnobelpreis. Ein fanatischer israelischer Anhänger der Siedlungspolitik ermordete Rabin. Shimon Peres übernahm dessen Amt und ließ leider nicht sofort wählen – er hätte höchstwahrscheinlich eine große Mehrheit erreicht und den Friedensprozess fortsetzen können. Aber er wartete sechs Monate mit der Wahl, und seine Arbeiterpartei wurde abgewählt. Der Likud-Block unter Benjamin Netanjahu gewann, und der Friedensprozess endete.

Ich sehe noch vor mir, wie später israelische Panzer das Haus des inzwischen zum palästinensischen Präsidenten gewählten Jassir Arafat umstellten; die Atmosphäre war mehr als gespenstisch.

33. KAPITEL

1991 gab es eine lange, spannende Debatte im Bundestag um den künftigen Sitz von Bundestag und Bundesregierung: Bonn oder Berlin? Wenn Umzug an die Spree – vollständig oder nur teilweise? Nach meiner Erinnerung sprachen fast dreihundert Abgeordnete. In Sachen Umzug ist jeder Mensch ein Experte, da fast jeder schon einmal umgezogen ist, und das fand seinen Ausdruck in dieser vielstimmigen Kontroverse. Hier wurde nicht nur über Amtsverlegung und Beamtenlogistik diskutiert, hier standen Lebensorte, private Verwurzelungen, starke Gewöhnungen zur Disposition.

Zwischen dem Regierenden Bürgermeister von Berlin, Eberhard Diepgen, und mir gab es während der Sitzung auf einer Seite der Tageszeitung »Neues Deutschland« sogar eine Korrespondenz. Ich hatte den vollständigen Umzug von Bundesregierung und Bundestag in die Bundeshauptstadt beantragt. Eberhard Diepgen fürchtete, ich könnte damit unsere Stimmen abziehen, die dringend nötig wären für den Kompromissantrag von Willy Brandt – er wollte einen teilweisen Umzug. Das war schon schwer genug durchzusetzen, da die gefestigte Bonner Gesellschaft keinen Umzug wollte.

Niemand wusste, wie die Abstimmung ausgehen würde. Die Sitzung dauerte und dauerte. Es gab sogar Abgeordnete, die derart dem Alkohol zusprachen, dass es schwer war, sie zur Stimmenabgabe zu bewegen. Mehrere Anträge, auch unserer, wurden zur Abstimmung gestellt. Kein Antrag erhielt die Mehrheit der Stimmen. Vorn lagen am Ende zwei Anträge –

einer, wonach alles in Bonn bleiben sollte, und der von Willy Brandt. Selbstverständlich – und das teilte ich Eberhard Diepgen mit – nahmen wir unseren eigenen Antrag dann zurück und stimmten, abgesehen von einer Ausnahme, für den Antrag von Willy Brandt.

Es kam die letzte Auszählung über die noch verbliebenen Anträge, und: Der Antrag von Willy Brandt bekam die Mehrheit! Für Berlin stimmten dreihundertsechsunddreißig Abgeordnete, dagegen dreihunderteinundzwanzig. Hätten die sechzehn Abgeordneten unserer Gruppe den Kompromiss als »faul« abgelehnt und also für Bonn gestimmt, hätte der Umzug nicht stattgefunden. Wir waren demnach mit ausschlaggebend, durften uns als Zünglein an der Waage empfinden.

*

Für die Entwicklung Berlins als Bundeshauptstadt hin zu einer wirklichen europäischen Metropole erwies sich der Umzug als bedeutsam. In Berlin werden Abgeordnete, überhaupt Politiker anders mit Konflikten konfrontiert als im gemütlichen Bonn. Berlin ist eine raue, ungeschminkte Stadt, ihre Wunden sind ihr Adel, sie ist ruppig, ihr Charme kommt aus der Kraft und nicht aus der Schönheit. War der Beitritt der DDR zum Westen schon so organisiert, dass sich bundesrepublikanische Verhältnisse kaum änderten, so hoffte ich, dass wenigstens der politische Umzug eine gravierende, sichtbare Zäsur brächte. Abgeordnete mit dem auch im vereinten Deutschland weiter bestehenden Ost-West-Problem zu konfrontieren, das ging in dieser Unmittelbarkeit und Unfrisiertheit nur in Berlin, der nahezu klassischen Stadt einer lange geteilten Welt.

Entgegen vieler Befürchtungen und dunkler Visionen ist Bonn, nachdem es den Status der Bundeshauptstadt verlor, nicht untergegangen. Das Leben in der beschaulichen Stadt blieb attraktiv. UNO- Gremien nutzen die einstigen parlamentarischen, ministerialen und behördlichen Gebäude. Und noch immer befindet sich ein beachtlicher Teil der Bundesministerien in Bonn. Ein Umstand, der enorme Kosten frisst. Es ist längst höchste Zeit, dass dieser Anachronismus beendet wird und alle nach Berlin ziehen.

*

Das besagte Ost-West-Problem spiegelte sich auch in der Atmosphäre unserer Abgeordnetengruppe wider. Wer in der Bundesrepublik gelebt hatte und linkssozialistisch dachte, stand in gefestigter Opposition zu einem Staat und einem System, dem man sich aus dem Osten anders näherte: bei aller antikapitalistischen Kritik doch auch mit Neugier, mit Erwartung, mit Genugtuung über gewonnene demokratische und andere Freiheiten. Das schuf Konflikte. Immer wieder musste versucht werden, Auseinandersetzungen zu schlichten.

Auch Hans Modrow – dieser so wichtige Garant für Identifikation und Glaubwürdigkeit, diese Symbolgestalt für Untergegangenes, aber auch für Aufbruch und Erneuerung – veränderte sich. Da er wegen seiner einstigen Funktion als SED-Bezirkschef ständig angegriffen und später sogar mit einem Strafverfahren belegt wurde, schützte er sich durch eine gewisse Zugeschnürtheit, er suchte die Übereinstimmung mit jenen, die in jeder Hinsicht zu ihm hielten und die mit ihrer Solidarität auch unbestreitbar eine trotzige, aber auch nicht unproblematische DDR-Treue ausdrückten.

Hinzu kam bei einigen Abgeordneten das Gefühl einer gewissen Ohnmacht gegenüber Parlamentariern aus den alten Bundesländern. Die Ostdeutschen bildeten die Mehrheit in unserer Gruppe, spürten aber, dass ihnen dieses Gewicht nichts nützte.

Also kam es zur Gruppenbildung innerhalb der Gruppe.

Wir waren siebzehn. Zehn Mitglieder schlossen sich zusammen. Ihnen standen nur fünf gegenüber, zwei, nämlich Hans Modrow und ich, hielten uns raus. Die zehn versuchten, sich vor Fraktionsversammlungen hinsichtlich der Tagesordnungspunkte abzustimmen, um zufällige Mehrheiten zu verhindern. Ich verstand sie, konnte ihre Gefühle nachempfinden, empfand das Ganze aber doch auch als Ausdruck einer gewissen Hilflosigkeit, also letztlich – also unnötig.

Der Abgeordnete Ulrich Briefs aus den alten Bundesländern, der als Einziger von uns gegen den Umzug von Bundestag und Bundesregierung nach Berlin gestimmt hatte, verließ später unsere Gruppe und wurde Einzelabgeordneter. Obwohl das ein Verlust war, empfanden es manche ostdeutsche Abgeordnete als Bestätigung ihres längst schon vorhandenen Misstrauens.

*

Meine Aufgabe bestand nicht nur in der Leitung der Partei und der Abgeordnetengruppe, sondern auch darin, im Bundestag in zweifacher Hinsicht Reden zu halten. Zum einen war ich für die Hauptthemen der politischen Auseinandersetzung zuständig, also: ostdeutsche Interessenvertretung sowie die Betrachtung außenpolitischer und bundesweiter Themen aus einer linken Sicht, wie sie bis dahin im Bundestag nicht zu Wort gekommen war. Zum anderen sprach ich auch, wenn Abgeordnete von uns krank waren oder aus anderen Gründen fehlten. Bei einer eingeschränkten Gruppenstärke die unvermeidliche Vertretungspflicht. Meist verbunden mit der Unsicherheit, das Thema auch wirklich zu treffen.

Eines Tages zum Beispiel ging es um eine Debatte zum Stoffkreislauf der Bundesrepublik. Ich wusste bis zu diesem Zeitpunkt nicht genau, was das ist. Ich hörte den anderen Rednern zu, trat dann selbst ans Pult und erzählte etwas über die Sekundärrohstofferfassung in der DDR. Kurz gesagt: nicht ganz das, was hier zur Debatte stand. Eher nur eine Annäherung ans Thema. Am selben Tag musste ich über doppelwandige Tankerschiffe sprechen, weil ein zweiter Abgeordneter fehlte. Ich gestehe, mein Sachverstand hinsichtlich dieser Schiffe kannte Grenzen. Und danach raste ich in einen Untersuchungsausschuss.

Zur psychologischen Belastung der PDS-Gruppe im Bundestag trug wesentlich bei, dass keiner unserer Anträge jemals Erfolg hatte. Sie wurden immer abgelehnt. Man arbeitet also und kennt schon von Beginn an das mehrheitliche Urteil über diese Arbeit. Vor allem weiß man, dass dieses Urteil nicht sachbezogen, sondern grundsätzlich ideologisch sein wird. Das gilt zu großen Teilen bis heute. Unsere Mühe glich einerseits der des Sisyphos, einen Stein nach oben zu schieben, der von der Spitze des Berges dann stets wieder nach unten rollt. Andererseits konnten wir so aber versuchen, verändernd Einfluss auf den Zeitgeist zu nehmen. Und ich musste es schaffen, immer wieder das Selbstbewusstsein unserer Abgeordneten aufzurichten.

Der amtierende Vizepräsident des Bundestages stellte bei irgendeiner Vorlage Übereinstimmung fest, den betreffenden Antrag in einen zuständigen Ausschuss zu überweisen. Er fragte noch einmal nach, ob es Einverständnis gäbe. Ich meldete mich: Da es bei der Vorlage auch um wichtige Rechtsfragen gehe, solle sie auch in den Rechtsausschuss überwiesen werden. Mein Vorschlag kam zur Abstimmung, die Mehrheit stimmte zu. Meine Gruppe war außer sich vor Überraschung und Freude, so hatte ich sie vorher nicht erlebt. Es herrschte eine Aufregung, als ob wir einen Gesetzesantrag durchgebracht hätten.

Mir wurde in diesem Moment klar, wie wichtig in solcher Atmosphäre der Pression und der Ablehnung die Organisierung auch kleinster Erfolgserlebnisse ist. Hinzugefügt sei: Die

Welt wurde durch die Überweisung der besagten Vorlage in den Rechtsausschuss leider um keinen Deut verändert.

*

Zu Beginn jedes Jahres findet ein Neujahrsempfang beim Bundespräsidenten statt, zu dem auch die Partei- und Fraktionsvorsitzenden eingeladen werden. Anfangs nahm ich noch teil, ich fuhr zum Empfang von Richard von Weizsäcker, um demonstrativ unseren Anspruch auf gesellschaftliche Dazugehörigkeit zu unterstreichen. Alle Parteivorsitzenden mussten sich anstellen, der Protokollchef rief der Reihe nach auf. Zum Beispiel: der Vorsitzende der Christlich Demokratischen Union, Herr Dr. Helmut Kohl. Und so weiter.

Mir fiel auf: Die Namen aller Parteien wurden in Langfassung genannt, nur bei meiner Partei erfolgte die Abkürzung, ich war Vorsitzender – der PDS. Der Protokollchef wollte wohl das Wort »Sozialismus« nicht in den Mund nehmen. Nachdem ich dem Bundespräsidenten zum neuen Jahr gratuliert hatte, sprach mich dessen Frau, Marianne von Weizsäcker, an. Sie fragte, warum ich sie jüngst im Flugzeug nicht gegrüßt hätte, sie sei sich keiner Unfreundlichkeit mir gegenüber bewusst. Ich war verwirrt und ging weiter.

Plötzlich bemerkte ich, dass sich Helmut Kohl noch ein weiteres Mal anstellte und diesmal als Kanzler am Bundespräsidenten vorbeizog. Das brachte mich auf eine Idee: Ich gesellte mich zur Formation der Fraktionsvorsitzenden und wurde erneut aufgerufen. Der Bundespräsident lachte und fragte, weshalb ich schon wieder erscheine. Ich antwortete, was Helmut Kohl könne, könne ich schon lange. Das amüsierte ihn noch mehr. Da die Fraktionsvorsitzenden die letzte Abordnung der protokollarischen Reihe bildeten und ich unter ihnen als Gruppenvorsitzender der zuletzt Aufgerufene war, blieb jetzt ein wenig Zeit, mit Frau von Weizsäcker zu sprechen. Ich erklärte ihr, warum ich sie jüngst an Bord des Flugzeuges nicht grüßte: Ich hatte in ihr »nur« eine Frau gesehen, die der Gattin des Bundespräsidenten ähnlich sah. Und dass eine »First Lady« mit der Linienmaschine flöge, hielt ich für unwahrscheinlich. Sie freute sich, wie aus einer scheinbaren Unhöflichkeit ein Kompliment geworden war, und bestätigte mir, als Alleinreisende stets »mit der Linie« zu fliegen.

34. KAPITEL

Allem, was auch nur im Entferntesten nach DDR roch, wurde im politischen Alltag der Stempel einer noch immer akuten Gefährlichkeit aufgedrückt. DDR, das war Finsternis und Diktatur, ihre bekennenden Bürger waren Täter oder Mitläufer.

Edmund Stoiber, der spätere Ministerpräsident Bayerns, setzte die PDS mit der NSDAP gleich. Im Fragebogen für den öffentlichen Dienst in Bayern musste man, wie schon immer üblich, eine frühere oder gegenwärtige Mitgliedschaft in extremistischen Organisationen angeben. Ganz selbstverständlich zählte man dazu auch die PDS. Aber auch der Verband der Kleingärtner, Siedler und Kleintierzüchter der DDR galt an der Isar als linksextremistische Organisation. Das wirkte im ersten Moment schwachsinnig, verfehlte aber seine Wirkung nicht. Der Kleingarten als Keimzelle der Kollektivierung. Die Hühnerställe als Waffenlager, um faule Eier auf die Demokratie zu schleudern.

Selbstredend wurden die Abgeordneten unserer Gruppe vom Bundesamt für Verfassungsschutz überwacht. Groteskerweise standen vor allem die sogenannten Reformer unter uns am strengsten unter Beobachtung. Weil sie gar nicht oder weit weniger als andere belastet waren von einer SED-Vergangenheit, hatten sie die jeweils höheren Funktionen in der PDS. Aber wegen dieser Funktionen wurden sie nun besonders observiert. Im liberalen, demokratischen Denken und Handeln in unseren Reihen sah der Verfassungsschutz offenbar eine besonders infame, heimtückische Tarnung umstürzlerischer Ziele.

Inzwischen hat sich diese Hysterie gelegt, die Überwachung unserer Abgeordneten wurde eingestellt. Ein hartes Stück Arbeit, sich nicht entmutigen und einschüchtern zu lassen. Bodo Ramelow, der Gewerkschafter aus Rheinhessen, lange Jahre Fraktionsvorsitzender in Thüringen und jetzt erster linker Ministerpräsident eines Bundeslandes, stritt vor dem Verwaltungsgericht energisch gegen seine Observation als früherer Bundestagsabgeordneter. Zunächst hatte er Erfolg beim Verwaltungsgericht in Köln. Dann auch beim Oberverwaltungsgericht von Nordrhein-Westfalen. Allerdings kippte das Bundesverwaltungsgericht beide Urteile und meinte, die Beobachtung Ramelows als Bundestagsabgeordneter sei gerechtfertigt gewesen. Er erhob Beschwerde beim Bundesverfassungsgericht. Es gab ihm recht!

So kam es zur Einstellung der Beobachtung aller unserer Abgeordneten. Sie ist grundgesetzwidrig. Allerdings geschah das erst 2013. Ein langes, zähes Ringen. In den neunziger Jahren war ein solches Urteil undenkbar, die PDS tauchte in jedem Verfassungsschutzbericht auf, als sei man einer illegalen Organisation auf der Spur. Das Beispiel zeigt: Man muss auch den Zeitpunkt erspüren, an dem ein Prozess sinnvoll ist. Zu früh angestrebt, hätte er zur Niederlage führen können.

*

Im Frühjahr 1992 reiste ich nach Kuba, Nicaragua und Mexiko. In Havanna hatte ich ein ausführliches Gespräch mit Partei- und Staatschef Fidel Castro. Auch hier gab es – wie bei Jassir Arafat – keinen bestimmten Termin, irgendwann war es so weit, ein Wagen kam und fuhr mich in den Regierungspalast. Über die körperliche Größe von Fidel Castro war ich erstaunt; ich glaube, ich reichte ihm nur bis zum Bauchnabel. Der »Maximo Lider«, der im 20. Jahrhundert wie kein anderer für den siegreichen Kampf Davids gegen Goliath steht.

Mit wenigen Frauen und Männern leitete er, mit außerordentlichem Mut, die Revolution gegen die Batista-Diktatur ein, sein Leben war extrem gefährdet. Er versuchte einen eigenen Weg zum Sozialismus, führte letztlich aber auch sowjetische Fehlkonstruktionen ein, die sich von Freiheit und Demokratie abwandten. Allerdings muss bei allen Urteilen beachtet werden, dass die USA von Beginn an den Aufbau Kubas torpedierten, mit Boykott, mit Sanktionen, mit der Unterstützung invasionsbereiter Kräfte aus der Exilbewegung. Kuba brauchte, um existieren zu können, die Sowjetunion – der Preis war die Übernahme ihrer Strukturen.

Einem wirklichen Helden saß ich also gegenüber – und einem Politiker, der auch alle Widersprüche des Staatssozialismus verkörperte. Fidel Castro interessierte im Gespräch natürlich, woran die DDR gescheitert war. Er sagte, bei Rumänien habe er den Untergang stets vorhergesehen, nicht aber bei der DDR. Ihm wurde bei Besuchen offenbar ein falsches Bild von den Realitäten präsentiert. Ich nannte eine Vielzahl von Untergangsgründen, so etwa, dass neben der ökonomischen Starre die politischen Strukturen keinen demokratischen Wechsel des Führungspersonals zuließen und dass das System sich viel zu sehr abschottete gegen Ideen von außen und von unten.

An zwei Details im Gespräch erinnere ich mich noch sehr genau. Ich erzählte Fidel Castro von den zwei Währungen im Land. Mark der DDR und Deutsche Mark. War ein Arbeiter besonders fleißig und erhielt eine Prämie in Mark der DDR, so konnte ihm sein weniger aktiver Kollege finanziell überlegen sein: indem er nämlich von der Verwandtschaft im Westen zweihundert D-Mark geschenkt bekam. Unter solchen Bedingungen gelingt kein Leistungsanreiz. Das Hauptproblem sei aber gewesen, so sagte ich zu Fidel Castro, dass Erich Honecker niemals öffentlich über das Problem sprach. Die unterschiedlichen Erfahrungswerte in der Gesellschaft kursierten nicht offen, kamen nicht miteinander ins Gespräch. Am Verdrängen und Stillschweigen verdirbt der Geist einer Gesellschaft.

Ferner wies ich darauf hin, dass die DDR viele Kunstwerke und Antiquitäten für Devisen verkaufte. Dabei ging man auch sehr rigide und rücksichtslos mit Sammlern um. Ihre Rechte galten wenig. In einem begrenzten Umfang ist solcher Verkauf für den Staat von Nutzen und also vertretbar, etwa dann, wenn davon einmalige Leistungen bezahlt werden. Bestreitet man davon allerdings laufende Kosten, so steht eines Tages die Frage, wie der Nachschub für so erworbenes Geld gewährleistet werden soll. Denn: Irgendwann ist alles verkauft.

Fidel Castro hörte zu, wandte sich einem anwesenden Politbüromitglied zu und wies ihn ausdrücklich an, das Beispiel mit den Kunstwerken und Antiquitäten an zuständiger Stelle auszuwerten. Später wurde mir berichtet, Fidel Castro gehe in seinen Reden jetzt verstärkt auf jene Ungerechtigkeit ein, die durch die widersprüchlichen Geldstrukturen auch in Kuba entstanden war. Er räumte ein, dass der Besitz von Dollars ein Privileg sei und meist nichts mit einem Lohn für reale Leistungen zu tun habe, dass es aber unbedingt nötig sei, diese Devisen ins Land zu holen. Um den Rohstoffbedarf zu decken. Unterschiedliche Währungen – ein quälender Stachel im Fleisch des Sozialismusversuchs. Für das Geld, das man in Kuba in den Betrieben als Lohn ausgezahlt bekam, konnte man sich nur sehr wenig kaufen, und der freie Markt, der daneben existierte, war ein sehr teures Pflaster. Dazu dann noch der Devisenmarkt.

Dass Castro in seinen öffentlichen Auftritten prononciert auch Themen unseres Gesprächs aufnahm, will ich nicht überbewerten, aber ich war auch bereit, einen solchen Zusammenhang wenigstens zu vermuten. Es hat etwas mit der unbestreitbaren Wahrheit so zahlreicher offizieller politischer Unterredungen zu tun: viel Freundlichkeit, viel Etikette und immer die Gefahr, sich nur auf Gemeinplätzen zu bewegen. Gegen Routine und protokollarische Sinnlosigkeiten entwickelt man ein Sensorium für positive Wirkungen, und seien sie auch minimal.

Kuba befand sich zu dieser Zeit in einer extrem schwierigen ökonomischen und sozialen Situation, die sich weiter verschlechterte. Die Erdöllieferungen waren so knapp geworden, dass es kaum Benzin gab. Busse fuhren nur alle zwei Stunden, an den Haltestellen bildeten sich lange Warteschlangen, an jedem Fahrzeug hing eine Traube von Fahrgästen. Wenn ich mit meinem dolmetschenden Begleiter, einem früheren Botschafter der DDR in Nicaragua, zum Essen ging, war es keinem Kubaner erlaubt, mit uns zu essen. Nicht einmal die Mitarbeiter im ZK der Kommunistischen Partei durften mitessen. Der deutsche Botschafter auf Kuba ging mit mir in ein Restaurant, in dem nur mit Dollars bezahlt wurde. Trotzdem war die Hälfte der Speisen auf der Karte mit einem Kreuz markiert – es gab sie nicht. Ein Jahr später war es noch schlimmer. Bei späteren Reisen nach Kuba offenbarte sich mir ein Land in Veränderung. Das Zentrum von Havanna war restauriert, ich sah gut ausgestattete Geschäfte, in den Straßen herrschte eine weit größere Lebendigkeit als 1992. Der Aufbau des Sozialismus, seine kollektiven Kräfte, und die gleichzeitige Kopplung an die Produktivitätsimpulse aus der privaten Initiative – das bleibende Spannungsfeld.

Bei meinem letzten Besuch auf Kuba sprach ich mit meinen Gastgebern auch über das private Handwerk. In bestimmtem Umfang hatte es dieses in der DDR immer gegeben. Einem Abteilungsleiter im Zentralkomitee erzählte ich, dass nicht wenige Menschen aus der Handwerkerschaft der DDR jetzt die PDS wählten. Er horchte auf, damit war für ihn eine wichtige Bündnisfrage angesprochen – ich hatte das Gefühl, auf Politiker und Funktionäre zu treffen, die bereit waren, das zu tun, was sich immer wieder als das Schwierigste erweist, nämlich: aus der Geschichte zu lernen.

2006 erklärte Fidel Castro, mit dem Abtreten seiner Generation von der politischen Bühne könne die revolutionäre Entwicklung eine entscheidende Zäsur, ja vielleicht Gefährdung erfahren – womöglich sei sie sogar besiegbar. Eine brisante Aussage. Sie verweist auf den Konflikt zwischen Tradition und Erneuerung, zwischen Prinzip und Öffnung, zwischen Festigung und Freiheit, zwischen Parteienstaat und Demokratie. Europas Ostblock ist an diesem Konflikt zerbrochen, weil der Mut zu klein war, ihn im Sinne jüngerer Generationen und ihrer so völlig anderen Ansprüche ans Leben zu lösen.

Aber: Fidel Castro ist als einziger Spitzenmann eines sozialistischen Landes freiwillig zurückgetreten. 2016 verstarb er, sein Tod war begleitet von der Anteilnahme eines großen Teils der kubanischen Bevölkerung.

*

In Nicaragua sprach ich mit Daniel Ortega, dem ehemaligen Führer der Sandinisten. In der DDR, besonders bei jungen Leuten, ein beliebter Politiker. Er strahlte die kämpferische Romantik des Guerilleros aus. Er verkörperte – wie auf Kuba Fidel Castro und Che Guevara – das Abenteuerliche an einer Revolution. Dass junge Menschen dies schwärmerisch beschworen, war kein Wunder. In einem Land, das kämpferisch-exotische Sehnsüchte, die sich besonders an den Freiheitsbewegungen in Lateinamerika entzündeten, mit der trockenen, reizlosen, disziplinierenden Losung abspeiste: »Dein Arbeitsplatz – dein Kampfplatz für den Frieden!«

Ortega war als Staatschef Nicaraguas abgewählt worden, er hatte diese Wählerentscheidung akzeptiert. Im Gespräch diskutierten wir die Frage, ob es richtig oder falsch sei, sich abwählen zu lassen. Fidel Castro hatte Daniel Ortega dafür kritisiert. Meine Auffassung war und ist: Demokratische Gepflogenheiten sind in jedem Falle zu akzeptieren. Dazu gehört, Mehrheitsverluste zu akzeptieren. Eine schwierige Übung, wenn man nur von der früher festgeschriebenen, unantastbaren Führungsrolle der eigenen Partei ausging. Wer seinen Weg für den einzig richtigen hält, wird für bestimmte Tatsachen blind und fühlt sich unter allen Umständen legitimiert.

Im Jahre 2010, auf einer ausgedehnten Lateinamerika-Reise, traf ich Daniel Ortega erneut. Er war inzwischen wieder Staatspräsident geworden und hatte sich gewandelt. Ich glaube, er würde sich nicht mehr abwählen lassen, aber er kämpft für eine Schulbildung für alle Kinder Nicaraguas und für eine deutlich bessere Versorgung der Bevölkerung.

Zu meinen Gesprächspartnern gehörte auch der Schriftsteller Ernesto Cardenal. Ein Priester und Sozialist, ein Dichter, den es wie Ortega zur Tat gedrängt hatte. Die Zustände waren unter dem Diktator Somoza so, dass selbst von Natur aus Friedfertige wie Cardenal damals zum Waffengang riefen. Er war später Kulturminister Nicaraguas und leitete die Alphabetisierung des Landes ein. Für Cardenal ist der neue Mensch etwas, das sich im Innern eines Charakters vorbereiten muss, um sich dann auch nach außen zu wenden. Dem Papst Johannes Paul II. missfiel dieser Priester, der erklärte, Gott sei »der Gott des Proletariats«.

Ich sehe noch ein Bild im Fernsehen vor mir, als Papst Johannes Paul II. Nicaragua besuchte, zur Zeit der ersten Präsidentschaft Daniel Ortegas. Er stieg aus seinem Flugzeug und begrüßte freundlich den Präsidenten und die Minister der Regierung. Als er auf Ernesto Cardenal traf, gab er ihm zwar die Hand, schimpfte aber sofort los und fuchtelte maßregelnd mit dem Zeigefinger seiner rechten Hand. Mir tat der Priester ein wenig leid, aber es amüsierte mich auch, dass ein Mensch den »Stellvertreter Gottes« so aus der Fassung bringen konnte.

Der Papst betrieb 1985 sogar Cardenals Amtsenthebung.

Da saß dieser Mann dann zwischen allen Stühlen, ein Verketzerter von jeder Institution, die sich zu herrschen anschickte. Der Poet, der den romantischen Traum von der Versöhnung aller Menschen träumte, hatte sich inzwischen völlig mit Ortega zerstritten. Nachdem er den Sandinistenchef wegen dessen autoritären Stils öffentlich kritisiert hatte, wurde er wieder zum Außenseiter, nun inmitten seiner früheren Genossen.

*

1992 fuhr ich mit meiner Lebensgefährtin Monika Koepp, ihrem Sohn Moritz, meinem Sohn George und André Brie nach Südafrika. Ich bekam die Gelegenheit, mit Nelson Mandela zu sprechen, der endlich aus der Haft befreit, aber noch nicht Staatspräsident war. Das Gespräch war für mich höchst aufschlussreich. Er strahlte eine Toleranz, eine Güte, eine Zivilität aus, von der ich meine, dass sie die meisten – mich eingeschlossen – nach so vielen Jahren unschuldiger Haft nicht aufbrächten. Das machte seine Souveränität aus. Deshalb verlief die Aufarbeitung der Geschichte in Südafrika gänzlich anders als in den neuen Bundesländern nach der deutschen Einheit. Es gab keine Rache, keine Prozesse, aber Kongresse zur Wahrheitsfindung.

Nelson Mandela, der an Persönlichkeiten wie Mahatma Gandhi und Albert Schweitzer erinnert, ist für mich die herausragendste Persönlichkeit des 20. Jahrhunderts. Wie Martin Luther King kämpfte er um die Gleichstellung der Schwarzen. Er nahm dafür weit über zwanzig Jahre Haft in Kauf. Und als er die Macht besaß und die große Mehrheit der Schwarzen sich für eine fast ewig dauernde Unterdrückung und Diskriminierung an den Weißen hätte rächen können – da war er es, der Versöhnung betrieb. Versöhnung: aber in der Wahrheit! In Deutschland gibt es Menschen, die nicht einen Tag in einem Gefängnis der DDR gesessen haben und doch den Hass nicht loswerden. Nelson Mandela dagegen: ein Genie der Großmut, das mich bleibend beeindruckt.

*

Es war logisch, dass ich in den ersten Jahren meines Parteivorsitzes vor allem mit führenden Linken Europas das Gespräch suchte – so auch mit dem Vorsitzenden der Französischen Kommunistischen Partei, Georges Marchais. Zur europäischen Integration erklärte er mir in Paris klipp und klar, er betrachte sie mit Skepsis, denn er verspüre keine Lust, von Deutschen regiert zu werden. Eine deutsche Vormachtstellung aber sei unvermeidlich, wenn Europa zusammenrücke.

Eine kluge Voraussage. So ist es gekommen. Ich entgegnete freilich, ich wolle ebenfalls nicht allein von Deutschen regiert werden – und sei schon deshalb für eine europäische Integration. Bei einem späteren Besuch in Frankreich sprach ich auch mit Politbüromitgliedern, deren Auffassungen von denen Marchais' abwichen. Das ärgerte ihn derart, dass er mich nicht mehr empfing. Dies wiederum hat mich geärgert. Bruderparteien – ein weites Feld.

Was übrigens bei der Entwicklung der italienischen, französischen, spanischen und portugiesischen kommunistischen Parteien nach dem Zusammenbruch des Staatssozialismus auffiel: deren eigener Niedergang, obwohl sie doch stets eine gewisse Distanz zu Moskau zeigten. Aller Widerpart hat ihnen nichts genutzt. Sodass die politische Zeitenwende auf dem Kontinent zu einem jahrelangen Ringen um Halt oder Neustart führte, an dessen vorläufigem Ende das Fazit gezogen werden muss: Die Linke in Europa stolpert noch immer durch die Trümmer ihres ersten großen weltgeschichtlichen Experiments, die sind so schnell nicht wegzuräumen – die Linke in Europa muss neu, mit deutlich größerem gegenseitigen Vertrauen und von unten aufgebaut werden.

35. KAPITEL

In Deutschland selbst musste die PDS ziemlich tatenlos zusehen, wie sich für zahlreiche Menschen in den neuen Bundesländern die soziale Situation zuspitzte. Die Arbeitslosigkeit stieg ab 1990 bedrohlich. Für viele schien es kein wirklich lohnendes Leben nach der DDR zu geben, sie fühlten sich minderwertig, blickten auf Biographien zurück, denen die neudeutsche, also westdeutsche Deutungsmacht weitgehend nur Nutzlosigkeit beschied. Mit der Freiheit kam auch eine gewisse Kälte. Es fehlten die Strukturen für eine wirksame Interessenvertretung der Ostdeutschen – unsere Partei übernahm das, war damit aber auch überfordert. Zudem wurden die ostdeutschen Mitglieder und Abgeordneten der anderen Parteien zu wenig ernst genommen.

Und wie selbstverständlich verdiente man im Osten bei längerer Arbeitszeit deutlich weniger als im Westen, erhielt für die gleiche Lebensleistung eine geringere Rente. Beides gilt bis heute.

Ausdauernd wurde das Schreckbild der Staatssicherheit beschworen – es schien nur akzeptiert zu werden, wer sich schon immer als heimlicher Bundesbürger gefühlt hatte. Was aber bei vielen Menschen nicht zutraf – die zwar einen besseren Sozialismus wollten, aber keine andere Staatsbürgerschaft.

Wohin man auch blickte, traf man auf ungerechte Bewertungen der Geschichte, und nicht jeder, der sich diesen Vorwürfen und Nachreden ausgesetzt sah, verfügte über das entsprechende Selbstbewusstsein, damit umzugehen. So kam ich auf die Idee, im Osten Komitees für Gerechtigkeit zu bilden. Ostdeutsche sollten sich organisieren, um unabhängig von Weltanschauung, Religion, politischer Zugehörigkeit und sozialer Stellung ostdeutsche Interessen zu artikulieren und schrittweise auch in den entsprechenden Gremien durchzusetzen.

Erstaunlich war die gesellschaftliche Bandbreite derer, die das Projekt unterstützten – so etwa der CDU-Politiker Peter-Michael Diestel, die Sängerinnen Tamara Danz und Barbara Thalheim, die Schriftsteller Heiner Müller, Stephan Hermlin und Stefan Heym, aber auch Persönlichkeiten aus den alten Bundesländern wie Pastor Heinrich Albertz, Kabarettist Dieter Hildebrandt, Schriftsteller Max von der Grün und Sänger Rio Reiser. Westdeutsche sagten mir, ihre Mitwirkung entspringe der peinlichen Berührtheit von der Arroganz und Nichtachtung, mit der die bundesdeutsche Bürokratie über die Ostdeutschen komme, oft mit dem Gemüt neokolonialer Herrschaft.

Die Bildung der Komitees für Gerechtigkeit erwies sich als ein viel beachtetes mediales Ereignis, wenngleich mein Wunsch nach einer prägenden, einschneidenden Wirkung unerfüllt blieb. Diese Komitees wurden zwar gegründet, blieben aber leblos und erreichten kaum etwas. Die Kraft reichte nicht, der institutionelle Einfluss war gleich null, die strukturelle Energie ebenso. Trotzdem veränderte dieses Begehren nach einer anderen Behandlung der Ostdeutschen, dieser Mahnruf zu Würde und mehr Gerechtigkeit, merklich die Stellung der PDS unter den Ostdeutschen. Es wurde deutlich, wem wir Lobby sein wollten, ich spürte das auch an den medialen Einladungen, die an mich persönlich gerichtet waren.

So wurde ich von RTL zum Talk »Der heiße Stuhl« eingeladen, dem Titel der Sendung entsprechend eine besonders aggressive Befragungstortur. Mir gegenüber standen ein Moderator und vier Politiker, die mich wegen der Komitees für Gerechtigkeit nicht schlechthin nur unter die Lupe nahmen, sondern regelrecht beschimpften. Darunter war auch ein CSU-Mitglied, Staatssekretär im Bundesfinanzministerium. Ständig schüttelte er den Kopf, wenn ich das Wort ergriff, und rief mir zu, ich hätte keine Ahnung. Was immer ich an Argumenten vorbrachte: »Sie haben ja keine Ahnung!« Es kam der Punkt, da es mir reichte, und ich hatte eine Idee: Ich erwiderte ihm, es könne durchaus sein, dass er weit mehr Ahnungen habe als ich, aber hier gehe es nicht um Ahnungen, sondern um Kenntnisse. Der Saal lachte, der CSU-Mann war einige Minuten außer Gefecht gesetzt.

Ich überstand die harsche, mich heftig attackierende Runde ganz gut und wusste, dass ich auf dem Stuhl nicht für mich und nicht für die PDS gesessen hatte, sondern für die Ostdeutschen insgesamt. Diese Wirkung sollte mir aber erst etwas später zu Bewusstsein kommen.

*

Wie schon geschildert, hatte ich in jener Zeit des Öfteren das Empfinden, nach politischen Auftritten in der Öffentlichkeit mein Gemüt nach Beulen absuchen zu müssen. Es ging nicht fein zu, wo Mitglieder unserer Partei in den Ring traten. Als schwierigstes Gelände für politische Veranstaltungen erwies sich das thüringische Eichsfeld. Schon zu DDR-Zeiten eine ausgeprägt katholische Gegend. Hier triumphierte der Affront ungebremst. Hier steigerte sich Misstrauen besonders unverblümt zu offener Aggression. Hier wurde ich von aufgebrachten Leuten als Mörder tituliert und mit entsprechenden Plakaten konfrontiert. Der gesamten Partei wurde hasserfüllt eine geradezu natürliche Nähe zur Staatssicherheit unterstellt. Es hagelte Parolen der Verachtung und Verunglimpfung.

Wenn ich bedenke, dass ich kein Jahr ausließ, um dort politisch aufzutreten, so muss ich mich logischerweise fragen lassen, warum ich mir das antat. Vielleicht liegt die Antwort in dem, was mein Fahrer zutreffend sagte: Im Eichsfeld existiere eine kleine PDS-Gruppe, die spürte diesen Gegenwind andauernd und ausdauernd, während ich diesen Hass doch lediglich einmal im Jahr bei einer einzigen Veranstaltung ertragen müsse.

Ja, ich empfand diese Reisen in unbequeme Gegenden als wichtige Schule der Relativierung, als notwendige, immer wieder neu zu lernende Lektion in Realitätssinn. Polizisten und Personenschützer sind der äußere Ausdruck einer beruhigenden Hülle, mit der sich Politiker oft genug durch die Wirklichkeit bewegen. Aber Konferenzräume, Parlamente, Parteibüros und Vortragssäle sind immer auch Orte abseits des Alltags, man darf sie nicht mit dem Leben verwechseln, über das an diesen Stätten geredet, diskutiert, beraten und auch entschieden wird. Wer als Politiker den rauen, ungeschminkten Wahrnehmungen aus dem Wege geht, schwänzt seine Tätigkeit und seinen Auftrag.

Bei einem meiner Auftritte im Eichsfeld stand etwa drei Meter vor mir ein Mann und reckte mir ein Plakat entgegen: »Diebe, Betrüger, Mörder, Totschläger«. Ich wandte mich an den Träger des Plakates und wies ihn darauf hin, er habe die Steigerungsform falsch gewählt. Mord sei schlimmer als Totschlag – im nächsten Jahr müsse er deshalb in richtiger Reihenfolge plakatieren: »Diebe, Betrüger, Totschläger, Mörder.« Er fühlte sich verhöhnt, und ich begann meine Rede.

Warum reagiere ich auf eine solche Weise? Ich weiß es nicht, ich kann nicht anders, es ist mir peinlich, wenn ich mich wegducke und aus einer Konfrontation tatenlos herausdrehe. Außerdem will ich anders reagieren, als es mein Gegenüber erwartet, nicht aggressiv, sondern mit einer gewissen Logik.

*

In Worbis trat ich in einem Kino auf, im Rang des Saales standen Kalikumpel, deren Jobs damals noch nicht gefährdet waren. Etwa zwanzig Kuhglocken wurden gegen mich geläutet. Meine Stimme zu erheben, hätte keinen Sinn gehabt, zumal mir keine verstärkende Tontechnik zur Verfügung stand. Mir blieb nur, minutenlang auf und ab zu gehen und mir anzuhören: »Stasi, Stasi, Stasi!« Kuhglocken und unablässig diese Rufe, mit denen die Partei gemeint war. Ich war in einen Hexenkessel geraten. Was sollte ich tun? Ich ging weiter auf und ab. Irgendwann schaute ich nach oben, und in einen Moment der Ruhe hinein sagte ich zu den Männern, so, sie hätten sich jetzt lang genug vorgestellt. Diese Frechheit verschlug ihnen die Sprache – ich konnte reden.

Einer dieser Männer, die da rumort hatten, kam zum Ende der Veranstaltung ziemlich forsch auf mich zu, ich sah seine muskulösen Oberarme und dachte: Wenn der jetzt zuschlägt, werde ich das Krankenhaus lange nicht verlassen können. Er schlug nicht zu. Er bat um ein Autogramm, mit der Begründung, er teile zwar meine Auffassungen nicht, aber ich sei »rotzfrech«. Die Geschichte mit den Kuhglocken ist wohl bis heute in Worbis bekannt.

Der Zufall wollte es, dass ich einen Tag nach der beschriebenen TV-Sitzung auf dem »Heißen Stuhl« erneut ins Eichsfeld fuhr. In Erwartung des Üblichen, gefasst auf Anwürfe und Beleidigungen. Aber nichts Diesbezügliches geschah – keine Chöre, keine Plakate, keine Transparente gegen mich. Mir wurde auf die Schulter geklopft: Ich solle so weitermachen wie gestern.

In diesem Moment wurde mir klar, dass ich auf dem »Heißen Stuhl«, den offenbar viele Leute gesehen hatten, als Vertreter der Ostdeutschen akzeptiert worden war. Eine Wirkung, von der ich bislang nicht zu träumen gewagt hatte. Für mich ein Augenblick der Ermutigung – den ich brauchte. Respekt zu erfahren, Anerkennung zu erhalten – in den alten Bundesländern sollte das weit länger dauern.

*

Was mich damals sehr erschütterte, waren die rassistischen Ausfälle in Rostock-Lichtenhagen im Jahr 1992. Ein Haus, in dem Vietnamesinnen und Vietnamesen lebten, wurde grölend belagert und angezündet. Teile der ansässigen Bevölkerung bildeten ein applaudierendes Publikum. Ein schreckliches, abstoßendes Bild. Die Polizei griff so gut wie gar nicht ein. Die Medien überschlugen sich in Reportagen und Kommentaren. Wolfgang Thierse von der SPD meinte, die Ostdeutschen müssten erst lernen, mit Ausländern umzugehen. Ich erwiderte, man habe auch in der DDR schon gewusst, dass man Häuser nicht anzünden darf.

Als in Rostock eine große Demonstration gegen Ausländerfeindlichkeit stattfand, nahm ich teil und erlebte, wie die Polizei versuchte, bestimmte aus dem Westen anreisende Personen von dieser Kundgebung fernzuhalten. Unter den Anwesenden war eine Rechtsanwältin aus den alten Bundesländern, sie machte mich auf eine rechtliche Möglichkeit aufmerksam, die, von mir betrieben, eine größere Chance hätte, als wenn sie selber eingriffe. Ich rief den zuständigen Richter in Rostock an und kündigte an, fernmündlich – das ist zulässig – eine einstweilige Verfügung zu beantragen. Daraufhin sagte der Richter »Um Gottes willen!« und bat mit dem Einsatzleiter der Polizei sprechen zu dürfen, um keine Entscheidung treffen zu müssen. Im Ergebnis seiner Rücksprache durften an der Straße, wo ich stand, alle bislang Zurückgedrängten passieren.

Leider reckte einer dieser Demonstranten aus seinem Auto den »Stinkefinger« – gegen den Polizisten. Der wollte den Betreffenden herausziehen, für ihn lag die Straftat einer Beleidigung vor. Seine Aktion hielt den gesamten Autozug der anreisenden Demonstranten auf, es entstand eine Unruhe, die sich zu steigern drohte. Fragend und scharf schaute ich den Demonstranten mit dem »Stinkefinger« an und sagte: »Mit dem erhobenen Mittelfinger haben Sie doch mich gemeint, oder?« Er nickte, ich teilte dem Polizisten mit, ich hätte mich entschieden, auf eine Anzeige zu verzichten. Man sah dem Beamten an, wie sehr er sich über diese Wendung der Sachlage ärgerte, aber er konnte nichts dagegen machen. Die Demonstranten zogen weiter.

Später stand ich mitten im Getümmel. Knallkörper flogen, Polizei schritt ein. Die Abgeordnete Andrea Lederer rief laut, ich hätte zu verschwinden, damit mir nichts passiere. Aber ich blieb stehen, weil ich die Situation unmittelbar erleben und erfahren wollte. Aus unerfindlichen Gründen glaube ich immer, dass mir nichts passiert. So war es ja auch.

*

Vorsitzender einer Partei zu sein, bringt ein gewisses Ordnungsbegehren mit sich: nach griffigen Strukturen, nach einem möglichst effektiven, breit gefächerten Netz von Informationen und Entscheidungen. Und – zumindest sehe ich das so – nach Transparenz. Zumal in einer Partei, die sich in historisch bedingter Erneuerung gegen jene Struktur gebildet hatte, die von innen wächst und eine Organisation eng und starr macht. Und die an der Spitze keinen Generationenwechsel zulässt. Wir waren nicht nur die Nachfolgepartei der SED, wir hatten uns als deren Gegenmodell neu zu formieren.

Aber die zahlreichen Angriffe auf die Partei raubten uns Kraft und Kapazität für Gründlichkeit, erschwerten auch die offenen Auseinandersetzungen innerhalb der eigenen Reihen. Nie war genügend Zeit vorhanden, um alle wichtigen Dinge in den entsprechenden Gremien in Ruhe und mit Bedacht zu diskutieren und zu beschließen. Deshalb bildete sich irgendwann eine Gruppe, die gewissermaßen als politische Feuerwehr fungierte, sie erhob die Not zur Tugend, sie schuf sich ein Terrain der kurzen schnellen Wege, sie agierte relativ reaktionsschnell neben den Strukturen und wurde »Küchenkabinett« genannt. Ihr gehörten neben mir Lothar Bisky, Michael Schumann, André Brie, Heinz Vietze und Dietmar Bartsch an.

Nicht selten fanden die Treffen auf meinem damaligen Wochenendgrundstück in Buckow bei Strausberg statt. Wir haben sehr ernsthaft diskutiert, dringend notwendige Entscheidungen getroffen, aber auch gut gegessen und nicht schlecht getrunken. Es hat also aus vielen Gründen auch Spaß gemacht. Gern erinnere ich mich daran, dass wir uns einmal gezwungen sahen, aus welchem Grund auch immer, den vollständig bekleideten Dietmar Bartsch in den Swimmingpool zu werfen. Uns gefiel es. Ihm nicht.

»Küchenkabinett« – das klang ein wenig nach Konsequenz aus der landläufigen Erfahrung, dass viele Köche den Brei verderben. Also gab es auch Kritik aus den eigenen Reihen: als habe sich da eine erneute Führung etabliert, die der offiziell so geheiligten Basisdemokratie kräftig spottete. Außerdem, so hieß es, trage dieses Gremium neben den offiziellen Gremien den Charakter einer typischen Männerrunde. Das stimmte, ich selber aber sah milde darüber hinweg – was gewiss auch daran lag, dass die Frauen, mit denen ich damals zu tun hatte, die Männer des »Kabinetts« sehr wohl mochten. Diese Gruppe war wirklich entscheidend zum Überleben und zur Stärkung der Partei. Wir palaverten nicht, wir besprachen uns zielgerichtet und konzentriert. Mit all den Genannten unseres kleinen Kreises verband mich mehr als nur eine dienstliche, funktionsbedingte Beziehung. Was Konflikte nicht ausschloss – zwischen Dietmar Bartsch und mir gab es zum Beispiel eine Auseinandersetzung, über die ich später noch schreiben werde. Unsere Freundschaft schien sogar gefährdet, der Streit offenbarte dann aber das Beste, was einer Freundschaft widerfahren kann: dass sie belastbar ist.

Erschüttert hat nicht nur mich der Tod 2000 zunächst von Michael Schumann, dem Philosophen, und 2013 von Lothar Bisky, dem Medienwissenschaftler. Beide waren so ehrliche, kluge und durch und durch sympathische, liebenswerte Menschen. Sie wurden unerwartet aus dem Leben gerissen, was auf schmerzliche Weise auf einen großen Wert des Lebens verwies: den Beziehungsreichtum. Der Tod kann schon dann, und zwar unbemerkt in Erscheinung treten, wenn Beziehungen brechen, fehlen, verwehen. Dieser Tod hat viele Namen: Gewöhnung, Anpassung, Selbstgewissheit, Geltungssucht, Macht. Aber wenn Beziehungen dauern, ist man schon deutlich weniger tot – mitten im Leben. Michael Schumann und Lothar Bisky bereicherten mein Leben in unvergesslicher Weise.

*

Gegen Ende des Jahres 1992 merkte ich, dass ich meine Doppelfunktion in der Partei und im Bundestag nicht mehr gleichermaßen intensiv ausfüllen konnte. Wenn ich in Berlin war, wurde ich in Bonn gebraucht. Und umgekehrt. Zweifach Vorsitzender zu sein, in der Partei und in der Gruppe im Parlament, überstieg meine logistischen Kräfte und Energien. Eine ungute Empfindung zerrte an mir: alles halb, nur die Unzufriedenheit ganz. Auch die mit mir selber. Ich musste mir eine andere Arbeitsteilung organisieren. So entschloss ich mich, auf dem Parteitag im Januar 1993 nicht mehr als Parteivorsitzender zu kandidieren – und Lothar Bisky vorzuschlagen.

In einem Brief an die Mitglieder der Partei erklärte ich meine Motive. In dem Schreiben teilte ich die Partei in vier Gruppen ein und machte deutlich, welche Gruppierungen das Geschehen in unserer Organisation dominieren müssten, in welchen Fragen es eine Verständigung zwischen unterschiedlichen

Auffassungen geben könne und in welchen Belangen nicht. In den Reaktionen auf meinen Brief war die geradezu natürliche Paradoxie abzulesen, die bei solchen Bestandsaufnahmen regelmäßig anzutreffen ist: Selbstredend gehörten plötzlich fast alle zur Gruppe der Erneuerer – sodass die Behauptung, es gebe auch hemmende Auffassungen, mit einem Male wie aus der Luft gegriffen schien.

36. KAPITEL

Zu einem entscheidenden Menschen in meinem Leben wurde Andrea Lederer. Wir hatten uns 1990 über die politische Arbeit kennengelernt. Sie kam aus der Bundesrepublik, damals aus Hamburg, war Gründungsmitglied der Linken Liste, mit der die PDS 1990 zur Bundestagwahl antrat. Zwei Jahre nach der Wahl begann ich, mich um sie zu bemühen. Letztlich erfolgreich.

Sie war während zweier Legislaturperioden von 1990 bis 1998 Abgeordnete, zunächst als stellvertretende Vorsitzende, dann als Parlamentarische Geschäftsführerin der Abgeordnetengruppe, arbeitete im Verteidigungs- und Immunitätsausschuss und anderen Gremien des Parlaments. 1994 gaben wir der Gruppe und der Öffentlichkeit unsere Beziehung bekannt. In der Folge musste Andrea als Parlamentarische Geschäftsführerin aufhören und den Vorstand der Abgeordnetengruppe verlassen. Sie arbeitete dann vor allem im Auswärtigen Ausschuss.

1996 wurde unsere gemeinsame Tochter Anna geboren. 1998 schied Andrea aus dem Bundestag aus. Sie wollte zum einen keine Berufspolitikerin werden. Zum anderen sah sie unter den gegebenen Umständen keine Möglichkeit, neben der Abgeordnetentätigkeit der Versorgung und Erziehung unseres gemeinsamen Kindes quasi alleinerziehend gerecht zu werden, denn ich war sehr häufig abwesend. So können die Konsequenzen einer Liebe aussehen.

1996, als Andrea schon hochschwanger war, hatten wir geheiratet. Andrea verdanke ich unsere Tochter Anna. Ihre Geburt habe ich miterlebt. Nein, das stimmt nicht wirklich, im letzten Moment schaute ich doch lieber an die Decke des Klinikzimmers – wie Männer so sind. Es sagt sich so leicht, man habe großen Respekt vor der Leistung einer Frau, einem Menschen das Leben zu schenken. Wenn man aber Zeuge dieser Erfahrung wird, signalisieren die eigenen weichen Knie, wie weit man als Mann davon entfernt ist, besagter Leistung nur im Entferntesten gerecht zu werden. Immerhin wurde mir erlaubt, die Nabelschnur zu durchtrennen.

Dann bemerkte ich diesen berührenden Wandel bei der Mutter: eben noch dieses Leiden, der Schmerz – und nun, das Neugeborene an den Körper geschmiegt, die Freude. Alljährlich den Geburtstag eines Kindes zu feiern, ist stets auch ein Anlass, daran zu denken: Wird ein Kind geboren, kommt auch eine Mutter zur Welt.

Andrea und ich haben viele glückliche Jahre gemeinsam verlebt. Unsere Tochter ist inzwischen erwachsen, studiert Eventmanagement und will später noch ihren Master ablegen. Sie spricht sehr gut Französisch, gut Englisch und lernt Spanisch.

2013 wurde die Ehe zwischen Andrea und mir geschieden, aber nach wie vor sind wir eng befreundet. Die Gründe für unsere Trennung hatte ausschließlich ich gesetzt, ich habe nicht wirklich die Kraft für ein Familienleben aufgebracht. Familie sollte nicht zu einer Nebenstelle des Berufes, des politischen Engagements werden. Wenn man immer so sagt, eine politische Funktion habe einen hohen Preis, und man lässt die Dinge unter dieser Prämisse laufen, so tritt eben eines Tages das Logische ein: Der Preis steigt, und irgendwann muss er bezahlt werden.

Eine lustige Kindergeschichte mit Anna darf ich – nach schweren Verhandlungen mit ihr – schildern. Als sie zwölf Jahre alt war, wollte sie mit einer Freundin zu einer Geburtstagsfeier gehen. Bei ihr wollte sie auch übernachten, der Weg zur Wohnung hätte bedeutet, spätabends etwa zwanzig Minuten durch einen dunklen Park gehen zu müssen. Ihre Mutter hatte das strikt verboten, nun fragte Anna hoffnungsvoll bei mir nach, als ich nach Hause kam. Selbstverständlich erklärte ich die Entscheidung Andreas für absolut angemessen. Daraufhin fand unsere Tochter zwei Gegenargumente: Erstens lehne sie es ab, dass ihre Mutter immer recht habe, und zweitens wolle sie gern wissen, wozu sie überhaupt zwölf Jahre alt geworden sei, wenn sie, wie in vorliegendem Fall, nicht selbst entscheiden dürfe.

Dass ich über ihre Argumentation auch noch lachte, steigerte ihren Ärger. Seit diesem Tag aber übernahm ich ihre Logik. War Anna mit einer erzieherischen Maßnahme nicht einverstanden, fragte ich, wozu ich eigentlich das jeweilige Erwachsenenalter erreicht hätte, wenn ich nicht so oder so entscheiden dürfe.

*

Im Januar 1993 fand der Parteitag statt. Lothar Bisky wurde der neue Vorsitzende und blieb es viele Jahre. Er half wesentlich, das Bild der Partei in den Medien aufzuwerten und geradezurücken – ein ehemaliges SED-Mitglied stellte man sich anders vor. Mit achtzehn hatte er die Bundesrepublik verlassen und war in die DDR gekommen. Er entstammte einer bitterarmen Familie, in der DDR konnte und wollte er studieren. Er war ein Inbegriff an Glaubwürdigkeit. Er stand schon in der DDR für einen kritischen Geist. Wer die Kategorie des Politischen nur immer an den Zweck bindet, das Regime möglichst direkt zu treffen, der unterschätzt Verhaltensspielräume und der verkennt die eigentlichen Machtstrukturen auch des DDR-Staates. Es gab Oppositionelle, aber es gab auch Menschen, die in grundsätzlicher Übereinstimmung mit den Zielen des Systems für eine Erneuerung eintraten, und die dafür im ständigen Widerstreit von Einsicht, offener Kritik und versteckten

Winkelzügen immer wieder versucht haben, aufrecht und loyal zugleich zu leben.

Lothar Bisky war dafür ein Beispiel. Viele Jahre leitete er die Filmhochschule in Potsdam-Babelsberg. Obwohl es immer wieder Wünsche der Partei und der Staatssicherheit gab, bestimmte Studenten zu relegieren – Lothar Bisky machte es einfach nicht. Wahrscheinlich tat er es mit jener herrlichen Eigenart, die er auch als Parteivorsitzender perfekt praktizierte und die von den einen fasziniert, von anderen als peinigend empfunden wurde. Lothar beherrschte die Methode, Entscheidungen so zu verschieben, dass dies nie als Unbotmäßigkeit oder Unzuverlässigkeit oder Ignoranz aufgefasst wurde. Er konnte ausgesprochen aktiv darin sein, etwas nicht zu tun. Er schützte durch Hinauszögerung.

Als er 1990 in die Politik ging, hielt ich es für möglich, dass in der Filmszene Beschwerdebriefe gegen ihn geschrieben würden. Es gab keinen einzigen Brief dieser Art. Alle ehemaligen Studenten standen zu ihrem ehemaligen Rektor.

Filmregisseur Andreas Dresen hatte als Student der Filmhochschule einen Film über den ungeschönten Alltag eines NVA-Soldaten gedreht. Rektor Bisky meldete ihn für die renommierte Leipziger Dokumentarfilmwoche an. Dresen schrieb später: »Jetzt kam es zu meiner absurden, aber einzig richtigen Reaktion – ich, der ich doch hätte glücklich sein müssen über den Wagemut meines Rektors, zog meinen NVA-Film zurück.« Er entband Lothar Bisky gleichsam von seiner Fürsprache. Er wollte, dass dieser Rektor erhalten bleibt. Er sollte nicht über seine Courage stolpern. Was Dresen empfand – es war ein Gefühl, das nicht täuschte. »Im Januar 1989 bestellte mich Bisky ins Rektorat: ›Also, Andi, wir können den Film jetzt eine Zeit lang nicht mehr zeigen, es gab zu viel Ärger – aber es ist gut, dass die Filme meiner Studenten Aufsehen erregen bis in die höchsten Kreise des Politbüros, also: weiter so.‹ Das war

Bisky: ein Verbot auszusprechen als Aufforderung, weiter zu kämpfen.«

Auf dem Parteitag wurde auch das neue Programm beschlossen. Während der Diskussion stellte ich eine Methode der Kommunistischen Plattform der Partei fest, aus der zu lernen war. Das Parteiprogramm war den Kommunisten zu weich, es fehlten ihnen bestimmte klassenkämpferische Formulierungen. André Brie und andere ließen sich auf Kompromisse ein, formulierten um, formulierten neu. Das aber änderte nichts daran, dass die Kommunistische Plattform gegen das Programm stimmte.

Die Lehre daraus: Wenn man von Leuten weiß, dass ihre Grundsätze jedwedes demokratische Aushandeln und Austarieren nicht zulassen, dann sollte man sich die mühselige Arbeit am Kompromiss sparen, sollte das zu erwartende, unbeeinflussbare Nein von ihnen einkalkulieren, es hinnehmen und sich nur wenig darum scheren.

*

Im Laufe des Jahres 1993 wurde den Kalikumpeln im Eichsfelder Bischofferode im wahrsten Sinne des Wortes der Kampf erklärt. Die Kali- und Salzwerke der alten Bundesrepublik wollten die Gruben im Osten geschlossen sehen. Sie wollten mit Bischofferode eine Konkurrenz beseitigen. Es gab keinen anderen Grund, denn das Kali ließ sich gut abbauen und wurde mit Gewinn nach Skandinavien und in andere Länder verkauft. Die Treuhandanstalt leistete größte Hilfe bei dieser Standortvernichtung. Die Arbeitnehmer in Bischofferode entschlossen sich, für den Erhalt ihrer Arbeitsplätze in den Hungerstreik zu treten, das hatte es in der jüngeren deutschen Geschichte noch nirgends gegeben.

Eine starke Welle der Solidarität begleitete den Widerstand der Kalikumpel, aber gleichzeitig machte sich natürlich niemand

Illusionen über die Machtverhältnisse. Letztlich und erwartungsgemäß verloren die Kalikumpel ihren Kampf. In jenen Tagen fuhr ich oft ins Eichsfeld, das für mich, wie bereits beschrieben, ohnehin ein besonderes Gelände geworden war. Inzwischen hatte sich meine Akzeptanz dort deutlich erhöht. Auf Protestkundgebungen sprach ich, unterhielt mich mit den Bergleuten und ihren Familien, feierte sogar Silvester mit den Kalikumpeln.

Ich spürte den Sinn meiner Anwesenheit, politischer Einsatz hatte plötzlich etwas außergewöhnlich Praktisches bekommen; es schien, alles beschriebene Papier, das einem so oft die Tage zustapelt und die freie Sicht nimmt, war weggeblasen worden. Allerdings bedrückte mich zugleich ein Gefühl der Wut darüber, dem schändlichen Treiben gegen die Kumpel nicht wirklich Einhalt gebieten zu können. Zudem fiel mir auf, dass die Gilde der so überaus Revolutionären aus meiner Partei nicht im Eichsfeld auftauchte. Wenn es statt der Programmpapiere um die praktische Tat geht, fehlen solche Leute gern.

Was ich aber in Bischofferode feststellte: wie viele gute Redner es in unserer Partei gab. Es ist eben ein großer Unterschied, ob politische Reden aus dem konkreten Erfahrungsfeld, aus unmittelbarer Wahrnehmung der Dinge erwachsen oder aus abstrakten Überlegungen an einem Schreibtisch. Als ich eingeladen wurde, in Bayern vor Streikenden eines Metallunternehmens zu sprechen, bat ich einige derer, die im Eichsfeld aufgetreten waren, mitzukommen und dort ebenfalls zu sprechen. Das hätte ich nicht tun sollen. In Bischofferode fühlten sie sich zu Hause, in Bayern nicht. Dort lasen sie ihre Reden nur ab. Auch umgekehrt wirkte Fremdheitsempfinden. Wenn Theo Waigel im Osten war, lächelte er erst, wenn er ins Auto stieg und wusste, es geht wieder zurück nach Bayern. An mir selbst habe ich derartige Befangenheiten nicht festgestellt. In Schleswig-Holstein – und auch in Bayern! – bewegte ich mich von Anfang an so frei und heimisch wie im Osten. Man kann

Provinzler in New York und Kosmopolit in Grimma sein. Auch da half mir wohl, dass ich DDR-untypisch aufgewachsen war und als Rechtsanwalt einen Beruf ausübte, der naturgemäß ein Denken in Widersprüchen erforderte. Meine Neugier auf Deutschland ist von Anfang an nicht lokalpatriotisch beengt gewesen, und so mag ich vier Großstädte in gleichem Maße, obwohl sie nichts, aber auch gar nichts miteinander gemein haben: Berlin, Hamburg, München und Köln.

Als das Ende der Bischofferoder Kaligrube nicht mehr zu verhindern war, sah ich die so starken, robusten Kumpel weinen. Ein Bild, das mir nicht aus dem Gedächtnis gehen wird. Das ist wie eine Wunde, die man – im Unterschied zu Betrieben – nicht kalt schließen kann. Neunzehn Bischofferöder sind dann zu Fuß vierhundert Kilometer vor die Tore der Treuhandanstalt in Berlin gezogen. Zu unbewusst blieb, dass hinter dieser Anstalt der Bundesfinanzminister, die Bundesregierung stand. Der Dichter Volker Braun hat diese Bischofferöder beschrieben, »diese dürftige tapfere Prozession mit ihren weißen Fahnen im Regen«. Sie machten sich auf den Weg und blieben, trotz Kampf, im wahrsten Sinn des Wortes auf der Strecke.

Im Jahr 2014 war Volker Braun Gast in meiner Gesprächsreihe am Deutschen Theater. Er nannte die Arbeiterklasse der DDR »eine herrschende wie angeherrschte Klasse, die umsorgt lebte und zugleich frech sorgenlos«. Im Westen wurde Leben ohne Arbeit vielfach zu einem Unglück, und vielen Betroffenen gelang es nicht, trotzdem zu begreifen und zu genießen, was sie durch die Freiheit vielleicht auch gewonnen hatten. »So taumeln sie«, hat Volker Braun gesagt. Er bezeichnete das legendäre »Keine Gewalt!« als eine »süße bittere Losung«. Eine Kurzformel für eine Ohnmacht. Denn manchmal möchte man schon einen direkten Ausdruck finden für den Zorn. Angesichts eines Kapitalismus, »der im Moment der Krise nicht zu denken in der Lage ist, es könnte noch etwas anderes« als ihn geben. Dieser Kapitalismus bestricke die Menschen mit Diskursen, die seine wahren, tiefen Probleme vertuschen. »Der Fadenschein bestrickt das Bewusstsein«, sagte Braun, die Brandherde dieser Welt befänden sich auf anderer Ebene als die Löschversuche.

In seiner Erzählung »Die hellen Haufen« hat Volker Braun den erwähnten kleinen Demonstrationszug der Bischofferoder ins Große, Massenhafte, Utopische geträumt, ein Zug von Millionen plötzlich, eine Phantasie des tätigen Zorns. Der auch andere Unternehmen, bis nach Mansfeld und Leuna hinüber, ja ganz Ostdeutschland zu einer so nie gesehenen Landschaft formt: Der Zug der Zeit, das waren plötzlich die von überall herströmenden Züge der Tausenden, die den Kolonisatoren das Treuhandwerk legen werden. Arbeiter auf dem Zug für den Frieden, der Arbeit heißt. Künftige Grundgesetze wurden auf diesem fiktiven Marsch verkündet: Nicht den Gewinn maximieren, sondern den Sinn! Verfügungsgewalt über gesellschaftliche Grundentscheidungen! Die Arbeit ist gerecht zu verteilen, unter allen, die Anspruch haben!

Volker Braun hatte vom »Vormut« derer gesprochen, die im November 1989 auf den Berliner Alexanderplatz gezogen waren, ihm folgte leider nicht jener Mut, der den Zug der Bischofferöder nach Berlin als eine Gerechtigkeit einfordernde Kraft begleitet hätte.

Einer der Bischofferöder, Gerhard Jüttemann, war stellvertretender Betriebsratsvorsitzender der Kaliwerke. Zu ihm entwickelte ich ein enges Vertrauensverhältnis. Er wurde später Mitglied unserer Bundestagsfraktion, sein Leben bekam so zweifellos mehr Sinn, als es anderen Kalikumpeln vergönnt war.

*

Im Dezember 1993 fanden – nach 1990 – die ersten Kommunalwahlen in einem neuen Bundesland statt – in Brandenburg.

Die PDS erzielte einen unerwartet großen Erfolg. Wir wurden zweitstärkste politische Kraft, erlangten über zwanzig Prozent der Stimmen, und unser Kandidat Rolf Kutzmutz kam in die Stichwahl zum Oberbürgermeister von Potsdam. In den Medien, aber auch in den anderen Parteien, setzte vorsichtig ein Prozess ein, sich mit unserer Existenz abzufinden. Andererseits aber sollte ein Oberbürgermeister der PDS ausgerechnet in einer Landeshauptstadt unbedingt verhindert werden. Eine geradezu gigantische Anzeigenkampagne für den SPD-Kandidaten und gegen Kutzmutz wurde gestartet.

Der damalige Generalsekretär der CDU, Pfarrer Peter Hintze, läutete beflissen und diensteifrig die »Rote Socken Kampagne« ein. Der Art einer Socke entsprach sie tatsächlich: Sie war sehr grob gestrickt – und löste einen Gegeneffekt aus: Sie stärkte uns. Ich weiß nicht, ob Hintze das bewusst war. Wenn, war es nicht dumm gedacht. Er bewirkte indirekt Stimmen für uns, schwächte dadurch die SPD, aber war sich einer Stimmung sicher, bei der die Sozialdemokraten keine Mehrheit mit uns bilden würden.

In den Jahren danach fanden Peter Hintze und ich durchaus einen Draht zueinander. Hinter der Rolle des Generalsekretärs der Kohl-Partei war er verschwunden; als er wieder hervortrat, wurde er ein Streiter für die Zulassung der vorgeburtlichen Diagnostik und für die Möglichkeit, dass Ärzte Sterbehilfe leisten. Ich habe Peter Hintze, der 2016 starb, also später als einen ethisch verantwortungsbewussten Politiker erlebt.

Rolf Kutzmutz ist 1993 nicht Oberbürgermeister von Potsdam geworden. Aber ein Signal war dieser Wahlkampf sehr wohl. Wir wurden ernst genommen. Wir gaben, wo wir attackiert wurden, nicht klein bei. Im Marathon um politische Wirkung mussten wir – ausgestattet mit reichlich roten Socken – so schnell keine kalten Füße mehr bekommen, wenn das politische Klima gegen uns eisig wurde.

Um das zu unterstreichen und gerade nach der Kampagne gegen Rolf Kutzmutz unsere Offenheit zu demonstrieren, organisierte ich Anfang Januar 1994 eine Begegnung mit Edzard Reuter. Sein Vater Ernst Reuter war zunächst Mitglied der Kommunistischen Partei gewesen, später wurde er Sozialdemokrat. Die Nazis sperrten ihn in ein Konzentrationslager. Er und Kommunisten halfen sich gegenseitig, aber er war und blieb antikommunistisch, gerade auch als Regierender Bürgermeister von Westberlin.

Edzard Reuter war, als ich mich mit ihm traf, Vorstandsvorsitzender der Daimler-Benz-AG, des größten deutschen Konzerns. Als ich in Stuttgart ankam, wurde ich mit einem Auto abgeholt, das ich vorher noch nie zu Gesicht bekommen hatte. Wie soll ich es beschreiben? Ich wusste nicht, dass es Autos gibt, in denen man auch spazieren gehen kann. Edzard Reuter und ich führten ein aufgeschlossenes, gewogenes Gespräch, er war wohl auch ein bisschen neugierig auf mich und interessierte sich ausgesprochen für meine Sicht auf Deutschland und die Welt. Auch später trafen wir uns regelmäßig, er war auch einer meiner Gesprächsgäste im Deutschen Theater.

Ein Großindustrieller trifft sich mit einem »Rote-Socken«-Träger? Ein maßgeblicher Kapitalist mit einem demokratischen Sozialisten? Das glich für einige einem Feindbild-Sturm. Zwei Einrichtungen gab es auf jeden Fall, die sich über dieses Gespräch zwischen Edzard Reuter und mir mächtig echauffierten: »Die Welt«, führende Zeitung des Springerkonzerns, und die Kommunistische Plattform in meiner Partei. Springers Plattform verstand den Wirtschaftsboss nicht, die Plattform verstand den Genossen nicht. Ein linkes Blatt amüsierte sich und bekräftigte, dass man die Überraschungskraft des Lebens nie unterschätzen möge: Wie unerwartet es doch zu einer Übereinstimmung zwischen den Antikommunisten in der »Welt« und den Kommunisten in der PDS kommen könne.

37. KAPITEL

Wir leben im Zeitalter der sozialen Netzwerke, des digitalen Schriftverkehrs; es wird getwittert, gemailt, gepostet, geskypt. Was einst von Angesicht zu Angesicht besprochen wurde, findet sich heute auf Facebook – wir sind in beträchtlichen Ausmaßen veröffentlichte Wesen, diese Transparenz bedeutet Erleichterung und Druck zugleich. Rasche und schrankenlose Erreichbarkeit ist eine fantastische Möglichkeit, kann aber auch Fluch und Sucht werden.

Als Politiker steht man naturgemäß in besonderer Weise im Kreuzfeuer öffentlicher Reaktionen. Seit Beginn meiner Arbeit in Partei und Parlament bemühte ich mich, Bitten, Beschwerden, Beipflichtungen weitgehend persönlich zu beantworten. Vertrauen ist unübertragbar. Wenn ich Mitarbeiter oder Fachleute um Antwort bitte, so schließt das ein, sie die Briefe auch unterschreiben zu lassen.

Es lag in der Natur der Sache, dass es neben der Zustimmung für einen Politiker, zudem in einer Partei wie der meinen, auch viel Widerspruch, Polemik, Affront gab. Die Schnelligkeit der Kommunikation befördert die spontane Erwiderung, den unbedachten Ton, das ungehemmte Echo. Auch dem habe ich mich stets gestellt und versucht, sogar bei übelster Beschimpfung ein Mindestmaß an Verständnis aufzubringen. Natürlich gab es auch Entgleisungen bis hin zu Morddrohungen – in zugespitzten politischen Situationen bleibt das offenbar nicht aus, und selbstredend gibt es dann Grenzen für Kontakt und Gespräch. Aber wer mag entscheiden, wo ein Gespräch Früchte trägt oder nicht? Kommunikation mit denen, die die Demokratie attackieren, kann schiefgehen – Nichtkommunikation wird auf jeden Fall schiefgehen.

Ein gewisses Vergnügen habe ich, auf bösartige Briefe anders zu antworten, als es der Absender erwartet. Nie lasse ich mich selber zu einem hässlichen Ton verleiten. Der betont sachliche Brief ist die weit größere Provokation. Weil er offenbart, dass ich mich nicht habe reizen lassen. Eine Zeit lang war ich von den Sicherheitskontrollen an deutschen Flughäfen freigestellt. Ein Mann, der hinter mir stand, beobachtete dies und schrieb mir einen Brief: Er fühle sich benachteiligt. Ich antwortete ihm und verwies auf eine Erlaubnis durch den Bundesinnenmister. Aber ich könne, so schrieb ich, seinen Vorwurf nicht nachvollziehen, er sei dadurch benachteiligt worden. Er stand hinter mir, wäre ich kontrolliert worden, hätte er länger warten müssen. Und dann kam, vor den freundlichen Grüßen, meine Schlussbemerkung: »Ansonsten bin ich wie Sie, ich hasse Privilegien, die andere haben und ich nicht.« Das unterschrieb ich mit Vergnügen.

*

Bei einigen Auftritten bürgerte sich Personenschutz für mich ein. Durch wiederkehrende Gelegenheiten entwickelte sich eine höfliche Nähe zu den Beamtinnen und Beamten, ich muss mich immer wieder für die hohe Kultur einer wachsamen Diskretion bedanken. Die regelmäßige Betreuung begann erst, als ich 2001 in den Berliner Wahlkampf eingriff. Vorher kamen zu den Veranstaltungen oft zivile Polizisten mit, die sich mir aber nicht vorstellten. Einmal sprach ich auf einer Kundgebung in Bremerhaven. Die Teilnehmerschaft blieb übersichtlich. Plötzlich drängte sich eine Neonazigruppe in die Reihen der Zuhörer und schlug auf die Leute ein. Logischerweise fragte ich den Zivilpolizisten auf der Bühne, ob er nicht eingreifen und also etwas tun wolle. Er sah mich an: »Nein.« Er ergänzte, er sei zu nichts anderem da als zu meinem Schutz. Irgendwann, für meine Begriffe ziemlich spät, kam die Polizei und beendete den Spuk. Aber ich musste noch eine ganze Weile an den korrekten Polizisten denken. Wäre mir etwas passiert, hätte man ihn zur Verantwortung gezogen, sonst nicht.

Auch wenn ich das Gefühl hatte, Ausdauer, offensives Auftreten und Schritte in die Gesellschaft hinein würden uns nützen, würden Berührungsängste abbauen und Vorurteile mindern, so war mir doch klar: 1994, bei der zweiten Bundestagswahl für uns, könnten wir auf keinen Fall fünf Prozent der Zweitstimmen erreichen. Überzeugt aber war ich von der Möglichkeit jenes zweiten juristischen Weges, der bis dahin in der Bundesrepublik Deutschland kaum eine Rolle spielte: Wir mussten mindestens drei Direktmandate erringen, um auch bei Unterschreitung besagter fünf Prozent bei den Zweitstimmen – entsprechend unserer Stärke – in den Bundestag einzuziehen.

Wichtig war, dass ich darüber das Gespräch mit den Medien suchte und den Sachverhalt erklärte: Bei Erreichen der drei Direktmandate würden sämtliche Zweitstimmen, im gesamten Land, über die Anzahl unserer Sitze im Parlament mitentscheiden. Indem die Medien dies in Umlauf brachten, haben sie – zumindest indirekt – Aufklärungsarbeit für uns geleistet. Noch am Wahlabend selbst richteten ARD und ZDF ihre Aufmerksamkeit auf unsere Direktmandate – eine Tatsache, die in der landläufigen Wahlberichterstattung der letzten Jahre keine Rolle gespielt hatte. Aber jetzt entschieden diese Mandate über unsere personelle Stärke im Bundestag.

Direktmandate! Gesagt – aber wie getan? 1990 hatte von unserer Partei nur ich ein solches Mandat erreicht. Schon im Jahr vor der Bundestagswahl hatte ich begonnen, um Kandidatinnen und Kandidaten zu werben. Es mussten sinn- wie auffällige Persönlichkeiten sein, Menschen, deren Charisma für Zündstoff sorgte. In der Wirklichkeit des Wahlkampfes – und in den Medien. Die Suche lief. Kontakte, Abtasten, Gespräche. Der Mut, ungewöhnliche Leute in die Politik zu holen, musste sich mit dem Mut der Ausgewählten treffen, den Schritt an unsere Seite zu wagen. Wir brauchten und plakatierten unsere bunte Truppe. Mit dem Begriff der »Truppe« spielten wir für den Osten auf ein beliebtes sowjetisches Kinderbuch aus der Zeit der DDR an: »Timur und sein Trupp«.

Im Februar 1994 war es so weit. Die bunte Truppe meiner Partei trat vor Kameras und Mikrofone. Zu ihr gehörten die Schriftsteller Stefan Heym und Gerhard Zwerenz, Heinrich Graf von Einsiedel, der stellvertretende Betriebsratsvorsitzende der Kaliwerke Gerhard Jüttemann, die Pfarrer aus den alten Bundesländern Willibald Jakob und Dieter Kelp.

Mit Stefan Heym hatte ich viele Gespräche geführt. Es war ein zähes Ringen miteinander. Ein Schriftsteller als Abgeordneter? Wie sollte er Künstler bleiben, ohne von der Politik aufgefressen zu werden? Gab es nicht gravierende, zu akzeptierende Unterschiede zwischen einem Eingreifen durch Erzählen, das am Schreibtisch geschieht, und einer direkten Einmischung am Rednerpult?

Er ging in seinen späten Jahren gebeugt. Man sah es und sah es nicht als Gebrechlichkeit. Man sah es als Logik der Wegstrecke. Er war ein ewiger Wanderer, gewarnt im Umgang mit dem, was andere eine Heimat nennen. Er träumte Brüderlichkeit, aber er musste sehr oft und sehr lange den Alleingang leben: Stefan Heym – er musste als Jude Deutschland 1933 verlassen. Der Chemnitzer Emigrant, der in US-Uniform ins kriegszerstörte Deutschland zurückkehrte. Er warf US-Präsident Truman wegen McCarthys Kommunistenverfolgungen die Orden vor die Füße. Jede Macht, auch die sozialistische, scheiterte am Charakter dieses Couragierten. Die Auseinandersetzungen zwischen ihm und der SED-Führung nahmen permanent zu. Ein Teil seiner Bücher ist in der DDR erschienen, ein anderer Teil bis 1990 nicht, zum Beispiel der Roman »5 Tage im Juni«. Sein Schriftstellerkollege Klaus Schlesinger schrieb, man hätte immer eine Stecknadel fallen hören, wenn Heym sprach – »er ergriff das vernünftige, freie Wort für die Demokratie im Sozialismus«.

Stefan Heym war nie Mitglied einer Partei, er hatte mit der SED schlechte Erfahrungen gemacht – trotzdem war er bereit, die PDS bei deren Erneuerung zu unterstützen. Zudem würde er, wenn er ins Parlament einzöge, ein besonderes, die politische Kultur belebendes und den Geist einer neuen Zeit beschwörendes Zeichen setzen: Stefan Heym wäre Alterspräsident, ein Vertreter unserer Partei würde also den Bundestag eröffnen.

Zu DDR-Zeiten traf ich Stefan Heym bei einem Empfang des britischen Botschafters in dessen Berliner Residenz. Es war im Herbst 1988. Plötzlich fragte Heym laut, sodass alle Gäste still wurden, was ich denn zum Verbot des sowjetischen Politmagazins »Sputnik« sagte. Wie sollte ich antworten? Ich war mir bestimmter Ohren sicher, die sich jetzt sehr spitzten. Ich erwiderte: »Das kommt davon, wenn man ein CDU-Mitglied zum Postminister macht.« Stefan Heym musste so sehr lachen, dass er keine weitere Frage mehr stellte. Die Blockparteien stellten neben der SED auch einige Minister, die CDU gerade den Postminister. Dieser hatte die perestroika-offene Zeitschrift von der Liste des Postzeitungsvertriebs gestrichen. Natürlich wussten wir alle, dass der Minister mit dieser Entscheidung nichts, aber auch gar nichts zu tun hatte, über sie wahrscheinlich nicht mal informiert worden war. So etwas entschied in der DDR nur Erich Honecker. Vielleicht noch das Politbüro.

Auch mit dem Schriftsteller Gerhard Zwerenz hatte ich lange gesprochen, er zeigte sich ebenfalls bereit, für unsere Partei zu kandidieren. Er galt über viele Jahre als einer der wichtigsten Autoren der Linken Westdeutschlands. 1944 war er aus der faschistischen Wehrmacht desertiert und in sowjetische Kriegsgefangenschaft geraten. In den fünfziger Jahren studierte er in Leipzig Philosophie, zum Beispiel bei Ernst Bloch, und wurde 1957 wegen kritischer Diskussionen über das stalinistische System aus der SED ausgeschlossen. Kurz danach siedelte er nach Westberlin über, später in die Bundesrepublik. Der Kampf um die Rehabilitierung der Wehrmachtsdeserteure wurde eines seiner Lebensthemen. Sein Buch »Soldaten sind Mörder – Die Deutschen und der Krieg« war vielfach juristischen Angriffen ausgesetzt. Zu einem Verbot kam es aber nie. Gerhard Zwerenz bezeichnete sich provokativ als einen linken demokratischen Antikommunisten. Er setzte seine Idealtreue konsequent gegen eine politische Bewegung, die den kommunistischen Gedanken als Machtprogramm für eine Partei missbrauchte.

Es gelang mir auch, Heinrich Graf von Einsiedel aus der Familie der Bismarcks zu gewinnen. Er war Offizier der deutschen Wehrmacht bei der Luftwaffe, dann in sowjetischer Gefangenschaft und dort Mitglied jenes Nationalkomitees Freies Deutschland, das aufrief, Krieg und Naziwahnsinn zu beenden. Auch er hatte zunächst in der DDR gelebt, das Land aber bald in Richtung Bundesrepublik verlassen.

Für die PDS waren all diese Männer ungewöhnliche Kandidaten. Sogenannte Quereinsteiger. An den üblichen Politikbetrieb nicht gewöhnt und keineswegs bereit, sich dessen Regeln und Reflexen anzupassen. Die Medien stürzten sich auf unsere »bunte Truppe« – ein beabsichtigter Effekt war damit schon erreicht. In unsere Debatten zog verstärkt ein herausforderndes, barrierefreies Denken ein, das nicht allen zusagte, weil es eingefahrene Weltsichten unbekümmert (und auch ungnädig) attackierte. Unbestreitbar belebten die unkonventionellen Kandidaten unsere Partei und trugen entscheidend zum guten Abschneiden bei der Bundestagswahl bei.

*

Das Gros unserer Plakate sprach an, ebenso der Werbespot im Fernsehen. Dessen Pointe bestand darin, dass ich in einer Wahlkabine stand und den Zuschauer ansprach: »Trauen Sie sich doch einfach, es sieht ja keiner.« Selbst einige Zeitungen gingen anerkennend auf diesen letzten Satz unseres Werbespots ein. Er trug der Tatsache Rechnung, dass schon ein bisschen Mut dazu gehörte, die PDS zu wählen. Aber die Garantie der geheimen Wahl schützte eben vor »Enthüllung«.

Zum Schluss des Wahlkampfes verfassten wir noch einen Brief, der hunderttausendfach dort verteilt wurde, wo eine Chance auf Direktmandate bestand. Ansprechen wollten wir mit ihm jene Menschen, die unserer Partei ihre Stimme nicht geben würden, aber doch dafür waren, dass die PDS als Ostkraft in den Bundestag einzog. Der Weg dahin führte über Erststimmen. Die Differenz zwischen Erst- und Zweitstimmen für unsere Partei war in den angesprochenen Wahlkreisen erheblich. 1994 gelangen uns in Ostberlin vier solcher Direktmandate. Das reichte aus, um erneut als Gruppe – noch nicht als Fraktion – in den Bundestag einzuziehen. In einem seiner Bücher schrieb André Brie, dass keiner außer mir an diesen Erfolg geglaubt habe, und bezeichnete mich als Zweckoptimisten. Das stimmt, er hat recht: Ich bin einer!

*

Stefan Heym, Gerhard Zwerenz und Heinrich Graf von Einsiedel waren gewählt worden, mit ihnen steigerte sich unsere Sonderstellung im Bundestag ein wenig ins Exotische. Sie verstanden sich untereinander sehr gut, saßen in den Räumen des Bundestages oft zusammen und bildeten so ein Trio, dessen

Atmosphäre anregenden Geist ausstrahlte. Sie fielen auf im Einerlei der Geschäftigkeit. Sie blieben Fremde im besten Sinne, von ihnen ging Souveränität, Überlegenheit aus – sie wirkten weder vereinnahmt noch abgeschliffen. Es war unbestreitbar: Die anderen Fraktionen beneideten uns um diese Mitstreiter. Ich freute mich auch über Christa Luft, die ein Direktmandat erreicht hatte und gerade in wirtschaftspolitischen Fragen eine wichtige Rolle in unserer Abgeordnetengruppe und in unserer Partei spielte und spielt.

Unmittelbar vor der Eröffnung des neu gewählten Bundestages durch Stefan Heym war über den damaligen CDU-Bundesinnenminister Manfred Kanther eine üble Kampagne gegen Stefan Heym gestartet worden. Angeblich sollte der Schriftsteller irgendwann, irgendwie und irgendwo mit der Staatssicherheit zusammengearbeitet haben. Einen Tag nach der Eröffnung des Bundestages stellte sich heraus, dass sämtliche Vorwürfe falsch waren, sie wurden nie wieder erhoben.

Aber der Eröffnungstag selbst geriet zum schändlichen Versuch eines Rufmordes wider besseres Wissen und vor allem wider jegliches menschliches Empfinden. Bundestagspräsidentin Rita Süssmuth rief mich an und fragte, ob Stefan Heym angesichts der Vorwürfe nicht lieber darauf verzichten wolle, den Bundestag zu eröffnen. Stefan Heym selbst lehnte das ab, obwohl er wusste, dass dieser böse Angriff und dessen Abwehr eine große seelische und körperliche Belastung für ihn bedeuteten. Mich plagte ein schlechtes Gewissen, denn ich hatte ihn ja davon überzeugt, zu kandidieren, und somit war ich indirekt schuld an den beschämenden, ihn so tief verletzenden Folgen dieser Bereitschaft zu unmittelbarer politischer Arbeit im Parlament der Bundesrepublik.

Stefan Heym betrat als Alterspräsident den Bundestag, und es geschah etwas bis dahin Einmaliges in der Geschichte des Hauses: Statt sich mit den anderen Abgeordneten zu erheben, blieb die CDU/CSU-Bundestagsfraktion geschlossen sitzen. Sie verweigerte Stefan Heym den Respekt. Der Kalte Krieg prägte noch immer ihre Gesichter. Für einen Applaus fehlten Anstand und Größe. Die Erfinder jener Freiheit, die von West nach Ost gewandert war und eine tödliche Mauer durchbrochen hatte – nun, da der alte jüdische Charakter sprach, saßen sie selber da wie Eingemauerte. Stefan Heym nannte sie später »Betonärsche«. Wieder einmal brachte er herrschende Politik dazu, sich mit unwürdigen Reaktionen auf ihn zu blamieren.

Er hielt eine starke Rede. Einmal mehr löckte er wider den Stachel des schablonierten Denkens, indem er auch auf jene verwies, die in der DDR an Waffen ausgebildet, mit einem klaren Feindbild ausgestattet, in Richtung Westen mit Unversöhnlichkeit imprägniert worden waren – und die in den Stunden des Mauerfalls, in den Phasen des DDR-Untergangs alle eingeübte, eintrainierte Militanz fallen ließen. Es war kein Schuss gefallen. Wieder ein Wahrheitsverweis gegen jene, die mit ihrer unverschämten Haltung gegenüber diesem Alterspräsidenten dem ehrwürdigen Begriff des Konservativen weit mehr Schaden zufügten, als es ihnen im Moment ihrer Kulturlosigkeit zur Eröffnung des neuen Bundestages wohl bewusst war. Nach diesem Eklat erreichten mich viele Briefe. Kopfschütteln, Unverständnis, Zorn – und Ermutigung, von Leuten sogar, die CDU gewählt hatten. Aber dies nun trugen sie nicht mit.

*

Wir ließen uns nicht einschüchtern. Wir betrieben nach Kräften Opposition, erweiterten Stück um Stück unser Wirkungsfeld. Schon Anfang der neunziger Jahre hatte ich damit begonnen, zum traditionellen politischen Aschermittwoch in Bayern zu reden. Im Februar 1992 brachte ich anlässlich eines solchen Auftrittes unser sogenanntes Ingolstädter Manifest ins Gespräch. Es war der theoretische wie praktische Vorschlag für einen neuen Gesellschaftsvertrag, der durchaus Beachtung fand. Dieter Klein und Michael Brie hatten leidenschaftlich und wissenschaftlich an diesem Papier gearbeitet.

1994 gelang es der PDS erstmalig, einen Oberbürgermeister zu stellen: In Hoyerswerda wurde Horst-Dieter Brähmig gewählt. So kräftigte sich allmählich unsere gesellschaftliche Akzeptanz.

Es kam im Sommer 1994 zum Magdeburger Modell: Reinhard Höppner war als Ministerpräsident der SPD in Sachsen-Anhalt bereit, sich von der PDS-Fraktion tolerieren zu lassen. Wir waren also indirekt an der Regierung beteiligt. Das bedeutete einen weiteren größeren Durchbruch in Sachen Gesellschaftsfähigkeit und sorgte für ein beachtliches Medienecho. Bemerkenswert war auch, dass die Grünen an der Magdeburger Regierung beteiligt waren, sich also ebenfalls von uns tolerieren ließen. Das lag vor allem am Einfluss von Hans-Jochen Tschiche, dem Fraktionsvorsitzenden von Bündnis 90/Die Grünen im dortigen Landtag. Ein offener, unverkrampfter, feindbildfreier Bürgerrechtler.

Das Magdeburger Modell funktionierte vier Jahre ziemlich gut. 1998 ging es um die Frage einer Wiederholung. Dagegen wandte ich mich strikt und bedrängte Roland Claus, den Fraktionsvorsitzenden unserer Partei in Sachsen-Anhalt, entweder mitzuregieren oder in die Opposition zu gehen. Aber die Zögerlichkeit überwog, auch Reinhard Höppner traute sich noch nicht. Sie wiederholten die Tolerierung. Das führte bei der folgenden Wahl zu erheblichen Verlusten der SPD.

Auch unser Ergebnis war dann nicht berauschend. Die Realität hatte uns eine Lektion erteilt: Tolerierung darf im Kräftemessen der politischen Kräfte nur eine Ausnahme sein, sie schwächt den eigenen Charakter, sie schleift das eigene Profil. Entweder man übernimmt Verantwortung in der Regierung oder man übernimmt Verantwortung in der Opposition. Der

Mittelweg jedoch, das Dazwischen, das Bindeglied gewissermaßen zwischen Macht und Widerpart – das ist keine wirkliche Option außerhalb vorübergehender Lösungsnöte.

In all den Jahren meiner politischen Tätigkeit habe ich es nie mit der reinen Lehre gehalten. Demokratie ist Beteiligung. Sich unter keinen Bedingungen mit dem politischen Gegner gemeinzumachen, das mag sehr stolz klingen, es kann aber auch verhängnisvolle, unfruchtbare Abkehr von der Realität bedeuten. In Fragen einer Koalition nur immer darauf zu bestehen, der andere müsse sich entschieden ändern, führt zurück in eine sektenhafte Verhärtung, die den Menschen, die man politisch und sozial vertritt, nicht hilft. Wer erst dann Regierungsverantwortung übernehmen will, bis die Bedingungen herrschen, die er vorgibt, der betreibt Politik für den Sanktnimmerleinstag. Wer nicht kompromissfähig ist, ist nicht demokratiefähig – wer allerdings zu viele Kompromisse schließt, gibt seinen Charakter auf. Den richtigen Weg dazwischen zu finden, dies macht den schwierigen Weg politischer Kunst aus. Eigentlich ist es zugleich auch einfach: Die Richtung muss stimmen, aber das Maß kann begrenzt werden.

38. KAPITEL

Im Jahr 1994 erreichte die PDS ein Steuerbescheid der Berliner Finanzverwaltung. Zuständiger Senator war Elmar Pieroth von der CDU. Als sein Staatssekretär agierte Peter Kurth, ebenfalls CDU. Der Steuerbescheid belief sich auf etwa 67 Millionen D-Mark. Es wurde darin unterstellt, die SED habe gegenüber der DDR Steuern nicht bezahlt, nun solle die PDS gegenüber der Bundesrepublik Deutschland dafür haften. Eine ziemlich abstruse Konstruktion. Inzwischen war das sogenannte Altvermögen der SED längst auf die Bundesrepublik Deutschland übergegangen, es stand unter Verwaltung der Treuhandanstalt.

Wir beantragten also, diese Anstalt solle den besagten Schuldenfall übernehmen und klären, sich gegebenenfalls dem Steuerbescheid widersetzen. Die Treuhandanstalt und die mit ihr verbandelte Unabhängige Kommission zur Überprüfung des Vermögens der Parteien und Massenorganisationen der DDR lehnten unseren Antrag selbstverständlich ab, wiesen alles zurück zu uns, und ein Betrag von über zwei Millionen D-Mark, die Wahlkampfkostenerstattung des Bundes an die PDS, wurde beschlagnahmt.

Wäre diese Maßnahme rechtskräftig geworden, wäre das Ende der PDS unumgänglich gewesen. Was zweifelsfrei als Absicht hinter dieser dubiosen Geldforderung lag. André Brie, der Wahlkampfleiter, hatte für den Wahlkampf eine Vielzahl kleiner Darlehen aufgenommen, mit dem Versprechen, sie nach der Erstattung der Wahlkampfkosten zurückzuzahlen.

Dies wäre nun unmöglich geworden. Wir mussten damit rechnen, dass Tausende Gläubiger dieser Forderungen gerichtliche Verfahren gegen uns anstrengten – mit allen Konsequenzen, die damit verbunden waren: bis hin zum Untergang.

Unser sogenanntes Küchenkabinett beriet, nicht panisch, aber doch betroffen. Letztlich bekam ich den Auftrag, noch einmal ein Gespräch zu suchen – und zwar beim CDU-Staatsminister im Kanzleramt, Friedrich Bohl. Bundeskanzler Helmut Kohl hatte mir angeboten, bei dringenden Problemfällen Kontakt zu diesem Minister aufzunehmen. Tatsächlich meldete er sich nur kurze Zeit nach meinem Anruf zurück. Nach Schilderung unserer Lage fragte ich ihn, ob diese ganze Sache nicht eingestellt werden könne und es aufgrund unserer existenziellen Bedrohung nicht eine Möglichkeit gäbe, uns das beschlagnahmte Geld auszuzahlen. Ende des Gesprächs. Warten. Es dauerte allerdings nicht lange. Friedrich Bohl meldete sich bald und beschied, es bliebe bei der Beschlagnahme der Wahlkampfkostenerstattung. Er garantiere aber, dass es nicht zu weiteren Beschlagnahmen kommen werde. Toller Trost. Ich sagte ihm, weitere Beschlagnahmen erübrigten sich dann auch: Wir seien vorher schon tot. Aber wir nähmen das nicht wehrlos hin. Natürlich teilte ich ihm nicht mit, was wir vorhatten.

*

Wir waren entschlossen, großes Geschütz aufzufahren. Grober Klotz auf groben Keil. Die Gegenwehr sollte möglichst spektakulär sein. Wir beschlossen, zur erwähnten Unabhängigen Kommission zu ziehen, noch einmal das Gespräch zu suchen, und falls eine gütige Lösung nicht zustande käme (womit wir rechneten), uns in den Räumen der Kommission anzuketten und die Örtlichkeit nicht mehr freiwillig zu verlassen. Gleichzeitig wollten wir einen Hungerstreik beginnen. Wir – das waren neben Lothar Bisky und mir Dietmar Bartsch, André

Brie, Michael Schumann, Heinz Vietze, Pressesprecher Hanno Harnisch und Petra Pau.

Gesagt, getan. Bei der Unabhängigen Kommission wurden unsere Forderungen erwartungsgemäß abgewiesen, wir hörten uns das an, gingen ruhig in einen der Beratungsräume und ketteten uns dort an die Heizungen. Im Nachhinein muss ich zugeben, dass so eine Aktion, gestartet von schon etwas gesetzteren, älteren Herren, ohne Zweifel auch als etwas Albernes angesehen werden kann. Aber wir wussten uns keinen anderen Ausweg, dem drohenden Untergang der Partei etwas entgegenzusetzen.

Selbstredend schlugen uns sofort auch kritische Stimmen entgegen. Ulla Jelpke, Abgeordnete unserer Partei, meinte, wir diskriminierten das Mittel des Hungerstreiks – der sei nur gerechtfertigt, wenn es um das Leben von Menschen in Gefängnissen oder in anderen Einrichtungen ginge. Ein Finanzproblem aber legitimiere auf keinen Fall dieses radikale Mittel der politischen Notwehr. Wir entgegneten, hier stehe nicht schlechthin Geld zur Disposition, sondern die Überlebensfähigkeit der Partei – von der wiederum auch die Zukunft der Abgeordneten Ulla Jelpke abhing.

Kaum hatten wir uns angekettet und die Leute von der Kommission endlich auch mitbekommen, was los war, kam Bewegung ins Haus. Damit hatte niemand gerechnet. Christian von Hammerstein, der Chefbeamte der Kommission, verlangte unseren unverzüglichen Abzug. Wir weigerten uns und erfüllten damit formal den Tatbestand des Hausfriedensbruchs. Allerdings glaubten wir, uns im Notstand zu befinden, und der wiederum rechtfertigte – auch nach dem Strafgesetzbuch – unsere Tat. Hin und her, her und hin, Wortgefechte, die lauter wurden, aber auch verblüfftes Schweigen und Ratlosigkeit, wie man nun mit uns umgehen solle.

Irgendwann kam Polizei, alle Mitglieder unserer Delegation

wurden, nachdem die Ketten durchtrennt worden waren, einzeln aus dem Haus getragen. Zuletzt saß nur noch ich im Raum. Der Chef der Einsatzgruppe sprach mich möglichst unaufgeregt an, er fragte, ob es denn unbedingt nötig sei, die Kette zu zersägen – ich möge doch bitte selber das Schloss öffnen. Er versuchte sogar, humorvoll zu sein: Es sei ihm auch zu anstrengend, mich herumzutragen. Wir schlossen folgende Vereinbarung: Ich löse selbst die Kette von der Heizung, laufe bis zur Eingangstür, dort aber müsse er mich auf den Arm nehmen und hinaustragen. So geschah es. Selbst in solchen Situationen ist also ein kleines Quantum Augenzwinkern möglich.

Nun standen wir auf der Straße. Wie weiter? Sang- und klanglos nach Hause gehen? Nein. Wir telefonierten mit unserer Fraktion im Berliner Abgeordnetenhaus. Sie lud uns in ihre Räume ein. Dort setzten wir unseren Hungerstreik fort. Die Präsidentin des Abgeordnetenhauses, Hanna-Renate Laurien von der CDU, erteilte uns daraufhin Hausverbot. Ich war mir gar nicht so sicher, ob sie Gästen einer Fraktion so ohne Weiteres den Aufenthalt in deren Räumen verbieten durfte. Sie tat es aber, und wir blieben wiederum sitzen, diesmal allerdings nicht angekettet, zumal es nur noch meine Kette gab, die verschließbar war.

Das Abgeordnetenhaus wurde alsbald von etwa dreihundert Polizisten umstellt, und Beamte kamen, um die sieben Herren und die eine Dame hinauszubefördern. Wieso man deshalb gleich dreihundert Uniformierte anrücken ließ, blieb mir unerklärlich und gab dem Aufgebot etwas Lächerliches. Es muss die Sorge gewesen sein, unsere Aktion könne abertausende Anhänger unserer Partei zum Abgeordnetenhaus locken. Aber so war unsere disziplinierte, ordnungsliebende, erst mal Beschlusslagen sondierende und schon etwas ältere Partei nicht gestrickt – es kam so gut wie keiner. Der polizeiliche Aufwand erwies sich demnach als völlig unnötig und unverhältnismäßig.

In einem der Zimmer saß ich gemeinsam mit Lothar Bisky. Ein Offizier in Zivil, begleitet von einigen uniformierten Polizisten, forderte uns auf, das Abgeordnetenhaus unverzüglich zu verlassen. Zwischen Lothar Bisky und mir spielte sich nun eine Szene ab, wie man sie aus Konstruktionen der Komödie kennt. Verblüffend war, dass zwischen uns diesbezüglich nichts abgesprochen war. Der Polizeioffizier redete auf uns ein, aber wir reagierten nicht. Wir taten so, als ob wir ihn weder sahen noch hörten. Er war für uns nicht existent, wir sahen an ihm vorbei, durch ihn hindurch. Und das alles sehr ernst, ohne jeden Anflug provokativ ausgesetzter Ironie. Mit leiser Stimme fragte ich Lothar Bisky, ob ich den diensthabenden Richter anrufen und telefonisch eine einstweilige Verfügung beantragen solle, in den Räumen unserer Fraktion verbleiben zu dürfen.

Der Polizeioffizier redete immer aufgeregter und lauter, er wehrte sich gegen unsere Frechheit, ihn nicht zur Kenntnis zu nehmen, und natürlich wirkte genau jener Effekt, der die Komödie auszeichnet: Das vergebliche Mühen, seine Präsenz zu offenbaren, machte ihn nur unkenntlicher. Lothar Bisky hörte sich meinen Vorschlag mit der einstweiligen Verfügung an und antwortete sehr langsam, dies sei vielleicht keine schlechte Idee. Plötzlich reichte es dem Offizier: Wenn wir nicht sofort aufstünden und gingen, würde er den Zugriff befehlen. Wir reagierten auch darauf nicht, außer uns schien niemand im Raum zu sein, und ich murmelte, ob ich mir nun die Telefonnummer des diensthabenden Richters besorgen solle.

Nun hielt es der Offizier, den wir gewissermaßen ins Nichts befördert hatten, nicht mehr aus. Er rief erregt: »Zugriff!« Und jetzt erlebten er und auch wir etwas Ungewöhnliches: Die uniformierten Polizisten blieben stehen, als hätte es den Befehl nicht gegeben. Der Offizier konnte es nicht fassen. Lothar Bisky und ich standen etwas später sehr, sehr beiläufig auf, als hätten wir ohnehin geplant, das Zimmer zu verlassen, und gingen hinaus. So, als habe das alles mit diesem Offizier der Polizei, seinen Befehlen, seiner Legitimation rein gar nichts zu tun.

Die Szene erinnerte mich an eine Stelle aus dem Roman »Wer einmal aus dem Blechnapf frisst« von Hans Fallada. Darin wird der Unterschied zwischen Gefängnis- und Zuchthausinsassen erklärt. Im Zuchthaus saßen jene, die sich schwerster Verbrechen schuldig gemacht hatten. Sie waren unwillig zu jeder Art von Anpassung. Ganz andere Typen als die Gefängnisinsassen, die regelmäßig bereit waren, sich bei Wärtern anzubiedern. Oft wurden Gefängnisse als Zwischenstationen benutzt, beim Häftlingstransport von einem Zuchthaus in ein anderes. Fallada schildert, wie ein Gefängniswärter zwei Zuchthäuslern die Bedeutung einer Linie auf dem Fußboden erklärt: Es sei ihnen nur erlaubt, rechts von diesem weißen Strich zu stehen. Die beiden Häftlinge standen aber links davon, reagierten jedoch mit keinem Wort und keiner Bewegung auf die soeben erfolgte Belehrung. Der Wärter brüllt, er ist fassungslos – keine Reaktion. Plötzlich aber, ins Gespräch vertieft, gehen sie ganz langsam und sehr beiläufig über die weiße Linie. So, als ob sie nichts mit dem Wärter zu tun hätten. Sie haben unabhängig von ihm eine Entscheidung getroffen. Mit dieser provokanten Verzögerungstaktik betonten sie ihre Eigenständigkeit, ihre Unabhängigkeit von dem Wärter. So machten es Lothar Bisky und ich auch.

*

Aber wie nun weiter? Wir zogen in die Räume des Parteivorstandes der PDS, und ich telefonierte mit Frank Castorf, dem Intendanten der Volksbühne. Das Theater am Rosa-Luxemburg-Platz steht direkt gegenüber »unserem« Karl-Liebknecht-Haus. Castorf erklärte ich unsere Situation und fragte ihn, ob wir unseren Hungerstreik in seinem Haus fortsetzen könnten.

Er hatte sein Theater einem Obdachlosentheater geöffnet, es war eine Stätte aufregender Ereignisse und ein Treffpunkt eines unkonventionellen Publikums geworden. Oben auf dem Gebäude stand in großen Lettern: »OST«. Wie zu erwarten, stimmte Frank Castorf zu und kam nach kurzer Zeit mit einem großen Schlüssel. Er schloss den Haupteingang der Volksbühne auf, und wir zogen um.

Das Unkomfortable, geradezu Unfeierliche dieses Theaters passte zu unserem Streik, der einzige Luxus der Situation bestand in einer Dusche. Wir meinten, es sei besser, wenn Petra Pau, als einzige Frau, unseren Lagerplatz verlassen würde. Höchst unwillig gab sie ihr Einverständnis.

So nisteten wir uns also ein, sahen uns gelegentlich Vorstellungen an, hungerten und waren jeden Abend in der »Tagesschau« zu sehen. Chefdramaturg Matthias Lilienthal meinte, das alles sei eine glänzende Reklame für die Volksbühne – kein Theater tauche so oft im Fernsehen auf.

Im Gemeinschaftsraum verfügte jeder von uns über ein Klappbett. Jeden Morgen gab es Kaffee oder Tee, tagsüber nur Wasser und Tomatensaft. Zum Mittag wurde eine Brühe gekocht, aus der mit einer Schöpfkelle sämtliche feste Bestandteile herausgefischt wurden. Jeder bekam von dieser Brühe eine Tasse voll. Abends durfte jeder zwei kleine Flaschen Bier trinken. Der Hungerstreik dauerte vom 30. November bis zum 7. Dezember 1994.

Frank Castorf beschrieb dieses Camp in seinem Theater bei einem Interview so: »Mir gefiel die Spontaneität dieses Hungerstreiks, das hatte was von Theater. Wir kamen gerade von einem Konzert, eine Freundin sagte, du, ich möchte den Gysi mal sehen, na ja, sind wir in den Grünen Salon gezogen. Gregor Gysi hatte mich nachts angerufen, ob wir dem hungerstreikenden Vorstand der Partei sozusagen Asyl geben würden, und wir haben das gemacht, weil wir gegen den Versuch waren, die PDS per Finanzamt gleichsam zu liquidieren. Man kann ein politisches Wahlverhalten nicht einfach finanztechnisch korrigieren.«

Verwundert bemerkte ich, wie schnell man sich daran gewöhnt, nichts zu essen. Der Tag verging, ohne dass ich mich mit der Frage nach einer Mahlzeit überhaupt beschäftigte. Allerdings reagiert das Unterbewusstsein auf sehr eigene Weise: Jede Nacht träumte ich vom Essen, und am jeweils nächsten Morgen konnte ich mich sogar an den Traum erinnern. Regelmäßig ging es im Traum um große Braten, die im Überfluss vorhanden waren und Ausmaße hatten, wie wir sie aus dem Märchen vom Schlaraffenland kennen.

Nach einigen Tagen kam ein Arzt. Er sprach von der Gefahr des »Hungerterrors«. Im Moment, da wir darüber sprachen, schrien sich zwei Mitglieder unseres Hungerstreikkomitees sehr laut und sehr unkontrolliert an. Ich fragte den Arzt, ob er so etwas gemeint habe. Er nickte.

Übrigens führte ich später ein Gespräch mit Helmut Kohl, in dem er mir erklärte, was Hungern sei. Seine Kinder, ich selbst und nachfolgende Generationen wüssten das – zum Glück – nicht wirklich. Man hungert nicht, wenn man vorübergehend auf Nahrung verzichtet, ob nun freiwillig oder nicht. Hunger setzt erst dann ein, wenn man nichts zu essen hat und nicht im Geringsten weiß, wann und ob man jemals wieder etwas zu essen bekommt. Er, Helmut Kohl, habe das in sehr jungen Jahren, am Ende des Zweiten Weltkrieges, erlebt.

*

Nach Beginn des Hungerstreiks fertigten Rechtsanwalt Johannes »Jonny« Eisenberg und ich einen Schriftsatz an das Verwaltungsgericht in Berlin. Wir wollten eine einstweilige Verfügung erwirken. Die uns auferlegten Schulden sollten von der Treuhandanstalt übernommen und die uns zustehende

Erstattung von Wahlkampfkosten unverzüglich an uns gezahlt werden. Forderungen, die eigentlich erst im Ergebnis eines Hauptsacheverfahrens erfüllt werden können. Ein Hauptsacheverfahren aber dauert sehr lange. In Ausnahmefällen ist es daher zulässig, dies bereits mit einer einstweiligen Verfügung zu erreichen. Wir mussten also begründen, dass ein solcher Ausnahmefall vorlag.

Erstaunlich schnell wurde ein Termin zur Verhandlung angeordnet: der 7. Dezember 1994. Mag sein, dass unser Hungerstreik die schnelle Terminierung beförderte. Jonny Eisenberg und ich vertraten die Partei als Rechtsanwälte vor dem Verwaltungsgericht. Die Verhandlung dauerte mehrere Stunden. Der Vertreter der Unabhängigen Kommission wies immer beschwichtigend darauf hin, es gebe über die Pfändung unseres Millionenbetrages beim Bundestag hinaus keine weiteren finanziellen Maßnahmen gegen uns, deshalb sei eine einstweilige Verfügung nicht notwendig. Er verwies dabei fortwährend auf Telefongespräche mit dem Finanzstaatssekretär Kurth. Ich verwies auf den Umstand, dass wir – im Gegensatz zu diesen Versicherungen – von diesem Staatssekretär jeden zweiten Tag eine neue hohe Zinsrechnung hinsichtlich der Schulden bekämen. Eine Summe, die also permanent ansteige. So viel zur Glaubwürdigkeit von angeblichen Telefonaten.

Der vorsitzende Richter war jener, der strikt entschieden hatte, uns jegliches Altvermögen zu entziehen. Aus diesem Grunde vertrat er nun logischerweise die Auffassung, dass uns keine Schulden aus diesem Altvermögen auferlegt werden könnten. Selbst die »Frankfurter Allgemeine Zeitung« schrieb in jenen Tagen, man könne die PDS durchaus verbieten, solle sie jedoch nicht auf diesem zweifelhaften Wege beseitigen. Kurzum, es gab Kräfte, die uns zwar abschaffen wollten, denen aber unheimlich zumute war, sollte dies auf derart unwürdige Art geschehen.

Neben dem vorsitzenden Richter saß eine hübsche Berufsrichterin. Sie fiel mir durch ihren schier unangreifbaren Ernst auf. Sie entfachte in mir einen kleinen Ehrgeiz: Ich wollte nicht nur den Prozess gewinnen, sondern auch sie zumindest zu einem Lächeln bringen. Gegen Schluss der Verhandlung mussten wir glaubhaft machen, dass die Partei pleite wäre, würde ihr das Geld nicht umgehend ausgezahlt. Der Vertreter der Unabhängigen Kommission erklärte sofort, wir hätten das noch nicht glaubhaft gemacht. Daraufhin drehte ich mich zu ihm um und sagte, ich sei sehr erstaunt, da er doch sonst auch immer alles glaube, was ihm am Telefon gesagt werde. Plötzlich wurde aus dem ernsten Gesicht der Richterin ein lächelndes.

Ein Erlebnis freilich nur am Rande, denn entscheidend blieb natürlich der Ausgang der Verhandlung. Zahlreiche Medien berichteten, der Saal war voll. Nach einer langen Sitzung entschied das Gericht, die einstweilige Verfügung zu erlassen. Wir sollten unverzüglich unser Geld bekommen und die Treuhandanstalt allein für die vermeintlichen Schulden haften. Wir atmeten erleichtert auf. Vor Beginn der Verhandlung hatte mich ein Mitglied des Hungerstreikkomitees nach den Konsequenzen gefragt, wenn wir verlören. Mit großen Augen sah ich den Genossen an: Selbstverständlich blieben wir im Hungerstreik. Er schien verblüfft und erkundigte sich, ob die Dauer des Streiks ernsthaft auch Weihnachten und Silvester einschlösse. Für mich schon, erwiderte ich.

Nach der Urteilsverkündung erläuterte ich den Medienvertretern die Entscheidung des Gerichts. Nach langer Zeit sprach wieder einmal der Rechtsanwalt, der Jurist aus mir. Einer der Journalisten zeigte sich etwas verwirrt und erinnerte daran, dass ich doch sonst so sinnfällig mit Beispielen operierte, die einen komplizierten Sachverhalt ins Verständliche übersetzten – nun aber drücke ich mich unerwartet unverständlich aus. Er hatte recht, ich streifte den Rechtsanwalt ab und erklärte, dass das Gericht schlicht und einfach entschieden habe, dass man einem Mann nicht erst sein Auto wegnehmen könne, um ihn dann für die Versicherung und die Steuern des Wagens haftbar zu machen. Beides müsse gefälligst der neue Eigentümer bezahlen.

Die Gegenseite verzichtete auf ein Rechtsmittel gegen das Urteil, letztlich fand zwischen der Berliner Senatsverwaltung und der Treuhandanstalt ein Vergleich statt. Die Einigung bestand darin, dass die Treuhandanstalt 8 statt der 67 Millionen D-Mark bezahlen musste.

Erschöpft, aber glücklich kehrten wir ins Karl-Liebknecht-Haus zurück, fest entschlossen, unseren Erfolg zu feiern. Ich tat es kräftig – und genau das war falsch. Statt zurückhaltend und vorsichtig eine Suppe zu essen, schaufelte ich Kartoffelsalat, Wiener Würstchen und anderes in mich hinein. Die Folgen glichen dem Leiden von Seekranken bei hoher Windstärke. Der Streik war beendet, unsere Mägen, die das Essen nicht mehr gewöhnt waren, begannen den ihren.

Mit diesem gerichtlichen Erfolg war ein weiteres Kapitel in der Geschichte unserer Partei abgeschlossen. Mir war klar: Mochten wir noch viele Widerstände überwinden, zahlreiche Konflikte bestehen und fortgesetzte Angriffe abwehren müssen – solche Versuche, uns zu tilgen, uns von der politischen Agenda zu streichen, würde es nicht mehr geben. Die Bonner Politik mochte noch so heftige Stürme entfachen oder einfach nur viel Wind machen – sie musste sich mit unserer Existenz abfinden.

Da wir mit unserer Aktion, uns anzuketten, vermeintlich Hausfriedensbruch bei der Unabhängigen Kommission begangen hatten, stellte Bundesinnenminister Manfred Kanther von der CDU einen Strafverfolgungsantrag gegen uns. Das unterschied ihn von der Präsidentin des Abgeordnetenhauses von Berlin, Frau Hanna-Renate Laurien, die auf einen solchen Antrag verzichtete, nachdem wir auch im hauptstädtischen Parlament des Hausfriedensbruches zumindest verdächtig waren. Herr Kanther war auch später nicht bereit, den Antrag zurückzunehmen, und so musste die Staatsanwaltschaft gegen uns ermitteln. Sie bot uns die Einstellung des Verfahrens gegen Zahlung einer Geldbuße an. Selbstredend lehnten wir ab, wir hatten uns bei unserer Aktion bekanntlich auf den Notstand berufen. Das Amtsgericht akzeptierte dieses Argument nicht, alle Beteiligten wurden zu Geldstrafen verurteilt. Selbstverständlich gingen wir in Berufung. Aber auch das Landgericht weigerte sich, den Notstand anzuerkennen. Immerhin senkte es in seinem Urteil die Höhe der Geldstrafen.

Was nur trieb diesen Herrn Kanther in einen solchen Hass gegen uns? Aus welcher Quelle glühte sein Furor? Immerhin war er es auch, der die falsche Stasi-Beschuldigung gegen Stefan Heym in Umlauf brachte. Ich gestehe den Verdacht, dass da vielleicht eine irrationale Lust an der Bösartigkeit gegen alles Linke am Werke war. Es wundert mich nicht, dass er später im Zusammenhang mit der Spendenaffäre der CDU wegen krimineller Handlungen vor Gericht stand und verurteilt wurde. Schon von Berufs wegen neige ich nicht zu unbotmäßigen, derben Urteilen über Menschen, und ich frage mich auch jetzt, ob ich so etwas über einen wie Kanther schreiben sollte. Ich tue es aber einfach.

39. KAPITEL

Die Partei lebte in einem merkwürdigen, viel Kraft kostenden, aber auch natürlichen Drang nach inneren Auseinandersetzungen. Ließen die Bedrängungen von außen mal nach, sorgten innere Spannungen sofort für einen Nachschub an Unruhe. Dabei bildete vor allem die Aufarbeitung der Geschichte ein immerwährendes Thema für Streit und Frontenbildung. Das war eine logische Folge jener Grundsatzentscheidung, sich nicht als marxistisch-leninistische Partei neu zu formieren, sondern Erneuerung zu verstehen und zu praktizieren als Zusammenführung vieler linker Strömungen. Meinungsvielfalt nicht als Not, sondern als Tugend. Aber auch Tugend strengt an.

Auf dem Parteitag im Januar 1995 ging es um den Stalinismus. Es gab dazu einen Aufruf von achtunddreißig Mitgliedern der Partei: »In großer Sorge«. Die Verfasser befürchteten, die Partei werde zu regierungstauglich, betreibe zu wenig Opposition und blicke zu geringschätzig auf die DDR zurück. Letztlich ging es in den Kontroversen stets um die Frage, ob wir die Bundesrepublik Deutschland als unsere Gesellschaft annehmen, zu ihrem kritischen Bestandteil werden wollen oder sie weiter als fremden, ja feindlichen Ort definieren, zu dem wir unverhohlen Distanz bewahren und ausbauen. Ich habe immer die Ansicht vertreten, dass man in einem gesellschaftlichen Organismus als Fremdkörper nicht dauerhaft überleben kann.

Damals sagte ich, es sei ein durchaus linker Auftrag, weltanschauliche Biotope zu verlassen und Bestandteil dieser Gesellschaft zu werden. Ich wandte mich gegen dieses immer auch etwas hochmütige Sonderbewusstsein – das Linke in die Zwangslage bringen kann, wie es Brecht parodierte, sich permanent ein neues Volk wählen zu müssen. Diese Bundesrepublik ist verändert worden von Menschen, die aus gutem Grund, nach Auschwitz und im kritischen Blick auf Moskau, Frieden mit diesem Land machten – und die aus diesem Frieden heraus ihren linken Zorn, ihren demokratischen Mut, ihre freiheitliche Kraft ausbildeten und pflegten.

Verändert wurde diese Gesellschaft in Institutionen und durch Charaktere, durch Betriebsräte und Ostermarschierer, durch Achtundsechziger und Pfarrer, natürlich auch durch Kommunisten und Opfer von Notstandsgesetzen. Menschen, die mit ihrem Leben offenlegten, wie nahe Demokratie auch an Gefährdungen ihrer Existenz gebaut sein kann. Gerade auch Außenseiter, Abweichende, Abtrünnige von unguten Strömen haben dieser Gesellschaft eine Mitte verschafft, die in Europa nach wie vor ihresgleichen sucht – wenn man sich vor Augen führt, was das Wort »Deutschland« noch vor wenigen Jahrzehnten für die Welt bedeutete.

Veränderer sind an diesem System verzweifelt und gewachsen, haben ihre Kraft verzehrt und gefunden, sind gescheitert und erfolgreich gewesen; aber ein Aufgehobensein in grundsätzlicher demokratischer Möglichkeit haben sie nie in Zweifel gezogen. Frieden mit dieser Gesellschaft heißt: einen Nerv entwickeln für die ungemein komplizierte Verkettung von Emanzipation und Reaktion. Demokratie baut darauf, dass sich Unanfechtbarkeiten auflösen: Den Weg der Grünen ins Kompatible muss man heftig kritisieren, aber man darf ihn auch sehen als eine Erfahrung mit dem Gesetz des Demokratischen: Man wird verführt, eigene Positionen anderen Kräften auszusetzen – und verändert sich so auch selber. Nie einzig zum Guten, aber auch nie nur zum Schlechten.

Frieden machen bedeutet nicht, keine demokratisch-sozialistische Gesellschaft anzustreben. Es schließt aber ein, was gerade uns oft so schwerfällt: Frieden zu machen mit dem Menschen, wie er ist. Es geht nicht darum, diesen ewig alten Menschen zu ändern, sondern die Welt so in Balance zu halten, dass der Mensch althergebracht sein darf. Und dies friedlich und frei, gerecht, demokratisch und solidarisch.

Mancher verstand meine Haltung nicht, weil sie dem widersprach, was meine Erfahrung mit dieser Bundesrepublik weiterhin mitbestimmte: Die Kampagnen gegen mich fanden kein Ende. Die Gauck-Behörde für die Stasi-Unterlagen fertigte ein Gutachten, das mich entlarven sollte – es mangelte nicht an zum Teil manipulierten Behauptungen, aber sehr wohl an stichhaltigen Beweisen. Dieses Gutachten wurde folgerichtig auch von keinem Gericht akzeptiert. Außer der FDP und meiner Partei forderten alle anderen Parteien im Bundestag, ich solle wegen angeblicher Stasi-Verstrickungen mein Mandat niederlegen. Was ich selbstverständlich verweigerte. Da wirkte wieder meine Unfähigkeit, einen Platz kampflos zu verlassen.

Was mir gut tat, war eine für mich unerwartete Gegenreaktion: Ein Aufruf von 135 in- und ausländischen Persönlichkeiten unterschiedlichster politischer Couleur forderte, die Rufmordkampagne gegen mich endlich einzustellen.

Interessant: Die FDP beteiligte sich nie an solchen Kampagnen gegen mich. Es hatte wohl zwei Gründe. Unsere Wählerschaften behelligen einander nicht, der Konkurrenzgedanke bestimmte also nicht die politische, taktische Praxis. Außerdem tendiert die FDP zur Fairness, zur Besonnenheit – und zur Rechtsstaatlichkeit.

*

In Mecklenburg-Vorpommern bahnte sich zwischen SPD-Ministerpräsident Harald Ringstorff und unserem Landesvorsitzenden Helmut Holter ein neuer politischer Umgang miteinander an. Es war eine Annäherung, die zu einer Koalition führen sollte. Harald Ringstorff wollte, um die Lage und die Chancen zu sondieren, unbedingt auch mit mir sprechen. Aber typisch für die Situation: Er fürchtete das Medienecho bei einem solchen Treffen. Erschwerend kam hinzu, dass die SPD im Dezember 1994 unter der Verantwortung ihres Vorsitzenden Rudolf Scharping per Parteitagsbeschluss jede Zusammenarbeit mit uns untersagt hatte. Solche Beschlüsse fasst man nur, wenn die »Gefahr« einer Zusammenarbeit besteht – gegenüber der NPD brauchte die SPD so einen Beschluss nicht. Er ist nur dort die Notwehr, wo man etwas unterbinden möchte, das man nicht aufhalten kann.

Es hatte schon ein Gespräch zwischen der damaligen Ministerpräsidentin von Schleswig-Holstein, Heide Simonis, und mir gegeben, aber erwartungsgemäß erfuhr die Öffentlichkeit davon nichts. Nun kam es zu einem Telefongespräch zwischen Harald Ringstorff und mir. Er fragte, ob ich mich nicht vor unserem möglichen Gespräch mit Oskar Lafontaine treffen könne. Er bat mich, es jedenfalls zu versuchen. Sollte es gelingen und der Ministerpräsident des Saarlandes mich empfangen, so bekäme er die Medienwelle ab, und es würde für Harald Ringsdorff sehr viel leichter werden, ein anschließendes Treffen mit mir innerparteilich und medial durchzustehen und auf eine Koalition zuzugehen.

Ich ließ mich also telefonisch mit Oskar Lafontaine verbinden, erklärte ihm das Vorhaben von Harald Ringstorff und Helmut Holter und informierte ihn über den taktischen Wunsch seines Mecklenburger Parteifreundes. Oskar Lafontaine war sofort einverstanden, wir verabredeten uns in Bonn. Allerdings kam etwas Entscheidendes dazwischen.

Auf dem Parteitag der SPD in Mannheim hielt Oskar Lafontaine eine derart entschiedene Rede gegen das gelähmte Gemüt, gegen das trübe Erscheinungsbild, gegen die Kampfunfähigkeit seiner Partei, dass er die Mehrheit der Delegierten für sich gewann. In die Geschichte der SPD gingen diese Rede und ihre Folgen als »Putsch« gegen den völlig überrumpelten, verdattert und versteinert im Präsidium sitzenden Rudolf Scharping ein. Oskar Lafontaines unerwarteter, für alle überraschender Auftritt war nötig und katapultierte ihn auf den Thron, er wurde zum Vorsitzenden der Sozialdemokratischen Partei Deutschlands gewählt.

Nach diesem Parteitag rief mich Oskar Lafontaine an und eröffnete mir, er müsse wegen eines Treffens mit dem französischen Präsidenten unser Gespräch verschieben. Allerdings nicht auf einen späteren, sondern auf einen früheren Zeitpunkt. Die Fraktion der SPD bestand auf einer Teilnahme des Ostdeutschen Wolfgang Thierse. Zum Ausgleich oder doch zum Aufpassen?

Wir redeten ziemlich ungezwungen miteinander – und die Pressemeldung war raus. Im Dezember 1995 traf ich dann den Landesvorsitzenden der SPD von Mecklenburg-Vorpommern, Harald Ringstorff, die Blockade gegen uns war um ein weiteres Stück aufgebrochen.

Nach dem Gespräch trafen wir auf Presseleute, und ich wurde gefragt, wer am häufigsten das Wort genommen hätte, Harald Ringstorff oder ich. Ich antwortete, wir beide hätten, als Mecklenburger und Berliner, ein jeweils anderes Redetempo. Also habe Harald Ringstorff deutlich länger gesprochen, ich aber in kürzerer Zeit mehr gesagt. Auch der Landesvorsitzende freute sich über diese Bemerkung.

*

Mit Gerhard Zwerenz saß ich bei einem gemeinsamen Abendessen in der Parlamentarischen Gesellschaft in Bonn. Plötzlich kam ein CDU-Abgeordneter an unseren Tisch und fragte, ob er kurz stören dürfe. Gerhard Zwerenz und ich waren im Ge-

»Bitte sehr.« Er setzte sich und fragte mich, ob ich als Kind Folgendes erlebt hätte: Ich stehe mit meiner Schulklasse auf einem Bahnsteig, und mit einem Male taucht mein Vater auf. Er will nicht etwa in einen anderen Zug steigen, er ist kein Fahrgast, nein, mein Vater ist der Mann, der vor den Augen aller Kinder – den Bahnsteig fegt. Nicht gelegentlich, sondern immer. Das und nur das: fegen. Seine Arbeit. Sein Status.

Er wiederholte seine Frage. Nein, antwortete ich, so etwas hätte ich nie erlebt. Er sagte, er habe dieses Kindheitserlebnis gehabt, stand auf und ging wieder.

Gerhard Zwerenz und ich schwiegen und sprachen nicht weiter darüber. Aber die Begegnung hat mich bewegt. Der CDU-Politiker wollte mir demonstrieren, dass er aus der Arbeiterklasse stamme, nicht ich. Dass er von unten auf seinen Weg gegangen sei, nicht ich. Dass er wisse, was Armut sei, nicht ich. Da reagierte sich ein Minderwertigkeitskomplex ab, den ich offenkundig ausgelöst hatte. Das war mir in der DDR regelmäßig widerfahren: Obwohl ich weder arrogant noch verschwenderisch auftrat, muss ich schon damals auf einige Leute herausgehoben, fremd, ja privilegiert gewirkt haben. In der DDR hatte ich gelernt, damit umzugehen, und wer mich auch nur ein wenig näher kennenlernte, widerrief nicht selten sein Vorurteil. Nun traf ich im Bundestag, wo ich überhaupt nicht damit gerechnet hatte, auf den gleichen Reflex.

Nie wäre ich darauf gekommen, dass Abgeordnete aus den alten Bundesländern sich mir gegenüber so unterlegen fühlen könnten. Westdeutsche waren es doch, gegen deren aufgetragene Souveränität, gegen deren Überlegenheitskultur Ostdeutsche sich oft genug wehren, behaupten mussten. So stand Schutzverhalten gegen Schutzverhalten, Rollenspiel gegen Rollenspiel? Klischees beim Bewerten menschlicher Verhaltensweisen führen in die Irre. Hätte ich doch nur vermutet, dass es besagte Komplexe mir gegenüber auch im Bundestag gibt, so wäre ich dort anders aufgetreten. Ich hätte es wissen können, war aber geblendet und bekam es erst durch diese unerwartete Begegnung mit.

Allerdings frage ich mich auch: Wäre ich wirklich zu Zurückhaltung, zu Vorsicht, zu Differenzierung, zu größerem Verständnis in der Lage gewesen? In jener gespannten, mitunter geradezu feindlichen politischen Atmosphäre, die mich unablässig zu Stärke und Panzerung zwang. Wer weiß.

*

Im Jahr 1991 hatte ich noch ein besonderes Erlebnis. Robert Maxwell, ein großer britischer Verleger, der nach dem Ende der DDR zu Teilen auch den Berliner Verlag mit der »Berliner Zeitung« gekauft hatte, lud mich nach London zu einem Gespräch ein. Also flog ich in die britische Hauptstadt und wurde auf dem Flughafen zu einem Helikopter gebracht. Es war der erste Hubschrauberflug meines Lebens. Wir flogen über London, längere Zeit über die Themse und landeten auf einem Hochhaus, dessen Dachfläche ein gigantisches »M« zierte. Es war das Haus von Robert Maxwell, und er teilte mir mit großem Stolz mit, dass nur die Königin, der Premierminister und er das Recht besäßen, mit dem Hubschrauber über London zu fliegen.

Die Wohnungseinrichtung erzählte in gewisser Weise das Leben ihres Bewohners. Maxwell wuchs als Kind in Tschechien auf, in großer Armut. Aus solcher Lage heraus irgendwann sehr wohlhabend zu werden, kann bei Menschen zu einer Art Überreaktion führen, sie überladen sich mit Komfort und überflüssigen Dekors – so, als müssten sie sich selber fortwährend und nicht endend ins Staunen versetzen, was doch so unerwartet aus ihnen geworden sei. Sie wollen nachholen, was sie glauben versäumt zu haben.

Dies genau strahlte Maxwells Wohnung aus. Allein sein Sofa

glich einer derart prall bestückten Kissenburg, dass man nur mit Mühe darauf sitzen konnte. In einer Ecke stand – in beträchtlicher Größe – ein Nachbau der Athener Akropolis. Das Modell stand wohl für Maxwells Bedauern, das Original nicht erwerben zu können, also musste wenigstens eine Kopie her.

Bei solchen Wahrnehmungen entwickle ich Mitgefühl, aber auch Respekt. Als die Schauspielerin Inge Keller in meiner Matinee am Deutschen Theater zu Gast war, erzählte sie, wie sie auf dieser Bühne die Titelrolle in Dürrenmatts »Besuch der alten Dame« gespielt hatte. Diese Milliardärin, die sich wahrscheinlich die ganze Welt kaufen könnte, kehrt in ihren heruntergekommenen Heimatort zurück. In vielen Inszenierungen hatte man diese Frau, einst als Dorfhure verleumdet, mondän gesehen, aufgebrezelt, geradezu glitzernd im Diamantschmuck. Inge Keller dagegen kam herein, geschmacklos angezogen, derb und manierenlos. Sie zeigte: Wer sehr viel Geld hat, muss der Welt nichts vormachen und kann es sich leisten, kein bisschen Kultur zu haben; nur wer es nötig hat, muss den anderen etwas vorspielen. Fand ich interessant. Und so kam mir ein wenig auch Maxwell vor.

Respekt vor so einem unsinnigen Überfluss? Verständnis für eine Millionärspsyche? Ich kenne das. Es ist schon seltsam und kann faszinierend sein, wie Reichtum arme Menschen verändert – oder auch nicht. Geld verdirbt den Charakter? Manchmal zeigt es ihn einfach nur. Und manchmal führt es zum Großmut: Reich Geborene sind mitunter großzügiger als reich Gewordene – Letztere fürchten immer den Rückfall in jene Lage, der sie entronnen sind. Wie immer bleiben die Reaktionen des Menschen auf Dinge, die sein Leben verändern, ein großes Reservoir für Geheimnis und Überraschung. Man sollte sich seiner selbst niemals zu sicher sein.

An dem Essen, das Maxwell gab, nahm auch der bereits erwähnte Alexander Jakowlew teil, lange Zeit ein Politbüromitglied des ZK der KPdSU. Ein äußerst kluger Analytiker. Er erlebte nahezu alle Stationen der sowjetischen Geschichte, war Redenschreiber von Chruschtschow und Breshnew, galt als einer der Architekten von Perestroika und Glasnost. Unter Gorbatschow leitete er die Kommission zur Rehabilitierung der Opfer politischer Repressionen. Seine Erinnerungen »Die Abgründe meines Jahrhunderts« beschloss er 2002 mit den Worten: »Ungeachtet des unfasslichen Lebens, in dem wir stehen, bin ich stolz darauf, am bleiernen, gefurchten und doch lichterfüllten Kampf für die Freiheit des Menschen in meinem Land teilgenommen zu haben.«

Im Gespräch kamen wir auf den Zerfall der Sowjetunion. Jakowlew betonte, wie schwer den Russen die Einsicht fiele, nicht mehr als Weltmacht zu gelten. Er hoffe, dass es zwischen dem Westen und Moskau keine schwerwiegenden Konflikte um die früheren Sowjetrepubliken geben werde. Der Kampf um Einflusssphären könne zur großen Gefahr werden. Gebannt würde sie nur durch eine wirkliche Partnerschaft mit Russland.

Jakowlew formulierte ein Gebot, ganz in der zuversichtlichen Tonlage einer erfüllbaren, realistischen Hoffnung. Fast zwei Jahrzehnte her. Im Laufe der Zeit schrammte diese Hoffnung immer wieder an der Gefahr vorbei, nur noch eine Illusion zu sein. Viele wirtschaftliche und sicherheitspolitische Angebote Russlands wurden vom Westen ignoriert. Inzwischen gibt es Konflikte und Kriege wegen der Einfluss-Sphären – in der Ukraine etwa und in Syrien.

40. KAPITEL

Die mal heftigen, dann wieder abgeschwächten Blockaden gegenüber der PDS schienen ein Vorgang zu sein, der alle anderen sogenannten bürgerlichen Parteien politisch einte. Die Regierungen von Brandenburg und Berlin unter der Führung von Manfred Stolpe (SPD) und Eberhard Diepgen (CDU) strebten eine Fusion der beiden Bundesländer an. Das Grundgesetz schreibt dafür einen Volksentscheid in den betreffenden Ländern vor. Dieser Entscheid wurde organisiert und zwischen Berlin und Brandenburg der Entwurf eines Vertrages ausgehandelt.

Die PDS-Fraktionen im Abgeordnetenhaus von Berlin und im Potsdamer Landtag verständigten sich auf achtzehn Änderungsvorschläge. Eberhard Diepgen lehnte es kategorisch ab, mit der PDS auch nur über einen einzigen zu sprechen. Daraufhin sah auch Manfred Stolpe, der doch schon des Öfteren mit Lothar Bisky, mir und anderen aus unserer Partei Gespräche geführt hatte, keinen Sinn mehr darin, sich mit der PDS zu verständigen.

Natürlich traf das unsere Würde, und wir waren nicht gewillt, uns als legitime, demokratisch gewählte Partei demütigen zu lassen. Außerdem blieben die von uns benannten Mängel im Vertrag bestehen. Wir erklärten, in Berlin und in Brandenburg für ein »Nein« zur Fusion zu werben. Mit der Begründung, dass man schlechten Verträgen nicht zustimmen solle.

Die Fusion scheiterte tatsächlich – nicht ausschließlich wegen unserer Verweigerung, aber zu einem Teil durchaus.

Hauptsächlich kam sie wohl deshalb nicht zustande, weil für die Brandenburger nicht klar wurde, welche gesetzliche, also auch finanzielle Verantwortung das Land für Berlin mit übernehmen müsse und was Angelegenheit des Bundes sei. Das große sowjetische Ehrenmal in Berlin-Treptow zum Beispiel erfordert weit höhere Erhaltungskosten als andere Denkmale. Aber dieses Monument für die Opfer des Zweiten Weltkrieges hat nichts mit der Kommune Berlin zu tun, sondern ausschließlich damit, dass Berlin die Hauptstadt Deutschlands ist. Der Bund jedoch zahlt dafür nichts. Ein Beispiel für die Furcht der Brandenburger, mit der Fusion in einigen Belangen »über den Tisch gezogen« zu werden.

In Berlin stimmte eine knappe Mehrheit für diesen Zusammenschluss beider Länder, in Brandenburg eine deutliche dagegen. Eberhard Diepgen wird wohl bereut haben, keine Verständigung mit uns versucht zu haben.

*

Es war jene Zeit, da Helmut Kohl Schritt für Schritt seine Politik zu verändern suchte. Aus seiner Sicht strebte er eine konservative Modernisierung an. Der Staatssozialismus existierte nicht mehr, es gab keinen sozialen Wettbewerb mehr mit Osteuropa – die führende Wirtschaft drängte daher auf bessere Bedingungen für Effizienz und Marktentfaltung. Im Klartext hieß das: weitere Beschneidung des Sozialstaates, schärfere Arbeitsbedingungen. Jahre später redete Kanzlerin Merkel von der »marktkonformen Demokratie«. Kohl legte Grundlagen dafür.

Noch bemühte sich die politische Rhetorik um eine gewisse Verschleierung. Aber die Wahrheit sickerte selbst durch die Sonntagsreden. So sprach Helmut Kohl vom »Freizeitpark Deutschland« – Verweis darauf, dass die Menschen »in diesem unserem Land« im Vergleich mit anderen Regionen der Welt zu viel Urlaub hätten. Auch etablierte sich das Schlagwort von der »Senkung der Lohnnebenkosten der Unternehmen«. So veränderte sich Schritt für Schritt der bestimmende Zeitgeist, die politische Maßstabsetzung. Aus der so oft propagierten Gesellschaft, in der ethische Werte zählen, wurde die Ordnung, die sich hauptsächlich ökonomisch rechnet. Für die, die ohnehin das meiste besitzen.

Union und FDP praktizierten es aber noch nicht, außer bei der Rentenreform. Das jeweilige Rentenniveau war bis dahin eine feststehende Größe. Die Beitragshöhe richtete sich danach, wie dieses gesicherte Niveau zu erreichen war. Fortan aber sollte die Höhe des Beitrags festgelegt werden und das Rentenniveau sich nach der Summe der Einzahlungen richten. Das bedeutete ganz klar eine Senkung des Rentenniveaus.

Die SPD verfügte im Bundesrat über eine Mehrheit und blockierte bestimmte Maßnahmen. Deshalb wurde sie später in die Regierungsverantwortung gewählt, betrieb dann jedoch das Geschäft ihrer Vorgänger in deutlich stärkerem Ausmaß. Vorher fand in Berlin eine Demonstration des Deutschen Gewerkschaftsbundes (DGB) statt. 350 000 Menschen kamen zu dieser Protestkundgebung gegen Sozialabbau, auch ich durfte dort reden. Der DGB war damals noch weit kämpferischer und regierungsoppositioneller, als er sich heute in der Öffentlichkeit präsentiert. Die Gewerkschaften werden offenbar immer dann mutiger und entschlossener, wenn Konservative allein regieren. Sobald Sozialdemokraten an die Macht gelangen oder auch nur an ihr beteiligt werden, wirkt sich das hemmend auf die Klarheit und Entschiedenheit gewerkschaftlicher Positionen aus.

*

Ein Dauerthema in der PDS: Regierungsbeteiligung oder nicht? Sollte der Kampf um Akzeptanz und Wirkung in unmittelbare politische Mitbestimmung einmünden oder »nur«

weiter eine konsequente Opposition befestigen? Hätte linker Geist in einer Landesregierung einen wirklich verändernden Einfluss, oder würde er aufgerieben und neutralisiert? Die Frage, wie weit man sich auf die Gestaltung der Gesellschaft einlässt oder sich bewusst und unverführbar querstellt – in einer linken Partei sind das Debatten und Auseinandersetzungen im Nervenzentrum. Es geht um das Verhältnis von Prinzipientreue und Flexibilität. Und selbstredend kam in unserer Partei noch hinzu: Wir waren ja nicht bloß aus eigener Überzeugung Opposition, wir sollten dauerhaft mit unfairen Mitteln in diese Rolle hineingezwungen werden, und naturgemäß entwickelt sich beim kraftkostenden Kampf um Anerkennung auch das Bedürfnis, aus der Position des Außenseiters herauszutreten und beweisen zu können, dass man legitimiert und kompetent »dazugehört«.

Schritt für Schritt wurden wir für gesellschaftliche Organisationen anerkannte Gesprächspartner. Nachdem ich schon mit dem DGB-Vorsitzenden und mit Vorsitzenden von Einzelgewerkschaften gesprochen hatte, kam es auch zu Gesprächen mit Kirchenführern und Unternehmern. Das Spektrum der Kontakte erweiterte sich. Ich sah dies als Bekräftigung meiner politischen Grundansicht: links zu sein bedeutet nicht, die Bundesrepublik beseitigen zu wollen, sondern sich für die strikte und verlässliche Verteidigung ihres Grundgesetzes einzusetzen.

Stets bleibt das auch verbunden mit Diskussionen über die Mittel, mit denen dieser Kampf geführt wird. Bei bestimmten linken Strömungen ist antikapitalistische Kritik ohne jede Einschränkung an Radikalität gebunden, sodass es in der offiziellen politischen Deutung nie ein weiter Weg zur Gleichsetzung von Links- und Rechtsextremismus war.

Erschüttert war auch ich selbstverständlich, als ein Neonazi auf einen Buchhändler im Haus meines Berliner Wahlkreisbüros schoss. Der Täter wurde zur Verantwortung gezogen.

Solche Ereignisse verdeutlichen auf schreckliche Weise die Dünnhäutigkeit des Lebens und die gewachsene Unberechenbarkeit beim Zusammenprall unterschiedlicher politischer und weltanschaulicher Sichten. Die Gewalt ist in zunehmendem Maße zurückgekehrt in den öffentlichen Raum. Ob Rechts- oder Linksextremismus – beide sind gleichermaßen zu verurteilen. Aber die Gleichsetzung lehne ich ab.

Der Rechtsextremismus wendet sich sehr häufig gegen Schwache, gegen Minderheiten. Er ist Ausdruck von Rassismus, Chauvinismus, Fremdenfeindlichkeit. Er recycelt nazistisches Gedankengut. Er richtet sich meist gegen Unbewaffnete, und in aller Regel versuchen Rechtsextremisten, ihre Täterschaft zu verheimlichen. Besonders deutlich wurden diese Strukturen bei den Morden des »Nationalsozialistischen Untergrunds (NSU)«. Der Linksextremismus dagegen richtet seine Anschläge zumeist gegen Symbole oder Vertreter der Macht. Er nimmt bewaffnete Gegenwehr in Kauf, und nach aller Erfahrung bekennt er sich zu seinen Anschlägen.

Solche Unterschiede anzuführen, zieht häufig den Vorwurf nach sich, man rechtfertige und bagatellisiere linke Gewalt. Das ist falsch. Mit ihren Morden hat etwa die »Rote Armee Fraktion« (RAF) den Betroffenen erheblich geschadet. Auch Reiche und Mächtige haben Partner, Kinder, Freunde, die leiden. Aber diese »Armee« schadete auch der linken Bewegung nachhaltig. Das Bittere an linker Gewalt ist oft die Verknüpfung eines kämpferischen Idealismus, einer berechtigten Gesellschaftskritik mit den gefährlichen Verführungskräften einer militärischen, doktrinären Selbstüberhebung – die letztlich dem Antikommunismus in die Hände spielt.

*

Im Herbst 1997 traf ich in Bonn den Vorsitzenden der brasilianischen Arbeiterpartei, Lula da Silva. Wir sprachen über die

Hoffnung, in Lateinamerika könne sich eine neue linke Bewegung entwickeln. Ganz im Gegensatz zu Europa, wo der Zusammenbruch des staatssozialistischen Systems eine tiefe und offenkundig dauerhafte linke Krise ausgelöst hatte. Lula da Silva berichtete über die Entwicklung seiner Partei und über den stärker werdenden Wunsch der lateinamerikanischen Staaten nach Unabhängigkeit von den USA. Aber hinsichtlich eines linken Aufschwungs äußerte er Zweifel und dämpfte meine Erwartungen. Später wurde er Präsident Brasiliens, und als er in dieser Funktion 2009 Deutschland besuchte, empfing er Lothar Bisky, Oskar Lafontaine und mich zu einem Gespräch. Ich fragte ihn, ob er sich denn häufig genug mit den anderen linken Staatschefs Lateinamerikas treffe, um gemeinsame politische Wege abzustecken. Lula da Silva erwiderte, er treffe seine Kollegen nicht zu selten, sondern zu häufig. Inzwischen nimmt auch Brasilien eine traurige politische und ökonomische Entwicklung. Lateinamerika ist nicht links, aber doch unabhängiger geworden.

*

Die Stadt Berlin beschäftigte Ende der neunziger Jahre ein sehr spezieller Streit: Es gab heftige Debatten um den zu DDR-Zeiten errichteten Palast der Republik. Meine Generation hatte nicht besonders viel mit diesem Palast zu tun, unser Herz hing nicht daran, wir hatten unsere Kulturstätten schon gefunden, als er gebaut wurde. Die Jüngeren aber nahmen ihn gern in Besitz, er bot einen modernen, internationalen Standards entsprechenden Saal für Show und Revue, es gab Bowlingbahnen, ein eigenes Theater und Diskotheken. Den einen war er ein missliebiges Prestigeobjekt der DDR, anderen aber ein Volkshaus.

Da deutsche Geschichtsschreibung mit sturer Vorliebe zur Entsorgungskultur neigt, standen bald alle Zeichen auf Abriss. Aus Westberlin drängte der Wunsch heran, an die Stelle des

Palastes wieder das alte, nach dem Krieg von der DDR entsorgte Berliner Schloss zu setzen. Zudem wurde festgestellt, dass beim Bau des Palastes krebserzeugender Asbest verwendet wurde. Ein Grund mehr für die Gegner, dieses prägnante Gebäude im Herzen Ostberlins aus dem Stadtbild zu tilgen. Die gleiche Entscheidungskonsequenz blieb bezeichnenderweise aus, als der Asbestverdacht auch bei Gebäuden Westberlins auftauchte, etwa im Internationalen Congress Centrum, dem ICC.

Wir planten – es war im Jahr 1997 – eine Protestdemonstration gegen den Abriss des Palastes. André Brie hatte, wie so oft, eine tollkühne Idee. Er organisierte einen Kran, der mich auf das Dach des Palastes beförderte. Durch diese Geste sollte ich den Protest zum Ausdruck bringen. Allerdings hatte er nicht damit gerechnet, dass der Kranfahrer dann doch Manschetten bekam, nicht vereinnahmt werden und in arbeitsrechtliche Schwierigkeiten geraten wollte und also vor Ende meiner Aktion wieder wegfuhr.

So stand ich mutterseelenallein auf dem Dach des völlig leeren, unbewirtschafteten Gebäudes, und keiner wusste, wie ich wieder herunterkommen sollte. Nicht mal ein Buch zum Zeitvertreib hatte ich in der Tasche. Die Zeit verging kaum, ich langweilte mich, mir blieb nur, hin und her und her und hin zu laufen. Irgendwann erschienen Polizei und Feuerwehr und holten mich mit ihrem Kran herunter. Wahrscheinlich dachten sie sich, dass solche Rettungsaktionen meist nur bei Hauskatzen nötig sind, die sich in Dachrinnen verirrt haben.

Das Gefährliche der Situation bestand darin, dass ich beim Schritt auf die rettende Kranplattform etwa einen Meter in der freien Luft überwinden musste. Sehr wohl war mir dabei nicht. Mit meinem unfreiwillig verlängerten Ausflug auf das Dach des Palastes hatte ich für das »Bild«-Titelfoto des nächsten Tages gesorgt. Wichtiger aber war, dass die Polizei die Aktion als

Lebensrettungsmaßnahme einordnete. Danke dafür, denn sonst hätte ich sie teuer bezahlen müssen.

*

Im Berliner Wahlkampf 2001 stellte ich fest, mit welch übereinstimmend großer Leidenschaft Verteidiger des Palastes und Befürworter des Schlosses gegeneinander stritten. Ich dachte über einen Kompromiss zwischen beiden Lagern nach. Noch war es nicht zu spät, obwohl der Palast bereits abgerissen wurde. Möglich wäre doch eine internationale Ausschreibung für ein wahrhaft neuartiges Gebäude, das sowohl an das alte Berliner Schloss als auch an den Palast der Republik erinnerte. Eine architektonische Herausforderung, keiner hätte gesiegt, keiner verloren, die Widersprüchlichkeit der Geschichte wäre angenommen worden.

Aber, wie schon gesagt: So frei von Vorurteilen kann Ost-West-Geschichte in Deutschland nicht betrachtet und verarbeitet werden. Immer wieder scheint – überspitzt gesagt – nur ein Prinzip zu gelten: Sieg bis zum letzten Ziegelstein, Tilgung bis zum letzten Zubehör, Säuberung bis zum letzten Zeugnis aus staatssozialistischen Zeiten. Und so wird nach Kräften abgerissen, abgewickelt, aberkannt. Später übrigens gaben mir CDU-Abgeordnete recht: Mein Vorschlag wäre das Beste, wahrlich Abenteuerlichste und also Lohnendste für Berlins Mitte gewesen. Da waren die Baugruben fürs Schloss aber schon ausgehoben. Es war zu spät.

*

Ende des Jahres 1997 entschloss ich mich, in der Justizvollzugsanstalt Saarbrücken den früheren Spion der DDR Rainer Rupp aufzusuchen. Warum? Diejenigen, die in der Bundesrepublik Deutschland für die DDR spioniert hatten, besaßen überhaupt keine Ansprechpartner mehr. Der Staat, dem sie gedient hatten, war untergegangen. Verurteilt wurden sie in dem Staat, gegen den sie gehandelt hatten. Russland fühlte sich nicht mehr im Geringsten für sie zuständig. Wer nahm sich jenseits juristischer Fallbehandlung ihres Schicksals an?

Diese Frage traf den Anwalt in mir, und so fuhr ich nach Saarbrücken. Bei Rainer Rupp kam noch hinzu: Er war Spion bei der NATO, das Gericht musste ihm im Urteil zugutehalten, die Sorgen der Sowjetunion vor einem Atomangriff der NATO real abgebaut zu haben. Denn er überzeugte seine Auftraggeber davon, dass die NATO keinen solchen Plan verfolge. Ihm glaubten sie, den offiziellen Beteuerungen der NATO nicht. Er arbeitete also nachgewiesenermaßen friedensfördernd.

Die zu Recht viel diskutierte und auch kritisierte Friedenspreisrede 1996 in der Frankfurter Paulskirche hatte Martin Walser mit einem unvermittelten – von vielen Medien geflissentlich unterschlagenen – Gesuch geschlossen: »Jetzt sage ich nur noch: Ach, verehrter Herr Bundespräsident, lassen Sie doch Herrn Rainer Rupp gehen. Um des lieben Friedens willen.«

*

Noch eine weitere geheimdienstlich geprägte Biographie ging in mir später nach. Ich las die Erinnerungen von Marcus Klingberg, dem letzten sowjetischen Spion in Israel. Er war ein berühmter Epidemiologe. Ein polnischer Jude, der vor den Nazis in die Sowjetunion floh, dort Medizin studieren und ein relativ gutes Leben führen konnte – was ihn tief dankbar gegenüber der Sowjetunion machte. Eine Dankbarkeit, die sich später in der Bereitschaft niederschlagen sollte, für Moskaus Geheimdienst zu arbeiten.

Er kehrte nach dem Krieg zunächst nach Polen zurück, wanderte nach Skandinavien aus und ging schließlich nach Israel. Er wurde nach Jahrzehnten unter falschem Namen verurteilt und eingesperrt. Niemand sollte wissen, dass ein berühmter Wissenschaftler zwanzig Jahre in Israel einsaß. Zu meinem Erstaunen erfuhr ich: Er, ein Gefängnisinsasse beim israelischen Geheimdienst, traf eines Tages in Israel beim israelischen Geheimdienst mit Rechtsanwalt Wolfgang Vogel und dessen Frau zusammen – obwohl es keine Beziehungen zwischen beiden Ländern gab.

Wolfgang Vogel hatte einen größeren Austausch vorbereitet, der Marcus Klingberg die Freiheit bringen sollte. Die Genehmigung des israelischen Ministerpräsidenten lag vor, da im Gegenzug die palästinensische Hamas einen gefangenen Israeli freigelassen hätte. Aber den israelischen Geheimdienst verärgerte die Genehmigung des Ministerpräsidenten, er fühlte sich in seiner Souveränität verletzt, in seiner Machtfülle eingeschränkt, also versuchte er, den Austausch zu verhindern. Mit Erfolg – indem der Geheimdienst kurz vor dem verabredeten Übergabetermin einen führenden Vertreter der Hamas festnahm. Erwartungsgemäß schäumte die Hamas, fühlte sich hintergangen und sagte als Gegenreaktion den bevorstehenden Austausch ab. Geheimdienste kennen einander, können sich bereden und fallen auch aufeinander herein. Der gefangene Israeli, der freigelassen werden sollte, wurde später hingerichtet.

Mit Marcus Klingberg hatte ich in Paris, nach dessen Freilassung, ein bewegendes Gespräch über diese Fragen. Ich gestand ihm meine Unfähigkeit, je ein solches Leben wie das seine führen zu können. Auch streifte meine Biographie in keinem Moment Situationen, in denen ich eine wirklich existenzielle Entscheidung auf Leben und Tod zu treffen hatte. Aber die Begegnung mit extremen Erfahrungswelten fordert ja stets die Selbstbefragung heraus: Wozu wäre man unter bestimmten Umständen selbst bereit?

Marcus Klingberg zeigte Mut. Sein Mut imponierte mir wie

der Mut so vieler antifaschistischer und antiimperialistischer Widerstandskämpfer, der Mut so vieler Menschen auch gegen Stalin und andere Diktatoren – er war ihnen ja nicht, wie man so sagt, in die Wiege gelegt worden. Sie alle wollten ein unbeschwertes, glückliches, gelingendes Leben führen – und wurden hineingezwungen in die Gnadenlosigkeit einer Zeit, die oft nur zwei Möglichkeiten genehmigte: Ja oder Nein, Dafür oder Dagegen, Wir oder Die, Freund oder Feind? Ich denke auch an meine Eltern. Die dritte Möglichkeit: zerrieben werden, unbehelligt davonkommen. Aber es gibt Zeiten, in denen ein unbehelligtes Davonkommen die schmerzhafteste Art ist, sein Leben zu verlieren. Immer gibt es Menschen, die das nicht können. Und dann geschieht Geschichte nach einem Muster, das sich wiederholt: Einige wenige sind anständig, und auf die berufen sich später, um ihre Anpassung zu rechtfertigen, alle anderen.

Marcus Klingberg rechtfertigte sein Handeln nicht nur mit Dankbarkeit gegenüber der Sowjetunion, sondern auch mit einer prinzipiellen Fragestellung: Warum sollen Forschungsergebnisse bei der Bekämpfung von Epidemien nicht anderen Ländern schnellstmöglich zugänglich gemacht werden? Militärische Geheimnisse kannte er kaum und gab sie auch nicht weiter – seine Forschungsergebnisse schon.

Marcus Klingberg erzählte mir, dass er in Israel einen sowjetischen Orden erhalten habe, der ihm aber gleich wieder abgenommen wurde. Es wäre ihm ein Herzenswunsch gewesen, ihn zurückzuerhalten. Das blieb ihm verwehrt. Über neunzig Jahre alt ist er geworden. Er führte ein Leben, das mit unserer heutigen Zeit nichts mehr zu tun hat.

Es erinnert mich daran, wie Volker Braun beim Gespräch mit mir, in der Matinee am Deutschen Theater, vom »Inhalt des zupackenden zwanzigsten Jahrhunderts« gesprochen hat, und er fragte: »Hat es nicht die Ideen verbraucht wie die Leiber oder, schlimmer gesagt, die Ideen realisiert, indem es die Leiber verbrauchte? Wo es, in diesem Jahrhundert, um den Menschen ging, war an die Gesellschaft kaum gerührt, und wo man die Gesellschaft verändern wollte, wurde nach dem Menschen nicht lange gefragt.«

41. KAPITEL

Das Jahr 1998 war von der Bundestagswahl geprägt. Sie fand am selben Tag wie die Landtagswahl in Mecklenburg-Vorpommern statt. Natürlich überlagerte sie dieses regionale Ereignis – wodurch ein wenig in den Hintergrund geriet, dass die SPD in Mecklenburg-Vorpommern die Bildung einer Koalition mit der PDS nicht mehr ausschloss. In Berlin, also im Bund, wuchs die Chance eines Regierungswechsels. Nach sechzehn Jahren Helmut Kohl war die Stimmung in der Gesellschaft gekippt. Die konservative Macht verwaltete nur noch ihre eigene Müdigkeit. Der fortschreitende Sozialabbau lenkte viele Hoffnungen auf die Sozialdemokratie.

Vorsitzender der SPD war Oskar Lafontaine, aber der Ministerpräsident von Niedersachsen, Gerhard Schröder, kündigte ebenfalls Ambitionen auf die Kanzlerkandidatur an. Oskar Lafontaine entschied, die Landtagswahlen in Niedersachsen im Frühjahr 1998 abzuwarten und vom Ergebnis für die SPD die Kandidatur Gerhard Schröders abhängig zu machen. Ich denke, dass er dies später bereut hat, denn er gab damit die eigene Chance aus der Hand. Die SPD erzielte bei dieser Landtagswahl ein gutes Ergebnis, auch wegen der Fragestellung zur Kanzlerkandidatur Gerhard Schröders. Der Weg für ihn war frei.

Wenn Politiker kandidieren, sind sie ganz und gar nicht jene, die später Macht ausüben. Die Energie, etwas anzustreben, setzt andere Kräfte frei als der Zustand, etwas errungen zu haben. Ein Kandidat wirkt offener als ein siegreicher Politiker, den die Mechanismen eines großen Apparates schützen und bremsen. So gesehen, ist Kandidatur immer auch mit der Gefahr eines Trugbildes verbunden; nicht selten nämlich wird aus dem versprochenen Wort dann das gebrochene. Machtfülle verändert das Wesen wohl jedes Menschen.

Damals verstand ich mich ziemlich gut mit beiden führenden Sozialdemokraten. Ich erinnere mich an eine Veranstaltung vor Kindern in Sachsen. Der sächsische Landesvorsitzende der SPD war zugegen und höchst erstaunt, wie selbstverständlich und ungezwungen Oskar Lafontaine und Gerhard Schröder mit mir sprachen – während er selber größte Schwierigkeiten hatte, überhaupt ein Wort mit mir zu wechseln.

Am Schluss dieser Veranstaltung standen Oskar Lafontaine, Gerhard Schröder und ich auf der Tribüne. Der Veranstaltungsort war ein Stadion, über fünftausend Kinder hörten zu. Der Moderator fragte zunächst Oskar Lafontaine nach dessen einstigem Lieblingsspielzeug. Er antwortete, er habe gern Fußball gespielt und Tore geschossen, daher war sein Lieblingsspielzeug – ein Fußball. Die gleiche Frage ging an Gerhard Schröder. Er habe auch gern Fußball gespielt, seine Mutter konnte sich aber keinen Ball leisten, also wurde eine Blechbüchse zum Lieblingsspielzeug. In diesem Moment, mit dieser scheinbar banalen Kindheitserinnerung, war mir das Spannungsverhältnis zwischen beiden klar.

Nun war es an mir zu antworten. Was sollte ich sagen? Die Wahrheit. Ich erklärte, ein Lieblingsspielzeug gehabt zu haben, von dem ich nicht wüsste, wie man es heute bezeichnet. Damals war es auf jeden Fall meine »Negerpuppe«. Die Kinder tobten vor Freude. Gerhard Schröder sah mich von der Seite an, wohl mit stillem Vorwurf im Blick, seine Blechbüchse getoppt zu haben.

Gerhard Schröder kommt tatsächlich aus ärmsten Verhältnissen. Abitur und Studium schaffte er auf dem sogenannten zweiten Bildungsweg. Er wurde Rechtsanwalt, Landespolitiker und dann Bundeskanzler. Das ist eine beachtliche Leistung. Eine ansteigende Laufbahn, beginnend ganz unten. Ost- und westdeutsche Biographien sind kaum mit gleicher Elle zu messen, aber ich habe es da doch weit leichter gehabt als er. Der Vergleich drängt sich mir nur deshalb auf, weil die unterschiedliche Herkunft eine jeweils andere politpsychologische Logik hervorbrachte.

Schröder meint, dass sozial Schwache sehr viel schaffen können, wenn sie wollen, wenn sie genügend Leistungskraft entwickeln – er selber kann sich als gelungenes Beispiel fühlen. Ich dagegen zweifle daran, unter anderen als meinen Bedingungen das erreicht zu haben, was ich jetzt mein Leben nenne. Ich bezweifle ebenfalls, dass ich so eine Kraft wie Schröder hätte entwickeln können. Er weiß um diese Kraft, verlangt sie auch von anderen, deshalb tritt er Armen gegenüber weit fordernder und härter auf, als ich es je könnte – und wollte. Deshalb kämpfe ich leidenschaftlich für die Abschaffung sozialer Diskriminierungen und Barrieren. Ja, er hat recht: Jeder ist seines Glückes Schmied, aber der Zugang zur Schmiede darf kein Privileg für Leute sein, die aufgrund ihrer Besitz- und Geldverhältnisse ohnehin schon viele Eisen im Feuer haben.

Als ich später für kurze Zeit Bürgermeister und Senator für Wirtschaft, Arbeit und Frauen in Berlin war, sprach ich mit dem Chef der Allianz-Versicherung. Er hatte als Lehrling in der Firma begonnen und Stufe für Stufe die Leiter erklommen. Solche geradlinigen Entwicklungen sind heute aus vielen Gründen kaum noch denkbar. Lineare Arbeitsbiographien entsprechen nicht mehr dem Profil der Zeit. Aber einer der Gründe besteht im großen Mangel an Chancengleichheit beim Zugang zu Bildung, Kunst und Kultur. Soziale Ausgangspunkte besitzen vielfach eine manifeste Wirkung. Sie sind der frühe Impuls für Freiheit oder bilden beizeiten die Fessel für ein unbelastetes Fortkommen. Es wird höchste Zeit, diese Fessel zu sprengen.

*

Helmut Kohl wurde wieder der Spitzenkandidat der CDU/CSU für die Bundestagswahl. Irgendwann später wird ihm klar geworden sein, dass dies ein Fehler war. Der landläufige Fehler, wenn die Kurve zum Alter genommen wird: kein Gefühl für den richtigen Zeitpunkt zum Abgang zu haben. Aller Anfang ist schwer? Das sagen Leute, die das Ende nicht kennen. Das Ende lockt mit dem Gift der Selbstüberschätzung, und schon hast du den richtigen Zeitpunkt verpasst.

Helmut Kohl wurde gewarnt: Mit ihm sei eine Wahl nicht mehr zu gewinnen. Er blieb uneinsichtig. Er wurde 1998 als Kanzler abgewählt, sozusagen aus dem Amt gedrängt – was er nicht nötig gehabt hätte.

Es gab die erste Regierung von SPD und Grünen – unter Gerhard Schröder, mit Oskar Lafontaine und Joschka Fischer.

*

Bei den Bundestagswahlen 1998 überschritten wir die Fünfprozenthürde und waren nicht mehr eine Abgeordnetengruppe, sondern endlich eine Fraktion – die mehr Rechte hat, zum Beispiel eine namentliche Abstimmung aller Abgeordneten verlangen kann. Auf dem Weg zu diesem Statuswechsel: so viel Leben, so viel Beschwernis, Gegenwind. Aber auch Genugtuung: Es lohnt sich, beharrlich zu bleiben.

Im Schatten dieser Bundestagswahl geschah etwas, das nicht minder unser Selbstbewusstsein hob, unsere politische Kraft bestätigte und im Land dazu beitrug, eine Partei links der Sozialdemokratie Schritt für Schritt als parlamentarische Selbstverständlichkeit zu betrachten: In Mecklenburg-Vorpommern entschieden sich SPD und PDS, gemeinsam zu regieren. Zum ersten Mal stellte meine Partei den stellvertretenden Ministerpräsidenten eines Bundeslandes und mehrere Minister.

Natürlich regte sich bei den Konservativen Unmut, aber die künstlich geschürte Nervosität verfehlte schon deshalb ihre Wirkung, weil die CDU und ihre Hilfe aus Bayern gegen linke Erfolge inzwischen zu routiniert den unvermeidlichen und baldigen Untergang der Demokratie beschworen. Auch die Reaktion von ARD und ZDF auf die norddeutsche Wahlentscheidung glich eher einer Randnotiz, wahrscheinlich, weil die politisch Verantwortlichen in den Sendern Mecklenburg-Vorpommern doch noch nicht so ganz zu Deutschland zählten.

Der Schrecken wäre groß gewesen, hätte man den politischen Stimmungswechsel aus einem westlichen Bundesland vermelden müssen. Osten, das war für sie noch immer ferner Osten. Angelika Gramkow wurde 2008 erste linke Oberbürgermeisterin einer Landeshauptstadt, in Schwerin. Der »Tagesschau« oder der »heute«-Sendung war das keine Erwähnung wert. Als aber 2012 Fritz Kuhn als erster Grüner zum Oberbürgermeister der baden-württembergischen Landeshauptstadt Stuttgart gewählt wurde, war das in beiden Nachrichtensendungen eine Spitzenmeldung.

*

Kaum war die Bundestagswahl vorbei, bahnte sich der Jugoslawienkrieg an. Die Bundesregierung befürchtete, Jugoslawiens Staatschef Slobodan Milošević könne in den Irrtum verfallen, Deutschland sei wegen des bevorstehenden Regierungswechsels nicht handlungsfähig. Um dieser Vermutung entgegenzuwirken, wurde nach der Wahl – ein seltenes Ereignis – noch eine letzte Sitzung des alten Bundestages anberaumt. Das künftige Parlament hatte sich noch nicht konstituiert. Auf der Kabinettsbank saß also Helmut Kohl noch als Bundeskanzler und auf der Bundesratsbank Gerhard Schröder noch als Ministerpräsident von Niedersachsen. Er kündigte aber als künftiger Regierungschef bereits an, in Jugoslawien militärisch vorzugehen, falls Belgrad bestimmte Bedingungen nicht erfülle. Mir war klar, dass der Krieg auch ohne Beschluss des UN-Sicherheitsrates, also völkerrechtswidrig losbrechen wird.

Bald brannte es an Europas Grenzen. Was sich auf unserem Kontinent nach 1989 als hoffnungsvolle historische Wende vollzogen hatte und großenteils mit friedlicher Aktion und Gewaltlosigkeit verbunden war, geriet nun, in Jugoslawien, zur jähen Wendung nach bitterem alten Muster: Bomben und Tod.

Gesprächseinladungen nach Belgrad führten zu einer Begegnung von mir und Präsident Slobodan Milošević. Schon zwei Jahre zuvor war ich in der jugoslawischen Hauptstadt und Zeuge, wie intensiv die US-Regierung mit Milošević verhandelte. Damals führte ich Gespräche mit der Opposition, die sich über diese einseitige Diplomatie beschwerte. Inzwischen war die Situation wieder umgekehrt, die Opposition wurde bevorzugt, Milošević geächtet. Der Westen, wie so häufig, schwankte und lavierte, er schien geradezu darauf geeicht, fortwährend falsche Entscheidungen zu treffen und unter der Flagge des Friedens Eskalation zu betreiben.

Bevor ich mit dem Präsidenten zusammentraf, sprach ich mit dem Patriarchen der serbisch-orthodoxen Kirche und dem höchsten Vertreter des islamischen Glaubens in Belgrad. Ich kündigte ihnen an, Milošević vorzuschlagen, sich wegen der Situation im Kosovo an den Sicherheitsrat der Vereinten Nationen zu wenden; er könne dem Sicherheitsrat erklären, die Situation in diesem Krisen- und Kriegsgebiet nicht mehr zu beherrschen und deshalb für Kosovo um eine Ordnungsmacht der UNO zu bitten. Eine Bitte ohne Vorgabe von Soldatenzahl, Bewaffnung und der Befugnisse. Nur eines müsse gewährleistet sein: keine Soldaten aus jenen Ländern, die gerade Krieg gegen sein Land führten.

Wie hätten sich Regierungen der westlichen Staaten zu diesem Vorschlag verhalten sollen? Milošević hätte sie in eine schwierige Situation gebracht. Der geistliche Führer der Muslime wünschte mir Erfolg. Er verwies darauf, dass Albaner, überhaupt Menschen islamischen Glaubens, in Belgrad nicht verfolgt, aber in niedrig bezahlten Jobs arbeiten würden. Der Patriarch wünschte mir noch weit aufgewühlter Erfolg beim Gespräch mit Slobodan Milošević. Nun, da er meine Idee kenne, mache er sein weiteres Verhältnis zum Staatschef davon abhängig, wie dieser auf mich reagiere. Wir waren uns beide einig, dass Jugoslawien keine Chance habe, militärisch gegen die NATO zu bestehen, also müsse unbedingt ein politischer Weg gefunden werden.

Slobodan Milošević hörte sich meinen Vorschlag an, auch meine kritische Einschätzung der Menschenrechtslage im Kosovo. Das Gespräch dauerte lange, aber er wirkte unzugänglich. Er war leider davon überzeugt, dass die NATO scheitere, wenn sie gegen seinen Willen im Kosovo einmarschierte.

Erst nach vielen Wochen Krieg und zahlreichen verheerenden »Kollateralschäden«, wie der damalige SPD-Verteidigungsminister Rudolf Scharping die zivilen Opfer nannte, konnten die Waffen zum Schweigen gebracht und eine Vereinbarung zwischen den kriegführenden Staaten und Milošević unterzeichnet werden. Der Patriarch der serbisch-orthodoxen Kirche war so enttäuscht vom Starrsinn des Präsidenten, dass er dessen Rücktritt forderte. Eine politische Entschiedenheit, die für orthodoxe Kirchen ungewöhnlich ist. Dieser schwerwiegende Konflikt war so tragisch, so verhängnisvoll ausgegangen, wie der Patriarch und ich es im Gespräch befürchtet hatten.

Nachdem ich aus Belgrad zurückgekehrt war, wurde ich in den »Tagesthemen« der ARD zu meinem Gespräch bei Slobodan Milošević befragt und wiederholte meine Ansicht zur

Kriegslage, aber auch zu den Menschenrechtsverletzungen durch Milošević. Ich sah nicht voraus, was mich am nächsten Tag im Bundestag erwartete. Bundeskanzler Gerhard Schröder sagte, ich repräsentiere nicht mehr die fünfte Kolonne Moskaus, sondern nunmehr Belgrads. Daraufhin schossen sich die Medien fast einheitlich auf mich ein. Obwohl nicht wirklich zu bestreiten war, dass dieser Krieg auf dem Balkan völkerrechtswidrig geschah. Es hatte keinen Angriff von Jugoslawien gegen andere Staaten gegeben. Es existierte kein Beschluss des Sicherheitsrates der Organisation der Vereinten Nationen. Ein solcher Entscheid wäre am Veto Russlands gescheitert. Jelzin erklärte sogar, wenn das Völkerrecht bei Jugoslawien verletzt werde, gelte es auch nicht mehr für Russland. Auch der spätere russische Präsident Dmitri Medwedew wies auf die Konsequenzen hin, die Russland ziehen werde, wenn einige EU-Staaten den Kosovo als unabhängigen Staat anerkannten. Eine dieser Konsequenzen war die spätere völkerrechtswidrige Vereinnahmung der Krim durch Russland.

Der Westen hatte so eindeutig über den Staatssozialismus gesiegt, dass er sich zu der gefährlichen Arroganz verstieg, das Völkerrecht, diesen wichtigen, friedensfördernden Ost-West-Ausgleich seit 1945, nicht mehr zu benötigen. Es gab den Osten nicht mehr. Man ignorierte das Völkerrecht – indem man es ungerührt selber verletzte. Immerhin war zu merken, wie wirkungslos rechtliche Regeln sind, wenn Starke kein Gegengewicht spüren. Um den Völkerrechtsbruch zu rechtfertigen, griff man mehr und mehr zu moralischen Anschuldigungen.

In einer TV-Talkrunde »Christiansen« saß ich mit Rudolf Scharping. Er behauptete, in Schulen in Kosovo würden von den Serben Menschen erschossen, und wie im Rausch sprenge man Häuser in die Luft. Ich wusste es nicht, konnte so etwas weder bestätigen noch widerlegen. Aber du sitzt da und bist betroffen. Viele solcher Behauptungen erwiesen sich später als falsch. Im Krieg stirbt bekanntlich die Wahrheit zuerst.

Außenminister Joschka Fischer ging sogar so weit zu appellieren, in Kosovo müsse ein neues Auschwitz verhindert werden. Eine absurde, zutiefst demagogische und geschmacklose Analogie. Es ist weder von rechts noch von links hinnehmbar, wenn Zustände in der heutigen Welt kurzschlüssig und falsch mit dem Holocaust verglichen werden. Der war und bleibt als Verbrechen einmalig.

Wegen meines Besuches bei Slobodan Milošević bekam ich viele Briefe. Arge Beschimpfungen, aber auch Verständnis. Auch bei Kundgebungen spürte ich, wie gespalten die Gesellschaft, wie unterschiedlich und aufgewühlt die Reaktion auf den Krieg in Jugoslawien war. Es hing gewiss mit jenen erwähnten moralischen Anschuldigungen seiner Befürworter zusammen.

Der österreichische Dichter Peter Handke nannte Jugoslawien den »Ort, von dem wir alles wissen – aber nichts erfahren. Der Ort, von dem wir täglich alles erfahren – und nichts wissen.« Ein Markt für Moral. Der Westen, die NATO, seine Propagandisten. Handke: »Man brauchte auf dem Balkan einen Schuldigen und hat für sich selbst die Rolle des Guten bestimmt; hier, jetzt aber ist die Zeit aller Schuldigen – nur dass die einen Schuldigen zu Gericht sitzen über die anderen.« Es geschah, so der Dichter, »dass auf dem Balkan Anfang der neunziger Jahre eine Höllenmaschine in Gang kam, welche von innen her nicht zu stoppen war, von keiner Macht, von keiner Person – wohl aber, bevor sie in Gang kam, zu steuern gewesen wäre von außen her – und von dort wohl auch gesteuert wurde, aber eben genau in dem Höllensinn. Und dann, als die Maschine in Gang war, wurde vom Westen alles weiter und stärker außengesteuert und kam auf vollen Höllenkurs.«

Man muss das nicht alles teilen, aber die Art, wie der Schriftsteller dafür verfemt wurde, hat mich sehr erschreckt. Als Handke zur Beerdigung von Milošević fuhr, erlebte der Rufmord gegen den Dichter einen Höhepunkt. Handke sagte, er stehe nicht am Grabe des Herrschers, sondern am Grabe Jugoslawiens. Erneut musste man nicht mit ihm einverstanden sein – bedenkenswert aber, was der Schriftsteller Martin Mosebach in der »Zeit« schrieb: »Schade, dass der amerikanische Botschafter, der Milošević zum Bosnienkrieg ermutigte, nicht zur Beerdigung kam. Ein Mann, der dem toten Milošević die Treue hält, sollte uns jedenfalls lieber sein als die vielen Politiker des Westens, die dem lebenden Milošević seine Verbrechen möglich gemacht haben.«

Der Staatssozialismus hatte sich in Ost- und Mitteleuropa selbst erledigt, in Jugoslawien nicht. Die Wirtschaft lief, es existierte mehr Belegschafts- als Staatseigentum. Die Währung war frei konvertierbar, es gab ein vollständiges Reiserecht, in den Medien mehr zu lesen und zu sehen. Das System kollabierte nicht, aber es durfte in Europa keinen sozialistischen Staat mehr geben. Also wurden von außen ethnische Konflikte geschürt, die zur Zerstörung der Gesellschaft führten. Entsetzt war ich darüber, wie schnell Menschen in der Lage sind, einander totzuschlagen – nachdem man eben noch ganz friedlich zusammenlebte.

Bei einem Besuch in Indien sprach ich mit dem Außenminister Jaswant Singh. Ich kritisierte, dass nun auch Indien Atomwaffen besäße. Der Minister fragte mich, ob Jugoslawien Atomwaffen besitze. Ich verneinte. Seine Erwiderung hatte Logik: »Glauben Sie, dass die NATO Jugoslawien angegriffen hätte, wenn das Land über Atomwaffen verfügte?« – »Wohl nicht.« Deshalb, so der Politiker, besäße Indien Atomwaffen – um also unangreifbar zu werden.

Die Staaten, die Atomwaffen besitzen, müssen diese verheerende Vernichtungskraft schrittweise, aber möglichst zügig abbauen und vernichten – erst das eigene Beispiel berechtigt zur Forderung, den Bau von Atomwaffen weltweit zu unterbinden. Genau dieses Ziel verfolgt der Atomwaffensperrvertrag – leider bislang vergeblich.

*

So begann Gerhard Schröder seine Kanzlerschaft mit einem Krieg, verfehlter kann ein Start kaum sein. Andererseits, innenpolitisch, hob die neue Regierung die konservative Rentenreform von Helmut Kohl auf. Allerdings wurde auf Wunsch der mitbestimmenden Grünen auch der Spitzensteuersatz der Einkommenssteuer gesenkt. Für mich ein Signal, dass sich diese Partei mehr und mehr in Richtung einer besser verdienenden Klientel bewegte.

Der SPD-Vorsitzende Oskar Lafontaine wurde zugleich Bundesfinanzminister. Er trat noch vor Beginn des Krieges gegen Jugoslawien als Parteichef und Minister zurück. Die Konkurrenzprobleme und politischen Differenzen zwischen Gerhard Schröder und ihm hatten auf eine Weise zugenommen, dass nichts mehr zu schlichten war. So gab es das berühmte Schröder-Blair-Papier, das der Sozialdemokratie eine neoliberale Politik verordnete. Dagegen setzten Oskar Lafontaine und der französische Wirtschafts- und Finanzminister Dominique Strauss-Kahn ihre Gegenthese: den Kapitalismus regulieren, nicht deregulieren!

Oskar Lafontaine entschied sich zum Rücktritt, weil er anderenfalls hätte kämpfen müssen – und zwar um den Posten Gerhard Schröders. Im Kern also ein Verzicht aus Loyalität: Er wollte nicht gegen den Kanzler kämpfen. Allerdings habe ich ihm später gesagt, dass er zwar den Rücktritt als Bundesfinanzminister nicht begründen musste, aber sehr wohl den als SPD-Vorsitzender: Er hätte einen Brief an die Mitglieder schreiben sollen. Inzwischen, mit Abstand, sah er das selbst so.

Nach diesem Ausscheiden von Oskar Lafontaine aus der Regierung oblag die bundesdeutsche Politik nun im Wesentlichen Gerhard Schröder und Joschka Fischer. Mit ihrer Ägide ist nicht nur der Jugoslawienkrieg, sondern auch ein gigantischer Sozialabbau verbunden. Nach einer gewissen Zeit, nachdem die besagte konservative Rentenreform rückgängig gemacht wurde, brachte es Gerhard Schröder fertig, sich bei der CDU/CSU und der FDP für diese Entscheidung zu entschuldigen.

Außerdem führte er eine Rentenreform ein, die den sozialen Härtegrad vorheriger Beschlüsse überstieg und also noch gravierender war und auf lange Zeit zu Altersarmut führt. Es wurde gesetzlich beschlossen, in welchen Schritten das gesetzliche Rentenniveau zu senken ist. Lag dieses Niveau früher bei 53 Prozent des jeweiligen durchschnittlichen Nettoeinkommens der Arbeitnehmerschaft, so wird es – wenn keine Korrektur erfolgt – im Jahr 2030 nur noch 42 Prozent betragen. Sozialdemokraten und Grüne hatten nie den Mut, einen anderen Weg zu beschreiten. Einen Weg, der sichert, den in Jahren der Erwerbsarbeit gewonnenen Lebensstandard im Alter aufrechtzuerhalten. Von solcher Hoffnung kann durch dieses Gesetz keine Rede sein.

*

Zudem beschlossen SPD und Grüne auch noch jene folgenreiche Agenda 2010, die zu tiefen sozialen Rissen in der Gesellschaft führte. Es sollte mit dieser Agenda »gefordert und gefördert« werden. Die Forderungen kamen, die Förderungen blieben aus. Deutschland wurde zum größten Niedriglohnsektor Europas. Auch der Umfang an Leiharbeit, an Missbrauch von Werkverträgen, an erzwungener Teilzeit, an befristeten Arbeitsverträgen ohne Sachgrund hat extrem zugenommen. All das klebt als Makel an SPD und Grünen. Letztere sind darüber eine andere Partei geworden, und die SPD verlor eine große Zahl von Stimmen. Sie kann nicht gewinnen, wenn sie ihren Charakter verliert und versucht, die bessere konservative Partei zu sein.

Gegen Blairs und Schröders neoliberalen Weg in der Finanz-, Wirtschafts- und Sozialpolitik verfasste auch die PDS ein Papier, das allerdings nicht die gewünschte Bedeutung erlangte. Aber die Deregulierung der Finanzwelt, vor der wir warnten, führte später zu jener schweren Finanzkrise, die bis heute nicht überwunden ist.

*

Rentenniveau, Steuersätze und, und, und … – das eintönige politökonomische Vokabular bestimmt viele Sitzungen des Parlaments. Weiß man immer, was da zur Debatte steht und in Entscheidungen mündet, die das Leben von Millionen Menschen beeinflussen, verändern? Wie viel Sachverstand muss vorausgesetzt werden, wenn es um komplizierte rechnerische Zusammenhänge geht. Meine politische Arbeit habe ich stets auch als Übersetzungstätigkeit begriffen – und das nicht nur nach draußen.

In guter Erinnerung ist mir ein Thema im Bundestag, das zunächst wenig prickelnd schien. Diskutiert wurde, was in der offiziellen politischen Sprache Veräußerungserlösgewinnsteuer hieß. Sehr einprägsam und allgemeinverständlich kann man das kaum nennen. Unter der Regierung Kohl mussten die Kapitalgesellschaften diese Steuer voll bezahlen, Unternehmen von Inhabern dagegen nur zur Hälfte. SPD und Grüne änderten die Sachlage: Nun wurden Kapitalgesellschaften von der Steuer befreit, während Inhaber-Unternehmen voll zu zahlen hatten. In dieser Debatte sprach auch ich. Wie gesagt: Veräußerungserlösgewinnsteuer! Das Wortungetüm war gewiss vielen im Saal an den Ohren vorübergerauscht.

Also ging ich nach vorn und bat darum, das Ganze noch einmal so langsam zu erörtern, dass auch ich es verstünde. Diese Ironie ist wichtig, um diejenigen, die ich treffen möchte, erst einmal »mitzunehmen«: Ich rede ja (scheinbar) nur von mir. Und dann bot ich folgende Übersetzung an: Unter Kohl musste also die Deutsche Bank, wenn sie etwas verkaufte und also einen Kaufpreis bekam, eine volle Steuer und der Bäckermeister, wenn er das Gleiche tat, eine halbe Steuer zahlen. Nunmehr werde eine sozial-ökologische Reform eingeleitet, die darin besteht, dass die Deutsche Bank nichts mehr zu entrichten braucht und der Bäckermeister das Doppelte bezahlen muss. Dann zog ich natürlich über SPD und Grüne her, wie es sich gehörte.

Als ich geendet hatte, rannten etwa zwanzig SPD-Abgeordnete im Plenum nach vorn zum Fraktionsvorsitzenden Peter Struck und fragten, ob denn stimme, was ich gerade gesagt hätte und was sie in einer halben Stunde beschließen sollten. Struck wedelte mit den Armen und rief wiederholt, es sei alles entschieden. Nach der Abstimmung – die besiegelte, was ich ausgemalt hatte – traf ich auf dem Flur Altbundeskanzler Helmut Kohl. Er bezeugte seine Zustimmung zu meinem Redebeitrag und sagte, er sei schon immer der Mann des Bäckermeisters und nicht der Deutschen Bank gewesen. Kulturell stimmt das.

42. KAPITEL

Leben ist Veränderung, und manche Veränderung geschieht, weil sie festgeschrieben ist: Im Frühjahr 2000, auf dem Parteitag in Münster, kandidierte Lothar Bisky nicht mehr für das Amt des Vorsitzenden, denn das Statut der Partei begrenzte die Zeit in dieser Funktion auf acht Jahre. Die waren nun vorbei, und Lothar Bisky lehnte jedes Ansinnen ab, dieses Gebot wegen seiner Person zu ändern. Zudem erklärte ich, im Herbst nicht erneut als Fraktionsvorsitzender zu kandidieren. Wir hatten uns leicht und kurz gestritten, ob es günstig sei, wenn wir beide nahezu zeitgleich unsere Funktionen niederlegten. Wir konnten uns nicht einigen, jeder blieb bei seiner Entscheidung.

In Münster stritt der Parteitag auch über unser Verhältnis zur UNO, zum Völkerrecht. Es ging um die Frage, ob in der PDS – bei aller Ablehnung kriegerischer Einsätze – im Einzelnen doch geprüft werden müsse, wenn Militärmaßnahmen durch den UNO-Sicherheitsrat beschlossen werden. Zum Beispiel im Falle Ruandas, wo mehr als hunderttausend Menschen umgebracht worden waren, aber ein solcher Beschluss der UNO ausblieb – weil kein Staat ein politisches oder ökonomisches Interesse an einem solchen Einsatz hatte. Die Mehrheit des Parteitages lehnte Einzelprüfungen ab, selbst dann, wenn ein Einsatz der Bundeswehr nicht vorgesehen war. Hier schlug das Misstrauen durch, das es in unserer Partei gibt: Man fürchtet bei Ausnahmen von der Regel den Missbrauch und mag deshalb Verbote. Man misstraut auch der eigenen Parteiführung, den eigenen Abgeordneten. Für eine Prüfung plädierte auf dem Parteitag Michael Schumann, dagegen sprach, unter Tränen, Sylvia-Yvonne Kaufmann. Sie gewann die Abstimmung. Später wechselte sie zur SPD – wo sie Vorstellungen, für die sie bei uns hoch emotionalisiert eintrat, gewiss schon im Keim begraben musste.

Bei der Neuwahl des Fraktionsvorstandes im Herbst 2000 wurde Roland Claus Vorsitzender. Auf seltsame Weise fühlte ich mich frei, aber auch etwas leer. Es erzeugt merkwürdige Empfindungen, wenn man plötzlich einen so fordernden, aufgeladenen Energiekreis verlässt, der ständig Spannung erzeugt und Anspannung kostet.

*

In jenem Herbst nahm ich – nunmehr als Mitglied des Auswärtigen Ausschusses – an einer Reise von Bundeskanzler Gerhard Schröder durch den Nahen Osten teil. Wir besuchten den Libanon, Syrien, Ägypten, Jordanien, Israel und Palästina. Jede Fraktion des Bundestages hatte einen Abgeordneten entsandt. Gerhard Schröder führte seine eigenen Gespräche und wir unsere. Die einzige touristische Einlage war in Ägypten geplant, dort standen erwartungsgemäß die Pyramiden auf dem Besuchsprogramm. Die Touristeneinlage fiel aus, da Ägypten von einem Terroranschlag erschüttert wurde.

In Erinnerung ist mir ein Treffen mit alten und hohen Senatoren in Damaskus. Präsident Baschar al-Assad war noch nicht lange im Amt und ziemlich jung. Kerstin Müller von den Grünen fragte unsere syrischen Gesprächspartner, was sie gegen Entscheidungen des Präsidenten tun könnten. Der Älteste schaute uns leicht erstaunt an: Es gebe keinerlei Probleme, der junge Präsident wolle stets alles so, wie sie es sich wünschten. Man konnte damals also wahrlich von klaren Verhältnissen sprechen.

Beim syrischen Präsidenten fand ein Essen statt. Den Palast

empfand ich als monströs. Die Decke ist derart hoch, dass man beim Laufen immer kleiner und bedeutungsloser wird. Die Tische, an denen wir Platz nahmen, standen weit voneinander entfernt, es herrschte eine kalte Atmosphäre. Die Bedienungszeit war auch unterschiedlich, sodass Gerhard Schröder sein Dessert bereits gegessen hatte, als ich noch auf meinen Nachtisch wartete. Als ich mein Dessert serviert bekam, stand er auf und ging. Wenn ich nicht mitgegangen wäre, hätte ich gar nicht gewusst, wo ich hin soll. Ich musste also auf mein Dessert verzichten. Hart, aber natürlich auszuhalten.

In allen Ländern, die wir besuchten, beteiligten sich unsere Delegationsmitglieder äußerst rege an Gesprächen. Lediglich in Israel breitete sich plötzlich Zurückhaltung aus, man ließ mir den Vortritt. Was man mit Höflichkeit mir gegenüber missverstehen könnte, war wohl eher Verunsicherung, Scheu. Die Auseinandersetzung mit dem Likud-Block und anderen Politikern Israels sollte ich doch lieber allein führen. In Palästina traf ich Jassir Arafat wieder, den ich ja noch aus Tunesien kannte. Wenn ich an unsere Gespräche denke und mir die heutigen Verhältnisse zwischen Israel und Palästina vor Augen führe, so tut der Gedanke an den Zwei-Völker-Konflikt weh. Die Wunden der Region waren und sind noch immer ein bitteres, quälendes Signal. Es existiert noch immer kein absehbarer Ansatz zur Lösung dieses entsetzlichen Nahostkonflikts. Es gibt sogar – durch Israels Regierung und die Hamas – weniger Hoffnung denn je auf eine Frieden stiftende Politik.

*

Zu den Erlebnissen jenes Jahres 2000 gehörte auch eine Reise nach Nord- und Südkorea. In Nordkorea war es bitterkalt, es gab nicht genügend zu essen, es herrschten im Kern erbärmliche Zustände. Meine Suite im Hotel bestand aus drei Zimmern. In zwei Zimmern herrschten null Grad, der dritte

Raum brachte es auf immerhin fünfzehn Grad – weil darin ein elektrisch betriebener Ölradiator stand. Auch das Wasser im Bad hatte eine Temperatur nur knapp über null Grad – so macht Duschen Freude. Nordkorea – kein Ort für Weichlinge.

In diesem Land galt politisch: Alle Befehlsgewalt lag beim Militär, die Partei war faktisch entmachtet. Die Gespräche im ZK der Partei sowie mit dem stellvertretenden Außenminister und dem Präsidenten des Parlaments, dem formellen Staatsoberhaupt, kreisten vor allem um den Wunsch der Partei nach offiziellen Beziehungen zur PDS. Man erhoffte sich Beistand. Leider musste ich Ernüchterung betreiben: Ich sagte, ich verstünde zwar dieses Schutzbedürfnis, könne dieser Bitte um Solidarität aber beim besten Willen nicht entsprechen, unsere Partei teile in keinem Punkt die Politik und den Kurs Nordkoreas.

Der stellvertretende Außenminister sprach bei immerhin drei Grad Zimmertemperatur die Herstellung diplomatischer Beziehungen zu Deutschland an. Er bekräftigte, die deutschen Diplomaten benötigten unbedingt eine Genehmigung, wenn sie die Hauptstadt Pjöngjang verlassen wollten. Ich erklärte ihm, die Bundesregierung würde sich niemals darauf einlassen. Er betonte, es gehe doch nur um Information und Registratur, nicht um Kontrolle und Gängelei. Ich schlug ihm folgenden taktischen Weg vor: Bei Verhandlungen in Berlin könne er zunächst einfordern, es müsse die besagte Genehmigung geben. Das würde die deutsche Regierung ablehnen. Daraufhin möge er einlenkend vorschlagen, auf die Genehmigungspflicht zu verzichten, aber die Diplomaten wenigstens zu verpflichten, das Verlassen der Hauptstadt 48 Stunden vorher anzukündigen. Auf diesen Kompromiss ließe sich die Bundesregierung bestimmt ein. So ist es dann auch geschehen. War ich nun auch die fünfte Kolonne Pjöngjangs?

Nur beim Parlamentspräsidenten und später im Mausoleum für Kim Il Sung spürte ich nichts von der bitteren Kälte des Winters. Die Räume waren gut beheizt. Der Parlamentspräsident hatte registriert, dass ich in der DDR gelebt hatte, er stellte mit dem Ausdruck beträchtlichen Stolzes fest, dass der Sozialismus im Osten Deutschlands schon gescheitert sei, während er auf koreanischem Boden gesichert existiere. Welche Ursachen sah der nordkoreanische Politiker für das Versagen der DDR? Ich fragte ihn, und er gab zwei Gründe an. Die SED hätte die politisch-ideologische Arbeit schwer vernachlässigt, und der Armee der DDR habe gegenüber der Armee der Bundesrepublik jene Überlegenheit gefehlt, wie sie die Armee Nordkoreas gegenüber Südkorea demonstriere.

Ich nickte und sagte nach einer kleinen Pause: Mit dem Argument mangelnd wirksamer politisch-ideologischer Arbeit habe er in gewisser Weise recht. Er möge jedoch bedenken, dass die DDR keine Chance hatte, den Einfluss von Westfernsehen und -rundfunk zu unterbinden. Während die Menschen in Nordkorea keine Möglichkeit besäßen, sich jenseits staatlicher Medien zu informieren, auch nicht im koreanischsprachigen Sender der Volksrepublik China. Dem militärischen Einwand jedoch könne ich auf keinen Fall zustimmen.

Ich erzählte dem Parlamentspräsidenten von einem Gespräch mit einem ehemaligen NVA-Offizier. Er habe erklärt, die Armee der DDR wäre in der Lage gewesen, an einem einzigen Wochenende durch die gesamte Bundesrepublik Deutschland zu marschieren, ohne dass die Bundeswehr es auch nur im Ansatz bemerkt hätte. Allerdings hätte er nicht gewusst, wie er seine Soldaten am ersten Warenhaus auf der Strecke vorbeiführen sollte. Der Dolmetscher fragte mich, ob er den letzten Satz wirklich übersetzen solle. Ich bestand darauf. Anschließend schwieg nicht nur ich, sondern auch der Parlamentspräsident. Die Stille nahm ich als mehrere Minuten wahr, obwohl das Schweigen doch nur wenige Augenblicke umfasste. Irgendwie jedoch musste im Kopf meines Gesprächspartners der Gedanke des Vergleichs entstanden sein. Ich meine, seine Soldaten wären schon am ersten Kiosk auf südkoreanischem Boden nicht vorbeigekommen. Nach dieser Pause flüsterte er seinem Mitarbeiter zu, mich betreffend: »Der ist zwar klein, aber oho.« Danach, aber erst danach, konnten wir beide uns ohne Verkrampfung unterhalten.

Übrigens fanden damals gerade drei Revolutionen in Nordkorea statt. Zunächst eine Saatgutrevolution, wohl zur Verbesserung der landwirtschaftlichen Ergebnisse. Ferner eine Kartoffelrevolution, da der Große Vorsitzende festgestellt hatte, dass sich Kartoffeln leichter anbauen lassen als Reis. Jetzt musste die Bevölkerung »nur« noch davon überzeugt werden, dass Kartoffeln besser schmecken als Reis. Und dann war da noch, statt einer Weltrevolution – die Welsrevolution. Der Große Vorsitzende hatte in einer westlichen Fachzeitschrift gelesen, diese Fische lebten überwiegend vom Dreck. Nun hoffte er, so die Ernährungsfrage seines Volkes auf überraschend einfache, kostensparende Weise lösen zu können. Tatsächlich sollen Dorf für Dorf Teiche angelegt und darin Welse ausgesetzt worden sein.

Den heutigen politischen, sozialen Zustand in Nordkorea kann ich nicht beurteilen. Alles dort hat etwas so Fernes, ideologisch Abgedichtetes. Man sieht die Menschen in Traurigkeit, wie Wesen, die niemals wirklich bei sich selbst sein dürfen. Tapfer geradezu in ihrer Duldsamkeit. Die Bevölkerung wird unwissend gehalten, die Diktatur hütet, pflegt und praktiziert ihr Herrschaftswissen, und mit Argusaugen wird deshalb auf das Internet geachtet. Es ist eine Gefahr, denn es kann Herrschaftswissen brechen. Darin besteht seine wahre demokratische Funktion. Die in Nordkorea – noch! – mit Macht und uneingeschränkt unterbunden wird.

Ich bin fest davon überzeugt, dass Strukturen, wie sie in diesem Staat herrschen, keine Überlebenschance haben. Aber mag die Zeit auch Lösungen bringen, das Bittere besteht darin, dass die jetzt betroffenen Menschen so eingeengt ihr einziges, unwiederbringliches Leben führen müssen.

Im Anschluss an Nordkorea besuchte ich den Süden des geteilten Landes und hatte das Empfinden, in einer anderen Welt angekommen zu sein. Bei den Gesprächen – bis hin zum Ministerpräsidenten – ging es vorrangig darum, was bei einer möglichen Vereinigung beider Staaten zu beachten sei. Keine Erfahrung ist einfach übertragbar, aber ich glaubte doch, aus deutscher Sicht vor allem eine Lehre weitergeben zu können: die Eliten des anderen Landes nicht auszuschließen. Ohne vereinten Geist holen sich vereinte Staaten Sand ins eigene Getriebe. Vielleicht könnte es bei einer Vereinigung beider Koreas leichter sein als in Deutschland, da Südkorea selbst eine Militärdiktatur zu durchstehen hatte und also ein Empfinden für die Folgen und Aspekte einer mehr als komplizierten, einer diktatorischen Geschichte besitzt.

An einem Morgen ging ich mit einem Vertreter der deutschen Botschaft zu einem Frühstück. Es stellte sich heraus, dass dort Vertreter des südkoreanischen Geheimdienstes versammelt waren und der deutsche Diplomat, der mich begleitete, den BND vertrat. Wieder kreiste das Gespräch um Vereinigungsthemen – und plötzlich wurde ich gefragt, ob es nicht einen ständigen Austausch zwischen den südkoreanischen Geheimdienstlern und mir geben könne. Mir verschlug es den Atem, und mir entfuhr die entgeisterte Frage an diese Herren, ob sie denn noch zu retten seien, ich hätte nicht die geringste Absicht, Agent für Südkorea zu werden. Der Vertreter der deutschen Botschaft, auch wenn er den BND vertrat, verstand und unterstützte mich.

Auf jeden Fall spürte ich in Südkorea, dass es Kräfte gibt, die ernsthaft über eine Vereinigung nachdenken, aber auch solche, die sie nicht wollen. Bei Letzteren dürften wohl auch Kostengründe eine Rolle spielen.

43. KAPITEL

Im Jahr 2001 sprachen mich die Verantwortlichen unseres Landesverbandes aus Berlin an. Sie fragten, ob ich bereit sei, für die Wahl zum Abgeordnetenhaus in Berlin Spitzenkandidat zu werden. Nach reiflicher Überlegung sagte ich zu. Wobei dies nicht heißt, ich hätte mich nun wochenlang gewunden und gequält. Ein Nachdenken kann heftig und kurz sein. Mein Naturell treibt zur Entscheidung und versetzt jede Skepsis mit einem ebensolchen Grundvertrauen, dass neue Herausforderungen lohnenswert sind.

Sehr bald schon merkte ich die Last, die sich über jene Lust stülpte, mit der ich an die Aufgabe gegangen war. Es begann ein Wahlkampf, den ich in dieser Art nicht kannte. Bisher war ich durch Deutschland gereist, an immer neue Orte, nun aber bewegte ich mich im fortwährend gleichen Kreis. Bei jeder Veranstaltung in Berlin überkam mich die Gewissheit, mit den immer gleichen Leuten im immer gleichen Berlin über immer gleiche Themen vor immer gleichen Zuschauern zu streiten. Ich kannte die Argumente von Günter Rexrodt von der FDP so genau wie er die meinen. Einmal spielten wir beim Fernsehen, dass ich als Rexrodt antworte und er als Gysi. Glücklicherweise reagierten die Fernsehleute zu spät und schnitten das nicht mit.

Plötzlich wurde der Wahlkampf jäh unterbrochen – durch den terroristischen Anschlag in New York und Washington am 11. September. Ein Schock ging auch durch unser Land, die landläufigen politischen Streitgegenstände schienen für Momente klein und nebensächlich. Den Anschlag auf das World

Trade Center konnte man nur zutiefst verurteilen. Aber die US-amerikanische Schlussfolgerung, einen Krieg gegen Afghanistan zu führen, war verheerend. Gerhard Schröder hatte die bedingungslose Solidarität mit den USA erklärt und praktiziert. Deutschland war in den nächsten Krieg hineingezogen.

Viele Versprechen im Namen des Friedens waren an diesen »Krieg gegen den Terror« gebunden worden. Nichts davon wurde erreicht. Al Qaida ist nicht zerstört, sondern nur nach Pakistan umgezogen; die Macht der Taliban konnte nicht gebrochen werden, sie wuchs sogar. Die Rechte für die Mädchen und Frauen wurden um keinen Deut verbessert, und das Elend in den Slums ist größer geworden. Der Anbau von Drogen nahm dramatisch zu. Deutsche Soldaten töteten, auch Zivilisten, darunter Frauen und Kinder. Und deutsche Soldaten wurden getötet, viele kehrten traumatisiert zurück.

Nach Deutschland waren schon vor diesem Krieg Flüchtlinge aus Afghanistan gekommen. Ihre Zahl ist inzwischen dramatisch gestiegen. Vor allem müssen wir all jene Menschen aufnehmen, die in Afghanistan die Bundeswehr unterstützten – ihnen droht, falls sie zurückkehren, die Hinrichtung. Was geschieht, wenn die westlichen Staaten ihre Truppen abziehen? Sie hinterlassen ein Chaos. Auch die Stellung zu halten, verbessert die Lage nicht. Ein Teufelskreis, in dem keiner mehr weiß, wie er sich noch schuldfrei verhalten könnte.

Im »Krieg gegen den Terror« müssen Politiker dauernd hektische, heillose Entscheidungen treffen, und die Tragik besteht darin, dass dieser Tempozwang in krassem Gegensatz zur allgemeinen menschlichen Geschwindigkeit steht, Ereignisse zu verarbeiten. Keiner vermag Auswirkungen vollständig abzusehen – aber man tut sehr rational. Korrigierendes Bedenken steht noch immer nicht so hoch im Kurs, wie es nötig wäre.

Wichtige Möglichkeiten wurden nach dem 11. September 2001 verfehlt. War denn nicht bis dahin die Ankunft im neuen Jahrtausend eine Beschwörung des Verheißungsvollen gewesen? Es wurde doch das Gefühl geweckt, mit dem Zeitrechnungssprung und der befreienden Sprengung der Blöcke werde nahezu automatisch eine höhere Zivilisationsebene erreicht. Im 21. Jahrhundert würden wir gewiss fähig sein, politisch und ethisch auf dem Niveau einer allseits höheren Weisheit der Konfliktbeherrschung zu handeln. Und war es nach dem bitteren 11. September wirklich so unerlaubt, an eine naive utopische Erwartung zu denken? Vielleicht, so der Traum, sei ja das politische US-Amerika so tief getroffen und plötzlich so schmerzend verletzt worden, dass es endlich erwachen würde aus der imperialen Trance. Und im Taumel einer so noch nie erfahrenen Verletzbarkeit würde sich die Weltmacht endlich interessieren für die Ursachen jenes Hasses, der da einen mörderischen Ausdruck gesucht und gefunden hatte.

Der Theaterregisseur Christoph Schlingensief im November 2001: »Gerade auch Amerika ist ja wohl spätestens seit Chile 1973 weltpolitisch und sozial, selbst im eigenen Land, in ganz andere Menschengruppen hineingerast als diese beiden Flugzeuge über New York.« Das ist absolut kein Zynismus gegenüber den unschuldigen Opfern, das ist Präventivtrauer über die absehbaren Folgen eines politisch-militärischen Spiraldenkens, das sich in der Bekämpfung eines Wahnsinns selber ins Höhenwahnsinnige dreht. Der SPD-Politiker Erhard Eppler sagte damals: »Ich halte den amerikanisch befohlenen Trend, so viel Politik wie nur möglich an den Markt und das Militär abzugeben, für eine Gefährdung der Menschheit. Wir führen Krieg gegen einen Terror, den wir nähren.«

*

Denkpause. Ist das eine Pause *zum* oder *vom* Denken? Jedenfalls schwieg der Berliner Wahlkampf eine Weile – und kehrte dann in den geläufigen Kampf zurück. Folgendes war bemerkenswert: Berlin strahlte eine Wechselstimmung aus. Die Berliner wollten weg von der CDU, jener Partei, bei der die Hauptverantwortung für einen großen Finanzskandal lag: Nicht nur die Stadt selbst, auch die Berliner Landesbank war pleite. Zum neuen Regierenden Bürgermeister wurde schon vor der Wahl Klaus Wowereit von der SPD gewählt – mit Hilfe der PDS.

Zunächst, nach dem Anschlag vom 11. September, waren unsere Umfragewerte gesunken. Es gab bei vielen Menschen wohl die Überlegung, wenn die Weltlage kippe, könne man sich nicht zusätzlich noch ein Experiment mit den »Roten« in Berlin leisten. Dann aber warf Gerhard Schröder in gewohnter Basta-Tonlage seinen Satz von der »bedingungslosen Solidarität« mit den USA in die Öffentlichkeit. Die Angst der Bevölkerung vor einer kriegerischen Auseinandersetzung nahm zu, und infolge unserer Zweifel an Sinn und Ethik solch falsch verstandener Solidarität stiegen die Umfragewerte für die PDS wieder. Letztlich erzielten wir am Wahlsonntag ein sehr gutes Ergebnis. Siegerin war die SPD. Auf Platz zwei folgte die CDU, die aber nur 0,1 Prozent vor uns lag. Wir hatten über zwanzig Prozent der Stimmen erreicht.

Nach gescheiterten Verhandlungen zwischen SPD, FDP und Grünen kam es dann zu Verhandlungen zwischen der SPD und uns. Berlin bestand zu zwei Dritteln aus Westberlin und nur zu einem Drittel aus Ostberlin – und es ging schließlich um die Bundeshauptstadt! Der damalige Ministerpräsident von Bayern, Edmund Stoiber, sah Berlin bei einer Koalition der Sozialdemokraten mit uns auf schnurgeradem Weg in die Katastrophe, er prognostizierte in der »Bild«-Zeitung, das Licht in der Stadt werde ausgehen, falls ich den Posten des Wirtschaftssenators bekäme.

Die Koalitionsverhandlungen mit der SPD dauerten lange und verliefen zäh und schwierig. Linke werden als Hoffnungsschimmer gewählt, wenn ein Staat oder ein Land oder eine Stadt pleite ist – wir sollen dann zaubern können. Die Konservativen dagegen haben es leichter, sie werden gewählt, wenn Geld vorhanden ist. Als Beweis darf Griechenland gelten. Die bürgerlichen Parteien, Mitverursacher der verheerenden Korruption, gingen stets als Sieger aus den Wahlkämpfen hervor. Erst als der Staat völlig pleite war, wählte man die Linken. Aber sosehr es eine Lüge ist, dass Rote keine schwarzen Zahlen schreiben können, so wahr bleibt auch, dass sie nicht zaubern können.

*

Mit der Wahrheit dieses Spagats näherte ich mich meiner sich abzeichnenden Zukunft als Bürgermeister und Senator in Berlin. Es ist kaum zu glauben, aber tatsächlich setzten sich Landesvorsitzender Stefan Liebich, Fraktionsvorsitzender Harald Wolff und ich erst nach den Koalitionsverhandlungen zusammen, um die Personalfragen zu beraten. In der Regel geschieht das früher. Ich lud beide zu einem Essen ein und ging davon aus, Stellvertreter von Klaus Wowereit, also Bürgermeister, und Senator für Kultur und Wissenschaft zu werden. Stefan Liebich begann das Gespräch wie folgt: »Wir kennen deine Ambition, sind aber der festen Überzeugung, dass du Senator für Wirtschaft, Arbeit und Frauen werden musst. Es gibt zwei Möglichkeiten: Wir diskutieren eine Stunde, und du musst es trotzdem machen, oder du gibst gleich nach!« Ich war leicht entsetzt und entschied mich für die zweite Variante.

Vor meiner Wahl zum Bürgermeister und Senator musste ich mich im Berliner Abgeordnetenhaus den Fragen der Fraktionen stellen. Es fragten SPD, Grüne, FDP und meine Fraktion. Nur die Fraktion der CDU verzichtete. Dafür war ich nicht ganz undankbar.

Danach musste jede Senatorin, jeder Senator einzeln gewählt werden. Glücklicherweise wurde ich im ersten Wahlgang gewählt. Jetzt ging es noch darum, nicht völlig im Politikbetrieb aufzugehen und von ihm abhängig zu werden. Um aber meine Zulassung als Rechtsanwalt behalten zu dürfen, musste irgendwo ein Schild angebracht sein, das mich als Anwalt auswies. Bisher hing so eine Kennung am Karl-Liebknecht-Haus, dem Sitz der Partei. Den nunmehrigen neuen Anforderungen der Rechtsanwaltskammer genügte das nicht mehr.

*

Dazu ein Rückgriff. Bereits im Sommer 2001 waren der Rechtsanwalt Walter Venedey, den ich kannte, und dessen Kollege Hardy Langer bei mir erschienen. Beide überlegten, aus ihrer Sozietät herauszugehen und mit mir gemeinsam eine neue zu eröffnen. Das gefiel mir. Sie hatten ihren Sitz in der Fasanenstraße, einer Querstraße des Kurfürstendamms in Charlottenburg. Ich äußerte meinen Wunsch nach einer Praxis in Mitte oder in Prenzlauer Berg, auf jeden Fall im Ostteil der Stadt. Meine künftigen Sozietätspartner stimmten dem zu und schätzten die Kosten unserer Neugründung auf etwa einhunderttausend Euro. Später kamen beide erneut zu mir und offenbarten ihre Besorgnis: Im Falle meiner Wahl zum Senator trügen sie Unkosten – um dann allein zu bleiben? Das wäre unausweichlich, denn nach dem Berliner Landesrecht darf ein Senator keine Tätigkeit als Rechtsanwalt ausüben. Andererseits – wie erwähnt – benötigte ich aber ein Büro als Rechtsanwalt.

Wir verabredeten, dass ich formal Mitglied ihrer Sozietät in der Fasanenstraße werde, zu der auch die Rechtsanwälte Detlef Kolloge und der inzwischen verstorbene Wolfgang Panker gehörten. Es war wirklich eine rein formale Mitgliedschaft, denn ich wäre niemals auf die Idee gekommen, in der Nähe des Ku'damms als Anwalt tätig zu werden.

Nachdem ich zum Senator gewählt worden war, fand eine

ungezwungene Feier im Rechtsanwaltsbüro statt. Als neues Mitglied der Sozietät wurde ich begrüßt – und gleichzeitig wieder verabschiedet. Eine Mitarbeiterin des Büros kam auf mich zu und sagte mir mit entwaffnender Offenheit, sie habe vor dem Fernseher gesessen und die Daumen für mich gedrückt. Sie hoffte inständig, ich würde gewählt – denn ansonsten wäre ich ins Büro eingezogen, was sie auf keinen Fall wollte. Als Mitarbeiterin wechselte Angelika Korneck später zu mir in den Bundestag.

An der Feier im Büro nahm auch Klaus Finkelnburg teil, Mitglied der CDU und ehemaliger Präsident des Berliner Verfassungsgerichts. Bei einer früheren Begegnung hatte er mir seine Verwunderung darüber geäußert, dass die Verteidiger des krebskranken Erich Honecker nicht die Aufhebung des Haftbefehls beantragten und bei eventueller Ablehnung Beschwerde beim Kammergericht einlegten. Wenn das Kammergericht diese Beschwerde zurückwiese, wäre doch der Weg frei zum Berliner Verfassungsgericht. Mehr sagte er nicht, aber es genügte.

Ich informierte einen der Verteidiger von Erich Honecker, und exakt dieser Weg wurde beschritten, den Klaus Finkelnburg skizziert hatte. Die Verteidigung beantragte die Aufhebung des Haftbefehls. Erfolglos. Sie legte Beschwerde ein. Erfolglos. Anschließend ging sie zum Berliner Verfassungsgericht – das den Haftbefehl aufhob. Mit der Begründung: Bei einem Mann im Alter von Erich Honecker, der schwer krebskrank sei, verletze die Inhaftierung die Würde des Menschen. Obwohl Klaus Finkelnburg für diesen Urteilsspruch schwer kritisiert wurde, ist er, wie er mir später sagte, stolz auf diese Entscheidung. Egal, wie man zu Erich Honecker steht, sie war human, und wenn es nicht speziell um diesen Politiker gegangen wäre, hätten dessen Verteidiger mit sehr großer Wahrscheinlichkeit gar nicht bis zum Verfassungsgericht gehen müssen.

44. KAPITEL

Nun begann meine Tätigkeit als Bürgermeister und Senator für Wirtschaft, Arbeit und Frauen. Die Amtsübergabe vollzog meine Vorgängerin, die parteilose Juliane Freifrau von Friesen. Als Senatorin war sie von den Grünen benannt worden. Zur Verwaltung »meiner« drei Bereiche gehörten etwa 1100 Mitarbeiterinnen und Mitarbeiter. Viele von ihnen kamen zu meiner Amtseinführung. Frau von Friesen sagte ironisch, den Mitarbeitern könne es ja im Prinzip egal sein, wer unter ihnen als Senator arbeite, denn sie täten ohnehin, was sie für richtig hielten. Ich erklärte, ich könne mir sehr wohl das Entsetzen einiger Mitarbeiter vorstellen. Wäre ich in Westberlin aufgewachsen, in Tuchfühlung zur Mauer, in tiefster Ablehnung der SED, so hätte ich vielleicht noch hingenommen, dass sich im Zuge der Einheit und der im Osten gewonnenen Freiheit diese Partei erneuert und ins Landesparlament einzieht. Schon sehr viel schwerer wäre es mir gefallen, diese Partei dann auch noch als einen Teil der Regierung zu akzeptieren. Aber schier unerträglich wäre mir die Vorstellung, ein ehemaliges Mitglied der SED sei plötzlich mein Chef, das heißt Senator dieser Verwaltung. Aber die Demokratie, die unteilbar sei, bringe so ein Ergebnis halt mit sich.

Nun gehört es allerdings zu den Schwierigkeiten des Lebens, Prinzipien unter allen Umständen verinnerlichen zu können, deshalb bot ich allen Mitarbeitern und Mitarbeiterinnen eine Bedenkzeit von einer Woche an. Wer der Meinung sei, letztlich nicht loyal mir gegenüber sein zu können, der möge mir das innerhalb der vorgeschlagenen Frist mitteilen. Mein Angebot verband ich mit der Garantie für die Betreffenden, mich um gleichwertige, gleich bezahlte Arbeit in einer anderen Senatsverwaltung zu kümmern. Ich fügte hinzu: Von allen, die sich nach einer Woche nicht meldeten, erwartete ich dann allerdings Loyalität, unabhängig davon, wie sie bisher über mich gedacht haben.

Tatsächlich meldeten sich drei oder vier Mitarbeiter, die ehrlicherweise ihren Wechselwunsch anmeldeten. Finanzsenator Thilo Sarrazin hat mir sehr geholfen, ihnen eine andere Arbeitsstelle zu besorgen. Er war damals in seinem öffentlichen Auftreten noch weit entfernt von jener fremdenfeindlichen Berühmtheit, die er später mit seinen Büchern erlangte.

Die ersten Wochen im neuen Amt. Wie würden alte Gewohnheiten auf neue Gegebenheiten stoßen? Ich erinnerte mich an früher, an meine ersten Tage als Parteivorsitzender, an jene damalige Frage, wie ich mit dem Apparat im Haus des ZK umzugehen habe.

So wurde mir in der Senatsverwaltung zum Beispiel zur Unterschrift eine Rechtsmittelentscheidung vorgelegt, die über neunzig Seiten umfasste. Der Mitarbeiter zeigte mir die Stelle, an die ich meinen bestätigenden Namenszug zu setzen hätte. Meinen Einwand, noch keine Zeile des Papiers gelesen zu haben und also nicht unterschreiben zu wollen, quittierte er mit einem ehrlichen Erstaunen: Erst lesen? Das sei nicht üblich. Ich erklärte ihm, für diese Entscheidung zu haften, gegebenenfalls sogar vor Gericht – daraus ergebe sich doch ganz selbstverständlich die Vorsorge, sie wenigstens zu kennen. Also las ich sie vollständig, bevor ich sie leicht korrigiert unterzeichnete.

In eine Vielzahl mir neuer Strukturen musste ich mich erst einarbeiten. Vorsicht war geboten, und so verweigerte ich zunächst sämtliche Interviews – weil ich befürchtete, mich in irgendeiner Richtung zu äußern, die ich kurze Zeit später korrigieren müsse. Ich wollte erst festen Boden unter den Füßen haben, ehe ich mich aus dem Fenster lehnte. Verblüffung bei meiner Partei löste ich mit der Berufung meiner Staatssekretärin und meines Staatssekretärs aus. Sie war eine parteilose Professorin und er ein Wirtschaftsexperte aus der Industrie- und Handelskammer, Mitglied der SPD. Beide waren mir empfohlen worden, ich kannte sie persönlich nicht. Wir führten jeweils ein kurzes Gespräch, und ich entschied mich, sie zu benennen. Neu besetzen musste ich die Bürochefin sowie den Posten einer persönlichen Referentin und des Pressesprechers. Ansonsten hatte ich das bestehende Personal zu übernehmen. Ein weiterer Wechsel galt als zu teuer.

*

Gestehen muss ich: Die Fülle der Arbeit barg die Gefahr in sich, von ihr erdrückt zu werden. Gegen acht Uhr morgens wurde ich von zu Hause abgeholt und kam in der Regel erst nach Mitternacht wieder zurück. Entgegen allen Gerüchten, die sich um meinen Arbeitsstil herum gebildet hatten, erschien ich nicht als Flattergeist, sondern war auf die Senatssitzungen gut vorbereitet. Nicht nur die Vorlagen aus meinen eigenen Ressorts las ich, sondern auch die Papiere aus den anderen Senatsbereichen. Man hatte mich diesbezüglich wohl unterschätzt. Aber als Rechtsanwalt hatte ich ausgiebig gelernt und trainiert, Akten zu lesen. Die kurzschlüssige Logik, eine gewisse Lockerheit und Leichtigkeit vertrage sich nicht mit ernsthaftem Aktenstudium, hat leider – speziell in Deutschland – verbreitete Tradition. Wenn es auch im Nachhinein schwer zu vermitteln ist: Mir hat die Zeit im Senat Freude bereitet!

Die Zuständigkeit für Wirtschaft, Arbeit und Frauen führte mich zu zahlreichen Gesprächen mit Unternehmern, ich hatte mich aber auch um die Vermittlung von Arbeit und um das Los von Erwerbslosen zu kümmern, und als Gleichstellungsbeauftragter lernte ich zum Beispiel Frauenhäuser kennen. Der notwendige Wechsel der Bereiche ist auch eine Rettung. Wenn man mit Unternehmerinnen und Unternehmern frühstückt, wenn man mit ihnen zu Abend isst, wenn man ständig ihre Probleme hört, dann nimmt man unmerklich, Schritt für Schritt, ihre Sichtweise an, begreift gut ihre Positionen. Verständnis klärt und trübt gleichermaßen die Wahrnehmungen. Da ist es geradezu heilsam, auch mit Arbeitern und Arbeitslosen zu sprechen, und auch besagte Frauenhäuser eröffnen den Blick auf eine ganz andere Seite der Gesellschaft. Angesichts zusammengeschlagener Frauen und misshandelter Kinder stehen die Angelegenheiten von anderen plötzlich in einem eher fernen Licht.

Dieses Wechselbad der Empfindungen und Erfahrungen empfand ich immer als ein entscheidendes soziales Grunderlebnis meiner politischen Arbeit. Ich bezweifle, dass es nach dem Grundgesetz statthaft wäre, aber ich wünschte jeder Bundesministerin und jedem Bundesminister die Zuständigkeit für eine Justizvollzugsanstalt, damit sie wenigstens einmal im Vierteljahr gebeten oder gezwungen sind, hinter die Mauern unserer sogenannten Wohlstandsgesellschaft zu schauen.

*

Eine weitere Erfahrung hat mich sehr beschäftigt: Der Arbeitsalltag in einer solchen politisch-sozialen Institution ist so energieraubend durchorganisiert, dass man im Grunde keine Kraft für das hat, was so wesentlich bleibt: Reformen, wirkliche Neuerungen, Entwicklung. Ich erinnere mich, eines Tages entscheiden zu sollen, ob der Inhaber eines Hotels berechtigt sei, einen Mast in die Erde seines Grundstücks einzulassen, um eine Fahne zu hissen. Ich fragte meinen Mitarbeiter, was mich das anginge, der Mann möge doch auf seinem Grundstück tun, was er wolle. Der Mitarbeiter erklärte mir, genau an der Stelle für den Mast könne doch die Gasleitung verlaufen und also beim Graben ein erheblicher Schaden eintreten – deshalb müsse es einen Antrag und eine Genehmigung geben. Hm. Stimmt! Natürlich ließen sich die Ämter Zeit.

Ein Gastwirt hatte für den Sommer 2001 beantragt, die Straße für die Bestuhlung seiner Gaststätte mitzunutzen. Im März 2002 bekam er die Genehmigung – mit einer entsprechenden Gebührenrechnung. Leichtfertig beruhigte ich ihn: Er müsse die ihm aufgebrummten Gebühren nicht bezahlen. Der Bescheid war aber, wie es in der Sprache des Rechts heißt, bestandskräftig. Schon dachte ich daran, die Summe aus eigener Tasche zu begleichen, aber wir fanden doch noch eine Lösung.

Gewiss gab es täglich viele Menschen, die Benachteiligte solch zäher, zeitkostender Verfahren wurden. Der Fall des Gastwirtes brachte mich auf die Idee einer Rechtsumkehr: Nicht die Antragsteller sollten unter Zeitdruck stehen, sondern die Behörden. Also: Bürger und Unternehmen stellen ihren Antrag bei der zuständigen Behörde, und dann regelt das Landesrecht eine Frist, nach deren Ablauf der Antrag als genehmigt gilt. Es sei denn, es geht beim Antragsteller rechtzeitig ein schriftlich begründeter (!) Widerspruch des Amtes ein. Allerdings gäbe es eine Voraussetzung: Die Mitarbeiterschaft der Ämter hätte nicht weiter ausgedünnt werden dürfen. Überlastung mindert nicht nur Arbeitsfreude, sondern auch richtige, zügige Entscheidungen. Aber Berlin wäre die genehmigungs- und investitionsfreundlichste Stadt Deutschlands geworden. Eine solche Rechtsänderung hätte ansteckend auf andere Städte gewirkt. Hätte, hätte …

*

In Berliner Senatssitzungen reden die Senatoren einander mit »Sie« an, obwohl sie sich im Alltag duzen. Es ist ein klein wenig wie mit den Perücken im britischen Parlament. So etwas schafft Distanz, befördert eine offizielle Stimmung, es betont den Respekt. Allerdings scherten Klaus Wowereit und ich aus, wir duzten uns auch während der Sitzungen. Das große Verdienst von Klaus Wowereit als Regierendem Bürgermeister besteht darin, aus Berlin eine Metropole gemacht zu haben. Die internationale Attraktivität der Stadt hat sich enorm erhöht. Die charmant ungeschminkte Art, die herausfordernde Ruppigkeit Berlins verbindet sich beeindruckend mit weltstädtischer Kultur. Wir Urberliner ziehen uns eigentlich lieber auf unsere Kieze zurück und staunen – nicht immer frei von Furcht vor anrückenden Baulöwen – über die Veränderungen. Klaus Wowereit hat großen Anteil an Berlins Lebendigkeit.

Nur wenige wissen, dass Klaus Wowereit, der sehr genießen kann, zugleich ein Buchhalter, ein Haushälter ist. In einer Sitzung des Senats wies er mich darauf hin, die Filmförderung habe mir eine fällige Summe versehentlich zwei Mal überwiesen. Es handelte sich immerhin um einen einstelligen Millionenbetrag. Ich sei nun verpflichtet, den Fehler zu korrigieren und den doppelt überwiesenen Betrag zurückzuzahlen. Ich erklärte, das sei leider nicht möglich, denn von dem Geld sei ein kürzlich eröffnetes internationales Frauenhaus – übrigens das erste in Deutschland – finanziert worden. Klaus Wowereit erwiderte, ich hätte ihn offenkundig nicht richtig verstanden: Eine Fehlbuchung korrigiere man, indem der Betrag zurücküberwiesen werde. Ich nun wiederum: Er habe mir allem Anschein nach nicht zugehört, sonst wüsste er ja, dass das Geld nicht mehr vorhanden sei. Hin und her. Alle anderen im Saal schwiegen. Man hätte eine Stecknadel fallen hören.

Nun wurde Klaus Wowereit immer lauter, ich aber auch. Schließlich schlug ich vor, ihm die Schlüssel des internationalen Frauenhauses zu besorgen, er könne dann alle Betroffenen auf die Straße setzen und ihnen damit alle Voraussetzungen schaffen, im winterlichen Tiergarten zu erfrieren. Klaus Wowereit wurde nur umso wütender und fragte immerhin, ob ich endlich Ruhe gäbe, wenn ich die Hälfte des »heißen« Geldbetrages behalten dürfe. Ich sagte nur sehr knapp das Entscheidende: »Ja.« Denn ich wusste um eine finanzielle Reserve, um die Finanzen wieder auszugleichen und das Frauenhaus nicht zu gefährden.

Mit Klaus Wowereit bin ich befreundet, schon damals mochten wir uns. Das Angenehme ist seine Fähigkeit zum Kompromiss, ohne den Charakter oder den Sinn einer Entscheidung aufzugeben. Natürlich war mir schon während unseres Schlagabtauschs klar, dass er recht und ich unrecht hatte. Dafür war das erstrittene Ergebnis doch nicht schlecht, oder? Den anderen Senatoren jedenfalls sah man ein gewisses Erstaunen an.

*

Schwierig war meine Position als Frauensenator. Ein Typ wie ich als Gleichstellungsbeauftragter, das klingt nicht besonders überzeugend. Die Mitarbeiterinnen der Frauenabteilung behandelten mich mit entsprechender Distanz. Eines Tages stand ich vor einer speziellen Herausforderung. Im großen Saal des Roten Rathauses in Berlin war anlässlich einer Auszeichnung eine Rede zu halten – auf eine Frau, die im Betriebsrat des Schering-Konzerns saß, darüber hinaus Teilzeit arbeitete und allein drei Kinder versorgte und erzog. Zunächst fehlte das Geld für die Auszeichnung, und die Frauenabteilung riet mir, es doch selbst zu bezahlen. So kühl und angespannt war das Verhältnis zwischen uns.

Letztlich bekam ich das Geld doch – nachdem ich in der Senatsverwaltung ziemlich heftig aufgetreten war. Voller Saal, fast alle Frauen aus dem Abgeordnetenhaus und aus verschiedenen Senatsverwaltungen waren gekommen; nicht wenige werden darauf gelauert haben, dass ich von Lapsus zu Lapsus stolpere. Selten habe ich mich so intensiv auf eine Rede vorbereitet. Es lief alles gut, ich bot keinerlei Angriffsfläche, niemand konnte mir fehlende Sachkenntnis und daher sonntagsrednerische Oberflächlichkeit vorwerfen. Ich war froh und hatte das Empfinden, eine kleine Schlacht gewonnen zu haben.

Berlin war pleite. Deshalb wurde jeder Haushalt um zehn Prozent gekappt. Der Haushalt für die Gleichstellung der Frauen sollte ebenfalls um zehn Prozent, das heißt – bei fünfzehn Millionen – um 1,5 Millionen Euro gekürzt werden. Das hätte die Schließung von drei Projekten bedeutet. Die Frauenabteilung war bereits auf das offenkundig Unumgängliche vorbereitet. Etwa acht Stunden hatte ich schon mit Finanzsenator Thilo Sarrazin über die Etats meiner Arbeitsbereiche verhandelt. Dann kam der sogenannte Frauenhaushalt an die Reihe. Ich erklärte ihm mein Unverständnis, als Frauensenator gleich zu Beginn meiner Amtszeit drei Projekte zu streichen – und das, nachdem wir beide uns vorher, in den Bereichen Wirtschaft und Arbeit, über ganz andere, nämlich Milliardensummen verständigt hatten. Er führte aber ein kluges Gegenargument an: Wenn wir den Haushalt überhaupt nicht kürzten, würden das alle nur einzig darauf zurückführen, dass ein Mann Frauensenator geworden sei. So einigten wir uns auf eine Kürzung von nur 150 000 Euro, und lediglich ein Projekt musste geschlossen werden – was auch noch erheblichen Ärger brachte. Nun hatte ich mir aber durch das internationale Frauenhaus und dieses zähe Ringen um den Haushalt Respekt in der Frauenabteilung verschafft.

Als Gleichstellungsbeauftragter hatte ich Mitspracherecht, wenn bestimmte Funktionen neu besetzt wurden. Ich merkte, wie man sich an eine Rolle gewöhnt und sich ihr ganz selbstverständlich anverwandelt. Geradezu instinktiv und regelmäßig fragte ich nach: Warum keine Frau? Gab es überhaupt keine Bewerbungen von ihnen? Wenn doch, weshalb scheinen sie weniger geeignet zu sein? Manchmal wirkte ich wohl wie ein Störenfried und fühlte mich in dieser Wirkung sehr gerechtfertigt.

Als ich der Abteilungsleiterin für Frauenrechte von meiner Auseinandersetzung mit Klaus Wowereit wegen des internationalen Frauenhauses erzählte, sprach ich von einer merkwürdigen Erkenntnis: Wenn es um Wirtschaft oder um Arbeit ginge, zählten Sachargumente. Wenn aber die Gleichstellung der Geschlechter Thema wäre, hätte ich mit solchen Argumenten keine Chance. Ich konnte etwas nur durchsetzen, wenn ich zickig reagierte. Zum ersten Mal verstand ich, warum Frauen in einer von Männern dominierten Gesellschaft zum Teil sehr speziell reagieren müssen, um etwas zu erreichen. Meine Erzählung führte dazu, dass die Leiterin der Frauenabteilung, die mich inzwischen mochte, mir zum Abschied eine kleine braune Holzziege schenkte.

Häufig werde ich gefragt, weshalb ich so konsequent weibliche und männliche Bezeichnungen benutze, also zum Beispiel von Rechtsanwältinnen und Rechtsanwälten spreche. Früher habe ich, wie die große Mehrheit, stets nur die männliche Form verwandt, damit aber auch die Frauen gemeint. In der Tageszeitung »Neues Deutschland« erschien eines Tages ein Kommentar gegen das große »I« in Wortverbindungen (RechtsanwältInnen), das ich ebenfalls nicht leiden kann. Aber der Artikel richtete sich auch gegen die Verwendung weiblicher Bezeichnungen etwa bei Berufsangaben. Wenig später veröffentlichte die Zeitung den Leserbrief einer Frau. Sie unterbreitete folgenden Vorschlag: Da bislang, über Jahrhunderte, die Sprache männlich dominiert war, solle für die nächsten Jahrhunderte die weibliche Variante gelten, das heißt: Die weibliche Form würde verwendet, und die Männer seien damit auch gemeint. Der letzte Satz ihres Briefes lautete: »Ab heute heißt es dann: Herr Rechtsanwältin Gysi.« Ich erschrak – nein, das wollte ich nun ganz und gar nicht werden! Seitdem leiste ich meinen Beitrag für die gleichberechtigte Einführung der männlichen und weiblichen Bezeichnungen.

*

Dienstvorschriften sind so nötige wie nützliche, mitunter aber auch undurchschaubare bis absurde Begleiter des Arbeitstages. Neben meiner Arbeitsstelle in der Senatsverwaltung verfügte ich als Bürgermeister über ein Büro im Roten Rathaus. Neben meinem Telefon lag ein Blatt Papier, auf dem ich private Telefongespräche vermerken sollte. Einen solchen Zettel entdeckte ich in keinem anderen Büro. Zudem gab es die Order, Geschenke, die den Wert von fünf Deutsche Mark – inzwischen 2,50 Euro! – überstiegen, nicht anzunehmen. Wenn man ein Geschenk aus Höflichkeitsgründen nicht ablehnen konnte, so musste es an den Innensenator weitergeleitet werden. Geschenke im Ausland oder Präsente, die von ausländischen Gästen überreicht wurden, blieben ohnehin in der Senatsverwaltung – es sei denn, eine Sondergenehmigung lag vor.

Bei vielen Gelegenheiten bekam ich einen Blumenstrauß überreicht. Sie kosteten gewöhnlich mehr als 2,50 Euro. Also sammelte ich die Sträuße im Büro und ließ jede Woche einmal den Fahrer mit dem Dienstwagen die vertrockneten Bündel zum Innensenator bringen. Es ist anzunehmen, dass dieses Procedere teurer war als die Sträuße selbst. Innensenator Ehrhart Körting rief mich erregt an und fragte, was er mit den vertrockneten Sträußen solle. Ich verwies auf die Anordnung seines Vorgängers und erklärte penibel preußisch, die »Rückführung« so lange zu betreiben, bis die Bestimmung geändert werde. Der Blumenwagen fuhr weiterhin, streng im Dienste der Gesetzlichkeit.

Natürlich darf man keine Geschenke annehmen, die einen abhängig machen. Aber eine Grenze von 2,50 Euro ist einfach idiotisch. Wie anderes auch: Warum dürfen Schulabgänger ihrer Klassenlehrerin oder ihrem Klassenlehrer zum Abschied kein Geschenk überreichen? Selbstverständlich ist Korruption aller Schattierungen zu bekämpfen, aber doch nicht auf eine Art, die im offiziellen Umgang miteinander Gesten der Freundlichkeit und Anerkennung nahezu ausschließt und jeden, der die Ordnung einhält, der Lächerlichkeit preisgibt.

*

Im Sommer 2002 kam es zur sogenannten Bonusmeilenaffäre. Da ich viele Dienstreisen mit dem Flugzeug absolvierte, flog ich mit verschiedenen Fluggesellschaften, logischerweise auch mit der Lufthansa, die solche Bonusmeilen vergab. Jemand erklärte mir, ich dürfe diese Boni privat verwenden, denn ich entscheide ja, mit welcher Linie ich fliege. Darauf vertraute ich leichtfertig, nutzte also die Vergünstigungen privat – und ärgere mich noch heute über mich. Denn in Wirklichkeit standen die Boni dem bezahlenden Bundestag zu. Dieser Irrtum hätte mir nie passieren dürfen! Als die Dinge öffentlich wurden, war ich gerade im Urlaub, hatte also reichlich Zeit und überlegte hin und her, was die notwendigen Konsequenzen betraf. Als Bürgermeister, aber nicht als Senator zurücktreten? Als Senator, aber nicht als Bürgermeister? Als Bürgermeister und Senator, aber nicht als Abgeordneter? Alle Funktionen niederlegen? Es gab logischerweise auch die Möglichkeit, gar keine Konsequenzen zu ziehen, alles abperlen zu lassen oder auszusitzen oder mit Gegenargumenten in die Offensive zu gehen.

Keine Ordnung bekam ich in meinen Kopf, keine klare, eindeutig einsehbare Handlungslinie bot sich mir an. Es gab Angehörige, die mir zum Rücktritt rieten, und solche, die dagegen waren. Im Für und Wider wand ich mich – ich finde es unerträglich, wenn ich mich nicht entscheiden kann. Aber irgendwann kommt dann der Moment, in dem ich die Unentschiedenheit, das Abwägen nicht mehr aushalte. Dann fälle ich eine Entscheidung, und die ist – in der Regel – nicht mehr zu korrigieren. Das will ich auch gar nicht, weil ich glücklich bin, einen Entschluss gefasst zu haben – um meinen Seelenfrieden wiederzufinden.

Es war auf meinem damaligen Wochenendgrundstück in Buckow: Gegen Mitternacht schreckte ich hoch und sagte zu meiner Frau: Andrea, soeben habe ich mich entschieden – ich trete von allen Positionen zurück. Ich wollte diese Konsequenz, die sich kein Hintertürchen offenließ, die nicht nach Zwischenlösung aussah oder Halbherzigkeit ausstrahlte. Die Menschen sollten mitbekommen, dass ich Konsequenzen ziehe, wenn mir wirklich ein Fehler vorgeworfen werden kann.

Am nächsten Tag rief mich aus seinem Urlaub Klaus Wowereit an, er wollte mich umstimmen. Ich dankte ihm, sagte aber, sein Anruf käme zu spät. Einen Tag vorher hätte er mich noch beeinflussen können, nun aber hatte ich den Konflikt auf meine Weise gelöst, und zwar unwiderruflich.

Sehr schnell informierte ich meine Staatssekretärin und meinen Staatssekretär, verfasste mein Rücktrittsschreiben an den Regierenden Bürgermeister und den Präsidenten des Abgeordnetenhauses, informierte auch die Spitzenkandidaten unserer Partei für die Bundestagswahl, Gabi Zimmer, Petra Pau, Dietmar Bartsch und Roland Claus. Außerdem formulierte ich eine kurze Presseerklärung und verließ das Büro. Alles ging rasch, das gefiel mir. Und für Augenblicke dachte ich, Ruhe würde einkehren.

Aber natürlich gaben sich die Medien mit meiner eilig geschriebenen Erklärung nicht zufrieden. Mein Grundstück in Buckow glich binnen Kurzem einer umlagerten Festung, in hohem Grade wurden meine Nachbarn belästigt, und mir war schlagartig klar, dass es kein Entkommen gab. Man bedrängte mich stur und ausdauernd: Also meldete ich mich bei meinem Pressesprecher, der ja gar nicht mehr zuständig war für mich. Er organisierte eine Bundespressekonferenz. Dies wurde den Medien mitgeteilt, und eine angenehme Folge bestand darin, dass die Umklammerung meines Grundstücks aufhörte.

45. KAPITEL

Kurz nach meinem Rücktritt von der Berliner Bühne fand – ohne mich – die Wahl zum Bundestag statt. Das Jahr 2002 wurde meiner Partei zum Schockerlebnis: Wir sackten unter fünf Prozent und erreichten auch keine drei Direktmandate. Lediglich Gesine Lötzsch und Petra Pau verteidigten ihre Direktmandate und saßen als zwei Versprengte der PDS im Bundestag.

Zur »Feier« nach Bekanntgabe des Wahlergebnisses ging ich mit klarem Bewusstsein, was dort geschähe: Auch ich würde ausgebuht werden. Das zu ertragen, war ich mir schuldig. Denn zweifellos trug ich ja eine Mitverantwortung für das eingetretene Debakel. Vier Spitzenkandidaten waren kein besonders wirksames Instrument, und auch der Slogan, dass Stimmen für die PDS einen Kanzler Edmund Stoiber verhinderten, erwies sich als nicht überzeugend. Denn auch die Wahl von SPD und Grünen reichte gegen Herrn Stoiber.

Mir schwante, das Projekt Ostpartei hielte nicht mehr lange. Wir hatten die Interessen einer wachsenden Gruppe von Ostdeutschen bundespolitisch vertreten, aber diese Wählerschicht hatte Schritt für Schritt ihren eigenen Weg in die Gesellschaft gefunden. Unsere Partei benötigte eine weitere sozial-politische Qualität, wenn sie wieder mit einem unverwechselbaren Stellenwert in den Bundestag einziehen wollte. Vor ihr lag eine Zeit der kritischen Neubesinnung.

*

Der Wahlkampf zwischen Gerhard Schröder und Edmund Stoiber spitzte sich zu, als der Präsident der Vereinigten Staaten von Amerika, George W. Bush, eine Koalition der Willigen schmiedete, die den Irak überfallen sollte. Die Begründung für den Krieg lautete, im Irak gebe es völkerrechtswidrig Massenvernichtungswaffen. Dieses Argument erschien mir sehr fadenscheinig. Wenn der Irak solche Waffen besäße – befürchteten die USA im Kriegsfalle nicht deren Einsatz? Die Spitzen der USA kalkulierten einen solchen Fall offensichtlich nicht ein. Sie wussten mithin, dass ihre Information falsch, ihre Interventionsbegründung also herbeigelogen war.

So viele Motive es gab, gegen die Regierung von SPD und Grünen entschiedene Opposition zu betreiben – beim Irakkrieg beeindruckte Gerhard Schröder. Sehr schnell und sicherlich nicht nur wegen des Wahlkampfes erteilte er George W. Bush deutlich eine Absage: Deutschland würde sich an einem militärischen Eingriff nicht beteiligen. Der deutsche Kanzler tat das nicht allein, sondern im Bündnis mit Frankreichs Präsidenten Jacques Chirac. Diese Leistung von Gerhard Schröder bleibt beachtlich. Es war nicht nur die konkrete Verweigerung eines Kriegseinsatzes, er kündigte damit die bis dahin bestehende Hörigkeit gegenüber den USA erstmalig auf. Dies hätte ich mir bei späteren deutschen Regierungen öfter gewünscht. Die Grünen gingen diesen Weg mit, erschienen mir aber nicht als Motor der Entscheidung – was den Mut von Gerhard Schröder nur noch größer erscheinen lässt.

Tatsächlich verschlechterte sich nach diesem deutschen Veto das Verhältnis zwischen den USA und Deutschland, vor allem aber zwischen den USA und Frankreich. In den folgenden Wochen des Wahlkampfes verzettelte sich Edmund Stoiber in allen Fragen des Irak-Krieges, er schwankte zwischen den Positionen und verlor so rapide und wahlentscheidend an Glaubwürdigkeit. Zur Wahrheit der damaligen Zeit gehört, dass sich Kritiker Washingtons gefallen lassen mussten, als Antiamerikanisten beschimpft zu werden. Wo doch nur ein einziges Verhalten antiamerikanisch war: Bush und Co. nicht als Lügner zu geißeln. Ohne diese Lügen keine Folter in Abu Ghraib und Guantanamo, keine Videos und Dokumente von Kriegsverbrechen, kein Verrat von Geheimnissen, kein WikiLeaks, kein Julian Assange, keine Chelsea Manning, kein Edward Snowden. Wie lange hat es gedauert, bis in den tonangebenden Medien »militärische Einsätze« endlich »Krieg« genannt wurden. Wie lange nur immer Applaus für antiislamische Verbissenheit und einen Krieg unter gefälschten Vorwänden.

*

Wenn es bei der Wahl verstärkt um soziale Fragen gegangen wäre, hätte wahrscheinlich auch Gerhard Schröder Schwierigkeiten bekommen. Das berüchtigte Hartz-Papier war ihm bestens bekannt und er mit dessen Umsetzung mehr als einverstanden. Aber ihm kam rein wahltechnisch der militärische Aufmarsch des US-Präsidenten zu Hilfe. Plötzlich stand die Frage des Weltfriedens im Vordergrund, und viele Wählerinnen und Wähler, in Antikriegsstimmung, wandten sich der SPD zu.

Es gibt noch eine weitere politische Entscheidung der rotgrünen Koalition, die zu würdigen ist. Es handelt sich um das Gesetz, das gleichgeschlechtlich Liebenden ermöglicht, rechtlich gesicherte Partnerschaftsbeziehungen einzugehen. Der Beschluss fiel in die Zeit, da ich zwar noch im Bundestag saß, aber nicht mehr Fraktionsvorsitzender war. Zwei lesbische Mitglieder unserer Fraktion meinten, das Gesetz genüge nicht, unter anderem deshalb, weil das Recht zu Ehe und Adoption fehle. Sie plädierten daher für Stimmenthaltung und werteten das bereits als Hochform des Entgegenkommens. Ich plädierte – wenn auch erfolglos – für eine Befürwortung des Gesetzes. Es sei ein Türöffner, und niemals solle man sich gegen einen Türöffner stellen. Überzeugt war ich davon, dass die Gerichte fortan Schritt für Schritt die Verrechtlichung gleichgeschlechtlicher Partnerbeziehungen vorantrieben. Aber da ich mich andererseits auch nicht so wichtig nehmen wollte, beugte ich mich dem Enthaltungswillen der Fraktion.

Das ärgert mich bis heute. Und einmal mehr sah ich mich in einem Konfliktfeld, das aus dem Betrieb der Politik offenbar nicht zu verbannen ist: Es ist die Spannung zwischen Kollektiv und eigener Unverfügbarkeit. Maßstabtreue ist ein wichtiger ethischer Grundsatz, aber Politik ist, grob gesagt, Verhandlungsmasse.

Im konkreten Falle: Tatsächlich betrieb die Rechtsprechung immer weiter die Gleichstellung fort – nun gibt es ein vollständiges Ehe- und Adoptionsrecht. Ich erinnere mich an eine Mandantin, die vorher mit ihrer Lebenspartnerin im weit entfernten Ausland bei einer deutschen Botschaft arbeitete. Im Unterschied zu Eheleuten gab es für sie keinen Ehegattenzuschlag. Letztlich entschieden die Gerichte unter Berücksichtigung von Europarecht, dass meiner Mandantin der Ehegattenzuschlag zusteht. Sie bekam eine nicht ganz unbeachtliche Summe nachgezahlt.

*

Die Wahlniederlage 2002 warf die PDS in eine schwere Krise. Ein Parteitag in Gera verlief extrem aufgeregt, lautstark, er brachte am Ende völlig veränderte Personalverhältnisse. Dietmar Bartsch wurde als Bundesgeschäftsführer abgelöst und durch Uwe Hiksch ersetzt. Gabi Zimmer blieb Vorsitzende, einer ihrer Stellvertreter wurde Diether Dehm. Der Vorstand insgesamt setzte sich völlig neu zusammen. Große Aufregung gab es danach um eine Eintragung im Wachbuch des Karl-Liebknecht-Hauses, wonach es die Anordnung gäbe, die Tasche von Dietmar Bartsch zu kontrollieren. Weil offensichtlich befürchtet wurde, er könne für die Nachfolger interessante Dokumente herausschaffen. In einer Krisensitzung bei mir zu Hause – die sich rasch herumsprach – dachten Lothar Bisky, André Brie, Dietmar Bartsch, Heinz Vietze und ich erstmals über einen Parteiaustritt nach. Was uns so getroffen hatte, war die hasserfüllte, kulturlos giftige Atmosphäre auf dem Parteitag. Und wieder Taschenkontrollen? Die Erregung war groß, Nerven lagen blank. Meine Frau Andrea verließ die Partei, wir anderen entschieden uns anders. Draußen vor dem Haus warteten Journalisten. Wir traten vor die Tür und teilten unseren Entschluss mit. Es war nachts um zwei.

Zu einem späteren Zeitpunkt verabredete sich Gabi Zimmer mit mir. Sie war verzweifelt über die unerträgliche Situation in der Parteiführung. Ich schlug ihr einen Sonderparteitag vor, auf dem sie auf eine erneute eigene Kandidatur verzichten solle – weil ansonsten der Verdacht entstünde, es ginge ihr bloß um eine ihr genehmere Zusammensetzung des Vorstandes. Ich würde versuchen, Lothar Bisky zu überzeugen, noch einmal als Parteivorsitzender anzutreten. Gabi Zimmer war einverstanden. Respekt.

Lothar Bisky wurde gewählt. Die Dinge beruhigten sich. Mit der Partei ging es wieder aufwärts – deutlich ablesbar an den Ergebnissen bei Landtags- und Kommunalwahlen.

*

Nun, nach meinem Rücktritt aus Amt und Funktion in Berlin und in der Partei, kehrte ich in meinen ursprünglichen Beruf zurück, ich war wieder ausschließlich als Rechtsanwalt tätig. Eine gewisse Nervosität und Unruhe ließen sich nicht vermeiden, der abrupte Wechsel wurde zum Test: Würde ich darunter leiden, gleichsam über Nacht nicht mehr in der Öffentlichkeit zu stehen? Nein, ich litt nicht. Schritt für Schritt musste ich mich in das neue Rechtsgefüge einarbeiten, die geltenden

Zulassungsregeln begreifen und vieles mehr. So arbeitete ich in meiner Sozietät, und die Begebenheiten hatten dafür gesorgt, dass ich nun doch – gegen meine anfängliche Ablehnung – im Büro in der attraktiven Fasanenstraße saß.

Wie gesagt, mich plagte das Defizit an öffentlicher Aufmerksamkeit nicht, obwohl ich sie auch genossen und genutzt hatte. Offenbar nicht ohne Wirkung über die Partei- und Parlamentsgrenzen hinaus. Denn eines Tages bat mich der Intendant des Deutschen Theaters und der Kammerspiele in Berlin, Bernd Wilms, um ein Gespräch. Er schlug mir eine Matinee-Veranstaltung im Deutschen Theater vor, ich solle Persönlichkeiten aus Politik, Wissenschaft, Kultur und anderen Bereichen zu deren Biographien und Ansichten befragen. Die Dramaturgin Birgit Rasch werde mir Literatur zur Verfügung stellen – die Lektüre als Grundlage für mein jeweils eigenes Fragekonzept. Die Idee gefiel mir, sie kam meiner Neugier entgegen, und so gibt es im Deutschen Theater seit März 2003, zwischen acht bis zehn Mal im Jahr, die Gesprächsrunde »Gregor Gysi trifft Zeitgenossen«. Die Zahl der Gäste hat die Hundert längst überschritten.

Das Besondere dieser Reihe besteht in der Ruhe und Ausführlichkeit, mit der meine Gäste erzählen dürfen. Es fehlt dieser hetzende Rhythmus, der heutzutage beinahe jede Talkshow im Fernsehen bestimmt, dieses windeseilige Dahinrutschen auf glatten Oberflächen, diese Dramaturgie des beinahe atemlosen und bisweilen auch rücksichtslosen Schlagabtauschs. Vielleicht erlebt mancher mich bei diesen biographischen Gesprächen auch anders, als er es erwartet: Ich stelle fast nur Fragen, lasse alle Auffassungen gelten, ohne sofort in eine Diskussion zu wechseln.

Auf der Bühne steht, zwischen meinem und dem Sessel des jeweiligen Gesprächspartners, ein Aquarium. Zwei Fischlein (nun schon in zweiter oder sogar dritter Generation) schwimmen darin, das ist eine schöne Selbstironie: Was immer auf der Welt an Klugem gesagt wird – Schweigen ist manchmal die bessere Variante. Was aber logischerweise nicht für diese Vormittage gilt. Wenn ich im Folgenden noch einmal willkürlich ausgewählte Matinee-Momente und Sentenzen dieser Gespräche aus dem Deutschen Theater Revue passieren lasse, Welthaltiges und Witziges, Wehmütiges und Weises, so kann das vielleicht vermitteln: Für mich sind diese Wanderungen auf anderen Lebenswegen immer auch bewegende Stunden der Selbstbereicherung. Es ist ein großartiges Erlebnis, teilzuhaben an Erfahrungen interessanter Menschen. An so vielfältigen Geistes-, Gefühls-, Leistungs-, Aufstiegs- und Ausstiegswelten.

Erster Gast war der Regisseur Peter Zadek. Der Jude kam Jahre nach dem Krieg nach Westdeutschland: »Ich erschrak«, sagte er, »dass sich die Deutschen so schnell anbrüllen, wenn sie Ansichten debattieren.« Er erzählte von seinen Theaterskandalen: »Beim ›Figaro‹ in Stuttgart war ich verblüfft, als am Ende, da ich auf die Bühne kam, nicht nur das Publikum buhte, sondern auch der Opernchor hinter mir.« Später am Berliner Ensemble verstand er sich trotz vielem Streit gut mit Heiner Müller. »Er hat mich mal gefragt, warum ich kein Stück von ihm inszeniere. Mach ich sofort, hab ich gesagt, wenn Sie mal eins schreiben, das ich verstehe.«

Daniel Barenboim, weltberühmter Dirigent und Pianist, erzählte von seinen spannenden und interessanten Erlebnissen in Argentinien, Israel, Deutschland und vielen anderen Ländern. Er setzt sich mit Vehemenz als Jude für die Gleichstellung der Palästinenserinnen und Palästinenser, für ihren eigenen Staat ein. Er konnte schon sehr früh – mit drei Jahren – Klavier spielen. Ich behauptete, dass er ein Wunderkind gewesen sei. Er erklärte: »Das Wunder ist vorbei, das Kind ist geblieben.«

Bei Marcel Reich-Ranicki hatte ich mir elf Fragen notiert, und weil ich des Kritikers Redefluss kannte, war ich wild entschlossen, mindestens fünf davon zu stellen. Lebendig wurden in seinen Erzählungen das Warschauer Ghetto, die Flucht mit seiner Frau, die Rettung durch einen kleinen polnischen Drucker, der im Suff sein Kampfziel formulierte: »Hitler hat beschlossen, diese zwei Juden zu vernichten, ich aber habe beschlossen, diese zwei Juden sollen leben – mal sehen, wer gewinnt.«

Die Theologin und Pastorin Maria Jepsen. Die erste Bischöfin der Welt. Natürlich ging es um Gott. »Man kann nichts von ihm, man kann nur von sich selbst etwas verlangen. Gott ist im Grunde der Mensch, der hilft. Im Gütemangel stirbt Gott. Er setzt sich uns aus – mehr Gnade geht nicht, mehr Verantwortung auch nicht. Uns ist ein Rahmen gegeben, der uns relativiert; und nur im Begreifen und Annehmen dieser Relativität wächst Handlungsfreiheit.« Als ich sagte, sie gelte in der Öffentlichkeit als mutige Frau, sagte sie: »Wenn das schon Mut ist, was ich als Mindest-Mitmenschlichkeit bezeichne, dann muss es um den Zustand dieser Gesellschaft schlecht bestellt sein.«

Martin Walser sagte schöne Sätze: »Jetzt sagen wir, dass es so und so gewesen sei, obwohl wir damals, als es war, nichts von dem wussten, was wir jetzt sagen.« Oder: »Über das, was man definieren soll, weiß man hinterher, hat man es denn definiert, weniger als vorher.« Oder: »Was mir wichtig ist im Leben, ist nicht links und nicht rechts.«

Alice Schwarzer habe ich gefragt, ob Frauen friedlicher seien als Männer? »Nein, sie sind halt leider nur so gemein, wie ihnen erlaubt ist.« Sie erzählte von ihrer Großmutter, die jede Politik zornig als Räuberspiel bezeichnete. »Damals bremste ich sie, heute weiß ich, sie hatte recht.« Über die RAF: »Die Terroristen kompensierten mit gesellschaftlichen Zielen auch vielfach die Erfahrung tiefster persönlicher Entwürdigung. Ein Mann wie Baader steht auch für einen ausbeuterischen, frauenfeindlichen Zuhältercharme, der ins Politische gelenkt wurde.«

Guido Westerwelle. Er sagte: »Herr Gysi, ich kann Ihnen den Liberalismus erklären: Wenn Sie auf einen Parteitag von uns gehen, dann sind da 600 Delegierte, und das sind 600 Hauptdarsteller in ihrem eigenen Stück.« – »Dann sind Sie ja zu Recht Vorsitzender gerade dieser Partei.« – »Das war gut, Herr Gysi, auch wenn Sie das überhaupt nicht gut gemeint haben.« Was Populismus sei? »Wenn Politiker en gros zu Flutkatastrophen-Orten fahren, nach dem Prinzip: Wer die höheren Gummistiefel hat, gilt als besonders volksnah.«

Dietrich Fischer-Dieskau. Ein Weltsänger! Ob er selber, wie die drei Tenöre, im Berliner Olympiastadion auftreten würde? »Nein, seit ich Goebbels von dort hörte, habe ich mir nicht vorstellen können, überhaupt je in einem Stadion aufzutreten.« Was mich interessierte: Ist ein Bariton nicht neidisch auf die Tenöre, diese eigentlichen Helden der Opern-Szenerie? »Ja, natürlich, blanker Neid! Der Bariton ist der eingeübte Verzichter, dem leider nur immer bleibt, die Dame an den Tenor zu übergeben.«

Peter Scholl-Latour. Der legendäre Frankreich-, Nahost- und Afrika-Korrespondent der ARD. Die Franzosen, sagte er, »können lieben, trinken, essen«. Ich erwiderte: »Ja, da blieb uns Deutschen nur die Pünktlichkeit.« Er erzählte von Patrice Lumumba, mit dem er noch kurz vor dessen Ermordung sprach, und dieser Kämpfer gegen den Kolonialismus sagte: »Vielleicht muss ich sterben, damit Afrika eine Figur hat, an der es sein Selbstwertgefühl steigern kann.« Scholl-Latour mochte Klartext: »Ich halte die NATO für überflüssig, sie ist eine Fremdenlegion der USA in Europa.«

Zu Gast hatte ich auch Hans-Peter Wilhelm aus Recklinghausen. Der Name hat fast schon einen Hauch von Horst Schlämmer aus Grevenbroich oder von Siggi Schwäbli mit der dicken Brille. Hape Kerkeling! Beim ersten Talentetest beim WDR lachte niemand, da stieß sich Kerkeling mit dem Mikrofon einen Zahn aus dem Mund, suchte mit einem Freund verzweifelt die Bühne ab, wo der abgeblieben sei. »Jetzt tobte der Saal. Selten, dass Zahnlosigkeit solchen Erfolg bringt. Genommen wurde ich trotzdem nicht, denn die Nummer war ja nicht wiederholbar.« 2001 pilgerte er auf dem Jakobsweg nach Santiago de Compostela, »ja, ich wollte Gott näherkommen und traf aufs ziemliche Gegenprogramm: mich«.

Walter Jens, der Philologe und Rhetoriker aus Tübingen. Er erinnerte an die Parlamentsära eines Carlo Schmid, als noch Klugheit die Bankreihen des Bundestages besetzte: »Herr Abgeordneter, stellen Sie lieber keine Zwischenfragen, denn ich warne Sie: Ich antworte Ihnen.« Leider, sagte er, sei die Zeit lange vorbei, da man unter Verweis auf die SPD ausrufen konnte: »Was denn, Sie sind nicht Sozialist? Dann müssen wir für Sie beten, Bruder!« Unvergesslich, wie er Weggefährten beschrieb. Zum Beispiel Heinrich Böll: »ein Mann stets auf der Seite der kleinen Leute, verlässlich im tätigen Humanismus«. Oder Stephan Hermlin: »behutsam, freundlich, unbeirrbar in der Konsequenz, auf der richtigen Seite gestanden zu haben und trotz bitterer Irrtümer diesen Platz nicht zu verlassen«.

Christoph Schlingensief, der Theaterregisseur. Ich habe ihn während des Gesprächs als »Sterbelehrer« bezeichnet – denn seine Krebserkrankung, ungehemmt öffentlich gemacht, hat ihn zum Ratgeber werden lassen, zum Tröster. »Das Immunsystem, das beim Krebs nicht mehr funktioniert, ist ein wesentlicher Teil des Ich. Bei wem es schwach wird, der hat gegen sein Naturell verstoßen. Die Freiheit, gut zu sich selber zu sein, darf man möglichst nicht beschneiden.«

Helge Schneider, der Clown, der Musiker, der herrlich Klavier spielt. Er bestand einst eine Sonderbegabtenprüfung am

Duisburger Konservatorium, gefordert war eine Eigenkomposition, »ich spielte was von der Gruppe Take Five, zum Glück kannte die dort keiner«. Ob die Anforderungen beim Studium hoch waren? »Für mich nicht. Aber freilich sind die Anforderungen immer hoch, wenn einer wenig talentiert ist.« Als er in Dani Levys Film den Hitler spielte, gab er irgendwann keine Autogramme mehr. »Mir war manchmal nicht klar, wollen die eine Unterschrift von mir oder von Hitler?«

Corinna Harfouch. »Ich habe unendlich viel Glück in meiner Laufbahn gehabt«, sagte die Schauspielerin. »Wer Glück hat, muss wissen: Dafür ist ein anderer unglücklich. Wer gut lebt, ist schuldig.« – »Muss man deswegen ein schlechtes Gewissen haben?« – »Nein«, antwortete sie, »man muss Schuld so kreativ machen wie die Angst, die kann ja auch ein Motor sein.« Und sprach über das Spiel als Rettung: »die Dinge des Lebens nicht immer nur so furchtbar trocken zerdenken«. Sie meinte, jedes Leben sei ein Wunder, »und wie nur kann es gelingen, gesellschaftliche Regeln aufzustellen, die Millionen Wundern eine Chance geben?« Wir kamen auf die Politik. Ich sagte: »Politik ist notwendige Vereinfachung.« Sie erwiderte: »Und Kunst ist das notwendige Gegenteil. So lebt jeder in seiner Welt.«

Mein Prinzip, ob ich nun den CDU-Politiker Volker Kauder, den Springer-Konzernchef Mathias Döpfner oder den streitbaren Sozialdemokraten Klaus von Dohnanyi einlade: nicht polemisieren, sondern gewähren lassen. Sich freuen, reiben an anderer Leute Lebenserfahrung und -philosophie. Hinhören, staunen, bejahen, verneinen, vergleichen, und dann das Theater verlassen – aufgeladen mit Gesprächslust. Der jetzige Intendant des Deutschen Theaters, Ulrich Khuon, hat anlässlich der 100. Veranstaltung von einer »individuellen Geschichtsschreibung« gesprochen. Das gefiel mir.

Inzwischen habe ich daneben eine ähnliche, wenn auch

nicht gleichzusetzende Gesprächsreihe im Berliner Kabarett-Theater »Die Distel« unter dem Motto »Missverstehen Sie mich richtig!« und im Gut Mausbeck in Bochum. Außerdem führe ich solche Gespräche im Stadttheater Cöpenick in meinem Wahlkreis.

*

Arbeit in der Politik bedeutet Stress, fortwährende Erreichbarkeit, ständige Zufuhr von Adrenalin. Nicht selten dann der Schock, die ernsthafte Erkrankung, wenn man aus der ersten Reihe ausscheidet. Mir bereitete der Wiedereintritt in ein Leben als Rechtsanwalt durchaus Freude, ich spürte Erfüllung, mir fehlten auch die Fernsehauftritte nicht – und trotzdem traf auch mich eine solche Krise.

Im Jahre 2004 erlitt ich drei Herzinfarkte, einen kleinen Gehirnschlag und musste wegen eines Aneurysmas am Gehirn operiert werden. Etwas zu viel auf einmal.

Den ersten Herzinfarkt erlitt ich nachmittags im Anwaltsbüro. Die Luft wurde plötzlich immer knapper, ich öffnete freiwillig das Fenster, ahnte, was mir da geschah, wollte es aber nicht wahr haben. Ich fuhr dann nach Hause, gegen 22 Uhr kam meine Frau, sah mich und verlangte, sofort zur Rettungsstelle zu fahren. Strikt wehrte ich ab, verwies auf den nächsten Tag. Die Diskussion ging hin und her, Andrea setzte sich durch, mir gelang der Kompromiss: Bevor wir losfuhren, rauchte ich noch eine Zigarette.

Andrea hat mir mit ihrem Drängen wohl das Leben gerettet. Auf der Rettungsstelle wurde unverzüglich entschieden, mich ins Krankenhaus zu bringen. Noch in der selben Nacht bekam ich einen ersten Stent eingesetzt, durch die weiteren Infarkte im Laufe des Jahres wurden es vier.

Nach der Operation am Gehirn konnte ich mich zunächst nur noch an Fremdwörter erinnern, die ich bereits als Kind kannte. Sprachlich brachte ich vieles durcheinander. Mit der

Zeit besserte sich dieser Zustand wieder. Ein halbes Jahr durfte ich mich nicht ans Steuer eines Autos setzen.

Nach der Gehirnoperation hatte ich auf der Intensivstation gelegen und bekam einen weiteren Herzinfarkt. Zudem geschah noch Folgendes. Meine Frau Andrea hatte mich besucht, verließ gerade die Intensivstation und sah, wie eine Frau im Kittel zu mir gelassen werden sollte. Sie fragte die Schwestern, ob sie wüssten, wer das sei, und als Antwort wurde ihr gegeben: Diese Besucherin habe sich als gute Freundin von mir vorgestellt. In letzter Sekunde konnte Andrea diese Frau am Betreten meines Zimmers hindern. Es war eine Stalkerin, die mich schon mehrfach belästigt hatte. Wer weiß, ob sie nicht vor Wut oder Enttäuschung oder Eifersucht die Drähte herausgezogen hätte. Später stellte sich heraus, dass sie unzurechnungsfähig ist. Vielleicht hat mir meine Frau durch ihre Umsicht so erneut das Leben gerettet.

Als ich die Intensivstation verlassen konnte und zu meinem Zimmer gebracht wurde, stand vor der Tür schon ein »Bild«-Fotograf. Glücklicherweise bekam er seinen Fotoapparat nicht schnell genug in Stellung, sodass er meinen verbundenen Kopf nicht fotografieren konnte. Seitdem saß ein privater Sicherheitsdienst vor meiner Tür, der nur Leute mit Genehmigung hereinließ. Später veröffentlichte »Bild« auf der Titelseite das Foto eines Gehirns und behauptete, es sei meines, und ich zeigte es gern den Lesern der Zeitung. Das war die Hauptschlagzeile! Natürlich ging ich dagegen vor, und das Springer-Blatt wurde zu einer Gegendarstellung verurteilt, die in gleicher Größe wie die falsche Behauptung auf Seite eins prangen musste. Dies erfuhren mein Fahrer und ich aus dem Autoradio, es wurde als größte Gegendarstellung in der Geschichte des Blattes vermeldet. Mein Fahrer und ich stritten hin und her, wer am nächsten Kiosk die Ausgabe kaufen solle. Ich wollte die Gegendarstellung sehen, aber beim Kauf nicht gesehen werden. Mein Fahrer aber auch nicht. Wer letztlich zum Kiosk ging, bleibt unser Geheimnis.

*

Mein erster öffentlicher Auftritt nach meiner Gehirnoperation fand Anfang Januar 2005 im Deutschen Theater statt. Mein Gast in der schon beschriebenen Gesprächsreihe war der anarchische Bildhauer Alfred Hrdlicka aus Wien. Die Veranstaltung begann wie immer am Sonntagvormittag um elf Uhr. Eine der vorderen Sitzreihen war vollständig besetzt mit Journalistinnen und Journalisten. Sie wollten offenkundig in Erfahrung bringen, was die Gehirnoperation bei mir angerichtet hatte: Wackele ich ständig mit dem Kopf, schneide ich Grimassen, habe ich Aussetzer, oder zeige ich andere Schäden?

Alfred Hrdlicka, der inzwischen verstorben ist, war ein provokanter Künstler. 1990 hatte er einen Graphikzyklus geschaffen: »Der Anschluss« (der DDR an die Bundesrepublik). Dazu gehörte eine Zeichnung mit dem Titel »Gysi raus!« Das Blatt zeigt, wie ein gestiefeltes Bein nach mir tritt. Hrdlicka sagte: »Mit dieser Zeichnung nahm ich vorweg, was mit Gysi oder auch Stefan Heym in der Bundesrepublik passieren würde. Ich habe den Gysi kennengelernt und ihm gleich in der Sprache der Nazis krass gesagt, mit seinem ›jüdisch-bolschewistischen Intellektualismus‹ wird er unter die Räder kommen. Mein Instinkt war richtig: Er wurde Zielscheibe für alles, was man der SED nachträglich und der PDS aktuell anlasten wollte.«

Der damals 76-Jährige war schwer gezeichnet von seiner Arbeit. Sein lebenslanger Erzieher hieß: Stein. Oder Marmor. Wie er an diesem Tag auf der Bühne des Deutschen Theaters saß, erkannte man: Er bezahlte immer bar – mit seinem Fleisch für das Fleisch, das er aus Steinen schlug. Ein Linkshänder und Linksdenker. Er ist Arbeiter geblieben, wundgeschlagen, gekrümmt; daraus erwuchs Aufrichtigkeit. Stehvermögen. Was ihn stets am Leben hielt, war »eine lange Wut« und sein »dickes politisches Fell«. Über zehn Jahre lang dauerte es, bis er im Zentrum Wiens sein Mahnmal gegen den Faschismus im Widerstand gegen wüste Beleidigungen und Beschimpfungen konservativer, nationalistischer Kräfte durchgesetzt hatte. Ein Teil des Mahnmals: der straßenwaschende Jude; 1938 mussten die Wiener Juden knieend die Straßen von Anti-Nazi-Parolen reinigen.

Zum Abschluss der Matinee sagte ich ihm, was seine Bildhauerei so grandios mache: »Es kostet, wie Ihr Leben zeigt, sehr wohl Kraft, etwas hinzustellen – aber Sie dürfen beruhigt sein: Es kostet die Gegner auch viel Kraft, das wieder wegzukriegen. Meistens zu viel Kraft.« Ich half ihm aus dem Sessel. Da stand er, wie gestaucht vom Stein, der so lebenslang auf ihn, den Hauer, zurückhieb. Und er ballte tatsächlich die Faust.

Der Berserker war ein Leben lang Alkoholiker. Er trank von morgens 11 bis 12.30 Uhr im Deutschen Theater mindestens drei große Gläser Wodka. Entsprechend veränderten sich seine Stimme, seine Körperhaltung. Hinterher meinte Hrdlicka, es sei ziemlich schlimm mit seiner Trinkerei. Ich sagte, alle anderen im Saal wären im Unterschied zu ihm bei jener Menge Wodka, die er konsumiert habe, wahrscheinlich dem Tode geweiht. Seine starke Neigung zum starken Getränk gab mir bei dieser ersten öffentlichen Veranstaltung nach meiner Krankheit eine unverhoffte Chance. Die Medienvertreter konzentrierten sich mehr und mehr auf Alfred Hrdlicka und seine zunehmenden Schwierigkeiten mit der Sprache, sodass meine durchaus noch vorhandenen intellektuellen Schwächen nicht weiter auffielen. Ein weiterer Grund, diesem großartigen Jahrhundert- und Lebenskünstler dankbar zu sein.

Seit jenen schweren Eingriffen wurde ich von wirklich bedrohlichen Erkrankungen verschont. Ich habe alles gut überstanden, bin allen Ärztinnen und Ärzten, den Schwestern und

Pflegern und vor allem Andrea zutiefst dankbar. Übrigens spürte ich am eigenen Leibe eine Weisheit meines Großvaters, der ja selbst Arzt war: Chefärzte, sagte er, darf man nur komplizierte Operationen machen lassen, niemals simple. Das können Assistenzärzte viel besser. Bei den komplizierten Eingriffen allerdings sind die Assistenten überfordert.

46. KAPITEL

Der Wandel blieb ein Charakteristikum meines Lebens. Nach dem Einschnitt durch Krankheit und notwendige Rehabilitationsmaßnahmen arbeitete ich wieder als Anwalt. Im April 2005 hatte ich ein Treffen mit Oskar Lafontaine in Potsdam. Er erklärte mir, dass die SPD aufgrund der Agenda 2010 und Hartz IV immer schwächer, immer angreifbarer, immer unsozialer werde. Überrascht war ich über das, was er mir offenbarte: Er warte noch die Wahlen in Nordrhein-Westfalen ab, rechne mit einer Niederlage der SPD und könne sich vorstellen, anschließend die SPD zu verlassen. Ich sah sofort die linken Chancen.

Unzufriedene Sozialdemokraten und Gewerkschafter hatten inzwischen die Wahlalternative für Soziale Gerechtigkeit (WASG) gegründet; führende Vertreter waren Klaus Ernst und Thomas Händel. Oskar Lafontaine brachte eine Vereinigung von PDS und WASG ins Gespräch – nach seinem Austritt aus der SPD wolle er sich dafür einsetzen. Die PDS allerdings, so wandte er ein, müsse sich vor einer solchen Liaison auch nach außen hin als neue Partei präsentieren und sich deshalb umbenennen. Und dann nötigte er mich. Und zwar ganz im positiven Sinne: Ich müsse zurückkehren in die Politik – sonst käme er nicht. Sofort sagte ich aber nicht zu, versprach ihm aber, bald Bescheid zu geben.

Vor der Partei lag eine große Chance, eine große Aufgabe. Viele Dinge gingen mir durch den Kopf. Ich dachte an die langen, schweren Jahre der Saat, ich spürte angesichts des Erlebten und Erfahrenen die Hoffnung auf bessere Zeiten für eine linke Partei in Deutschland. Aber ich dachte auch an meine eben erst überstandenen Operationen und die Notwendigkeit, mein Leben nicht wieder so stressig zu organisieren. All das überlegte und bedachte ich – und entschied mich, wieder in die Politik zu gehen.

Die Wahlen in Nordrhein-Westfalen verliefen für die SPD tatsächlich desaströs. Seit vielen Jahrzehnten übernahm erstmalig die CDU mit Jürgen Rüttgers die Regierungsverantwortung. Gerhard Schröder erklärte, er werde Neuwahlen herbeiführen. Oskar Lafontaine rief mich an, nun sei es für ihn als ehemaligen Vorsitzenden so weit, die SPD zu verlassen. Die Bundesrepublik hatte ihre politische Sensation.

*

Erstmals nahm ich im Juni 2005 wieder an einem Parteitag teil. Ich hielt eine Rede für den Zusammenschluss mit der WASG und die Umbenennung der PDS. Auch andere sprachen in diesem Sinne. Die gewichtigste Gegenrede hielt Sahra Wagenknecht. Sie wehrte sich gegen die Umbenennung, gegen eine Vereinigung mit der WASG und gegen eine Zusammenarbeit mit Oskar Lafontaine – denn er werde die PDS sozialdemokratisieren. Es ist merkwürdig, wie die Angst vor Veränderungen Menschen besetzen kann. Als Sahra Wagenknecht noch weit jünger war, stemmte sie sich schon gegen die Umbenennung der Sozialistischen Einheitspartei Deutschlands (SED) in eine Partei des Demokratischen Sozialismus (PDS). Nach der Umbenennung wollte sie, dass wir eine kommunistische Partei werden. Beides hätte uns ruiniert. Und wenn wir uns 2005 der Vereinigung verweigert hätten, wären wir Schritt für Schritt als regionale ostdeutsche Partei untergegangen.

Das ändert nichts daran, dass Sahra Wagenknecht inzwischen eine herausragende Persönlichkeit unserer Partei geworden ist. Sie hat ein umfassendes Wissen in Wirtschafts- und Finanzfragen. Neben den in der Geschichte liegenden unterschiedlichen Auffassungen bei großen Fragen gibt es auch heute Differenzen zwischen uns. Das betrifft den Euro, die Europäische Union und die Flüchtlingsfrage. Bei diesen Themen denke ich auch anders als Oskar Lafontaine. Trotzdem haben wir inzwischen Spielregeln für den Umgang miteinander gefunden und versuchen, sie einzuhalten. Und natürlich weiß ich, dass es Die Linke, wie sie heute existiert und akzeptiert wird, ohne Oskar Lafontaine nicht gäbe.

Das Problem auf dem Parteitag 2005 bestand darin, dass nach unserer Satzung für eine Namensänderung eine Zweidrittel-Mehrheit der gewählten (nicht bloß der anwesenden) Delegierten benötigt wurde. Es war schon Urlaubszeit, viele Delegierte fehlten. Neunzehn Gegenstimmen hätten genügt, das Ganze zu verhindern. Zum Glück wurden es nur elf.

Es lag auf der Hand, dass die Vereinigung von PDS und WASG Zeit kosten würde und auf keinen Fall bis zur Bundestagswahl im September hinzubekommen war. Aber immerhin hießen wir jetzt Linkspartei. PDS, und bereits die Ankündigung unserer Neuorientierung reichte aus, um den Umfragewerten Aufwind zu geben.

*

Für mich stand die Frage einer Direktkandidatur. 1990, 1994 und 1998 war ich im Wahlkreis Berlin Marzahn-Hellersdorf angetreten und hatte ihn drei Mal gewonnen. Inzwischen war dort aber Petra Pau gewählt worden, und ich wollte ihr den Wahlkreis auf keinen Fall streitig machen. In Berlin-Lichtenberg waren ab 1994 Christa Luft und dann Gesine Lötzsch erfolgreich. Berlin-Pankow hatten wir mal gewonnen, mal nicht. Der Wahlkreis von Mitte war mit Westbezirken gemischt worden und nicht mehr zu gewinnen. Nur einen einzigen weiteren Ostberliner Wahlkreis gab es – den wir noch nie gewonnen hatten. Regelmäßig war er an die SPD gegangen: Berlin Treptow-Köpenick – jener Teil Berlins, in dem ich meine Kindheit und Jugend verbracht hatte. Eine Rückkehr. Ich entschied, dort anzutreten, und wurde auch aufgestellt.

Der Wahlkampf verlief höchst anstrengend. Wieder drehte sich die altbekannte Mühle. Nur schneller, nur kräfteraubender. Ständig trat ich gemeinsam mit Oskar Lafontaine auf, bei Kundgebungen, im Fernsehen und im Rundfunk. Leider griff er in einer seiner Reden zur höchst anfechtbaren Vokabel der »Fremdarbeiter«, das erregte bei nicht wenigen Mitgliedern und Sympathisanten unserer Partei Unmut, den auch ich auszubügeln hatte. Aber zwischen uns entstand ein festes Vertrauensverhältnis, das sehr lange hielt.

Die Wahl verlief erfolgreich. Linkspartei.PDS zog mit über acht Prozent der Zweitstimmen in den Bundestag, stellte vierundfünfzig Mandate, darunter drei Direktmandate, die in Berlin gewonnen wurden, von Petra Pau, Gesine Lötzsch und mir. Wir entschieden uns für einen neuen Namen der Fraktion und nannten uns »Die Linke«. Das sollte auch der künftige Parteiname werden. Fraktionsvorsitzende wurden Oskar Lafontaine und ich. Eigentlich kennt man nur geschlechtlich quotierte Doppelspitzen, bei uns lief es halt anders, in diesem Falle gibt es eine Erklärung, die viel mit der politisch-historischen Entwicklung der Partei zu tun hat. Ein wenig war es, als sei die konfliktreiche, quälende Geschichte von SPD und KPD und SED, gerade auch mit dem Schritt des ehemaligen Sozialdemokraten Oskar Lafontaine, auf eine neue, endlich produktive Ebene gehoben worden. Und es fügten sich ostdeutsche und westdeutsche Linkskräfte zusammen, die nicht selten mit unseren beiden Personen verbunden waren. Aber die Unterschiede West-Ost blieben dennoch deutlich.

*

Gerhard Schröder verlor die Wahl, Angela Merkel wurde Bundeskanzlerin. Allerdings entstand eine große Koalition, die logischerweise jene unsoziale Politik aus der Zeit von SPD und Grünen nicht korrigierte. Der Wahlkampf und die Koalition gaben der Verdrossenheit über das politische Establishment einen Schub. Die Union hatte ihren Willen zu einer zweiprozentigen Erhöhung der Mehrwertsteuer plakatiert, während die SPD für eine »Steigerung« von null Prozent plädierte. Der Kompromiss zwischen zwei und null Prozent lautete dann in der Großen Koalition – drei Prozent.

Wie immer hatten wir offene Listen. Neben Mitgliedern der Linkspartei.PDS, gab es Parteilose, WASG-Mitglieder und Doppelmitglieder von WASG und Linkspartei.PDS. Das stellte sich als Problem heraus. Wieder gab es eine Beschwerde gegen unseren Einzug ins Parlament. Zwei ehemalige Verfassungsrichter hatten den Konflikt vorher schon geschürt, indem sie in der Zeitung geschrieben hatten, die Linkspartei. PDS könne doch mittels ihrer Kandidaten nicht eine andere Partei, nämlich die WASG, in den Bundestag holen, ohne dass diese die Fünfprozenthürde erreichen müsse.

Der Verfassungsrechtler Wolfgang Löwer erhob also erneut eine Beschwerde gegen unsere Wahl und nutzte selbstverständlich den erwähnten Artikel. Wolfgang Löwer war ich schon nach 1994 vor dem Bundesverfassungsgericht begegnet. Er beschwerte sich, dass wir über die Direktmandatsregelung in den Bundestag eingezogen waren. Dies bedeutete für ihn, die Gleichwertigkeit von Stimmen aufzuheben. Eine Partei könne zum Beispiel 4,9 Prozent der Zweitstimmen erreichen, aber kein Direktmandat und zöge nicht in den Bundestag. Eine andere Partei aber erreichte drei Direktmandate und zum Beispiel nur ein Prozent der Zweitstimmen – und bekäme etwa ein Prozent der Sitze im Bundestag.

Wir beide standen im Bundesverfassungsgericht nebeneinander, und Löwer beging einen argumentativen Fehler. Er bekannte, ihm gehe es überhaupt nicht um die PDS, sondern ausschließlich um eine Regelung, die vom Grundgesetz nicht getragen werde. Ich bekannte auch – nämlich mein Staunen: Da sei er nun Jahrzehnte Verfassungsrechtler, aber die vermeintliche Verfassungswidrigkeit dieser Direktmandatsregelung fiele ihm erst jetzt auf, da wir in den Bundestag eingezogen sind. Das erste Mal erlebte ich, dass acht Richterinnen und Richter des Bundesverfassungsgerichts lachen mussten. Auf jeden Fall wurde die Beschwerde abgewiesen.

Diesmal aber war es komplizierter. In dieser Angelegenheit vertrat ich unsere Fraktion ausnahmsweise auch als Rechtsanwalt. Ich erwiderte auf alle Schriftsätze und nutzte zu unseren Gunsten eine nach unserer Wahl beschlossene Änderung des Wahlgesetzes. Auf der Liste einer Partei dürfen künftig nicht Mitglieder einer anderen Partei kandidieren. Meine Argumentation lautete: Dieses Gesetz wäre doch keinesfalls erforderlich gewesen, wenn diese »Fremdkandidatur« vorher nicht erlaubt gewesen wäre. Das Bundesverfassungsgericht hat keine Verhandlung anberaumt, offenkundig wurde die Sache absichtsvoll verzögert. 2009 fanden die nächsten Wahlen statt, und das Verfahren wurde eingestellt – weil nun nicht mehr entschieden werden müsse.

*

Oskar Lafontaine und ich arbeiteten gut zusammen. Bei den sogenannten Elefantenrunden im Bundestag – Debatten mit Bundeskanzlerin und Fraktionsvorsitzenden – wechselten wir einander ab. Irgendwann aber wurde deutlich, dass es hinsichtlich der Außenpolitik Widersprüche zwischen ihm und mir gab. Besonders bezüglich einer geplanten Reise in den Iran wurden wir uns nicht einig. Um mögliche Spannungen nicht weiter anzuheizen, traf Oskar Lafontaine eine kluge Entscheidung: Er kam zu mir und schlug vor, ich möge vornehmlich für Außenpolitik zuständig sein, er überwiegend für Wirtschafts- und Steuerpolitik. Beide mischten wir uns möglichst wenig ins Ressort des jeweils anderen ein; den »Rest« an Fragen erledigten wir gemeinsam. Das funktionierte. Erstaunlich, wie sehr man sich im Dienste eines wichtigen Vertrauensverhältnisses zurücknehmen kann.

Besagter »Rest« bestand auch aus der Leitung der Fraktion. Wir fanden eine gute, funktionierende Arbeitsteilung – wenngleich die Widersprüche in der Fraktion zunahmen. Es gab Widersprüche zwischen Ost und West; wer aus Gewerkschaftsfunktionen kam, brachte ebenfalls eine eigene Denkweise mit, die nicht von allen geteilt wurde. Und dann gab es jene, die Linkssein an eine gewisse Radikalität binden, die mitunter einfach nur Enge bedeutete – diese gesetzt gegen die sogenannten Reformer.

Oskar Lafontaine hatte auf Zustimmung im Osten gesetzt. Auf einem Parteitag in Sachsen-Anhalt wurde er aber eher kühl empfangen, seine Enttäuschung suchte sich ein Ventil, Schritt für Schritt wandte er sich den radikaler Denkenden aus den alten Bundesländern zu. Dort musste er sich zum Teil auch Anschauungen beugen, die er nicht teilte. So geriet auch ich in eine schwierige Vermittlersituation. Wir stolperten und tasteten uns durch ein immer größer werdendes Widerspruchsfeld.

Schwierig war das Verhältnis zwischen Oskar Lafontaine und Lothar Bisky. Sie hatten sich zu wenig zu sagen. Auch zu Dietmar Bartsch ging Oskar Lafontaine auf Distanz: Ihm gegenüber sei der Bundesgeschäftsführer der Partei nicht loyal genug. Wieder: Vermittlung, Ausgleichsmühe, Besänftigung, Beruhigung – solche Spannungen kann ich überhaupt nicht vertragen. Jeden Tag musste ich neu überlegen, wie ich mich verhalte. Mein sehr gutes Verhältnis zu Lothar Bisky und Dietmar Bartsch wollte ich auf gar keinen Fall aufgeben, aber auch die Beziehungen zu Oskar Lafontaine nicht gefährden. Beides immer wieder hinzubekommen, also so zu agieren, als sei ich Pädagoge oder Psychologe – das ging mir, ehrlich gesagt, auf die Nerven. Manchmal kam ich mir vor wie ein Feuerwehrmann, der in einem Wald hin und her rennt, um immer wieder kleine Glimmstellen auszutreten, bevor sie sich weiter entzünden. Und bei allem Konfliktstoff wollte ich doch eines um keinen Preis: meine politische Tätigkeit beschädigen und meinen Humor verlieren.

Die inneren Querelen der Partei belasteten mich um so mehr, als wir politisch wirksamer wurden, auf allen Politikfeldern agierten und diskussionswürdige Alternativen anboten. Stets trat Oskar Lafontaine schärfer, kantiger auf als ich, ich blieb bei meinem Stil und versuchte immer, Polemik mit Verständnis, Angriff mit Vermittlung zu verbinden. Das Nebeneinander beider Stilrichtungen erwies sich als produktiv und erfolgreich.

*

Zur großen Herausforderung steigerte sich die Finanzkrise, die 2007 in den USA begann und 2008 auch nach Deutschland kam. Eben noch hatte Bundesfinanzminister Peer Steinbrück erklärt, diese Krise berühre und erreiche uns nicht – und schon war sie da. Innerhalb kürzester Frist, das heißt binnen einer Woche, sicherte der Bundestag den Privatbanken einen Betrag in Höhe von 480 Milliarden Euro zur Rettung zu. Eine Summe, höher als der Bundeshaushalt. Für die Bevölkerung musste es unverständlich bleiben, weshalb es kein Geld für die nahe liegende Kindertagesstätte oder die Schwimmhalle im Ort gab, aber Banken bedenkenlos mit solchen enormen Summen indirekt gestützt wurden. Oskar Lafontaine entwarf sozialpolitische Alternativen, die von unserer Fraktion getragen wurden und die unsere sozial-ökonomische Kompetenz bekräftigten. Beim Zusammenwirken von Union und SPD gab es ein bemerkenswertes Wirkungsmoment: Stieß Regierungspolitik bei den Leuten auf Wohlwollen, so wurde das der Union zugutegehalten, wurden Kabinettsentscheidungen abgelehnt, zeigte die Wählerschaft eher auf die SPD.

Oskar Lafontaine und ich trugen den Hauptteil des Wahlkampfes 2009. Es konnte ein beachtliches Wahlergebnis erzielt werden: Wir erreichten 11,9 Prozent der Zweitstimmen, 76 Mandate, davon 16 (!) Direktmandate. Sie stammten aus den neuen Bundesländern und Ostberlin. Mein Direktmandat in Berlin Treptow-Köpenick konnte ich erfolgreich verteidigen.

Den Wahlkampf hatte Oskar Lafontaine noch mit bestritten, danach verließ er den Bundestag. Innerhalb der Partei spitzten sich die Konflikte zu – ein gutes Wahlergebnis steigert eben das Selbstbewusstsein und führt auch dazu, dass man meint, nun ungehemmter und lauter bestimmte Auseinandersetzungen führen zu können. Zwischen östlichen und den Vorständen einiger westlicher Landesverbände brachen Richtungskämpfe aus. Auch ging es um das Verhältnis zwischen Oskar Lafontaine und Dietmar Bartsch.

Im Januar 2010 kritisierte ich den Bundesgeschäftsführer Dietmar Bartsch wegen Illoyalität gegenüber Oskar Lafontaine, der neben Lothar Bisky schließlich immer noch Bundesvorsitzender war. Bis heute tut es mir leid, dass es dadurch einen Riss zwischen Dietmar Bartsch und mir gab. Das war überhaupt nicht meine Absicht, aber, ehrlich gesagt, mir langte es, ich wollte diese ungute Stimmung, die Wellen in die gesamte Partei hineinschlug, endlich beenden. Der Riss tat aber weh, und ich machte es gewiss anders, wenn sich dieser Konflikt wiederholte. Zum Beispiel weniger öffentlich.

Ich war der alleinige Fraktionsvorsitzende, und Dietmar Bartsch erklärte wegen meiner Kritik, nicht wieder für den Posten des Bundesgeschäftsführers zu kandidieren. Lothar Bisky und Oskar Lafontaine traten als mögliche Parteivorsitzende ebenfalls nicht mehr an. Zu neuen Vorsitzenden wurden Gesine Lötzsch und Klaus Ernst, zu Bundesgeschäftsführern Caren Lay und Werner Dreibus gewählt.

*

In jener Zeit gab es einen bemerkenswerten Vorgang, der im Kleinen deutlich macht, wie es zu Veränderungen im Sozialgefüge kommen kann. In der TV-Sendung »Hart, aber fair« mit Frank Plasberg saßen im Mai 2009 Vertreter aller Fraktionen, darunter auch Volker Kauder und ich. Befragt wurde eine Frau, die von Hartz IV leben musste. Eingeblendet wurde ein Bild, das ihre Tochter mit einer Bassgitarre zeigte. Das Mädchen hatte in den Ferien gearbeitet und sich ihren Traum erfüllt, nämlich: sich dieses Instrument zu kaufen. Das Jobcenter hatte daraufhin der Mutter angekündigt, ihr das von der Tochter verdiente Geld vom Hartz-IV-Betrag abzuziehen.

So stand die Frage, die Bassgitarre wieder zu verkaufen. Wenn Politiker eine so bittere Erfahrung aus unmittelbarer Nähe erleben, wandelt sich – unabhängig davon, welcher Partei sie angehören – ihr Blick darauf. Plötzlich ist das Problem kein Abstraktum mehr. Natürlich muss Politik einerseits auf dieser abstrakten Ebene bestehen, Entscheidungen für ein Gemeinwesen tragen notwendigerweise allgemeinen Charakter. Aber dennoch darf nie vergessen und missachtet werden, dass Politik in konkrete Schicksale eingreift und sich ihr Wert und ihr Sinn am einzelnen Menschen entscheidet.

Also: Niemand wollte dem Mädchen die Gitarre wieder wegnehmen, und so waren wir alle uns einig, dass hier gehandelt und gesetzliche Vorgaben korrigiert werden müssten.

Am nächsten Tag sorgte ich dafür, dass unsere Fraktion einen entsprechenden Antrag einbrachte. In der letzten Debatte des Bundestages vor der Neuwahl im September fand auch eine

Abstimmung über unseren Antrag statt, allerdings ohne gesonderte Aussprache zum Thema. Also erwähnte ich unseren Antrag in jener Rede, die ich zuvor im allgemeinen Wahlkampfreden-Austausch gehalten hatte. Ich verwies auf die Fernsehsendung und jene Ergriffenheit, die durch die Vertreter aller Parteien gegangen war, und drückte die Hoffnung auf eine breite Unterstützung unseres Antrags aus. Natürlich, mustergerecht, blieb diese Zustimmung aus, der Antrag wurde abgelehnt.

Im Januar 2010 fragte Frank Plasberg bei »Hart, aber fair« wieder die Vertreter aller Fraktionen (wenn auch andere Personen), ob das im Mai 2009 Gesagte nur Gerede gewesen sei. Dann blendete er den entscheidenden Moment aus der damaligen Sendung ein, unser aller einmütige Forderung nach Gesetzeskorrektur, und dann folgte ein Ausschnitt aus meiner Rede im Bundestag. Wieder erklärten alle vor Kamera und Mikrofon, so, wie es dem Mädchen mit der Gitarre widerfahren sei, ginge es auf keinen Fall. Tatsächlich wurde dann im Juni 2010 ein Gesetz beschlossen, wonach das Entgelt für Ferienarbeit nicht mehr mit der Grundsicherung und Hartz IV verrechnet werden darf. Sicherlich kein weltbewegendes Ereignis, aber doch eine jener Veränderungen, die für das Lebensgefühl von Betroffenen von Bedeutung sein können. An einer Gitarre, um bei dem Beispiel zu bleiben, kann ein Stück persönliches Glück hängen. Zustande kam das, was ich schilderte, durch das beharrliche Zusammenwirken eines Journalisten mit einem Politiker.

*

Für die Partei wurde es nach dem Wahlerfolg 2009 nicht leichter. Medien zeichneten – überwiegend unbegründet – ein Negativbild von Klaus Ernst, das zeigte Wirkung. Gesine Lötzsch äußerte sich in einer linken Zeitung unglücklich zur Frage des Kommunismus und wurde damit ebenfalls vorgeführt. In der

Partei wuchsen die Auseinandersetzungen, auch gegenseitige Zurechtweisungen sickerten in die Tonlage.

Im Jahr 2012 stand dann ein neuer Parteitag mit Neuwahlen an. Dietmar Bartsch erklärte, für den Parteivorsitz kandidieren zu wollen, später kündigte auch Katja Kipping ihr Interesse an. Am Rande einer Fraktionsklausur berieten Oskar Lafontaine, Ulrich Maurer, Dietmar Bartsch und ich über die Frage der künftigen Leitung. Oskar Lafontaine erklärte seine erneute Bereitschaft, für den Parteivorsitz zu kandidieren. Zur Rettung der Partei, betonte er.

Auf meine Frage, was in diesem Falle aus Dietmar Bartsch werden solle, kam die Auskunft: Bundesgeschäftsführer. Ich war mehr als erstaunt. Glaubte Oskar Lafontaine tatsächlich an die tragfähige Herstellung von Vertrauen und Loyalität? Er bejahte. Und auch Dietmar Bartsch erklärte, im Falle einer Kandidatur von Oskar Lafontaine seine Kandidatur zum Parteivorsitz zurückzuziehen und ein verlässlicher Bundesgeschäftsführer von Oskar Lafontaine zu werden. Wir gingen im Einvernehmen auseinander. Oskar Lafontaine entschied sich aber später, nicht zu kandidieren.

*

Zu einem gewissen Bruch zwischen Oskar Lafontaine und mir kam es im April 2012. Wir trafen uns zu einem Essen. Zuvor hatte ich eine Veranstaltung, die unglücklicherweise weit länger als angekündigt dauerte, sodass Oskar Lafontaine eine beträchtliche Weile auf mich warten musste. Damit lag schon mal ein Schatten über der Atmosphäre unseres Gesprächs. Oskar eröffnete mir, er könne Dietmar Bartsch auf keinen Fall als Bundesgeschäftsführer akzeptieren. Der Gesinnungswechsel überraschte mich.

Natürlich bemerkte Oskar Lafontaine mein fragendes Gesicht und erläuterte seinen Umschwung: Fraktionsmitglied Steffen Bockhahn habe sich in unbotmäßiger Form über ihn geäußert, und er wäre fest davon überzeugt, dass Bockhahn ein Sprachrohr von Dietmar Bartsch sei. Ich bezeichnete diese Logik als falsch. Mochte sich Steffen Bockhahn ungebührlich geäußert haben, vorherige Absprachen mit Dietmar Bartsch aber musste es keinesfalls gegeben haben. Oskar Lafontaine blieb bei seinem Verdacht. Ich machte ihm klar, mich mit öffentlicher Kritik an Dietmar Bartsch nicht zurückgehalten zu haben, aber nur, wenn sie nach meiner Auffassung angebracht war. Hier aber sähe ich keinen Anlass, und für Urteile über bloße Spekulationen sei mir meine Beziehung zu Bartsch zu wichtig.

Kurzum: Es herrschte eine unangenehme Spannung. In der Fraktion – in der Oskar Lafontaine nicht Mitglied war – wuchs die verbale Schärfe, es wurde mehr und mehr auch gebrüllt. Unterschwellig spürten alle, dass sich Grundsatzfragen der Partei angestaut hatten und ein landläufiger Reflex eingetreten war: Man stritt über Richtungen und Prinzipien, kleidete das aber mit gesteigerter Heftigkeit, bis hin zur Verbitterung, in eine Diskussion auch um Personalfragen.

*

Auf dem Göttinger Parteitag 2012 versuchte Oskar Lafontaine mich davon zu überzeugen, ab Herbst 2012 den Fraktionsvorsitz mit Sahra Wagenknecht zu teilen. Dazu war ich nicht bereit, was ihn erneut enttäuschte. Aber dem Vorschlag konnte ich nicht zustimmen. Keinerlei Lust verspürte ich, die ohnehin belastenden Auseinandersetzungen in der Partei nun auch noch direkt in die Spitze der Fraktion zu holen.

Außerdem befürchtete ich aus Erfahrungen mit Sahra Wagenknecht, dass sie für die sogenannte Kärrnerarbeit in der Fraktion kaum zur Verfügung stehen würde, seien es nun Arbeitskreise, Vorlagen, Vorstandssitzungen oder Fraktionsversammlungen. Eine Erleichterung in der Alltagsarbeit hatte ich also nicht zu erwarten. Oskar Lafontaine gab sich gar nicht erst Mühe, das zu entkräften. Aber er verwies auf die wichtige, unverwechselbare Außenwirkung »seiner« Kandidatin. Meinen Einwand, diese Qualität Sahra Wagenknechts könne sich auch weiterhin in den zunehmenden Medienauftritten und den stark akzentuierten Reden im Bundestag offenbaren, wollte er nicht akzeptieren. Die Spannungen zwischen uns stiegen also.

*

Die Atmosphäre in der Partei und vor allem in der Fraktion wurde für mich unerträglich. Ich war entschlossen, auf dem Parteitag eine außergewöhnliche Rede zu halten. Eine Rede wie ein SOS-Ruf. Ich scheue mich nicht, das so pathetisch zu formulieren. Wir mussten sofort und grundsätzlich Veränderungen herbeiführen – oder eine Katastrophe war nach meiner Meinung nicht zu stoppen.

Im Parteivorstand, dem ich nicht angehörte, gab es zu meiner Redeabsicht große Kontroversen. Die Anhängerschaft Oskar Lafontaines fragte kategorisch, wieso ich denn sprechen müsse. Andere verwiesen auf die Satzung: Der Fraktionsvorsitzende sei verpflichtet, einen Bericht zu geben. Daraufhin kam von der Gegenseite die Forderung, auch Oskar Lafontaine müsse reden, schließlich sei er Vorsitzender der internationalen Kommission beim Parteivorstand (die im Übrigen so gut wie nie tagt). Gut, wir würden beide reden. Womit der nächste Streit eröffnet war: Wer spricht zuerst? Keine Argumentation konnte schlichten und eine Entscheidung herbeiführen. Also ging man von der Politik zum Sport über: zum Wurf einer Münze. Die sozusagen darüber entschied, wer Anstoß hat. So entschied der Zufall, dass erst ich, dann Oskar Lafontaine reden würde. Dessen Anhängerschaft war zufrieden.

Bei dieser Sitzung war ich nicht zugegen. Als ich vom Verlauf hörte, konnte ich nur den Kopf schütteln. Das Ganze entsprach dem Verhalten von Kindern in einer Kindertagesstätte. Im Übrigen war mir das Procedere ziemlich gleichgültig, denn der Zeitpunkt, zu dem sie gehalten würde, änderte an meiner Rede kein Jota. Und diejenigen, die Oskar mit dem Losentscheid helfen wollten, schadeten ihm indirekt. Hätte er vor mir gesprochen, wäre die Rede sicher ein Treffer geworden. Nach meinem Auftritt auf dem Parteitag war die Chance nicht mehr gegeben.

Ihn überraschte, mit welcher Offenheit und Heftigkeit ich die Probleme ansprach. Nichts an Konflikten ließ ich aus, von Satz zu Satz wurde ich schärfer. Meine Geistes- und Gemütsverfassung suchte den möglichst unmissverständlichen Ausdruck, ich sprach unverblümt vom Hass, der sich in der Fraktion breitmache. Noch heute stehe ich zu dieser Rede. Viele Delegierte waren gerührt, andere erschrocken. Allen aber wurde der Ernst der Situation klar.

Natürlich hatte Dietmar Bartsch keine Chance, zum Parteivorsitzenden gewählt zu werden, obwohl er eine sehr gute Vorstellungsrede hielt. Inzwischen hat sich das Verhältnis zwischen Oskar Lafontaine und Dietmar Bartsch deutlich verbessert, aber gewählt wurde jemand, den damals kaum jemand kannte, Bernd Riexinger. Ihm zur Seite: Katja Kipping. Im Nachhinein muss ich sagen, dass beide die Partei stabilisiert und fähig zum Wahlkampf gemacht haben.

Nach dem Parteitag veränderte sich auch die Atmosphäre in der Fraktion. Einige Abgeordnete traten selbstbewusster auf. Die Aussprachen wurden sachlicher, wesentlich vernünftiger. Grobe Zuspitzungen blieben aus. Es entstand wieder ein Klima, in dem deutlicher und konsequenter für unsere politischen Ziele gearbeitet wurde. Meine Rede zeigte also Wirkung.

47. KAPITEL

Wer wird Spitzenkandidat? Das war im Jahr 2013, in dem Bundestagswahlen anstanden, die erste entscheidende Frage für meine Parteiführung. Niemand wollte auf mich verzichten, aber viele wollten auch Sahra vorn sehen. Die Auseinandersetzungen um Profil und Personen führten zu einem fantastischen Ergebnis: Wir hatten plötzlich acht Spitzenkandidatinnen und Spitzenkandidaten. Angesichts dessen war mir klar: Alles bliebe an mir hängen. So kam es auch. In den Umfragen waren wir inzwischen unter fünf Prozent gesackt.

Im Mai des Jahres traf sich eine größere Runde von Verantwortlichen für Partei und Fraktion in einem Berliner Restaurant. Ich erklärte meine Bereitschaft, im Wahlkampf eine wesentliche Rolle einzunehmen und anschließend nur allein zum Fraktionsvorsitzenden zu kandidieren. Gleichzeitig kündigte ich an, nach zwei Jahren, also im Herbst 2015, als Fraktionsvorsitzender aufzuhören. Wie sich später, als ich tatsächlich aufhörte, an ungläubigen Reaktionen zeigen sollte: Meine Ankündigung hat außer mir kaum jemand ernst genommen.

Tatsächlich betrieb ich intensiv, mit aller mir möglichen Kraft Wahlkampf. Nach all dem, was ich an gesundheitlichen Problemen zu überstehen gehabt hatte, wunderte ich mich über meine Energie. Der Reflex, den Schauspieler, Zirkusleute am besten kennen: Öffnet sich der Vorhang der Bühne, der Manege, dann steigert sich die Körperlichkeit enorm und entwickelt ungeahntes Durchhaltevermögen. So viele Termine der Tag mir auch vorgab und was an abendlichen TV-Gesprächen auch zu absolvieren war – ich schaffte es und spürte keinerlei Überlastung.

Erstaunlich war, dass immer dann, wenn es bei TV-Gesprächsrunden telefonische Abstimmungen zu den Teilnehmern gab – ich gewann. Das war neu. Es besagte nichts über das Wahlverhalten des Fernsehpublikums, aber etwas über die Wirkung der Sendung selbst. Ich freute mich. Das baute auf. Es ist deprimierend, wenn man auf der Skala ganz hinten landet.

Auch in Sendungen von Stefan Raab ging ich. Das wertete ich durchaus als Risiko für mich, aber wenn man ein bisschen näher an junge Leute heranrücken will, darf man medial nicht nur der eigenen Empfindungswelt verhaftet bleiben.

Über meine Haltung zu Talkshows habe ich bereits geschrieben. Nachdem ich im Oktober 2015 den Fraktionsvorsitz abgegeben hatte, wollte ich nicht gleich wieder im Fernsehen auftauchen, sagte also mehrere Sendungen bei Anne Will und Sandra Maischberger ab. Letztere wollte unbedingt Frau Petry von der AfD und mich zusammenbringen – daran hatte ich nun überhaupt kein Interesse. Ohnehin verstehe ich nicht, wieso bestimmte Medien die AfD derart hofieren. 2015/16 etwa war diese Partei zwar in Landtagen, aber nicht im Bundestag vertreten. Wäre die Linke nicht im Bundestag, würden ihre Vertreter vielleicht einmal im Jahr in eine Talkshow eingeladen werden, und dies gelte noch als großzügig. AfD-Politiker aber tauchten en gros vor Kameras und Mikrofonen auf. Zudem wurden sie lediglich zur Flüchtlingskrise befragt. Die unsozialen steuerpolitischen, sozialpolitischen und rentenpolitischen Vorstellungen dieser Partei kamen so gut wie nie zur Sprache – und so blieb eine gravierende Fehlinformation der Bevölkerung bestehen.

Im Frühjahr 2016 ging ich dann doch in die Sendung »Anne Will«. Es wurde über Briefkastenfirmen in Panama diskutiert. Mich erreichten überwiegend positive Reaktionen. Ein Zuschauer schrieb mir allerdings, es gebe durchaus Motive, Vermögen zu verstecken. In meinem Antwortbrief pflichtete ich ihm bei, bestand aber auf der Vermutung, diese Motive seien nicht edel.

In der kurze Zeit später stattfindenden Sendung »Menschen bei Maischberger« saß mir dann doch Frau von Storch von der AfD gegenüber. Eine große Anhängerschaft dieser Partei muss die Sendung gesehen haben, denn ich bekam etwa vier Aktenordner voller Reaktionen auf meinen Schreibtisch. Nur ein einziger positiver Brief war darunter. Sämtliche Post beantwortete ich, in der Regel sachlich.

Mir wurde vorgeworfen, Frau von Storch böse und verächtlich behandelt zu haben. Einer wünschte mir eine lebenslängliche Haft. In meiner Antwort an ihn verwies ich auf die absehbare Schwierigkeit, im Bundestag eine Mehrheit für einen dafür passenden Straftatbestand zu finden. Aber es müsse ja irgendwie gesetzlich geregelt werden, dass man mit lebenslänglicher Freiheitstrafe belegt wird, wenn man einer Vertreterin der AfD widerspricht. Außerdem sei solch Strafbestand nur schwer mit dem Grundgesetz in Übereinstimmung zu bringen.

Kurz danach war ich in der MDR-Talksendung »Riverboat« und gab einmal mehr meiner Neigung nach, ein bisschen die Moderation zu übernehmen. Das macht mir Spaß. Ich interessiere mich für Leute, stelle Fragen. Die Moderatoren (jedenfalls in Unterhaltungssendungen) lassen sich das in der Regel auch bieten, denn es belebt. Weiter! Und zwar ins TV-Magazin von Jan Böhmermann. Im Saal saßen hauptsächlich Jugendliche, am Bildschirm wohl auch. Beziehe ich noch meine Teilnahme am »Nachtcafé« des SWR ein, so lässt sich summieren: Besucht man in kurzen Abständen mehrere Talkshows, so hat man ein soziologisch interessantes Erlebnis – es ergeben sich Kontakte zu jeweils sehr unterschiedlichen Zuschauerkreisen, Jung und Alt, Ost und West.

Mein Besuch in Jan Böhmermanns TV-Magazin war zu einem Zeitpunkt verabredet worden, da seine »Schmähkritik« am türkischen Präsidenten noch nicht über den Sender gegangen war. Ein Zufall also, dass ich als sein erster Gast danach auftrat. Ich hatte die Sendung noch nie gesehen. Ob ich sie sonst aufgesucht hätte? Nun saß ich da und gestand, dass ich sein »Gedicht«, nun ja, bescheuert fände. Jan Böhmermann wollte eigentlich nicht mehr über dieses Thema reden. Ich sagte ihm, er könne ja inzwischen an seinem Computer spielen, ich wolle ja allein, ohne Dialog darüber reden. Was ich dann auch tat. Ersetzte man nämlich den Namen des (äußerst unsouverän reagierenden) türkischen Präsidenten mit dem allgemeinen Begriff Türke oder Muslim, würden mit den Versen sämtliche religiösen, fremdenfeindlichen Vorurteile bedient. Als Anwalt hätte ich ihm also im persönlichen Gespräch die Leviten gelesen, nach außen aber begründet, wegen der Freiheit der Kunst und der Meinung, seinen Freispruch gefordert. Außerdem kritisierte ich in der Sendung Kanzlerin Merkel. Sie musste ja erlauben, das Strafverfahren gegen Jan Böhmermann durchzuführen. Sie tat es und verband dies mit dem Willen, den zweifelhaften Paragraphen für Böhmermanns mögliche Bestrafung anschließend abzuschaffen. Rechtsstaatlich ist es undenkbar, die Verurteilung eines Menschen noch zu billigen – aber schon sicher zu sein, dass die Strafbarkeit für alle anderen aufgehoben wird.

*

Der Wahlkampf 2013 wurde jäh unterbrochen, als ich vom Tod Lothar Biskys erfuhr. Wie sehr mir das Ereignis wehtat, kann ich nicht beschreiben. Wieder blitzte grausam auf, wie brüchig das Leben und wie relativ alles ist, was uns im alltäglichen Lauf der Dinge so überaus wichtig erscheint. Lothar war ein Mensch, der so unendlich viel Zuverlässigkeit, Güte, Toleranz, Charakterfestigkeit, Humor, Bildung und Intelligenz in sich vereinte. Er war einer jener Menschen, von denen man sich nicht vorstellen konnte, dass sie Feinde haben. Und er konnte das Leben mitten im Ansturm der Anforderungen wunderbar genießen. Mich versetzte diese Fähigkeit immer wieder in die Rolle eines Schülers: Das wollte ich unbedingt auch lernen. Aber leider kann man sich innere Gelassenheit nicht abschauen, man muss sie aus sich selbst heraus entwickeln. An der Trauerfeier nahm auch der ehemalige Bundespräsident Horst Köhler teil. Lothar Bisky genoss in vielen Kreisen der Gesellschaft Respekt – auch sein plötzlicher Tod gemahnte daran, dass Bezeugungen für einen Menschen leider meist zu spät kommen.

*

Bei der Wahl erreichten wir 8,4 Prozent der Zweitstimmen, 64 Mandate und davon vier Direktmandate. Wir hatten zwar deutlich weniger Stimmen als bei der letzten Wahl erzielt, auch deutlich weniger Direktmandate erreicht. Aber nach den negativen Umfragen deutlich zugelegt. Die vier Direktmandate kamen abermals aus Ostberlin, gingen an Petra Pau, Gesine Lötzsch, Stefan Liebich und mich. Wieder brach ein alter Konflikt aus: Nicht wenige wollten, dass Sahra Wagenknecht an meiner Seite Fraktionsvorsitzende wird. Das lehnte ich aus jenen Gründen ab, die ich sowohl in der erwähnten Runde im Mai 2013 als auch gegenüber Oskar Lafontaine am Rande des Göttinger Parteitags erläutert hatte. Es gelang mir, mich durchzusetzen, ich wurde zum Fraktionsvorsitzenden gewählt.

Aufschlussreich war die Sitzung im Oktober 2015, als es um meine Nachfolge in der Fraktion ging – wobei auch ich Sahra Wagenknecht und Dietmar Bartsch vorgeschlagen hatte. Eine Abgeordnete sagte, sie habe mein Beharren auf den alleinigen Fraktionsvorsitz zunächst überhaupt nicht verstanden und es sehr missbilligt, dass ich Sahra Wagenknecht nicht gleichberechtigt an meiner Seite haben wollte. Inzwischen habe sie jedoch begriffen, dass es nur diese Entscheidung gab, sehr einfach ausgedrückt: »Ihr hättet nicht zusammengepasst.«

*

Im Frühjahr 2015 hatten mehr und mehr Fraktionsmitglieder begriffen, dass ich es mit dem Abschied vom Vorsitz der Fraktion ernst meinte. Im Herbst würde ich aufhören – so wie ich es lange vorher angekündigt hatte. Nicht mal im leisesten Ansatz wollte ich mich Beharrungsmustern nähern, die man aus der Geschichte der staatssozialistischen Generalsekretäre kennt. Und außerdem hatte ich in der Bundesrepublik schon genügend Beispiele erlebt, dass Politikerinnen und Politiker erst dann gehen, wenn sie wirklich nicht mehr tragbar sind und tief in den Keller der Kritik geraten sind. Auch das wollte ich mir unbedingt ersparen. Einen bestimmten Respekt hatte ich mir erarbeitet, über die Partei hinaus ein gewisses Ansehen erworben – mit solch einer Bilanz wollte ich aufhören.

Und so hielt ich auf dem Parteitag in Bielefeld am 7. Juni 2015 meine Abschiedsrede als Fraktionsvorsitzender. Mit sehr gemischten Gefühlen trat ich ans Pult. Jetzt galt es: bilanzieren, loslassen, ohne Scheu bekennen, welchen Preis dieses unablässig aktive politische Leben gefordert hatte. Logischerweise war so ein selbstkritisches Bekenntnis mit einer gewissen Emotionalität verbunden und sorgte für die hauptsächliche Wirkung dieser Rede. Ich entschuldigte mich bei meinen Angehörigen und Freunden. Es war bitter nötig. In vorderer Reihe zu stehen, fortwährend öffentlich zu sein, von Termin zu Termin zu hetzen – das versieht dich leider mit Immunstoffen gegen die frühzeitige Erkenntnis, die so hilfreich wäre: Du nimmst dich zu wichtig. Du hast einen allzeit gefüllten Kalender, verwechselst schon das mit Fülle und Erfüllung – und bemerkst die Leere nicht, die dir wie ein Schatten folgt. Und plötzlich bist du in all dem Gebrauchtwerden, in all der Geschäftigkeit, in all dem Begegnungstrubel doch auch einsam. Du sagst Menschen, die außerhalb deiner Funktionen Interesse an dir haben, immer wieder ab – bis sie dich abschreiben. Du hörst deinen Kindern und Partnern nur noch in Notfällen ernsthaft zu, aber weniger bei Alltagsproblemen.

Darüber sprach ich. Musste es sein, dieses Thema in so großem Kreise anzusprechen? Ja. Meine Fehler hatte ich öffentlich begangen, ich wollte öffentlich zeigen, dass sie – wenn ich sie schon nicht korrigieren, rückgängig machen konnte – mir doch wenigstens bewusst geworden sind. Meine Familie, die anwesend war, meine Freundinnen und Freunde hatten sich die öffentliche Entschuldigung verdient. Mein Bedenken und mein Dank an all jene, die mir in den vergangenen Jahrzehnten geholfen, mich unterstützt, ja: mit ihrem Vertrauen getragen hatten, mussten ausgesprochen werden.

48. KAPITEL

Dass Reden Silber sei und Schweigen Gold, ist kein Sprichwort, das sich als Verhaltenskodex übers Portal eines Parlaments nageln ließe. Überspitzt, mit einem bekannten Aphorismus gesagt: Mikrofone sind das Einzige, was sich Politiker gern vorhalten lassen. Bei all den Auseinandersetzungen im Bundestag half mir seit geraumer Zeit mein gutes Verhältnis zum Bundestagspräsidenten Norbert Lammert. Er ist konservativ, gelegentlich vielleicht sogar erzkonservativ. Er ist aber auch liberal, tolerant, schätzt den Rechtsstaat.

Der CDU-Politiker behauptete stets die Eigenständigkeit des Parlaments auch gegenüber der Bundesregierung. Immer wieder gab es Geplänkel zwischen uns – etwa wegen der Redezeiten. Einmal versprach ich, ihm zum Geburtstag eine neue Uhr zu schenken, denn bei mir vergehe eine bestimmte Zeit wie im Fluge, während sie mir bei anderen sehr viel länger vorkäme. Er gab mir Recht, bat mich aber, die Wertgrenze des Geschenks nicht zu überschreiten, weil er sonst eine Genehmigung des Bundestagspräsidenten einholen müsse. Tatsächlich bekam er von mir zum 65. Geburtstag eine Uhr geschenkt, und zwar eine, auf der die Zeiger nach links wandern.

*

Wenn ich über die Reden nachdenke, die ich im Bundestag hielt, so gab es wichtige Themen, mithin auch wichtige Reden, die aber nicht automatisch gelungene Reden waren. Was mir in den letzten Jahren ehrlich auf der Seele lag, waren Fragen

Europas. Kein Mensch, auch kein oppositioneller Politiker, ist mit Freuden Schwarzmaler, ich jedenfalls bin es nicht, und deshalb denke ich mitunter mit Schmerzen an die Mahnungen, die ich vor dem Bundestag äußerte, als die Einführung des Euro bevorstand. Ich versuchte beizeiten zu erklären, dass man eine Binnenwährung und einen Binnenmarkt nicht einführen könne, wenn es keine abgesprochenen Standards bei den Steuern, im Sozialbereich und auf anderen Gebieten gebe. Ohne eine politische Union funktioniere keine Währungsunion. Der Kontinent, davon war ich überzeugt, lässt sich über Geld nicht integrieren.

Den wachsenden Rassismus, die Finanzkrisen – all das habe ich prognostiziert. Und ich bin nicht stolz darauf, recht gehabt zu haben. Trotzdem wäre es heute ein Fehler, aus dem Euro auszusteigen. Allerdings ist es bedrückend, wenn man wieder mal die Erfahrung macht, ein wenig in den Wind geredet zu haben. Manchmal staunt man im Nachhinein über das Wissen, das man »damals« an den Tag legen konnte. Na ja, auch das ist Alltag des Politikers: Er ist ein guter Verwerter von Informationen und fremden Klugheiten. Das ist nichts Ehrenrühriges – man darf es nur niemals verdrängen, nicht vergessen.

*

Die aktuelle Bedeutung einer Rede ist nicht in jedem Falle identisch mit der eigenen Werteskala. So bleibt mir eine Wortmeldung im Bundestag in Erinnerung, an die sich vielleicht kaum jemand erinnert. Es war eine Rede zum Einsatz der Bundeswehr im Libanon.

Sehr offen sprach ich über den Umgang mit Israel. Der millionenfache Judenmord während der Nazidiktatur hat meine Generation geprägt. Es gibt Hemmungen und Beklemmungen im Umgang mit Israel. Meine Bitte lautete, diese nicht auf Nachwachsende zu übertragen. Jüngeren, Unbelasteten müsse erlaubt sein, im Verhältnis zu Palästina und zu Israel etwas zu entwickeln, mit dem Deutsche aus historischen Gründen immer wieder, immer noch Schwierigkeiten haben: Normalität.

Ich führte Argumente jener an, die näher bei Israel stehen, und Argumente derer, die näher bei Palästina stehen. Wer näher bei Israel steht, hat Verständnis für den dortigen Willen, sich nie wieder ohne Gegenwehr, also unbewaffnet in Viehwaggons treiben zu lassen. Wer näher bei Palästina steht, stimmt dem dortigen Einwand zu, Palästinenserinnen und Palästinenser hätten niemals Juden in Viehwaggons getrieben. Am Schluss meiner Rede fragte ich, ob die militärische Überlegenheit Israels gegenüber den arabischen Nachbarländern zum Frieden im Nahen Osten geführt habe. Offensichtlich nicht. Ein Teil des Parlaments nickte. Anschließend behauptete ich, dass aber bei militärischer Überlegenheit der arabischen Nachbarländer Israel nicht mehr existierte. Nun nickte der andere Teil des Parlaments. Der quälende Widerspruch. Die peinigende Dialektik.

Wie also sieht eine mögliche Lösung aus? Ich sprach mich eindeutig und inständig für eine Zwei-Staaten-Lösung aus – mit einem sicheren souveränen Israel und einem sicheren souveränen Palästina. Ich wies darauf hin, dass man unseren jungen Soldaten nicht aufbürden darf, jene Probleme lösen zu sollen, die wir, aus den Ursünden des 20. Jahrhunderts kommend, verschuldet und nicht bewältigt haben.

Nach dieser Rede geschah etwas, das ich so weder vorher noch nachher erlebte. Mich erreichte die Nachricht, ich möge mich doch bitte bei der FDP-Fraktion melden. Der Parlamentarische Geschäftsführer bedankte sich bei mir für meinen Auftritt und bat um Entschuldigung, dass seine Fraktion – außer dem Vizepräsidenten Hermann Otto Solms – nicht applaudiert habe. Handschriftliche Dankesbriefe erhielt ich von Hans-Dietrich Genscher, Gerhart Baum und Burkhard Hirsch. Aufschlussreich, dass es derartige Reaktionen weder aus meiner Partei, der Union noch aus der SPD oder den Grünen gab.

Was mein Verhältnis zu Israel und Palästina betrifft, ist mir ein Gespräch in besonderer Erinnerung. Ich war in New York, und plötzlich wurde der Wunsch des Botschafters der palästinensischen Autonomiebehörde bei der UNO an mich herangetragen, mich zu treffen. Eigentlich war eine Stadtbesichtigung vorgesehen – für mich fiel sie aus. An dem Gespräch nahmen einige Vertreter der deutschen UN-Botschaft teil. Der palästinensische Botschafter sprach zu mir, aber er meinte unmissverständlich die deutschen Diplomaten. Es ging um den Beobachterstatus der autonomen palästinensischen Behörde bei der UNO. Der Botschafter erklärte definitiv, dass die EU im Friedensprozess im Nahen Osten keine Rolle mehr spiele, wenn es bei dieser Statusentscheidung in der UNO durch die EU-Mitgliedstaaten mehr als zwei Gegenstimmen und mehr als eine bestimmte Zahl von Enthaltungen gebe. Also: Eine große Zahl von Staaten müsste zustimmen. Das Ganze hatte Relevanz, weil Palästina verständlicherweise versucht, in den internationalen Gremien Fuß zu fassen, um endlich eine Existenz als eigener Staat zu ermöglichen. Ich habe später gestaunt, dass genau jenes Abstimmungsverhalten eintraf, das der palästinensische Botschafter vorgezeichnet hatte.

Als ich Jerusalem besuchte, war ich in einer russisch-orthodoxen Kirche. Ich sah hinaus und erblickte eine Moschee, die jüdische Klagemauer und eine weitere christliche Kirche. Die Zeichen einer so vielfach geteilten Welt. Mir wurde klar, wie viel Trennendes, aber eben letztlich auch Verbindendes diese Altstadt beherrscht. Geschichte unter jedem Stein und in jedem Stein – was einen großen Reiz auf alle Phantasien ausübt. Der Tempelberg, Golgatha, der Garten Gethsemane, die Kreuzigungsstätte, die Via Dolorosa, das Kidrontal. Und: die berühmte Westmauer mit Steinen aus der Zeit des Herodes.

Jerusalem war und ist der wohl umstrittenste Ort der Welt. So schön und so voll Hader. Es heißt, jeder könne Jerusalem oder Frieden haben, aber nicht beides. Es liegt eine eigenartige Spannung über allem, ein Druck, der den heiligen Ort unter einer Last von Jahrtausenden hält. Hier begreifst du: Jeder Mensch, jede Gemeinschaft, jede Generation muss wahrscheinlich die Erfahrung der ersten Christen wiederholen – die Rückkehr des Heilands findet nicht statt, das große Versprechen wird nicht eingelöst, Lebenszeit und Kampfzeit bleiben in wesentlichem Maße Zeiten der Ent-Täuschungen. Aber das ist kein Widerruf der so großen Hoffnung: dass es eines Tages Frieden geben könnte. Jerusalem darf nach meiner Auffassung weder den einen noch den anderen gehören – es muss allen gehören.

Im Juni 2005 wurde mir erstmalig – und wohl auch letztmalig – etwas übertragen: die Leitung einer Delegation des Bundestages nach Israel. Tatsächlich nahmen an der Reise Abgeordnete der CDU/CSU, der SPD und meiner Fraktion teil. Nur die Grünen fehlten. In Israel trafen wir mit Armeeoffizieren zusammen, flogen im Hubschrauber, hörten verschiedene Vorträge, besuchten aber auch das Westjordanland. Die Delegation war sich einig: Es muss eine Zwei-Staaten-Lösung für Palästina und Israel geben.

2017 traf ich in Deutschland den Präsidenten von Palästina, Mahmud Abbas. Er kämpft mit Leidenschaft für diese Zwei-Staaten-Lösung und bietet Israel sogar an, der palästinensische Staat bleibe entmilitarisiert. Nicht einmal darauf lässt sich der Ministerpräsident Israels, Benjamin Netanjahu, ein.

Zum 60. Jahrestag der Gründung des Staates Israel hatte ich vor der Rosa-Luxemburg-Stiftung eine Rede gehalten. Sie wurde in Deutsch und Hebräisch gedruckt. In der Partei war das Echo darauf geteilt. Neben Zustimmung gab es auch harsche Reaktionen. Diese Rede hat in der Linkspartei das Diskussionsklima zu diesem Thema verändert. Das schien mir auch nötig.

Zunächst äußerte ich in dieser Rede mein Verständnis dafür, dass die Solidarität mit Israel in Deutschland Staatsdoktrin sei. Dies entspreche unserer historischen Verantwortung. Verständnis bezeugte ich auch gegenüber dem Zionismus. Bis zum Holocaust hatten ihn nicht wenige jüdische Intellektuelle abgelehnt, denen es um die Integration in die westlichen Gesellschaften und nicht um die Bildung eines eigenen jüdischen Staates ging. Aber nach dem Schrecken der Nazidiktatur ist der zionistische Wunsch nach einem eigenen Staat neu und anders zu beurteilen – und er ist unbedingt zu respektieren. Andererseits, so sagte ich, müsse es aber auch eine Solidaritätspflicht gegenüber dem palästinensischen Volk geben, das ebenfalls einen Teil jener Last trägt, die aus unserer Schuld erwuchs.

Drei Abgeordnete unserer Fraktion hatten für den 9. November 2014, den Gedenktag für die Opfer der faschistischen Pogromnacht von 1938, eine Konferenz geplant, die auch den gewaltsamen palästinensischen Widerstand gegen Israel rechtfertigen sollte. Man wollte zum Embargo von israelischen Waren aufrufen. Nachdem ich das erfuhr, habe ich den gemieteten Saal in der Volksbühne sofort wieder abbestellt.

Am nächsten Tag fand mit den geladenen Teilnehmern der Konferenz eine Veranstaltung im Bundestag statt. Zwei jüdische Israelis, die sich besonders lautstark für gewaltsame palästinensische Aktionen einsetzten, wollten mich sprechen. Das lehnte ich ab. Sie kamen aber vor mein Büro und verfolgten mich schreiend, mit einer Kamera, bis auf die Toilette. Vom Bundestagspräsidenten erhielten sie Hausverbot. Die drei Abgeordneten meiner Fraktion, deren Einladung letztlich Auslöser dieser Attacke war, baten mich um Entschuldigung. Zwei pflichtgemäß, eine aufrichtig.

*

Zu den Reden, an die ich mich besonders gern erinnere, gehört auch eine kurze Ansprache, bei der in mir der Anwalt durchkam. Es gab eine große Spendenaffäre der CDU. SPD und Grüne regierten. Ins Dunkel des Skandals drang kaum Licht. Eine Bedingung für wirksame Aufklärung wäre gewesen, den Wirtschaftsprüfer der CDU, wohl auch der Fraktion von CDU und CSU, von der Schweigepflicht zu entbinden. Das aber lehnten die Gremien der Union ab. SPD und Grüne stellten daraufhin den Antrag, der Bundestag solle die Union zu diesem Schritt auffordern. Sie nutzten ihre Mehrheit dazu, eine sofortige Abstimmung zu verlangen. Ohne Aussprache.

Nun machte ich erstmalig von der Möglichkeit Gebrauch, eine Erklärung zu meinem Abstimmungsverhalten abzugeben. Ich sprach also als Einziger vor der Abstimmung im Plenum, ich führte sozusagen allein die Debatte. Normalerweise stöhnt der Bundestag, wenn eine solche Erklärung erfolgt, sie gilt gemeinhin als Wichtigtuerei. In diesem Falle aber zeigten alle ein gewisses Erstaunen – man wusste nicht, was ich wohl sagen würde. Ich pflichtete dem Begehren von SPD und Grünen bei, den Sachverhalt wirksam aufzuklären, drückte aber mein Unverständnis darüber aus, dass es der Bundestag sein solle, der die Union zur Aufhebung der Schweigepflicht auffordert. Er ist das höchste Organ, er ist der Gesetzgeber. Er hat die Schweigepflicht geregelt, also auch, wer davon befreien darf – zum Beispiel bei Anwälten, Wirtschaftsprüfern etc. nur der Mandant. Hier also: nur die CDU/CSU-Fraktion. Wenn sich der Bundestag jetzt in einen Einzelfall einmische, würde er absehbar ständig dazu aufgerufen werden. Warum keinen Beschluss in einem Mordverfahren, bei dem die Wahrheitsfindung durch eine Schweigepflicht gehemmt wird? Sosehr ich also für Aufklärung sei, müsse ich doch gegen den Antrag von SPD und Grünen stimmen.

Guido Westerwelle, der damals Parlamentarischer Geschäftsführer der FDP-Fraktion war, ging zur SPD-Fraktion und fragte, ob ihr eigentlich klar sei, dass die PDS im Unterschied zu ihr die Rechtsposition vertrete.

Einige SPD-Abgeordnete hatte ich durcheinandergebracht, auch sie votierten gegen den Beschluss. Er wurde abgelehnt. Nun ist es so, dass im Präsidium des Bundestages immer eine Vertreterin oder ein Vertreter der Koalition sitzt. Der Vertreter der Koalition wandte nach der Abstimmung ein, er könne das Stimmenverhältnis nicht genau einschätzen. Bei einem solchen Einwand kommt es zum sogenannten Hammelsprung, das heißt: Die Abgeordneten wandern durch eine Ja-, eine Nein- und eine Enthaltungstür und werden gezählt. Es geht nicht um eine erneute Abstimmung, also nicht um eine mögliche Revision, sondern nur um die Feststellung des Ergebnisses.

Eigentlich müssten die Türen des Plenums geschlossen werden, die Abgeordneten gehen dann durch »ihre« jeweilige Tür. Aber wie geschieht es im Bundestag? Man geht hinaus, dann erst werden die Türen geschlossen. Das heißt: Jetzt stürmen aus den Büros all die Abgeordneten herbei, die an der Abstimmung gar nicht teilgenommen haben – und verändern so das Ergebnis.

So war es auch hier, und der Antrag von SPD und Grünen – der nach Augenschein abgelehnt worden war – erhielt doch noch seine Mehrheit. Ich hoffe, dass irgendwann das Bundesverfassungsgericht die Chance bekommt festzustellen: Der Hammelsprung im Bundestag ist rechtswidrig organisiert.

*

Gut im Gedächtnis blieb mir auch eine Rede im Bundestag zum 50. Jahrestag des Élysée-Vertrages, der zur Aussöhnung zwischen Frankreich und Deutschland beitrug. Nach der wechselvollen kriegerischen Geschichte beider Länder war dieser Vertrag ein wichtiger Akt. Alle Redner würdigten Konrad Adenauer und General Charles de Gaulle. Das tat ich auch, verwies aber darauf, dass die Leistungen der beiden Bevölkerungen als größer zu bewerten seien. Der Wunsch des deutschen Volkes nach Aussöhnung war damals sehr verständlich. Aber im französischen Volk gab es wegen der Verbrechen der Nazis noch starke Vorbehalte, sie mussten überwunden werden, und die Bereitschaft dazu, das Entgegenkommen war den Franzosen hoch anzurechnen.

Ich erwähnte meine Großmutter, die nur dank Frankreich die Hitlerdiktatur überlebt hatte. Auch erinnerte ich an meine Eltern, die in Frankreich Unterschlupf fanden, dann aber von der eigenen Partei ins feindliche Deutschland zurückgeschickt wurden. Nunmehr ein Zeitensprung: Meine Tochter lerne Französisch und beherrsche im Unterschied zu mir diese Sprache inzwischen so gut, dass ich im Restaurant in Paris, wenn sie sich mit anderen unterhält, wie ein Dummkopf danebensitze. Wer mich auch nur ein wenig kenne, der könne sich lebhaft vorstellen, wie sehr meine Tochter solche Momente genieße. Zudem verwies ich auf die geschichtlich erwiesene Fähigkeit der Franzosen, lebendig und vielfarbig zu protestieren und zu demonstrieren. Dafür aber verstünden wir es, deutlich genussvoller zu frühstücken. Zu den unverzichtbaren Werten eines künftigen Europa gehöre, dass es nie wieder einen Krieg zwischen Deutschland und Frankreich geben darf.

*

Die politischen Auseinandersetzungen der jüngsten Jahre rankten sich um die Finanzkrise des Euro, die Demütigung Griechenlands und anderer europäischer Staaten, die Flüchtlingsbewegung nach Europa, die Rechtsentwicklung auf dem Kontinent, also auch Deutschland, sowie die existenzielle Gefährdung der Europäischen Union. Wenn ich in die entsprechenden Debatten eingriff, noch als Fraktionsvorsitzender, half mir eine Art Titel, den ich mir selber gegeben hatte. Am Wahlsonntag 2013 hatte ich nämlich in der ARD erklärt, ich würde zum Oppositionsführer, falls es wieder zu einer großen Koalition käme. Denn erstmalig stellten die Linken die stärkste Oppositionsfraktion.

Die Grünen waren verständlicherweise eher ungehalten über meine freche Selbstüberhebung. Einer ihrer führenden Vertreter meinte, Oppositionsführerschaft sei doch wohl nicht von der Zahl der Abgeordneten, sondern von der Kraft der Argumente abhängig. Worauf ich mir nicht verkneifen konnte, zu erwidern, dies sei eine zusätzliche Bestätigung für meinen »Titel«. Interessant, wie sich durch solch ein Beiwort, auch durch mediale Verbreitung, die Aufmerksamkeit erhöht. Da der Titel nach Auffassung vieler zu mir passte, wurde er übernommen. Vorher gab es ihn nicht, nachher auch nicht mehr. Bei einer Tagung, auf der über dreitausend Unternehmerinnen und Unternehmer anwesend waren, sprach unter anderen der Chef des Kanzleramtes, Peter Altmaier. Er brachte seine Hoffnung zum Ausdruck, ich möge möglichst für immer Oppositionsführer bleiben. Immerhin, auch er übernahm diese Bezeichnung – für ein schönes Bonmot.

*

Neben der Finanzkrise – sie belegte, dass die Deregulierung der Finanzmärkte ein großer Fehler war – bewegte mich am stärksten die bedrohliche Lage der Europäischen Union. Es war zum befürchteten Brexit gekommen. Institutionen, die demokratisch nicht legitimiert sind, drücken Staaten wie Griechenland, Spanien, Portugal, Zypern und Irland ihren Willen auf, zwingen sie zu drastischem Sozialabbau. Die Bundesregierung spielte dabei eine führende negative Rolle. Es war ihr größter Fehler, die Solidarität mit Griechenland aufzukündigen. Dies führte zur grundsätzlichen Entsolidarisierung in der Europäischen Union. Alle kleineren Staaten wissen nun, wie sie in schwieriger finanzieller und sozialer Lage behandelt werden. Die EU ist tatsächlich nicht demokratisch genug, sie ist nicht sozial gerecht, nicht ökologisch nachhaltig, nicht transparent – und auch noch bürokratisch. Man will zudem eine europäische Armee, aber nicht statt der nationalen Streitkräfte, sondern zusätzlich. Die EU soll somit invasionsfähig werden.

Für die Auflösung der Europäischen Union formieren sich vor allem rechte, aber gelegentlich auch linke politische Kräfte. Für die Rettung der Europäischen Union ebenfalls. Die Motive sind natürlich unterschiedlich. Die rechten Gegner der Europäischen Union wollen zurück zum alten Nationalstaat, weil sie diesen für traditionell kulturbegründend halten. Die linken Gegner gehen davon aus, dass sich in den alten Nationalstaaten schneller Demokratie und soziale Gerechtigkeit durchsetzen lässt. Die rechten Befürworter der Union erhoffen sich schnellere und höhere Profite, die vom Nationalstaat doch nur beschränkt würden. Die linken Befürworter der Europäischen Union vertreten einen internationalistischen Standpunkt. Sie nehmen zur Kenntnis, dass die Globalisierung der Wirtschaft auch zu anderen politischen Strukturen führen muss – die einzelnen Nationalstaaten hätten in der Weltpolitik und gegenüber den USA und China weder politisch noch ökonomisch eine nennenswerte Relevanz und könnten die europäische Wirtschaft nicht regulieren.

Auch die Jugend ist europäisch, ihr ist der alte Nationalstaat nicht mehr zuzumuten. Das größte Verdienst der Europäischen Union besteht aber zweifelsohne darin, zwischen ihren Mitgliedsländern solche Kriege verhindert zu haben, die die erste Hälfte des 20. Jahrhunderts und die vorhergehenden Jahrhunderte geprägt hatten. Unsere Revolution von 1848/49 scheiterte. Es blieb der Bund deutscher Staaten, es entstand kein Nationalstaat. Dieser wurde erst 1871 von oben, durch

Bismarck, nach einem Krieg gebildet. Aus der Sicht der Herrschenden kam er zu spät, die Aufteilung der Welt war schon abgeschlossen, viele Länder hatten wesentlich mehr und größere Kolonien als Deutschland. Die Herrschenden in Deutschland versuchten deshalb im Ersten und Zweiten Weltkrieg eine Neuaufteilung der Welt, die scheiterte. Dieser Versuch wird als »deutscher Sonderweg« bezeichnet. Nach 1945 wollten die Westmächte Deutschland so integrieren, dass dieser Sonderweg für immer ausgeschlossen bleibt. Auch deshalb müssen die Europäische Union und die Mitgliedschaft Deutschlands erhalten bleiben.

Ich gehöre deshalb zu den Linken, die die Europäische Union deutlich kritisieren, sie aber unbedingt reformiert erhalten, sie also retten wollen. So überzeugte mich meine Exfrau Andrea, für das Amt des Präsidenten der Europäischen Linken zu kandidieren. Tatsächlich wurde ich im Dezember 2016 in diese Funktion gewählt.

*

Große Sorge in Europa bereitet die erwähnte Entwicklung nach rechts. Besonders dramatisch ist die Situation in Ländern wie Ungarn und Polen, aber auch in Frankreich und zunehmend in Deutschland. Die rechten Parteien profitieren vom desolaten Zustand der Europäischen Union, von der Überforderung der Regierungen, vor allen Dingen von der hohen Zahl an Flüchtlingen. Das schürt und bedient abstrakte Ängste und ermuntert inhuman und fremdenfeindlich denkende Menschen zu ungehemmter Lautstärke und offener Aggressivität. Neu ist nicht, dass auch rassistisch gedacht wird. Neu ist, dass man es in größerem Maße ohne Scheu und Scham öffentlich artikuliert. Deshalb trete ich für ein möglichst breites Bündnis gegen diese Rechtsentwicklung ein.

Jede Partei hierzulande muss über ihren Schatten springen, von der Union bis zur Linken. Unsere Partei hat die Schwierigkeit, im Osten nicht mehr ausreichend als Protestpartei zu wirken, und im Bund hat sie nicht immer die Kraft, als Gestaltungspartei wahrgenommen zu werden. In solcher Zwickmühle kann man nach allen Seiten hin verlieren. Diese Lage hat den alten Streit neu entfacht: auf Opposition beharren oder mitregieren? Ich finde, wenn man in die Politik geht, muss man zu beidem bereit, auf beides gefasst sein.

SPD, Grüne und Linke müssten in der skizzierten politischen Situation die Kraft finden für Kompromisse. Darin sehe ich eine tragfähige Alternative zur rechten Entwicklung in Deutschland. Die SPD gefährdet immer weiter ihre Existenz, wenn sie ein Anhängsel der Union bleibt. Die Grünen stehen vor der Wahl, eine Art FDP oder linksorientiert zu werden. Verhelfen sie der Union durch Koalitionswilligkeit zur Regierungsmacht, stärken sie indirekt die Rechtsentwicklung in Deutschland. Denn die Union kann die Alternative für Deutschland (AfD) hinsichtlich ihrer konservativen Wähler nur überflüssig machen, wenn sie selbst in die Opposition geschickt wird und offen und wieder deutlicher konservativ sein kann.

Die historische Aufgabe der Union besteht in der Integration der Konservativen. Ich hoffe, dass sie bald auch die gleichgeschlechtliche Ehe akzeptiert und dass sie den Hauptteil der Konservativen – auch nach möglichen heftigen Auseinandersetzungen – zu diesem Fortschritt führt. Wenn sie aber eine Million Wähler zurücklässt und stattdessen frühere Wähler der SPD organisiert, wird sie ihrer historischen Aufgabe nicht gerecht. Diese verloren gegangene Wählerschaft wendet sich der AfD zu.

Die SPD hat die Aufgabe, wieder sozialdemokratisch zu werden. In einer Regierung mit Grünen und Linken muss ein Sozialschub organisiert werden, der den Abgehängten, die heute zum Teil AfD wählen, das Interesse an einer solchen Partei nimmt. Das geht nur über mehr Steuergerechtigkeit – die Armen wie die Menschen in der Mitte der Gesellschaft müssen besser gestellt werden, im Bündnis mit den kleineren und mittelständischen Unternehmen, die über neunzig Prozent der Arbeitsplätze verfügen.

Für die Linkspartei bleibt wichtig, den nächsten Akzeptanzschub zu erreichen, indem sie Mitglied der Bundesregierung werden will – ihr neuer Horizont ist dann der einer Gestaltungspartei. Wer nicht kompromissfähig ist, ist auch nicht demokratiefähig und wer zu viele Kompromisse macht, verliert seine Identität. Deshalb dürfte – wie oben beschrieben – Die Linke nur Schritte in die von ihr geforderte Richtung gehen, allerdings kürzer als vorgesehen. In diesem Zusammenhang denke ich auch an Thüringen. Die Wahlen 2014 in diesem Bundesland verliefen sehr erfolgreich für uns. Die Linke, die SPD und die Grünen erzielten gemeinsam – wenn auch nur mit einem einzigen Abgeordneten – eine Mehrheit im Landtag. Beschlossen wurde eine Koalition mit Bodo Ramelow als Ministerpräsident. Bei seiner Wahl im Landtag war ich zugegen. Im zweiten Wahlgang wurde er gewählt – der erste Ministerpräsident seit Bestehen der Bundesrepublik Deutschland links von der Sozialdemokratie. Ich muss sagen, ein bewegender Moment. Bodo Ramelow hat sich in seinem Bundesland und gegenüber seinen Kollegen aus den anderen Ländern Respekt verschafft. Thüringens Bevölkerung anerkennt ihn, das Leben im Lande verändert sich Schritt für Schritt positiv.

49. KAPITEL

Mein bisheriges Leben empfand ich als aufregend, es war reich an Erlebnissen. Niederlagen habe ich erlitten, Fehler beging ich, Irrtümern bin ich aufgesessen. Aber mir gelangen auch Erfolge, und in nicht wenigen Situationen, vor denen ich stand, entschied ich mich richtig. Wenn ich mir zum Schluss noch einmal vor Augen führe, mit welchem Ruf, mit welcher Last, mit welchem Erbe ich Ende 1989, Anfang 1990 politisch in dieses Deutschland startete und wie mit den Jahren (und der dazugehörigen Ausdauer!) die Akzeptanz in der Gesellschaft gestiegen ist, so darf ich doch ein wenig zufrieden sein. Es hat mich und zahlreiche Weggefährten viel, sehr viel Arbeit gekostet. Es hatte für mich persönlich auch einen hohen Preis, ich habe ihn beschrieben. Mit Vorurteilen bin ich konfrontiert worden, die nicht stimmen, mit Urteilen, die mich nachdenklich stimmten. Der Gegenwind, dem ich mich oft genug ausgesetzt sah, ist keinesfalls abgezogen, er gehört zu einem öffentlichen Leben, aber den eisigen Frost hat er eingebüßt.

Man möge sich das vorstellen: Anfang 2017 bekam ich in Aachen den Karnevals-»Orden wider den tierischen Ernst«. Vor Jahren undenkbar. Wie viel war zu bestehen, um nunmehr heiter durchs Faschingsblattgold gezogen zu werden. Aachen sucht jährlich seinen Superstar und findet ihn 2017 und erstmals – im Osten und links. Ein freies Miteinander heißt in der Begegnungskultur: Abgrenzung möglich, Ausgrenzung möglichst nicht.

Nach wie vor bin ich dankbar für meine Fähigkeit, mit Humor schwierige Situationen zu ertragen, die ich anders nicht aushielte.

Ich weiß, dass es viele Menschen gibt, die nie das erleben und sehen können, was mir vergönnt war. Mein Leben war bislang nicht nur gelegentlich schwierig, sondern auch reich. Ein Linker muss meines Erachtens bestimmte Kriterien erfüllen. Ein Linker steht nicht nur auf Seiten der Schwachen im eigenen Lande, das kann auch ein Rechter – ein Linker steht auf Seiten aller Schwachen und Benachteiligten. Es ist auch ein Irrtum zu meinen, dass ein Linker arm sein müsse. Er ist gegen die Armut. Er kämpft für die Chancengleichheit aller beim Zugang zu Bildung, Kunst und Kultur. Ich möchte nicht, dass der Kapitalismus als letzte Antwort der Geschichte gilt. Es gibt Dinge, die er kann, es gibt aber auch Dinge, die er nicht kann – und die bekämpft werden müssen.

Der Kapitalismus kurbelt eine sehr effiziente Wirtschaft an, aber eben nicht nur durch Ausbeutung der sogenannten Dritten Welt. Er vollbringt Höchstleistungen in Wissenschaft und Forschung, auch in Kunst und Kultur. Häufig setzen sich Kunst und Kultur kritisch mit dem Kapitalismus auseinander, aber: Er bringt diese widerständige Kraft hervor und erneuert stets die Bedingungen, dass sie sich entfalten kann.

Andererseits ist der Kapitalismus nicht in der Lage, in umfassendem Sinne Frieden zu wahren. Interessenkonflikte werden immer wieder militärisch ausgetragen, auch weil am Krieg zu viel verdient wird. Der Kapitalismus ist absolut unfähig, wirkliche soziale Gerechtigkeit und Chancengleichheit herzustellen. Die reichsten 42 Menschen der Erde besitzen genau so viel wie die finanziell untere Hälfte der Menschheit, das heißt: wie 3,6 Milliarden Menschen. Mehr ist dazu nicht zu sagen. Schwierigkeiten hat dieses System auch mit der ökologischen

Nachhaltigkeit, häufig stehen ökonomische Interessen gegen Vernunft und Besinnung.

Der Kapitalismus kann, aber er muss nicht demokratisch, freiheitlich und rechtsstaatlich organisiert sein. Deshalb streite ich für einen demokratischen Sozialismus. Darunter verstehe ich eine Gesellschaft, die das effiziente Wirtschaften aus dem Kapitalismus heraus sichert, aber die Macht der großen privaten Konzerne und Banken bricht. Die mittleren und kleinen Unternehmen in marktwirtschaftlichen Verhältnissen müssen unbedingt erhalten und Genossenschaften, wo sie angebracht sind, gefördert werden. Gesetze haben die Rechte der Arbeitnehmerinnen und Arbeitnehmer, der Kundinnen und Kunden in hohem Maß zu sichern. Die öffentliche Daseinsvorsorge – Bildung, Gesundheit, Wohnen, Kunst und Kultur, Mobilität, Information – muss sich in beachtlichem Umfang in öffentlichem Eigentum befinden und darüber hinaus in öffentlicher Verantwortung stehen. Auch für ein Krankenhaus und für eine Oper müssen ökonomische Kriterien gelten, gewiss, aber Gesundheit und Kunstgenuss dürfen nicht gezwungen sein, sich zu rechnen.

Bei der Ökologie geht es inzwischen um die Gattungsfrage. Wenn nicht entschieden und rasch umgesteuert wird, vernichten wir uns selbst. Wir sind verloren, wenn uns das Wissen um die eigene Vergänglichkeit nicht bändigt. Wir sind verloren, wenn wir uns nicht wieder einfügen in die Gesetze der Natur, deren Teil wir am allerwenigsten in der fatalen Logik sind, dass der Stärkere den Schwächeren besiegt.

Ich glaube an eine Transformation hin zu einem demokratischen Sozialismus. Einer Diktatur, egal wie sie sich nennt, werde ich mich immer widersetzen. Meine Lebenserfahrung besagt, dass niemand das Recht hat, andere zu ihrem Glück zu zwingen. Man darf lediglich versuchen, einen Weg zu mehr sozialer, kultureller Gerechtigkeit aufzuzeigen.

Solidarität ist auf diesem Weg keine Verliererparole, sie muss der Hauptgegenstand menschlicher Mühen sein. Gewiss, es ist schwer, jeden Tag Kapitalismus so zu leben, dass wir unser Bewusstsein dabei resistent halten gegen diesen um sich greifenden, rücksichtslosen Eigennutz. Gleichzeitig, finde ich, darf uns die Sorge nicht unfähig machen für die Lust am Dasein. Das sage ich, auch wenn ich weiß, wie vielen Menschen dieser Genuss entzogen ist.

Ein Leben ist zu wenig, so habe ich meine Erinnerungen überschrieben. Wir haben nur dieses eine unwiederholbare Dasein. Aber so, wie in jede Farbe doch auch andere Farben hineingemischt sein können, so besteht jede Existenz aus zahlreichen Facetten.

Ja, ich lebte in diesem einen Leben mehrere andere. Lebe sie immer noch. Und ich muss sagen: Ich brauchte und brauche sie auch.

Der Schriftsteller Max Frisch verfasste ein Theaterstück: »Biografie: Ein Spiel«. Es ist eine Phantasie über Menschen, die plötzlich »Stopp!« sagen und ihr Dasein noch einmal durchleben, nun aber so, wie es verlaufen wäre, hätten sie sich an bestimmten Wegscheiden ihrer Existenz anders entschieden. Wir wissen nicht, was aus uns geworden wäre, wenn … Aber dieses Spiel mit den verpassten, verscherzten, verworfenen Möglichkeiten gehört zum Dasein. Ja, ein Leben ist zu wenig für das, was wir träumen, wünschen, wollen. Wenigstens habe ich versucht, gegen zu starke Festlegungen meine große Lust an der Vielfalt zu setzen, beweglich und neugierig zu bleiben. Erobert euer Grab!, hat der Theatermann Einar Schleef einmal geschrieben. Das heißt: Erhebe deine Vergänglichkeit zur Feier. Gewinne ihr alles ab, was an Erlebnis möglich ist. Die Freiheit, die einem versprochen wird, gilt weniger als die Freiheit, die man sich selber nimmt. So wie die Dinge, die sich rechnen sollen, meist weniger wert sind als das, was wirklich zählt. Und manchmal muss man spielen mit der Schwere und so tun, als sei sie leicht.

*

Seltsam, dass mir an dieser Stelle der Pilotenschein in den Sinn kommt, den ich tatsächlich erworben habe. Es war immer mein Traum, zu fliegen. Das ist ja die schönste Selbstüberhebung, zu der ein Mensch fähig ist. Man fliegt und schaut auf die Erde, aber so, als blickte man zu etwas auf. Man scheint nicht mehr in der Gewalt der Schwerkraft zu sein – was natürlich eine Täuschung ist, aber eine sehr schöne. Das Selbstbewusstsein wächst, zugleich spürt man stärker als sonst das Verletzbare der Dinge, vor allem die eigene Zerbrechlichkeit. Das ist gar kein abwegiges Assoziationsfeld, wenn man in der Politik tätig ist: Man träumt Höhenflüge der Weltveränderung, aber Entwicklung vollzieht sich leider im Schneckengang.

»Schuld« an meinem Pilotenschein war übrigens Dietmar Bartsch. Die Partei organisierte mir Anfang der neunziger Jahre die Termine gelegentlich derart gedrängt, dass sie mit öffentlichen Verkehrsmitteln, sogar mit flexiblem Auto nicht einzuhalten waren. Also bezahlte die im doppelten Sinne arme Partei einen Privatflieger mit Piloten. Schatzmeister Dietmar Bartsch stöhnte und sagte eines Tages zum Piloten, natürlich scherzhaft, ob er mir nicht das Fliegen beibringen könne – dies spare wenigstens die Kosten für den Mann am Steuer. Der Pilot und ich amüsierten uns über die aus der Not geborene Ironie des Geldhüters. Aber warum eigentlich nicht?!

In mir erwachte der Ehrgeiz, nein, eher die Neugier, ob ich – immerhin über fünfzig – noch in der Lage sei, Meteorologie, Thermik und anderes zu lernen. Ich nutzte die Urlaubszeit, kniete mich hinein in die Dinge, büffelte und fiel am Ende auch nur ein einziges Mal durch eine Prüfung. Zum Glück am Boden. So erwarb ich den Pilotenschein, flog, erlebte herrliche

Stunden und musste freilich nach meinem ersten Herzinfarkt Abschied vom Höhenrausch nehmen.

Nach meiner bestandenen Prüfung hatte ich den Jungfernflug mit Lothar Bisky absolviert. Er hatte es mir leichtfertig zugesagt, vielleicht dachte er, ich schaffte es nicht und er käme heil davon – nichts da!, ich bestand, und er wollte sich nicht drücken. Ich zeigte ihm den schönen Spreewald von oben. Sehr wohl wusste ich, dass Lothar Bisky schweigen kann. Wirklich schweigen kann. Aber mir wäre nie in den Sinn gekommen, dass er *so* schweigen kann. Nachdem ich einen Vollkreis geflogen war, fragte ich ihn, ob ich das wiederholen solle. Zwei seltsam irritierte Augen sahen mich an, und er sagte irgendwie tonlos, als mache sich jemand an seinen Atemwegen zu schaffen: »Das muss ja wohl nicht sein.«

Was ich Lothar nicht gestand: Den Vollkreis war ich nur geflogen, weil ich nicht mehr wusste, wo wir uns befanden. Natürlich stellte ich rasch eine Verbindung zum Flughafen her und erhielt die Peilung, mit der ich auf den rechten Weg der Rückkehr fand. Nach der Landung wurde Lothar ein Mann, den ich so nicht kannte: Er hatte sich offensichtlich mit dem Ende seines Daseins abgefunden, und nun erlebte ich eines Menschen Neu- oder Wiedergeburt. Er redete plötzlich wie ein Wasserfall, ich bekam keine Chance, mit einem vollständigen Satz dazwischenzukommen.

Am nächsten Tag kam Hans Modrow zu uns, er fertigte uns ab nach allen Regeln der Kunst: Solch eine Verantwortungslosigkeit hätte er uns nicht zugetraut. Was wäre denn aus der Partei geworden, wenn wir beide abgestürzt wären?! Wie ertappte Schulkinder saßen wir da. Der sonst so ausgeglichene Hans Modrow offenbarte eine Erregtheit, dass ich unwillkürlich meinte, etwas Verbotenes getan zu haben. Dabei war ich doch ein ausgebildeter Pilot!

Wer fliegt, denkt auch über Absturz nach, und insofern ist

es eben gar nicht so seltsam, am Schluss meiner Erinnerungen ans Fliegen zu denken: Es ist Schweben zwischen Glück und Vorsicht – das man auf keinen Fall tilgen sollte, um nicht dem Leichtsinn zu verfallen. Das gilt am Himmel und auf der Erde.

Übrigens fällt mir da der DDR-Kosmonaut Sigmund Jähn ein, der erste Deutsche im All – der nach seiner Landung von einem Journalisten bestürmt und mit Superlativen über seinen Mut überhäuft wurde. Er hörte sich das alles geduldig an. Mut? »Ach, wissen Sie, die Sache ist doch ganz einfach: Die Rakete nimmt Sie mit, ob Sie nun besonders mutig sind oder nicht.« Immerhin: Reingesetzt hat er sich.

So, das war's. Ich habe beim Schreiben dieses Buchs versucht, möglichst persönlich zu werden, ohne privat zu sein.

Sei noch erwähnt, dass sich die Rechtsanwaltssozietät, bei der ich arbeitete, aufgelöst hat. Nun bin ich mit Walter Venedey und Mark Höfler in einer Rechtsanwaltspartnerschaft – und mehr als zufrieden. Zwei tolle Kerle, Kollegen.

Ja, das Leben ist Wechsel und Wiederholung. Von seinem dritten bis zum zwanzigsten Lebensjahr wohnte mein Sohn George mit mir zusammen. Nach dem Ende der DDR war er heimisch in verschiedenen Städten der alten Bundesrepublik. Nun ist er sechsundvierzig Jahre alt, wohnt bei seiner Familie in Hamburg, hat aber einen Job in Berlin gefunden – sodass er an den Arbeitstagen wieder bei mir lebt. Einst hatte ich das Alleinerziehungsrecht – nun versucht er, es mir gegenüber auszuüben. Noch wehre ich mich tapfer. Na ja, nicht ganz.

In meinem Alter ändert man sich nicht mehr viel, man bleibt eher, wie man ist. In meinem Falle heißt das aber auch: Ich bleibe politisch wahrnehmbar. Ältere Menschen warne ich gern davor, sich nur noch über Krankheiten zu unterhalten. Denn die Folge dessen besteht – weiß Gott – nicht darin, dass man gesünder wird.

EPILOG

Ich bin wild entschlossen, das Alter zu genießen.

Hans-Dieter Schütt

UNTERWEGS MIT EINEM LEBEN

Dezember 2018

Veranstaltungen mit Gregor Gysi zu seiner Autobiographie sind deutschlandweite Termine der Ermunterung geworden. Seine Erinnerungen sind das erfolgreichste politische Sachbuch jüngster Zeit. Eben weil sie keine Sach-Bearbeitung, sondern eine Lebenserzählung sind. Gysi reißt mit, und noch dort, wo er Widerspruch auslöst, geschieht es auf dem hohen Niveau von Kultur und Respekt. Er ist zwischen Bundestagssitzungen, Kanzleitätigkeit, Wahlkreisarbeit, Terminpflichten als europäischer Linken-Präsident und eigenen Moderationen zum logistischen Jongleur geworden. »Seit ich nicht mehr Fraktionsvorsitzender bin, lädt man mich ungehemmter ein. Gekoppelt mit meiner Unfähigkeit, Nein zu sagen, ergibt das eine Mischung, die mein Büro an Grenzen bringt.«

Rotenburg an der Wümme: Der Andrang am Lesungstag ist so groß, dass aus einer Veranstaltung spontan zwei werden. Wie woanders auch. Etwa in Bad Tabarz in Thüringen: Hier hatte Gysi vor Jahren für den Kita-Ausbau gespendet – zwischen zwei Lesungen weiht der Politiker »seine« marmorne Namensplatte auf dem Boulevard des Kurortes ein. Wohin er kommt: Zuhörer zeigen Gesprächswillen bis lange nach Ende der Veranstaltungen; auf die Heim- oder Weiterreise nimmt er Briefe mit, Bitten, Bekräftigungen, Zuhörer vertrauen ihm ihre Sorgen an.

Er ist Ostdeutscher und denkt viel zu intelligent, um vordergründig polemisch ins Partikulare abzugleiten. Doch wagt er just aus Souveränität heraus Differenzierungen, die ihm in Theatern, Kulturhäusern, Stadthallen speziell des Ostens einen Beifall bescheren, der in keinem Fall mit billiger Schmeichelei oder ostalgischer Verklärungstaktik erkauft wird. Gysi will das staatssozialistische System nicht etwa zurück, aber er besteht auf der Wahrheit, dass dessen Geschichte durchaus reich an alternativen Denkmustern und sozialen Produktionsformen gewesen ist; dieses System schuf eine andere Form der Kultur, war durch harsche Züge des ideologischen Konformismus genauso geprägt wie durch klassische Bildung und ästhetische Experimente. DDR, das bedeutete wachsende Einfalt der Macht, aber auch Vielfalt des Lebens! Das ist Gysis Grundhaltung, und er spricht den Leuten zu: Warum nicht Kraft daraus schöpfen, dass der Osten Deutschlands sich nach dem Zweiten Weltkrieg ohne Marshallplan wieder aufgebaut und so erfolgreich industrialisiert hat, wie er nun teilweise und unter großen Schmerzen der Betroffenen wieder deindustrialisiert wurde?

Gysis Leben ist kraftvolle Bestätigung eines Lebens in Demokratie und Freiheit – bei gleichzeitigem Widerspruch eines Ostdeutschen gegen eine nicht hinnehmbare Repräsentationslücke innerhalb unseres politischen Systems. Aus ihm spricht und erzählt ein äußerst Erfolgreicher, aber er ist im Erfolg so lebensverbunden wie kritisch geblieben, und nie entfernt sich seine Lebenskunst von der Überzeugung, dass Deutschland immer auch aus der Perspektive der vermeintlich Gescheiterten und Verlierer erzählt werden muss – nicht mit einer Geste des Erbarmens, sondern weil diese Geschichte uns auf den weiteren Wegen bereichert.

Dies genau ist der bestechende Kern seiner Auftritte. Und das ist der Geist, der sein Buch über Monate auf Bestsellerlisten gehoben und gehalten hat: die bürgerliche Ordnung als ein Entdeckungsverfahren für vorteilhafte Investitionen. Was freilich vorteilhaft sei und welche Investitionen wahrlich Zukunft hätten – dies ist gesellschaftlich hart zu diskutieren. Da bleibt der Linke Gysi stets sehr kenntlich. Zündend, zornig, zäh.

»Die Zeit« stellte in ihrer Rezension des Buches fest, Gysi habe in seinem Leben lediglich eine einzige Entscheidung bewusst, konsequent und weitsichtig getroffen: Rechtsanwalt zu werden. Ein Beruf im Staate DDR – und doch ein wenig außerhalb; ein Leben in den Strukturen politischer Einverständnisse – und doch auch eine Existenz des Widerwortes, der Gegenansprache. Ansonsten aber, in allen anderen Kapiteln dieser Biographie, so die Hamburger Wochenzeitung, schildere sich Gysi »als Zuschauer – selbst dann, wenn er als Hauptdarsteller auftritt; er sieht sich immerfort Dinge tun, für die er eigentlich nie vorgesehen war.«

Das ergab im Leben Gysis jene Haltung, die jetzt auf neue Weise Früchte trägt: nie einer Verengung anheimzufallen, nie steckenzubleiben im Kreisverkehr des Innerparteilichen – er ist links und frei; er lebt nicht über den Zinnen, aber fern aller Festungsmentalität und allem Lagerdenken. Er ist gleichsam der Bundespräsident seiner Partei geworden. Er wirkt bei den Veranstaltungen zum Buch als der Prototyp des Politikers nach den Revolutionen, aber nicht: statt der Revolutionen – Radikalität bleibt erstes Denkgebot. Freilich strahlt er Wissen aus: Der Mensch will nicht dauernd in Richtung Zukunft gezogen, erzogen werden, sondern »will ohne Aufschub und Ferne in sein volles Leben« (Ernst Bloch). Und so ermutigt Gysi seine Zuhörer, sich die eigene Existenz mit Lust, List und auch Lässigkeit auf eine Weise herzurichten, dass man möglichst aufrecht so sein kann, wie man ist. Er wird im Gespräch persönlich, ohne privat zu sein. Er ist populär. Wer populär ist, lebt in Resonanzen, aber immer auch in einer anderen

Wahrheit: »Jeder schlägt seine Schlacht allein.« Schiller. Gysi schillert.

Bei Lesungen besteht er darauf, dass der Saal hell, das Publikum erkennbar bleibt. Denn auch wenn er monologisiert: Er will nicht vor, sondern mit den Leuten sprechen. Frei nach dem Warngedicht des Lyrikers Kurt Bartsch: »Als der Redner ankündigte/er rede zur Sache,/fragten sich viele:/Warum nicht zu uns?«

*

Gregor Gysi, wenn man Sie bei Veranstaltungen zu Ihrem Buch beim Signieren sieht, muss man angesichts des allerorten andrängenden Publikums die Befürchtung haben: Na, irgendwann hat er wegen der vielen Autogramme eine Sehnenscheiden-Entzündung.

Vielleicht wäre es anders, wenn ich nicht Gysi, sondern Leutheusser-Schnarrenberger hieße.

Bei den zahlreichen Lesungen wird vieles gefragt – ein Problem aber zieht sich durch alle Veranstaltungen: Warum gibt es so einen Rechtsruck – in einer Zeit, in der viele Menschen die Welt als ungerecht empfinden und eigentlich nach links gehen müssten. Hat das damit zu tun, dass der Staatssozialismus gescheitert ist?

Natürlich! Leider! Die Linken hatten die Chance, eine alternative Welt aufzubauen. Diese Chance konnten sie nicht nutzen, dadurch sind sie tief in den Keller geraten. Das betraf ja selbst die kommunistischen Parteien etwa in Italien, Frankreich und Spanien, die eine kritische Haltung gegenüber Moskau bezogen und in ihren Ländern eine starke politische Kraft bildeten. Hat ihnen alles nichts genutzt. Das Zweite ist, dass wir jetzt eine Internationalisierung erleben, die vielen Leuten unheimlich ist. Das führt zu Versuchen der Renationalisierung – eben bis hin zum äußerst groben Nationalismus. Die gesellschaftliche Linke muss aber die Stärke entwickeln, zum Gegenüber der Rechten zu werden. Dann würde auch die Mitte erkennen, dass sie ohne die Linke nicht in der Lage sein wird, den Rechtspopulismus zu überwinden.

Mit anderen Worten: Es gibt eine Arbeitsteilung in der Gesellschaft, die nicht mehr funktioniert?

Ja. Die Sozialdemokratie hat ihre historische Bestimmung aufgegeben, die CDU partiell auch. Die Aufgabe der Union bleibt die Vertretung konservativer Interessen. Das ist nicht Aufgabe der Linkspartei und der Grünen, auch wenn Teile der Grünen das jetzt anders sehen. Die CDU müsste die AfD also nicht rechts überholen wollen, sondern eine Partei der Mitte bleiben. Wir alle müssen die Auseinandersetzung führen, um in der Gesellschaft das Interesse abzubauen, AfD zu wählen. Dazu müssten alle – von der CSU bis zur Linken – miteinander reden. Das findet leider nicht statt.

Auch SPD und Union müssen wieder zu einem Gegenüber werden?

Dazu muss allerdings die SPD den größeren Beitrag leisten, denn sie hätte sich nie zum dritten Mal auf die Große Koalition einlassen dürfen. Zur staatspolitischen Verantwortung, von der die SPD in Bezug auf diese Koalition geredet hat, gehört vor allem, sich selber zu retten und dafür zu sorgen, dass die Sozialdemokratie wieder eine Alternative zur Union wird. Aber die SPD tut mit offensichtlicher Vorliebe Dinge, die ihr schaden. Einen Fehler sehe ich auch in ihrer Entscheidung zur Teilnahme an der ersten Kriegsbeteiligung Deutschlands nach 1945 sowie dem Neoliberalismus, also der Ausdehnung des Niedriglohnsektors und der prekären Beschäftigung.

Viele Leute haben Angst, sie müssten die Armut der Welt und also noch mehr Migration schultern.

Die Linke darf sich diesbezüglich nicht aufweichen lassen. Natürlich weiß auch ich, dass Deutschland nicht die ganze Menschheit aufnehmen kann. Mir ist auch nicht bekannt, dass sie das vorhätte. Wir müssen wirksam die Fluchtursachen bekämpfen, das ist die Hauptaufgabe. Warum müssen wir zum Beispiel Lebensmittel so billig nach Afrika exportieren, dass die afrikanischen Lebensmittel immer teurer sind und dort keine eigene Landwirtschaft entstehen kann? Das ist doch empörend!

Man stöhnt hierzulande, obwohl andere Länder weit mehr Flüchtlinge aufnehmen.

Anstatt zu stöhnen, sollte Europa viel mehr helfen. Wenn dies nicht geschieht, werden sich die Flüchtlinge immer wieder einen anderen Weg suchen. Es wäre fatal, wenn wir Flüchtlingen das Recht absprechen, Perspektiven für sich und ihre Familien auch bei uns zu suchen. Wir sollten unseren Kampf gegen die Macht der neoliberalen Weltkonzerne und deren politischen Umsetzungsgehilfen in den Regierungen nun wirklich nicht damit beginnen, dass wir für deren ärmste Opfer die Grenzzäune hochziehen. Allein schon deshalb nicht, weil unsere Gesellschaft durch die Integration nicht ärmer, sondern reicher werden kann – und auch wird.

Muss Integration an Bedingungen geknüpft werden?

Die Kenntnis der deutschen Sprache steht an erster Stelle, dann folgen die beruflichen Qualifikationen. Ohne Integration auf dem Arbeitsmarkt gibt es keine Integration in die Gesellschaft. Und man muss unsere Grundrechte lehren, Artikel 1 bis 20 des Grundgesetzes. Jedem Geflüchteten müssen wir erklären, dass Frauen und Männer bei uns gleichberechtigt sind. Und Punkt. Das müssen wir natürlich auch insgesamt bei uns noch durchsetzen. Kein Flüchtling hat das Recht, zu versuchen, Kultur, Kunst und Lebensweise in Deutschland einzuschränken, aber, und dieses Aber ist entscheidend: Jeder Flüchtling hat das Recht, zu versuchen, Kultur, Kunst und Lebensweise hierzulande zu erweitern. Parallel dazu muss die einheimische Bevölkerung fair bezahlte Jobs ergreifen können. Sonst ist es kein Wunder, wenn sich die Stimmung leider auch gegen Flüchtlinge wendet.

Antisemitismus, Rassismus und Ausländerfeindlichkeit, sagen Sie, waren immer schon Instrumente der Herrschenden.

Ja, es gab keinen natürlichen Grund, warum ein armer deutscher Bauer einen armen französischen Bauern totschlug. Früher waren es die Könige, die die Menschen wegen der gewollten Kriege gegeneinander aufhetzten. Auch, damit diese nicht auf die Idee kamen, ihre Könige abzuschaffen.

Womit wir bei Marx und Engels wären.

Etwas Entscheidendes an deren Denken war, dass sie sagten: Lasst euch nicht gegeneinander aufhetzen. Das steckt hinter dem Schlusssatz des Kommunistischen Manifests: »Proletarier aller Länder, vereinigt euch!« Es ist ein Appell, die gemeinsame Interessenlage zu erkennen und sich nicht durch die Herrschenden gegeneinander aufhetzen zu lassen. Immer dann, wenn er in Schwierigkeiten war, stellte der Zar in Russland fest, dass angeblich die Juden an allem schuld seien. Er wollte, dass sich die Bevölkerung untereinander abschlachtet. Die meisten werden doch auch heute erkennen: Nicht der Syrer oder sonst jemand ist unser Problem, sondern: Wir müssen Kriege, soziales Elend und große ökologische Schäden überwinden.

Das sagen Sie – bei Vorträgen und Gesprächsrunden – auch den Reichen.

Ja, ich werde mehr und mehr auch von der Wirtschaft zum Gespräch eingeladen. Sie streiten sich zwar mit mir und stellen sich auch zum Teil gegen meine Auffassungen, aber sie laden mich ein – was früher weitgehend undenkbar war.

Also, was sagen Sie ihnen?

Auch die Reichen müssen verstehen: Wenn sie jetzt nicht für mehr Gerechtigkeit sorgen, fliegt ihnen alles eines Tages um die Ohren, zum schweren Nachteil ihrer Enkel. Ich will die Macht der großen Konzerne und großen Banken überwinden, weil sie nichts Gutes bringt für die Menschheit. Wir brauchen darum wieder das Primat der Politik. Aber das ist einzig gerechtfertigt durch demokratische Strukturen, ansonsten wäre es nur das Primat eines Diktators.

Kann auch der Zufall Geschichte machen? Kann er das, was gestern galt, heute über den Haufen werfen?

Vor 1989 hätte ich eher Nein gesagt. Jetzt sage ich: Ja! Weil ich gesehen habe, wie mit dem Staatssozialismus ein ganzes System untergegangen ist. Und auch im ungesteuerten Kapitalismus kann der Punkt kommen, an dem einfach nichts mehr geht. Natürlich ist der Zufall oft nur der Auslöser für etwas, das sich längst, auch gesetzmäßig, angestaut hat.

Wer soll die Dinge antreiben?

Ich setze auf die Jugend. Die ist in der Mehrheit anders, sie ist doppelt so europäisch wie meine Generation, sie kann aus ihrer natürlichen weltbürgerlichen Lebensweise andere Maßstäbe setzen. Sie müsste allerdings rebellischer werden. Und letztlich: Woran soll ich sonst glauben, wenn nicht an die Vernunft des Menschen?

Kündigt man Sie auf Veranstaltungen an, dann werden Sie, etwa von Moderatoren, kurz charakterisiert. Das ergibt eine beachtliche Liste von Eigenschaften: ehrgeizig, schlagfertig, eloquent, eigenwillig, pfiffig, eitel, authentisch, galant, witzig, wendig, raffiniert selbstironisch, listig, gewandt, kosmopolitisch, undogmatisch, zynisch … Welches dieser Attribute trifft Sie am besten?

Na, das trifft alles irgendwie zu. Außer: zynisch. Das war und bin ich nie.

Ihr politisch bitterstes Erlebnis jüngster Zeit?

Dass die AfD – und dann auch noch in dieser Stärke – in den Bundestag eingezogen ist.

Helmut Schmidt sagte mal, rechtsextreme Parteien »kommen und gehen auch wieder«. Solche Parteien – wie wir sie jetzt vergleichsweise mit der AfD haben – hielt er für »nicht lebensgefährlich, aber dennoch unerfreulich«. Wie sehen Sie das?

Als Schmidt in der Politik war, mag das so gewesen sein. Er hat dies aus seiner politischen Zeit heraus gesehen. Aber wir müssen uns nur Donald Trump betrachten, die Regierungen in Polen, Ungarn, Finnland, Dänemark, den Niederlanden, in Österreich, vor allem auch in Italien. Ich glaube ebenfalls nicht, dass das auf Dauer hält, aber wenn wir das nicht ernst nehmen, kann es viel länger halten, als wir uns das erhoffen. Die AfD wurde als neoliberale Partei gegründet. Die eigentliche Gefahr liegt darin, dass sie irgendwann neben nationalistischen und rassistischen auch zunehmend soziale Thesen vertritt.

Was hat sich in den letzten Jahren in der Gesellschaft am stärksten verändert?

Dass die Menschen immer stärker das politische Establishment ablehnen, das politische Establishment es aber nicht merkt und so weitermacht wie bisher – wie etwa die Große Koalition. Heute haben wir in Deutschland den größten Niedriglohnsektor in der Europäischen Union. Immer mehr Menschen fühlen sich abgehängt statt eingebunden, Altersarmut wird angesteuert, die soziale Marktwirtschaft ist teilweise Geschichte. Man muss immer wieder daran erinnern: Andrea Nahles als SPD-Chefin trug doch tatsächlich den absurden Vorschlag mit, den untragbar gewordenen Chef des Verfassungsschutzes durch Beförderung loszuwerden. Und Angela Merkel fragt in einer öffentlichen Runde eine Putzfrau, die ihre mageren Renten-, also Altersaussichten beklagt, ob sie denn nicht privat vorgesorgt habe. Ich bitte Sie, wie nehmen sie denn noch Realität wahr! Und irgendwann wundern sie sich, dass einer von außen gewählt wird, irgendein Trump. Ich will aber keinen Trump! Eine Roulettekugel ist im Vergleich zu diesem Präsidenten exakt berechenbar.

Warum wird denn die AfD im Osten prozentual stärker gewählt als im Westen?

Die Ostdeutschen fühlen sich als die Verlierer der deutschen Geschichte. Bei der Herstellung der deutschen Einheit wurden sie zu Deutschen zweiter Klasse. Zudem war die DDR eine geschlossene Gesellschaft. Es gab in Dresden keine Muslime. Und plötzlich gibt es einen Knall, die Gesellschaft ist völlig offen – das kann auch überfordern.

Gerade auch dann, wenn soziale Verwerfungen zunehmen …

… und die Ängste, dass wegen der Flüchtlinge die soziale Lage noch schlechter wird. Die massenhafte Arbeitslosigkeit nach 1990 im Osten ließ dort doppelt so große soziale Ängste entstehen. Es ist verständlich, dass man nicht ganz unten sein will – aber deswegen gegen noch Ärmere zu sein, ist falsch.

Verstehen Sie denn diese Menschen nicht?

Doch. Aber auch wenn ich sie verstehe, muss ich ihnen nicht entgegenkommen, sondern versuchen, sie von einem anderen Weg zu überzeugen.

Es ist unbestreitbar: Der Versuch, bestimmte Fragen auf die nationale Ebene zurückzuziehen, hat auch die Linke erfasst, sowohl in Europa als auch in Deutschland.

Das stimmt. Es gibt den Wunsch, gewissermaßen das Eigene auch vor der Armut aus anderen Ländern geschützt zu sehen. Aber um das klarzustellen: Alle in unserer Partei, die nationale Lösungen ins Gespräch bringen, sind deshalb nicht etwa Rassisten und Nationalisten. Und um auch da nicht missverstanden zu werden: Internationale Aufgaben dürfen nicht dadurch gelöst werden, dass es den ärmeren und mittleren Schichten im eigenen Land schlechter geht, im Gegenteil. Es muss sogar eine Sozialgarantie geben, aber wir müssen auch klarmachen, dass die Probleme niemals mit einem Kampf gegen Menschen aus anderen Ländern gelöst werden können.

Und wenn man eine andere Position hat und sich gegen Arbeitsmigration stellt?

Warum dann eigentlich nicht auch noch die Bundesländer teilen? Könnte dann nicht ein bayrischer Linker fordern, dass Bayern die Bundesrepublik Deutschland verlässt und man die Sächsinnen und Sachsen dort nicht mehr arbeiten lässt, weil das ja wieder Bayern Arbeitsplätze kostete und das Lohnniveau bedrohte? 2016 kamen 60 Prozent der Zugewanderten aus Europa zu uns – spräche das nicht auch gegen die Arbeitnehmerfreizügigkeit in der EU? Ich bitte Sie, das kann doch wohl nicht unsere Antwort sein.

Ein Satz von Ihnen: »Bevor die Flüchtlinge nach Deutschland kamen, gab es kein höheres Hartz IV, und seitdem sie in Deutschland sind, gibt es kein niedrigeres Hartz IV.«

Ja, die Mehrheit des Bundestages billigt den Ärmsten völlig unabhängig von ihrer Zahl und den Geflüchteten immer nur das Allernotwendigste zu. Das müssen wir bekämpfen, und zwar für alle. Unser Kampf muss sich nicht darauf richten, Niedriglohnkonkurrenz durch Begrenzung von Arbeitsmigration auszuschließen, sondern darauf, die Löhne für alle zu erhöhen.

Muss auch die Mitte entlastet werden?

Ja, unbedingt, sie ist eine weitere Leidtragende, weil man von den Armen nichts herausholen kann, herrschende Politik sich aber an die Konzerne, die großen Banken und die ungerechtfertigt Reichen nicht herantraut oder sie bewusst schonen will. Deshalb muss alles die Mitte bezahlen, die Menschen mit mittlerem Einkommen sowie der Mittelstand in der Wirtschaft.

Wenn man sich bei Gysi-Lesungen neben den Signiertisch stellt, von Zinnowitz bis Regensburg, von Schwedt bis Saarbrücken, dann spürt man die Dringlichkeit, mit der Menschen Fragen an Sie stellen: Wird sich die neoliberale Entwicklung des Kapitalismus fortsetzen? Bleibt es bei der Deregulierung für die großen Konzerne und Banken? Kann die Klimakatastrophe noch verhindert werden? Wie sieht es mit der Bekämpfung des millionenfachen Hungertodes, Leids und von Not weltweit aus, wie erfolgreich können wir Armut in Deutschland, Europa und weltweit über-

winden? Wann werden bei uns in Deutschland die Löhne wieder an die Produktivität und die Renten an die Löhne gekoppelt? Wann endet die Benachteiligung von Ostdeutschen? Das Schlimme an unserer Zeit ist, so empfinde ich das, dass man all diese Fragen auch pessimistisch beantworten kann.

Ja, und dann wird man eher depressiv und handlungsunfähig.

Nicht Ihre Lebensart.

Nee. Nie gewesen. Ich gehe davon aus, dass sich der Kampf lohnt, um gefährliche oder unliebsame Entwicklungen zu stoppen und umzukehren.

Wie schon gesagt: Was diese Entwicklungen betrifft, gibt es gravierend unterschiedliche Sichten auch bei den Linken in Europa und in Deutschland. Man hat das Gefühl, bei bestimmten Problemen kommt die Kompromissfähigkeit aller Beteiligten an Grenzen.

Es gibt politische Fragen, die nur lokal, andere Fragen, die nur national, und wieder andere, die nur internationalistisch zu beantworten sind. Balancen zu suchen und zu finden, das ist in Demokratien selbstverständlich. Wir haben auf allen Ebenen Institutionen, die Linke muss überall wirkungsvoll sein wollen, und es muss ihr auch praktisch gelingen. Sie muss offen sein für das Gesamtfeld der Demokratie. Wenn man bestimmte Ebenen innerlich ablehnt, verliert man Wirksamkeit in und auch gegenüber den Gremien und zwar auch dort, wo man meint, Kernkompetenz zu besitzen.

Das klingt wie ein Vorwurf: Linke müssen in Deutschland und in Europa zunächst lernen, mit den Realitäten umzugehen.

Kein Vorwurf, nur eine Feststellung. Es muss ja nicht aus der Mode kommen, an Rosa Luxemburg zu erinnern: »Es ist und bleibt die revolutionärste Tat, immer das laut zu sagen, was ist.«

Also: was ist?

Wir haben eine Weltwirtschaft, wir haben europäische Konzerne, wir haben eine ökologische Krise und andere Fragen, die überhaupt nur noch international und nicht mehr national zu lösen sind. Welche Rolle sollte denn etwa Luxemburg als einzelner Staat im Nahost-Konflikt spielen! Die Konzerne und großen Banken haben auf allen fünf Kontinenten Arbeitskräfte, Dienstleistungs- und Produktionsstätten. Sie haben dafür gesorgt, dass die soziale Frage sichtbar zu einer Menschheitsfrage geworden ist. Weil sie etwas organisiert haben, das ihnen nicht wirklich bewusst war: den weltweiten Lebensstandardvergleich.

Sie meinen das Internet?

Ja. Früher wussten viele in Afrika nicht, wie wir in Europa leben. Jetzt haben sie ein Handy, und sie sehen, wie wir leben, und sie stellen traurige, wütende Fragen, auf die wir kaum Antwort wissen. Die einzige Antwort der Regierenden lautet: Abschottung. Wenn die Linke einen Wert haben will, muss sie eine andere Antwort auf die soziale Frage als Menschheitsfrage suchen und finden.

Gregor Gysi, im Laufe Ihrer politischen Laufbahn hieß es mitunter, Sie seien als Politiker gut, aber leider in der falschen Partei.

Diese Bemerkung hat sehr stark nachgelassen – weil man inzwischen meine Nachfrage kennt: Welche Partei empfehlen Sie mir denn? Da fällt keinem mehr etwas Vernünftiges ein.

Glauben Sie, den Leuten Mut machen zu können?

Mit dem Buch?

Und mit sich selbst.

Ich bin kein Prediger – obwohl ich staune, dass ich seit einiger Zeit zunehmend in Kirchen eingeladen werde. Dann steige ich die Kanzeltreppen hoch, stehe oben und stelle erschrocken fest, dass meine Stimme eine pastorale Färbung bekommt. Dann weise ich mich selber zurecht: Gysi, komm wieder runter mit deiner Stimme!

Warum so viele Einladungen in Kirchen?

Erst dachte ich, aha, auch dort herrscht Personalmangel. Aber es hat wohl eher mit Orientierungssuche zu tun, diese Suche macht offenbar vor Partei- und Konfessionsgrenzen keinen Halt mehr.

Womit wir wieder bei der Frage der Ermutigungen sind.

Ich halte es mit Albert Schweitzer: Nach meiner Erkenntnis bin ich manchmal pessimistisch, in meinem Wollen aber optimistisch.

Optimismus kann naiv, ein Mangel an Informiertheit sein oder vom Verdrängen her rühren.

Es gibt Leute, die ihre Hoffnung begraben und dann in die Gleichgültigkeit flüchten – weil sie sonst schlecht schlafen und träumen. Mag schon sein, dass sich Pessimisten mit ihren Vorhersagen seltener blamieren. Aber man sollte die Zukunft nie denen überlassen, die nur immer abwinken. Den Kopf oben behalten, auch Rückschläge ertragen. Aus diesem Impuls heraus lebe ich.

Bei Gesprächen über Ihr Buch gibt es oft ein Staunen im Auditorium, wenn Sie sagen: »Ich glaube nicht an Gott, aber ich fürchte eine gottlose Gesellschaft.« Merkwürdiger Widerspruch.

Natürlich weiß ich um die Fehlentwicklungen in der Kirche. Aber Religionen – denken Sie an die Bergpredigt – können allgemein verbindliche Moralvorstellungen in der Gesellschaft verankern. Das kann zur Zeit sonst kaum noch jemand, Parteien schon gar nicht.

Die gesellschaftliche Linke trat mit genau diesem Anspruch an!

Ja, sie war vor Jahrzehnten auch durchaus in der Lage, solche Moralvorgaben zu schaffen, gerade im sozialen Bereich.

Martin Walser hat geschrieben: »Das Christentum aller Kirchenversionen wurde eine Lippengebetsreligion zur Ertötung aller praktischen Bedürfnisse. Nur das Marxsche Denken schien es ernst zu nehmen mit der sozialen Praxis der Menschen.«

Durch das Scheitern des Staatssozialismus hat die Linke zwar nicht die Fähigkeit verloren, Moralvorgaben aufzustellen, aber sie hat keine Kraft mehr, sie allgemeinverbindlich werden zu lassen. Deshalb wären wir jetzt ohne die Religionen eher eine moralfreie Gesellschaft. Natürlich halten sich nicht alle an die Moral, der Mensch ist bekanntlich ein seltsames Tier. Aber dass es solche Normen gibt, etwa die Feindesliebe, etwa das Verhältnis von Kindern zu Eltern und von Eltern zu Kindern, das ist den Religionen zu verdanken. Ein solches Wertegerüst ist sehr wichtig. Darum hätte eine gottlose Gesellschaft verheerende Folgen. Stellen Sie sich unsere Gesellschaft ohne Weihnachten und Ostern vor – Traditionen, Rituale und Kultur spielen einen große Rolle. Wir haben zu Hause bei meinen Eltern übrigens immer Weihnachten und Ostern gefeiert. Wobei ich allerdings sagen muss, dass ich selber nicht so weit gehen könnte, diejenigen, die mir Feind sind, auch noch zu lieben. Aber immerhin, ich habe es im Buch beschrieben: Ich hasste und hasse nicht zurück.

Kapitalismus und Moral – wie steht es damit?

Er kommt um das Prinzip der Konkurrenz nicht herum. Wenn der Bäckermeister A Pleite geht, geht es dem Bäckermeister B besser. Das ist moralisch schwer zu erklären.

Sie sind Atheist. Aber alles, was Menschen glauben, das gestehen Sie ihnen zu?

Ja, wenn es keine anderen Menschen verletzt.

Wären die Kirchen umsonst gebaut, wenn es Gott nicht gäbe?

Kirchen sind nicht für Gott gebaut worden, sondern für die Menschen.

Von Gott nun zu Marx!

Sehr seltsame Assoziation! »Nichts Menschliches ist mir fremd«, schrieb er ins Poesiealbum seiner Tochter. Schon allein das beweist, wie weit entfernt er von einem sogenannten höheren Wesen ist.

Mir hat sehr gefallen, dass Sie in einem Büchlein über Marx einen Satz des DDR-Schriftstellers Heinz Czechowski zitieren: »Auch der Satz ›Die Welt ist veränderbar‹ kann zur Religion werden. Aber: Die Welt ist veränderbar.« 2018 haben Sie in Trier an den Feiern zum 200. Geburtstag von Karl Marx teilgenommen. Wieso sagen Sie, er müsse zweifach befreit werden.

Zum einen müssen wir Marx von seinem Missbrauch im Staatssozialismus befreien – er war ein Befreiungsideologe! Und zum anderen konnte er seine Arbeit nur in London leisten, weil Deutschland viel zu intolerant war. Er wurde verbannt. Ich möchte, dass wir endlich ein gutes Verhältnis zu einem großen Sohn unseres Volkes entwickeln. Er war ein Weltdenker. Wir haben nun nicht mal selber ein Denkmal für ihn gebaut, wir haben es uns von China schenken lassen.

Auf Ihren Lesungen spürt man heitere Gelassenheit – aber dann bricht auch Zorn durch.

Man muss das Dumme auch dumm nennen und das Gefährliche gefährlich und das Böse auch böse. Man muss es benennen, weil man sonst schon vorher aufgegeben hat.

Was ist besonders dumm?

Zum Beispiel, wenn sich der Herr Gauland hinstellt und sagt, die AfD hole sich ihr deutsches Volk zurück. Er hat von Eigentumsrecht keine Ahnung. Dieses Volk gehört nicht ihm, nicht mir – keiner Partei. Es gehört sich selbst. Diese Anmaßung, ständig für das ganze Volk sprechen zu wollen!

Sie attackieren alles Nationalistische – aber Deutschland mögen Sie dennoch.

Nehmen Sie nur die vier Jahreszeiten! Ist doch herrlich, dieser Wechsel. Na ja, wer weiß, wie lange noch. Und unsere Art zu frühstücken – phantastisch!

Wer die Welt liebt, muss sich um sie sorgen.

Na klar, aber man darf sich nicht von der Sorge zerfressen, niederdrücken lassen. Gerade weil ich gar nicht weiß, wie lange meine Lebensstrecke sein wird, kann ich jeden Morgen sagen: Schön, mein Gleichgewichtsorgan funktioniert! Meine Augen zeigen mir die Farben! Ich höre, wie die Vögel mich wecken. Also: Nichts für selbstverständlich nehmen.

Auf einer Veranstaltung zu Ihrem Buch habe ich Sie sehr freudig gesehen: als Sie von einem besonderen Moment Ihres 70. Geburtstages erzählten.

Am Morgen sah ich aus dem Fenster – und mein Garten war plötzlich verschneit. Nicht sehr lange und nur an diesem Tag im Winter 2018. Es war wie ein Gruß von einem weit

Oben, an das ich nicht glaube. Es sah aus, als wollte mich der Tag angenehm in Watte packen. Sah aber wirklich nur so aus und ging schnell vorbei. Aber die Erinnerung daran bleibt.

Schnee ist ja die sanfteste und die totale Veränderung der Welt.

In der Stadt leider auch die am wenigsten haltbare: Die Wahrheit des Schnees ist hier der Matsch.

Es ist erstaunlich, wie Sie auf Ihren Lesungen immer wieder Loblieder auf Papst Franziskus singen.

Ich finde ihn gut. Die Kardinäle waren geschickt, sie haben ihn gewählt, weil die katholische Kirche in einer Krise war – das moralische Ansehen litt unter den zahllosen Missbrauchsfällen. Und da haben sie gemerkt: So einen Papst brauchen wir jetzt. Also haben sie ihn gewählt, und seither stellen sie ihm ein Bein, wo sie nur können. Ich habe ein Streitgespräch mit dem Vorsteher eines deutschen Klosters geführt, der griff den Papst ständig an, so, dass ich ihn verteidigen musste. Wer hätte geahnt, dass es meine neue Aufgabe wird, den Papst zu verteidigen. (*lacht*)

Warum?

Es brauchte einen Papst, der an die Ursprünge des Christentums erinnert. Franziskus gelingt diese Rückbindung, auch mit seiner Einstellung gegen Armut und Krieg.

Franziskus stellt Menschheitsfragen und versucht, sie zu beantworten. Etwa, dass es um Gerechtigkeit gehe, dass jeder Mensch eine Schöpfung Gottes sei, darum, dass es nicht gerechtfertigt sei, wenn es dem einen viel besser gehe als dem anderen. Natürlich hat es über die Jahrtausende Abwege gegeben, aber er knüpft da wieder an.

Franziskus schrieb: »Wirtschaft tötet.« In einem »Cicero«-Gespräch mit einem römisch-katholischen Sozialethiker und Domi-

nikaner, Wolfgang Ockenfels, ging es um diesen Satz. Ihr Gesprächspartner fragte: »Aber wer soll das Subjekt der Wirtschaft sein, das tötet?« Sie boten sich als Interpret an.

Ja. Der Papst meint ja nicht, diese oder jene Person sei schuld, sondern er meint, die Gleichgültigkeit angesichts globaler ökonomischer Ungerechtigkeiten dürfe man nicht hinnehmen. Das sehe ich genauso. Jährlich sterben auf der Erde rund 70 Millionen Menschen, davon 18 Millionen an Hunger, obwohl die weltweite Landwirtschaft die Menschheit zweifach ernähren könnte. Hinzu kommen 12,5 Millionen Tote aufgrund von behebbaren Umweltschäden.

Da muss eigentlich der Gesetzgeber eingreifen.

Was er leider nur völlig inkonsequent tut. Außerdem wird Saatgut genmanipuliert, damit die Bäuerinnen und Bauern es nicht vervielfältigen können und jedes Jahr neu kaufen müssen. Ein Verbot der Genmanipulation wäre ein wichtiger Schritt im Kampf gegen den Hungertod. So tötet Wirtschaft. Und dann muss sich unbedingt die Entwicklungshilfe ändern. Geld, das bei den Regierungen landet, ist oft für die Bedürftigen verloren. Entwicklungshilfe muss Hilfe zur Entwicklung sein, im Geist der Solidarität, konkret vor Ort. So verstehe ich auch den Papst.

Es gab die kommunistische wie sozialistische Vorstellung, man könne Religion überwinden.

Mein Vater war anderer Meinung. Er wies mich darauf hin, dass Religion bleiben wird, weil viele Menschen sie benötigen und Atheisten vieles nicht erklären können. Nehmen Sie nur die Erde, als sie ganz anorganisch war. Wie entstand das erste Organische? Durch einen Meteor mit Bakterien? Aber woher kam der?

Was kann ein Linker aus der Geschichte der katholischen und der evangelischen Kirche lernen?

Nehmen Sie die Reformation. Sie zeigte, dass eine Institution, die überzieht, Gegenwehr provoziert. So widerfuhr es der Kirche mit dem Ablasshandel. Die Gegenreformation war wiederum die Reaktion auf manches überschießende protestantische Element. Das ist eine wichtige Lehre für mein Leben. Auch die Linken versuche ich davor zu warnen, programmatisch zu überziehen. Sonst lösen sie eine Gegenreaktion aus, die dann auch ihre Berechtigung hat.

Der Erfolg der Autobiographie verdeutlicht Ihre gesamtdeutsche Akzeptanz, die ja alles andere als selbstverständlich ist und erst mit den Jahren wuchs. Aber sie wuchs. Fehlt bloß noch das Bundesverdienstkreuz.

Nein, ich erhielt in der DDR keine staatlichen Auszeichnungen, und das darf auch in der Bundesrepublik so bleiben. In der DDR bekam ich übrigens eine einzige Ehrung, das war eine Urkunde, die mir die Teilnahme an einem Waldlauf bestätigte. Die Teilnahme, nicht etwa eine Platzierung!

Im Buch beschreiben Sie, wie Ihnen in Aachen der »Orden wider den tierischen Ernst« verliehen wurde. Dazu kam im Herbst 2018 im Osten die »Goldene Henne«.

Das ist Unterhaltung, könnte man sagen, aber es sind eben auch Mosaiksteinchen von dem, was ich im Buch die Veränderung des Zeitgeistes nenne. Beide Auszeichnungen sind auch ein Ausdruck für die wachsende Akzeptanz eines Ostdeutschen und stehen damit symbolisch für eine längst fällige Korrektur in der Bewertung ostdeutscher Biographien. Man muss sich das vorstellen: Als ich vor Jahren schon mal bei der Ordensverleihung in Aachen war, als Gast, da sagte der FDP-Chef Guido Westerwelle zu mir: »Herr Gysi, wenn Sie nicht hier wären, wäre ich der Linkeste im ganzen Saal.«

Sie haben kein Bundesverdienstkreuz, aber bekommen müssten Sie nach all dem, was Sie in drei Jahrzehnten an Hass und Gegenwind durchgestanden haben, das Wundenverdienstkreuz.

Wir wollen nicht übertreiben, aber bestimmte kleine Dinge freuen mich durchaus, das gebe ich zu. Sehen Sie, seit ich in meinem Buch von meinem Ururgroßvater Robert Oettel erzählte, dem Görlitzer Hühnerzüchter mit eigenem Denkmal, und seit ich in Lahnstein das Haus meines Urgroßvaters Anton Lessing besuchte, wird in beiden Städten ein bisschen mehr Traditionspflege betrieben. Wenn vor Jahren in manchen Orten bekannt geworden wäre, dass es solche verwandtschaftlichen Bindungen zu mir gäbe, hätten bestimmte Parteipolitiker womöglich Kommissionen gebildet, um nachzuweisen, dass die Gegend nichts, aber auch gar nichts mit mir zu tun hat. In Lahnstein war ich am frisch gepflegten Grab von Anton Lessing – und von hinten flüsterte mir eine ferne Verwandte zu: »Aber die Stiefmütterchen gibt's auch erst seit gestern.« Da sind sie wieder, die ich auch im Buch erwähne: die berühmten potemkinschen Dörfer, die uns durch Geschichte und alltägliches Leben begleiten.

Potemkinsche Dörfer auch im alltäglichen Leben?

Na klar! Wie ich es im Buch beschreibe: Wenn sich zu Hause Besuch ankündigt, wird aufgeräumt.

Die Fazit-Frage: Warum sind Sie immer noch links?

Ich weiß, dass es leider Ausnahmen in der Geschichte der Linken gab, aber im Kern war die Linke immer eine Friedensbewegung – und ist es geblieben. So, wie sie eine Bewegung ist, die für soziale Gerechtigkeit kämpft, inzwischen auch für ökologische Nachhaltigkeit in sozialer Verantwortung.

Gleichheit für alle?

Nein, das Ziel ist eine Gesellschaft, die Armut ebenso ausschließt wie jenen grenzenlosen Reichtum, der zwingend zur Armut führt.

Nun werden die Menschen in höchst unterschiedliche Verhältnisse hineingeboren.

Da liegt für mich der nächste Grund, links zu sein – der Kampf für Chancengleichheit. In einem Staat und einer Gesellschaft ist von großer Bedeutung, wie ein Ausgleich gefunden wird – zwischen denen, die es weit viel schwerer haben als andere. Es gibt Strukturen, die das in vielfacher Hinsicht erleichtern, und solche, die es in jeder Hinsicht erschweren. Die Chancengleichheit erfordert Gleichstellung, sie gilt für alle Menschen, unabhängig von ihrer Nationalität, Religion oder Religionslosigkeit, unabhängig ihres Geschlechts, ihrer psychischen oder physischen Verfasstheit, ihrer Hautfarbe und sexuellen Orientierung. Chancengleichheit muss es vor allem beim Zugang zu Bildung, Kunst und Kultur geben. Und dann gab und gibt es für mich noch einen ganz zentralen Grund, links zu sein. Das ist der Internationalismus. Bekämpfe ich nur Armut in meiner Gesellschaft oder weltweit? Streite ich für Chancengleichheit nur in meiner Gesellschaft oder weltweit?

Wie schon erwähnt: Das scheint im Moment schwer vermittelbar zu sein.

Dadurch, dass sie nicht sofort und leicht vermittelbar ist, wird eine politische Forderung nicht falsch. Das ist ja gerade der Kern politischer Kommunikation: die eigenen Ideen in die Öffentlichkeit zu tragen, auch zu Menschen, die diesen Ideen zunächst kritisch gegenüber stehen.

Alles, was Sie als Arbeit und Aufgabe der Linken bezeichnen, kann man unter ein Fazit stellen: Es ist sehr mühselig.

Ich bin nicht Linker geworden, um es einfach und bequem zu haben.

Gregor Gysi, in Ihrer Autobiographie beschreiben Sie sechs Leben, die Sie gelebt haben. Und das siebente?

Das ist das Alter. Ich weiß nur noch nicht, wann es beginnt.

PERSONENREGISTER

BILDNACHWEIS

Privatarchiv des Autors 1, 2, 3, 4, 5, 6, 7, 8, 9, 10, 11, 12, 13, 14, 15, 19, 20, 24, 25, 26, 27, 28, 31, 34, 38, 39, 41, 42, 45

Picture alliance 16, 22, 29, 32, 35, 36, 37, 40 (Wolfgang Kumm), 43, 44

Peter Koal 17

Gabriele Senft 18

Erwin Schuh 21

Patrick Piel 23

Ullstein Bild 30

Schneider 33

Trotz intensiver Recherchen ist es uns nicht in allen Fällen gelungen, die Rechteinhaber ausfindig zu machen. Berechtigte Ansprüche bitten wir an den Verlag zu richten.